天

Borderless

下

天下，在乎正义和你

天
Borderless
下

遇见法学家
西方法哲学简史

A Brief History of Western Legal Philosophy

徐爱国　主编

法律出版社 LAW PRESS · CHINA
北京

本书编委会

徐爱国　北京大学法学院教授，博士生导师，兼任中国法律史学会常务理事、全国外国法制史学会常务理事、中国法学会法治文化研究会常务理事、西方法律思想史专业委员会会长、北京市法理学会副会长、北京比较法研究会副会长。

明　辉　北京航空航天大学法学院教授、博士生导师，法理学与法律史研究中心主任。美国哥伦比亚大学、美利坚大学访问学者，兼任中国法学会法理学研究会理事、中国法律史学会理事、西方法律思想史专业委员会常务理事、北京比较法研究会常务理事等。

夏纪森　常州大学史良法学院教授，法学博士，剑桥大学法学院访问学者。兼任西方法律思想史专业委员会常务理事、江苏省法学会生态法学研究会副会长等。

杨天江　西南政法大学副教授，法学博士，硕士生导师，行政法学院法哲学编译研究中心主任，中国法律史学会西方法律思想史专业委员会常务理事，主要研究领域为自然法理论，特别致力于托马斯主义自然法思想研究。

胡　荣　西南政法大学行政法学院副教授，宪法学博士后。英国兰卡斯特大学访问学者。研究领域为宪法学、西方法哲学。

刘　敏　云南大学法学学士，西南政法大学法学硕士，北京大学法学博士，耶鲁大学访问学者。

金　韬　宁波大学法学院（校聘）副研究员，法学博士，中国法律史学会西方法律思想史专业委员会常务理事兼副秘书长，中国法学会比较法研究会理事。

胡　成　常州大学史良法学院讲师，北京大学法律史学博士，江西鄱阳人，主要从事西方法律思想史和中国法律史的科研与教学。

李少婷　广东省社会科学院法学研究所助理研究员，中国政法大学法学博士，研究方向为法哲学、法律思想史、科技法，兼任广东省法学会地方立法学研究会理事。

周平奇　常州大学数字法律科学研究所副研究员，硕士生导师，法学博士，意大利米兰大学访问学者。主持和参与多项课题，独立发表学术论文、译文10余篇。

序

FOREWORD

西塞罗说，真正的哲学可以用来对抗今生的苦难，但是诸神只把真正的哲学赐给极少数人。奥古斯丁进一步推演，既然没有得到神的恩典，我们就要寻求神的赐予，乞求诸神赋予我们灵性，那就是认知和学习的能力。这种能力使心灵能够在智慧之井中饮水，获取审慎、坚韧、节制、公义这些美德，然后按照灵性去解释律法、区分善恶。这就是哲学的意义，应用到法学领域，我们可以说，法哲学是法律人提升灵性和纯洁心灵之门。

“法哲学”或“法理学”是法学中的“灵魂”科目。我们从小就被灌输这样的理念：哲学就是“爱智慧”，哲学就是“世界观”和“方法论”，学会了哲学就把握了世界。因此，本书聚焦法哲学，既可以让人觉得深不可测，又可勾起对哲学的记忆。古典时期，我们说法哲学是哲学的一个分支，要理解法哲学就应该首先学好哲学。康德的《法的形而上学原理》、黑格尔的《法哲学原理》和拉德布拉赫的《法哲学》，都是我们熟悉的法哲学经典。即使工业革命之后，法学家不再是古典意义上的哲学家，“法哲学”不能再涵盖所有的法学理论，仅仅是最宽泛意义上的“哲学”或“法的形而上学”，但是我们仍然对法哲学充满了向往。

法律哲学存在于法学家的大脑中、外化为法学的论著。理解法哲学，就是“遭遇法学家”。法哲学的写法与讲法，无不是法学家的传记和法学的流派。法学家的传记是个人的传奇，法学流派是法学家群体的解读。法学流派的理解，入门容易深入难，因为群体的介绍会过滤掉个体的丰富多彩，思想抽象和提炼之后，失去了法律思想的多样性，所以本书按照法学家个体展开，也就是“遇见法学家”。一个人物就是一个世界，个人传记永远让人回味无穷。英雄总能给人启发，他的成功与失败总能给我们经验和教训，阅读西塞罗的法庭辩论，总比勘校《十二铜表法》来得畅快愉悦。西方法律思想存在于西方法哲学家的脑子里，表现为他们各具特色的个人生活之中，物化于他们的法律著作之内。每个法哲学家的思想各不相同，但是同一时代的一批法学家则代表了那个时代的法律思想文明；同样地，每个时代法学家的思想也各不相同，几千年西方法律思想家的理论传承，则构成了西方法律思想的全景。

时髦的说法，“真正的哲学是哲学史”，“真正的政治学是政治思想史”，我们也可以说，真正的法哲学应该是法律思想史。法哲学过于简约和单调，唯有历史才丰富多彩。法律思想史探讨的是人的法律意识史，并非客观、实在、硬性和肯定，而是主观、无形、软性和模糊；并非存在于立法的文件和司法的判决之中成为人类考据的对象，而是存在于思想者的大脑之中成为人类理解的参照；并非趋向于唯一的真实，而是趋向于多元的假定。幼年的法哲学与哲学、伦理学、政治学和宗教学混合在一起，青年的法哲学有了自己独立的地位和各自的法学学派，壮年的法哲学回复到各自为政自成一体的乌托邦与异托邦。老年的法哲学，现在尚不能预测和描述，也许是最后的死亡与重生。所以，本书以时间和个体的线索展开，有古希腊罗马法律思想的起源，有中世纪基督教法律思想的沉浸，有近代启蒙主义的热情，有工业革命精神的科学，有后现代主义的灵异闪现和虚幻表达。以法学家个体计算，本书选择了西方法律思想史上35位法哲学家：柏拉图、亚里士多德、西塞罗、乌尔比安、奥古斯丁、阿奎那、格劳秀斯、霍布斯、普芬道夫、洛克、孟德斯鸠、卢梭、潘恩、杰佛逊、边沁、奥斯丁、密尔、斯密、萨维尼、梅因、霍姆斯、卡多佐、庞德、卢埃林、凯尔森、哈特、拉兹、马里旦、富勒、德沃金、菲尼斯、丹宁、哈耶克、昂格尔和波斯纳。

法哲学的黄金时代是20世纪80年代，知识的渴求、睁眼看世界的勇气，西方法律哲学曾经是法学院学生趋之若鹜的热门学科。哲学王与法治、法律的逻辑与修辞、法律是友谊是希望是爱、法律是共同的善、法律是意志是理性是理念，这些古典法哲学的终极思考激励着法科学生，与青年的理想主义达成了共情最终实现了自我。再后来，政治取代了学术、实利取代了知识，法哲学的地位下降了、品位庸俗了、思想僵化了，法学院的学生不再知道法哲学为何物，西方法律思想史课程下架法学课程表。科学取代了法学、技能取代了思想、金钱的欲望取代了梦幻的漫游。人们忘却了西方法律思想史，获得了世界却失去了魂灵。

潮起潮落、反转轮回，躯体不能没有灵魂，法学院不能没有法哲学。是时候唤起法学的良知了，我们要重新回到热爱思考的时代，我们需要的不仅仅是政治的站位和经济的富裕，不仅是大数据和人工智能，我们需要精神的超越、灵魂的出窍和心灵的体验，也就是说，我们需要奇思妙想，我们要有法哲学。这就是我们编写这本《遇见法学家——西方法哲学简史》的初衷，重回法哲学，找到法律的自我。参加本书写作的作者都是受到过西方法哲学系统训练的法学博士、教学一线的法学教师。按照从业先后，他们是徐爱国（北京大学）、明辉（北京航空航天大学）、夏纪森（常州大学）、杨天江（西南政法大学）、胡荣（西南政法大学）、刘敏（云南大学）、金韬（宁波大学）、胡成（常州大学）、李少婷（广东省社会科学院）和周平奇（常州大学）。

徐爱国

目　录

“我们每个活着的人都是众神的傀儡，受着自己感情的支配，感情是善德和邪恶交汇点。在牵引我们行动的所有动力中，唯有法律是金质的、神圣的和柔韧的。它温顺而不粗暴，它是使我们这些傀儡变成道德高尚人的力量。”

——柏拉图《法律篇》

“法治应包含两重意义：已成立的法律获得普遍的服从，而大家所服从的法律又应该本身是制定得良好的法律。”

——亚里士多德《政治学》

“人民的福祉应是最高的法律。”

——马尔库斯·图利乌斯·西塞罗《论法律》第3卷

“正义是分给每个人以其法律情势的不懈的、永恒的意志。法的准则是诚实生活，毋害他人，各得其所。法学是对神和人的事务的认识、关于正义和不正义的科学。”

——乌尔比安《规则集》第1卷

“根据你的法律，灵魂的选择乃是自由，赏善惩恶依照无情且普遍的命运。”

——奥古斯丁《独语录》

“实践理性的首要原则是建立在善的本质基础上的，即善是所有事物所追求的，那么法律的首要规范就是行善、追求善并避免恶。”

——托马斯·阿奎那《论法律》

“人类的本性是自然法之母，而市民法之母是由共同同意产生的义务。由于这种义务的效力派生于自然法，所以说，人类的本性是市民法的曾祖母。”

——胡果·格劳秀斯

“立法者并非凭其权威创制法律者，而是凭其权威保证法律持续成为法律者。”

——托马斯·霍布斯

“自由，正如人们告诉我们的，并非人人爱怎样就可怎样的那种自由，而是在他所受约束的法律许可范围内，随心所欲地处置或安排他的人格、行动、财物和他的全部财产的那种自由，在这个范围内他不受另一个人的任意意志的支配，而是可以自由地遵循他自己的意志。”

——约翰·洛克

“在中国的历史上，我们看到许多剥夺太监一切文武官职的法律；但是太监们却老是又再回到这些职位上去。”

——孟德斯鸠《论法的精神》

“人是生而自由的，但却无往不在枷锁之中。自以为是其他一切的主人的人，反而比其他一切更是奴隶。”

——让—雅克·卢梭《社会契约论》

“所有进步社会的运动在有一点上是一致的。在运动发展的过程中，其特点是家族依附的逐步消灭以及代之而起的个人义务的增长……在‘人法’中所提到的一切形式的‘身份’都起源于古代属于‘家族’所有的权力和特权……则我们可以说，所有进步社会的运动，到此处为止，是一个‘从身份到契约’的运动。”

——亨利·詹姆斯·萨姆那·梅因《古代法》

“只要建议人类实践仁慈就够了，但绝无必要强迫人类实践仁慈。相反，正义则是撑起整座社会建筑的主要栋梁 。如果它被移走了，则人类社会这个伟大的结构一定会在顷刻间土崩瓦解、化成灰烬。”

——亚当·斯密

“法律不是艺术家或诗人的栖所，法律是思想家的事业。”

——奥利弗·温德尔·霍姆斯

“司法过程的最高境界并不是发现法律，而是创造法律。”

——本杰明·卡多佐

“法律官员在处理纠纷时的所作所为，在我看来，就是法律本身。”

——卡尔·卢埃林

“纯粹法学想要将法律科学从一切异质的要素中解放出来。”

——汉斯·凯尔森

“真正的‘法律科学之关键’是初级规则和次级规则的组合。”

——赫伯特·哈特

“在‘法治’的圣坛上祭献太多的社会目标，将会使法律变得贫瘠空洞。”

——约瑟夫·拉兹

“正如铲和锹不再适合挖煤一样，履行责任令、调卷令和在案诉讼等法律程序也已不再适合于新的时代赢得自由。它们必须被新的现代的机制，被宣告令、禁制令和过失诉讼所取代。”

——阿尔弗雷德·汤普森·丹宁《家庭故事》

“共同体和社会都是伦理—社会真实的人类事物，而不单纯是生物学事实。但是，共同体更是自然的产物，更接近生物学事实；而社会更是理性的产物，更接近人的精神和理智属性。”

——雅克·马里旦《人与国家》

“阿奎那关于人类社会的思考中存在着某些严重的缺陷。对它们的合理批判可以建立在他自己所理解的前提之上，我认为他对这些前提的阐发好于他的哲学先寻柏拉图和亚里士多德，更远胜于马基雅维利、霍布斯及启蒙的其他制造者或继承者。”

——约翰·菲尼斯《阿奎那：道德、政治和法律理论》

“今日，法律秩序成为了一种最重要、最有效的社会控制形式。其他所有的社会控制方式都从属于法律方式，并在后者的审察之下运作。”

——罗斯科·庞德《通过法律的社会控制》

“道德使法律成为可能。”

——朗·卢沃斯·富勒《法律的道德性》

“每一位公民，都应有一种受到平等关心和尊重的权利。”

——罗纳德·迈尔斯·德沃金《认真对待权利》

“对自然世界进行科学研究的关键在于转型的机遇：我们要探究事物在什么条件下沿着什么方向，在怎样的限制之下能够产生变化，由此理解事物如何运作。”

——罗伯托·曼加贝拉·昂格尔《法律分析应当为何》

“我们应当学到足够多的东西，以避免用扼杀个人互动的自生自发的秩序（spontaneous order）的方式（置其于权威当局的指导下）去摧毁我们的文明。但是，要避免这一点，我们就必须放弃这样一种幻想：我们能够通过刻意的思考而‘创造人类的未来’。”

——弗里德里希·奥古斯特·冯·哈耶克

“法律的真正目的是为了纠正非正义而维护道德观念。”

——理查德·波斯纳

柏拉图

Plato

公元前 428—前 348

哲学王与次善的法律统治

“我们每个活着的人都是众神的傀儡，受着自己感情的支配，感情是善德和邪恶交汇点。在牵引我们行动的所有动力中，唯有法律是金质的、神圣的和柔韧的。它温顺而不粗暴，它是使我们这些傀儡变成道德高尚人的力量。”

——柏拉图《法律篇》

柏拉图（Plato，公元前428—前348），雅典哲学家，出生于雅典的一个贵族的小富家庭，父系可追溯到神话中的国王克德鲁斯，母系祖上与梭伦同源。柏拉图的父亲叫阿里斯顿，母亲叫伯利克提翁。据说他原名为亚里士多克勒斯，长大之后才改名字为柏拉图。他对自己的贵族身份引以为傲，时常称赞他祖先、赞美梭伦的业绩。

接受完整的教育后，年轻的柏拉图尝试过体育，曾经做过伊斯米安运动会的摔跤手，也尝试过诗歌与绘画。据说，他的第一个哲学老师是赫拉克利特学派的克拉提洛斯。遇到苏格拉底后，他烧毁了自己悲剧的手稿。20岁的时候，他成了苏格拉底的追随者。柏拉图的儿童时代和青年时代在伯罗奔尼撒战争期间度过。在战争的最后几年，或者在后来的雅典战争中，他有可能参加过军队，当过骑兵。

公元前404年春天，雅典被莱桑德征服，三十暴君接管了统治权。柏拉图的亲戚克里提阿斯和查米德斯也参与其中，他们呼吁他参与政治生活。柏拉图起先犹豫，而后认清了该政权的罪恶性质。前403年，民主制恢复，也没有让柏拉图提起政治的兴趣，因为他超高的道德标准让他对政治抱有偏见。前399年春，苏格拉底经受的审判，强化了他的决心。苏格拉底被陪审团定罪的时候，柏拉图在场，但是他没有参加被审人员在监狱里的谈话。在其余生中，柏拉图都把苏格拉底的审判当作正义的失败，不仅如此，他还将此引为雅典民主固有的对道德和哲学敌视的证据。

苏格拉底死后，柏拉图去见了欧几里得，然后回家。前399年后，柏拉图开始写作，他后来在《理想国》中提出“哲学王”的观念已经开始萌芽。大约前390—前388年，柏拉图开启了长途学术旅行，先到埃及和昔兰尼，然后去意大利，最后到叙拉古，这是暴君狄奥尼修斯的宫廷所在地。在那里，他得到暴君姐夫狄翁的热情欢迎和大力支持。在回家路上，柏拉图被俘虏，在埃伊纳岛被卖为奴隶。他的新主人安尼赛里斯释放了他。前388/387年，柏拉图回到雅典后开办了学园，不久获得极大的成功。教学在学园或小树林里进行，柏拉图很富裕，他不向学生收费。教学包括各种科目，数学最为重要。除柏拉图外，学园的其他专家和哲学家还有欧多克斯、斯佩西普斯、色诺克拉底和亚里士多德。

狄奥尼修斯死于前367年，狄翁邀请柏拉图到西西里，希望按照柏拉图的哲学原则进行权力结构的改革。狄奥尼修斯二世对柏拉图哲学的兴趣，给改革提供了机会。前366年，柏拉图到了叙拉古，更多出于对于狄翁的义务感，而非对改革的热情。政治对手阻止柏拉图对狄奥尼修斯二世产生影响。不久，狄奥尼修斯二世与狄翁闹翻，狄翁被放逐到雅典，次年，柏拉图返回雅典。第二次的尝试，也收效甚微。前361年，狄奥尼修斯二世派船接柏拉图到叙拉古。柏拉图与暴君有过一次哲学交谈，但是没有缓和暴君与狄翁的关系。柏拉图的人身安全还受到暴君雇佣军的威胁，他们有意维持暴君制。在阿奇塔斯外交斡旋下，柏拉图于前360年最终离开。这些负面的经历，也没让柏拉图支持狄翁反对狄奥尼修斯二世的军事行动，柏拉图仍然认为狄奥尼修斯二世是东道主，从而保全了自己的性命。

被列为柏拉图著作的古典作品都保存了下来。《柏拉图全集》包括：第一，36部“四部曲”，其中有34篇对话、苏格拉底的辩护和13封书信；第二，6篇简短的对话，但通常被当作伪作；第三，定义集，可能是新柏拉图主义的作品；第四，2封附带信件；第五，迪海雷斯选集；第六，32个警句和六音部诗集中的7个片段。亚里士多德引用过柏拉图17篇对话集，通常被认为是柏拉图最重要的哲学著作。[1]

核心学说

一、柏拉图的法律正义论

西方法律思想起源于何时，并无定论，但是，西方法律理论以柏拉图的著作为起点，则是没有太多争议的事。在柏拉图的著作中，学科的划分并不存在，也就是说，他的著作本身并不是某门学科的专门论著，其哲学思想、伦理思想、政治思想、教育思想和法律思想融为一体，这是阅读柏拉图的困难之一。再者，就文体的华丽而言，柏拉图在哲学史上前无古人，后无来者，我们常常分不清他通过哪个人物和哪种方式在表达他的看法，哪个是在嬉戏玩笑和哪个是在一本正经，这是阅读柏拉图的又一困难。他批评说"比喻是油滑的"，而他自己却又从一个比喻滑进另外一个比喻[2]；他说，"除了靠举例，阐述任何重大的思想都是困难的"，因为在梦中时，我们知道一切，而醒来时，我们又一无所知了。[3]

柏拉图的正义论可以从古各斯的宝石戒指寓言讲起，吕底亚人古各斯的祖先原本是一个牧养人，一天暴风雨和地震后，地壳裂开一道深渊，他在深渊里见到一匹空心的铜马，马身上有小窗户，马身体里有一具尸体，尸体手指上有一枚宝石戒指。他取下宝石戒指后走出深渊。他戴着宝石戒指去开会，当戒指上的宝石转向自己时，别人看不见他，认为他已经走

---

〔1〕 See Szlezák Thomas A., "*Plato*" *in*: *Brill's New Pauly*, *Antiquity volumes*, edited by: Hubert Cancik & Helmuth Schneider, Consulted online on 10 June 2023, http://dx.doi.org/10.1163/1574-9347_bnp_e927070, First published online: 2006; First print edition: 9789004122598, 20110510.

〔2〕 参见［美］威尔·杜兰特:《探索的思想》(上)，朱安等译，文化艺术出版社1996年版，第20—21页。

〔3〕 参见［古希腊］柏拉图:《政治家》，黄克剑译，北京广播学院出版社1994年版，第62页。

了，当宝石翻转过去时，他又出现了，别人又看得见他。反复几次之后，他知道自己有了隐身的本领。利用这个本领，他当上了国王的使臣，后勾引王后，同谋杀掉国王夺取王位。假定有两枚这样的戒指，让正义之人和不正义之人各戴一枚，那么结果将会如何？[1]

从这个比喻出发，柏拉图分析了什么是正义。在提出他自己的观点之前，柏拉图介绍和批驳了三种不同的正义观。第一种正义观是，将正义定义为“欠债还债”，正义就是给每个人的适如其分的报答，或者说，正义就是“把善给予友人，把恶给予敌人”。[2]第二种正义观是，“正义不是别的，就是强者的利益”。[3]强者便是有权的政府，国家的统治者用强权将对自己有利的东西制定为法律，让人民去遵守。遵守政府法律的百姓就是正义的，不遵守政府法律的百姓就有违法之罪，有不正义之名。第三种正义指“正义的本质就是最好与最坏的折中”[4]，“最好”是指干了坏事不受罚，“最坏”是指受了罪而无法报复。正义的起源是对利和害的一种功利计算。按照通常情况，人们在彼此交往中既尝过干不正义之事所得的甜头，也尝过遭受不正义的苦头。两种味道都尝过之后，人们觉得应该约定，既不能得到不正义之惠，也不能吃不正义之亏，于是就有了法律，称守约会践约为合法和为正义。正义之人并不是心甘情愿从善，而是没有本事作恶，因为“人不为己，天诛地灭”[5]，人都是在法律的强迫之下走到正义之路上来的。这里，柏拉图借格劳孔之口，举出标题上的比喻，他说如果有两枚古各斯的戒指，一枚戴在正义之人手上，另一枚戴在不正义之人手上，结果其实都是“两个人的行为就会一模一样”[6]，盗窃财物，穿门越户，调戏妇

---

〔1〕 参见［古希腊］柏拉图：《理想国》，郭斌和、张竹明译，商务印书馆1986年版，第47页。

〔2〕 ［古希腊］柏拉图：《理想国》，郭斌和、张竹明译，商务印书馆1986年版，第8页。

〔3〕 ［古希腊］柏拉图：《理想国》，郭斌和、张竹明译，商务印书馆1986年版，第18页。

〔4〕 ［古希腊］柏拉图：《理想国》，郭斌和、张竹明译，商务印书馆1986年版，第46页。

〔5〕 ［古希腊］柏拉图：《理想国》，郭斌和、张竹明译，商务印书馆1986年版，第47页。

〔6〕 ［古希腊］柏拉图：《理想国》，郭斌和、张竹明译，商务印书馆1986年版，第47页。

女，杀人劫狱。结论是，一个人只要能干坏事，他总会去干的。

对这三种正义观，柏拉图都持否定的态度。对于第一种正义观，柏拉图明确断言，拿了人家的东西归还，这不是正义的定义。他说，你一个朋友在头脑清醒的时候交给你一把武器，后来这个朋友疯了，向你要回这把武器，在这种情况下，你还给他这把武器是正义的呢？还是不还给他武器算是正义的呢？按照这个正义的定义，还给他武器是合乎正义的，因为正义是欠债还债，归还属于他人的东西就是正义，而柏拉图则认为归还疯子武器本身就是不正义的，因为这无疑是助纣为虐，“当原主头脑不正常的时候，无论如何不该还给他”。[1]对于第二种正义观，柏拉图同样反对。因为首先，统治者总有犯错误的时候，如果统治者将错误的东西制定成法律，让百姓去实行，那么结果是违背了自己的利益，因此，按此定义，正义既可能是强者的利益，也可能被强者损害。其次，任何一项东西都不会只寻求强者的利益而不顾及它所支配的弱者的利益，正如一位医生行医不会只图赚钱而不顾及病人的身体，一位舵手不会不照顾他部下水手们的利益，一个统治者不会只顾自己的利益而不顾属下的老百姓的利益。这里，柏拉图已经暗示了他自己的正义观：每种技艺的利益都是特殊的，每个技艺人都尽其最大的努力工作，从而使技艺的对象得到利益。对于第三种正义观，柏拉图没有正面提出批评，但是他却明确反对。

柏拉图认为，上述三种正义观之所以是不正确的，是因为他们都是从正义外在特点来描述正义，而柏拉图说他的工作则是要从正义的本身来看正义。于是他提出了的两种正义，一是城邦的正义，二是个人的正义。

就一个城邦而言，每个人都需要粮食、住房和衣服，这就需要有农夫、瓦匠和纺织工人，以及鞋匠或照料身体需要的人。接下来，是让一个人从事四项事业合适，还是一个人专门从事一项事业合适？答案是一个人专门

---

〔1〕［古希腊］柏拉图：《理想国》，郭斌和、张竹明译，商务印书馆1986年版，第7页。

从事一项事业更有效，因为人与人不同，因其性格不同而适合于不同的工作，比如说，一个农夫为四个人准备粮食与其他人分享，一个瓦匠建造四所房屋供所有人居住。每个人专做一行，放弃其他，生产出来的东西就又好又多。除了物质需求外，城邦的人们还需要有精神的享受，否则城邦无异于一个由猪构成的城邦。

城邦的人们需要足够大的耕地和牧场，势必会从邻邦那里抢夺。这就是战争的起源，有战争就需要有军队，就需要国家的护卫者。护卫者是统治者的一部分，统治者应该是年纪大一点的人，是人群中最好的人，是最善于护卫国家的人，是真正关心国家利益的人。这里，柏拉图提出了著名的等级制理论。一个城邦里的人们亲如兄弟，但上天在铸造每个人的时候给每个人加入了不同的质料，结果导致他们在社会中的不同地位。上天在有些人的身上加入了黄金，这些人最为高贵，是统治者；在辅助者军人的身上加入了白银；在农民以及其他技工身上加入了铁和铜。柏拉图同时强调，这种等级制也并不是一成不变的，因为金父不负生银子，银父不负生金子。因此，在确定谁为统治者的时候，重要的是弄清其灵魂深处所混合的是哪一种金属。如果心灵里混入了铜、铁，他们应被安置于农民工人之间；如果天赋中有金有银者，他们就应被提升到护卫者或辅助者中间去。柏拉图将含金和含银的统治者和军人视为统治者，将含铁含铜的劳动者视为被统治者，有时柏拉图将统治者统称为"国家和法律的护卫者"。

分述了国家里的各个阶级后，柏拉图开始将他们组建起来，"全体公民无例外地，每个人天赋适合做什么，就应派他什么任务，以便大家各就各业"，[1]统一的城邦就得以确立，而且如此建立的国家一定是"智慧的、勇敢的、节制的和正义的"。[2]"正义就是只做自己的事而不兼做别人的事"，正义是"每个人必须在国家里执行一种最适合他天性的职务"，"正义就是

---

〔1〕［古希腊］柏拉图：《理想国》，郭斌和、张竹明译，商务印书馆1986年版，第138页。

〔2〕［古希腊］柏拉图：《理想国》，郭斌和、张竹明译，商务印书馆1986年版，第144页。

有自己的东西干自己的事情”。[1]当劳动者、军人和统治者在国家里各做各的事而不相互干扰时，便有了正义，从而也就使国家成为正义的国家。“当城邦里的这三种自然的人各做各的事时，城邦被认为是正义的，并且，城邦也由于这三种人的其他某些情感和性格而被认为是有节制的、勇敢的和智慧的。”[2]

找到城邦的正义后，柏拉图开始探讨个人的正义。人的灵魂里存在三种品质，即理智、欲望和激情，三者分别是人们在学习、愤怒和满足自然欲望时动用的身体的一部分。理智是“人们用以思考推理的，可以称为灵魂的理性部分”；欲望是“人们用以感觉爱、饿、渴等物欲之骚动的，可以称为心灵的无理性或欲望部分，亦即那种满足和快乐的伙伴”；激情是“我们借以发怒的那个东西”。[3]正像国家的正义在于三种人在国家里各司其职那样，每一个人自身的各种品质对自身而言各起各的作用，那么这个人就是正义的。人的这三个部分彼此友好和谐，理智起领导作用，激情和欲望受理智领导，这样的人就具有节制的美德。柏拉图最后强调，正义的真正内涵不是“外在”的各部分和谐一致，而是“内在”的和谐。一个正义的人应该安排好真正的事情，自己主宰自己，自身秩序井然；他称保持和符合和谐状态的行为为好的行为，相信指导这种和谐状况的知识便是智慧。

二、柏拉图的“哲学王”观念

有这样一个外科医生，他有一段相当长的时间要离开他的病人，于是他把他的药方和指示写下来，给病人自己服用。现在假定医生提前回来，或者由于神祇的作用，或者由于风的作用，或者由于其他意想不到的原因，

---

〔1〕［古希腊］柏拉图：《理想国》，郭斌和、张竹明译，商务印书馆1986年版，第154、155页。
〔2〕［古希腊］柏拉图：《理想国》，郭斌和、张竹明译，商务印书馆1986年版，第157页。
〔3〕［古希腊］柏拉图：《理想国》，郭斌和、张竹明译，商务印书馆1986年版，第165页。

病人的病情发生了变化，或者有更好的方法来治疗病人的疾病，那么，这个医生仍然使用原来的药方，还是根据变化的情况给病人吃新药呢？[1]

通过这个比喻，柏拉图提出了他“人治”与“法治”的理论。应该说，终其一生，柏拉图都追求一种“哲学王”的统治形式，也就是人治。这如同一个医生给人看病呢，他是依靠自己的经验给病人看病呢？还是按照医学教科书给病人看病呢？教科书是死的教条，而人的经验浓缩了人的智慧，一个好的医生不会从教科书上抄药方来给病人医病。

在《理想国》中，柏拉图崇尚一种王制，或称贤人政治，或称“哲学王”的统治，实际上就是一种人治。他经典的说法是：“除非哲学家成为我们这些国家的国王，或者我们目前称为国王和统治者的那些人物，能严肃认真地追求智慧，使政治权力与聪明才智合二为一；那些得此失彼，不能兼有的庸庸碌碌之徒，必须排除出去。否则的话……对国家甚至我想对全人类都将祸害无穷，永无宁日。”[2]研究哲学和政治艺术的事情天然属于爱智者的哲学家兼政治家，至于其余的人只适合追随领导者。

只有哲学家是能把握永恒不变事物的人，他不会被事物的多样性弄得迷失了方向。哲学家天生赋有良好的记性，敏于理解，豁达大度，温文尔雅，爱好和亲近真理、正义、勇敢和节制。他看到了群众的疯狂，但他保持沉默，就像一个在暴风卷起尘土或雨雪时避于一堵墙下的人一样，看别人干尽不法之事，而自己终生不沾上不正义的罪恶。“哲学如果能达到它本身一样最善的政治制度，那时可以看得很明白，哲学确实是神物，而其他一切……都不过是人事。”[3]应该说，追求一种“哲学王”的政治理想是柏拉图一生的愿望，在理论上，他写了《理想国》，在实践中，他曾试图将一位暴君改造成一个“哲学王”。在实践中他没有成功，但在理论上留下了

〔1〕 参见［古希腊］柏拉图：《政治家》，黄克剑译，北京广播学院出版社1994年版，第95页。
〔2〕［古希腊］柏拉图：《理想国》，郭斌和、张竹明译，商务印书馆1986年版，第214—215页。
〔3〕［古希腊］柏拉图：《理想国》，郭斌和、张竹明译，商务印书馆1986年版，第248页。

"哲学王"的政治统治方式。"哲学王"统治的核心是把"哲学家的智慧"和"国王的权力"结合起来,也就是智慧地统治。

柏拉图认为,智慧是至高无上的,凭着智慧一个国王没有做不到的事情;如果国王有了智慧,那么他有没有其他治国良法则无关大局。因为这个缘故,所以在《理想国》里,法律是无足轻重的,甚至受到柏拉图讥笑。他说:"把这些规矩订成法律,我认为是愚蠢的。因为,仅仅订成条款写在纸上,这种法律是得不到遵守的,也是不会持久的。"〔1〕柏拉图设问,关于商务、市场交易和手工工人契约,关于侮辱和伤害的诉讼,关于民事案件的起诉和陪审员的遴选,关于市场和海港征服的赋税,是不是都要制定法律呢?他的回答是:"对于优秀的人,把这么许多的法律条文强加给他们是不恰当的。需要什么规则,大多数他们自己会容易发现的。"〔2〕否则的话,他们将永无止境地从事制定这类烦琐法律的工作,并为使它们达到完善把自己的一生都用来修改这种法律。他指出,无论是在政治秩序不好的国家还是在政治秩序好的国家,真正的立法家不应把力气花在法律和宪法方面,因为在政治秩序不良的国家里,法律和宪法是无济于事的,而在秩序良好的国家里,法律和宪法又是不太重要的。

即使到了他的《政治家》篇,他的这个理想也没有消失,只是因为年岁渐长和政治生活的失败,加上他对政治不减热情,他的思想开始从理想转到了现实。在《政治家》里,他区分了智者和政治家,有了著名的"实用技艺"和"纯粹智力的技艺"区分〔3〕。他以为,政治家也好,工匠也好,他们都是从事技艺的人,不同的是政治家是从事智力技艺的人,"政治家不像饲养一头牛的牛倌或照料一匹马的马夫……他更相似于照看牛群或马群

〔1〕[古希腊]柏拉图:《理想国》,郭斌和、张竹明译,商务印书馆1986年版,第140页。

〔2〕[古希腊]柏拉图:《理想国》,郭斌和、张竹明译,商务印书馆1986年版,第142页。

〔3〕参见[古希腊]柏拉图:《政治家》,黄克剑译,北京广播学院出版社1994年版,第28页。

的人”。[1]政治家就像是一个编织工，他的工作就是对他的臣民进行管理，把国家编织成一个理想的社会。按照他的设计，勇敢的、刚毅品质的人们是这张编织产品的经线，节制的、温顺品质的人们是纬线[2]，把相对品质的人结合起来编织在一起，“一切织物中最壮丽和最美好的织物就完美完成了”[3]，一个幸福之国就产生了。

在人治和法治的问题上，他仍然相信智慧的统治是最好的统治形式。他说，“法律的制定属于王权的专门技艺，但是最好的状况不是法律当权，而是一个明智而赋有国王本性的人作为统治者。”[4]究其原因，首先，法律永远是适用于所有的时间和所有地点的规则，而每个人的情况则是千差万别的；其次，制定法永远具有固定不变性，而人类生活总是处于不断变化之中。因此，“既然法律不能达到最理想的公正，那么，到底为什么还一定要制定法律呢？”[5]在这里，柏拉图提出了小标题中医生看病的比喻，医生是按照教科书看病呢？还是按照他的经验看病呢？如果他是一个法治论者，他就必定按照原药方给病人吃药，因为他遵循既定的规则；如果他是一个人治论者，他就改用他方，因为他按照具体的情况作出具体的安排。比较而言，后者还是比前者好，因为一个合格的医生不是依照医学教科书给病人看病，而是按照他的经验给病人治病。柏拉图说，一个法律的制定者“为民众制定了关于公正与不公正、光荣与耻辱、有益与有害的成文或不成文法律，却又不被允许发布与这些法律相歧离的其他法律”[6]，那就太荒谬了。

---

〔1〕［古希腊］柏拉图：《政治家》，黄克剑译，北京广播学院出版社1994年版，第34页。

〔2〕参见［古希腊］柏拉图：《政治家》，黄克剑译，北京广播学院出版社1994年版，第120-121页。

〔3〕［古希腊］柏拉图：《政治家》，黄克剑译，北京广播学院出版社1994年版，第125页。

〔4〕［古希腊］柏拉图：《政治家》，黄克剑译，北京广播学院出版社1994年版，第92页。

〔5〕［古希腊］柏拉图：《政治家》，黄克剑译，北京广播学院出版社1994年版，第93页。

〔6〕［古希腊］柏拉图：《政治家》，黄克剑译，北京广播学院出版社1994年版，第96页。

只是他不再一味地鼓吹“哲学王”，不再一味地讽刺挖苦法律。在他看来，君主政体与僭王政体的区分，贵族政体或者寡头政体的分别，在于他们之间是否“有法律统治与无法律统治”〔1〕。有法律的君主制是最好的统治形式，无法律的僭主制是最坏的统治形式；富人模仿法律而统治，是贵族制，当他们无视法律的时候，就是寡头制。〔2〕智慧的统治优于法律的统治，但是比较起无智慧的统治来说，制定法或者成文规则又是“次好的办法”。〔3〕

按照这个思路，于是就有了柏拉图晚年的《法律篇》，人的统治和法律的统治有了细微的差距，理想的、智慧的统治外化为智慧的、法律的统治，也正是在这个基础上，亚里士多德提出了另外的一种理论，这就是“法治优于一人之治”。柏拉图的人治与亚里士多德的法治之争，其重要性并不在于谁对谁错，也并不在于哪个好哪个不好，而在于提出了基于人性本身不可克服的矛盾性。智慧可以造就伟业，但它同样会导致衰败。一人之治有灵活性，但灵活又可能导致暴虐。这不同于17—18世纪资产阶级学者“法治”与“专制”的区分，因为古希腊的“人治”和“法治”既可以通过法律来实现，也可以通过一个人来实现。正如洛克所言，只要权力不是用于管理人民和保护他们的财产，而是用于其他的目的，“那么不论运用权力的人是一个人还是许多人，就立即成为暴政”。〔4〕因此，雅典有三十个暴君，罗马有十大执政。柏拉图的人治并不对等于洛克的“暴政”，而亚里士多德的法治也不等同于洛克的“法治”。这也正是我们经常说的，古希腊的人治与法治之争是早期社会“统治术”的争论，而西方近代专制与法治之争是现代“社会结构”的争论。

---

〔1〕［古希腊］柏拉图：《政治家》，黄克剑译，北京广播学院出版社1994年版，第108页。

〔2〕参见［古希腊］柏拉图：《政治家》，黄克剑译，北京广播学院出版社1994年版，第105页、108页。

〔3〕［古希腊］柏拉图：《政治家》，黄克剑译，北京广播学院出版社1994年版，第103页。

〔4〕［英］洛克：《政府论》（上），瞿菊农、叶启芳译，商务印书馆1964年版，第121-123页。

好的政治统治是依靠人的聪明才智，还是依靠稳定的法律？这是一个没有答案的抽象命题，因此，我们无法判断柏拉图“人治”的优劣。我们必须改变思维的模式，我们没有必要去探讨人治与法治的价值所在，而是需要找到融合两者的具体方法，这个问题的答案不能从传统哲学或者传统的法哲学中去寻找，而应该从法律的活动中去发现。立法至上与法官造法的妥协、立法与法律拟制衡平的协同、规则适用与原则指导的结合、先例遵循与自由裁量的互动，也许是我们避开形而上学困境的良方。

三、法律：“金质的法律纽带”

我们每个活着的人都是众神的傀儡，我们要么是神的玩物，要么是神的伟大创造物，不管怎样我们都受着我们感情的支配，这些感情是一种力，它拉着我们东奔西突，或者导向善德，或者导向邪恶。在这所有的力中，有一种力我们必须永远顺从、紧抓不放，这根绳索是金的和神圣的，它就是一个国家的公法。这根绳索是金的、柔韧的，如果得到这种力的帮助，那么我们这些傀儡就可以变成一个道德高尚的人。[1]

这个比喻是晚年的柏拉图对法律无奈的哀叹：哲学王难求，只有退求其次；法律不是最好的，但它也还不错。垂垂老矣的柏拉图已经不再富于幻想，到晚年，他对政治多少有了完整的看法，他以一个老年人的心态来认识政治和法律，于是就有了他的《法律篇》。这部他死时都还没有完成的著作，给人们留下更多的猜想。对这本著作的评价，也莫衷一是。这本著作有时被视为研究希腊法律的直接资料，其可信度超过亚里士多德对希腊法律制度的描述，他对法律制度的设计为伯里克利法律改革提供了范

〔1〕 参见［古希腊］柏拉图：《法律篇》，张智仁、何勤华译，上海人民出版社2001年版，第28-29页。

本，对罗马法产生了间接的影响〔1〕，甚至有时被称为“希腊法律的影子”，优士丁尼统治下的法律“与其说是罗马的，还不如说是希腊化的，它起源于柏拉图的《法律篇》”。〔2〕但是，喜欢哲学或者科学的人却不会喜欢这部书，因为它过于枯燥和乏味，过于实际的描绘，缺少引人入胜的创作风格。

晚年的柏拉图认为，哲学王的统治仍然是美妙的，但在现实世界里是难找到的，于是他开始注重法律，既然最好的统治方式——“哲学王”的统治在现实的社会中无法找到，那么我们只能退而求其次，寻求一种“次善”的，或称为“第二等好”的统治方式。因此，在其《法律篇》中，他把法律称为一种金质的、柔韧的纽带，依靠这个纽带的张力，把我们带到至善的生活。在《法律篇》中，他开宗明义提出：神是法律的制定者，克里特人的这个神是宙斯，斯巴达人的这个神是阿波罗。每个民族有自己的法律，这也许是基于这个民族的传统，也有可能基于地理环境。法律可以用于战争的目的，但更根本的不是为了战争，而是为了通过法律达到和平，正如同在一个家庭里，一个好的家长不是要处罚捣乱的兄弟，而是要达到家庭的和睦一样，法律的目的是和平，立法者的任务是获得最大的善。〔3〕就一个人而言，他都有痛苦和快乐，痛苦的预感叫恐惧，快乐的预感叫相信，就这四个因素加以计算，从而确立是非曲直的时候，这就是法律。

柏拉图提出了上述标题中的第三个比喻，每个活着的人都是众神的傀儡，受着自己感情的支配，感情是善德和邪恶交汇点。在牵引我们行动的所有动力中，唯有法律是金质的、神圣的和柔韧的。它温顺而不粗暴，它是使我们这些傀儡变成道德高尚人的力量。〔4〕这一段话是柏拉图对法律最

---

〔1〕 参见［英］A.E.泰勒：《柏拉图——生平及其著作》，谢随知等译，山东人民出版社1990年版，第658、700页。

〔2〕 参见范明生：《柏拉图哲学述评》，上海人民出版社1984年版，第422、426页。

〔3〕 参见［古希腊］柏拉图：《法律篇》，张智仁、何勤华译，上海人民出版社2001年版，第6页。

〔4〕 参见［古希腊］柏拉图：《法律篇》，张智仁、何勤华译，上海人民出版社2001年版，第28-29页。

为精彩的一个比喻，法律是一种通往善德的一个拉力，它的价值是昂贵的，它的性质是柔顺的。

但是我们不能够指望柏拉图能够逻辑严格地论述他的法律理论，他仍然保持了他的写作传统，用他擅长的比喻来讲述我们为什么需要法律，讲述法律如何得以产生，以及遵守法律的重要性。他提出这样的问题："如果我们给我们的这个傀儡喝酒，会产生什么样的影响？"[1]有些社会有绝对禁酒，有些社会随意纵酒，饮酒有度的斯巴达人打败了许多不禁酒的部队，而纵饮的叙古拉大败饮酒有度的洛克里亚人。酒可以给我们带来快乐，酒也让人醉如泥。一提起酒，一部分人会赞扬它，另一部分人会谴责它。酒给人民带来的坏处是众所周知的，它毁坏我们的身体，腐蚀我们的灵魂，降低我们的智力。依照希腊神话，狄俄尼索斯是希腊的酒神。他是宙斯的儿子，他的继母赫拉夺去了他的才智，为了报复，他让人们疯狂饮酒，使大家疯狂的跳舞，使人们精神错乱。[2]

但酒会不会有些益处呢？柏拉图说还是有的，首先，人天生而具有恐惧感，因恐惧而使人没有自信，而酒正好是消除人恐惧感最好的饮料，"当一个人饮酒的时候，他立刻显得比饮酒前更加愉快"。[3]其次，饮酒可以使人处于放松的状态，放松的时候可以展现他的本性，因此我们可以对人类的弱点进行了解，我们可以洞察人的自然本性。如果管理得当，饮酒还是可以带来益处的；而且，如果管理得当，每个人都可以像一个绅士那样饮酒。当一个人饮酒变得开心、自信，或过于不怕羞耻，或不愿意说话，或不愿意保持安静，或不愿意唱歌，"那么立法者的工作就是要在适当的时候制定饮酒的法律，使这个人乐意改正他的行为方式"[4]。这里，柏拉图提出了

〔1〕［古希腊］柏拉图：《法律篇》，张智仁、何勤华译，上海人民出版社2001年版，第29页。

〔2〕参见［古希腊］柏拉图：《法律篇》，张智仁、何勤华译，上海人民出版社2001年版，第65页。

〔3〕［古希腊］柏拉图：《法律篇》，张智仁、何勤华译，上海人民出版社2001年版，第34页。

〔4〕［古希腊］柏拉图：《法律篇》，张智仁、何勤华译，上海人民出版社2001年版，第64页。

他对饮酒的法律方案：第一，18岁以下的少年完全禁止饮酒，因为他们有暴力倾向，心里已经有火，我们不能再火上加油；第二，30岁以下的年轻人可以适度饮酒，但不得醉酒；第三，30岁的时候，可以尽情喝酒，祈求众神的保护；第四，当我们老了的时候，我们则应该多饮酒，因为酒可以消除老年人急躁的情绪，它是狄俄尼索斯“赐给我们的、使我们重新年轻起来的礼物”〔1〕。

饮酒的法律就是让头脑清醒的人控制头脑不清醒的人，由此，柏拉图认为迦太基对饮酒的控制是最为理想的：军人和奴隶不能够饮酒，工作期间的舵手和陪审团不许饮酒，执行职务期间的地方官员和参议员不得饮酒。如此规矩的饮酒方式，酒就不再那么可怕了，“饮酒者的灵魂就像火里的铁，热了起来，变得越来越年轻、温柔”，酒“这件礼物意在成为一种药物，使灵魂中产生崇敬，身体中产生健康和力量”。〔2〕接着，柏拉图更进一步认为，因为酒与葡萄种植联系在一起，而种植葡萄又是一个国家农业法和食品法律的一部分，由节制饮酒上升到对酿酒数量的限制，最后归结为对农业的管理。如此这般，一个国家的法律就建立了起来。

《法律篇》与柏拉图其他著作的不同之处也许在于，他不再仅仅以戏剧的手法来展开他的理论，而是面对现实提出一个国家的政治法律制度。在他看来，早期的人类生活在大山和丘陵里，后由山丘迁居到平原，那个时候没有国家也没有法律，“也许他们觉得不需要立法者，并且在那个年代，法律还不是一个普遍的现象”，〔3〕只有长期形成的习惯和生活规范。当一个家长拥有了权力的时候，于是就有了近似于王权的东西；当几个家庭联合的时候，就有了自己法律的更大的联合体，这就是法律的起源。统治者的任务就是对国家的一个有序的管理，管理的方式便是制定法律，一

〔1〕［古希腊］柏拉图：《法律篇》，张智仁、何勤华译，上海人民出版社2001年版，第34页。
〔2〕［古希腊］柏拉图：《法律篇》，张智仁、何勤华译，上海人民出版社2001年版，第64-65页。
〔3〕［古希腊］柏拉图：《法律篇》，张智仁、何勤华译，上海人民出版社2001年版，第74页。

个好的立法者只着眼于“美德”[1]，他在制定法律的时候要着眼于三件事：“他为之立法城邦的自由、团结和智慧”[2]。统治者是“法律的仆人”，“如果法律是政府的主人并且政府是它的奴仆，那么形势就充满了希望，人们能够享受众神赐给城市的一切好处”。[3]对臣民而言，如果他服从法律，他将避免法律的惩罚，如果他蔑视法律，他就受到双倍的惩罚，“第一是出于众神之手，第二是来自法律”[4]，甚至得出了这样的结论：“人们必须为他们自己制定法律并在生活中遵守它们，否则他们会无异于最野蛮的野兽。”[5]

从法律的神圣性，到法律的性质，再到法律形成，最后到法律的尊严，柏拉图向我们展现了他对法律的理解。至于法律的地位，他并没有忘却他的《理想国》里提出的且终身铭记在心的智慧的统治。他说，由于神的仁慈，人生而具有自然的禀赋，自然禀赋的施展，不需要法律来控制，知识是任何法律和规则不能够超越的，因为法律规则体现着一般的原则，不能够适用于每个案件。理性是真实的并有着天然的自由，有着普遍的力量，它应该位于万物之上，“但在事实上，这种情况在任何地方都找不到，有的只是随处可见的暗示罢了。这就是我们必须选择第二种替代品，即法律和规则”。[6]这就是柏拉图著名的“次善法律统治”观点的由来，也就是说，他终其一生所追求的乃是知识、美德和理性的统治，如果我们求之不得，那么我们只能够退而求其次，寻求体现着神之智慧的、第二等好的法律。

---

[1] [古希腊]柏拉图：《法律篇》，张智仁、何勤华译，上海人民出版社2001年版，第86页。

[2] [古希腊]柏拉图：《法律篇》，张智仁、何勤华译，上海人民出版社2001年版，第105页。

[3] [古希腊]柏拉图：《法律篇》，张智仁、何勤华译，上海人民出版社2001年版，第123页。

[4] [古希腊]柏拉图：《法律篇》，张智仁、何勤华译，上海人民出版社2001年版，第270页。

[5] [古希腊]柏拉图：《法律篇》，张智仁、何勤华译，上海人民出版社2001年版，第308页。

[6] [古希腊]柏拉图：《法律篇》，张智仁、何勤华译，上海人民出版社2001年版，第309-310页。

影响评价

西方思想的源头在古希腊，法律思想融合在政治思想、伦理思想和哲学之中。希腊哲学家对法律的看法处于萌芽阶段。苏格拉底和柏拉图被视为西方理性主义哲学的起点，他们对法律的看法，必定成为西方法律思想史的基础性来源。苏格拉底"述而不作"，因此我们首先要阅读柏拉图。

柏拉图对法律有着诗一般的描述，比如我们的法律来自我们的神，我们的法律于是就有了神圣性；法律是智慧的浓缩，随着神圣法律的指引，我们可以通向完善的理智世界；法律的智慧无处不在，它渗透到我们的饮酒和歌唱中。

比较"哲学王"而言，法律之治只是"次善"的统治形式。《理想国》里所描绘的智慧与权力的结合，也就是"哲学王"的境界，才是哲学家最高的政治理想，此比喻深刻影响了西方后世的思想家。在《政治家》中，他用的比喻是，一个好的政治家，就像是一个好的编织工，勇敢和刚毅是编织品的经线，节制和温顺是纬线，国家就像是最壮丽和最美好的编织物。

尽管如此，柏拉图晚年还是倾心打造"法律帝国"。就法哲学而言，柏拉图对正义的分析，开启了西方法律与正义的分析进路。反对正义的强权理论、反对正义的欠债还钱的理论、反对正义的功利计算理论，柏拉图提出了哲理的内在正义论：理性支配欲望和激情，达到节制和勇敢，这才是个人的正义；金质的国王和银质的卫国者领导铜铁质的劳动者，差等有序和合理分工的协作，才能造就一个正义的城邦。

深度阅读

1. [古希腊]柏拉图:《理想国》,郭斌和、张竹明译,商务印书馆1986年版。

2. [古希腊]柏拉图:《政治家》,黄克剑译,北京广播学院出版社1994年版。

3. [古希腊]柏拉图:《法律篇》,张智仁、何勤华译,上海人民出版社2001年版。

4. [英]A.E.泰勒:《柏拉图——生平及其著作》,谢随知等译,山东人民出版社1990年版。

5. 范明生:《柏拉图哲学述评》,上海人民出版社1984年版。

亚里士多德

Aristotle

公元前 384—前 322

法律政治、法律正义和法律修辞

“法治应包含两重意义：已成立的法律获得普遍的服从，而大家所服从的法律又应该本身是制定得良好的法律。”

——亚里士多德《政治学》

亚里士多德(Aristotle，公元前384—前322)，斯塔吉拉哲学家和自然科学家。公元前384年生于卡尔塞德斯半岛的斯塔吉拉，当时该半岛在马其顿统治之下。他父亲是一个医生，名字叫尼克马库斯，来自阿斯克勒皮亚克家族，后来成为国王阿敏塔斯的宫廷医生。父亲早逝后，17岁的亚里士多德被监护人送到雅典，进入柏拉图学园学习。他此后的生活可以划分为四个阶段：(1)前367—前357年，学习；(2)前357—前347年，在学园教书，直到柏拉图去世；(3)前347—前345年，旅行岁月，先后到达小亚细亚的阿苏斯(前347—前345)、莱斯博斯(前345—前344)、佩拉(前343—前340，马其顿王室担任亚历山大的老师)和斯塔吉拉(前340—前335)；(4)前335—前322年，在吕克昂创建自己的学园，在雅典教书。

虽然流传着丰富的传记资料，但是没有足够的信息重构亚里士多德的学术生涯。有时候，很难区分传奇与真实。即使是亚里士多德与柏拉图的直接接触关系，也不十分清晰。在柏拉图学园学习期间，柏拉图在前367—前364年和前361—前359年，两度去了西西里，将学园的运作交给了其他人，比如数学家和天文学家欧多克斯，自然科学家和历史学家赫拉克里德斯·彭提乌斯。在这些权威指导下学习，亚里士多德受到自然科学的熏陶，对自然科学产生了兴趣。跟随他父亲做医生的学徒，也是他对自然科学有兴趣的原因之一。因此，亚里士多德与柏拉图哲学的分歧早就形成了，不像人们通常认为的那样，亚里士多德与柏拉图学园的决裂没有来得那么突然和强烈。完成自己的学业后，亚里士多德在学园里教授了几年课程，在柏拉图还活着的时候，他已经形成了自己的哲学思想轮廓。可以想象的是，亚里士多德被要求讲授柏拉图不甚感兴趣的科目，比如自然哲学和修辞学。柏拉图死后，亚里士多德脱离了学园，背后的原因没有历史细节支撑。所以，无法确定亚里士多德的离开是客观的原因，还是主观的原因。柏拉图死后，学园由其侄子斯珀西波斯接管，亚里士多德没有继续待下去，而是与色诺克拉底一起去了阿苏斯。在开明暴君赫米阿斯的鼓励下，以前的学院派人物聚合在一起。此后的旅行信息不明，有可能的情况是，他不久离开了阿苏斯，去了莱斯博斯，与他自己的学生、朋友和未来继承者提奥弗拉斯特专注研究生物学，特别是海洋生物学。

更多的传奇记载聚焦于亚里士多德与亚历山大大帝之间的交往。亚历山大继承马其顿王位后，亚里士多德或许可以成就柏拉图“哲学王”的政治理想，把国王教育成为哲学家。不过，历史事实是，公元前443年，亚历山大才13岁，他学习的内容主要是经典作家的作品，可能就是历史和修辞。前340年晚些时候，亚历山大的学生时代就结束了，他父亲任命他为共同摄政王。此后几年里，亚里士多德与亚历山大的亲密度如何，也没有材料明确说明。但是，有些史料是真实的，例如，亚里士多德的侄子卡利斯提尼斯被任命为亚历山大的官方战争史家；又如，亚历山大不仅在财力上支持亚里士多德的学园，而且将科学素材也提供给学园。但是，亚里士多德的和平主义与亚历山大的帝国梦想肯定存在冲突。史料记载，当柏拉图学园选举色诺克拉底作为斯珀西波斯继任者后，亚里士多德回到雅典创办了自己的学园。学园建在吕克昂，是吕卡维多斯山下的一片运动场地，那里绿树成荫，后来被称为“逍遥学派”。亚里士多德办自己的学园，是因为他野心受挫，还是因为亚历山大提供财力资助，一直存在争议。学园的研究颇具规模，不仅有自然科学，而且有科学史、政治史和文化史。不仅如此，亚里士多德还建立了宏大的档案馆，是后来亚历山大图书馆的典范。著名的学者参与其中，德奥弗拉斯特写了科学史，阿里斯托赛诺斯写了最权威的音乐学教科书，欧德莫斯写了数学史。亚里士多德的《政治学》所需要的经验材料汇编，包括158个希腊城邦历史的描述，都出自众多助手的团体。

不幸的是，亚里士多德的教学和研究成就因为亚历山大的突然死亡而戛然终止。公元前323年，33岁的亚历山大在巴比伦暴毙。亚历山大死后，雅典兴起反马其顿的派系争斗，亚里士多德因政治的原因被指控为不敬神的罪名。为了避免追责，他逃亡到了埃维亚岛哈尔基斯，住在他母亲留给他的房子里。次年，他在那里去世。[1]

核心学说

一、亚里士多德的法律政治论

在城邦起源的问题上，亚里士多德提出了自然起源论。他认为城邦是由家庭和村落不断自然发展而形成的。人天生是“城邦动物”或“政治动物”，进行社会结合是人的天性。人的结合无非有两种形式：一是两性的结合；二是命令和服从的结合，即自然的统治者和自然的服从者的结合。首先，家庭是第二种结合的最原始形式。它是由夫妻、父子、主奴三种关系联结而成的。这样，家庭就成为人类满足日常生活需要而建立的社会的基本形式。其次，为了适应更广泛的生活需要，由若干家庭联合组成村落，即高一级的共同体。最后，若干村落组合为城邦，社会就进化到高级而完

〔1〕 Meier, Mischa (Bielefeld), Günther, Linda-Marie (Munich), Ameling, Walter (Jena), Frede, Dorothea (Hamburg), Rhodes, Peter J. (Durham), Döring, Klaus (Bamberg) and Gottschalk, Hans (Leeds), "Aristoteles", in: Brill's New Pauly, Antiquity volumes, edited by: Hubert Cancik and Helmuth Schneider, Consulted online on 10 June 2023, http://dx.doi.org/10.1163/1574-9347_bnp_e136530。First published online: 2006; First print edition: 9789004122598, 20110510.

备的境界，在这种社会团体以内，人类的生活可以获得完全的自给自足。因此可以明白，城邦出于自然的演化，人类在本性上是政治动物，趋向于城邦生活。由此推及，凡人由于本性或由于偶然而不归属于任何城邦的，他如果不是一个鄙夫，就是一位超人；不是一只野兽，就是一位神祇。〔1〕

城邦这个社会团体和其他社会团体的区别，不仅表现在规模上或级别上，尤其表现在性质上。亚里士多德说，城邦虽在发生程序上后于个人和家庭，而在本性上则先于个人和家庭。因为就本性而言，全体必然先于部分。依亚里士多德的哲学，家庭、村落是城邦的动力因，城邦是家庭、村落的目的因，城邦一开始就存在于家庭和村落之中。换言之，不能把城邦看成是家庭和村落的扩大，家庭和村落是城邦发展中的一个阶段。亚里士多德还说，城邦的标准是完全独立性、自我满足性和自我生存性。这些属性是家庭或村落等集合体所不具备的。城邦这种集合体存在的意义主要在于：一是人们生活的最广泛的恒久条件；二是最大限度发挥人们能力的唯一组织形式。基于这些理由，城邦理所当然地优先于个人、家庭和村落。

亚里士多德把政体解释为城邦等一切政治组织的依据，政治所由此决定的“最高治权”的组织。亚里士多德对政体进行了划分，划分的标准有二：一是主权由多少人来掌握；二是统治的目的，是为实现全体市民的利益，还是只为实现自己或少数人的利益。如果城邦组织是为整体共同的善，这种组织就是正常的政体，称“正宗”政体，否则就是不正常的政体，称“变态”政体。由此标准，他把政体分为六种：君主政体、贵族政体和共和政体，这三种是“正宗”政体；暴君（僭主）政体、寡头政体和平民政体，这三种是“变态”政体。

在政体理论问题上，亚里士多德提出，不存在任何环境下总是好的政体；政体需由不同人民的特殊要求来确定。在他看来，基本的城邦制度不

〔1〕 参见［古希腊］亚里士多德：《政治学》，吴寿彭译，商务印书馆1965年版，第7页。

能脱离具体的时间、地点和人民的条件来考虑。其中，包括综合地考察地势、气候、资源以及居民的数量诸情况，带有地理环境决定论的色彩。他说，一些社会自然地宜于专制式的统治，另一些宜于君主统治，又有一些则宜于城邦团体的统治，这些对于每一类的社会，各从其宜。

至于亚里士多德向往的政体，有人说是共和政体，有的称立宪共和政体，还有的称混合三种正常政体的一种混合政体。总而言之，是一种介于三种正常政体之间并吸收三种正常政体优点的中间型政体。在这种城邦中，中等阶级占据优势。他反对大富大贫，提倡中等财富，主张拥有适度的中产阶级来统治城邦。亚里士多德认为，在一城邦内，从财产上讲，极富极贫阶级都不具备节制与中庸的美德，他们不能顺从理性，极富阶级常常逞强放肆，致犯重罪，极贫阶级则往往懒散无赖，易犯轻罪，因而这两个阶级是大多数祸患的源头。唯有中产阶级善德最佳，境界最高，少有野心。它比其他阶级更为稳定：既不像穷人那样贪图他人财物，也不像富人那样富得足以引起穷人嫉妒，不对别人抱有任何阴谋。他说，很明显，最好的政治团体必须由中产阶级执掌政权。具体而言，他向往雅典政制，但非民主全盛时期，而是伯拉克利时代的雅典政制。亚里士多德罗列了此种共和政体的好处：第一，它代表的人数多，意见、智慧、力量、美德甚至财富的总和就多；第二，动摇一个人的感情容易，而动摇全体人的感情就难，所以共和政体最稳定；第三，由于多数人参与政治，就会减少纷争和内乱，因为每项决定反映的都是多数人的意志。

亚里士多德提出了政体职能问题，即城邦职能。他认为任何一种政体都是由三个要素构成的，即议事职能、执行职能和司法审判职能，并通过三个不同的机关来行使城邦的治权。他说，一切政体都有三个要素作为构成的基础：其一为有关城邦一般公务的议事机能；其二为行政机能部分——行政机能有哪些职司、所主管的是哪些事以及他怎样选任，这些问题须一一论及；其三为审判（司法）机能。

亚里士多德对法律概念的解释是多样的，有时指道德上的法规，与理性、正义等同；有时是实在法的概念，与规章、秩序联系起来。亚里士多德认为，法律有如下特征：第一，法律是一种规章，城邦用它来掌握权力并监察和处理违法者；第二，法律是一种秩序，普遍良好的秩序基于普遍遵守法律的习惯；第三，法律是正义的体现，要使事物合于正义，须有毫无偏私的权衡，法律恰恰是这样一个中道的权衡。法律的目的和作用，就是谋求城邦全体公民的“公共福利”，使他们“都能进入正义和善德的制度”〔1〕。法律，不同于政体，“它是规章，执政者凭它来掌握他们的权力，并借以监察和处理一切违法失律的人们”〔2〕。

亚里士多德提出了法律与政体统一的思想。他认为，法律决定并服务于政体，与政体相一致。正宗政体是好的政体，它制定的法律就是合乎正义的好法律。而那些不合乎正义的、坏的、乖戾的政体所制定的法律就是坏法律。当政体的目的是促进全城邦的共同利益即促进正义和善德时，这个政体的法律也就以促进正义和善德为目的，反之则相反。

与柏拉图早期人治的观点相反，亚里士多德提倡法治，反对人治。对于法治，他认为，“法治应包含两重意义：已成立的法律获得普遍的服从，而大家所服从的法律又应该本身是制定得良好的法律。”〔3〕

具体而言，第一，要有一个制定得良好的法律，这是前提。这只有在“正宗”政体下才能实现，而在非正宗政体下则无法治而言。亚里士多德提出，立法坚持稳定性和适时修改。立法工作要及时地适应形势的重大变化，制定新的法律和废改旧的法律，以便更好地使法律能符合政体的要求，履行正义、善德和幸福等原则，与此同时，又要保持法律的稳定性，以及其慎重的态度对待法律的变革。制定法律要认真考虑城邦的具体情况，如国

---

〔1〕［古希腊］亚里士多德：《政治学》，吴寿彭译，商务印书馆1965年版，第138页。

〔2〕［古希腊］亚里士多德：《政治学》，吴寿彭译，商务印书馆1965年版，第178页。

〔3〕［古希腊］亚里士多德：《政治学》，吴寿彭译，商务印书馆1965年版，第199页。

境大小、居民人数、生活方式、城邦行政关系、财产数量和军备等。同时，法律要反映中产阶级的利益。在他看来，建立以中产阶级为核心的城邦是最正宗的政体。第二，普遍的服从法律，这是关键。亚里士多德说，法律之所以有效，全在于民众的服从，但同时指出，民众的守法精神不能全部仰赖于自发形式，而须长期地培养，为此，就要求城邦在此方面付出巨大的努力。同时，执政者应时时处处依法办事，严格执行法律，法律应在任何方面受到尊重而保持无上的权威。执政人员和公民团体只应在法律所不及的个别事例上有所抉别，两者不该侵犯法律。

亚里士多德认为法律是最优良的统治者。法律的统治就是理智的统治、神祇的统治。而人治，就在政治中混入了兽性的因素。这里蕴含着这样的思想，他认为法治之所以优于人治原因在于：第一，法律是根据众人的经验审慎考虑后制定的，与一个人或少数人的意见比，具有更多的正确性。众人的智慧总优于个别人的智慧，正如许多人出资举办的宴会可以胜过一人独办的酒席，大泽水多则不朽，小池水少则易朽，同时多数群众也比少数人不易腐败。第二，法律没有感情，不会偏私，具有公正性。亚里士多德说，即使最好的人们也未免有热忱，这就往往在执政的时候引起偏向。法律恰恰是免除一切情绪影响的神祇和理智的体现。第三，由此而来的是，法律不会说话，不受波动的感情行事，具有稳定性。第四，法律是借助规范形式，特别是借助文字形式表达的，具有明确性。第五，时代要求实行法治而不能实行人治。共和制兴起之后，仍用人治是不合乎时代要求的。因为在平等人民所组成的城邦中，以一人凌驾于全邦人民之上是不合乎自然的。第六，一人之治管理城邦也实属困难，一个人的精力和能力很有限。

二、亚里士多德的法律正义论

法律正义论的理性研究应该追溯到亚里士多德。在法哲学层面，“法律即是正义”是西方法理学的主流思想之一；在法律实践理性层面，传统的法学家将法律责任建立在正义的道德基础上。古希腊学者喜欢探讨“善德”，这里的善德不仅是今天我们所谓的伦理，在一定意义上讲，善德是他们人文学说的至高目的，是今天我们称为社会科学的终极价值。柏拉图如此，亚里士多德也是如此。二者比较而言，真正奠定法律正义理论，并对后世法律理论产生实质性影响的，则是亚里士多德。在亚里士多德看来，善德是政治学的核心，政治学又是最高的应用科学，政治学包含两个部分，一个是他的伦理学，另一个是他的政治学，〔1〕其中，正义是善的一个组成部分。在其伦理学中，他详细地阐述了他的正义观。正义（公正〔2〕）是一种中庸，是一种完全的德性。不正义有二，一为违法，二为不均〔3〕。后代学者的理解为，正义的含义有二，一为合法，二为合理与平等，二者又分别称为一般的正义和特殊的正义〔4〕，亚里士多德的重点在于特殊的正义。特殊的正义又包括两个基本的分类，一个是分配的正义，另一个是矫正的正义。

分配的正义强调各取所值，按照各自的价值进行分配，正义就是一种比例。衡量是否正义的参数至少有四项，其中第三项与第四项之比等于第一项与第二项之比，再交替搭配，第二项与第四项之比等于第一项与第三项之比，“如若各项是这样的结合，其结果就是公正的”，亚里士多德称为“几何比例”〔5〕。后世的学者描述为：A∶B=C∶D，那么A∶C=B∶D，因而（A+C）∶（B+D）=A∶B，也就是说，如果把C给A，把D给B，双方的相对地位就与分配前相同，这样做就是正义的〔6〕。矫正的正义强调的是均等，

〔1〕 参见［英］罗斯：《亚里士多德》，王路译，商务印书馆1997年版，第206页。

〔2〕 苗力田翻译的《尼各马科伦理学》将正义翻译为“公正”，参见《亚里士多德全集》（第8卷），中国人民大学出版社1994年版。

〔3〕 参见［古希腊］亚里士多德：《尼各马科伦理学》，苗力田译，载苗力田主编：《亚里士多德全集》第8卷，中国人民大学出版社1994年版，第98页。

〔4〕 参见［英］大卫·罗斯：《亚里士多德》，王路译，商务印书馆1997年版，第230页。

〔5〕 ［古希腊］亚里士多德：《尼各马科伦理学》，苗力田译，载苗力田主编：《亚里士多德全集》第8卷，中国人民大学出版社1994年版，第100页。

〔6〕 参见［英］大卫·罗斯：《亚里士多德》，王路译，商务印书馆1997年版，第231页。

遵循的是一视同仁，在这里好人与坏人没有性质上的差别，比如一个人打人，一个人被打，一个人杀人，一个人被杀，这样在承受与行为之间形成了不均等，这就需要正义来矫正，通过惩罚使其均等，或者剥夺其所得，也就是剥夺行为人所得来补偿承受人的所失。矫正的正义就是所得与所失的中间，“正如对一条分割不均的线段，他从较长的线段取出超过一半的那部分，增加到较短的线段上去，于是整条线就分割均匀了”。矫正正义遵循“算数比例”[1]。后世学者的描述是，在财产和人身损害发生前，A=B，损害发生后，损害变成A+C和B−C，裁判者（法官）就要从A取C给B，这样使双方处于得失之间算术适中的位置，这就是A+C−C=B−C+C。[2]

基于正义善德与政治的密切关系，亚里士多德必定会将正义与政治生活联系起来，在伦理学中他点到为止地谈到这个问题，而在政治学中，他又从政制的角度论述了正义。亚里士多德认为，不同的政体形式下的人们对正义有着不同的理解：在平民的政体中，正义被认定为平等，在寡头政体中，不平等的分配被认为合乎正义；平民派注重自由身份的平等，认为一事相等则万事也都相等，寡头派注重资财，认为不等资财者一切都应不平等。“各人按照自己的利益进行论断，而大多数的人如果要他们判决有关自身的案件时，实际上就都是不良的法官。”[3]同样，亚里士多德在这里对正义的理解，也游离于两种正义理论之间。一方面，他把正义理解为平等，也就是平民政体下正义的观念，换言之，矫正的正义，务求整齐匀称，在这个意义上“法律只应该规范出身和能力相等的众人”。[4]平民政体下各城邦实行的“陶片放逐律”就是基于这种正义观，这些城邦以“平等”为超过一切的无上要义，对于邦人中特别富有者，或朋友众多者，或其他势

〔1〕［古希腊］亚里士多德：《尼各马科伦理学》，苗力田译，载苗力田主编：《亚里士多德全集》第8卷，中国人民大学出版社1994年版，第101−102页。

〔2〕参见［英］大卫·罗斯：《亚里士多德》，王路译，商务印书馆1997年版，第233页。

〔3〕［古希腊］亚里士多德：《政治学》，吴寿彭译，商务印书馆1965年版，第136页。

〔4〕［古希腊］亚里士多德：《政治学》，吴寿彭译，商务印书馆1965年版，第154页。

力，他们就以此法将他驱逐出境，限令若干年内不得归返本邦。“按照一般的认识，正义是某些事物的‘平等’观念。”[1]正如有一队笛师，要是大家吹笛的本领相等，就不会凭他们出身的高低作为分配笛管的标准，谁都不会由于出身较高便能吹奏得更好，而应该对笛艺较高的人才分配给较好的或较多的笛管，出身和财富都无助于吹奏。另一方面，他把正义理解为分配的不平等，也就是寡头制下正义的观念，换言之，分配的正义，它务求比例匀称，因之，“政治权利的分配必须以人们对于构成城邦各要素的贡献的大小为依据”[2]。亚里士多德说，要是投资1米那的人和投资其他99米那的人，平等享用100米那的本利，这才真正是不合正义的，正义的分配是以应该付出恰当价值的事物授予相应收受的人，应该考虑到每一受任的人的才德或功绩。

在阐明了正义的两个基本分类后，亚里士多德还在他的伦理学中做了许多发挥，其中值得我们注意的是正义和法律的关系。一方面，合法的就是公正的，违法的就是不公正的，“法律是以合乎德性以及其他类似的方式表现了全体的共同利益，或者只是统治者的利益”，“法律要求人们合乎德性而生活，并禁止各种丑恶之事。为教育人们去过共同生活所制定的法规就构成了德性的整体”[3]。在这一点上，他认为法律与正义有内在的一致性，因为人总是把好处留给自己，把坏处留给别人，因此可能成为暴君，所以我们不允许个人的宰治，而提倡法律的宰治。另一方面，他还是觉得正义高于法律，在他看来正义是本性善的东西，善的行为本身就是目的而不是手段，有点接近于后来康德对于善的理解，而法律毕竟是外在的东西，与正义并不在一个水平线上，法律只是通往善德正义的一种工具。法律是

---

〔1〕［古希腊］亚里士多德：《政治学》，吴寿彭译，商务印书馆1965年版，第148页。

〔2〕［古希腊］亚里士多德：《政治学》，吴寿彭译，商务印书馆1965年版，第150页。

〔3〕［古希腊］亚里士多德：《尼各马科伦理学》，苗力田译，载苗力田主编：《亚里士多德全集》第8卷，中国人民大学出版社1994年版，第94–98页。

行为的准则，如果颁布的准则正确，法律就正确，否则就是坏的法律。而且，法律具有普遍性，只说些普遍的道理；法律只针对大多数，不能够适用于一切事物。这就需要弹性，也就是法律的例外，对法律的这种纠正称为公平，公平对法律的纠正才称为正义。[1]

这一点同样反映在他的政治学中，亚里士多德认为，第一，"人类所不同于其他动物的特性就在他对善恶和是否合乎正义以及其他类似观念的辨认"[2]，由正义衍生礼法，法律的本质是正义；第二，凭借法律，人类能够判断是非曲直，因为法律所赖以存在的正义是建立社会秩序的基础；第三，"人类志趋善良而有所成就，成为最优良的动物，如果不讲礼法、违背正义，他就堕落为最恶劣的动物"[3]。反之，如果一个人不守礼法，且再运用人类特有功能如语言机能去作恶，那么他就会淫凶纵肆、贪婪无度，因下流而成为最肮脏最残暴的"野兽"。在这一点上，亚里士多德继承了柏拉图晚年的思想，也就是后者在《法律篇》中提出的"人们必须为他们自己制定法律并在生活中遵循它们，否则他们会无异于最野蛮的野兽"[4]。

三、亚里士多德的法律修辞学

仅仅有亚里士多德的《政治学》和《尼各马科伦理学》是不够的，法律的政治前提和本质属性，并不能全面展现亚里士多德的法律全景。政治前提和本质属性只是静态的对法律的描述，要了解法律动态的运作方式，我们要深入他的《修辞术》及《工具论》。这就是亚里士多德的论题学和修辞学，或者说关于论题的修辞学。

如今的亚里士多德文集，经过了后人的编辑和整理。《论题篇》属于

---

〔1〕 参见［古希腊］亚里士多德：《尼各马科伦理学》，苗力田译，载苗力田主编：《亚里士多德全集》第8卷，中国人民大学出版社1994年版，第117页。

〔2〕 ［古希腊］亚里士多德：《政治学》，吴寿彭译，商务印书馆1965年版，第8页。

〔3〕 ［古希腊］亚里士多德：《政治学》，吴寿彭译，商务印书馆1965年版，第9页。

〔4〕 ［古希腊］柏拉图：《法律篇》，张智仁、何勤华译，上海人民出版社2001年版，第309页。

工具论，与范畴、解释、前分析、后分析和归谬并列，讲的是证明与推理。《修辞术》属于实践学问，与政治学、伦理学、家政学和诗学并列，讲的是论辩与说理。但是，在亚里士多德那里，论题篇涉及修辞，讲修辞也涉及论题。可以说，论题是思想的工具与方法，修辞是思想的领域和本体。论题修辞学，实际上是就一个论题的前提展示出修辞的技艺，告诉我们法律的鲜活世界。

亚里士多德没有给论题下一个定义。按照现代语言习惯，"论题"更接近于"议题"或者"话题"，但亚里士多德意不在此。从词源上分析，"论题"原本指"地方"或"方位"。因为作为一个观念的概念，论题并不存在一个实际的空间场所，最多会指向"观念的场域"，这又加剧了对"论题"一词的理解难度。因此，要理解论题的含义，必须做其他的解释，给予明确的界定。从《论题学》八篇的内容上看，无非是讲解"本质"、"属性"、"种属"、"偶然属性"和"定义"。"本质"是指"什么才是此物"，"属性"是指"此物为何"，"种属"是指"此物属于哪类"，"偶然属性"是指"此物碰巧如此"。[1]可以说，将论题理解成建构一个辩论的场所、确立一个辩论的起点，也是一种通俗的解释。在《论题学》的第一篇，亚里士多德做了导言性的介绍。他是将逻辑三段论与论题推理分离开来的，从一个原初的或者真实的第一原理出发，通过演绎推理得出明确的结论，这称为证明。但是，论题区别于完整的三段论，它属于辩证法。辩证法也要应用推理，但是，辩证法推理的前提是不完整的，需要推理实践者发挥创造力，得出的结论也不是真理，而是一种可能性。与完整三段论的不同还在于，三段论的前提是自然规律或无须证明公理，辩证法推理的前提则是"被大

〔1〕 Tobias Reinhardt, on "Endoxa" in Aristotle's "Topics", *Rheinisches museum for philology*, 2015, Neue Folge, 158. Bd., h. 3/4(2015), p.225-246.

多数或者智者接受的知名观点”[1]。

按照《修辞术》，亚里士多德把推理模式依次区分为逻辑、辩证法和修辞。从原初或公理前提出发，通过严格三段论模式，演绎出真实的结论，是科学的逻辑。从精英观点或大众接受的前提出台、在前提缺失情形之下的推演，得出可能性的结论，称为辩证法逻辑。修辞术是辩证法的对应物，辩证法讲的是一般性的命题与命题的关系，修辞讲的是一般与特殊之命题与场景的关系；逻辑是理性地辨明是非，修辞是感性地说服。辩证法与修辞的亲和性大于三段论的逻辑，但是，三者都有自己的逻辑，只是逻辑的严密程度和真实程度不同。回到本文的主题，论题属于工具论，与范畴、分析和归谬同类，修辞属于实践理性，与政治学、伦理学和家政学同类。

在修辞术领域里，亚里士多德论及了现代意义上的法律现象。不同场景下，修辞的运用不同，打动听众的方式各异。修辞就是演讲，演讲可以分为三种：其一，政治性的演讲，对象是要立法的民主大会，演讲的出发点是城邦提案的利弊；其二，法庭里的演讲，对象是审判的陪审团，演讲的目的是公正；其三，典礼演讲，对象是普通大众，演讲的出发点是高尚或丑陋。[2]前两种演讲，类似于现代法律中的立法演说与司法争辩。动态上考量，说服论证依赖于三个基本要素，其一是演讲者的品格，其二是听者的心境，其三是论证本身。[3]研究人的品德、德行和激情，“修辞术就象是辩证法和伦理学说的分支”，“修辞术可以纳入政治学的框架”。[4]

议事演说要游说的事项有五，分别为“赋税的征收、战争与和平、疆

---

〔1〕［古希腊］亚里士多德：《论题篇》，徐开来译，载苗力田主编：《亚里士多德全集》第1卷，中国人民大学出版社1990年版，第353页。

〔2〕参见［古希腊］亚里士多德：《修辞术》，颜一译，载苗力田主编：《亚里士多德全集》第9卷，中国人民大学出版社1994年版，第346页。

〔3〕参见［古希腊］亚里士多德：《修辞术》，颜一译，载苗力田主编：《亚里士多德全集》第9卷，中国人民大学出版社1994年版，第338页。

〔4〕［古希腊］亚里士多德：《修辞术》，颜一译，载苗力田主编：《亚里士多德全集》第9卷，中国人民大学出版社1994年版，第339页。

土的防卫、进口与出口，以及立法方面的事务”。[1]立法是规定所有的事务，审判只涉及少数的案件；立法是长期深思熟虑的产物，审判是一时的抉择；立法着眼于将来，审判注重于当下。[2]在立法利益衡量方面，亚里士多德回到其政治学的一贯看法，不同政体下，利益不同，立法也就不同。政体形式有四：平民政体、寡头政体、贵族政体和君主政体。平民政体的目的在于自由，寡头政体的目的在于财富，贵族政体的目的在于教育和守法，君主政体的目的在于自卫。“所有人都会因利益而动心”，“最有效和最重要的办法在于掌握全部各种政体，区分每一种习俗、法制及其利益所在”。[3]

控告和辩护的主题是否公正，不公正的把握在于三个方面，一是不公正的动机，二是不公正的心理，三是不公正的性质和状况。每个人都在各自的卑鄙处显示不公正，人的一切行为都源自机遇、本性、强迫、习惯、心计、愤怒和欲望。了解了人类不公正的性质、种类和缘由，才能够做好法庭的说服演讲。

在亚里士多德审判演说部分，我们看到了亚里士多德对于法律活动详细的描述，这是在其政治学和伦理学中没有出现的东西：其一，特殊法律与共同法律的区分。特殊的法律是指各种政体下书写成文的法律，共同的法律是一切人所公认的不成文法律。[4]另外的表述为：特殊的法律是各个民族为自己制定的法律，可以分为成文法与不成文法，共同的法律是依据自然本性的法律。“索福克勒斯悲剧中的安提戈涅所说的显然就是这个意

---

〔1〕［古希腊］亚里士多德：《修辞术》，颜一译，载苗力田主编：《亚里士多德全集》第9卷，中国人民大学出版社1994年版，第349页。

〔2〕参见［古希腊］亚里士多德：《修辞术》，颜一译，载苗力田主编：《亚里士多德全集》第9卷，中国人民大学出版社1994年版，第334页。

〔3〕［古希腊］亚里士多德：《修辞术》，颜一译，载苗力田主编：《亚里士多德全集》第9卷，中国人民大学出版社1994年版，第370页。

〔4〕参见［古希腊］亚里士多德：《修辞术》，颜一译，载苗力田主编：《亚里士多德全集》第9卷，中国人民大学出版社1994年版，第378页。

思，她说安葬波吕涅克的尸首尽管受到禁止，但却是正义的，因为就自然本性而言这是正义的。”[1]其二，法律与公正。不公正最好由立法作出明确的规定，但是，立法者不能够对数不清的个案详细立法，只能简单提及，这个时候，“陪审员就好比是一位银器鉴别者，专门识别真正的公正与假冒的公正”。[2]对于错误与不公正的行为及过失，不能一概而论。不拘泥于法律的文字，要考虑立法者的用心；不以行为而论，要考虑行为者的意图；不以部分而论，要考虑整体；不以当下人品为据，要考察他的过往。要诉诸理性，而非武力；要接受调停，而非交付审判。

亚里士多德的精彩之处，还在于他描述的法庭演讲的说服论证方式：法律、见证、契约、拷问和誓言。这里，亚里士多德展现的法庭辩论技巧不亚于早先智者学派的诡辩术。

控告和申诉都要运用法律，而法律既可以遵从又可以超越，法庭辩论可以变通运用。法律既可以是成文法，也可以是共同法。当现有成文法对自己不利时，就可以援引人类共同法，得到陪审团的同情与宽赦。安提戈涅的法律技巧就在于此，尽管她哥哥违反了克瑞翁的成文法，但是不违反不成文法。“有才德的人更愿意遵从不成文的法律，而不是成文法。”[3]反之，当成文法对自己有利的时候，那么就要捍卫成文法的权威，强调陪审团不能做出违反法律的事情，善德因人而异，但是法律则是恒定的。

见证分为过去的见证、现在的见证和将来的见证。古人的见证比当下的见证更有说服力，引用荷马和梭伦，永远有说服力。“古人的见证即是最

---

〔1〕［古希腊］亚里士多德：《修辞术》，颜一译，载苗力田主编：《亚里士多德全集》第9卷，中国人民大学出版社1994年版，第394页。

〔2〕［古希腊］亚里士多德：《修辞术》，颜一译，载苗力田主编：《亚里士多德全集》第9卷，中国人民大学出版社1994年版，第400页。

〔3〕［古希腊］亚里士多德：《修辞学》，颜一译，载苗力田主编：《亚里士多德全集》第9卷，中国人民大学出版社1994年版，第400页。

可信的，因为谁也没办法收买古人”。[1]谚语是有历史感的经验的总结，未来的见证则是神谕。法庭上任何一方，都可以找到有利于自己的见证，法庭辩论机动掌握。即使没有合适的见证，还可以拿个人品行说事。

在契约争议案件中，契约对自己有利，就要强调“遵守契约就是遵守法律”。反之，当契约对自己不利的时候，可以质疑契约的可信度。比如，我们可以质疑签订契约时候立约者的过错，强制履行过错情形下签订的契约，无疑是错上加错。再如，我们可以强调公正高于契约，如果签订契约的时候存在诈欺和强迫，那么就不应该拘泥于契约本身，而应该追求公正。“契约则可以通过欺诈或强迫产生。”[2]最后，我们还可以审查契约是否与成文法的规定相冲突，是否违反了人类共同的法律。

拷问是否可信，也可以在法庭上变通使用。当拷问的结果有利于自己时，可以夸大拷问的重要性，人有撒谎的本能，强迫之下才会道出真相。当拷问的结果不利于自己时，可以彻底否认拷问的真实性，因为“有的人一受拷问就以假话诬害他人，以求尽快解除皮肉之苦”。[3]

誓言在古代社会中的作用更为重要，誓言的给出也要区分不同的情况。在法庭辩论中，同样可以正反对待当事人的誓言。当誓言对自己有利时，可以将誓言上升到神圣的地位，“把事情交给诸神监管是虔诚的”，[4]反之，当誓言对自己不利时，可以称不信神的无赖是会发假誓的。

更重要的是，亚里士多德强调演讲中演讲者的品德、听众的心境和论证的逻辑。在议事演说中，演说者表现出某种特性是较为有用的，而在法

---

〔1〕［古希腊］亚里士多德:《修辞术》，颜一译，载苗力田主编:《亚里士多德全集》第9卷，中国人民大学出版社1994年版，第402页。

〔2〕［古希腊］亚里士多德:《修辞术》，颜一译，载苗力田主编:《亚里士多德全集》第9卷，中国人民大学出版社1994年版，第404页。

〔3〕［古希腊］亚里士多德:《修辞术》，颜一译，载苗力田主编:《亚里士多德全集》第9卷，中国人民大学出版社1994年版，第405页。

〔4〕［古希腊］亚里士多德:《修辞术》，颜一译，载苗力田主编:《亚里士多德全集》第9卷，中国人民大学出版社1994年版，第406页。

庭演说中，更应该使听者处于某种心情之中，因为人们在友爱之中与在仇恨之中、在愤怒之中与在温和的心情之中的表现绝不相同。〔1〕亚里士多德长篇累牍的讲述论证的技巧，这里的修辞学转向了文学修辞：比喻、寓言、例证、格言、谚语、夸张、辞章，以及逻辑的推演：证明与反驳。

影响评价

拉斐尔《雅典学院》中的柏拉图，手指朝上，这意指他"形而上"的偏好。亚里士多德手掌向下，意指他对"形而下"的贡献。对于柏拉图和亚里士多德在法律思想史上影响的高低，后人评价各异。如果说法哲学属于纯粹理性，那么柏拉图的地位会更高一些；反之，如果我们说法律属于实践理性，那么亚里士多德才是法学真正的鼻祖。至少，西方历史上第一次讨论人治与法治优劣，亚里士多德因"爱老师，但更爱真理"而一反柏拉图的"哲学王"，倡导"法治优于一人之治"，他无疑对西方法治主义传统有着更为直接的贡献。

在政治与法律的议题上，亚里士多德的影响一直延续至今。基于统治者的人数和政治统治的目的的标准，政体区分为六种，一直为后世政治学家和法学家所遵从。君主/僭主、贵族/寡头、共和/民主，一直是宪法学和政治学的基本政体分类。托马斯·阿奎纳、孟德斯鸠、奥斯丁的政体分类都是亚里士多德政体理论的变体。政体的性质决定了法律的性质，这个观点在孟德斯鸠那里发展到了极致。

法律与正义的关系、分配正义与矫正正义的区分，不仅是从古典学到当代伦理学家的基本分类，而且还深深影响了现代法学。"公法体现了分

〔1〕 参见［古希腊］亚里士多德：《修辞术》，颜一译，载苗力田主编：《亚里士多德全集》第9卷，中国人民大学出版社1994年版，第403页。

配正义”“私法体现了矫正正义”“侵权法体现了一种矫正正义”，都是现代法学家们津津乐道的命题。

亚里士多德的论题学和修辞学，较少为法学家们所讨论，但从法律史和法律思想史的角度看，亚里士多德为理解罗马法、英美法的法庭艺术提供了古希腊文化的模板。“诉讼制度的对抗制”“法庭的艺术是运用证据的艺术”，都可追溯到亚里士多德的修辞学。而且，欧洲人复兴罗马法，哲学的工具乃是亚里士多德的逻辑学。可以说，当西方人在中世纪重新发现亚里士多德后，才有了中世纪后期罗马法的复兴和重构。

深度阅读

1. [古希腊]亚里士多德:《政治学》，吴寿彭译，商务印书馆1965年版。

2. [古希腊]亚里士多德:《尼各马科伦理学》，苗力田译，载苗力田主编:《亚里士多德全集》第8卷，中国人民大学出版社1994年版。

3. [古希腊]亚里士多德:《论题篇》，徐开来译，载苗力田主编:《亚里士多德全集》第1卷，中国人民大学出版社1990年版。

4. [古希腊]亚里士多德:《修辞术》，颜一译，载苗力田主编:《亚里士多德全集》第9卷，中国人民大学出版社1994年版。

5. [英]W. D. 罗斯:《亚里士多德》，王路译，商务印书馆1997年版。

马尔库斯·图利乌斯·西塞罗

Marcus Tullius Cicero

公元前 106—前 43

罗马共和先驱，自然法学之父

“人民的福祉应是最高的法律。”

——马尔库斯·图利乌斯·西塞罗《论法律》第 3 卷

马尔库斯·图利乌斯·西塞罗，拉丁文全名为Marcus Tullius Cicero，[1]公元前106年1月3日出生于罗马东南100公里外的山城阿尔皮努姆。[2]他的父亲是家境富裕的骑士阶层，母亲是一个勤俭持家的家庭主妇。[3]西塞罗从小被父亲送到罗马，在那里接受了良好的教育，西塞罗是一个极有天赋的学生。16岁时，成年的西塞罗开始服兵役，并在军中接触相关法律事务；一段时间后，[4]从军队退役，恢复了一个学者的生活。西塞罗早年就对演说、诗歌、哲学和法学均十分感兴趣，并开始一些诗歌创作。苏拉独裁时期，25岁的西塞罗开始他的公职生涯，他仍然继续学习，首次求教于罗得岛的修辞学家莫洛，当时莫洛正跟随使团访问罗马。[5]26

〔1〕 Marcus Tullius Cicero，即马尔库斯·图利乌斯·西塞罗。依据古罗马人姓名规则，由个人名（praenomen）+氏族名（nomen gentile）+家族名（cognomen）构成。西塞罗是家族名。由于个人名（一共不到30个，最常用的只有10个）和氏族名数目较少，很容易让人产生混淆，故加入家族名，以示区分。参见齐云：《罗马的法律中译名的诸问题研究》，载徐国栋主编：《罗马法与现代民法》第8卷，厦门大学出版社2014年版，第75页。

〔2〕 Shackleton Bailey D. R., Introduction, Letters to Atticus, By Cicero, Loeb Classical Library, Vol. 1, Translated by Shackleton Bailey, D. R., Cambridge: Harvard University Press, 1999, p.3.

〔3〕 Elizabeth Rawson, Cicero, A Portrait, London: Allen Lane, 1975, p.5-6.

〔4〕 至于“一段时间”，无具体时间点可考。Kathryn Tempest & Cicero, Politics and Persuasion in ancient Rome. London: Continuum, 2011, p.27. 西塞罗的父亲领着16岁的西塞罗拜见84岁高龄的法学家昆图斯·穆丘斯·谢沃拉（Quintus Mucius Scaevola），谢沃拉是克拉苏的岳父，有过杰出的政治生涯。西塞罗是一个极有天赋的学生，使他有机会师从谢沃拉学习罗马法。参见［英］伊丽莎白·罗森：《西塞罗传》，王乃新、王悦、范秀琳译，商务印书馆2015年版，第26页。

〔5〕 参见［英］伊丽莎白·罗森：《西塞罗传》，王乃新、王悦、范秀琳译，商务印书馆2015年版，第36页。

岁时，作为律师的西塞罗成功地为被控弑父罪的阿美里诺的塞斯图斯·罗西乌斯辩护，并为自己赢得了良好的演说声誉，一举成名。[1]27岁时，西塞罗与贵族后裔特兰提娅结婚，婚后生有一双儿女，女儿名为图莉亚，儿子名为马尔库斯。随后，西塞罗前往希腊和罗得岛，学习哲学和修辞学。29岁，西塞罗回到罗马，继续从事法律辩护。[2]在罗马共和末期的政治生活中，西塞罗是一位"新人"(homo novus)，他以非凡的辩论才能打开罗马政治生涯的大门。30岁后，西塞罗开始担任各种政治职务：31岁担任财务官，37岁担任市政官，40岁担任裁判官，43岁担任执政官，55岁担任行省执政官。在担任执政官期间，他站在保守共和派立场上，处理和镇压了以破落贵族喀提林那为首的暴乱阴谋，并为此发表了四篇著名的演说，这一事件为他带来"祖国之父"的荣誉，[3]但因为在这一镇压过程中，他违反了法律程序，侵犯了罗马市民"处以极刑应该遵守向人民申诉"的权利，被迫流放至希腊。一年后，他被重新召回罗马，并受到热烈欢迎。[4]此时的罗马政坛已经发生了很大变化，以庞培、凯撒和克拉苏结成的"前三头联盟"手握重兵相挟，瓜分罗马国家权力，罗马共和制度名存实亡。被召回罗马的西塞罗，与"前三头联盟"保持距离。此段时间，他重新忙于司法辩护活动，基本被排除在政治圈子之外，集中写作，完成了《论演说家》《论共和国》《论法律》。公元前51年，55岁的西塞罗担任西里西亚行省执政官，他认为行省执政官的宗旨是为行省人民谋福祉，他对自己在行政和司法方面

---

〔1〕 Kathryn Tempest & Cicero, *Politics and Persuasion in Ancient Rome*, London: Continuum, 2011, p.37.

〔2〕 Kathryn Tempest & Cicero, *Politics and Persuasion in Ancient Rome*, London: Continuum, 2011, p.39.

〔3〕 Everitt, Anthony & Cicero, *the Life and Times of Rome's Greatest Politician*, New York: Random House, 2002, p.112.

〔4〕 Simon Hornblower, Antony Spawforth (ed.), *The Oxford Classical Dictionary*, Oxford University Press, 1999, p.1559.

的工作较为满意，[1]除了改善该省财政困难的活动外，西塞罗在军事领域也表现出色，罗马元老们也都承认他对西里西亚的统治是卓有成效的。当西塞罗结束一年的行省执政官生涯回到罗马时，庞培和凯撒正在为争夺绝对权力而相互斗争，罗马发生内战，在庞培和凯撒之间的协议撕毁后，西塞罗支持庞培；庞培失败后，其与凯撒和解，并退出政治生活。这是他第二个密集的创作时期，这一时期的作品包括《布鲁图斯》《斯多亚学派之反论》《演说家——致布鲁图斯》《论善与恶的界限》《论义务》等。公元前44年，凯撒被刺杀后，西塞罗欣喜若狂，重新投入政治生活，发表多篇抨击"民众派"安东尼的演说，安东尼与屋大维、雷必达结成"后三头联盟"，罗马爆发了第二次内战，西塞罗被视为敌人，于公元前43年12月7日遭到杀害，享年63岁。

核心学说

在西塞罗一生颇丰的作品中，特别是前述重点提及的五本著作，其中的论述涉及法学思想的不同面向和根本问题。对于法律思想史学家来说，西塞罗应该被视为第一位真正的法哲学家。[2]尽管西塞罗是一个非贵族出身的新人，但他年轻时就在当时一些伟大的哲学家、演说家、法学家的指导下接受了令人印象深刻的教育。[3]西塞罗对古罗马的知识分子生活产生

〔1〕 西里西亚是罗马东方的最大行省之一，是连接东西方的重要纽带。在担任行省执政官期间，西塞罗追求清正廉洁和高风亮节的美德。参见［英］伊丽莎白·罗森：《西塞罗传》，王乃新、王悦、范秀琳译，商务印书馆2015年版，第215-225页。

〔2〕 Fernando H. Llano Alonso, *Cicero and Natural Law*, in Archives for Philosophy of Law and Social Philosophy, 2012, Vol. 98, No. 2, p.159.

〔3〕 在西塞罗的老师中，有阿波罗尼乌斯·莫隆（Apolonius Molon）这样的修辞学家和演说家，还有哲学家如怀疑论者拉里萨的斐洛（Philo of Larissa）、伊壁鸠鲁派的斐德罗（Phaedrus）、斯多亚学派的狄奥多图斯（Diodotus）和巴内修（Posidonius），以及著名的法学家昆图斯·穆丘斯·谢沃拉。

了巨大影响，尤其是他的这些著作逐渐流传开来，在接下来的几个世纪中被认为是重要的法律分析来源。[1]西塞罗在他的上述著作中详细证明了他对这三个错综复杂的相互联系的学科（法学、演说和政治）的毕生研究和奉献。[2]总之，西塞罗撰写的法哲学专著，已经渗透到罗马帝国时期的法律思想之中。通过西塞罗颇丰的作品，本部分择取西塞罗的共和国思想主张和自然法学理论进行重点阐述。

一、共和国思想主张

共和国思想主张是西塞罗的公法哲学之阐述。在《论共和国》中，西塞罗提出了国家的定义和起源问题。通过西庇阿之口，西塞罗认为："国家乃人民之事业，但人民不是人们某种随意聚合的集合体，而是许多人基于法的一致和利益的共同而结合起来的集合体。这种联合的首要原因主要不在于人的软弱性，而在于人的某种天生的聚合性。"[3]此种定义体现了西塞罗对契约论、意志论等思想的贯彻，[4]据此而言，国家的特征主要表现为：国家是基于共同的法律意识而联合成的人的共同体；国家属于人民大众所有，权力归于人民；国家是人民的事业，为了长久存在而基于某种契约由委托的机构管理。在这个定义中，国家包含了与共同利益有关的制度，人民为保障共同利益和法的一致，接受自身权利受到限制而签订一项协议，成为一个共同体，在这个共同体中，并非所有的人都享有同等的政治权利，但是所有的人民均被赋予权利，而权利范围的大小取决于协议所采纳的政体形式。这是"依据罗马的法律传统对希腊唯物主义哲学进行经

---

〔1〕 Béla Pokol, *Authentic legal theory*, Translated by Autentikus jogelmélet, Dialóg Campus Kiadó, 2010, p.75.

〔2〕 Mario Bretone, *Diritto e pensiero giuridico romano*, Sansoni, 1976, p.28-40.

〔3〕［古罗马］西塞罗：《论共和国 论法律》，王焕生译，中国政法大学出版社1997年版，第39页。

〔4〕 参见谷春德、史彤彪主编：《西方法律思想史》，中国人民大学出版社2017年版，第47页。

验式的改造后，利用这一唯物主义哲学理论”进行具有个性色彩的提炼而得出的定义。[1]从此定义中也可得出国家的起源问题，即国家起源于人民的协议。人民基于共同的利益需要和共同的法律认识而订立形成国家的协议，这种人民共同体“首先为自己选择一定的地方居住下来，他们靠自然位置和自己建造把居住地围圈起来，称这样的居住点为堡垒或城市，并建起各种庙宇和公共场所……由某种机构管理”。[2]西塞罗强调基于人的自然本性和人的共同交往需要，而建立国家这种共同体。一言以蔽之，共和是一种理想的国家形态，人民是共和国的核心部分，人民是基于法的一致和共同的利益而结合起来的集合体。西塞罗继续论及理想的政治制度，提出“混合政体”的思想主张，这是西塞罗共和国思想的核心制度。

根据西塞罗政治思想中的爱国主义和共和主义原则，不参与国家事务的学者就是在浪费他的智慧，“智慧之人不应该蔑视国务知识，因为他理应掌握一切说不定什么时候他便需要运用的东西”。[3]西塞罗声称任何希望为罗马服务的人都必须获得权力，因为只有站在公民责任的立场上才能援助他的国家，去思考国家政体形式的问题。在提出他的“混合政体”的思想主张之前，西塞罗从国家的定义和起源等问题出发，阐述三种传统的政体形式，即君主制、贵族制和民主制，“当全部事务的最高权力为一人掌握时，我们称此人为独裁国王，我们称这样的国家体制为王政。当全部事务的最高权力为一些选举出来的人掌握时，我们称这样的城邦由贵族意志掌管。人民的城邦即其一切权力归于人民”。[4]质言之，政府处于一人

---

〔1〕 参见［古罗马］西塞罗：《论共和国 论法律》，王焕生译，中国政法大学出版社1997年版，第5页。

〔2〕 ［古罗马］西塞罗：《论共和国 论法律》，王焕生译，中国政法大学出版社1997年版，第40-41页。

〔3〕 ［古罗马］西塞罗：《论共和国 论法律》，王焕生译，中国政法大学出版社1997年版，第18页。

〔4〕 ［古罗马］西塞罗：《论共和国 论法律》，王焕生译，中国政法大学出版社1997年版，第41页。

支配之下，为君主制；若处于少数的几位经过选举的人支配之下，则为贵族制；若受人民的直接参与和支配，则为民主制。西塞罗对三种不同的政体形式进行评价，他认为，“每一种体制起初都各有自己的如上所述的缺点，而后又具有其他的严重缺陷”，亦即三种政体形式在西塞罗看来均有其内在缺陷，具体缺陷正如《论共和国》中所言：“在王政下，其他人都被排除在公共立法和协议之外；在贵族统治下，民众未必能享受自由，当他们被剥夺了参与任何公共协议和权力的可能时；当一切都按照人民的意愿进行时，不管它如何公正和温和，但公平本身仍然是不公平的，既然不存在任何地位等级。”〔1〕即在君主制下，人民无法享有实际的政治权利；在贵族制下，人民缺乏真正的自由，无权自由选择行政官员；在民主制下，不允许人们享有高于他人的荣誉或权力等级，无视人的尊严。西塞罗最终提出了第四种政体形式，即“混合政体”，西塞罗借助西庇阿之口说：“第四种国家体制特别值得称赞，它由我前面谈到的那三种国家体制适当地混合而成。”〔2〕前三种政体的混合可以防止一种政体形式向另一种政体形式的迅速演变，保持政权的活力和国家的稳定，混合政体是最优的。正如《论共和国》第一卷所言：“……三种良好的国家体制均衡地混合而成……最好是国家包含可以说是卓越的王政因素，同时把一些事情分出托付给显贵们的权威，把另一些事情留给民众们协商和决定。”〔3〕西塞罗将罗马以执政官为代表的君主制，以元老院为代表的贵族制和以民众大会、平民会议为代表的民主制绝妙结合起来，以阐述其最为青睐的混合政体。当然，西塞罗并非这一理论的创立者，西塞罗之前，混合政体在柏拉图和亚里士多德

---

〔1〕［古罗马］西塞罗：《论共和国 论法律》，王焕生译，中国政法大学出版社1997年版，第41页。

〔2〕［古罗马］西塞罗：《论共和国 论法律》，王焕生译，中国政法大学出版社1997年版，第43页。

〔3〕［古罗马］西塞罗：《论共和国 论法律》，王焕生译，中国政法大学出版社1997年版，第60页。

的著作中已经有雏形,[1]但是西塞罗将混合政体这第四种形式加以确定化和具体化,他对混合政体的处理代表了罗马人对这一概念的唯一理论解释。诚如有学者认为,西塞罗将混合政体具体化后,该种概念被广泛认为是古代世界对政法思想最重要的贡献之一。[2]西塞罗在《论共和国》中通过西庇阿之口,提出并回答最优政体的问题,在此过程中,西塞罗以创造性的方式充分利用罗马的历史、政治和法学资源,以此达成混合政体的理论升华。而且,西塞罗也在实践中不断维护罗马共和制度,在其所处的时代背景下,在此种意义上,西塞罗可被称为"罗马共和先驱"。

西塞罗在论述最优政体之混合政体的外在形式之后,对其具体的国家官职设置及其职责等实质内容也进一步在相关著作中加以阐述。特别是在《论共和国》的续编之《论法律》中,西塞罗十分强调国家官职设置的重要性,"官员的职责在于领导和发布正确的、有益的、与法律相一致的政令。犹如法律指导官员,官员也这样指导人民……需要有官员,没有官员的智慧和尽心,国家便不可能存在,整个国家管理靠官员之间的权力分配来维持"。[3]在设置官员的权力分配时,应该限定官员之权力限度,"如果某件事情超出官员的权限,应由人民推举人选进行处理,并赋予他处理的权力"。[4]这些均为包括执政官在内的官职的相关权限论述。除此之外,西塞罗还提及诸如裁判官、元老院以及保民官、监察官等官职及其权责。并且,不同的官职存在不同的权限设置和程序选择,"执政官、裁判官、人民首长和骑兵长官以及元老们委以推举执政官人选的人有权向人民和元

〔1〕 参见[英]伊丽莎白·罗森:《西塞罗传》,王乃新、王悦、范秀琳译,商务印书馆2015年版,第189页。

〔2〕 Jed W.Atkins, *Cicero on Politics and the Limits of Reason: the Republic and Laws*, Cambridge University Press, 2013, p.2.

〔3〕 [古罗马]西塞罗:《论共和国 论法律》,王焕生译,中国政法大学出版社1997年版,第255页。

〔4〕 [古罗马]西塞罗:《论共和国 论法律》,王焕生译,中国政法大学出版社1997年版,第259页。

老院发表演说。平民推举的保民官有权向元老院发表演说；他们应提出有益的议案供平民审议”。[1]元老院具有占卜权和立法权，元老院决议作为法律的来源之一，具有实在法的效力，元老院不应作出不公正的决定，“如果元老缺席，他或是作出解释，或是被视为过错”，[2]元老院召开会议有特定的程序，元老发言也有特定的次序，“所有官员组成元老院”。[3]民众大会是罗马国家的权力机构，凡是有公民权的人均可参加，决定罗马国家的大政方针，包括宣战、推举执政官等。[4]保民官由平民担任，是罗马的非贵族居民为维护自己的权益而设置的专门执法官，主要通过行使否决权等帮助平民维护和实现自己的利益。[5]监察官的职责是“调查登记居民的年龄、子孙后裔、家庭情况和财产状况，管理城市庙宇、道路、水道、国库……”[6]总而言之，西塞罗的混合政体中，官员设置有其重要地位，除了执政官、元老院、民众之外，还特别强调保民官和监察官的作用，并主张监察官职务作为常设官职存在，“监督人们的行为，要求他们遵从法律。这件事可委托给监察官去完成，因为我们希望他们在我们的国家永远存在”。[7]除此之外，西塞罗还论述宗教机构，这也是罗马公法理论的体现，宗教事务及其管理机构属于公法领域。西塞罗论述的宗教机构包括大祭司、弗拉米涅斯、维斯塔贞女、祭司团、占卜官、战和事务祭司、埃特鲁里

---

〔1〕［古罗马］西塞罗：《论共和国 论法律》，王焕生译，中国政法大学出版社1997年版，第259页。

〔2〕［古罗马］西塞罗：《论共和国 论法律》，王焕生译，中国政法大学出版社1997年版，第259页。

〔3〕［古罗马］西塞罗：《论共和国 论法律》，王焕生译，中国政法大学出版社1997年版，第258页。

〔4〕参见谷春德、史彤彪主编：《西方法律思想史》，中国人民大学出版社2017年版，第49页。

〔5〕参见黄风编著：《罗马法词典》，法律出版社2002年版，第247页。

〔6〕［古罗马］西塞罗：《论共和国 论法律》，王焕生译，中国政法大学出版社1997年版，第257页。

〔7〕［古罗马］西塞罗：《论共和国 论法律》，王焕生译，中国政法大学出版社1997年版，第280页。

亚占卜师等。[1]西塞罗提出了一套以正义观念为原则，以基于法的一致和共同利益而结合起来的共同体为内容，以混合政体为形式的人民至上的共和思想，旨在建立真正理想的共和国，为罗马社会乃至人类社会指明前进方向。

二、自然法学理论

从更根本的层面看西塞罗对共和思想的阐述，他关注的并不仅是共和制度如何安排本身，而是主要通过其分析阐明对自然理性、人性等重要概念，探讨自然理性在共和国事务中的局限性和张力性。诚如学者所论述的，西塞罗对斯多亚哲学自然法论证的处理表明，谨慎的立法者必须遵守立法行为对哲学探究的限制，如果哲学立法者要为城邦的利益服务，他就必须淡化或修改哲学原则或论点，使之符合城邦的需要，立法者主要效忠的必须是城邦。[2]西塞罗的自然法理论受到斯多亚哲学的自然法观念的影响，[3]即法律源于上帝、自然和人类理性。诚如西塞罗在《论义务》第一卷中提到："法律乃自然中固有的最高理性……当这种理性确立于人的心智并得到实现，便是法律……法律乃是自然之力量，是明理之士的智慧和理性，是合法和不合法的尺度。"[4]诚然，西塞罗的自然法理论确实有斯多亚哲学的烙印，但西塞罗的自然法思想，是一种强调尊重历史传统、尊重先人习俗、带有浓厚的保守主义色彩的自然法观念。作为脚踏实地的政治

---

〔1〕 参见［古罗马］西塞罗：《论共和国 论法律》，王焕生译，中国政法大学出版社1997年版，第224-225页。

〔2〕 Jed W.Atkins, *Cicero on Politics and the Limits of Reason: the Republic and Laws*, Cambridge University Press, 2013, p.187.

〔3〕 有学者认为，西塞罗的哲学立场具备学园派怀疑论和廊下派（斯多亚哲学）双重性特点。廊下派的自然法学说为其政治目的服务。参见何为：《论西塞罗的哲学立场与自然法》，载《时代法学》2016年第2期。

〔4〕 ［古罗马］西塞罗：《论共和国 论法律》，王焕生译，中国政法大学出版社1997年版，第189-190页。

家，西塞罗开启了现实主义的传统。[1]西塞罗发展了斯多亚哲学的自然法概念，远远超出了斯多亚哲学本身所接受的程度，以便将其呈现为"衡量市民法的标准"，西塞罗创造性地运用了斯多亚哲学的自然法概念，并将其应用于"管理制度生活的法律规范"。[2]换言之，西塞罗将自然法理论运用到罗马现实中，阐述罗马法的相关问题。虽然西塞罗从希腊人那里汲取了许多关于自然法的思想，但他也贡献了自己的一些关键思想，例如，任何试图违背自然法的人都会逃避自己并拒绝人的本性。换言之，当人遵守自然法时，他不仅遵守自然和神圣的规则，而且遵守他作为完全理性和自主的立法者给自己制定的规则。[3]

西塞罗的自然法理论早在《论共和国》中就得到了最充分的延伸论述，西塞罗提到"真正的法律"（vera lex），乃与自然相吻合的"正确理性"（recta ratio），或曰自然理性。他以如下精彩的方式阐述其自然法学理论："真正的法律乃是正确的规则，它与自然相吻合，适用于所有的人，是稳定的，恒久的，以命令的方式召唤履行责任，以禁止的方式阻止犯罪，但它（自然法）不会无必要地对好人行使命令和禁止，对坏人以命令或禁止予以威召……将会有一个对所有的人共同的，如同教师和统帅的神；它是这一法律的创造者、裁判者、倡导者。谁不服从它，谁便是自我逃避，蔑视人的本性，从而将会受到严厉的惩罚……"[4]西塞罗将自然法（lex naturalis）概念视为源于正确理性的法律，而不是源于执政官的法令或《十二表法》。因此，它包含了一条不成文的普遍法则，与实在法（ius positum）不同，其

---

〔1〕 参见薛军：《西塞罗：一个罗马人》，载《读书》2013年第5期。

〔2〕 Marcia Colish, *The Stoic Tradition from Antiquity to the Early Middle Ages: Stoicism in Classical Latin Literature*, Brill Publishers, 1985, p.153.

〔3〕 Fernando H. Llano Alonso, *Cicero and Natural Law*, in Archives for Philosophy of Law and Social Philosophy, 2012, Vol. 98, No. 2, p.157.

〔4〕 王焕生先生将"正确理性"译为"正确的规则"。参见［古罗马］西塞罗：《论共和国 论法律》，王焕生译，中国政法大学出版社1997年版，第120页。

理解要求我们探究哲学的核心（ex intima philosophia），其中我们了解到全人类共同拥有的理性是自然法的来源。因此，西塞罗得出结论：法律的本质源于人性。正如其在《论义务》第一卷中所说："我们需要解释法的本质问题，而这需要到人的本性中去寻找。"〔1〕西塞罗将自然理性理解为一个最高原则，它充当天与地、神与人之间的纽带，同时将世界视为一个共同的城邦，人类和神都受自然法的管辖。〔2〕这是因为西塞罗坚持斯多亚哲学的泛神论原则，根据该原则，上帝、自然和理性是相同的。自然法源于人的神性，因为上帝是其最高立法者和法官，并且它是人性本身所固有的。西塞罗断言，出于这个原因，不尊重它的人就蔑视了自己的本性。

关于自然法与正义的关系，西塞罗认为，正义约束着整个人类社会，并且基于一项法律，即应用于命令和禁止的正确理性。与此同时，正义绝不能被理解为遵守成文法律和民族习俗。基于这一观察，西塞罗得出结论：要实现真正的正义，它必须建立在自然之上。换句话说，希望与正义的一般原则保持一致的人必须遵守自然理性的以下两个假设：第一，不伤害他人；第二，有利于共同利益。〔3〕因此，自然法既不是与人类相异的外在法，也不是由与人的自主性相异的法律构成的，它的命令牢牢地印在人类的脑海中。〔4〕由此可知，自然法是正义的基础。正义和各种德行本身都是应当追求和珍视的，所有善良的人都珍视正义本身，如果珍视不值得珍视之物则是非自然的。必须为正义本身而追求正义，德行亦如此。西塞罗在《论法律》第一卷提到"正义既不要求任何报酬，也不要求任何赏金，是为

---

〔1〕"探究哲学的核心"，王焕生先生译为"从哲学深处"。参见［古罗马］西塞罗：《论共和国 论法律》，王焕生译，中国政法大学出版社1997年版，第188-189页。

〔2〕Fernando H. Llano Alonso, *Cicero and Natural Law*, in Archives for Philosophy of Law and Social Philosophy, 2012, Vol. 98, No. 2, p.167.

〔3〕参见［古罗马］西塞罗：《论义务》，王焕生译，中国政法大学出版社1999年版，第31页。

〔4〕参见［古罗马］西塞罗：《论共和国 论法律》，王焕生译，中国政法大学出版社1997年版，第189页。

其自身而追求”。[1]

关于自然法与市民法的功能区分，西塞罗坚信，市民法中体现的对实在法的同样限制并不约束自然法。虽然实在法和自然法都管辖人类行为，但它们的不同之处在于，实在法是人类的产物，其成文规范是短暂且特殊的（市民法的效力仅限于罗马市民）；自然法是一种不成文的法律法规，其起源是神圣的和人类的，“自然理性本身更希望能够这样，那理性是神界和人间的法律”，[2]自然法具有普遍、永恒和不变的性质。西塞罗认为，自然法不需要积极地表述或承认，因为它本身就是一个现实，“从那条最高的法律开始，它适用了所有的时代，产生于任何成文法之前，或者更确切地说，产生于任何国家形成之前”。[3]这也说明自然法特征的永恒性、普遍性。作为实在法的市民法必须接受自然法的指导，其合法与否要依据自然法判断。

在阐述自然法的含义、特征以及与正义、市民法的关联后，西塞罗也极大地肯定了自然法学理论的现实功能价值。西塞罗认为，自然法学理论为演说家提供了论证，使他能够扩大市民法并将其与非法律原则进行比较。正如西塞罗在《地方论》第89节中所言：“关于问某物怎么样的第三种问题，涉及比较……在问高尚还是卑污的情形，所有的论述都必须围绕着心灵的善或恶。”接着在第90节提出：“公平……分为两个部分：自然的或制度的。自然的有两个部分：各得其所和报复权。”[4]因此，当演讲者想要说服听众某项行为虽然非法，但却是正确的时候，基于自然法的论证策略会特别有用。而且此处也进一步道出了西塞罗对自然法内容的进一步认

---

〔1〕［古罗马］西塞罗：《论共和国 论法律》，王焕生译，中国政法大学出版社1997年版，第204页。

〔2〕［古罗马］西塞罗：《论义务》，王焕生译，中国政法大学出版社1999年版，第267页。

〔3〕［古罗马］西塞罗：《论共和国 论法律》，王焕生译，中国政法大学出版社1997年版，第190页。

〔4〕徐国栋：《地方论研究：从西塞罗到当代》，北京大学出版社2016年版，第52-53页。

识，即自然法内容包括各得其所和报复权两条规范。

综上所述，西塞罗对共和国思想主张和自然法学理论有其深入的阐述，在汲取各家学说主张的基础上，他建构了自己独特的理论蓝图。除此之外，我们也可以从其系列著作中对特定的拉丁术语"iniuria"的使用，得出其关于法学思想的主张。从西塞罗的论述中可知，"iniuria"存在司法的"不公正"、人身方面的"侵辱"、财产方面的"不法"、情感上的"伤害"、政治意义上的"不义、迫害"、观点的"错误"、一般意义上的"不合法"七种类型的意蕴。〔1〕首先，关于"iniuria"的论述体现了西塞罗对人格侵权方面的思想主张。"建立平等制度以保护弱者免受侵辱（iniuria）"、"充满对妇女的不法（iniuriae）"、"这位贤淑、高贵的女子因遭受这一侵辱（iniuria）"〔2〕等均体现了弱者保护的思想，对弱者（突出女性）进行人身方面特别是人格权保护，侵辱之诉（*actio iniuriarum*）是古罗马法中对人格权保护的制度，〔3〕前文"*iniuria*"的类型二可以视为西塞罗在人格权保护或人格侵权方面的一些法律主张。西塞罗从平等制度的建构出发保护弱者，体现自然法学思想中的人类平等的观点，西塞罗把自然法当成检验实在法效力的高级法，并因此提出在自然法面前人类平等的思想。〔4〕其次，它体现了西塞罗关于财产遭受不法侵害的法律思想。例如，"不可利用他人不

---

〔1〕 周平奇：《论西塞罗的法律思想：以其系列作品中的*iniuria*展开分析》，载《法律与伦理》第12辑。

〔2〕 Cicero, in Twenty-Eight Volumes, XVI, De Re Publica, De Legibus, with an English translation by Clinton Walker Keyes, Harvard University Press, London, 1988, p.154.

〔3〕 参见肖俊：《人格权保护的罗马法传统：侵辱之诉研究》，载《比较法研究》2013年第1期；汪洋：《罗马法上的人格保护及其现代传承——以"侵辱之诉"为研究中心》，载《法商研究》2014年第3期；周平奇：《论罗马法对人格权的保护及其对我国法的启示——以"关于辱骂"的裁判官告示为例》，载《民商法论丛》2021年第1期。

〔4〕 参见史彤彪：《自然法思想对西方法律文明的影响》，中国人民大学出版社2011年版，第11页。

明情况来获利，没有人能够实施不法（*iniuria*）而不遭受惩罚的”，[1]“他人的不法（*iniuria*）剥夺财产”[2]等，就是财产不法侵害的观点陈述，财产遭受不法（*iniuria*）是诉讼发生的原因。最后，它体现了西塞罗关于国家以及国家间的法律规则的具体主张。例如，西塞罗在《为塞斯提乌斯辩护》的演说辞中的“同盟者、国王和城邦造成巨大的不义（*iniuria*）……”体现了国家间不得为不义等法律规则，主张罗马元老院和统治者应该要辨明是非善恶，不得对他国行不义之举。

经典著作

西塞罗是罗马政治家、律师、作家、哲学家，一生著述颇丰。他的著作涵盖演说辞、书信集、诗歌、修辞学、政治学、伦理哲学、法学、神学和认识论等诸多领域。据意大利罗马法教授斯奇巴尼先生考证，西塞罗的演说辞作品包括诉讼演说和政治演说，超过100篇，从中流传下来58篇，有些残缺，但构成了一个规模较大的整体，[3]其中有代表性的演说辞，诸如《为昆克提乌斯辩护》（*pro Quinctio*）、《为塞斯提乌斯辩护》（*pro Sestio*）、《为阿美里诺的塞斯图斯·罗西乌斯辩护》（*pro Sexto Roscio Amerino*）、《为苏

〔1〕 Cicero, in Twenty-Eight Volumes, XXI, De Officiis, with an English translation by Walter Miller, Harvard University Press, London, 1990, p.342. 中译本参见［古罗马］西塞罗：《论义务》，王焕生译，中国政法大学出版社1999年版，第311页。

〔2〕 Franciscus Semi, M. Tvllivs Cicero, II, Orationes, pro P. Qvinctio-pro. Sex. Roscio Amerino-pro. Q. Roscio Comoedo-pro.M. Tvllio, Paters Mechitaristas, Venettis, 1966, p.26; Cicero, in Twenty-Eight Volumes, VI, Pro Publio Quinctio-Pro Sexto Roscio Amerino-Pro Quinto Roscio Comodeo-De Lege Agraria I., II., III., with an English translation by John Henry Freese, Harvard University Press, 1984, p.55.

〔3〕 参见［古罗马］西塞罗：《论共和国 论法律》，王焕生译，中国政法大学出版社1997年版，第4页。See Simon Hornblower, Antony Spawforth (ed.), *The Oxford Classical Dictionary*, Oxford University Press, 1999, p.1560.

拉辩护》(*pro Sulla*)、《为巴勒布斯辩护》(*pro Balbo*)。书信集主要包括《致阿提库斯》(*ad Atticum*)、《致胞弟昆图斯》、《致阿提库斯》。诗歌作品诸如《我的时代》《马略》《阿拉托斯诗集》。修辞学著作诸如《论演说家》《演说家——致布鲁图斯》《地方论》。法学、政治学、伦理哲学著作包括《论共和国》《论法律》《论义务》《莱利乌斯论友谊》《图斯库鲁姆论断集》《论善与恶的界限》《霍尔滕修斯》等。神学和认识论著作主要包括《论寻找》(*de Inventione*)、《论神性》(*de Natura Deorum*)以及《斯多亚学派之反论》。西塞罗无疑对西方法学思想史产生了巨大贡献,本书择取其与此相关的《论演说家》《论共和国》《论法律》《论义务》《地方论》5本留存完整且广受法学学者研究的著作,简要阐述其论述的主题内容和风格特色。

《论演说家》是西塞罗写于公元前55年的著作,虽为5本著作中写作最早期的作品,但此时的西塞罗已经饱经政治家和演说家的体验,此书可谓是西塞罗非常成熟的作品。在古罗马共和时期,演说在国家政治生活和日常社会生活中意义重大,特别是法庭诉讼中的抗辩离不开演说。古罗马的演说家的职能之一相当于现代社会中的律师,演说辞的架构、内容及其呈现方式也与法律修辞学密切相关。正是西塞罗年轻时期接受的良好的哲学、修辞学以及拉丁文学等教育,锻造了其高超的演说技艺和浑厚的演说文集。《论演说家》一书中有不少罗马法律案件的引文和奇闻轶事,非常贴近当时罗马的国情。[1]西塞罗的法律演说辞以刑事案件的辩护辞为主,反映了罗马共和末期的罗马法律状况。此时的罗马刑事诉讼开始以陪审团方式进行,民众审判的制度规则保障了罗马市民的安全,限制了国家官员的权力,保障了罗马国家制度的正常运作,这也是法律演说在和平和自由社会中的重要意义所在,正如西塞罗在该书第二卷第33段中提到的"……即使我不谈在所有和平、自由的国家里起非常重要的作用的演说术

---

〔1〕 参见[英]伊丽莎白·罗森:《西塞罗传》,王乃新、王悦、范秀琳译,商务印书馆2015年版,第187页。

的具体运用，演说能力本身也包含着如此巨大的乐趣……”[1]演说术与法的关系是西方古代社会文化的重要组成部分。在该书中，特别是第一卷中提到了市民法对演说家的重要性，提及法学在罗马社会的独特作用。除了法学的重要性之外，该书中还提及市民法的具体规则，例如，第一卷中提及法律行为的解释规则，“……他从遗嘱的字面意义进行辩护，并且认为，如果他的遗腹子出生，并且在未达到成年便死去，这时那个被指定在遗腹子出生并死去之后作为继承人的人便可以成为继承人，而我则认定，遗嘱订立者的意思在于如果他没有成年的儿子，那么……”[2]此段话语表达出在解释法律行为时，应该考虑当事人用于表达其意思的言辞（文义解释）之外的因素，根据当事人的默示意思来解释法律行为。《论演说家》共三卷，第一卷从哲学的广度论述真正的演说术，第二卷和第三卷则勾画演说术的具体面相。该书的风格特色在于，西塞罗采用第一人称叙述的对话体加以展开，将谈话的地点设定在安托尼乌斯地处图斯库鲁姆的别墅内，参加谈话的均是古罗马的显贵和文化人士。通过这种对话录体裁阐述关于演说家的思想主张，特别是在不间断的辩论交锋中准确地比较各方观点，记载不同谈话者的观点的连续性主张，借此传达西塞罗本人的政治和法学思想。

《论共和国》是西塞罗写于公元前54年至前51年的著作。西塞罗谦虚声称，此书的写作借鉴了柏拉图和某些希腊作家的作品。[3]该书分为六卷，以历史为背景，是西塞罗精心完成的又一理论著作，借此证明其长期主张的贵族政体与政府包容政策的正确。西塞罗把罗马著名的社会活动

〔1〕［古罗马］西塞罗：《论演说家》，王焕生译，中国政法大学出版社2003年版，第227页。

〔2〕［古罗马］西塞罗：《论演说家》，王焕生译，中国政法大学出版社2003年版，第125页。

〔3〕参见［英］伊丽莎白·罗森：《西塞罗传》，王乃新、王悦、范秀琳译，商务印书馆2015年版，第189页。

家西庇阿·埃米利亚努斯[1]作为该书中的主要人物，并将其视为自由国家中最具权威、有影响力的公民。在书中，西庇阿及其友人首先谈到不久前发现的天文奇观，莱利乌斯认为没有什么像政治那样重要；最后，让西庇阿告诉听众，什么是自己心目中的最佳政体，描述了君主制、贵族制和民主制三种基本政体。西塞罗借此提出三种政体的混合政体论。在西塞罗看来，非常有必要让每一个行为端庄的公民能够全面了解国家事务，直接参与国家事务的管理，挽救国家的唯一方式就是对罗马宪政体制的重构，对共和国的重建。西塞罗宣称，政治家的付出应得到的回报是荣誉，获得荣誉是早期罗马人建立丰功伟业的动机。《论共和国》以“西庇阿之梦”结尾，“西庇阿之梦”模仿了柏拉图《理想国》结尾部分的爱尔（Er）神话。梦将西庇阿带入天堂，在天堂，他遇见了自己的祖父，战胜汉尼拔的老西庇阿·阿非利加努斯。阿非利加努斯对他说，政治家得到的真正嘉奖是神的好感和赐予的不朽灵魂，因为良好的社会秩序令神高兴。“西庇阿之梦”是西塞罗关于国家理论的神秘主义色彩的隐喻，“为了国家的利益尽心尽力是最高尚的，受其激励和磨炼的心灵会更快地飞来这处地方和它的居所……”[2]这样的安魂居所没准也有一块是西塞罗留给自己的。该书的风格特色在于借助古人之口表达西塞罗对罗马共和制度的挽救，特别提出了混合政体的思想，反映了时代的呼声和渴望；该作品不仅着眼于已经逝去的历史，而且考量当时罗马的现实需求，同时为罗马未来设计出一个完美的元首形象。虽然该书的写作启发于古希腊柏拉图等哲学谈话录等类似作品，但又保持了西塞罗自身的独创性，摒弃了抽象的希腊色彩而描述了一个具体理想化的国家形态。

---

〔1〕 王焕生先生译为“斯基皮奥”。参见［古罗马］西塞罗:《论共和国 论法律》，王焕生译，中国政法大学出版社1997年版，第21页。

〔2〕 ［古罗马］西塞罗:《论共和国 论法律》，王焕生译，中国政法大学出版社1997年版，第167页。

《论法律》是西塞罗写于公元前52年的著作。《论法律》是对柏拉图《法律篇》的模仿，为理想的国家规定了一些具体规则，是《论共和国》的续篇。该书共分为三卷，分别论述自然法、宗教法和官员的职责。该书全面展示了西塞罗关于自然法的观点，提出神法和人法的划分，法的宗教性和保民官、监察官等官职的国家体制问题，体现出西塞罗以自然法为核心的政治法律思想。其中提到的关于《十二表法》的相关记述，有利于原汁原味地研究罗马法，其实，西塞罗早在孩提时代就背诵过《十二表法》，背诵这部法律是当时教育的一种习惯。〔1〕西塞罗在该书中确实散播了古老法律的特征以达到特定的效果，《十二表法》被视为西塞罗的法典模型。〔2〕该书对法学有其深入论述，"法律是自然中固有的最高理性，允许做应该做的事情，禁止相反的行为，而智慧即法律，智慧要求人们正确地行为，禁止人们违法"。〔3〕该书在某些细节上规定元老院的权力，主张"人民的福祉应是最高的法律"(Salus populi suprema lex esto)。〔4〕《论法律》的重大创新是扩大监察官的权力，建议将监察官之位作为常设官职，不仅监督对法律的遵守情况，而且评估刚刚离职的官员曾经履职的情况。该书的写作风格是继续沿用对话体方式，采用的形式是西塞罗、昆图斯和阿提库斯在阿尔皮努姆的谈话。《论法律》的可读性不如《论共和国》，因为它的内容多为教条式的规则，所用的语言是陈旧的法律术语以及西塞罗对一些规则的评论。

---

〔1〕 参见［英］伊丽莎白·罗森：《西塞罗传》，王乃新、王悦、范秀琳译，商务印书馆2015年版，第26页。

〔2〕 J. G. F. Powell, *Cicero's Adaptation of Legal Latin in the De legibus* in Tobias Reinhardt, Michael Lapidge, and J. N. Adams (ed.), Aspects of the Language of Latin Prose, Oxford University Press, 2005, p.116-150.

〔3〕 ［古罗马］西塞罗：《论共和国 论法律》，王焕生译，中国政法大学出版社1997年版，第189页。

〔4〕 译文有改动。中译本有译为"人民的福祉对于他们即最高的法律"，参见［古罗马］西塞罗：《论共和国 论法律》，王焕生译，中国政法大学出版社1997年版，第257页。

《论义务》是西塞罗写于公元前44年的著作。与《论共和国》《论法律》不同的是，该书论述的主要是道德层面；但是三部作品具有内在的本质联系，道德和法律均以正义为出发点，彼此是相互交融的。该书共分为三卷，分别论述至善、利益以及两者之间的调和。该书吸收了斯多亚哲学家的思想，特别是巴内修[1]的思想，巴内修为西塞罗提供了框架：义务自然被视为与本性相一致的举动，这里既指一个人的特性，也指人类的共性。在第一卷中，西塞罗认为，一切道德高尚源于知识、共同的社会生活、宏大的心灵以及节制四大方面，义务是存在等级的，第一类义务是对天神的义务，第二类义务是对国家的义务，第三类义务是对父母的义务，第四类义务才是对其他人应尽的义务。[2]在第二卷和第三卷中，西塞罗重构其道德概念，第二卷力图证明利益本身是一项重要的目的，至善是实现这种目的的手段；第三卷中调和至善和利益，认为不道德是不明智的，道德谴责将会带来耻辱，诚实是最好的策略。[3]该书的写作风格虽为书信体形式，实际上是理论著作，是西塞罗写给他远在希腊求学的儿子马尔库斯的信，体现了西塞罗的父爱思想，是西塞罗对根据自己倡导的道德标准所从事的实践活动的总结，并借此抒发他的政治理想。

《地方论》[4]也是西塞罗写于公元前44年的著作，它是一本体量不大的小册子，但对后世产生了很大影响。西塞罗的《地方论》是《十二表法》

---

〔1〕 有译为“帕奈提奥斯”，参见［古罗马］西塞罗：《论义务》，王焕生译，中国政法大学出版社1999年版，第11页。

〔2〕 参见［古罗马］西塞罗：《论义务》，王焕生译，中国政法大学出版社1999年版，第107-153页。

〔3〕 参见［美］马西娅·科利什：《西塞罗的〈论义务〉与马基雅维利的〈君主论〉》，陈华文译，刘训练校，载《复旦政治哲学评论》第5辑，第35-36页。

〔4〕 地方论拉丁文表达是“Topica”。中文世界存在不同的翻译，诸如“论题篇”“正位篇”“论场所”“部目”“辩证术论”“类观点学”“论题学”“切题术”。为贯彻“好的翻译基于好的研究”理念，本书采用徐国栋教授的“地方论”译法。参见徐国栋：《地方论研究：从西塞罗到当代》，北京大学出版社2016年版，第28页。

之后完整留给我们的一个法学——修辞学文本，表现了共和末期罗马法的概况。此等表现分为法学基础理论、民法、其他三个部分：前者包含对法的定义、法的起源、自然法的内容等问题的认识；中者包含对人法、亲属法、继承法、物权法、债法中一些具体问题的见解；后者包含对罗马刑法、国际法、诉讼法中的一些案例的认识。〔1〕该书已有中译本，分为26章，全文共100节，〔2〕分别说明了写作本书的缘由、写作大纲、分析讨论对象的地方、探讨定义、词源、论据、问题的类型等诸多内容。早在西塞罗之前，古希腊哲学家亚里士多德也写过《地方论》，西塞罗认为其地方论是正确地寻找论据的理论；而西塞罗的《地方论》是通过地方寻找论据的理论，“地方”是主体的寻找活动与论据之间的中介，设定这样的中介是为了提高寻找的效率，并将地方论法律化。〔3〕西塞罗的《地方论》的写作风格，采用平铺直叙、逐步深入主题的方式加以展开，该书是应法学家特雷巴求斯相邀而写作的，对法学理论有指导意义。作为存在于世的留存较为完整的罗马法律文本，它原汁原味地呈现了罗马法，特别反映了前古典时期即共和晚期的罗马私法状况。

关于西塞罗作品及其原创思想，19世纪的西方学界存在一种来源研究（Quellenforschung）论述方法，旨在否认西塞罗是一位思想者和原创作家。20世纪中期，该种方法遭受系统的反思和批判。可以确信的是，西塞罗严肃地对待了他的写作活动及其哲学作品的一代代读者，在写作态度方面并不存在遭受批评的正当性。〔4〕尽管西塞罗的学说融合了希腊哲学的不同

〔1〕 参见徐国栋：《西塞罗〈地方论〉中涉及的法律问题研究》，载《东方法学》2015年第3期。

〔2〕 参见徐国栋：《地方论研究：从西塞罗到当代》，北京大学出版社2016年版，第2页。

〔3〕 参见徐国栋：《地方论研究：从西塞罗到当代》，北京大学出版社2016年版，第378页。

〔4〕 参见顾枝鹰：《“粗率”的西塞罗？——来源研究与西塞罗的写作态度》，载《国外文学》2023年第3期。

来源，其中最重要的是柏拉图主义、亚里士多德主义和斯多亚主义，[1]但从西塞罗诸多严谨的著述中可以确信，西塞罗是一位具有一定原创性的思想家。

影响评价

作为古罗马杰出的法哲学家，西塞罗的重要理论贡献是共和国制度的阐述和自然法学的理论展开。西塞罗在促成希腊哲学传统与罗马法学传统的融合方面，发挥了重要作用。西塞罗大力传播希腊文明，扩大罗马人的文化视野，为罗马人不断输送哲学、政治和法学等文化素养，拓宽了罗马人的精神境界。西塞罗不仅是罗马共和国宪制的最卓越阐释者，而且是整个西方共和主义传统的鼻祖。正是从西塞罗开始，混合宪制成为共和主义思想中的必备要素，对后世许多国家的法政思想乃至国家建设、制度设计产生深远影响。[2]西塞罗的“人民”“共和”思想对后来基督教神正论的产生和近代的社会契约论等政治哲学理论的提出产生了极大的影响。[3]西塞罗对自然法学理论的阐述，为后世自然法学的发展提供了诸多有益启示，被誉为“自然法学之父”。

西塞罗跻身于凯撒、庞培和皇帝奥古斯都之列，是罗马最著名的政治家之一。他不是象牙塔里的知识分子，而是在罗马共和国担任最高政治职务的执政官。西塞罗是古罗马的演说家。演讲在古罗马被视为一门伟大的艺术，是传播知识和在选举中宣传自己的重要工具。尽管西塞罗出身相对卑微，但他作为“新人”之所以能跻身政坛，归功于他作为演说家的才

〔1〕 Vgl. Erik Wolf, Grosse Flechtsdenker, Tübingen, 1963, S.199.

〔2〕 参见郑戈:《共和主义宪制的西塞罗表述》，载《中国法律评论》2015年第2期。

〔3〕 参见李蜀人:《西塞罗“人民”“共和”思想的哲学考察及其意义研究》，载《四川大学学报（哲学社会科学版）》2023年第3期。

华。在古罗马当时演说界存在的相互竞争的雅典式风格和亚细亚式风格之间，西塞罗选择了一条中间道路，他被认为是历史上仅次于德摩斯梯尼（Demosthenes）的演说家。[1]西塞罗是一位称职的诗人，尽管他对前辈诗人十分仰慕，但他的诗歌技巧却比同时代的卢克莱修更为现代。[2]西塞罗较之其后的瓦罗、塞内卡和圣奥古斯丁，是罗马最多产的哲学家。西塞罗对哲学的兴趣在他后来的职业生涯中发挥了重要作用，他为罗马读者全面介绍了希腊哲学，[3]包括用拉丁语创造了哲学词汇，例如 humanitas（人性）、infinitio（无限）、qualitas（质）、quantitas（量）等新词。[4]总而言之，西塞罗被认为是拉丁文大师，对拉丁文的影响是巨大的。西塞罗之后的散文要么是对他的风格的反动，要么是对他的风格的回归。公元前90年至前40年的拉丁文学呈现出古典文学甚至整个西方文学中独一无二的特征，而这一时期流传下来的75%的作品是出自西塞罗之手。[5]此外，英语单词Ciceronian（意为"雄辩的"）和cicerone（意为"导游、指南"）也源自他的名字。值得一提的是，西塞罗是奴隶的好主人，他对其奴隶提罗（Tiro）十分友好，与之进行大量通信，后解放了提罗，[6]使提罗成为解放自由人。提罗的文化素养很高，品行端正、尽职尽责，担任西塞罗的秘书，西塞罗的家人都很喜欢他；为维护自己主人死后的名望，负责西塞罗的《名言集》

---

〔1〕 Gesine Manuwald, Cicero, Philippics 3–9, Vol. 2, Berlin: Walter de Gruyter, 2007, p.129. 霍腾西乌斯是西塞罗主要仿效和竞争的演说家，霍腾西乌斯的演说风格特别华丽，节奏感强，直截了当，后来，西塞罗称这种风格为亚细亚式风格，这种风格适合年轻人的口味。参见［英］伊丽莎白·罗森：《西塞罗传》，王乃新、王悦、范秀琳译，商务印书馆2015年版，第46页。

〔2〕 Simon Hornblower, Antony Spawforth (ed.), The Oxford Classical Dictionary, Oxford University Press, 1999, p.1562.

〔3〕 ［古罗马］西塞罗：《论义务》，王焕生译，中国政法大学出版社1999年版，第5页。

〔4〕 Gian Biagio Conte, *Latin Literature: A History*, Translated by Joseph B. Solodow, The Johns Hopkins University Press, 1994, p.199.

〔5〕 Stephen Harrison, *A Companion to Latin Literature*, John Wiley & Sons, 2008, p.31.

〔6〕 Simon Hornblower, Antony Spawforth (ed.), *The Oxford Classical Dictionary*, Oxford University Press, 1999, p.1560.

(Bons Mots)。提罗除了学术上的成就和兴趣外，他还发明了速记法，因而扬名，他能够极其迅速地记录西塞罗口述的内容。[1]一言以蔽之，西塞罗是古罗马的政治家、律师、演说家、哲学家、作家（拉丁文大师、诗人），是奴隶的好主人。

古罗马人曾经对西塞罗给予极高的评价。凯撒称赞西塞罗的成就时认为，“西塞罗赢得了比任何凯旋式更大桂冠，因为推进罗马人尚未完全开拓的智力领域开发，比开拓罗马帝国的边界更重要”。[2]奥古斯都认为，西塞罗是一位雄辩家，也是一位爱国者。[3]李维劝说自己的儿子研究西塞罗，李维本人及其以后的一些作家均受到西塞罗的影响，特别是塔西佗。塔西佗论演说术的对话录令人赞不绝口，不难看出受西塞罗的影响。昆体良是1世纪后期的杰出作家，他认为“西塞罗不是一个人的名字，而是雄辩的代名词”。塞涅卡称赞西塞罗的哲学著作是罗马人为哲学学科作出的重大贡献。奥古斯丁所受的教育也包括阅读西塞罗的作品，虽未学过希腊文，但在思想长期演变的各个阶段，他始终拥护西塞罗。

中世纪之后的学人对西塞罗的影响评价也给出不同的见解。在但丁看来，西塞罗仍是一位哲学家。彼特拉克认为西塞罗的作品是一种安慰，几乎是基督教智慧的源泉。[4]彼特拉克对西塞罗书信的重新发现通常被认为是14世纪人文主义和古罗马文化文艺复兴的开端。[5]可以说，文艺复兴首先是西塞罗的复兴，其次才是其他方面的复兴。西塞罗的权威和声望在

---

〔1〕 参见［英］伊丽莎白·罗森：《西塞罗传》，王乃新、王悦、范秀琳译，商务印书馆2015年版，第182页。

〔2〕 ［古罗马］普林尼：《自然史》，李铁匠译，上海三联书店2018年版，第105页。

〔3〕 参见［英］伊丽莎白·罗森：《西塞罗传》，王乃新、王悦、范秀琳译，商务印书馆2015年版，第369页。

〔4〕 参见［英］伊丽莎白·罗森：《西塞罗传》，王乃新、王悦、范秀琳译，商务印书馆2015年版，第370-373页。

〔5〕 David Wootton, *Modern Political Thought: Readings From Machiavelli to Nietzsche*, Hackett Publishing, 1996, p.1.

18世纪启蒙运动时期达到顶峰，他对爱德华·吉本、洛克、狄德罗、休谟、孟德斯鸠和伏尔泰[1]等启蒙运动的主要思想家和政治理论家产生了巨大影响。洛克认为，西塞罗的价值体现在他的修辞能力、书信体的写作技巧和高尚的道德情操。孟德斯鸠认为西塞罗是“有史以来最杰出的人物之一”。[2]伏尔泰称西塞罗为“最伟大、最优雅的罗马哲学家”，甚至根据西塞罗粉碎喀提林那阴谋而写下关于西塞罗的戏剧。[3]伏尔泰在其《哲学词典》中说：“罗马人有西塞罗，仅凭他一人就可以匹敌所有希腊哲学家。”[4]共和主义者西塞罗激励了美国的开国元勋和法国大革命的革命者。约翰·亚当斯和托马斯·杰斐逊均对西塞罗有极高的评价，认为他的历史贡献是巨大的，西塞罗的主张可以成为理解政治事务并走向政坛辉煌的指南，[5]塑造了美国人对革命和共和等常识的理解。西塞罗表达的原则成为现代世界自由的基石。

在法学研究中，西塞罗最为人铭记的是这两句话：人民的福祉应是最高的法律（Salus populi suprema lex esto）；我们都是法律的奴隶，以此才得以自由（Legum servi sumus ut liberi esse possimus）。

深度阅读

1. [古罗马]西塞罗：《论共和国 论法律》，王焕生译，中国政法大学出版

[1] Peter Gay, The Enlightenment: An Interpretation, W.W. Norton, 1966, p.105.

[2] 参见[英]伊丽莎白·罗森：《西塞罗传》，王乃新、王悦、范秀琳译，商务印书馆2015年版，第376–377页。

[3] Matthew Sharpe, *Cicero, Voltaire and the Philosophes in the French Enlightenment*, Brill, 2015, p. 329.

[4] Jed W.Atkins, *Cicero on Politics and the Limits of Reason: The Republic and Laws*, Cambridge University Press, 2013, p.1.

[5] Jed W.Atkins, *Cicero on Politics and the Limits of Reason: The Republic and Laws*, Cambridge University Press, 2013, p.2.

社1997年版。
2.［古罗马］西塞罗:《论义务》,王焕生译,中国政法大学出版社1999年版。
3.［英］伊丽莎白·罗森:《西塞罗传》,王乃新、王悦、范秀琳译,商务印书馆2015年版。
4. 徐国栋:《地方论研究:从西塞罗到当代》,北京大学出版社2016年版。
5. 谷春德、史彤彪主编:《西方法律思想史》,中国人民大学出版社2017年版。
6. Fernando H. Llano Alonso, *Cicero and Natural Law*, in Archives for Philosophy of Law and Social Philosophy, 2012, Vol. 98, No. 2.
7. Jed W.Atkins, *Cicero on Politics and the Limits of Reason: the Republic and Laws*, Cambridge University Press, 2013.

乌尔比安

Gnaeus Domitius Annius Ulpianus

约 170—223

公私法划分，人权之先锋

“正义是分给每个人以其法律情势的不懈的、永恒的意志。法的准则是诚实生活，毋害他人，各得其所。法学是对神和人的事务的认识、关于正义和不正义的科学。”

——乌尔比安《规则集》第 1 卷〔1〕

---

〔1〕 参见［古罗马］优士丁尼:《学说汇纂》(第1卷),罗智敏译,中国政法大学出版社2008年版,第13-15页。参见徐国栋:《优士丁尼〈法学阶梯〉评注》,北京大学出版社2011年版,第29-33页。参见［古罗马］优士丁尼:《法学总论:法学阶梯》,张企泰译,商务印书馆1989年版,第5页。需要予以说明的是,乌尔比安的《规则集》(*Liber Singularis Regularum*)有单卷本和7卷本两部,有学者认为单卷本的《规则集》并非乌尔比安的著作。但是,多数观点仍肯定单卷本的《规则集》和7卷本的《规则集》均是乌尔比安的著作,本文采用肯定说。Tony Honoré, Ulpian: Pioneer of Human Rights, Oxford University Press, 2002, p.226. 参见［意］桑德罗·斯奇巴尼选编:《民法大全选译 法律行为》,徐国栋译,中国政法大学出版社1998年版,第161页。

乌尔比安，拉丁文全名为Gnaeus Domitius Annius Ulpianus，出生时约170年，出生地为罗马帝国东部盛产紫色染料的城市——提尔（Tyre，今黎巴嫩首都贝鲁特以南约80公里，此古城有纪念他的铭文）。乌尔比安热爱他的故乡，[1]在其著作《论户口调查》（*De Censibus*）中将他的出生地提尔描述成一个辉煌灿烂、拥有悠久历史、军事强大的城市。[2]乌尔比安早年在贝鲁特法律学校教授法律，后去罗马从事法律实务工作，[3]他也参加公开辩论，并时常向罗马的城市裁判官（praetor urbanus）、遗产信托裁判官（praetor fideicommissarius）、监护裁判官（praetor tutelaris）提供法律咨询。[4]194年至202年，他协助其担任请愿秘书长官（magister libellorum）的老师帕比尼安为皇帝起草敕答（rescrīptus）。202年至209年，他独立为塞普提谬斯·塞维鲁（Septimius Severus）皇帝起草敕答，从205年起，他开始担任请愿秘书长官。[5]208年至211年，他陪同塞普提谬斯·塞维鲁及其两个儿子（卡拉卡拉和盖塔）远征不列颠。211年，塞普提谬斯·塞维鲁死

〔1〕 D.48, 22, 7, 15.

〔2〕 D.50, 15, 1pr.

〔3〕 参见何勤华：《古罗马五大法学家小传》，载《中央政法管理干部学院学报》1996年第5期。

〔4〕 Tony Honoré, *Ulpian: Pioneer of Human Rights*, Oxford University Press, 2002, p.35.

〔5〕 请愿秘书长官是罗马皇帝幕僚中的一名官员，其职责是处理私人向皇帝提交的书面请愿书并起草答复，称为敕答。从哈德里亚努斯（Hadrianus, 76—138）时期开始，这一职位就被委托给骑士阶层，由于许多请愿书都涉及法律问题，负责人通常是一位律师。

后，其两个儿子发生帝位争斗，乌尔比安支持卡拉卡拉，[1]后卡拉卡拉即位称帝，幸存下来的乌尔比安努力推进实现卡拉卡拉雄心勃勃的目标，协助卡拉卡拉于212年颁布《安东尼努斯敕令》(*constitutio Antoniniana*，也称《卡拉卡拉敕令》)，将罗马市民权扩大到居住在罗马帝国范围内的所有自由人。乌尔比安的观点与《安东尼努斯敕令》的世界主义意识形态相一致，根据这种意识形态，他在接下来的几年里（213年—217年）系统地撰写了200多卷罗马法著作，对罗马法进行大规模重述，以造福于新的罗马市民，强调其理性和普遍性，并诉诸自然法的基础。[2]在埃拉迦巴路斯（Elagabalus）皇帝统治期间（218年—222年），乌尔比安担任粮食供应长官（praefectus annonae）。222年3月，亚历山大·塞维鲁（Severus Alexander）皇帝继续保留他的职位，并提拔他监督两位在任的禁卫军长官（praefectus praetorio）弗拉维努斯（Flavianus）和克里斯图斯（Chrestus）。[3]222年10月，乌尔比安成为独任禁卫军长官，与弗拉维努斯和克里斯图斯不同，乌尔比安在军队中并无威望。在担任独任禁卫军长官期间，他纠正了埃拉迦巴路斯皇帝统治期间的一些弊端，改善市民管理，他与亚历山大·塞维鲁皇帝保持亦师亦友的关系，引导年轻的皇帝走向正义之路，朝着贤君的方向指导后者的行为，降低人民的赋税负担，伸张正义，元老院在罗马国家中恢复其应有的尊重地位。他同时担任亚历山大·塞维鲁皇帝的元首顾问

---

〔1〕 乌尔比安的老师帕比尼安，支持卡拉卡拉和盖塔联合继承帝位。211年2月塞普提谬斯·塞维鲁死后，两位法学家陪同卡拉卡拉和盖塔回到罗马。塞普提谬斯·塞维鲁死后，其密友帕皮尼安被解除了禁卫军长官的职务，盖塔死后，他因禁卫军提出的指控于212年被处决。

〔2〕 Simon Hornblower, Antony Spawforth (ed.), *The Oxford Classical Dictionary*, Oxford University Press, 1999, p.493. 也有学者推测，在埃拉迦巴路斯皇帝上台之前 217年，马克利努斯（Macrinus）皇帝将乌尔比安放逐。此观点无史料支撑，故不做过多陈述。See Tony Honoré, *Ulpian: Pioneer of Human Rights*, Oxford University Press, 2002, p.26.

〔3〕 禁卫军长官是行政长官中级别最高、地位最显赫者，禁卫军长官最初是为指挥帝国军队而设立的，后取得行政和民事方面的管理权，且行使一定的司法职能，代表皇帝审理针对行省总督判决提出上诉的案件。Tony Honoré, *Ulpian: Pioneer of Human Rights*, Oxford University Press, 2002, p.35.

委员会的主席。[1]223年10月，以埃帕加苏斯（Epagathus）为首，禁卫军内部发生叛变，乌尔比安前往皇宫寻求皇帝亚历山大·塞维鲁及其母亲尤莉娅·马梅亚（Julia Mammaea，乌尔比安晚年的支持者）的保护，叛军们尾随而去，亚历山大·塞维鲁也来不及救他，至此，乌尔比安被叛乱的禁卫军所杀。[2]

乌尔比安生活在罗马帝国君主制逐步由温和走向专制的时期，历经马可·奥勒留（161—180）、康茂德（180—192）、塞普提谬斯·塞维鲁（193—211）、卡拉卡拉（211—217）、马克利努斯（217—218）、埃拉迦巴路斯（218—222）、亚历山大·塞维鲁（222—235）七个帝王时期。这是一段皇权加强、帝国陷入没落的时期，在乌尔比安出生前，是属于黄金时代的安东尼王朝，在乌尔比安成年后，面临的是一个开启罗马帝国衰落之路的塞维鲁王朝，而在他服务的亚历山大·塞维鲁之后，就是军人皇帝时代了。[3]乌尔比安可谓是动乱时代中成长起来的法学家和政治官员，他受过良好的法律教育，并拥有丰富的法律实践经验。32岁之前，乌尔比安主要以法律学者的身份而闻名；32岁之后，他开始将法律才能与行政结合起来，参与政治事务，担任着享有声望的政治职务，最高行政职务达至深受皇帝信任的禁卫军长官，成为罗马帝国最有权势的人物，也是皇帝亚历山大·塞维鲁最亲近的人物。概言之，乌尔比安的从政生涯可分为三个时期：第一个时期作为请愿秘书长官，为皇帝起草敕答；第二个时期为粮食供应长官；第

〔1〕 参见徐国栋：《〈学说汇纂〉作者籍贯考》，载《中国政法大学学报》2020年第5期。

〔2〕 关于乌尔比安的死亡时间，20世纪90年代以前，学界存在两种说法，一种说法认为乌尔比安死于228年，为多数说法；另一种说法认为乌尔比安死于223年。随着研究的逐步推进和更多的史料、纸莎草纸等考古支撑，现认为乌尔比安死于223年。而中文世界关于乌尔比安的介绍材料，仍然采用死于228年的说法。本文紧跟国际通说，采用死于223年的说法。Robert Lee Cleve, *Severus Alexander and the Severan Women*, University of California, 1982, p.222. Simon Hornblower, Antony Spawforth (ed.), *The Oxford Classical Dictionary* (*Third edition*), Oxford University Press, 1999, p.493. Tony Honoré, *Ulpian: Pioneer of Human Rights*, Oxford University Press, 2002, p.36.

〔3〕 参见徐国栋：《是君主喜好还是元首决定具有法律效力》，载《现代法学》2011年第4期。

三个时期为禁卫军长官。由于时局的动荡和权力的斗争，乌尔比安不幸在禁卫军叛乱中被杀，这也象征着伟大的罗马法律思想的终结。

核心学说

古罗马是一个法学家辈出、群星闪耀的时代。在千年的罗马法发展史中，诞生了诸多法学家。426年，东罗马皇帝狄奥多西二世和西罗马皇帝瓦伦丁尼安三世共同颁布《致罗马元老院》的谕令（后世所称的《引证法》，*Lex citationum*），承认盖尤斯以及塞维鲁时代的帕比尼安、乌尔比安、保罗、莫特斯丁这五位法学家对法律问题的解答和著作具有法律效力。[1]《引证法》正式确认法学家的法律解答和著作成为罗马法的渊源，通过这种方式，罗马法既保持了对罗马社会发展的适应性，又保持在帝国范围内适用的统一性和稳定性。[2]为何乌尔比安的法学观点得到后世罗马皇帝的官方认可，直接认定其具有法律效力，这不得不归功于乌尔比安的法学思想主张的合理性及其旺盛的生命力。乌尔比安颇丰的作品涉及罗马法的方方面面，本部分择取乌尔比安的公私法划分理论和人权思想进行重点阐述。

一、公私法划分理论与私法三分理论

罗马法学家关于公法（publicum ius）和私法（privatum ius）划分的理论是人类法治文明发展史上的重要事件，这种专注于法学研究的智慧成果体现了罗马法的创造性贡献，促进了罗马私法和罗马公法体系的繁荣发

〔1〕 参见［意］朱塞佩·格罗索：《罗马法史》，黄风译，中国政法大学出版社2009年版，第301页。

〔2〕 参见［意］桑德罗·斯奇巴尼：《罗马法体系与中国民法典编纂：法学家的时代》，周平奇译，载《湖湘法学评论》2022年第4期。

展，奠定了大陆法系关于法的分类的理论基础。这种理论也为我国法界分公权和私权、约束公权并保障私权等观点提供了诸多有益启发。罗马法学对法的分类存在不同的标准主张，而公法与私法的划分被视为“罗马人的一项发明”，[1]可谓影响之巨大。而在公法和私法划分方面，也存在不同的标准主张，例如，西塞罗主张的“权力说”，认为规定权力关系的是公法，规定权利关系的是私法，具体体现在其《论演说家》(1，201)之中，公法是关于城邦和谕令权的法。[2]

公私法最具有影响力的划分标准则是乌尔比安提出来的，即依据法律调整对象划分公法和私法。乌尔比安在其《法学阶梯》第1卷中认为，法学研究的论题有公法和私法两个，公法是涉及罗马公共事务状态的法，私法是关于个人利益的法(D.1，1，1，2)。乌尔比安的这种分类在当时获得普遍认可，并为优士丁尼《法学阶梯》以立法的形式所采纳，即“这一研究有公法和私法两个领域(I.1，1，4)。”乌尔比安在其《意见集》第3卷中继续提出，“私人简约不能改变公法”(D.50，8，2，8)，这道出了公法具有绝对的强制力，不能通过私人协议而变更，而私法具有相对约束力和任意性，当事人可以合意变更。这种公私法的划分为法律在国家权力与私人活动之间划分了一条明确的界限。罗马公私法泾渭分明，各自成体系，罗马公法与罗马私法，是罗马法的两大庞大的法律制度体系，都很发达，这也是罗马法成为发达完备的法律的原因之一。无论从当时的古罗马时代观之，还是从现当代的法学发展来看，乌尔比安的公法和私法的划分可谓意义非凡。

乌尔比安在其《法学阶梯》第1卷中，继续界定公法和私法的范围。公法包括神圣法、有关宗教祭司和执法官制度的法律；私法则由三部分构成，即自然法规则、万民法规则和市民法规则(D.1，1，1，2)。私法即三分为自

---

〔1〕 黄风：《罗马私法导论》，中国政法大学出版社2003年版，第7页。

〔2〕 参见［古罗马］西塞罗：《论演说家》，王焕生译，中国政法大学出版社2003年版，第145页；徐国栋：《优士丁尼〈法学阶梯〉评注》，北京大学出版社2011年版，第37页。

然法、万民法和市民法。这就是乌尔比安的“私法三分理论”。在西塞罗之前的早期法学家著作里，没有将法律进行自然法、万民法、市民法等区分，即使盖尤斯也将万民法与自然法当成同义词对待，而到了乌尔比安，则明确区分了自然法、万民法、市民法，采用“私法三分理论”陈述法律。

围绕着私法的这些范畴，首先，乌尔比安在其《法学阶梯》第1卷中阐述了自然法思想。乌尔比安认为，自然法是大自然教给一切动物的法，这个法不是人类所独有的，而是出生于陆地、海洋的一切动物包括飞禽的共同的法，由此产生婚姻的男性和女性的结合，子孙的繁衍和养育，我们所看到的其他的动物，包括野兽也根据这个法而被评价（D.1，1，1，3）。乌尔比安认为自然法就是一种正义的理性的法，是生活在大自然中的万物基于其本性的法的总和，当然其效力的层次也是最高的。对自然法概念的任何研究，特别是历史研究，必须认真对待乌尔比安所提供的自然法的定义。〔1〕

其次，乌尔比安阐述其关于万民法的观点，他认为万民法是全体人类的法，相对于自然法而言，万民法在适用的主体方面限缩为人，万民法仅仅是人与人之间的共同法（D.1，1，1，4），例如，解放奴隶也属于万民法，只要有人处于奴役状态，就是受制于他人的权力和支配权，一旦解放就是从支配权中解脱出来。奴隶制源于万民法，因为根据自然法，所有人生下来都是自由的，万民法产生了奴隶制，据此也产生了解放奴隶的恩惠（D.1，1，4）。

最后，乌尔比安阐述其关于市民法的思想，市民法不是完全脱离于自然法或万民法而存在的法，市民法是人民为自己制定的法（D.1，1，6pr.），具体包括成文法和不成文法（D.1，1，6，1）。市民法是不同城邦所专有的，例如，罗马人民使用的法可以被称为罗马市民法，市民法与万民法的区别

---

〔1〕 参见杨天江：《自然法的概念史：从乌尔比安到阿奎那》，载《朝阳法律评论》2015年第1期。

在于：人民部分使用他们自己的法（市民法），部分使用所有的人共有的法（万民法）。概言之，市民法是罗马城邦固有的只适用于罗马市民的法，亦即各民族为自己制定的实在法；万民法是对一切民族所适用的法的总和，是各民族共同适用的实在法。

此外，乌尔比安对罗马私法存在诸多知识贡献。例如，乌尔比安对法的来源问题进行探讨。他认为，法来源于正义。他还探讨法的现实来源问题，在其《论行省执政官的义务》第1卷中，其认为，"在成文法没有规定的情况下，长久的习惯通过代替法和法律而被遵守"。（D.1，3，33）乌尔比安认为法具有普遍效力，在《萨宾评注》第3卷中，他认为"法不是为个别人而制定的，而是针对所有人"。（D.1，3，8）乌尔比安特别提出君主主权的原因，"元首决定之事具有法律效力"（I，1，2，6），这句话在中文世界的误解已被徐国栋教授纠正，通过考察该句话的拉丁语原文"Quod principi placuit，legis habet vigorem"的具体语境，对君主权力来源的《关于谕令权的王权法》的说明，以及关于君主决定之事只有在具有普遍性的前提下才有法律效力的说明，都已证明在古罗马不可能赋予君主任性的决定以法律效力。[1]在近代民族国家兴起的过程中，一些学者和政治家确实运用过此语为扩张君权张目，以对抗封建主、教会甚至笼罩在数个民族国家之上的神圣罗马帝国的权力。

又如，在《告示评注》第5卷中，乌尔比安说，当他和裁判官一起住在乡间别墅时，他被允许（passus sum）在裁判官面前释放一名奴隶，尽管没有扈从（lictor）在场。（D.40，2，8）而之前的尤里安（Julian）只是说服（suasi）一些向他咨询的裁判官，让他们相信他们用权杖（vindicta）释放奴隶是适当的。（D.40，2，5）这体现了乌尔比安对解放奴隶方式多样化的知识贡献。乌尔比安的级别低于裁判官，然而，他的知识权威是巨大的。再

〔1〕 参见徐国栋：《是君主喜好还是元首决定具有法律效力——对元首时期和优士丁尼时代罗马宪政的考察》，载《现代法学》2011年第4期。

如，乌尔比安的《告示评注》中隐藏着法律行为三元素（要素、常素和偶素）的罗马法滥觞，乌尔比安对“本性”和“超出本性”的区分（D.2，14，7，5）；乌尔比安论及买卖合同、简约和诉权，思考关于合同的本性问题。[1]乌尔比安在其《告示评注》第19卷中提及他关于先占的观点。先占作为所有权的特别取得方式，在罗马私法以及现代民法中均具有重要地位。乌尔比安给出的案情是这样的：狼群从猪的所有人处掠走了由其猪倌负责看管的猪，相邻农庄的一位农夫带着猎狗追赶狼群，并且从狼群处夺回了猪作为其“战利品”。此种情形，猪归谁所有？乌尔比安认为，此种情形不适用先占规则，只要对猪还享有所有权，对该农夫既可以提起盗窃之诉（actio furti），也可以提起出示之诉（actio ad exhibendum）。因此，当其将这些猪出示之后，所有权人就可以要求返还。[2]

乌尔比安认为，契约成立的最核心要件是“合意”，所有契约，无论是以口头方式设立的还是以要物方式设立的，都必须包括一项协议，否则不产生任何契约关系或债的关系。[3]无因管理作为我国《民法典》的准合同制度，早在古罗马法中也有相应呈现。乌尔比安在《告示评注》第10卷中提到关于无因管理的观点，当管理人在未经授权的情况下，主观上没有基于本人的利益，而是为了自己的利益，而对本人事务进行管理时，产生不真正无因管理。[4]乌尔比安还对侵权法提出了自己的观点，特别是动物侵权问题，乌尔比安在《告示评注》第18卷头段中提及：如果有人主张四蹄

---

〔1〕 参见吴奇琦：《法律行为三元素（要素、常素、偶素）理论的诞生发展史》，载《交大法学》2020年第2期。

〔2〕 参见［德］托马斯·芬克瑙尔《〈学说汇纂〉41，1，44："狼嘴里的猪"案》，毕经纬译，载《中国政法大学学报》2021年第1期。

〔3〕 参见［意］桑德罗·斯契巴尼选编：《契约之债与准契约之债》，丁玫译，中国政法大学出版社1998年版，第9页。

〔4〕 参见［意］约勒·法略莉：《不真正无因管理研究——本人与自利管理人间利益冲突的平衡》，向东译，［意］莫妮卡·法拉利校，载易继明主编：《私法》（第39卷），知识产权出版社2022年版，第90-98页。

动物造成损害，可以依据《十二铜表法》提起诉讼，或者交出造成损害的四蹄动物，或者交付等同于损害价值的罚金。（D.9，1，1pr.）乌尔比安以《十二铜表法》的规定开端，进而用17段法言阐述其关于动物侵权的损害赔偿问题的观点，这在罗马法上被称为损害赔偿制度，动物交付给被侵权人，是因为动物可以通过自己的劳动填补被侵权人的损失。

乌尔比安对公诉以及刑罚也提出自己的观点，例如，乌尔比安在《萨宾评注》第35卷中提出，“在男女嫌犯死亡之前可以对其提起公诉”，“要对处于怀孕中的妇女执行刑罚的，必须推迟到其分娩之后进行。我也知道还遵守这样的做法，即只要妇女怀孕，也不得对其进行拷问”。这也是乌尔比安人文主义思想的体现。此外，乌尔比安对死刑犯的尸体也提出了自己的观点，在其《论行省执政官的义务》第9卷中指出：“那些被判处死刑的人的尸体，不应该拒绝给其亲属。奥古斯都皇帝在其记述生平的第10卷上说他也遵守这一习俗。今天，那些被判处死刑者的尸体，应该以请求并获得许可的方式埋葬。但是有时候不给予这样的批准，特别是那些犯有叛逆罪的罪犯。被判处火刑的罪犯的尸体也可以被请求，这样以便使骨头以及灰烬可以被收集起来加以埋葬。”〔1〕一言以蔽之，乌尔比安常年耕耘于法学研究，并从事法律教学和法律实践，对罗马公法和罗马私法进行详细的阐述，为罗马法的成熟而系统的发展贡献了其应有的智识。

二、“真正的哲学”与人权理论

乌尔比安对正义和法学的定义，被公认为最具权威性。乌尔比安在其《规则集》第1卷中认为，正义是分给每个人以其法律情势的不懈的、永恒的意志；法的准则是诚实生活，毋害他人，各得其所；法学是对神和人的

〔1〕 D.48，1，3；D.48.19，3；D.48，24，1。参见［古罗马］优士丁尼：《学说汇纂》（第48卷），薛军译，中国政法大学出版社2005年版，第3、289、383页。

事务的认识、关于正义和不正义的科学。这些关于正义和法的阐述，成为当今法学的至理名言。乌尔比安在其《法学阶梯》第1卷继续深入阐释正义与法之间的关联性。[1]乌尔比安对学生们说，那些致力于研究法（*ius*）的人必须知道，“法”来源于正义（iustitia），以正义作为其基础，作为一种“艺术”（ars），这种“艺术”关涉构成法学研究的终极目标，即良善与允正。法学家也被称为“祭司”，因为他们耕耘正义，传播良善与允正之知识，辨识合法与非法，利用刑罚警示的同时也以奖励方式鼓励人们为善，乌尔比安希望法学家和法科学生致力于追求“真正的哲学”（vera philosophia），而非“虚假的哲学”（simulata philosophia）。当然，“虚假的哲学”并非“真正的哲学”是纯粹而简单的否定。[2]

乌尔比安的“真正的哲学”意蕴何在？乌尔比安所说的“真正的哲学”表示的是道德，而“虚假的哲学”表示的是诡辩，[3]诡辩即对道德的颠覆，是修辞学家所掌握的那套方法。因为法学家是道德上正确的知识分子，追求的不是舒适而是正义，他希望首先教会学生这一基本点。法学院不仅是快速掌握法学知识而开启辉煌职业生涯的场所，而且是学习美德并在行动中实现美德的场所，这也是塞维鲁时代的法学家在罗马帝国权力顶端占据地位的真实写照。[4]对于乌尔比安来说，不将理论上所认为的东西应

---

〔1〕 D.1，1，1，1。参见［古罗马］优士丁尼：《学说汇纂》（第1卷），罗智敏译，中国政法大学出版社2008年版，第5页。

〔2〕 Lauretta Maganzani, Diritto e “vera philosophia” nelle Istituzioni di Ulpiano: *osservazioni minime sul primo frammento dei Digesta di Giustiniano*, in Armata Sapientia. Scritti in onore di Francesco Paolo Casavola per i suoi novant'anni, a cura di L. Franchini, Editoriale Scientifica, Napoli, MMXX, 2020, p.585.

〔3〕 Filippo Gallo, La “verità”: *valore sotteso alla definizione celsina del diritto*, in Diritto@Storia, Ⅶ, 2008, p.3.

〔4〕 Lauretta Maganzani, Diritto e “vera philosophia” nelle Istituzioni di Ulpiano: *osservazioni minime sul primo frammento dei Digesta di Giustiniano*, in Armata Sapientia. Scritti in onore di Francesco Paolo Casavola per i suoi novant'anni, a cura di L. Franchini, Editoriale Scientifica, Napoli, MMXX, 2020, p.591.

用到实践中，就表明一个人的哲学是骗局，即乌尔比安所反对的“虚假的哲学”，这属于非理性的技术，类似于咒语或者驱魔之类的迷信邪术。“真正的哲学”是有用的、基于理性的，而坚持“真正的哲学”的法学家是诚信的、诚实的，而不是造作的、虚伪的。乌尔比安的哲学的积极意义就在于促使他提出法学家拥有真正的智慧。乌尔比安希望从中得到实际的效果，而非仅将其视为理论。有些人虽然在理论上接受了《安东尼努斯敕令》所体现的思想主张，但在实践中却淡化市民的主体地位，从而贬低罗马市民权。乌尔比安谴责这样的主张，将其视为“虚假的哲学”。

乌尔比安为了详细阐述其所谓“真正的哲学”，首先，他强调什么是自然的。例如，其《萨宾评注》第27卷中所说，出生在合法婚姻之外的人跟随母亲的身份，除非特别法作出不同的规定，这是自然法的规则(D.1，5，24)。〔1〕其次，他主张自然公正。例如，其《告示评注》第11卷中所说，裁判官根据自然公正颁布此项告示，保护未成年人，因为处于这个年龄的人意志薄弱，易于犯错，并且会面临诸多他人设置的陷阱(D.4，4，1pr.)。〔2〕自然的不同于人为的，人为的，如同罗马市民法一样，仅限于特定的社会而非普适性的，“人为的”也可以称为“民事的”。而自然公正和民事公正的比较在哲学领域也是常见的。然而，乌尔比安的解释不同于盖尤斯等以往的法学家。盖尤斯认为在道德哲学意义层面，自然优于民事，万民法建立在自然理性之上，因此万民法具有比特定国家或城邦所采用的市民法更高的地位。〔3〕“自然”可以用来批判特定国家或城邦的法律的狭隘性。乌尔比安认为，自然法不同于万民法，自然法并不体现在万民法中，而是有其独立性，在道德哲学层面，自然法优于万民法和市民法。这也是

---

〔1〕 还有，诸如D.15，1，7，7、D.50，16，42、D.43，16，1，27、D.19，5，4.均强调何为自然的。

〔2〕 还有，诸如D.12，4，3，7、D.13，5，1pr.、D.15，1，11，2、D.47，4，1，1.均强调何为自然公正。

〔3〕 参见［古罗马］盖尤斯：《盖尤斯法学阶梯》，黄风译，中国政法大学出版社2007年版，第1页。

前文所述乌尔比安"私法三分理论"的哲学来源。

对于"真正的哲学"在具体法律情境中的描述，可以通过乌尔比安在《优利亚及帕皮亚法评注》第1卷中阐述的观点得以简要说明：乌尔比安将普罗库鲁斯和贝加苏斯的观点认为是"真正的"正确，根据他们的观点，具有元老身份的父亲从元老院被除名后才被怀上和出生的那个儿子不认为是元老的儿子。该种主张的真正性体现在对现实和法律的共同遵守，乌尔比安进一步研究认为，如果一个人受孕于其父被元老院除名之前，但出生于其父丧失元老院身份之后，那么此人也应该被视为具备元老院之子的身份，即应该考虑怀孕的时间。[1]受孕时间是决定性因素，生命的开始并非从脱离母体的那一刻，而是从更早的受孕那一刻，没有受孕就不可能有出生，这才符合社会现实，母体外的生命是母体内生命的自然延续，母体内生命的开始正是受孕之时，而不应采用修辞学家就字面意义而进行的诡辩释义。这是乌尔比安所认为的"真正的"哲学思想体现。就人类现实活动而言，"iuris prudentia"（法学）中的"prudentia"（审慎）意味着细致、精确、睿智等好品质，当法律邻域的"审慎"以实用为目的时，这些品质意味着对社会现实的坚守，乌尔比安全力追求"真正的哲学"，而不是"虚假的哲学"。

乌尔比安寻找支撑法律的哲学并不令人惊讶。公元200年，知识分子开始对这样一种观点感到不满，即社会中的任何传统或习惯都必然是正确的。[2]他们在政治和哲学中寻找更普遍、更理性的东西。乌尔比安在其《论各种法院》第8卷中提到，法律与宗教、哲学等关系密切，法律知识是神圣的，法学教师应该如同哲学教师一样，不能够追求金钱，[3]而应拥抱理

---

〔1〕 D.1, 9, 7, 1。参见[古罗马]优士丁尼：《学说汇纂》（第1卷），罗智敏译，中国政法大学出版社2008年版，第173页。

〔2〕 Tony Honoré, *Ulpian: Pioneer of Human Rights*, Oxford University Press, 2002, p.78.

〔3〕 D.50, 13, 1, 5。参见[古罗马]优士丁尼：《学说汇纂》（第1卷），罗智敏译，中国政法大学出版社2008年版，第173页。

性和智慧，因为法学是一门艺术，通过理性手段达到正义伸张的艺术。

乌尔比安“真正的哲学”的思想源于柏拉图，哲学家倾向于向善并在行动中实现善，类比柏拉图的哲学家治国思想，具备帝国从事政治事务经验的乌尔比安认为，作为政治家的法学家也应如此，而不应成为像修辞学家那样怀有诡辩哲学的人，用睿智的言辞欺骗众人，却对真正的善和如何在城邦中实现善一无所知。他也确实意识到许多自诩为法学家的人并没有践行“良善允正之艺术”(ars boni et aequi)，而是如同诡辩家一样倾向于个人利益，欺骗年轻学子和不那么精明之人。在柏拉图所设想的社会中，哲学家国王身边也有精通政治艺术的顾问，旨在为个人和整个社会实现良善允正，乌尔比安认为这项任务落到法学家肩上，法学家是实现良善允正的艺术工匠，塞维鲁王朝赋予他们与皇帝最亲密的合作者的荣誉地位。〔1〕乌尔比安认为，在他所处的时代，法通过“法的祭司”(法学家)来履行柏拉图所认为的属于政治的职能，即传播良善允正的知识，区分正义和不正义、辨别合法与非法。赏罚分明以培养为善的好人，既体现在公法领域(执法官、圣事〔2〕)，也体现在私法领域(为个人寻求真正有用的正义方案)。

然而，乌尔比安的哲学观主要还是来自斯多亚哲学的。从乌尔比安《告示评注》第59卷的表述可知，最有可能吸收的斯多亚哲学思想来自克律西波、皇帝马可·奥勒留以及西塞罗(D.42，4，7，4)。马尔西安是乌尔比安的学生，在风格和思想上与乌尔比安相近，他引用了“斯多亚哲学家

〔1〕 Lauretta Maganzani, Diritto e “vera philosophia” nelle Istituzioni di Ulpiano：osservazioni minime sul primo frammento dei Digesta di Giustiniano, in Armata Sapientia. Scritti in onore di Francesco Paolo Casavola per i suoi novant'anni, a cura di L. Franchini, Editoriale Scientifica, Napoli, MMXX, 2020, p.597.

〔2〕 圣事，拉丁文为“sacra”，也称圣物，对罗马人来说，是指社会的或者家庭的宗教礼仪活动，对这种礼仪活动的掌管意味着对特定群体的统治和指导。圣事，也意味着一种权力，依据乌尔比安的公私法划分理论，属于罗马公法领域。参见黄风主编：《罗马法词典》，法律出版社2002年版，第222页。

克律西波”（D.1，3，2）对法律的定义，“法律对一切神性和人性事物拥有至高无上的主权，监督良善与邪恶，是正义和不正义的标准，命令应该做什么，不应该做什么”。乌尔比安对法律与哲学、宗教等关系的阐述与克律西波的哲学思想一脉相承。乌尔比安认为，根据自然法，所有人都是生来平等的（D.50，17，32），斯多亚哲学也主张人生而平等，且从夫妻平等开始。〔1〕乌尔比安与斯多亚哲学的主张相同，即我们生来自由平等，应该按照自然生活。自然的法则可以为理性所理解，所有人都共享，人类形成一个共同体，凭借理性的力量相互联系并与神明联系。由此可见，世界是一个城邦，全人类都参与其中。可以说，乌尔比安吸收柏拉图哲学思想的同时，更广泛地吸收斯多亚哲学思想，而更主要的还是斯多亚哲学。

乌尔比安的哲学观影响了他的道德观、法律观。乌尔比安的作品植根于他的意识形态，滋养他的思想是斯多亚哲学的世界主义和平等主义。斯多亚哲学主张人类的团结，所有理性存在者都是同一父亲的孩子，都是世界公民，具有相同的权利和义务，服从同样的法则、真理和理性，人的价值不依赖于他的财富、地位和阶层，而是依赖于他的道德价值和善的意志。〔2〕继《安东尼努斯敕令》扩大罗马市民权之后，乌尔比安将罗马法阐述为基于人人生而自由、平等且人人享有尊严的法律。而自由、平等和尊严这三种价值观是我们现在所说的人权的基本要素。鉴于乌尔比安的作品规模及其影响力度，可以将乌尔比安誉为人权运动先驱。〔3〕

乌尔比安基于世界主义的人权主张是革命性的。在《安东尼努斯敕令》颁布之后，罗马的市民法对帝国境内的所有自由民均适用，至关重要的便是向帝国的新老罗马市民提供他们所共同遵守的罗马法的清晰而明

〔1〕 Tony Honoré, *Ulpian: Pioneer of Human Rights*, Oxford University Press, 2002, p.81.

〔2〕 参见［美］弗兰克·梯利：《西方哲学史》，贾辰阳、解本远译，光明日报出版社2014年版，第126页。

〔3〕 See Tony Honoré, *Ulpian: Pioneer of Human Rights*, Oxford University Press, 2002, p.76.

确的解释，展示罗马市民法普遍性和理性的特征。这是乌尔比安对罗马法的伟大阐述，是其世界主义观念的法律贯彻，是对罗马帝国转变成世界性社会的法律回应。[1]在《安东尼努斯敕令》颁布之后，乌尔比安在撰写罗马法著作时，对卡拉卡拉的态度发生了一些变化。当他提到卡拉卡拉和塞普提谬斯·塞维鲁共同作为一部法律的作者时，他优先提到卡拉卡拉，即"我们的皇帝安东尼努斯和他的父亲"，而不是"神君塞维鲁和我们的皇帝"。塞普提谬斯·塞维鲁是位来自非洲的皇帝，他也是第一位非纯意大利血统的皇帝，他具备世界主义思想，也深深影响其子卡拉卡拉皇帝和法学家乌尔比安。塞普提谬斯·塞维鲁来自讲布匿语的地区，能说流利的布匿语，布匿语是乌尔比安在拉丁语和希腊语之后作为示例提到的语言，作为某些交易各方可以选择的语言。(D.32，11pr.)塞普提谬斯·塞维鲁的第二任妻子尤莉娅·多姆纳(Domna)[2]来自叙利亚的一个地区，那里的方言是阿拉姆语(亚述语)，乌尔比安还提到这种语言也是一种可用于某些合法交易的语言。(D.45，1，1，6)乌尔比安认为，对于非正式或半正式交易，只要双方都能理解，就可以使用任何语言。契约的撤销通知应该使用希腊文还是拉丁文，这取决于所在的地区(D.14，3，11，3)，是否真的有人使用布匿语(亚述语)等订立信托协议等在所不问，但是赋予人们有权如此为之(D.32，11pr.；D.45，1，1，6)，这是真正的世界主义的罗马市民权的体现。新的罗马市民(《安东尼努斯敕令》之后的罗马市民)无须掌握拉丁语或希腊语即可参与其所遵守的法律体系之中。作为一种团结行为，他希望接纳大量增加的讲希腊语的公民。他希望公开将他们作为世界法律体系的参与者。乌尔比安决心说服《安东尼努斯敕令》所创建的新罗马市民，管理他们生活的法律并不是任意制定的，这些法律是有充分理由的，是放之四

[1] Tony Honoré, *Ulpian*: *Pioneer of Human Rights*, Oxford University Press, 2002, p.25.
[2] 亚历山大·塞维鲁的母亲尤莉娅·马梅亚是尤莉娅·多姆纳妹妹的小女儿。

海而皆准的。[1]这是斯多亚主义的世界公民观念对乌尔比安法学理论影响的重要体现。

乌尔比安基于平等主义的人权主张是始终贯彻性的。首先，乌尔比安的平等主义的人权主张体现在夫妻平等方面。斯多亚哲学主张夫妻平等，乌尔比安对人类平等的重视体现在其关于夫妻平等的论述中，在其《论通奸》第2卷中，他抨击了性道德的双重标准。他认为，审理通奸罪的法官应该仔细审查，丈夫是否以其贞洁正派的生活为妻子树立正当道德的榜样，因为丈夫要求妻子表现出他自己没有表现出的贞洁美德是极不公平的。[2]更重要的是，乌尔比安表达了一个在古代世界肯定是独创的观点，他认为“配偶之间无论如何都应相互分担偶发事件是符合人性的”，[3]换言之，配偶之间无论如何都应相互依赖。其次，乌尔比安的平等主义的人权主张体现在人道主义方面。人道主义是乌尔比安所追求的价值，特别是在论述自由受到质疑的时候。乌尔比安在其《论上诉》第1卷中指出，任何人都可以对刑事审判中的判决提出上诉，不仅是被告，还有其他人，即使被判刑的人不想上诉也可以这样做（D.49，1，6）。乌尔比安在其《告示评注》第71卷中认为，任何人都可以提起诉讼，要求交出被认为被错误拘留的自由人（相当于人身保护令），因为任何人都有权采取有利于自由的诉讼（D.43，29，3，9）。乌尔比安的基本思想是，既然我们生来都是自由的，那么共同的人性和人道主义就允许陌生人以这种方式进行干预以拯救他人。再次，乌尔比安的平等主义的人权主张体现在其对公平理念的陈述。乌尔比安的公平理念要求考虑到每个人的利益，并给予同等的重视，要求各方处于同一水平线上，例如，起诉的权利与被起诉的责任相一致（D.3，4，

---

〔1〕 Tony Honoré, *Ulpian: Pioneer of Human Rights*, Oxford University Press, 2002, p.93.

〔2〕 参见［古罗马］优士丁尼：《学说汇纂》（第48卷），薛军译，中国政法大学出版社2005年版，第73页。

〔3〕 D.24，3，22，7。参见［古罗马］优士丁尼：《学说汇纂·夫妻间财产关系》（第24卷），黄美玲译，中国政法大学出版社2016年版，第159页。

7pr.)，利益与责任相一致(D.14，3，1)。必须保护弱者免受强者的伤害或被欺骗者免受欺骗者的伤害。乌尔比安经常谴责诡计行为，并强调在法律中针对诡计者(D.4，1，1)、[1]剥削他人者(D.2，7，1pr.)或保护不明真相者(D.11，6，1pr.)的规定。最后，乌尔比安的平等主义的人权主张体现在人格权方面。乌尔比安在理论上打造了身体、尊严、名誉等人格权客体的具体概念。虽然罗马法没有使用人格权这样的概念名词将名誉权等具体人格权进行理论抽象，但是存在作为人格权客体的具体人格要素的名词性表述，具体体现在乌尔比安《告示评注》第56卷之中，他认为"一切侵辱，或者施加于身体，或者关涉尊严，或者关涉不名誉"，乌尔比安对身体、尊严、名誉等人格权客体概念的理论打造，为后世法学家雨果·多诺、格劳秀斯及约翰尼斯·沃特等承继，成为现代法中的人格权理论的基础。乌尔比安从人格权客体角度出发，对物质性人格权和精神性人格权予以保护，体现了罗马法朴素的人格权思想。[2]这是乌尔比安对人格权观念的贯彻。与人格权保护相关的，乌尔比安最早对性骚扰的规制提出了自己的法学主张，在其《告示评注》第77卷中，他认为进行性骚扰要承担侵辱之诉的责任，"如果某人勾引少女，如果她以女奴的穿着打扮，他被视为犯了轻度的过错；如果女性以娼妓的而非家母的穿着打扮，他被视为犯了更轻度的过错。因此，如果女性打扮得不像是贞妇的，而某人勾引她或诱离她的随从，承担侵辱的责任"。他对性骚扰的保护对象、构成要件以及承担的责任进

〔1〕 关于道德恶习，乌尔比安对诡计(*calliditas*)尤其严厉。乌尔比安在其《告示评注》第11卷中主张，裁判官以多种方式帮助失误的或被欺骗的人，特别是由于他人的诡计，严重无视他人利益者就是要诡计。参见[古罗马]优士丁尼:《学说汇纂(第四卷)·恢复原状与责任的承担》，窦海阳译，中国政法大学出版社2012年版，第3页。

〔2〕 参见周平奇:《论罗马法对人格权的保护及其对我国法的启示——以"关于辱骂"的裁判官告示为例》，载梁慧星主编:《民商法论丛》第72卷，社会科学文献出版社2021年版，第46-72页。

行全面的阐述，并提出性骚扰的类型化，可分为勾引、追随和诱离随从。〔1〕这体现了乌尔比安在人格权保护方面的人文主义关怀，基于性骚扰引发的侵权责任，在罗马法中被称为侵辱之诉（actio iniuriarum），旨在保护人身安全、名誉和人的尊严，它可以用来落实尊重自然、自由和平等的原则。尊严作为个人人格的核心，可以被视为侵辱之诉所要保护的首要价值。对于实践中存在的那些侵犯人的尊严的不自由和不平等的行为，罗马法必须予以纠正。

在乌尔比安时代，特别是他的著作中，奴隶的人格和尊严至少在一定程度上得到了承认，〔2〕乌尔比安认为，应该听取奴隶对受到其主人的虐待、酷刑、挨饿、猥亵或被迫卖淫的控诉（D.1，12，1，8），对奴隶贞操的侵犯，主人可以代为提起侵辱之诉。乌尔比安认为奴隶有权伤害自己，即使是奴隶，天生也有自己施暴的权利，（D.15，1，9，7）奴隶没有义务仅仅为了主人的利益而使自己保持良好状态，人的尊严赋予了奴隶可以对无法忍受生活的反抗。而且，主人也不能够以奴隶故意自我伤害为由，从奴隶的特有产（peculium）扣除由此引发的财产损失。此外，生活在一起的奴隶夫妇不应该被拆散，如果买主发现买来的奴隶夫妇中有一人生病，就必须把两个都退还给卖主。（D.21，1，35；D.33，7，12，33）乌尔比安在《萨宾评注》第1卷中主张，赋予奴隶上述权利是基于自然的要求，主人和奴隶之间的债务是自然法而非市民法的问题。（D.28，1，20，7）同时，乌尔比安在《萨宾评注》第43卷中给出了理由，因为根据自然法，人人生而自由，且人人生而平等（D.50，17，32）。所有人在拥有尊严方面都是平等的，然而，与现代思想不同的是，乌尔比安所认为的尊严的程度因人而异，他认为男人比女人

---

〔1〕 参见周平奇：《论罗马法对性骚扰的规制及中国法启示——兼评我国〈民法典〉第1010条之规定》，载梁慧星主编：《民商法论丛》第75卷，社会科学文献出版社2023年版，第55-85页。

〔2〕 例如，乌尔比安《告示评注》第77卷中所提到的“奴隶的身份”（personae servi）（D.47，10，15，44），乌尔比安《告示评注》第57卷中所提到的“奴隶的贞操”（servi pudicitia）（D.47，10，9，4）。

有更多的尊严（D.1，9，1pr.），奴隶的尊严往往低于男子。这反映了乌尔比安人权理论有其时代的局限性。

自由、平等和尊严被视为当代人权运动的根源，人权运动中诸如制定权利宪章等活动不过是将这些原则加以具体化。世界主义和平等主义的人权主张，特别是自由、平等、尊严的具体化思想，构成乌尔比安著作的框架基础。乌尔比安在具体阐述、传播和论证这些思想主张方面发挥了重要作用，从这个层面而言，乌尔比安可谓是古代世界的第一位名副其实的人权法学家。

经典著作

作为法学家的乌尔比安，一生著作颇丰，他的著作大多是在塞普提谬斯·塞维鲁和卡拉卡拉的统治时期完成的。罗马法学的发展很大程度上依赖于对相对有限且无体系化的法律所进行的评注，体现法学家法的重要性。在罗马帝国时期，法律的数量逐步增加，体系化的评注也逐步深化，直到6世纪达到巅峰。乌尔比安身处这样一种治学传统之中，其出版的作品形式多样。有对罗马法的某些规定进行评注，例如《告示评注》（*Ad Edictum*）和《萨宾评注》（*Ad Sabinum*），这些评注通常是对所审查法律的逐行甚至逐字解释；有对法律问题的简短回答，例如《解答集》（*Responsorum*），其内容可能部分源于乌尔比安的律师实践经历；还有教学方面的著作，例如《法学阶梯》（*Institutionum*），这是对罗马法律制度的全面研究；此外，还有对各种行政机关的法律运作方面进行阐述的著作，例如《论行省执政官的义务》（*De Officio Proconsulis*），这些对汇集分散的各种皇帝敕令、敕答等法律材料十分有益。

总体而言，乌尔比安的著作共计30部（256余卷），其中23部被优士丁尼《学说汇纂》引用，它们分别是:《告示评注》83卷、《萨宾评注》51卷、《优利亚及帕皮亚法评注》20卷、《论断集》10卷、《论各种法院》10卷、《论行省执政官的义务》10卷、《潘德克吞》10卷、《规则集》7卷、《遗产信托》6卷、《意见集》6卷、《论通奸》5卷、《论上诉》4卷、《论执政官的义务》3卷、《法学阶梯》2卷、《规则集》单卷本、《论户口调查》6卷、《解答集》2卷、《论订婚》单卷本、《论市长官的义务》单卷本、《论消防长官的义务》单卷本、《论国家的掌管者的义务》单卷本、《论监护裁判官的义务》单卷本、《论财务官的义务》单卷本。[1]剩下7部作品未被优士丁尼《学说汇纂》引用，依次是:《学说汇纂》、《论赦免》单卷本、《埃利亚·申齐亚法评注》4卷、《关于通奸的优利亚法评注》5卷、《马尔切勒的〈学说汇纂〉和帕比尼安的〈解答集〉注解》、[2]《论卸任执政官的义务》单卷本以及《雅沃伦的〈书信集〉注解》。[3]

令人遗憾的是，这些著作并未完整保存下来，散落于优士丁尼《学说汇纂》中所引用的一些片段。后世学者根据乌尔比安残留的著作片段汇集整理成《乌尔比安残片》(*Domitii Ulpiani fragmenta*)出版，[4]收录了乌尔比安在自由人、自由身份、拉丁人、自权人、他权人、嫁资、夫妻之间的赠与、收养、夫权、监护、保佐、遗嘱、遗赠、信托、占有等29个问题域方面所做的重要论断。从乌尔比安留存下来的这些著作片段可知，乌尔比安具有极其广博的法律学识，他即使不是最有创意的罗马法学家，也是最有学问

---

〔1〕 参见[意]桑德罗·斯奇巴尼选编:《民法大全选译·法律行为》，徐国栋译，中国政法大学出版社1998年版，第161－162页。Tony Honoré, Ulpian: Pioneer of Human Rights, Oxford University Press, 2002, p.107-117.

〔2〕 D.9, 2, 41pr.和D.47, 10, 11, 7中提到了乌尔比安对马尔切勒的《学说汇纂》的注解。

〔3〕 参见[意]桑德罗·斯奇巴尼选编:《民法大全选译·法律行为》，徐国栋译，中国政法大学出版社1998年版，第176－177页。关于《雅沃伦的〈书信集〉注解》，D, 33, 5, 12有提及。Tony Honoré, Ulpian: Pioneer of Human Rights, Oxford University Press, 2002, p.124.

〔4〕 Domitius Ulpianus, Domitii Ulpiani fragmenta, Eduard Böcking (ed.), Bonnae: Marcus, 1831.

的罗马法学家。

乌尔比安写作材料主要来源于对拉贝奥、谢沃拉、杰尔苏、尤里安、马尔切勒、彭波尼、帕比尼安等法学家作品的阅读。例如，关于行为侵辱和言语侵辱的类型划分、严重的侵辱认定等内容，乌尔比安采用拉贝奥的观点；(D.47，10，1，1；D.47，10，7，8)乌尔比安倾向于将谢沃拉提出的将内容概括为对一组特定事实提出问题的解决方案；(D.46，3，27；D.45，1，131，1)关于正义与法的关系以及《阿奎流斯法》的阐述，乌尔比安采用杰尔苏的观点；(D.1，1，1pr.；D.9，2，7，7)关于用益权等内容，他采用尤里安的观点，以杰尔苏和马尔切勒观点作补充；(D.7，1，12，5；D.7，1，13，3)对于违反遗嘱的遗产占有，乌尔比安遵循马尔切勒的观点；(D.37，4，8，3；D.37，4，8，5)关于寄托之诉及其与委托之诉区别的相关内容，乌尔比安采用彭波尼的观点；(D.16，3，1，10；D.16，3，1，11；D.16，3，1，12)关于避免某人以暴力解脱被传唤去法院以及简约等相关内容，采用帕比尼安的观点。(D.2，8，7pr.；D.2，14，7，5)其中尤里安、彭波尼、帕比尼安、马尔切勒和杰尔苏五位法学家的著作被引用次数是最多的。[1]在这些法学家名单中，帕比尼安是唯一出现在引用作者中的同时代在世之人，亦即他的老师；其他四位法学家均活跃于2世纪前期。为什么同时代的乌尔比安和保罗不公开互相引用或者极少引用在世的同期法学家，很可能是害怕得罪人，因为不引用或者虽引用但不同意其观点，都是一种侮辱。

乌尔比安用拉丁语写作，也精通希腊语，他给出了一些拉丁术语的希腊语对应词，或者插入了一个简短的单词或短语。乌尔比安的拉丁语有时是口语化的，因为他是在口授，但它是清晰和正确的，更接近于1世纪昆体良时代的拉丁语，而非他自己生活的3世纪的拉丁语。西塞罗和昆体良对

〔1〕 Tony Honoré, *Ulpian: Pioneer of Human Rights*, Oxford University Press, 2002, p.130.

他的风格和思想产生了很大的影响。[1]乌尔比安著述的口语风格，还体现为他对相同的短语反复使用，它们从一个主题到另一个主题的有序展开，给人一种演说中才能遇到的感觉；习惯使用“我认为”（ego puto）、“我相信”（credo），体现一定的口述性和作为法学家的坦率性；其著述还有一些特质，诸如他更喜欢短词而不是长词，更喜欢短从句而不是复杂的长句，经常使用最高级，[2]使用未来时态而不是现在时态，当然这也是裁判官告示的标志性言辞表达。[3]乌尔比安是个直率的人，他经常以建议或责骂请愿人开始撰写敕答，在其写作的敕答中经常可见诸如“你的主张符合法律原则”（C.5，18，2）、“你错误地相信”（C.5，62，1）、“你的请求违反了法律”（C.6，2，2）的措辞，他擅长使用祈使句。

乌尔比安的《告示评注》是西方法律思想的伟大文本之一，83卷本《告示评注》的宏伟布局反映了罗马法鼎盛时期的几个世纪以来享有盛誉的知识集成，这注定在现代罗马法学研究中发挥至关重要的作用。它与盖尤斯《法学阶梯》一起，作为优士丁尼《（市）民法大全》编纂者在起草《学说汇纂》时最常使用的著作，因此也是现代人了解罗马法学权威的著作。阅读乌尔比安的这些著作，可以感受到乌尔比安对罗马法进行分析和综合的广阔视野，这也代表法律史学中绝对新颖的视角。乌尔比安的博学与多产，提供了罗马法学家的自律和治学方法的典范，同时展示了他如何在如此短的时间内取得如此多的成就。

---

〔1〕 Tony Honoré, *Ulpian: Pioneer of Human Rights*, Oxford University Press, 2002, p.14.

〔2〕 例如，最高级的“*aequissimus*”（“最公正的”），该术语在《学说汇纂》中出现80余次。例如，D.47，10，7，2中所说的，“但是，如果棒打、鞭打或者严重伤害，由裁判官救助他是最公正的。”D.2，11，2中的“最公正的”，D.2，13，1pr.中的“最公正的”。“*aequissimum est*”这样的术语在乌尔比安的作品中被使用的频率大，特别是其《论断集》（*Disputationum*），Cfr. Emanuele Stolfi, I “libri disputationum” di Ulpiano e la storiografia sulle opere dei giuristi romani, Rivista di Diritto Romano, 2003, p.20. 的引用是否具有特殊的意义，而这种意义在他的其他作品中是无法体现的。

〔3〕 See Tony Honoré, *Ulpian: Pioneer of Human Rights*, Oxford University Press, 2002, p.38.

影响评价

作为古罗马知名法学家，乌尔比安的重要理论贡献是公私法划分理论、私法三分理论以及人权理论。作为一名致力于法学研究的作家，他的特点是理论阐述层次高、批评审慎、语言清晰。〔1〕乌尔比安的方法是经验主义的，他喜欢举例论证，通过反复试验来得出结论，且权衡多种考量因素而下结论，诸如法律规定或合同约定、背后的真实意图、公共政策以及道德的可接受性。例如，乌尔比安在其《告示评注》中所说“根据法律”，就是指根据法律的目的（D.50，16，6，1）；又如，合同约定中也应该考虑当事人的意图（D.2，14，7，8）。乌尔比安习惯使用诸如“我认为”（et putem）、“我宁愿认为”（et magis puto）、“更好的观点是”（et magis est），〔2〕这体现了乌尔比安的直率和自信，这也是乌尔比安法学实证主义方法论的体现。乌尔比安对法学的职业抱有崇高的想法：法学家是致力于“真正的哲学”的“正义祭司”，这体现了乌尔比安优雅的哲学主张。

乌尔比安以直率、自信又优雅的风格撰写了大量法律著作，这使他成为一位有吸引力的作家，他是罗马法学的集大成者，其作品具有法学百科全书的特色。他的作品比其他法学家的作品得到更广泛的使用。以特里波尼安为首的优士丁尼《（市）民法大全》编纂者大量借鉴乌尔比安的论述，533年完成的《学说汇纂》共摘录了9142段法学家的著述，其中论著引

〔1〕 Hugh Chisholm（ed.），“*Ulpian*”，*Encyclopaedia Britannica*，Vol.27（11th ed.），Cambridge University Press，1911，p.567.

〔2〕 Tony Honoré，*Ulpian*：*Pioneer of Human Rights*，Oxford University Press，2002，p.95.

用率最高的是乌尔比安，[1]共有2464段，[2]占所引理论近1/3，其中引用他的《告示评注》约占1/5，[3]排名第一，为《引证法》所授予的五大法学家之首。在《学说汇纂》多数章节标题中，通常将乌尔比安的观点放在第一位，从这方面来看，他压倒了其他37位法学家。[4]许多世纪以来，优士丁尼《(市)民法大全》一直是法律教育的主要内容。如此产生的效果便是，罗马帝国后期或者拜占庭帝国时期乃至欧洲中世纪的法科学生，对法律的学习最开始接触的便是乌尔比安的观点了，这也是乌尔比安在法学教育中发挥的巨大作用，其在法学教育史中的存在感极强。基于此，有学者认为，通过法学教育的渗透，乌尔比安在内容、风格、推理方法及其背后的哲学理论等方面影响了欧洲法律观的形成。[5]乌尔比安致力于罗马法，这是其最持久的文化成就，他是那些对罗马法的发展和传播至关重要的东方人之一，他发现罗马法是一门系统的学科，其智力要求可与希腊文学和哲学的要求相媲美。[6]乌尔比安将罗马法阐述为一种普适性体系，事实证明，罗马法确实能够适应罗马帝国崩溃后出现的截然不同的社会的需要。

乌尔比安作为法学家的同时，也是一位法学教育家。乌尔比安的教学用书《法学阶梯》指出了其教学所花费的时间，其《论断集》(*Disputations*)也涉及教学过程中对法律争议点的公开讨论。作为法学教育家的乌尔比

〔1〕 有些法学家只有一条语录被选用，2/3是从《引证法》提到的五大法学家的著作摘录的。参见[意]朱塞佩·格罗索：《罗马法史》，黄风译，中国政法大学出版社2009年版，第334页。

〔2〕 参见何勤华：《古罗马五大法学家小传》，载《中央政法管理干部学院学报》1996年第5期。也有学者认为是2462段，参见舒国滢：《罗马法学成长中的方法论因素》，载《比较法研究》2013年第1期。

〔3〕 Hugh Chisholm (ed.), "Ulpian", Encyclopaedia Britannica, Vol.27 (11th ed.), Cambridge University Press, 1911, p.567.

〔4〕 在优士丁尼《学说汇纂》的开端部分，有一个"本书引用的古代作者及作品目录"(又称*Index florentinus*)，其中收录 38位法学家的名字及其作品。参见徐国栋：《〈学说汇纂〉作者籍贯考》，载《中国政法大学学报》2020年第5期。

〔5〕 Tony Honoré, *Ulpian: Pioneer of Human Rights*, Oxford University Press, 2002, p.229.

〔6〕 Fergus Millar, *A New Approach to the Roman Jurists*, The Journal of Roman Studies, 1986, Vol.76, p.272.

安，培养出了优秀的学生，使他的学说主张得以继续流传。埃流斯·马尔西安（Aelius Marcianus，约193—235）也是他的学生，该人提出了“一切人共有的物”的概念，[1]莫特斯丁也是他的学生（D.47，2，52，20），在他去世后，莫特斯丁将他的世界主义的法学思想发扬光大。乌尔比安认为自己的使命是在实在法的限制下尽其所能将“真正的哲学”付诸实践，像伊内留斯、格劳秀斯、萨维尼和其他伟大的法学家一样，他将教学和实践、政府公职结合起来。[2]

古罗马人曾经对乌尔比安给予极高的评价。乌尔比安是一位著名的政府官员、法学家和法学教育家，在他那个时代就很有名。莫特斯丁称切尔维丢斯·谢沃拉（Cervidius Scaevola）、保罗以及乌尔比安为法学的领袖（D.27，1，13，2）。因为乌尔比安享有特殊的地位，塞维鲁皇帝和卡拉卡拉皇帝称乌尔比安为“最出类拔萃的乌尔比安”（praestantissimus Ulpianus，D.27，1，2，9），莫特斯丁同样在两处使用了这样的评价称呼，（D.26，6，2，5；D.27，1，4，1）这样的评语是乌尔比安独享的，没有其他法学家被如此称呼，这也是一位忠诚学生对他的致敬。同样，被收录在《优士丁尼法典》中的戴克里先时代的一份敕令，将乌尔比安评价为“最有学问的”（prudentissimus，C.9，41，11，1）。

后世学人对乌尔比安的影响评价也给出不同的见解。乌尔比安对西方法律传统的影响至少不亚于任何后来的作家，包括伊内留斯、格劳秀斯、布莱克斯通、波蒂尔和萨维尼。[3]乌尔比安是第一个提出生命表（life

---

〔1〕 所谓“一切人共有的物”，是古罗马法学家马尔西安在《法学阶梯》第 3 卷中所确立的一个概念，主要依据自然法，具体包括空气、流水、大海与海滨。一切人意味着非罗马市民也可以享有。这也是乌尔比安的世界主义思想的延续。参见徐国栋：《“一切人共有的物”概念的沉浮——“英特纳雄耐尔”一定会实现》，载《法商研究》2006年第6期。

〔2〕 Tony Honoré, *Ulpian: Pioneer of Human Rights*, Oxford University Press, 2002, p.35.

〔3〕 Tony Honoré, *Ulpian: Pioneer of Human Rights*, Oxford University Press, 2002, p.vii.

table）的人，[1]乌尔比安提出生命表的基本观点是马切尔在《二十分之一的遗产说》第2卷中所提到的（D.35，2，68pr.），显示出3世纪初期罗马帝国的预期寿命简表，后世学者根据其生命表对罗马帝国时期的人口出生率和死亡率等情形进行研究。可以说，乌尔比安为后世人口学和统计学作出了积极贡献。

也有学者认为，要谨慎对待乌尔比安的作品。德国法学家佩尼斯（Pernice）批评乌尔比安的著作，特别是《告示评注》，认为该书每一部分都是单独写作的，不具有系统性，相同的主题重复出现多次，而且缺乏原创性，因此，他认为乌尔比安的很多内容是抄袭他人的，引用他人的观点不回到原始文献出处，缺乏敏锐性和创造性。[2]对此，有学者为乌尔比安辩护，认为他遵循的是当时通行的做法，在乌尔比安的时代，引用古代法学家的观点是必要的，作者已经阅读过原始文献并对其进行注释，撰写著作的正文时避免烦琐而没有详细提出原文。[3]从前文乌尔比安的著述来看，乌尔比安可谓是涉猎广泛，阅读量广，善于引用他人观点进行自己的研究和论证。乌尔比安有许多创造性观点，例如，关于公私法划分、关于“法学”的定义以及人权思想主张。值得一提的是，乌尔比安在公法领域，他作出了许多原创性的贡献。乌尔比安被视为一系列法律权威意见的来源，特别是在公法方面，由莫特斯丁等发扬光大，莫特斯丁也担任过请愿秘书长官，在解决民事和行政问题上保持着乌尔比安的公平而务实

---

〔1〕 为了计算抚养费（*alimentis*），乌尔比安按照年龄段给出了计算公式，他给出的年龄段主要有0—25岁、20—25岁、25—30岁、30—35岁、35—40岁、40—50岁、50—55岁、55—60岁以及超过60岁的。See Bruce Frier, Roman Life Expectancy: Ulpian's Evidence, Harvard Studies in Classical Philology, 1982, Vol. 86, p.214.中文世界首次全面详细介绍与探讨乌尔比安生命表的学者是厦门大学徐国栋教授。参见徐国栋：《生命表与民法——兼论生命表与立法法的关联》，载《岭南学刊》2023年第6期。

〔2〕 Alfred Pernice, *Ulpian als Schriftsteller*, Berlin: Reichsdruckerei, 1885, S.484.

〔3〕 See Tony Honoré, *Ulpian: Pioneer of Human Rights*, Oxford University Press, 2002, p.126.

的态度。[1]乌尔比安在公法方面的观点效力几乎与皇帝敕令和元老院决议处于同一水平，他的著作《论行省执政官的义务》成为行省执政官的手中书，以便及时查阅，明确如何符合法律或习俗的规定而正确履行其职责（D.1，16，4，5）。

乌尔比安的著作以总结和整理为主，但他在明确而系统解释前人作品以及当时法律文献方面表现极为优秀，他是完成清晰明确的解释作品的大师。[2]乌尔比安被视为经典作家，他的著述成为原理和规则，是一流的。[3]特别是《引证法》将其定于一尊，只有乌尔比安等五位法学家的著述拥有权威性。乌尔比安将罗马法学中的大部分精华传承给了后人。乌尔比安所在的罗马法时代被称为古典时代晚期，此时的罗马法达到前所未有的发展高峰，成为后世法学的楷模，为近现代法学家们所继受。诚如英国罗马法学家托尼·奥诺雷（Tony Honoré）对乌尔比安所做的评价：没有人比乌尔比安作出的贡献更大，他的使命是以世界主义和平等主义的人权理论主张向国际大都市统治者和公民解释罗马法，将罗马法作为基于理性、效用和公平的法律体系，这是罗马法研究永远不会过时的原因。[4]诚哉斯言！由于这些原因，他被证明是最有影响力的罗马法学家，在以一种可以适应中世纪和文艺复兴时期欧洲截然不同需求的法律方面，他比任何人都做得更多。[5]

在法律研究中，乌尔比安最为人所铭记的是这三句话："正义是分给每个人以其法律情势的不懈的、永恒的意志。法的准则是诚实生活，毋

---

〔1〕 Tony Honoré, *Ulpian: Pioneer of Human Rights*, Oxford University Press, 2002, p.227.

〔2〕 参见何勤华：《古罗马五大法学家小传》，载《中央政法管理干部学院学报》1996年第5期。

〔3〕 See Fritz Schulz, *History of Roman Legal Science*, Clarendon Press, 1946, p.278-279.

〔4〕 Tony Honoré, *Ulpian: Pioneer of Human Rights*, Oxford University Press, 2002, p.ix.

〔5〕 Simon Hornblower, Antony Spawforth (ed.), *The Oxford Classical Dictionary* (Third edition), Oxford University Press, 1999, p.493.

害他人，各得其所。法学是对神和人的事务的认识、关于正义和不正义的科学。”

深度阅读

1. ［古罗马］优士丁尼：《学说汇纂》（第1卷），罗智敏译，中国政法大学出版社2008年版。

2. 徐国栋：《是君主喜好还是元首决定具有法律效力》，载《现代法学》2011年第4期。

3. 杨天江：《自然法的概念史：从乌尔比安到阿奎那》，载《朝阳法律评论》2015年第1期。

4. Tony Honoré, Ulpian: *Pioneer of Human Rights*, Oxford University Press, 2002.

5. Lauretta Maganzani, Diritto e "vera philosophia" nelle Istituzioni di Ulpiano: *osservazioni minime sul primo frammento dei Digesta di Giustiniano*, in Armata Sapientia. Scritti in onore di Francesco Paolo Casavola per i suoi novant'anni, a cura di L. Franchini, Editoriale Scientifica, Napoli, MMXX, 2020.

奥古斯丁

Aurelius Augustinus

354—430

中世纪真正的哲学导师

“根据你的法律，灵魂的选择乃是自由，赏善惩恶依照无情且普遍的命运。”

——奥古斯丁《独语录》

“他的影响不仅荫照了其后的一千年，而且包括了直到现在的一切时期。”

奥古斯丁是划时代的思想家，他对西方思想的塑造是全方位的。尽管他没有系统阐述一套法律理论，但他熟悉罗马法、处理教会事务，他的许多观点对思考法律问题具有重要的参照意义，其中有些甚至是建构法学理论的前置性命题，例如意志问题、善恶问题、正义问题、永恒法和自然法问题等。

德国19世纪著名哲学家文德尔班论及中世纪哲学时写道:“奥古斯丁是中世纪真正的导师……他的学说就是基督教哲学……他以严格的统一性,制定了一种体系,使之成为科学地训练欧洲民族的基础;以这种形式,罗马民族和日耳曼民族开始走上继承希腊文明的道路。”〔1〕文德尔班的这个判断基于一个显白的历史事实:奥古斯丁生活于新旧时代更替之际,古代文明已支离破碎,新的文明亟待孕育;罗马帝国无力抵御北方蛮族的入侵,艺术和科学也无法吸引诸王的青睐,唯有宗教才能打动那些野蛮人,从而使自己成长为新的精神力量。而奥古斯丁正是在这样的时代变局之下淬炼出来的一流思想家,他将毕生精力献给了教会,并将教义发展为彻底的科学体系。这个体系既代表了中世纪哲学继承和发展古代哲学原则的思想路线,也规定了中世纪哲学大体上所遵循的思想路线。

著名的奥古斯丁研究者奥唐奈(James J. O'Donnell)在他的《奥古斯丁的时代及其生平》一文中写道:“奥古斯丁是一个我们太了解其生平的人物了。”〔2〕这是因为他本人为我们留下了数量可观、质量上乘的材料,足以让我们有效地重构他的生平信息。奥古斯丁生于354年11月13日,逝于430年8月28日。他的出生地是罗马帝国北非行省的塔加斯特城

〔1〕[德]文德尔班:《哲学史教程》(上卷),罗达仁译,商务印书馆1997年版,第354-355页。

〔2〕 James J. O'Donnell, Augustine: His Time and Lives, Eleonore Stump and Norman Kretzmann (edited), *The Cambridge Companion to Augustine*, Cambridge University Press, 2006, p.8-25.

(Thagaste)，即现在阿尔及利亚境内的桑克·阿哈拉城(Souk Ahras)。奥古斯丁的家庭并不算特别富裕。他的父亲帕特里修斯(Patricius)是当地的小官员，属于旧教派，临终时才接受施洗。相较而言，奥古斯丁在宗教信仰上受到其母亲莫妮卡(Monnica)这位虔诚的基督徒的影响更大一些。

奥古斯丁在塔加斯特接受基础教育时即已崭露头角，这也是尽管学费昂贵，他的父母仍然想方设法把他送到迦太基求学的原因之一。在迦太基，奥古斯丁接触到了古典文学、修辞学、法学等多方面的知识，并迅速显现出过人的禀赋和才学。然而，这段时期他远离父母的管束，置身于这座繁忙的海港城市之中，开始沉溺于俗世的欢愉。他在《忏悔录》中对这段生活有着诚实而又深刻的反思，坦承自己是一个在性上极为活跃的人，同时也和盘托出了其在灵与肉之间挣扎的真实感受。然而，奥古斯丁并未因这种放荡不羁的生活而耽误自己的学业，他的成绩还相当不错。

迦太基岁月给奥古斯丁带来了三个方面的结果：首先，他获得了一份教修辞术的工作；其次，他结识了一位与之厮守达14年之久的恋人，并且育有一子；最后，他开始形成自己的哲学世界观。这段时期奥古斯丁对基督教的教义还持怀疑态度，这主要是因为他无法理解基督教经文的字面意义，并对其哲学深度不甚满意。于是，他开始信奉当时流行的摩尼教，这是一种发端于波斯的二元论宗教体系，它强调光明与黑暗、善与恶的对立。正是在这个背景下，奥古斯丁的早期思想基础得以奠定，他的哲学探索和宗教信仰之旅也就此开启。他坚守摩尼教达9年之久，这遭到了他母亲莫妮卡的强烈反对。奥古斯丁是摩尼教的“听者”(auditor)，积极传教和护教，但他从来没有成为这个教派的“选民”(electi)，所以无须禁欲和苦修。

383年，奥古斯丁移居米兰，成为这座城市的修辞学教授和罗马帝国法庭的官方致颂词者(official panegyrist)。正是在这个阶段，他接受了母亲的安排，送走了长相厮守的恋人，接纳了与一名陌生女子的婚约。同时，他也开始研习学院派怀疑主义和新柏拉图主义。米兰主教安布罗斯（Bishop Ambrose）对他产生了深远的影响，教会了他寓意解经法。而且，一些具有柏拉图主义倾向的基督徒向他呈现了基督教的要义，使他认识到基督教比摩尼教更为可取。这段时期奥古斯丁经历了情感和理智上的双重不安，最终酿成了一场严重的心理危机，这场危机直到386年的夏天他皈依基督教方才平息。根据他在《忏悔录》中的记载，他自称受到神的命令，叫他翻开书来，看到哪一章就读哪一章。而当时他正读到《罗马书》第13章第13节："不可荒宴醉酒，不可好色邪荡，不可争竞嫉妒。"奥古斯丁说："我不想再读下去，也不需要再读下去了。我读完这一节，顿觉有一道恬静的光射到心中，溃散了阴霾笼罩的疑阵。"[1]正是这一时刻，奥古斯丁坚定了受洗的决心。接下来，他隐退到米兰附近的郊外，沉浸在哲思的闲暇之中。387年复活节，奥古斯丁在安布罗斯那里接受了施洗，然后返回了北非。他的母亲在他受洗后不久就去世了，这也使得奥古斯丁陷入了绝望，试图摒弃一切，追求一种宁静的修道院式生活。然而，他的这种恬淡的生活并未持续太久，391年北非希波教区需要一名主教，人们听说他是一位颇有教养的基督徒，于是要求他来领导教会。尽管他并不愿意，但还是接受了神父之职。5年之后，也就是在396年，奥古斯丁成为希波主教。

奥古斯丁的教会活动广泛涉及牧灵、政务、行政和司法职责，尽管这是一段繁忙的经历，但他在领导一个基督教会过程中所累积的经验有助于他校正自己关于原罪和恩典的观点。奥古斯丁所擅长的修辞学技艺在这个时候发挥了巨大的作用，他的笔下流淌着激动人心的布道词，他的脑中存储着厘定纷争的刻度尺。正如有论者对奥古斯丁主教生涯所评价的：

〔1〕［古罗马］奥古斯丁：《忏悔录》，周士良译，商务印书馆2010年版，第158页。

“尽管他宣称未曾想过这份工作，但这工作却很适合他。”[1]

奥古斯丁担任希波主教长达30多年之久，他在教会生活和政治事务方面的出色工作，使其博得了“基督教界最聪明的领袖之一”的美誉。奥古斯丁的主教生涯伴随着与摩尼教、多纳图派、佩拉纠派等的宗教论争，他这段时期的著作和信件也大多是论战的产物，这些作品完美地融合了神学教义、哲学反思和修辞说服。纵观这段时期，“刚刚成为希波主教的奥古斯丁首先与他昔日的朋友摩尼教徒展开激烈辩论，中期的奥古斯丁与在北非影响很大的多纳图派有过长期的斗争，而与佩拉纠派的辩论则耗费了晚年奥古斯丁的大部分精力”。[2]这些论战成就斐然，既证明了摩尼教是源于神话和充满矛盾的宗教，也克服了多纳图派对大公教会教阶和礼仪合法性的抗拒，还指出了佩拉纠派的种种错误。奥古斯丁的许多作品都是根据这些冲突和论战写成的，他留下的文集比任何其他古代作家都要多。在教会史上就写作数量而言，可能只有奥利金能够超越他。据西班牙塞维利亚的神学家伊西多尔（Isidore of Seville）描述，在保存着奥古斯丁作品的阁楼上有这样的题词：“任何宣称他读过这一切著作的人，就是一个骗子。”[3]在奥古斯丁生命的末期，时逢北方蛮族部落的入侵，汪达尔人在5世纪20年代和30年代穿过高卢和伊比利亚，渡过直布罗陀海峡，来到非洲，并且很快就围困了希波城。430年8月28日，奥古斯丁在陷入绝境的希波城中去世，据说他去世时还念叨着新柏拉图主义奠基者普罗提诺（Plotinus）的句子。

---

〔1〕［美］沙伦·M.凯、［美］保罗·汤姆森：《伟大的思想家——奥古斯丁》，周伟驰译，清华大学出版社2019年版，第7页。

〔2〕吴飞：《奥古斯丁笔下的法律问题》，载高鸿钧、赵晓力主编：《新编西方法律思想史（古代、中世纪、近代部分）》，清华大学出版社2015年版，第91页。

〔3〕［美］奥尔森：《基督教神学思想史》，吴瑞诚、徐成德译，北京大学出版社2003年版，第273-274页。

一、自由意志

奥古斯丁的意志概念及其对自由意志的捍卫以一个悖论为基础：当我们欲求善时，上帝决定着我们的意愿，但这种欲求仍属自由选择，我们要为之负责。这个论点以一个人类堕落的宗教叙事为基础，即认为自由选择同等地适用于堕落之前的始祖亚当和堕落状态下的人。亚当从上帝那里所获得的帮助是其选择善的必要条件，却并非充分条件，同时亚当的自由选择也不是其必定选择善的充分条件。只有上帝的恩典和人的自由选择的结合才足以实现善。奥古斯丁的看法是，不仅是亚当，还包括一切受造物，都有选择恶而非善的趋势，这是因为他们都是从无中受造而来的，他们具有本体上的缺陷，从而导致他们可能有意愿去选择恶。

奥古斯丁的自由意志论在哲学与神学上分别受到了柏拉图与基督教的影响。在哲学上，受柏拉图的自由理论与灵魂统治说影响。柏拉图认为真正的自由在于把握真正的善，并在对善的追求过程中达到真正的满足，只有在这个基础上才能谈论自由的问题。同时柏拉图还指出，只有灵魂才是人真正的自我，肉体的欲望必须在灵魂的统治之下——人只有顺从灵魂才能够依其本性行事，才能在灵魂上获得真正的自由。在神学上，早期基督教思想的创世理论和拯救思想对奥古斯丁的自由意志论具有举足轻重的影响。基督教教义认为人的本性已经堕落，人生来就是有罪的，罪引导人们选择了恶，所以人一切行为都是没有善性的。而上帝是善本身，人们想要获得善，就只能接受上帝的给予。奥古斯丁将柏拉图与基督教的思想联系起来，调和了二者之间存在的矛盾，形成了自己的自由意志理论。

奥古斯丁的自由意志论，回答了恶的来源问题。他之所以强调自由意志论，是因为其在强调上帝是至善的同时，还要关注世间存在的恶。上帝是至善的，一切善都是从上帝而来，上帝的善是一种绝对的善……倘若上述前提或假设成立，那么从上帝处就无法找到任何的罪恶与谬误，即上帝不应当为任何的恶负责。奥古斯丁因此提出了恶的"缺乏说"，即这世界上只存在"善"，"恶"本身并不存在，所谓的"恶"是相对善而言的，恶实际上是"善的缺乏"或"实体和本质的缺乏"，是"忽视永恒之物"而"追求属世之物"。那么，这种恶是如何在善的世界产生的呢？奥古斯丁将恶的产生归因于人从上帝那里继受的自由意志。

所谓自由意志，是由上帝依据自身善而赋予人的，使人能够依照自身的意愿进行选择的意志。简言之，就是依据意愿选择去为善和为恶的能力。奥古斯丁认为，人同其他世间万物一样都是由上帝创造的，但上帝在创造人的时候，是根据自身良善的形象进行创造的，于是拥有上帝形象的人就拥有了从上帝而来的自由意志。因此，决定一个人的善恶，在于人对自身拥有的对意志的运用。人作为上帝的产物，就其本身而言是善的，因此人可以利用自由意志正当地生活；但人也可以利用自由意志从事违背上帝自由意志的犯罪活动。这种犯罪既是对自由意志的滥用，也是世间恶的来源。从这方面来看，人的自由意志乃至犯罪的可能性，乃是上帝在创造人类时所赋予的，那么上帝是否需要为人的作恶负责呢？或者说，上帝赋予人类自由意志的目的是什么呢？

对于第一个问题，奥古斯丁指出，虽然自由意志的滥用导致了恶的产生，但这并不能就由此认为上帝赋予人自由意志是为了让人能够犯罪。人不能因为自己对自由意志的滥用，就责怪出于善而赐给人类自由意志的上帝。正如同人不能因为有人用自己的双手行了残忍可耻的事情，就能诅咒赐给他双手乃至生命的父母。因此，恶的产生不能归结于上帝，而应当由作恶者自己承担。此外，自由意志使人负有了绝对的责任，或者说，自由本身就意味着责任。动物不会负有责任，正如没有人会追究一只蜜蜂蜇人的责任。如果人没有自由意志，那么他也就同其他的世间万物一样，以自己的本性进行活动，此时也就没有了善与恶的问题。人被置于自由世界之中，他所做的任何行为从根本上都是出于自身自由意志的判断，自由意味着每个人就是自己一切行动的唯一原因。因此，作为一切行动的“肇事者”，人必须为自己由自由意志主宰的行为负责，承担自己行动产生的各种后果。

对于第二个问题，奥古斯丁认为，上帝赋予自由意志并非没有目的，其目的体现在上帝对人的奖惩当中。上帝赋予人自由意志，同时也要求人应遵循自由意志所附带的自律法则。上帝会根据情况赐予不同的奖惩：对于任何遵循上帝指示正当地生活的人，上帝会赋予神圣的奖励，而任何滥用自由意志、违背上帝为其设下的美好意愿之人，则会为其邪恶的行为付出相应的代价，受到上帝赐下的神圣惩罚。这证明上帝赋予自由意志的目的在于让人为善，因为神并不会因为人把自由意志用于神所设立的目的而遭受惩罚。“当上帝惩罚罪人时，难道他不是说：‘为什么你不把自由意志用于我赐予你的目的’——也就是正当地生活？”这就是上帝赋予人自由意志的正当理由，不然上帝赋予人的奖惩就都是不义的了。更进一步地讲，上帝之所以奖励人的良善、追究人的罪责，是为了成就其意志和维护其全能。在人身上，上帝的意志是通过对人的自由意志进行奖惩的方式来贯彻和成就的。上帝的意志虽然可以被人的自由意志所“中断”，但上帝却可以在审判中追补自己的权能，贯彻自己的意志。奖惩之中恰恰具有正义，即根源于上帝的绝对的善，因此上帝赋予自由意志是正当的。由此观之，上帝赐予人类自由意志，不只是为了让人为善，还要让人自由地行使善，因为如果没有自由行使善的可能，那么人与其他世间万物就再无差别，也就无所谓真正的善与恶了。

但是，人并非一直都能自由选择为善还是为恶的，始祖亚当和夏娃因接受了蛇的引诱，未经上帝的允许偷食了禁果，给世界带来了恶。在亚当和夏娃偷食禁果之前，人的自由意志既可以选择善，也可以选择恶，人类既有正当地生活的可能性，即不犯罪的可能（posse non peccare），也有实施犯罪的可能性（posse peccare）；而在亚当和夏娃偷食禁果之后，由于自由意志的错误选择，人类丧失了正当生活的可能性，即不再有不犯罪的可能（non posse non paccare）。上帝给人类降下的第一项罪责，就是人的肉体必然走向死亡。人对上帝的不服从，导致了他的身体不再服从于灵魂。人作为整体不再和谐，人的身体与灵魂处于激烈的冲突之中，此间便产生了许多的欲望，如贪婪、恐惧、犹豫等，此时人的意志不再指向上帝的唯一的善，所谓的“原罪”就此产生。人在身体无法永生的情况下，只有依靠上帝的恩典，才能够使自己的意志重新获得自由，摆脱必死的有罪性而获得灵魂的永生。

奥古斯丁用他的自由意志论而不是神定论来论证恶的起源，这赋予了人以主体性，但由于其在基督教的背景与基础上思考人的本质性问题，其有关自由意志的理论始终无法脱离神学色彩，人的自由意志始终无法脱离上帝的桎梏。另外，值得注意的是，奥古斯丁的自然意志论在前期与后期发生了较大的变化，在前期，奥古斯丁肯定了人的自由意志，人对幸福生活的追求、对于罪恶的行使都是由人的意志来选择的；而在后期，奥古斯丁的思想越来越具有形而上学色彩，他修改了自由意志理论，不再赋予自由意志积极的主体性地位，用“预定论”与“恩典说”将意志置于罪恶与恩典之下。总而言之，奥古斯丁作为中世纪最重要的神学家之一，尽管其受制于时代无法完全从人的角度思考自由意志，但其自由意志论至少综合了神学与哲学之间的思想，开启了宗教与哲学之间的对话，其对自由思想的宣传也起到了至关重要的作用，对后世许多哲学家（如笛卡尔、康德等）都产生了深刻影响。

根据奥古斯丁的观点，人类原罪的补救无法从人本身以及人类社会中得到，倘若想要恢复本性行善，只能依赖至善的存在，即上帝。人的得救，并不能源于理性或哲学，而是来自上帝，受上帝的恩典，成为上帝的子民。

上帝的恩典是上帝之子耶稣牺牲自己替全人类赎罪。善是绝对存在的，唯有善存在，而恶本身并不存在，恶是相对于善而言的，恶无非是“善的缺乏”。缺乏善归根到底是背离神的善，缺乏神的善。因此，自基督教后，人类有了恢复善恶识别与权责的能力与途径：成为基督教徒，信仰上帝，接受神的教导，在地上之城客旅，最终回归上帝之城。追求至善的上帝，是人的本性所需，是人生的最大幸福和最终目的。借由上帝的信仰，理性才能指引人类达致天国救赎的永生。

二、永恒法

如果说意志是讨论善恶的前提，那么善恶就是讨论法律的前提。我们无法脱离奥古斯丁的神学和哲学去谈论一种法律哲学（legal philosophy）或法哲学（philosophy of law），他所揭示的毋宁是一种“法的形而上学”（metaphysics of law）思考，或者说首先是一种对法的本体的思考。同时，作为一位处于历史转折点上的伟大思想家，他的理论也构成了从古代的、经典的法律和政治思想，即柏拉图的、斯多亚学派的和新柏拉图主义的思想，向基督教法律和政治哲学的过渡。这主要体现了两个方面：一方面，他保存了古代思想传统中的基本内容；另一方面，他赋予了这个传统新的基础。可以说，正是在这个意义上，“奥古斯丁的哲学和法学思想可谓古代和中世纪思想史的十字路口，而且很可能是从异教理智主义向基督教理智主义过渡的决定性实例”。〔1〕

奥古斯丁对柏拉图理念论的改造是思想史上的重大创新之一。在柏拉图看来，理念是实体，是实在的模型，是万物原始的、永恒的和超越的原型。这些理念不像事物那样有变化，而是先于、脱离并独立于事物而存在。

〔1〕 Anton-Herman Chroust, *The Fundamental Ideas in St. Augustine's Philosophy of Law*, American Journal of Jurisprudence, 18（1973）, p.57-79.

"我们所看见的个别事物是这些永恒模型的不完善的复制品或反映，个别事物有生有灭，而理念或模式则永存不息。"[1]按照柏拉图的设想，繁多的理念并非杂乱无章，相反它们秩序井然，各种理念在最高的理念，即善的理念之下，遵照逻辑次序排列。奥古斯丁则把柏拉图的这种理念论从非人格化的和绝对自存的理智宇宙转换为了上帝的理智世界。他认为理念是包含在上帝的理智之中的，"理念本身不是受造的，正因如此它们是持存的和不变的。而且也是因为这个原因，它们是包含在上帝理智或心智之中的。"[2]根据这种理解，奥古斯丁实际上把柏拉图的理念转化成了上帝据以创造一切事物的永恒不变的原则和形式。他对理念的这种理解直接影响到了他的法律概念，尤其是永恒法（lex aeterna）的概念。

永恒法的观念可以在斯多亚学派的宇宙理性或逻各斯当中找到踪迹。奥古斯丁不同于斯多亚学派的地方在于，后者所谓的永恒法是一种非人格化的力量和自然的理性，而前者却把永恒法视为上帝的一种"深思熟虑的行为"。按照奥古斯丁的理解，永恒法乃是一切受造物的"永恒理性"（ratio aeterna），它像种子一样寓居于每个存在或运动着的事物之中。上帝理智中的永恒法和永恒理性通过正确的中间因素把一切事物都引向其恰当的目的。因此，所有事物之中都固有着一个永恒的理性秩序，它是一种永恒的、有本体论根基并且被上帝命定的秩序，它构成了永恒法。"永恒法（lex aeterna）是那包含着一切受造物的完美命令或秩序的最终表达和无可置疑的确证。"[3]奥古斯丁认为永恒法表达着上帝的理智和意志，它命令

---

〔1〕［美］梯利著、［美］伍德增补：《西方哲学史》，葛力译，商务印书馆1995年第1版，第66页。

〔2〕 M. Grabmann, Des Heiligen Augustinus Quaestio de Ideis (De Diversis Quaestionibus 83, qu. 46) in Ihrer Inhaltlichen und Geshichtlichen Bedeutung, *Philosophisches Jahrbuch der Görresgesellschaft*, Vol. 43 (1930), S.297 ff.

〔3〕 Anton-Herman Chroust, The Fundamental Ideas in St. Augustine's Philosophy of Law, *American Journal of Jurisprudence*, 18 (1973), p.57-79.

我们去遵守自然秩序并禁止我们去搅乱它。

永恒法是一切存在或运动着的事物的永恒的和不变的规范和秩序。一切有条理的东西都是一种“善”，最有条理的即是永恒法，是最高的善，即“至善”(summum bonum)。而所谓至善即是上帝本身，它同时也是一切真的源头，因此它自身也是不变和永恒的真。任何存在者都不可能在上帝之上或超越上帝。除非引发人去行善，否则人不可能做任何可以被称为善的事情。因此，上帝本身就是“永恒法”，是一切作为善的事物的终极规范，是绝对的正义。这是因为在上帝那里“永恒法”和“至善”是同一个东西。要想理解个别的善，理性存在者就需要首先理解这种至善。同时，一切永续发生的事物的变动不居提示着我们至善具有不可移易的自然。人的行动和意愿是有道德价值的，这种价值不是在其行动的“自由”之中发现的，而是经由这种永恒秩序在对其意志的终极决定中发现的，也是在其对这种本身即是至善的秩序的接受中发现的。至善是绝对的和客观的本体上的善，奥古斯丁通过这种至善观念表达了他对所有最为基本的法律和道德规范的绝对性的信念。

除了讲清永恒法是什么、为什么存在，奥古斯丁还阐明了它的特征。首先，永恒法必然是永恒的。这在奥古斯丁与其友人埃伏第乌斯(Evodius)的对话当中得到了直接的揭示。奥古斯丁问：“那称作最高理性的法律，必须一直遵守的法律，因之恶人得苦难，善人得幸福的法律，因之‘属世的’法律正当地制定又正当地更改的法律。任何理智之人能否认这法律是永恒不变的吗？”埃伏第乌斯回答说：“我明白这法律事实上是永恒不变的。”〔1〕其次，永恒法是不变的。这种不可变既体现在它是一切可变之物的指引，也体现在它不受时间和空间的限制。因为它是完美的公义，所以不需要任何改变。正如在回答奥古斯丁关于永恒法可否改变的问题

〔1〕［古罗马］奥古斯丁：《论自由意志：奥古斯丁对话录二篇》，成官泯译，上海人民出版社2010年版，第81页。

时，埃伏第乌斯所说的："它不可能以任何方式改变。因为任何暴力、任何偶然之事、任何灾祸都不能使万物之完美有序成为不义。"[1]最后，永恒法是包罗万象的。它统治着整个受造的世界，每个造物都要服从它的命令。无论是理性的造物还是非理性的造物，也无论是野兽还是天使，都受制于它，差别仅在于方式的不同：理性造物和天使理解这种服从，而非理性造物和野兽却不知道，只是基于本能。尤其需要指出的是，恶和罪也在永恒法之内，它们是对永恒法的扭曲。

三、自然法

奥古斯丁的著作频繁触及永恒法概念，但对自然法概念却着墨不多，以致有论者怀疑，甚至否认自然法在他思想中的地位。我们可以看到，自然法理论存在诸多不同的形式，但总体而言可以归为两类：要么把自然法理解为一系列行为准则，它们是人类可以直观把握的，或者至少是可以作为普遍真实的命题推导出来的，即作为结果的自然法（natural law as product）；要么把自然法理解为一种道德推理的过程，通过对人性的审视，通过对特定人性观含义的反思，以及通过对把这些含义运用于具体的道德和政治争议的判断，思考怎样确立以共同善为基础的共同生活，即作为过程的自然法（natural law as process）。奥古斯丁显然同意存在前一种含义上的自然法，这是经文所支持的，"没有律法的外邦人，若顺着本性行律法上的事，他们虽然没有律法，自己就是自己的律法。"他同时也思考了基督徒和非基督徒怎样通过善的分享共同生活于具体的时空之中，这表明他也有着某种道德推理过程的自然法观念。

奥古斯丁强调了秩序和创造的符号性。他常把"法律"（law）和"秩

---

〔1〕［古罗马］奥古斯丁：《论自由意志：奥古斯丁对话录二篇》，成官泯译，上海人民出版社2010年版，第81页。

序”（order）视为两个本质含义相同的概念，同时从“legere”（去读出）或“elegere”（去选出）推导出“法律”（lex）这一概念。他认为一切造物都反映出上帝的道或逻各斯，因为它们身上有着来自源头的理性（rationes seminales）。构成奥古斯丁自然法观念核心要素的是，把特定事物约束在一起并把它们彼此联结起来的创造的秩序。“奥古斯丁想要表达双重含义：我们生活在一个意义罗网所编织的世界之中，这样就有了共同分享善的真正可能性，同时解读这些含义的过程也并不像直接从人性之中读取每个人应做什么那么简单。”〔1〕

在奥古斯丁看来，自然法铭刻在我们的灵魂深处，或者更为准确地说，它是永恒法在我们人类灵魂上的铭刻。永恒法是对一切事物的无法抹去和神圣崇高的统治，它来自上帝智慧的统治。而人的理性灵魂则从这种绝对的统治那里得到了自然法，并抄录了自然法。因此，我们在自身之中不仅发现了一切实践性的法律或规范的指导原则，也发现了正确和正义观念本身。自然法与永恒法的区别在于，后者是包括人在内的一切事物的普遍的和绝对的标准和规范，而前者是虽然有限但却是拥有理性的人类所把握到的永恒法的道德方面，正因如此，自然法也被称作“自然的道德法”（lex naturalis moralis）。

奥古斯丁区分了自然的秩序和意志的秩序，这二者虽然不同却并不割裂。自然法所发挥的功能是借助永恒的真实批判那些似乎“自然的”人类境遇，而非纯粹的基于意志的命令和禁止。一切具有正确理性的人都能认知自然法的基本准则，因为灵魂可以持续读出应当去做什么和什么不应当去做。自然法的基本规范也就是自然正义的基础原则。而正义“不过是灵魂的习性，它赋予每个人其应得的尊严，然而这总是根据共同善。它的根源来自自然。因为共同效用（或善）的原因，它的不同的方面（或内容）有

〔1〕 Alex Fogleman, Augustine and Natural Law: Negotiating the Saeculum with Markus, Milbank, and Mathews, *Political Theology*, DOI: 10.1080/1462317X.2019.1631549.

的后来变成了习俗；而且最后，这种正义的观念被对法律的恐惧和宗教所批准。自然（事物的永远确定和稳定的秩序）即是法律，它不是人的个人意见的产物，而是某种被一个特定的天生的力量植入（人的心中的）的东西"。[1]与之相应，不正义就是缺乏对事物永恒秩序的正确观念，也就是缺乏对永恒法的正确观念，它以自然法的形式向人彰显着自身。因为像所有恶的事物一样，不正义源于缺少不同事物之间关系上的协调，也缺少不同事物与上帝关系上的协调。灵魂可以直觉到或意识到这种自然正义的观念。甚至最坏的作恶者也不能完全丧失这种观念，因为它首先是一种理性的法律，甚至恶行也不会破坏到它。我们认识到自然正义和自然法的存在，这是通过人类理性的"自然之光"，同时我们借助自己的道德良知可以"回忆起"永恒法，它总是内在于自然法和自然正义之中。

至于自然法的第一条原则，奥古斯丁讲到的是"各得其所"（*suum cuique tribuere*）。这是一条重要的罗马法原则。据优士丁尼《法学阶梯》的编纂者盖尤斯所说的，"法的准则［是］：诚实生活；不损害他人；各得其所。"[2]这条原则后来成为了重要的私法原则。然而，在奥古斯丁那里这条原则更侧重于指每个人和每个物得到了最为有序的安排，而非意指个人权利。除此之外，自然法的第二条原则是"己之不欲勿施于人"。这是一条道德金规则（Golden Rule），它代表着自然法的实践的或应用的基本原则。以上这两条原则构成了理解自然法的关键，其他自然法准则都可以视为这两条原则的结论或应用。

四、人法

根据奥古斯丁的观点，永恒法是一切人法或属世的法律的绝对的标

〔1〕 De Diversis Quaestionibus, quaest. 31.
〔2〕《法学阶梯》第1卷第1章第3节。

准，它们都是源于永恒法。“在属世的法律中，除了那从这永恒法律中引申出来的，没有什么是公正合法的。因为此一时也，一个民族能公义地赋予荣誉，而彼一时也，却不能如此，这种世俗的或暂时的变化之所以是公正的，只因为它是导源于这永恒法律，根据这法律，一个心智严肃的民族之授予荣誉总是公义的，而一个轻薄的民族如此做则是不义。”[1]人法充其量只是永恒法的一个投射。那么，人类需要自行立法的原因在于，因为人的罪和恶，永恒法和自然法在人心之中逐渐模糊起来，它们的内容也变得含混难知。这时就必须通过法律的或道德的权威为人类立法。承认永恒法和自然法的存在并不能说明人法的多余。人法经常出现遗忘、忽视，甚至背离永恒法和自然法的情形，这并不足以成为否定人法的理由，因为人法主要的职能在于保护和平和秩序，而非促进道德德性和道德生活的提升。人法会因时因地而发生变化，它并不处罚内心的罪过而仅仅处罚行为，其目的也仅仅在于对于罪恶的预防，由君主制定并且维护公正和公共利益。此外，奥古斯丁认为人法具有独立性，不同的人法之间会有差别，甚至有可能完全相反。而人法制定的目的也是使人们贪图短暂的利益，允许小恶来防止大恶，因此其是一个既不完善也不完美的法律。

在奥古斯丁的双城叙事中，地上之城的法律的无力并非因为其本质错误或者法官的无能。即使最优秀的法官，最完美的法律，也做不到绝对的正确，也就做不到真正的公平。地上之城的必然状态，就是不可避免地存在种种谬误和种种不公，但这并没有否定人类集体生活的意义。人间法律的作用是现实政治和法律的绝对价值，即它不可能解决人类最根本的问题，不可能带来真正的公平。然而人类只能活在地上之城中，也就意味着人类不可避免地要接受着地上之城这不完美的政治和法律制度。人法最大的特性就是它巧妙地利用了人类恶的倾向，从而实现并维持人类社会有

---

〔1〕［古罗马］奥古斯丁：《论自由意志：奥古斯丁对话录二篇》，成官泯译，上海人民出版社2010年版，第81页。

限的正义。可是奥古斯丁还认为地上之城的法律应当为人们所服从，因为人法是由君主制定的。君主制定了人法，而服从君主的规则是人类社会的共同法则，人类社会一直都有尊卑等级之分。奥古斯丁认为，地上之城的历史，其实只是人们罪恶的不同表现形式，不管如何表现，都不可能会改变地上之城罪恶的本质，无法带来真正的正义和对罪恶的救赎，也没有办法改变历史的进程。无论是耶路撒冷还是古巴比伦，无论是雅典还是罗马，都不会有任何差别。因为它们都是地上之城，是罪恶的，不具备真正的历史意义。罗马帝国无论是强盛还是衰败，无论是兴起还是灭亡，都是没有任何历史意义的事件而已。因此，在地上之城所发生的任何纠纷与任何案件，哪怕它们得到了看似最为公平正义的评判，也都是微不足道的小事而已。而人法的施行，只不过是强化了人们运用理性来谋取世俗利益的能力，人法并不会有助于保证人在道德以及精神上的升华。因而对于人类社会而言，法律绝对不仅指人法，人法必须要得到神法的指导和补充。这便是奥古斯丁关于上帝之城的神法和地上之城的人法的观念。

影响评价

在奥古斯丁的早期著作中，仍能看到一些新柏拉图主义的概念。他早期关于人类意志的著作影响深远，是伦理学的核心话题，后来成为叔本华、克尔凯郭尔和尼采等哲学家关注的焦点。他还受到维吉尔（以语言教学著称）和西塞罗（以论证教学著称）作品的影响。

爱尔斯坦（Jean Bethke Elshtain）在《奥古斯丁与政治学的局限》（*Augustine and the Limits of Politics*）一书中试图将奥古斯丁与阿伦特的邪恶观联系起来："奥古斯丁并不认为恶是迷人的恶魔，而是认为恶是善的缺失，是一种自相矛盾的什么都不是的东西。阿伦特……（在《耶路撒冷的艾希曼》中）甚至把产生大屠杀的极端邪恶也仅仅设想为平庸。"奥古斯丁的哲学遗产通过这些 20 世纪人物的贡献和继承继续影响着当代批判理论。从历史的角度来看，奥古斯丁的政治思想主要有三种观点：第一，政治奥古斯丁主义；第二，奥古斯丁政治神学；第三，奥古斯丁政治理论。

深度阅读

1. ［古罗马］奥古斯丁：《上帝之城》，吴飞译，上海三联书店2022年版。

2. ［美］沙伦·M.凯、［美］保罗·汤姆森：《奥古斯丁》，周伟驰译，清华大学出版社2019年版。

3. ［古罗马］奥古斯丁：《论自由意志：奥古斯丁对话录二篇》，成官泯译，上海人民出版社2010年版。

4. ［古罗马］奥古斯丁：《忏悔录》，周士良译，商务印书馆2010年版。

5. Gronewoller B. Augustine of Hippo, in Reynolds PL, ed., *Great Christian Jurists and Legal Collections in the First Millennium*, Law and Christianity, Cambridge University Press, 2019, p.266-282.

6. Mark Vessey (eds.), *A Companion to Augustine*, Wiley-Blackwell, 2015.

7. Chroust, Anton-Hermann, *The Philosophy of Law of St. Augustine*, The Philosophical Review, Vol. 53, No. 2, 1944, p.195-202.

8. Loetscher, Frederick William, *St. Augustine's Conception of the State*, Church History, Vol. 4, No. 1, 1935, p.16-42.

托马斯·阿奎那

Thomas Aquinas

1224/1225—1274

法律大全体系的奠基者

“实践理性的首要原则是建立在善的本质基础上的，即善是所有事物所追求的，那么法律的首要规范就是行善、追求善并避免恶。”

——托马斯·阿奎那《论法律》

托马斯·阿奎那不是以一个法律人的身份写作，但他无疑精通之前的法律和法学理论，了解当时的立法者、法官和监狱。当他探讨法律时，并不局限于实在法，而是从启示、神学、形而上学、伦理学和其他哲学分支中汲取养分。阿奎那为一个法律的大全体系奠基，展示了各种法律之间的类比关系，并阐发了一种影响深远的自然法理论。

正如安东尼·肯尼(Anthony Kenny)在《牛津西方哲学史》当中所论定的,“对现代读者来说,托马斯·阿奎那(Thomas Aquinas,1224/1225—1274)自然是最著名的中世纪盛期思想家”。[1]阿奎那在世时间只有50年左右,但他留下足以影响世界的宏伟富赡的思想体系。20世纪英国杰出的作家、神学家切斯特顿(G.K. Chesterton)在为托马斯·阿奎那作传时写道:“从某种意义上说,不论对于写大书还是写小书,托马斯都是个合适的题材。”[2]原因在于,关于阿奎那的一生,目前我们所知道的用几页纸就可以写完,而从他的作品当中可以知道或能够学到的却难以计数。另一位神学家,美国学者塞萨里奥(Romanus Cessario)在描述阿奎那时说:“尽管他著述丰富,却对自己本人传记细节透露极少,因此关于他的家庭关系和其他个人情况我们所知甚寡,并且几乎都是二手性的,它们大多来自他的圣徒传记作者。”[3]

大约在1224年或1225年,阿奎那出生于意大利中南部的一个贵族家庭里,他有意大利、法国和德国的血统,是一个纯粹的欧洲人。阿奎那童年生活在罗马和那不勒斯之间的阿奎诺(Aquino)乡村的洛卡塞

〔1〕[英]安东尼·肯尼:《牛津西方哲学史》,韩东晖译,中国人民大学出版社2008年版,第123-124页。

〔2〕[英]G.K.切斯特顿:《方济各传 阿奎那传》,王雪迎译,生活·读书·新知三联书店2016年版,第150页。

〔3〕Romanus Cessario, O.P., *A Short History of Thomism*, The Catholic University of America Press, Washington, D.C., 2003, p.3.

卡(Roccasecca)家族城堡之中，在他五六岁的时候他的父亲兰多尔福(Landolfo of Aquino)伯爵将其送到家乡附近的蒙特·卡西诺(Monte Cassino)修道院接受初级教育。他在那里开始学习数学，并使用拉丁文阅读和写作，这种语言也成了他以后所有著作所使用的语言。阿奎那成长的年代恰逢神圣罗马帝国皇帝腓特烈二世(Frederick Ⅱ，1194—1250)与教皇格列高利九世(Pope Gregory Ⅸ，1148—1241)发生冲突甚至战争之际。阿奎那在年幼时即被期冀将来能在基督教会中谋求与家族地位相称的职位。这与大多数贵族家庭父母的愿望无差，也是当时每一位贵族子弟所努力的目标。但是，阿奎那的发展轨迹却与这种常规背道而驰，他走上了一条通往心灵之路。

1239年，当阿奎那14岁时，教皇革除了腓特烈二世的教籍，后者则派兵占领并关闭了卡西诺修道院。阿奎那被迫休学回家。在修道院院长的建议之下，兰多尔福伯爵决定将阿奎那送往腓特烈二世于1224年创办的那不勒斯大学学习。这所大学旨在推动哲学和医学等学科的研究，它尤其推动了将亚里士多德及其评论者的作品从阿拉伯语译为拉丁语的工作。阿奎那在这所大学学习了5年。按照当时的课程设置，“七艺”(“前三科”为文法、逻辑、修辞，“后四科”为音乐、数学、几何、天文)是必修课，而阿奎那在文法方面的造诣甚至超越了其老师。正是在这段时间他接触到亚里士多德的形而上学、自然哲学与逻辑学等著作，开始阅读亚里士多德的拉丁语译本及其伊斯兰阐释者阿维森纳(Avicenna，980—1037)[1]和阿威罗

〔1〕 又称伊本·西那。阿拉伯最有名的医学家和亚里士多德学派哲学大师。著作等身，代表作为《医典》和《哲学、科学大全》。在他的哲学著作中，他帮助西欧人保留了亚里士多德的观点，并对亚里士多德的“存在—本质”进行区分，深刻影响了阿奎那及其哲学思想。

伊(Averroes，1126—1198)[1]的作品。那不勒斯时期之后，阿奎那开始对多米尼克修会(Dominican Order)[2]产生浓厚的兴趣。“尽管我们没有阿奎那早期经历的记录，但可以想象到，他一定深深地为修道会关注的学术热点及其对生活美德的巨大关怀——所有这些都是正在出现的西欧城市关注的热点问题——所吸引。”[3]大约在1244年，阿奎那加入多米尼克修会，起初他的父母坚决反对，因为那样就意味着无法获得基督教会的高级职位，甚至当修会计划将阿奎那送至总堂深造时，他的几个兄弟中途拦截了他并把他监禁在家族城堡之中达1年之久。但这并未使得阿奎那放弃自己的志向，后来在教皇英诺森四世(Innocent Ⅳ，1195—1254)的干预之下，阿奎那的父母方才妥协。

1245年，阿奎那终于摆脱家庭控制，被修会顺利送到巴黎的圣雅克修道院学习。1248年，中世纪著名的导师士瓦本人大阿伯尔特(Albert magnus，1200—1280)在科隆开设大学馆主持多米尼克修会的神学研究，阿奎那以其出色的学习成绩和神学天赋得以拜于大阿尔伯特门下学习哲学和神学。他在大阿尔伯特的指导下学习《圣经》、(托名)狄奥尼修斯的作品和《尼各马可伦理学》等课程，同时也参与了注释亚里士多德的作品、编纂百科全书和编写大学教材等工作。由于阿奎那体格硕大，行动迟缓，沉默寡言，不善交际，以致被同学们称为“西西里的哑牛”。然而，大阿尔

〔1〕 阿威罗伊是伊本·路世德(Ibn Rushd)的拉丁名，他是一位中世纪时期享誉世界的阿拉伯哲学家、教法学家、医学家及自然科学家，曾被聘任为地方教法官和宫廷御医。受聘期间曾奉哈里发之命翻译并注释了亚里士多德的全部哲学著作。他将伊斯兰的传说与希腊哲学，特别是亚里士多德的哲学融合并形成了自己的哲学体系，是中世纪阿拉伯—伊斯兰哲学的集大成者，被誉为“亚里士多德最权威的诠释家”，对西方世界的影响极大，仅流传后世的哲学、宗教方面的著作就多达118本。晚年因被对手诬告著作具有异端倾向而遭放逐，著作也遭焚毁。数年后他被恕罪，并被召回，晚年死于摩洛哥马拉喀什。

〔2〕 1215年西班牙人多明戈·德古斯曼(Domingo de Guzman，1170—1221)在法国南部的普卢叶(Prouille)创立的修会。它与方济修会共同对欧洲中世纪早期建立起来的神职阶层产生了革命性的影响。

〔3〕 [美]约翰·英格利斯:《阿奎那》，刘中民译，清华大学出版社2019年版，第7页。

伯特却慧眼识珠，他说阿奎那的吼声终将震惊世界。

1252年秋，阿奎那在大阿尔伯特的举荐下进入巴黎大学神学院学习，1256年春完成学业。虽然当时学校没有授予托钵僧侣神学硕士的先例，但在教皇亲自干预下，阿奎那在巴黎大学与波那文都拉（Bonaventura，1221—1274）同时毕业并获得神学硕士学位。阿奎那毕业后开始在巴黎大学任教，之后获得神学教授教席并在神学院开课。1259年，阿奎那离开巴黎，并于1260年至1268年定居意大利。他先被教皇亚历山大四世委任为罗马教廷神学顾问，然后执教于奥尔维耶托（Orvieto）和维泰博（Viterbo）等几所学校。阿奎那在那里结识了亚里士多德专家莫尔贝克的威廉（Wilhelm Moerbeke，1215—1286）。在威廉的影响下，阿奎那系统阅读了亚里士多德的作品。这一时期阿奎那开始撰写其最为重要的著作《神学大全》（*Summa Theologica*）的第一部分。

1269年至1272年，阿奎那重返巴黎大学，并与不同学派的哲学家辩论，显示出其卓越的学识，正是在这段时期他完成了《神学大全》第二部分的写作。13世纪中期，不同的思想学派在巴黎如雨后春笋般涌现。奥古斯丁派通常代表着最为保守的势力，他们力图维护圣奥古斯丁教义的纯洁性，以免被“异教徒”思想所玷污。阿威罗伊派（Averroism）作为奥古斯丁派的对手，其主要代言人是布拉班特的西格尔（Siger of Brabant，约1240—1284）。他们采纳了阿威罗伊的评论，将其作为亚里士多德学说的准确解释，而又以亚里士多德的学说为无可辩驳的理性结论。教廷最终宣布阿威罗伊主义为异端，而阿奎那的《论独一理智：驳阿威罗伊主义者》正是在这样的思想氛围和学术环境当中横空出世的。阿奎那不仅在论战中脱颖而出，而且通过这部作品为以后的经院哲学奠定了较为稳固的基础。然而，无休止的论战也扰乱了阿奎那的心神。1272年，他离开巴黎大学，回到那不勒斯大学担任神学教授。这时他开始写作《神学大全》第三部分的前90个问题，还评注了亚里士多德的有关作品。

阿奎那在1273年12月6日的一次弥撒仪式中声称自己看见了神迹。事后他停止了《神学大全》的写作，这也使得这部著作成为一部未竟的作品。至于停止的原因，阿奎那曾这样说过：“我写不下去了……与我所见和收到的启示相比，我过去所写的一切犹如草芥。”1274年1月，罗马教皇格利高里十世（Pope Gregory Ⅹ，约1210—1276）为调解西方拉丁教会与东方希腊教会的矛盾，决定在法国里昂召开会议，阿奎那奉命以教廷神学顾问和基督教神学最高权威的身份出席。他的工作是调查并且研究希腊教会与拉丁教会之间的差异。此时阿奎那的身体状况已每况愈下，在前往会议地点的途中，因生病滞留在其侄女的城堡中，至此一病不起。3月4日，他自觉大限将至，要求敬领终传圣事，3月7日夜安然离世，享年不到50岁。

1323年7月18日，阿奎那在阿维尼翁被追封为“圣徒”；1567年，他被封为教会“导师”或“圣师”（Doctor of the universal church），并被追授“天使博士”（Docter Angelicus）的称号。1878年，教皇利奥十三世发布了“永恒之父”（Aeterni Patris）通谕，这被视为整个经院哲学复兴的一个标志，阿奎那则被尊为“经院哲学博士的巨擘与导师”，他的学说被宣布为“上帝教至今唯一真实的哲学”。自此，阿奎那的哲学被正式确定为天主教的官方哲学，称为“永恒哲学”（Philosophia Perennis），而那些得之于或忠实于阿奎那学说的哲学和神学原则的集合则被称为托马斯主义（Thomism）。

阿奎那是经院哲学的集大成者，他建立了一整套中世纪神学与哲学的综合体系。回顾阿奎那短暂的生命历程，他集教师、神学家、哲学家、圣徒等身份于一身，其作品全是在短短的20年内完成的。在他的所有作品中，有对亚里士多德作品的评述，还有驳斥希腊人和阿威罗伊主义者谬误的细心论证。其思想融合了希腊、希伯来的哲学理论成果，借鉴了伊斯兰思想家的理论。阿奎那调和了理性和信仰之间的张力，被誉为中世纪黑暗中的“理性之光”。他成功地将基督教的神学思想与亚里士多德的哲学融为一体，建立起庞大的经院哲学和神学体系，被视为“连接中世纪到文艺复兴的桥梁”。其著作经后人整理为多种形式的全集，其中以1882—1884年教宗利奥十三世组织编订的为定本。按照哲学史家吉尔松（Etienne Gilson，1884—1978）的分类，阿奎那作品主要包括：神学综合类（Theological Syntheses）、学术辩论类（Academic Disputations）、圣经疏解类（Expositions of Holy Scripture）、亚里士多德作品疏解（Expositions on Aristotle）、其他注释类（Other Expositions）、论战作品类（Polemical Writings）、特定主题的论文（Treatises on Special Subjects）、专家见解类（Expert Opinions）、礼拜的布道词（Liturgical Pieces and Sermons）和真伪难辨的作品（Works of Uncertain Authenticity），共计100件左右。只有谙熟这些文本，我们才可以看到这位天才人物完整的思想世界。

核心学说

一、法是正确行动的准则

与中世纪许多神学家不同，阿奎那的确可以称得上是一位法哲学家，因为他对法律本质、目的、分类和法律与恩宠之间的关系等问题的阐述已经达到了精致化和体系化的程度。从《彼得·伦巴德语录评注》到《反异教大全》和《尼各马可伦理学疏解》再到《神学大全》，阿奎那对法律的思考渐趋系统化。通过这些著作阿奎那形成了自己的法哲学，这种法哲学最终融合了基督教义、希腊哲学和罗马法学从而构成了一个伟大的传统，“他关于法律与正义、法律与道德之关系的基本观点，以及他坚持把法律与法律之外的一种终极的、绝对的（道德）标准联系起来的做法，已经成为所有

后继的有意义的法律理论的不朽遗产。”〔1〕

《神学大全》是对神学和哲学主题的全方位的阐述，其内容包含了上帝、灵魂、道德、政体、法律和国家等全部问题。在阿奎那之前已经有许多思想家对法律作出过界定，如柏拉图认为具体的法律是一种统治工具，是人们必须服从的权威；亚里士多德则认为，特定的法律是在一定的政体下由特定的人制定的统治工具之一，有着至高无上的权威性。作为中世纪盛期的集大成者，阿奎那不仅系统整合了这些历史先驱们的思想成果，而且提出了自己独创性的见解。就法律而言，其理论代表着对古希腊理性文明、希伯来律法精神和罗马法律文化的融会贯通。

阿奎那的法哲学最为集中地体现在《神学大全》的“论法律”（De Lege）部分。虽然《反异教大全》也论及法律问题，但《神学大全》的论述更具深度，因为后者不仅一般性地论述了法律的本质、分类和作用，也把这些一般性的理论应用到了对永恒法、自然法、人法和神法的定义之上，同时还具体阐述了道德训令、礼仪训令和司法训令，以及新旧约当中的法律异同和关系问题。《神学大全》按照“出发—回归”模式分为三论：上帝论、人论和基督论。这部分内容在《神学大全》当中被置于第二集“人论”的第一部分（Prima Secundae），上承“论罪”，后启“论恩宠”。法律在罪与恩宠的鸿沟中架起一道桥梁，其寓意在于“上帝既通过其法律引导我们，也通过其恩宠帮助我们”。法律和恩宠的关系实则映射了理性和信仰的关系，对两者关系的探讨亦可揭示通过法律的“赎罪”之路。

《神学大全》的行文是典型的中世纪教学法的体现，反映的是以“争辩”或“问题辩驳”为核心内容的教学流程。首先提出一个问题，其次为这个问题的回答找出论据或者权威结论，再次提出相反的意见，最后总结出导师自己的结论并对与之相反的意见进行答复。这种教学法主要运用

〔1〕 Anto-Hermann Chroust, *The Philosophy of Law of St. Thomas Aquinas: His Fundamental Ideas and Some of His Historical Precursors*, American Journal of Jurisprudence, 19 (1974), p.1-38.

辩证推理，旨在通过辩驳发现真理。“论法律”部分具体位于《神学大全》第二集第一部分第90—108个问题，其中问题90—97主要探析何为法律的本质、法律的分类、法律的效果、法律的演变等内容，相当于法律的基础原理部分；问题98—108则分别论及旧约法律（问题98—105）和新约法律（问题106—108）。

讨论法律时，首先遇到的问题是“法律是什么？”按照阿奎那的理解，法律本质上是一种理性的指令，而非意志的命令，它是行为的规则和尺度。法律关乎行为，行为的首要原则是目的，而恰恰是理性把事物引向目的。阿奎那的这种立场通常被称为“法律理性论”。但是，他并非否认意志对于法律的重要性，因为脱离了意志法律就失去了推动力，也就没有了促成和禁止行动发生的力量。尽管如此，倘若没有理性所设定的目标和方向，意志的推动力就无处施展，从这个意义上说，发号施令仍然是一个理性的行为。这一点在思想史上的重要意义在于，阿奎那着力去淡化奥古斯丁主义的意志，代之以理性，以之作为包括法律在内的一切人类活动的规则和尺度。

在“论法律”部分的问题90，阿奎那在讨论完法律与理性的关系、法律的目的、法律的原因和法律的颁布之后，提供了一个法律的定义：“法律不过是由照管共同体的人为着共同善制定并颁布的理性指令。”〔1〕可以对这个定义进行分析性解读，它组合了四个不同的要素：理性的指令（rationis ordinatio）、共同善（bonum commune）、照管共同体者（qui curam communitatis）和颁布（promulgata）。

法律是理性的指令意味着两件事情：第一，法律不同于单纯的建议或劝告；第二，法律必须具有内在的融贯性。假设A向B提出的仅仅是一个建议或劝告，那么即使A和B之间具有隶属关系，B也没有实施这个建议或劝

〔1〕［意］阿奎那：《论法律》，杨天江译，商务印书馆2018年版，第9页。

告内容的道德义务。此外，A对B的指令要想具有法律效力，它还不得违反先前的法律和更高的法律。例如，某个人命令全体公民像崇拜上帝一样每年向他献祭一次，那么这个命令也没有法律效力，因为按照更高的法律，只有神祇才配享这样的献祭。

理性是人的行为的规则和尺度，亦是人的行为的首要原则。换言之，理性是法律的核心要素，正是理性使法成为法而区别于其他社会规范，从而赋予法以根本要义。法律包括了规则和尺度的要素。首先，规则是一个一般性的行为指令。举例：我对我的学生说，你去把我的邮件取来，这指向的是一个一次性的行为（a single act），它不是一项规则。但是，如果我对自己的学生说，以后寄给我的邮件都要你去取，尽管行为的内容可能因取的东西不同而有所不同，但因为它涉及重复性行为，便成为一项规则。其次，尺度意指我们据以裁量人类行为的标准和准则。对此我们可以进行一个简化的理解：规则是前瞻性的，它指引将来的行为，而尺度适用于已经实施的行为。因此，当我们谈到法律时，我们说它既是一种行为规范也是一种裁判规范。

在阿奎那看来，法律总是与某个共同体相连。“最广义地说，服从法律即是成为某个共同体的一员，而成为共同体的一员既是以某种方式受到这个共同体的共同善的吸引，即个人在按照自己的本性和倾向（而不是纯粹作为他人的在外部受到控制的工具）行为时，也是在为着共同善的利益而行为。”[1]阿奎那认为，每个人与共同体的关系就像部分与整体的关系，部分趋向整体，每个人都是共同体的部分，关涉个人幸福的法律必然也关涉整个共同体的幸福。在阿奎那看来，人类的个体总是既为自己也为他人，因为为他人而行为是对人性（human nature）的完善。共同善这一概念依赖于这一预设：人都有一个彼此相同的自然本性，因此就会存在一个全体

〔1〕 Michael Baur, *Law and Natural Law*, *The Oxford Handbook of Aquinas*, edited by Brian Davis and Eleonore Stump, Oxford University Press, 2012, p.238-254.

共同目的。即使实践理性和行为关涉的是具体的事项，这些具体事项也会把共同善作为“共同的终极因”，因为共同善即是共同目的。

在阿奎那的人类学知识当中，个人的幸福要求必须参与和分享他人的善，现代人认为一个善之所以是共同的，仅仅是因为许多人可以分享它，而阿奎那却认为善之所以为善，恰恰是因为它可以被共同分享。

法律不仅是一种培育和促进共同善的理性指令，还被要求必须为那些具有共同体的真正权威者所颁布。因为共同体的规模和构成不同，阿奎那所说的共同体并不等同于国家这种完善的共同体，它还可能指家庭、城市等不同层级的共同体。但是，立法者必须真正照管着共同体的共同善。阿奎那认为“规定何者实现共同善，这或者属于全体民众，或者属于全体民众的代理人”，〔1〕而且“法律的制定权归属于那些以共同善为自身之目的者”。〔2〕也就是说，法律作为一种公共善的命令，须由对某一政治体负有照管责任的团体或个人制定，他们代表某一政治体的权威，由此可窥见阿奎那反对无政府主义的立场。同时，政治权威在政治体中负有一种积极责任，制定并颁布法律以塑造有序的共同体生活，为实现共同善提供一定的空间。个体在此中实现人生的终极目标，即幸福，这也反映了一种目的论观点——法律不仅是人们行动的准则，而且要致力于实现人们的幸福，使德性在人们身上得以完整的呈现。

最后，法律必须被颁布出来才具有约束力。法律适用的前提是通过颁布使那些受其统治的人知晓，因此阿奎那认为颁布对于法律获得约束力来说是必要的。颁布使法律的内容由上及下，为被统治的人们遵守法律提供必要的支持，使法律获得正当的约束力。在阿奎那的论述中，不仅人法需要被颁布，所有类型的法律因其性质不同存在不同的颁布方式，例如，自然法的颁布方式是上帝将其注入人的心灵，而永恒法的颁布可以通

〔1〕［意］阿奎那：《论法律》，杨天江译，商务印书馆2018年版，第8页。

〔2〕［意］阿奎那：《神学大全》（第4册），周克勤等译，台南，碧岳学社2008年版，第4页。

过语言和文字这两种方式，新约法律由上帝直接颁布，而旧约法律则由上帝的臣仆天使予以颁布。在颁布作为法律的一个要素的问题上，阿奎那接受“不知法者无罪”的抗辩，但是他区分了两种类型的“不知”：一种是不可以克服的，另一种是可以克服的。只有不可克服的无知才能作为抗辩的理由。

美国哲学和法理学教授亨利（R.J. Henle）在翻译和研究阿奎那的“论法律”部分时，认为阿奎那所给出的是一个建立在四因说方法论基础之上的法律定义，形式因是“理性的指令”，目的因是“共同善”，动力因是“照管共同体者”，最终的动力因是“全体人民”，质料因是共同体或者说共同体之内的人的行为。而对于颁布则可以从两个角度加以审视，一方面，颁布行为是动力因的一个部分；另一方面，可以把颁布视为法律持续存在的状态，因此形式就是被颁布出来的理性指令。[1]

二、法律的种类

阿奎那在给出法律的一般性定义之后，接着讨论了法律的分类问题。他提供了一个复杂的法律类型结构，其中包括永恒法（Lex aeterna）、自然法（Lex natualis）、人法（Lex human）和神法（Lex divina）。他认为这些类型都是法律这一概念的类比使用，它们都在某种程度上实现着法律的概念。在阿奎那看来，永恒法是安排一切创造活动的理性计划，自然法仅仅是上帝智慧统治的一个元素，它是对永恒法的一种分有。当人类接收到自然法时，它的内容就包括了实践理性的各项原则，正是通过这些原则，人类行为被判定为理性的或不理性的，以及正确的或不正确的。

〔1〕 R.J. Henle & S.J., Saint Thomas Aquinas, *The Treatise on Law Being Summa Theologiae*, Ⅰ-Ⅱ, QQ. 90 Through 97, edited with Introduction, Latin Text, Translation, and Commentary, University of Notre Dame Press, 1993, p.146.

(一) 永恒法

永恒法是存在的。世界是由上帝的智慧所统治的，宇宙也是由上帝的理性所统治的。而上帝的理性是具有永恒的概念，而不像其他事物局限在时间之中。这种法律——上帝的理性——是永恒的。围绕永恒法，阿奎那在《论法律》问题93探讨永恒法的实质、能否被认识、是否所有法都源于与遵循永恒法、是否所有人都服从永恒法等问题。阿奎那对永恒法的阐述揭示了永恒法与其他法律的关系、永恒法的功能、永恒法的实质。

永恒法是存在于上帝内的至高理型。阿奎那结合了工匠、统治者的认识：工匠具有创造事物的理型，统治者具有促使人服从秩序的理型。上帝创造万物，它的创造也具有技艺、模型或理念的特征。上帝运用永恒法来创造万物，永恒法即上帝内的理型。永恒法是超凡智慧的理型，指引着万物的运动和行为。永恒法能够被人们认知，但不同的人认识的程度不同。认识事物能通过认识自身或通过效果两种方式来认识。对于永恒法本身，只有上帝或者鲜少见过上帝的有福之人才能认识。大部分人都是通过效果来认识永恒法。永恒法的效果包含真理的知识，真理的知识是对永恒法的分有。不同的人或多或少都有关于真理的知识，因此每个人认识永恒法的程度也不同。

所有法律最终都源于永恒法。永恒法是首要统治者的统治规划，所有下级统治者的统治规划一定源于永恒法。所有人类事务都服从永恒法。理性造物理解上帝的命令，从而服从永恒法。非理性造物尽管无法这样服从永恒法，但非理性造物仍然受到永恒法的影响。其他事物会受到永恒法的效果影响，分有上帝的理性，非理性造物受到其他事物的影响，最后间接地受到永恒法的影响。在这种意义上，理性造物与非理性造物都服从永恒法。必然与永恒之物是否从属于永恒法？首先，与上帝的本质或自然本性相关之物不从属于永恒法，因为它们是永恒法本身。其次，必然之物也不从属于永恒法，因为“必然”如其所是，不受到其他限制。最后，上帝的意志本身就是永恒法。如果上帝的意志创造了某事物，这个事物从属于永恒法。因此，认识永恒法的本质时，区分永恒法本身与属于永恒法是重要的。

（二）自然法

自然法是理性造物对永恒法的分有，促使我们的目的和行为恰当。当我们凭借理性与意志作出行为时，行为也源自我们的自然本性。通过自然法，我们能认识到共同原则，自然欲求以恰当的方式得以实现。围绕自然法，阿奎那在问题94探讨自然法是否为习性、自然法包含多少准则、自然法是否规定了所有德性行为、自然法对所有人是否相同、自然法能否改变与废除等问题。当提到“阿奎那意义上的自然法”或“托马斯主义的自然法”，指的就是上述自然法包含的具体内涵。

在阿奎那所处的时代，“神学家们系统地接过自然法的主题，之前他们只是零星地思考过它。罗马法学家和教会法学家的著作构成了一个背景；但对这个主题的探讨变得越来越少技术化，却越来越多哲学化；而且它的本体论和认识论方面开始清楚地浮现”。[1]当时，“他所利用的材料已经被怀疑乌尔比安自然法的法学家们、被视《十诫》为自然法的注释家们、被宣称他们的法即是《福音》律法的圣典学者们弄得混乱不堪了”。[2]阿奎那所要做的工作是通过哲学化的体系把自然法从这些意见中挽救出来。在早期著作《彼得·伦巴德语录评注》中，我们可以看到乌尔比安的影子：“自然法即是自然地铭刻在人身上的概念，通过这种概念人被导向其特有行为中的适当活动，不管这些活动是出于其类的自然属性，例如，繁衍、饮

---

〔1〕 Weinreb L. Lloyd, *Natural Law and Justice*, London, Harvard University Press, 1987, p.52.

〔2〕 Thomas Gilby, O.P., ST Thomas Aquinas, *Summa Theologiae*, Vol. 28, Blackfriars, Cambridge, 1966, Appendix 2, The Theological Classification of Law, p.162.

食等，还是出于其种的自然属性，如推理和类似活动。”[1]

究竟何谓自然法，首先遇到的问题是能否把它等同于习性。探讨自然法是否为习性前，需要界定习性的定义。习性具有两种定义，一种是严格、本质意义上的，另一种是以习惯方式所坚持的事物。自然法在后者意义上可以称作习性，它是理性的产物，以习惯的方式习惯性地处于理性之中。自然法准则本身包含多种，但是建立在共同的基础上。在谈及这个问题时，阿奎那上升到法哲学的高度，深入探讨了根本性的前提。存在是理解的首要事物，而善是进入实践理性理解的首要事物。因此，实践理性的首要原则建立在善的本质基础上，法律的首要规范就是行善、求善避恶。[2]这体现了阿奎那对法律德性的思考与追求，“共同善”是托马斯主义极力主张的价值。阿奎那此时已然触及部分道德伦理问题，他继续探讨法律是否规定德性行为的问题。德性行为同样具有两种含义，一种是德性本身，另一种是具体的行为种类。就前者而言，德性本身从理性出发，这是由自然法规定的；就后者而言，这些具体行为虽然与德性相符合，但还需要人们进一步挖掘它的具体理性，而没有直接导向自然法。

最后，实现自然法的效果需要讨论实际的问题，如它是否对所有人都是相同的、是否会改变或废除。理性分为思辨理性和实践理性。这一分类的阐明也是阿奎那思想的重要组成部分。思辨理性与必然性事物相关，与普遍原则一样包含必然如此的真理，因此思辨事物的真理（原则和结论）对所有人都是一样的。而实践理性与偶然易逝的事物相关，具体的事件不同，实践事物的真理和实践正确性在不同的人身上不同。但思辨理性与实践理性都建立在共同原则的正确性和真实性之上，这对所有人都是相同

〔1〕 In Ⅳ Sent., d. 33, q. 1, a. 1. “Lex ergo naturalis nihil est aliud quam conceptio homini naturaliter indita qua dirigitur ad convenienter agendum in actionibus propriis, sive competant ei ex natura generis ut generare, comedere et hujusmodi, sive ex natura speciei ut ratiocinari et similia.”

〔2〕 参见阿奎那：《论法律》，杨天江译，商务印书馆2018年版，第51-52页。

的。但思辨理性与实践理性都在不同程度上被人们认知，少部分情形下它们也会失效。可见，在具体的事情上难以存在绝对的真理。阿奎那对真理的认知并非绝对化，他会从思辨理性与实践理性出发，但与共同原则总是保持一致。

自然法虽然会改变，但总体比较稳定，首要原则是不会改变的。自然法的改变主要包含增加与减少的情形。自然法的增加通过上帝的法律和人法，新增了许多有利于人生的事情。自然法的减少通过派生原则的变化来进行，派生原则是首要原则衍生的具体、接近的结论，但自然法的首要原则不会变更。在探讨自然法是否会被废除的问题时，阿奎那提出了自然法的内容。自然法的内容第一包含普遍的共同原则，第二包含具体的规范，后者是由与首要原则相关的结论而派生。虽然自然法在特定情况下会被废除，但这不是一个普遍情形。因此，自然法总是根植于人们心中，应谨慎表达自然法会被废除的说法。

于是，我们逐渐知晓阿奎那意义上的自然法是怎样的。它需要置于永恒法及其他法律种类的视角下，同时包含普遍的共同原则等内容，它的首要原则是重要的，并与共同善息息相关。在我们探讨自然法与人法、神法的关系后，会更清楚自然法扮演了何种角色。

（三）人法

阿奎那在解决抽象的自然法之后，把问题引入人法这个更具有实践性的概念之中。阿奎那在问题95中探讨了人法的价值、来源、性质和划分，在问题96中讨论了人法的方式、内容和效力。

首先，阿奎那讨论的问题是人法存在的价值，他认为虽然良善的人可以依据自然倾向、习惯或者上帝的赐予而作出有德性的行为，但是带有强迫性的法律依然是使性情邪恶的人导向德性的必要措施。阿奎那将人法对于正义的普遍判断的权力归于立法者，但也并不排除法官在个别事实中的自由裁量权。关于人法的来源问题，阿奎那回应了这种质疑，即并非所有的人法都源于自然法。阿奎那认为人所制定的法律在其源于自然法的意义上具有法的效力，从这种意义上来说，偏离了自然法的“人法”就不再是法，而是法的误用。因此，所有人法都源于自然法。

其次，阿奎那以伊西多尔的描述为切入点就实在法的性质展开论述。阿奎那首先确立了一个原则，即特定物的形式必须要符合其存在目的。在此原则之下，对于实在法性质的论述就转变为对于人法目的的论证了。就此而言，阿奎那完全同意和认可伊西多尔关于法律性质的观点，以及在人法分类方面的看法。就人法和自然法有着不同的派生关系来说，人法可以分为市民法和万民法；就实现共同善的不同方式来说，人法可以分为祭司的法、国君的法等；就政府形式的不同以及所处理事项的不同来说，人法也可以区分为不同的法律。

在结束对于人法性质问题的探讨之后，阿奎那展开对于人法的能力问题的讨论。首先，阿奎那认为，由于实现目的的手段应当与目的本身相适应，因此，人法应当在一种普遍性意义上被制定。虽然在全部事项上追求一致的确定性是不可能的，但我们所做的只是需要保证法律在大部分的情况下可以被确定。其次，对于禁止恶习这个问题，阿奎那持有一种相对主义的观点。他认为，由于人法源于大众，且一般大众并不具备完善的德性，因此部分恶习是被法律所容忍的。换言之，人法只压制最为严重部分的恶习。阿奎那随即回答下一个问题，人法虽未禁止所有恶行，但禁止每种恶的特定行为。

阿奎那认为，人法是否能约束人的良心依赖于人法本身。如果人法是正义的，那么由于永恒法的效力，它就可以约束人的良心；相反，不义的法律是违背了共同善的法律，因而实际上不能被看作人法，由此也不具有约束人的良心的效力。至于是否所有人都服从法律这一问题，阿奎那的观点是：无论在被统治者服从统治者或是被强制者服从强制者的意义上，都存在一部分人不必服从法律。同样的，由于法律的语言应当受事物影响而非影响事物，因此，由于各种客观原因，人们不应当拘泥于法律的文字，可以依据情况在法律的文字之外行为。

在问题97中，阿奎那把论证的焦点放在了法律的变动之上。第一，阿奎那思考了人法是否应当变动的基础性问题，他同意奥古斯丁的观点，认为人法是可以被改变的。促使人法改变的原因有两个：其一，由于人类理性的不断完善，因此借由理性制定的人法也在不断完善；其二，制定法律的人由于其自身的局限性，不可能制定出完美的法律，因而给后继的立法者留下了修订的空间。总的来说，虽然作为人法来源的永恒法分有的自然法是不变的，但是由于人类理性和人类所处环境的不断变化，使人法的变动成为可能。既然人法是可以变动的，那是否意味着只要具有更好的情况，法律就应当改变？第二，阿奎那依旧采用了公共善的概念，只要符合公共善这个目的，法律就可以正当地改变。这是因为人法本身就包含了可能随环境变化而变化的特定的具体原则，这种变化必须是合目的性的而不能是单纯的改变。至于风俗和法律这个亘古不变的论题，阿奎那认为，风俗不但具有法律的效力，而且可以解释法律甚至取消法律。这是因为法律本身就是人的理性和内在运动的表现，所以重复性的外在行为所确立的事物能够获得法律的效力。第三，在决定作为统治者的个人是否应当遵循法律这个问题上，阿奎那依然求助于共同善这个基本概念。一个遵守了共同善的统治者是受民众委托的，因此他以其权威而豁免于人法，在法律空白之时，不去遵守法律的命令。但是，如果这个统治者仅仅基于个人意志的理由违反法律，他就失去了这种豁免。

总的来说，阿奎那的人法紧紧依附于共同善这个概念，同具有一般普遍性的自然法不同，人法是实在的和具体的，包含了社会的条件和变化的因素。它的效力、内容都是相对的。但是不变的是，人法本身是善的，违背了自然法准则的法律不能被认为是真正意义上的法律。

(四) 神法

除永恒法、自然法、人法以外，人类还需要神法。神法主要指《旧约》法律和《新约》法律，神法在四个方面指引着人们的行为。神法发挥着弥补自然法和人法的作用。首先，人类需要实现永福的最终目的，但人们的自然能力不足以实现，人类还需要上帝赋予的神法来达到最终目的。其次，人的判断是不确定的，不同的人对不同的行为、不同的事件会有不同的判断，但上帝设定的神法是不会出错的。再次，人的判断局限在可观察的外部行为，而不能判断内部行为，神法能促使人们作出正确的判断，以便完善道德。最后，人法不足以惩戒所有罪恶，而神法能够最大限度地禁止所有罪恶，最终促进共同善的实现。

神法并非只有一种，《旧约》法律与《新约》法律构成了充分与完整的神法。对于不完善的人（孩子），更需要《旧约》律令，主要规定可感知的世俗的善；对于完善的人（成人），则需要《新约》法律，主要规定精神的神圣的善内容。从不完善的人到完善的人，予以约束的法律内容从世俗善变更到精神的善。《旧约》法律与《新约》法律同时发挥各自的作用，最终促进共同善的实现。阿奎那的法律理论对终极因的看重不仅体现在对法律的总论之中，还体现在他对《旧约》法律的分论之中。在讨论《旧约》法律律令的问题99中，阿奎那首先提出了一个问题：《旧约》法律是唯一律令，还是有许多律令？这本是关乎《旧约》释经问题的提问，但阿奎那在“正解”中的回答却紧扣法律义务与目的之内在关系。法律所规定的是当为之事，这涉及义务；而一事之所以当为，全在于目的之需要。因此，指向目的是法律律令的固有之理。对于一个目的可以存在许多既有益也必要的事情，所以也就可能发布实现该目的的许多律令。因此，上述问题的回答只能是：在《旧约》法律指向某个目的的意义上，它只有唯一律令，但在为该目的要做诸多必要或有益事情的意义上，它具有许多律令。这就导致了阿奎那所说的，在《旧约》中不仅包括道德律令、礼仪律令，还有司法律令，而且它们的效力和存续期间也不尽相同。

三、法律的效果

在问题92中，阿奎那通过探讨使人成为善人是否为法律的一种效果，以及法律的行为是否规范得适当，阐述了法律所应达到的效果，这也是自然法一条重要原则——“善要被实行和追求，恶要被避免”（bonum est faciendum et prosequendum, et malum vitandum）的重要体现。

阿奎那认为法律应引导其臣民获得德性从而向善，“法律的恰当效果即是使得其臣民成为绝对意义上或者特定方面的善人”〔1〕，个人通过遵守法律成为哪方面的善人，取决于法律的品质。倘若立法者的目的在于真正的善，即共同善，那么个体就可以成为绝对意义上的善人。根据阿奎那对法律类型的划分，永恒法、自然法和神法可以达成此目的，这三者均在不同的意义上内含了共同善的要求。而如果立法者的目的不在于绝对意义上的善，那么个体只能成为相对意义上的善人。

在问题92第1节的答复3中，阿奎那重申了共同善的重要地位，“每个人都是城邦的一部分，除非他恰当地分配共同善，否则就不可能本身即是善的，同样，除非部分与整体协调，否则整体也是无法形成良好秩序的”。〔2〕由此，我们可以窥见阿奎那对亚里士多德思想遗产的继承，城邦是完善的共同体，个体的善需与共同善相协调才具有意义。

关于法律的行为是否规范得适当，阿奎那认为，法律是人的行为准则和理性指令，理性不仅指引我们从特定原则出发接受由此导出的结论，并且通过某种途径引导我们接受法律的准则。法律的准则与人的行为紧密

〔1〕［意］阿奎那：《论法律》，杨天江译，商务印书馆2018年版，第28页。

〔2〕［意］阿奎那：《论法律》，杨天江译，商务印书馆2018年版，第28页。

相关，人的行为可以分为善的行为、恶的行为以及中性的行为。由此，法律相应地分别作出命令、禁止、准许的行为。

此外，阿奎那认为惩罚也是法律的一种效果，法律利用人们对惩罚的恐惧达至人们服从的目标。人们因对惩罚感到恐惧而行善避恶，最终成为善人，如此法律所力图实现的共同善才有可能实现。在此，惩罚并非单纯的惩罚，最终的着力点仍在于个体与共同体的善。劝告和给予奖赏是任何人都能做的事，并不是法律的恰当的表现形式。

19世纪以来，以约翰·奥斯丁（John Austin，1790—1859）为代表的分析法学派认为法律是一种命令，而惩罚作为确定法律命令的关键要素，也是为确保民众服从法律而存在。或许阿奎那要走得更远一些，他不仅看到了法律中的惩罚、命令因素，而且也承认准许行为存在的必要性，这就进一步加深了其法律理论的德性底色。更为重要的是，面对理性与信仰的交织，阿奎那在其法理论体系中试图作出某种调和且从未对人类理性和善的自然倾向丧失信心。对于阿奎那而言，法律是理性的体现，法律是人类通向拯救的必然途径，各种法都会以不同的方式帮助人类实现最终的目的，在这之中，人类理智与其说是一种阻碍，毋宁说是一种成全。

影响评价

在阿奎那的众多作品当中，《神学大全》是最具声望的一部。若干世纪以来，它都被视为基督教的百科全书和最重要的教科书之一。《神学大全》问世已有700多年历史，不仅有被翻译成世界各主要语言的版本，而且每隔一段时间都会有修订本问世，足见其影响力之大。阿奎那本人称这部著作是为“初学者”了解基督教学说和相关理论提供的指南和导读，然而事实上它不仅系统地阐释了基督教哲学和神学的基础原理，而且几乎囊括了当时可以想出的所有问题。在写作过程中，阿奎那采用了经院哲学的推理方式，并刻意使用一些晦涩乏味的词语，以避免读者被华丽的辞藻所吸引，以致无法集中精力关注他所建构和维护的神圣真理的奥秘。

《神学大全》是对神学和哲学主题的全方位的阐述，其内容包含了上帝、灵魂、道德、政体、法律和国家等全部问题。作为中世纪盛期的集大成者，阿奎那不仅系统整合了这些历史先驱们的思想成果，而且提出了自己独创性的见解。就法律而言，其理论代表着对古希腊理性文明、希伯来律法精神和罗马法律文化的集大成。

1879年，教皇利奥十三世呼吁复兴对阿奎那的研究和教学。这一通谕的成果之一是创立了阿奎那著作的权威版本。20世纪见证了各种托马斯主义的兴盛，如雅克·马里旦、埃蒂安·吉尔森、伊丽莎白·安斯科姆、阿拉斯戴尔·麦金太尔和约翰·菲尼斯等学者。最近的学术研究加深了我们对阿奎那及其后继者的了解，我们现在对中世纪后期哲学的丰富内涵有了更全面的认识。

深度阅读

1. [意]阿奎那:《论法律》，杨天江译，商务印书馆2018年版。

2. [英]G.K.切斯特顿:《方济各传 阿奎那传》，王雪迎译，生活·读书·新知三联书店2016年版。

3. [意]阿奎那:《哲学基础》，吕穆迪译述，译林出版社2016年版。

4. [意]阿奎那:《阿奎那政治著作选》，马清槐译，商务印书馆2011年版。

5. [意]阿奎那:《神学大全》(全译本)，周克勤等译，台南，碧岳学社2008年版。

6. Steven J. Jensen, *Knowing the Natural Law: From Precepts and Inclinations to Deriving Oughts*, Washington, D.C. Catholic University of America Press, 2015.

7. Brian Davis and Eleonore Stump (eds.), *The Oxford Handbook of Aquinas*, Oxford University Press, 2012.
8. John Finnis, *Aquinas: Moral, Political, and Legal Theory*, Oxford/New York: Oxford University Press, 1998.
9. Ralph McInerny, *Ethica Thomistica: The Moral Philosophy of Thomas Aquinas, revised edition*, Washington, DC: Catholic University of America Press, 1997.
10. Ralph McInerny, *Aquinas and Analogy*, Washington, DC: Catholic University of America Press, 1996.

胡果·格劳秀斯

Hugo Grotius

1583—1645

现代自然法及国际法的奠基人

“人类的本性是自然法之母，而市民法之母是由共同同意产生的义务。由于这种义务的效力派生于自然法，所以说，人类的本性是市民法的曾祖母。”

——胡果·格劳秀斯

摆脱西班牙压迫的荷兰起义是格劳秀斯早期学术和政治生涯的语境，格劳秀斯为新生的荷兰共和国贡献着自己的智识力量。〔1〕16世纪上半叶，在今天荷兰和比利时的土地上是哈布斯堡统治下的低地国家，由17个省组成，有联省议会（states general）和各省议会。1519年夏，被推选为神圣罗马帝国皇帝的西班牙国王查理五世治下领土从北、东、南三面包围法国，此后法国为突破西班牙的战略包围，多次与西班牙开战。〔2〕1555年继位的西班牙国王腓力二世为了应付对法国和土耳其的战争，未经荷兰各议会批准，就征收新税，并且增设新主教辖区，这些都被荷兰的加尔文教徒视为建立绝对统治的象征。〔3〕1566年，新教贵族闯入西班牙总督官邸，递交了撤销反新教法令的请愿书，总督不置可否的态度让新教徒误认为是官方宗教宽容的表示，随后加尔文教席卷荷兰各地。贵族开始领导人民反抗西班牙国王。1581年，荷兰、泽兰、乌得勒支等7个省组成乌得勒支同盟（Union of Utrecht），宣布不再承认腓力二世的主权者身份，荷兰与西班牙的交战白热化。联省议会也转变为荷兰全国议会，成为事实上的权力中心，起义

〔1〕 Randall Lesaffer & Janne E. Nijman, *Introduction to The Cambridge Companion to Hugo Grotius*, in Randall Lesaffer and Janne E. Nijman eds., Cambridge University Press, 2021, p.1.

〔2〕 参见［英］杰弗里·帕克：《腓力二世传》，陆大鹏、刘晓晖译，社会科学文献出版社2022年版，第5–7页。

〔3〕 See Geoffrey Parker, *The Dutch Revolt*, London: Penguin Books, 2002, p.68-117; 另参见［美］菲利普·S.戈尔斯基：《规训革命：加尔文主义与近代早期欧洲国家的兴起》，李钧鹏、李腾译，北京师范大学出版社2021年版，第62页。

者本想寻求欧洲某位贵族作为其象征性的君主，多次未果，因为没有君主，就成为事实上的共和国。[1]为新生的共和国奠定法理基础，就成为格劳秀斯早期考虑国内政治法律问题的语境。同年，腓力二世继承葡萄牙王位，西班牙和葡萄牙合并，因此荷兰与西班牙的交战，不但是欧洲范围内的战争，而且是荷兰共和国与西班牙—葡萄牙帝国的殖民霸权争夺，这是格劳秀斯思考万民法的国际政治语境。

一、荷兰政治与《捕获法》

荷兰宣布不承认腓力二世主权者身份之后两年，格劳秀斯出生在荷兰省代尔夫特的一个商人家庭，他的父亲经营木材生意，同时是代尔夫特的摄政。[2]格劳秀斯是少年天才，11岁进入莱顿大学学习，而莱顿大学正是荷兰起义的成果之一。[3]杰出的人文主义者利普修斯（Justus Lipsius）、斯卡利杰尔（Joseph Justus Scaliger）都执教于此，斯卡利杰尔评价年轻的格劳秀斯为“审慎的政治家、法学家”。[4]15岁的格劳秀斯随荷兰省执政奥尔登巴内费尔特（Johan van Oldenbanevelt）出使法国，法国国王亨利四世惊叹于格劳秀斯的天赋，称他为“欧洲奇迹”，1598年5月5日，15岁的格劳秀斯获法国奥尔良大学的法学博士学位。[5]据学者考证，1598—1600年，格

---

〔1〕 See Geoffrey Parker, *The Dutch Revolt*, London: Penguin Books, 2002, p.130-198。另参见［美］菲利普·S.戈尔斯基:《规训革命：加尔文主义与近代早期欧洲国家的兴起》，李钧鹏、李腾译，北京师范大学出版社2021年版，第63-68页。

〔2〕 Henk Nellen, Hugo Grotius: *A Lifestruggle for Peace in Church and State 1583-1645*, trans. by J. C. Grayson, Leiden: Brill Press, 2014, p.17-18.

〔3〕 Geoffrey Parker, *The Dutch Revolt*, London: Penguin Books, 2002, p.145.

〔4〕 Edwin Rabbie, *Grotius as Legal, Political and Diplomatic Official in the Dutch Republic*, in Randall Lesaffer and Janne E. Nijman eds., The Cambridge Companion to Hugo Grotius, Cambridge: Cambridge University Press, 2021, p.45.

〔5〕 Henk Nellen, *Life and Intellectual Development: An Introductory Biographical Sketch*, in Randall Lesaffer and Janne E. Nijman eds., The Cambridge Companion to Hugo Grotius, Cambridge: Cambridge University Press, 2021, p.21.

劳秀斯开始写作比较罗马、雅典、荷兰等国政体的鸿篇巨制，现在留存下来的只有《论荷兰政体的改进》(*De Republica Emendanda*)这一部分。[1]其中，格劳秀斯将新生的荷兰共和国政体解释为贵族政体。[2]

1603年，荷兰共和国捕获葡萄牙船只，这是他写作《捕获法》(*De Iure Praedae*)的语境。格劳秀斯的恩主奥尔登巴内费尔特组建了荷兰东印度公司。格劳秀斯的表亲希姆斯柯克(Jacob van Heemskerk)供职于联合阿姆斯特丹公司(后并入荷兰东印度公司)，在他1601年航行到东印度的过程中获知，该年曾有17名荷兰水手被葡萄牙人在我国澳门处死。希姆斯柯克寻找机会为同胞讨还公道。1602年，他带领舰队驶向马六甲海峡，计划攻击葡萄牙人的船队。但根据当时的海上战争法，先发制人的攻击外国船队，是“私掠”(privateering)行为，这种私掠行为不同于海盗行为，需要国家的授权，而希姆斯柯克当时只有荷兰海军司令官、奥兰治亲王拿骚的莫里斯(Maurits van Nassau)的武装自卫授权书。彼时，马来半岛上的柔佛苏丹国(Johor Sultanate，大概在今新加坡)与葡萄牙人交恶，欲与荷兰人交好。希姆斯柯克希望荷兰站在中立第三方的位置，代表荷兰和柔佛苏丹国对葡萄牙人进行惩罚，这是格劳秀斯思考惩罚权的一个现实原型。1603年，希姆斯柯克联合柔佛苏丹国在新加坡海峡伏击了葡萄牙船只“圣卡塔琳娜号”，截获价值超过300万荷兰盾的战利品，直追英国岁入，史称“圣卡塔琳娜号”事件。阿姆斯特丹海事法院1604年开庭审理该案，法院虽判决认定该船只为战利品，但毕竟希姆斯柯克的行为是先下手为强，判决仍然缺乏法理

---

〔1〕 Henk Nellen, *Hugo Grotius: A Lifestruggle for Peace in Church and State 1583-1645*, trans. by J. C. Grayson, Leiden: Brill Press, 2014, p.71.

〔2〕 这部早期作品1984年才译成英文发表在著名的格劳秀斯研究期刊《*Grotiana*》上，Hugo Grotius, *De Repulica Emendana*, Arthur Eyffinger ed., Grotinana 5, p.3-136(1984)。

依据。[1]

荷兰东印度公司请格劳秀斯为其提供法理上的辩护。格劳秀斯没有满足于撰写应景的小册子，而是从理论上思考自然权利和战争法，其思考成果就是《捕获法》。[2]其中第十二章“海洋自由论”(*Mare Liberum*)在1609年匿名发表，但《捕获法》直到1868年才正式出版。在《捕获法》中，格劳秀斯发展了正义战争理论，打破战争只能是公战的旧有框架，将东印度公司的行动界定为正义的私战。结合联合柔佛苏丹国的背景，格劳秀斯心里想到的也许是，同样作为被西班牙—葡萄牙帝国压迫的国家，新生的荷兰共和国对柔佛苏丹国的处境感同身受。荷兰后与柔佛苏丹国签订合约，荷兰又以“契约必须遵守”的自然法原则论证英国插手柔佛苏丹国事务的不当性。[3]

二、流亡生涯和《战争与和平法》

《捕获法》虽未出版，但其展现出来的才华成为了格劳秀斯步入政坛的基础，他开始出任荷兰省的公共检察官(advocate-fiscal)。检察官的丰厚薪酬让他有能力迎娶玛丽亚(Maria van Reigersberch)。[4]1609年，荷

---

〔1〕 Peter Boerschberg, *The Seizure of the Sta. Cartaria Revisited: The Portuguese Empire in Asia, VOC Politics and the Origin of the Dutch-Johor Alliance (1602-1616)*, Journal of Southeast Asian Studies, Vol. 3, No.1 (2002), p.31-62.See also Martin Julia van Ittersum, Profit and Principle: Hugo Grotius, *Natural Rights Theories and the Rise of Dutch Power in the East Indies 1595-1615*, Leiden: Brill Press, 2006, p.105-187.参见章永乐:《格劳秀斯、荷兰殖民帝国与国际法史书写的主体性问题》,载《法学家》2023年第1期。

〔2〕 Peter Borschberg, *Grotius and the East Indies*, in Randall Lesaffer and Janne E. Nijman eds., The Cambridge Companion to Hugo Grotius, Cambridge: Cambridge University Press, 2021, p.66-67.

〔3〕 Martin Julia van Ittersum, *Profit and Principle: Hugo Grotius, Natural Rights Theories and the Rise of Dutch Power in the East Indies 1595-1615*, Leiden: Brill Press, 2006, p.396-481.

〔4〕 Henk Nellen, *Hugo Grotius: A Lifestruggle for Peace in Church and State 1583-1545*, tans. by J. C. Grayson, Leiden: Brill Press, 2014, p.91-94.

兰与西班牙签订《十二年停战协议》。荷兰国内就是否签订该协议形成了对立的两大政治派别。格劳秀斯的恩主奥尔登巴内费尔特支持协议的签订，而拿骚的莫里斯则反对该协议的签订。[1]奥尔登巴内费尔特与莫里斯之间还存在严重的宗教—政治分歧。奥尔登巴内费尔特支持新教的阿米尼乌斯派，而莫里斯支持加尔文宗。阿米尼乌斯派反对加尔文教的预定论，并主张宗教宽容。阿米尼乌斯是莱顿大学的教授，这一年正是他去世的那年。格劳秀斯支持了阿米尼乌斯派的教授继任其在莱顿大学的教席。[2]1618年，30年的战争爆发。1619年，奥尔登巴内费尔特在与拿骚的莫里斯的政治对峙中落败，并被处决。城门失火，殃及池鱼，格劳秀斯也被投入监狱，被判终身监禁。在此期间，他开始写作《荷兰私法导论》(*Inleidinge tot de Hollandsche Rechts-Geleerdheid*)，该书主导荷兰法学长达两个世纪。[3]1621年，格劳秀斯聪慧的妻子想到用书箱将他偷送出监狱，他的越狱也成为他生命中的传奇一章。格劳秀斯在巴黎开始了他的流亡生涯。1622年，他给弟弟威廉(William)写信，让他寄送一些法律书籍，开始《战争与和平法》的写作。[4]1625年，《战争与和平法》出版，影响不凡。英国的约翰·塞尔登(John Seldon)阅读过《战争与和平法》之后，深表钦佩。1635年，他出版了《海洋闭锁论》，以批判格劳秀斯的早期作品《海洋自由论》。[5]在塞尔登出版《海洋闭锁论》的前1年，格劳秀斯出任瑞

[1] Geoffrey Parker, *The Dutch Revolt*, London: Penguin Books, 2002, p.251-253.

[2] Henk Nellen, *Hugo Grotius: A Lifelong Struggle for Peace in Church and State 1583-1645*, tans. by J. C. Grayson, Leiden: Brill Press, 2014, p.73-81.

[3] Randall Lesaffer & Janne E. Nijman, *Introduction to The Cambridge Companion to Hugo Grotius*, in Randall Lesaffer and Janne E. Nijman eds., Cambridge: Cambridge University Press, 2021, p.2.

[4] Henk Nellen, *Hugo Grotius: A Lifelong Struggle for Peace in Church and State 1583-1645*, tans. by J. C. Grayson, Leiden: Brill Press, 2014, p.367.

[5] Henk Nellen, *Life and Intellectual Development: An Introductory Biographical Sketch*, in Randall Lesaffer and Janne E. Nijman eds., The Cambridge Companion to Hugo Grotius, Cambridge: Cambridge University Press, 2021, p.33-34.

典驻法国大使。1645年，格劳秀斯逝世。在他逝世前5年，西班牙和葡萄牙分离。在他去世前4年，荷兰取代葡萄牙，控制了马六甲海峡。在他逝世后3年，《威斯特伐利亚条约》签订，西班牙与荷兰的80年战争结束。众所周知，该条约的签订开启了近代国际法体系。

核心学说

一、思想渊源

格劳秀斯作为博学的人文主义者，涉猎广至哲学、历史、法学、文学、宗教等。在建议他人如何从事研究时，他强调亚里士多德和西塞罗的作用不可忽视。斯多葛学派对格劳秀斯自然法思想的形成起到了重要作用。在法学研究上，格劳秀斯深受法国人文主义法学派（mos gallicus）和意大利评注法学派（mos italicus）的影响。受法国人文主义法学派阿尔恰托（Under Alciato）、居亚斯（Jacques Cujas）等人的影响，他注重在语境中阐释《优士丁尼民法大全》。受评注法学派的影响，他也重视对《优士丁尼民法大全》的综合性现代运用。[1]

格劳秀斯的万民法思想根植于正义战争传统之中。对其影响较大的两个人物是维多利亚（Francisco de Vitoria）和贞提利（Alberico Gentili）。自奥古斯丁以降，正义战争传统强调战争以和平为目的。托马斯·阿奎那将正义战争总结为三要素：正当权威、正当理由和正当目的。[2]维多利亚也继承了这一传统，他作为萨拉曼卡大学的教授，开创了经院哲学中的萨

---

〔1〕 Henk Nellen, *Life and Intellectual Development: An Introductory Biographical Sketch*, in Randall Lesaffer and Janne E. Nijman eds., The Cambridge Companion to Hugo Grotius, Cambridge: Cambridge University Press, 2021, p.18.

〔2〕 Frederick H. Russell, *The Just War in the Middle Ages*, Cambridge University Press, 1975, p.16, 258-291.

拉曼卡学派。他的万民法与自然法理论主要是为了论证西班牙人对美洲印第安人发动的战争是正义战争。在他之前的西班牙战争理论妖魔化印第安人的奇风异俗，不把印第安人当人，企图为屠戮印第安人辩护。维多利亚的进步性体现在，他承认印第安人也平等地享有自然权利，尤其是财产权。因此，西班牙人对其发动战争，必须要有正当理由，这是对自然权利遭受侵犯的回击。维多利亚把西班牙人在美洲的旅行、经商视为自然权利，印第安人对此有阻挠的话，即构成对西班牙人自然权利的侵犯。〔1〕贞提利与格劳秀斯的写作语境更近一些，他的《战争法权》(*De Iure Belli*)就是为荷兰起义中英国击败无敌舰队的正当性辩护。〔2〕贞提利的《战争法权》分为3卷，分别为处理战前、战中和战后的法律问题，格劳秀斯《战争与和平法》也基本遵循了这一写作结构。贞提利将战争界定为“正义的公共武装冲突”。〔3〕格劳秀斯与此不同，他认为战争包括公战与私战。维多利亚、贞提利与格劳秀斯一致认为，自我防卫是战争的正当理由。

二、自然法与自然权利

正义战争的基础是自然法。格劳秀斯两部主要的自然法与万民法作品是《捕获法》和《战争与和平法》。《捕获法》作为东印度公司的辩护词，大致可以分为两个部分：法理与案件分析，第二章至第十章讨论了捕获葡萄牙船只的自然法原理，第十一章至第十五章不但运用前述自然法原理分析案件，而且也追溯了荷兰起义的原因。《战争与和平法》分为3卷，第1卷

〔1〕 Vitoria, *Political Writings*, in Anthony Pagden and Jeremy Lawrance eds., Cambridge University Press, p.233-292. See also Charles Covell, The Law of Nations in Political Thought: A Critical Survey from Vitoria to Hegel, London: Palgrave Macmillan, 2009, p.29-33.

〔2〕 Valentina Vadi, *War and Peace: Alberico Gentili and the Early Modern Law of Nations*, Leiden: Brill Press, 2020, p.22.

〔3〕 Alberico Gentili, *De Iure Belli Libri Tres*, trans. by John C. Rolfe, Oxford: Clarendon Press, 1933, p.12.

定义了战争、界定了正义战争的主体、论证了正义战争的正当性，第2卷讨论了战争的正当理由、财产权起源等问题，第3卷讨论的是战争中的正义行为。

(一) 自然法

如同登特列夫所说，自中世纪以降，自然法有一个根本性的问题，即“法律是意志的行为或理性的行为”？也就是说，“因正义而成为法律”(ius quia iustum)，还是“因命令而成为法律”(ius quia iussum)？〔1〕具体到自然法而言，就是究竟是“自然法”中的“自然”使其成为法，还是“自然法”因意志而成为法？如果自然法因“自然”而成为法，那么自然法是因“人的本性”(human nature)而具有拘束力，是因人的理智本性而具有拘束力。人因符合理智本性行动，这是自然法的要义。这种理论被称为“自然法的唯理智论”。而如果认为自然法也有立法者，自然法是因立法者的意志而成为法，具有拘束力。极端而言，甚至立法者发布不符合理智的命令也可以成为法。这种理论被称为“自然法的唯意志论”。格劳秀斯的自然法理论家前辈苏亚雷斯就试图打破“唯理智论”和“唯意志论”中的“唯”字，实现自然法的苏亚雷斯综合。这种努力在格劳秀斯身上也可以看到。在《捕获法》第二章开头，格劳秀斯确定了自然法的第一规则“神意之体现即为法”。〔2〕但在《战争与和平法》绪论部分，格劳秀斯提出了著名的假设，即便神不存在或神根本不关心人事，自然法因其符合理智而成为法。〔3〕也就是说，自然法因其“自然本性”而成为法。如同2乘以2等于4，这是其本性，这种本性即便神也不能改变，神也不能让2乘以2等于5，在这个意义

---

〔1〕［意］登特列夫：《自然法：法律哲学导论》，李日章、梁捷、王利译，新星出版社2008年版，第73—74页。

〔2〕［荷］格劳秀斯：《捕获法》，［美］格拉蒂丝·L. 威廉姆斯英译，马呈元译，中国政法大学出版社2020年版，第12页。

〔3〕参见［荷］格劳秀斯：《战争与和平法》(第一卷)，［美］弗朗西斯·［美］W.凯尔西等英译，马呈元、谭睿译，中国政法大学出版社2018年版，第7页。

上，神甚至受到自然法的拘束。[1]格劳秀斯的这个著名假设，通常被认为是自然法世俗化的开端。但可以将其视为格劳秀斯对“自然法的唯理智论”和“自然法的唯意志论”的调和。

格劳秀斯《战争与和平法》的核心词语“ius”的界定既包含“法”的含义，也包含“权利”的含义。在《战争与和平法》第1卷第一章中，格劳秀斯认为“ius”有三个意义，第一个意义是正当，第二个意义是权利，第三个意义是法。从权利的角度理解“ius”就是自然权利，从法的角度理解“ius”就是自然法。

我们先从自然法的角度去理解“ius”。格劳秀斯在界定自然法之前，他先界定了什么是法。他说，“如果法律在最广泛的意义上被用来表示一种为我们施加了行正当之事的义务的道德行为规则的时候，‘ius’指的正是这种意义上的法律”。“同时，我们所说的‘施加行正当之事的义务’不仅是指行符合法律之事的义务，因为我们在此处使用的‘ius’这个术语不但包括已经提到的与正义有关的事项，也包括和其他美德相关的事项。不过，根据法律，在更广泛的意义上，正当的就可以被称为正义的。”格劳秀斯之所以如此复杂的界定义务，是因为他要界定义务的缺乏——权利，权利也就是法的允许。根据格劳秀斯，法的允许是以沉默的方式来确认人的行动自由。[2]在《战争与和平法》中，格劳秀斯的意志论立场有所减弱，将法界分为意志法和自然法。意志法又被格劳秀斯区分为神意法和人定法。神意法区分为一般神意法与特殊神意法，一般神意法包括自然法，而特殊神意法的颁布方式是启示。人定法区分为国内法和万民法。国内法是来

---

〔1〕 参见［荷］格劳秀斯：《战争与和平法》（第一卷），［美］弗朗西斯·W.凯尔西等英译，马呈元、谭睿译，中国政法大学出版社2018年版，43页。

〔2〕 参见［荷］格劳秀斯：《战争与和平法》（第一卷），［美］弗朗西斯·W.凯尔西等英译，马呈元、谭睿译，中国政法大学出版社2018年版，第40页。译文根据另一版英译本略有改动，参见 Hugo Grotius, *The Rights of War and Peace*, trans. by John Morrice, edited and with an Introduction by Richard Tuck, Indianapolis: Liberty Fund, 2008, p.147-150。

自国家权力的法，而万民法是人们普遍同意而形成的法。〔1〕

格劳秀斯这样界定自然法："自然法是正当理性的命令。它告诉我们符合自然理性的行为均具有道德上必要的性质；反之，任何违反自然理性的行为则具有道德上卑下的性质。因此，它们或者被作为自然造作者的神命令实施，或者被禁止实施。""正当理性命令的行为本身就是有义务做的或被禁止做的，因此，它们必须被理解为是神自己所命令做的或禁止做的。"〔2〕也就是说，这些行为之所以具有义务性的，是因其符合人的理智本性，因符合自然法的"自然"而做。自然法因此是不可改变的，即便是自然的造作者神也不可改变，就像他不能使2乘以2不等于4，他不能使本性上的恶不成为恶。〔3〕这是格劳秀斯的"自然法理智论"。自然法的基本规则是：克制自己不占有他人之物；返还我们占有的他人之物；履行承诺的义务；赔偿因我们的过失导致的损失；根据其所犯罪行对行为人实施惩罚。〔4〕在《捕获法》中，格劳秀斯提出了自己的"自然法意志论"。其中，法被概括为9条规则与13项法律。自然法的规则为前3条规则和前8项法律。〔5〕这3条自然法规则是神意即为法、人的共同意志即为法、个人所示意志是自身的法3组。第1组的第1条规则是神意即为法，下面有头2项法律：自我保存和获得自我保存的手段。第2组以第2条规则开始，即人的共同

〔1〕 参见［荷］格劳秀斯：《战争与和平法》（第一卷），［美］弗朗西斯·W.凯尔西等英译，马呈元、谭睿译，中国政法大学出版社2018年版，第40、48页。

〔2〕 ［荷］格劳秀斯：《战争与和平法》（第一卷），［美］弗朗西斯·W.凯尔西等英译，马呈元、谭睿译，中国政法大学出版社2018年版，第41页。译文根据另一版英译本略有改动，参见Hugo Grotius, *The Rights of War and Peace*, trans. by John Morrice, edited and with an Introduction by Richard Tuck, Indianapolis: Liberty Fund, 2008, p.150-151.

〔3〕 参见［荷］格劳秀斯：《战争与和平法》（第一卷），［美］弗朗西斯·W.凯尔西等英译，马呈元、谭睿译，中国政法大学出版社2018年版，第42−43页。

〔4〕 参见［荷］格劳秀斯：《战争与和平法》（第一卷），［美］弗朗西斯·W.凯尔西等英译，马呈元、谭睿译，中国政法大学出版社2018年版，第6页。

〔5〕 参见李猛：《自然社会：自然法与现代道德世界的形成》，生活·读书·新知三联书店2015年版，第253页。

意志即为法。下面是4项法律：不得伤害、不得侵占、有恶必偿、有善必报。第3组以第3条规则开始，即个人所示意志是自身应守之法。下面包括2项法律：社会契约参加者应当保护个体不受伤害、社会契约的参加者应当保护财产。〔1〕这3条规则中第1条规则是根本的自然法规则，第2条规则是为了实施第1条规则而衍生出来的，第3条规则是为了实施第2条规则衍生出来的，也就是说前1条规则是目的，后1条规则是手段，最前端的规则是自然法的根本目的。同理，最前端的法律自我保存是自然法的根本目的。但这种强烈的意志论在《战争与和平法》中与理智论有所调和。在《战争与和平法》的绪论中，格劳秀斯调和了自我保存与人的社会性。〔2〕

（二）自然权利

"Ius"的第二个意义是权利。格劳秀斯这样界定："'ius'的另一个意义来自上面的定义，但又与之不同，是与人格相关的。'ius'是人格的道德属性，这种道德属性能使一个人正当地拥有某种东西，或做某事。""如果这种道德属性是完整的，我们称为'能力'，如果这种道德是不完整的，我们称为'倾向'。""罗马法学家把个人对自己的权利称为能力，我们恰当地将其称作严格意义上的权利。这种权利包括：（1）针对自己行使的权力，也称作自由；针对他人行使的权力，例如父亲对孩子、主人对奴隶的权力；（2）财产权，要么是完整的，要么是不完整的……（3）要求他人为一定行为的能力，对应的是履行相应义务。"〔3〕

---

〔1〕 参见［荷］格劳秀斯：《捕获法》，［美］格拉蒂丝·L.威廉姆斯英译，马呈元译，中国政法大学出版社2020年版，第12–29页。

〔2〕 参见［荷］格劳秀斯：《战争与和平法》（第一卷），［美］弗朗西斯·W.凯尔西等英译，马呈元、谭睿译，中国政法大学出版社2018年版，第4–5页。

〔3〕 ［荷］格劳秀斯：《战争与和平法》（第一卷），［美］弗朗西斯·W.凯尔西等英译，马呈元、谭睿译，中国政法大学出版社2018年版，第36–37页。译文根据另一版英译本略有改动，参见Hugo Grotius, *The Rights of War and Peace*, trans. by John Morrice, edited and with an Introduction by Richard Tuck, Indianapolis: Liberty Fund, 2008, p.138-139。

格劳秀斯之所以说权利意义上的“ius”与第一个含义“正当”相关，是因为他从正当的反面来界定“ius”。也就是说，不是从何为正当入手来界定“ius”，而是从何为不正当来界定“ius”。那何为不正当呢？正是上文自然法规则中的伤害他人、侵占他人，只要“不”伤害他人，“不”侵占他人，就是正义的，“不是非正义的就是合法的”。[1]也就是说，在自然法的规范中，除了命令性规范和禁止性规范，还有允许性规范，而允许性规范就是权利生长的领域，这个领域的核心是自由。在不违背自然法的前提下，施展自我保存的能力，就是自然权利。既然自然法的第1条法律是自我保存，为了实现自我保存的目的，就要有能实现自我保存的手段，也就是自然法的第2条法律。这个实现自我保存的手段主要就是财产权。格劳秀斯假设人类起初是万物共有的，也就是共有财产权。每个人可以根据他的需要取用共有物。如同公共剧场的座位，占用座位的人可以占有座位。尽管自然法教导人们要用这样的方式自我保存，但人类的野心侵蚀了这样的状态。人们不得不以所有人同意的方式来确定每个人实际上有的就是他个人的财产，也就是说私有财产权是因所有人的同意而引入的。[2]这就说明从自然法的第1条规则向第2条规则过渡，不得伤害、不得侵占等具体法律开始起作用。尽管最初万物是共有的，但万物共有并不是自然法的第1条规则，自然法的第1条规则是人的自我保存，因此，万物共有的状态是可以改变的。所以，自然法虽然是不可改变的，但财产权并不是自然法规定的内容，财产权作为自我保存的手段可以通过所有人的共同意志而引入。同时需要强调的是，土地可以划归私有，但大海不可以划归私有，仍然为全人类所共有。对此格劳秀斯有两个假设：第一，在他的时代，与稀缺的土

---

〔1〕［荷］格劳秀斯：《战争与和平法》（第一卷），［美］弗朗西斯·W.凯尔西等英译，马呈元、谭睿译，中国政法大学出版社2018年版，第34页。

〔2〕参见［荷］格劳秀斯：《战争与和平法》（第二卷），［美］弗朗西斯·W.凯尔西等英译，马呈元译，中国政法大学出版社2016年版，第24–29页。

地不同，大海仍然是丰裕的自然资源；第二，人类可以通过技术手段划分土地，却没有技术手段划分大海，如马车行过土地会有车辙，但船只航行却不会留下痕迹。〔1〕格劳秀斯的“海洋自由论”不仅为当时荷兰共和国的海外活动服务，也奠定了今天海洋法的基础。

除了作为充分权利之外的能力，格劳秀斯还区分出了作为不充分权利的倾向，格劳秀斯说这对应亚里士多德的配得概念。针对充分权利和不充分的权利，格劳秀斯自己提出了一种新的正义分类标准：补全性正义（justitia expletrix）和配得正义（justitia attributrix）。充分权利对应补全性正义，不充分权利对应配得正义。补全性正义又对应亚里士多德的矫正正义，配得正义对应亚里士多德的分配正义。〔2〕但格劳秀斯完全颠覆了两种正义的关系，权利优于正义，从而将正义战争的基础奠定在自然权利基础之上。

三、正义战争

（一）正义战争的格劳秀斯式正义论

格劳秀斯在《战争与和平法》的绪论就反驳了怀疑论者卡涅阿德斯（Carneades），因为卡涅阿德斯宣称不存在什么正义。卡涅阿德斯的最有力论点就是，法是人类为了自己的利益制定的，法不过是种习俗，随着地域的不同而不同，随着时代的不同而不同。人和野兽一样只是为了追求自己的利益，如果存在正义，那么一个人将为了他人的利益而牺牲自己，这是最愚蠢的。〔3〕卡涅阿德斯的意思是根本不存在一般性的自然法。格劳秀

〔1〕 参见［荷］格劳秀斯：《战争与和平法》（第二卷），［美］弗朗西斯·W.凯尔西等英译，马呈元译，中国政法大学出版社2016年版，第29-30页。

〔2〕 参见［荷］格劳秀斯：《战争与和平法》（第一卷），［美］弗朗西斯·W.凯尔西等英译，马呈元、谭睿译，中国政法大学出版社2018年版，第37-40页。

〔3〕 参见［荷］格劳秀斯：《战争与和平法》（第一卷），［美］弗朗西斯·W.凯尔西等英译，马呈元、谭睿译，中国政法大学出版社2018年版，第3页。

斯反驳卡涅阿德斯，同时也是在回应他同时代的怀疑论者。[1]他提出，自然法的基础是人性，自我保存和社会性是普遍而不变的人性。[2]同时他也提出了一套颠覆亚里士多德的正义论，并以此作为正义战争的基础。

尽管如前文所述，格劳秀斯提出的补全性正义对应亚里士多德的矫正正义，配得正义对应亚里士多德的分配正义，但分配正义相对于矫正正义的优先性被颠覆了，格劳秀斯认为补全性正义优先于配得正义。补全性正义中拉丁语“explere”的本意就是“完成、完满、清偿、赔付或完善”的意思。[3]格劳秀斯认为，严格而恰当的来说，正义应该就是指补全性正义，补全性正义涉及的是充分的权利或能力。例如，别人侵占了我的财产，我就有权利请求他返还财产，这符合补全性正义。当然这会令人想起亚里士多德的矫正正义。而配得正义涉及的是不充分权利——倾向。但格劳秀斯的补全性正义与矫正正义是不同的，因为补全性正义不一定是种“代数计算”，也可能涉及“几何比例”。格劳秀斯的配得正义和分配正义也是不同的。亚里士多德认为，分配正义涉及的是公共分配领域，而矫正正义涉及的是私人领域。格劳秀斯认为，配得正义也可能涉及私人领域，如国家对为公共利益做贡献的市民提供奖励，补全性正义也可能涉及分配领域，如立遗嘱人分配他的财产。但最为关键的区分在于格劳秀斯举的居鲁士分袍子的例子。按照亚里士多德的分配正义，居鲁士将较大的袍子分给大个儿的孩子，将较小的袍子分配小个儿的孩子，这符合分配正义的“几何比例”。但是，格劳秀斯却认为，在分袍子之前，是不是要确定谁才是袍子的所有权人？如果大袍子属于小个儿孩子，哪怕他穿着不合身，不成比例，

---

〔1〕 See Richard Tuck, *Grotius, Carneades and Hobbes*, 4 Grotiana, 43 (1983), p.43-62.

〔2〕 参见[荷]格劳秀斯：《战争与和平法》(第一卷)，[美]弗朗西斯·W.凯尔西等英译，马呈元、谭睿译，中国政法大学出版社2018年版，第9页。

〔3〕 See Jeremy Seth Geddert, *Hugo Grotius and the Modern Theology of Freedom: Transcending Natural Rights*, London: Routledge, p.52.

袍子也是他的。[1]

有学者总结了补全性正义和配得正义的区分：补全性正义着眼的是外物或人拥有的地位，配得正义着眼的是内在品格；补全性正义运用的是计算理性（包括代数计算和几何推理），配得正义运用的是慎思理性；补全性正义涉及的是法的一般性，配得正义涉及的是法的特殊性；补全性正义可以完全实现，配得正义不能完全实现；补全性正义着眼过去，配得正义着眼未来。[2]补全性正义之所以是完全的，不是因为它高于配得正义，而是因为它可以完全实现。例如，我欠我的朋友1万块，这1万块可以完全清偿，补全性正义可以完全实现，但是我欠朋友的人情，却是无法计算的，这种人情涉及的就是配得正义。卡涅阿德斯认为正义不存在，大概是因为古典正义的调门太高了，但格劳秀斯通过降低正义的调门，从而将正义重新奠基在自然权利的基础上。补全性正义对应的是格劳秀斯"自然法的理智论"，理智要求法是一般、稳定、确定和可预期的。配得正义对应的是格劳秀斯"自然法的意志论"，意志决断往往特殊、变动、模糊和不可预期。现代法治仅有一般、稳定、确定和可预期的形式法治是不够的，仅有补全性正义也是不够的，还需要体现公道和慎思的配得正义。

(二) 战争何以正义

除了要知道什么是"正义战争"的"正义"之外，还需要知道什么是"正义战争"的"战争"。格劳秀斯说"战争"的拉丁语"bellum"来自"duellum"，指的是"二"，而其希腊语则来自"多"。"多"的反面是"一"，这正是和平的词源。总而言之，"战争"一词指的是使用武力进行争斗的

---

〔1〕 参见［荷］格劳秀斯：《战争与和平法》（第一卷），［美］弗朗西斯·W.凯尔西等英译，马呈元、谭睿译，中国政法大学出版社2018年版，第38–40页。

〔2〕 See Jeremy Seth Geddert, *Hugo Grotius and the Modern Theology of Freedom: Transcending Natural Rights*, London: Routledge, p.50-57.

状态。[1]需要注意的是，格劳秀斯不像贞提利，他的战争定义中既没有包含正义，也不是光指公战。如果战争就是指正义的武装冲突，那么“正义战争”就是正义的武装冲突，显然是同义反复。格劳秀斯将私战也纳入战争的定义，甚至纳入正义战争的考虑，是因为他认为，1603年荷兰东印度公司对葡萄牙发动的战争属于正义战争。也就是说，正当权威这个正义战争的必备要素，其地位在格劳秀斯这里下降了，正当理由这个要素则得到了格劳秀斯的进一步发挥。

在《捕获法》里，格劳秀斯将战争的正当理由概括为四个：自我防卫、保护财产、契约或类似渊源的债、报复伤害。[2]在《战争与和平法》里，格劳秀斯将战争的正当理由概括为三个：自我防卫、保护财产和惩罚权的施用。[3]滥用暴力，主动攻击他人，当然是不正义的，也就是说原则上暴力的使用应被禁止。但如果他人用暴力侵犯了我的自然权利，我就可以回击，这是自然法赋予我的权利。自然权利包括哪些呢？就是正当的属于我的东西（suum），不仅是财产权，还包括自由、请求权等。[4]

影响评价

格劳秀斯的自然法理论对同时代和后世的思想家影响匪浅。格劳秀

〔1〕［荷］格劳秀斯：《战争与和平法》（第一卷），［美］弗朗西斯·W.凯尔西等英译，马呈元、谭睿译，中国政法大学出版社2018年版，第34–35页。译文根据另一版英译本略有改动，参见Hugo Grotius, *The Rights of War and Peace*, trans. by John Morrice, edited and with an Introduction by Richard Tuck, Indianapolis: Liberty Fund, 2008, p.134-135。

〔2〕参见［荷］格劳秀斯：《捕获法》，［美］格拉蒂丝·L.威廉姆斯英译，马呈元译，中国政法大学出版社2020年版，第94–95页。

〔3〕参见［荷］格劳秀斯：《战争与和平法》（第二卷），［美］弗朗西斯·W.凯尔西等英译，马呈元译，中国政法大学出版社2016年版，第3–5页。

〔4〕参见［荷］格劳秀斯：《战争与和平法》（第一卷），［美］弗朗西斯·W.凯尔西等英译，马呈元、谭睿译，中国政法大学出版社2018年版，第36–37页。

斯在英国的影响不容小觑。从英国内战到光荣革命，英国的激进派和保守派都曾诉诸格劳秀斯的权威。[1]霍布斯1635年之后阅读了《海洋自由论》。[2]洛克早在17世纪50年代求学牛津时就读过《战争与和平法》，他的格劳秀斯藏书不少。[3]菲尔默专门撰文批判《战争与和平法》，嘲讽格劳秀斯私有财产权起源的方式。他说，如果按照格劳秀斯人人一致同意建立私有财产权起源的方式，世界上的人恐怕早就饿死了。[4]正是因为菲尔默的批判，洛克才另辟蹊径，将私有财产权奠基在劳动之上。格劳秀斯认为人可以通过同意成为奴隶，洛克认为人格是不可移转的。[5]1707年，《战争与和平法》出现在爱丁堡大学的课堂上。亚当·斯密和休谟都追随格劳秀斯，将正义视为一种消极的德行。[6]

在欧洲大陆，格劳秀斯同样影响巨大。瑞典国王古斯塔夫·阿道夫（Gustav Adolph）常将《战争与和平法》置于手边。格劳秀斯被任命为瑞典驻法大使也算是国王遗命。1661年，帕拉丁选帝侯在海德堡大学专门为讲解《战争与和平法》设了一个自然法讲席，任教者是普芬道夫。[7]普芬道夫在1678年出版的《关于自然法的一些争论》（*Specimen Controversiarum*

---

〔1〕 See Marco Barducci, *Hugo Grotius and the Century of Revolution, 1613-1718: Transnational Reception in English Political Thought*, Oxford: Oxford University Press, 2017, p.25-86.

〔2〕 See Marco Barducci, *Hugo Grotius and the Century of Revolution, 1613-1718: Transnational Reception in English Political Thought*, Oxford: Oxford University Press, 2017, p.35.

〔3〕 See Rirchard Ashcraft, *Jonh Locke's Library: Portrait of an Intellectual*, Transactions of the Cambridge Bibliographic Society, Vol. 5, No. 1 (1969), p.52.

〔4〕 See Sir Robert Filmer, *Patriarcha and Other Writings*, J. P. Sommerville ed., Cambridge: Cambridge University Press, 1991, p.208-234.

〔5〕 See Locke, *Two Treatises of Government*, Peter Laslett. ed., Cambridge University Press, 1988, p.283-285.

〔6〕 See Marco Barducci, *Grotius and the Enlightment*, in Randall Lesaffer and Janne E. Nijman eds., The Cambridge Companion to Hugo Grotius, Cambridge: Cambridge University Press, 2021, p.562-563.

〔7〕 See John Morrice, *The Life of Hugo Grotius*, in Richard Tuck ed., The Rights of War and Peace, Indianapolis: Liberty Fund, 2008, p.69.

circa Jus Naturale)中认为格劳秀斯开辟了伦理学的新天地，他首次将伦理学从神学中分离。1707年，《战争与和平法》被托马修斯（Christian Thomsius）译为德语。[1]格劳秀斯作为自然法学家在欧陆的巨大声誉要归功于其法语翻译者和评注者巴贝拉克（Jean Barbeyrac）。他称赞格劳秀斯“打破了古代和中世纪伦理学的坚冰”。[2]卢梭在《论人类不平等的起源和基础》的献辞里回忆父子阅读格劳秀斯的时光，并把格劳秀斯与他敬佩的古人塔西陀、普鲁塔克相提并论。[3]但卢梭也把格劳秀斯和霍布斯放在一起批判。[4]1712年，《战争与和平法》被译为俄语。[5]格劳秀斯在美洲也有影响。华盛顿就藏有《战争与和平法》。[6]

格劳秀斯作为国际法之父的声誉开始于19世纪上半叶。在瓦特尔（Emerich de Vattel）的《万民法》（*Le Droit des Gens*）于1758年出版之前，《战争与和平法》一直是标准的万民法教材，一版再版。斯密在1758年出版的《道德情操论》中评价格劳秀斯为“第一位试图为万民法奠基的学者”。[7]19世纪，国际法作为一门独立的学科开始形成。“国际法之父”的头衔也从格劳秀斯转到了其他学者头上。在英国，1874年，霍兰德

〔1〕 See Marco Barducci, *Grotius and the Enlightment*, in Randall Lesaffer and Janne E. Nijman eds., The Cambridge Companion to Hugo Grotius, Cambridge: Cambridge University Press, 2021, p.559, 563.

〔2〕 Richard Tuck, *Introduction to The Rights of War and Peace*, trans. by John Morrice, edited and with an Introduction by Richard Tuck, Indianapolis: Liberty Fund, 2008, p.X.

〔3〕 参见[法]卢梭:《论人类不平等的起源和基础》，李常山译 东林校，商务印书馆1962年版，第58页。

〔4〕 参见[法]卢梭:《爱弥儿》，李平沤译，商务印书馆2002年版，第703−704页。

〔5〕 See W. E. Butler, *Grotius' Influence in Russia*, in Hedley Bull, Benedict Kingsbury and Adam Roverts eds., Hugo Grotius and International Relations, Oxford: Oxford University Press, 1990, p.258.

〔6〕 See Richard Tuck, *Introduction to The Rights of War and Peace*, trans. by John Morrice, edited and with an Introduction by Richard Tuck, Indianapolis: Liberty Fund, 2008, p.XI.

〔7〕 Marco Barducci, *Grotius and the Enlightment*, in Randall Lesaffer and Janne E. Nijman eds., The Cambridge Companion to Hugo Grotius, Cambridge: Cambridge University Press, 2021, p.562.

(Thomas E. Holland)在牛津做了一次关于贞提利的讲座,他将“国际法之父”的桂冠戴在了贞提利头上。[1]1906年,美国卡耐基国际和平基金会开始编纂“国际法经典丛书”,其主编斯科特(James Brown Scott)将《战争与和平法》收入其中,并于1925年该书拉丁文版出版300周年之际出版英译本。[2]主编斯科特还收录了维多利亚的作品,他更愿意将维多利亚视为“国际法之父”。[3]20世纪初叶,在西班牙和俄罗斯,仍有学者将格劳秀斯视作“国际法之父”。[4]格劳秀斯在国际法学界的影响力是不言而喻的,1899年开始在海牙召开国际和平大会,这不能不说与格劳秀斯的荷兰身份有关。国际法英语学界的权威劳特派特(H. Lauterpacht)概括出了国际法的“格劳秀斯传统”。[5]国际政治思想史的英国学派开创者怀特则认为,格劳秀斯秉持了国际关系学说的中道,在霍布斯式的现实主义和康德的理想主义之间。[6]

---

〔1〕 Ignacio de la Rsilla, *Grotian Revivals in the Theory and History of International Law*, in Randall Lesaffer and Janne E. Nijman eds., The Cambridge Companion to Hugo Grotius, Cambridge: Cambridge University Press, 2021, p.580.

〔2〕 中文版主要根据该英译本,参见马呈元,“译者序”,载[荷]格劳秀斯:《战争与和平法》(第一卷),马呈元译,中国政法大学出版社2018年版,第10页。

〔3〕 See Ignacio de la Rsilla, *Grotian Revivals in the Theory and History of International Law*, in Randall Lesaffer and Janne E. Nijman eds., The Cambridge Companion to Hugo Grotius, Cambridge: Cambridge University Press, 2021, p.585.

〔4〕 Ignacio de la Rsilla, *Grotian Revivals in the Theory and History of International Law*, in Randall Lesaffer and Janne E. Nijman eds., The Cambridge Companion to Hugo Grotius, Cambridge: Cambridge University Press, 2021, p.581.See also W. E. Butler, Grotius' Influence in Russia, in Hedley Bull, Benedict Kingsbury and Adam Roverts eds., Hugo Grotius and International Relations, Oxford: Oxford University Press, 1990, p.260.

〔5〕 See H. Lauterpatch, *The Grotian Tradition in International Law*, British Yearbook of International Law 23(1946), p.1-53.

〔6〕 See M. Wight, *Four Seminal Thinkers in International Theory*: *Marchiavelli*, *Grotius*, *Kant*, *Mazzini*, G. Wight and B Porter eds., Oxford: Oxford University Press, 2005.

深度阅读

1. [荷]格劳秀斯:《战争与和平法》(第一卷),[美]弗朗西斯·W.凯尔西等英译,马呈元、谭睿译,中国政法大学出版社2018年版。

2. [荷]格劳秀斯:《捕获法》,[美]格拉蒂斯·L.威廉姆斯英译,马呈元译,中国政法大学出版社2020年版。

3. [荷]格劳秀斯:《格劳秀斯私法导论》,张淞纶译,法律出版社2015年版。

4. [美]理查德·塔克:《战争与和平的权利:从格劳秀斯到康德的政治思想与国际秩序》,罗炯等译,译林出版社2009年版。

5. 李猛:《自然社会:自然法与现代道德世界的形成》,生活·读书·新知三联书店2015年版。

6. Henk Nellen, *Hugo Grotius: A Lifelong Struggle for Peace in Church and State 1583-1645*, trans. by J. C. Grayson, Leiden: Brill Press, 2014.

7. Martin Julia van Ittersum, *Profit and Principle: Hugo Grotius, Natural Rights Theories and the Rise of Dutch Power in the East Indies 1595-1615*, Leiden: Brill Press, 2006.

8. H. B. Bull and A. Roberts eds., *Hugo Grotius and International Relations on an equal basis*, Oxford: Oxford University Press, 1990.

9. R. Jefferey, *Hugo Grotius in International Thought*, New York: Palgarve Macmillan, 2006.

10. Randall Lesaffer and Janne E. Nijman eds., *The Cambridge Companion to Hugo Grotius*, Cambridge University Press, 2021.

托马斯·霍布斯

Thomas Hobbes

1588—1679

自然权利的奠基人

“立法者并非凭其权威创制法律者，而是凭其权威保证法律持续成为法律者。”

——托马斯·霍布斯

在人均寿命不长的17世纪的英国，霍布斯显得出奇的长寿，活了91岁。一生历经伊丽莎白一世、詹姆斯一世、查理一世、查理二世数朝，尤其是期间的英国内战是霍布斯政治哲学的现实语境与灵感来源。

一、早年生涯

在诗体自传中，霍布斯以令人侧目的修辞描写自己的出生："我亲爱的母亲诞下了双生子——恐惧与我。"[1]也就是说，霍布斯的母亲因为恐惧，而导致了霍布斯的早产。霍布斯的母亲为什么而恐惧呢？因为霍布斯出生的1588年正是西班牙"无敌舰队"入侵英国的年份。伊丽莎白一世从1585年开始加大了援助荷兰起义的力度。1581年，荷兰不再承认西班牙国王腓力二世为其主权者，组成了联省共和国。无论是出于欧洲政治均衡的考虑，还是出于新教联盟的考虑，英国都选择了支持荷兰。1588年，西班牙派出"无敌舰队"试图一举摧毁英国对荷兰的援助。"无敌舰队"的名号令人望而生畏，战争的恐惧使霍布斯的母亲提前临盆了。

霍布斯出生在马尔蒙斯堡（Malmesbury），当地经济主要依靠毛纺。霍布斯的父亲是粗通文字的乡村牧师，母亲来自自耕农家庭。如果不是依靠教育，出身并不高贵的霍布斯日后恐怕难以成为查理二世的老师。[2]

[1] Thomas Hobbes, The Verse Life, in J. G. A. Gaskin ed., *The Elements of Law, Natural and Politic*, Oxford: Oxford University Press, 2008, p.254.

[2] See Noel Malcolm, *Aspects of Hobbes*, Oxford: Clarendon Press, 2002, p.1.

霍布斯自幼聪颖过人，4岁入学，在上大学之前已经通晓希腊语、拉丁语等古典语言，小小年纪就将欧里庇德斯的《美狄亚》从希腊语译为拉丁语，古典语言的训练为他的人文主义打下了良好的基础。[1]他十三四岁就被牛津大学录取。他的父亲在他读大学期间因与人斗殴而此后消失得无影无踪，是他做手套商的叔叔供其读书。读大学时期的霍布斯不喜欢待在教室，喜欢抓鸟和在书店里乱晃。他对自己的抓鸟技术颇为自得，以至于在《利维坦》中还将他的论敌比喻为“陷入陷阱而垂死挣扎的鸟”。[2]霍布斯20岁从牛津大学毕业后被其老师推荐给了德文郡男爵威廉·卡文迪什（William Cavendish）做家庭教师，教他同名的儿子小威廉。小威廉只比霍布斯小两岁，霍布斯与其说是老师，不如说是他的玩伴，经常和他一起“斗鸡走狗”。[3]1614—1615年，霍布斯和小威廉游历了意大利，两人都学习了意大利语。在协助威廉翻译培根的《随笔集》中，培根发现了霍布斯这个人才。后来霍布斯做了培根的秘书，但霍布斯似乎对培根的经验方法颇不以为然。霍布斯颇为刻薄地讲过培根亡故的轶事。培根为了检验严寒是否可以防腐，亲自用雪给鸡搞防腐实验，结果受凉送了命。[4]霍布斯跟随小威廉，成为殖民美洲的弗吉尼亚公司股东。霍布斯第一部严肃的学术著作是1629年翻译出版的《伯罗奔尼撒战争史》，他将其献给卡文迪什，这也是修昔底德的书首度被译为英文。霍布斯终身依靠贵族家庭生活，这可能也是其一直单身的原因。

二、英国内战

英国内战爆发的近因是1625年继位的查理一世打破了其父詹姆斯一

---

〔1〕 See Richard Tuck, Hobbes, Oxford University Press, 1989, p.2.

〔2〕 参见［美］A. P. 马蒂尼奇：《霍布斯传》，陈玉明译，上海人民出版社2007年版，第4-6、14-15页。

〔3〕 See John Aubrey, *The Brief Life*, in J. G. A. Gaskin ed., *The Elements of Law, Natural and Politic*, Oxford University Press, 2008, p.254.

〔4〕 See Noel Malcolm, *Aspects of Hobbes*, Oxford: Clarendon Press, 2002, p.6.

世精心维系的国王与议会、教会与国家间的政治平衡，其深层原因是英国自亨利八世改革之后乡绅阶层的崛起。查理一世甫一继位，因税收问题就与议会发生龃龉，而议会下院正是乡绅活跃的舞台。1628年《权利请愿书》事件后，查理一世干脆不再召集议会。17世纪30年代，查理一世重用的坎特伯雷大主教劳德虽是新教徒，但他仇视激进的清教徒，清教徒认为教会在清除天主教会的繁文缛节上做得不够彻底，应将天主教的残余连根拔除。而劳德大主教提倡主教制，他引入的屈膝等礼拜仪式让清教徒难免想起天主教。英国内战爆发的直接原因就是查理一世在苏格兰强推主教制，引起当地长老派的强烈反对，苏格兰军队侵入英格兰。缺钱打仗的查理一世无奈之下只好诉诸11年未召开的议会，谁承想，请神容易送神难，议会借势与国王对峙，英国内战爆发。从1642年至1660年，英国经历了两次内战及近10年的共和统治。1649年议会下院在没有上院参与的情况下审判并处死了查理一世。处死查理一世带来的震撼不仅是国王被弑，而且是国王"正当"地被弑，清教徒的激进主义到达顶峰，英国随后进入了没有君主的共和时期，克伦威尔出任护国公。霍布斯在内战爆发前夕出走巴黎，出走前，他出版了《法律原理》，于克伦威尔当政时期返回英国，归国前出版了《利维坦》。

1629年至1640年是英国内战的酝酿期，其间发生了"船税案"，很可能是霍布斯出版的第一部政治哲学著作《法律原理》的写作语境。此间，霍布斯也醉心于科学研究。霍布斯在1629年卡文迪什家族的威廉二世逝世后，短暂离开过卡文迪什家族，其间他对几何学产生了浓厚兴趣，几何学为他的哲学思考提供了重要方法。[1]1630年11月，霍布斯又回到卡文迪什家族，担任德文希尔的家庭教师。1634年开始，霍布斯和德文希尔开始了一次重要的欧陆旅行。这次旅行之所以重要，是因为其间他见到了伽利略

〔1〕 See Noel Malcolm, *Aspects of Hobbes*, Oxford: Clarendon Press, 2002, p.9.

和马林·梅森(Marin Mersnne)。霍布斯称梅森为“科学世界中为之公转的恒星”。[1]通过梅森，霍布斯结识了笛卡尔和伽桑迪(Pierre Gassendi)。笛卡尔写好《第一哲学沉思录》后，曾经通过梅森收集朋友的反驳意见，霍布斯就是其中的一位。17世纪30年代末，霍布斯开始计划写作《哲学原理》(Elementa Philosphiae)。该书计划分为三部曲，第一部分“论物体”，第二部分“论人”，第三部分“论公民”。“论物体”讨论了物理学，算是他科学研究的一个成果。讨论政治哲学的《论公民》在1642年以拉丁文首次出版。

在《论公民》之前，霍布斯出版了《法律原理》。《法律原理》的写作语境很可能是1637年的“船税案”。霍布斯出生之时，英国联合荷兰反对西班牙，但查理一世改变了英国的外交重心，准备联合西班牙抗衡崛起的荷兰。可是，英国国内民众普遍反感天主教的西班牙。为了加强对抗荷兰的筹码，查理一世增加海军军费，但因1629年起就未曾召开议会，他只好借用古老的“船税”以充军费。“船税”原本只在战时于沿海征收，但查理一世以紧急状态为由，在未有战争的情况下在内陆地区征收，遭到了议会派汉普顿的抵制，是为“船税案”。“船税案”的关键在于谁有资格判断紧急状态，谁有资格判断紧急状态谁就是主权者。查理一世自然认为国王是主权者，而议会则试图与国王争夺主权。霍布斯撰写《法律原理》就是试图论证国王是主权者，臣民应当服从主权者。1640年，他出版了《法律原理》，并差点当选短期议会的议员。[2]1640年内战情势已经山雨欲来风满楼，敏感的霍布斯认为他《法律原理》中的保皇气息必然得罪议会派，于是成为了首批内战流亡者，出逃巴黎。在巴黎期间，霍布斯担任了当时还是威尔士亲王的查理的数学老师，查理二世复辟进入伦敦时还向站在街边的霍布斯脱帽致意。[3]此间，霍布斯亲自见到了笛卡尔，也接触到了后来的

---

〔1〕 Richard Tuck, *Hobbes*, Oxford University Press, 1989, p.12-15.

〔2〕 See Noel Malcolm, *Aspects of Hobbes*, Oxford: Clarendon Press, 2002, p.15.

〔3〕 参见［美］A. P. 马蒂尼奇:《霍布斯传》，陈玉明译，上海人民出版社2007年版，第345页。

阿灵顿勋爵亨利·贝尼特(Henry Bennet)。霍布斯与国内政要的接触让他时刻关心英国的国内形势,在查理一世被处死的同一年他开始写作《利维坦》,他和他的朋友、后来权倾一时的克拉伦敦伯爵爱德华·海德(Edward Hyde)开玩笑说,写《利维坦》是因为想家了。[1]1651年《利维坦》出版,1652年霍布斯回到了已经是共和国的英国。因为想家而写作《利维坦》当然是玩笑,但《利维坦》的主旨就是臣民应当服从主权者,无论主权者是国王还是议会,纷纭的道德意见是内战根源之一。可以说,从《法律原理》到《利维坦》,臣民服从主权者的意旨都没有改变。

三、视为异端

王政复辟期间的霍布斯被人视为异端。他作品里的观点常常被人当作鼓励人放浪形骸。1669年剑桥大学决定开除一个叫丹尼尔·斯卡吉尔的学生,开除的理由是他常常与其社会地位不符的男男女女喝酒胡闹,这种自由自在的放浪形骸被总结为"霍布斯主义"。[2]早在开除斯卡吉尔的前3年,伦敦发生了大火,有人把这当作天谴,并和霍布斯的异端邪说联系在一起,主张焚烧其著作,甚至要把霍布斯也一块儿烧了。幸有与查理二世的渊源、阿灵顿勋爵的相助,霍布斯才躲过一劫。霍布斯撰写了《比希莫特》送给阿灵顿勋爵,以表谢忱。[3]《比希莫特》写的是英国内战史,他将道德意见纷纭、别有用心者蛊惑等内战原因予以挑明,可以说是对臣民应服从主权者原则的个案研究。霍布斯为了替自己辩护,还从法律的角度写了《一位哲学家与英格兰普通法学者的对话》。辞世前,霍布斯还英译了《奥德赛》和《伊利亚特》。

---

〔1〕 See Noel Malcolm, *Aspects of Hobbes*, Oxford: Clarendon Press, 2002, p.19.

〔2〕 参见[美]A. P. 马蒂尼奇:《霍布斯传》,陈玉明译,上海人民出版社2007年版,第388-390页。

〔3〕 参见[美]A. P. 马蒂尼奇:《霍布斯传》,陈玉明译,上海人民出版社2007年版,第378-379页。

核心学说

一、思想渊源

亚里士多德是霍布斯对话的巨人。霍布斯在继承和批判亚里士多德的基础上建立起了现代的法律政治学说，这种扬弃既表现在方法上，也表现在内容上。就方法论而言，亚里士多德主张，伦理学是政治学的基础，伦理学的核心议题是幸福，政治学的核心议题是幸福生活得以实现的最佳政体；霍布斯则分离了伦理学和政治学，因为人们对幸福的意见莫衷一是，只有悬搁伦理学，政治学才能讨论和平生活的实现条件。就内容而言，亚里士多德主张政治社会是自然的，家庭是最初的自然团体，国家是家政的连续而非对立，国家是数个家庭的结合，人非自由平等，政治社会建立是自然的演进过程；霍布斯主张政治社会是人为的，存在对立于国家的自然状态，经济区分于政治，个体主义，人是自由平等的，政治社会是人为同意建立起来的。[1]

二、自然状态

《利维坦》分为四个部分："论人"、"论国家"、"论基督教国家"和"论黑暗王国"；《论公民》分为三个部分："自由"、"政府"和"宗教"；《法律原理》分为两个部分："人性"和"政治体。"就结构而言，《法律原理》的两个部分对应《论公民》和《利维坦》的前两个部分，《法律原理》没有讨论宗教问题，可以说其主题就是严格的法哲学和政治哲学问题，我们的讨论也

〔1〕 参见［意］诺伯特·博比奥：《霍布斯与自然法传统》，何俊毅、琚铁亚译，华东师范大学出版社2021年版，第8-12页。

将限于这个主题。[1]

(一) 自然法

在《论公民》的前言中，霍布斯讲了个希腊神话，以明确他政治哲学的意旨。伊克西翁(Ixion)应朱庇特之邀赴宴，爱上了朱诺并骚扰她，在朱诺的位置上幻化出形似她的云彩，从云中诞生了好战的半人半马怪物。像伊克西翁报的朱诺般形如幻影，就像正义一样，每个人固执于其正义的意见，结果却是争吵和杀戮。[2]因此，霍布斯政治哲学的意旨是国家实证法才是裁定正义的标准，“没有法律，就没有正义”。[3]正义在亚里士多德这里是伦理学的范畴，而霍布斯的方法是分离伦理学和政治学。他的方法是从构成国家的质料入手，然后考察国家的生成、其采取的形式，以及正义的起源。如同要了解钟表这种装置，除非将其拆解，研究其各个部件。[4]国家可以在思想中拆解，这就是自然状态。在思想中，可以考察权威的公共权力移除之后，人性(human nature)将会处于怎样的状态。也就是“仅仅考虑人的自然所处的状态”。[5]自然状态是没有人为建立的公共权力条件下自然人性的基本状况。[6]用法律的专业语言来说，就是考察在没有实证法的情况下，自然人性将会展露出怎样的面目。当然，首先得考察人性，其次讨论霍布斯何以引出“自然状态是战争状态”的著名论断。霍布斯考虑

---

〔1〕 参见刘海川:《霍布斯政治哲学研究》，上海三联书店2023年版，第65页。

〔2〕 参见[英]霍布斯:《论公民》，应星、冯克利译，贵州人民出版社2003年版，第8—9页。

〔3〕 [英]霍布斯:《利维坦》，黎思复、黎廷弼译，杨昌裕校，商务印书馆2009年版，第96页。刘海川:《悬搁伦理学的政治学——霍布斯的实践哲学方法》，载《学术月刊》2015年第2期。

〔4〕 参见[英]霍布斯:《论公民》，应星、冯克利译，贵州人民出版社2003年版，第9页。对比[英]霍布斯:《利维坦》，黎思复、黎廷弼译，杨昌裕校，商务印书馆2009年版，第2页。

〔5〕 Thomas Hobbes, *The Elements of Law, Natural and Politic*, J. G. A. Gaskin ed., Oxford: Oxford University Press, 2008, p.254.

〔6〕 参见李猛:《自然社会：自然法与现代道德世界的形成》，生活·读书·新知三联书店2015年版，第113—114页。

自然状态时脑子里想的一种原型应当是英国内战，正是人们抱有正义的各式观念，才引发了大规模的杀戮。[1]并且，内战中存在各式打着正义旗号的人民引诱者，引诱人民陷入了战争。[2]有虚荣之人，也有适度之人，虚荣之人对应着人民引诱者，适度之人对应着大多数人民。自然状态下也存在这两种人。[3]

考虑人性，首先要回答什么是人。霍布斯认为，"人是物体—自动的—理性的"。[4]而人性，就是"他的自然能力和力量的总和"，如自动运动的能力和理性的能力。[5]人因是自动的，因而是动物，区别于一般物体，因是理性的，从而区别于一般动物。自然状态下，人与人自然的平等。这种自然平等包括自然能力的平等、自然法面前的平等和暴死面前的平等。人的自然能力包括体力、经验、理性和激情。[6]理性使人区别于动物，因此是人的本质。在霍布斯这里，"理性"一词最初的意思是算账，就是计算，进行加减的运算，如法律家把法律和事实加起来以便断出是非。[7]而霍布斯的理性包括两种含义，"不使用语词的加减"和"对普遍名词序列的加减"。[8]"不使用语词的加减"这种理性，可以说动物也会有。又如，动物冬眠前会盘算着储存食物，但这种理性的对象是特殊事物。而"对普遍名词序列的加减"则预设了语言的存在，这是动物所不具备的理性。人通过

〔1〕 参见[英]霍布斯：《论公民》，应星、冯克利译，贵州人民出版社2003年版，第13–14页。

〔2〕 See Thomas Hobbes, *Behemoth or the Long Parliament*, Paul Seaward ed., Oxford: Clarendon Press, 2010, p.109-110.

〔3〕 参见刘海川：《霍布斯政治哲学研究》，上海三联书店2023年版，第276–294页。

〔4〕 刘海川：《霍布斯政治哲学研究》，上海三联书店2023年版，第3页。

〔5〕 See Thomas Hobbes, *The Elements of Law, Natural and Politic*, J. G. A. Gaskin ed., Oxford: Oxford University Press, 2008, p.21.

〔6〕 See Thomas Hobbes, *The Elements of Law, Natural and Politic*, J. G. A. Gaskin ed., Oxford: Oxford University Press, 2008, p.77.

〔7〕 参见[英]霍布斯：《利维坦》，黎思复、黎廷弼译，杨昌裕校，北京商务印书馆2009年版，第28页。

〔8〕 [英]霍布斯：《利维坦》，黎思复、黎廷弼译，杨昌裕校，北京商务印书馆2009年版，第29–30页；刘海川：《霍布斯政治哲学研究》，上海三联书店2023年版，第170–173页。

语词将自己发现的结果称为一般法则。[1]动物不具备这样的抽象能力。这种理性使人能发现一般性的自然法。问题是，现实的生活经验告诉我们，人与人之间的理性能力存在高低之分。如何认定人与人自然能力的平等呢？霍布斯认为，能不能用理性是个有无的问题，而运用理性能力的高低是个程度问题。因此，只要人能用理性，就是彼此平等的，用得好不好是另外的问题。如果把理性比作一部手机，人人会用手机是一回事，用得好不好是另一回事。就如同在我国18周岁是推定具备完全民事行为能力的门槛，过了这个门槛就认为都具有完全民事行为能力，而不管行使权利能力的高低。因此自然能力的平等意味着，只要是能用理性的人，他能够意识到自然状态下存在自然法，这就达到了平等的门槛，这就是自然法面前的平等。[2]

那么，什么是自然法呢？自然法是理性所发现的戒条或一般规则。这种戒条或一般规则禁止人们去做损毁自己生命或剥夺保存自己生命手段的事，并禁止人们因疏忽而不去做自己认为最有利于生命保存的事。[3]霍布斯列举了自然状态下的19条自然法，包括寻求和平、对等放弃权利、守约正义、感恩、合群、宽恕、反对残忍、反对蔑视、反对骄傲、平等待人、衡平等。[4]对其进一步概括是这样的："如果我们考虑人的大多数激情，比如愤怒、野心、贪婪和虚荣之类的，都倾向于拒斥自然平等——确实如此；但

---

〔1〕 参见［英］霍布斯：《利维坦》，黎思复、黎廷弼译，杨昌裕校，北京商务印书馆2009年版，第29-30页。

〔2〕 霍布斯的人性论似乎针对的是能够运用理性的成人。例如，他在《论公民》里说，自然状态中的人好似从地里忽然冒出来的蘑菇，就是针对成人的，参见［英］霍布斯：《论公民》，应星、冯克利译，贵州人民出版社2003年版，第88页。另参见刘海川：《霍布斯政治哲学研究》，上海三联书店2023年版，第143页。

〔3〕 参见［英］霍布斯：《利维坦》，黎思复、黎廷弼译，杨昌裕校，北京商务印书馆2009年版，第98页；李猛：《自然社会：自然法与现代道德世界的形成》，生活·读书·新知三联书店2015年版，第294-295页。

〔4〕 参见［英］霍布斯：《利维坦》，黎思复、黎廷弼译，杨昌裕校，北京商务印书馆2009年版，第97-123页。Bernard Gert, *Hobbes: Prince of Peace*, London: Polity, 2010, p.87-106.

如果不考虑这些激情，有一项简易的规则能让我立马知道我要做的事是否违背自然法，这一条规则就是一个人想象他站在跟他打交道的一方立场上，并设身处地地想象站在该方的位置上；这么做不过是改变了权衡的尺度，每个人的激情在他自己的尺度上都会显得很重，而在邻人的尺度上却没什么分量。而有个古老的格言，清楚地理解和表述了这一规则：己所不欲，勿施于人。”〔1〕霍布斯的自然法规则可以概括为以“己所不欲，勿施于人”为核心的“对等原则”（reciprocity theorem）。因为人是理性的，人的行动不应当违背理性，不违背理性的行动就是有权利的行动，违背理性的行动是无权行动，任何人都不想他人对自己作出无权的行为，无权行为是应当受到谴责的，因为其违背理性。〔2〕也就是说，违背理性的无权行为应当受到谴责。他人作出无权行为可以依据自然法对他人谴责，自己对他人作出无权行为，应当设身处地地自责，这个时候自然法在内心法庭起作用，这个内心法庭就是良心。〔3〕但良心的判断是私人的，不具备实证法那样的公共性，因此是不确定的。从某种程度上说，内战中的各方都是本着良心行事，都自认为自己打着正义的旗号，不是绝对的正邪之战，霍布斯认为这种各式流俗的正义意见才是内战的根源，其实也是自然状态沦为战争状态的根源，因为自然状态下，所有人对一切事物都有自然权利。〔4〕

（二）自然权利与战争状态

如何从自然法的对等原则推出自然权利呢？首先，根据对等规则，谴

〔1〕 Thomas Hobbes, *The Elements of Law, Natural and Politic*, J. G. A. Gaskin ed., Oxford: Oxford University Press, 2008, p.77.

〔2〕 See S. A. Lloyd, *Morality in the Philosophy of Thomas Hobbes: Cases in the Law of Nature*, Cambridge University Press, 2009, p.219-220.

〔3〕 参见刘海川：《霍布斯政治哲学研究》，上海三联书店2023年版，第299–306页。

〔4〕 参见［英］霍布斯：《利维坦》，黎思复、黎廷弼译，杨昌裕校，北京商务印书馆2009年版，第98页。

责他人的理性行动是非理性的，保存自己的生命是理性的，如果谴责他人保存生命的行动就是非理性的，因此不得谴责他人自我保存的行动，自我保存就是人的自然权利。其次，徒劳之举是非理性的。只有自我保存，但缺乏自我保存的手段是徒劳之举，所以就是非理性的。因此，人对自我保存的必要手段也有自然权利。最后，什么是自我保存的手段在自然状态下只能由私人判断。只允许自己判断自我保存的手段，不允许他人判断自我保存的手段，明显违背了对等原则。所以，自然状态只能是所有人对一切事物都有的自然权利，即平等享有自然权利。[1]也就可以理解，霍布斯为何如此理解自然权利："自然权利，就是每一个人按照自己所愿意的方式运用自己的力量保存自己的天性——也就是保存自己的生命——的自由。因此，这种自由就是用他自己的判断和理性认为最适合的手段去做任何事情的自由。"自然权利就是自由，自由是外界障碍的不存在。[2]这种自由可以用霍菲尔德意义上的"特殊权利"(privilege)来理解。霍菲尔德意义上的特殊权利是指义务的缺乏，义务意味着我应该这样做/不做，而特殊权利意义上的自由意味着我可以做/不做，义务就是外界障碍，只要理性没有不允许，我就可以做。[3]在自然状态下，人人有平等的自然自由，但却没有实证法意义上的请求权(claim-right)，即我可以这样做，但我无法要求你不这样做，势必引起冲突。例如，甲有占有土地C的自由，但甲占有C之后却没有请求他人不干涉其占有的请求权，所以乙仍然有占有C的自由，最后的结果必然是谁抢到算谁的这种战争状态。

---

〔1〕 See S. A. Lloyd, *Morality in the Philosophy of Thomas Hobbes: Cases in the Law of Nature*, Cambridge University Press, 2009, p.236-239.

〔2〕 参见[英]霍布斯:《利维坦》，黎思复、黎廷弼译，杨昌裕校，北京商务印书馆2009年版，第97页。译文根据英文版略有改动，Thomas Hobbes, *Leviathan*, Edwin Curley ed., Indianapolis: Hackett Publishing Company, Inc., 119, p.79.

〔3〕 See Thomas Hobbes, *The Elements of Law*, *Natural and Politic*, J. G. A. Gaskin ed., Oxford University Press, 2008, p.79.Wesley Newcomb Hohfeld, Fundamental Legal Concepts as Applied in Judicial Reasoning, The Yale Law Journal, Vol.26, No.8(Jun., 1917).

自然能力的平等也意味着，即便是最强壮的人也有可能被最弱小的人运用密谋或联手杀死。[1]自然状态下，没有人可以达到永远支配他人的地位，也就是说在战争状态下，永远保证自己活，而对方死。人与人在暴死面前是平等的。自然状态沦为战争状态的原因有三个：竞争、猜疑和虚荣。竞争为了求利，猜疑为了安全，虚荣为了求名。[2]如果我们设想，起初自然状态是自然法发挥规范性的状态，也就是人按照理性行动的状态，按照理性行动的人是懂得适可而止的好人，就是洛克意义上占有适可而止能顾及他人的好人，那么自然状态就是和平状态，不需要国家。但如果自然状态下存在虚荣之人，就是那些对自然平等不服，认为自己高人一等，应当占取更多之人。这种人会对他人形成伤害意志。自然状态并不是指实际的争斗，而是相互敌意的弥漫，如同暴雨降临前的乌云压顶。[3]虚荣之人伤害适度之人后，适度之人一朝被蛇咬，十年怕井绳，宁可推定其他所有人都是要伤害自己的坏人，这样才不吃亏，这是理性的要求。因此，人与人之间不再相互信任，而是互相猜疑并互相竞争，在竞争中都力图先下手为强。[4]人们不断处于暴死的恐惧之中，人孤独、贫困、卑污、残忍而短寿。[5]脱离自然状态，建立政治国家就有了必要性。

三、建国理论

霍布斯在《利维坦》中的建国理论可以概括为授权—代表理论，他改

---

〔1〕 参见[英]霍布斯：《利维坦》，黎思复、黎廷弼译，杨昌裕校，商务印书馆2009年版，第92页。

〔2〕 参见[英]霍布斯：《利维坦》，黎思复、黎廷弼译，杨昌裕校，商务印书馆2009年版，第94页。

〔3〕 参见[英]霍布斯：《利维坦》，黎思复、黎廷弼译，杨昌裕校，商务印书馆2009年版，第95页。

〔4〕 参见[英]霍布斯：《利维坦》，黎思复、黎廷弼译，杨昌裕校，商务印书馆2009年版，第95-97页；刘海川：《霍布斯政治哲学研究》，上海三联书店2023年版，第276-294页。

〔5〕 参见[英]霍布斯：《利维坦》，黎思复、黎廷弼译，杨昌裕校，商务印书馆2009年版，第95页。

变了《论公民》中的权利转让理论，使其主权理论更为完善。让主权者彻底跳脱出社会契约的法律关系，既然不作为契约一方当事人，自然也就彻底挣脱了实证法的束缚，与主权是摆脱实证法束缚权力这一本质相吻合。实证法建立起来后，实证法是主权者发布的命令，守法即正义，这也与霍布斯政治哲学的意旨相吻合。主权者遵守实证法与自己的本质相悖，所以主权者不可能是不义的，但主权者仍然可能违背自然法，是不道德的。[1]

在《论公民》中，霍布斯认为，为了脱离自然状态，建立国家，就要将众人的意志服从于一个统一的意志，而个人将其意志所交付的这个人或者这个会议就拥有了主权。形成主权的关键是，每个人都将自己所有的力量和权力转让给那个人或会议。这种转让包括两步：第一，每个人放弃自己的自然自由；第二，主权者获得了所有人转让的所有力量和权力。[2]这种权利转让方案符合社会契约的模型。第一个问题是，主权者作为契约当事人，是否应当受契约约束？受契约约束的主权者还是主权者吗？第二个问题是，如果每个人彻底转让了自然权利，那么这一转让包括自我保存权利的彻底转让吗？如果国家威胁到臣民的自我保存，国家的行为和其保护臣民的目的相一致吗？

为了克服以上困难，霍布斯在《利维坦》中发展出了授权—代表理论。要谈论该理论之前，需要先讨论他的人格和代表理论。霍布斯将人格定义为“人格要不是语词或行动被认为发自其本身的个人，便是其语词和行动被认为代表着别人或（以实际或虚拟的方式归之于他的）任何其他事物的语词或行动者”。语词和行动发自其本身者是自然人，语词或行动代表他人者是拟制人。“人格”（persona）这个词原本指舞台上的面具，后

---

〔1〕 See Bernard Gert, *Hobbes: Prince of Peace*, London: Polity, 2010, p.35-87.

〔2〕 参见［英］霍布斯：《论公民》，应星、冯克利译，贵州人民出版社2003年版，第58页。

来引申为法庭上的代表。[1]有些拟制的言行是被代表者拥有的，进行拟制言行者就是行动者/演员（actor），而拥有他人言行的人就是授权者/创作者（author），行动者根据授权（authority）行动。拥有财物者被称为所有者，拥有行动者被称为授权者/创作者（author）。拥有财物的权利被称为所有权，拥有行动的权利被称为授权。[2]那么什么是创作者拥有演员的行动？首先角色是由创作者创作出来的，演员之所以做出角色的言行，实际上是创作者让演员戴着角色的面具做出来的，演员言行的产生要归因于创作者。那么什么是授权者拥有行动？根据日常经验，一般只能说拥有某物，比如说拥有一个杯子，我的意思是这个杯子是我的。而根据霍布斯的观点，我拥有行动，就意味着某个行动是我的，我做了某个行为，某个行为算到我的头上，如果A请求我作为他的代表，去做某个行为，这个行为不能算是我的，只能算是A的，要算到A的头上。所以，某人拥有某个行动，就是指某个行动是某人的，属于某人。而行动属于某人指的是某个行动可以归责（impute to）给某人，也就是某人要为其行动负责。如果行动是我这个自然人的，我要为自己的行动负责。如果行动是某个拟制的法人的，法人要为该行动负责，尽管实际的行动是我这个法人代表去做的。例如，法人A让代表B去与C签订契约，契约的义务产生在A与C之间，而非A与B之间。授权中，法人A让B代表自己行使权利，但B却跳脱出社会契约关系，是主权者。授权就是A让B代表自己行使权利的过程。[3]也就是说，国家的产生是自然状态中的每个人相互同意放弃自我统治的自然自由，而授权给一个拟制的法人以代表所有人行动："我授

---

〔1〕 参见［英］霍布斯：《利维坦》，黎思复、黎廷弼译，杨昌裕校，商务印书馆2009年版，第123页。

〔2〕 参见［英］霍布斯：《利维坦》，黎思复、黎廷弼译，杨昌裕校，商务印书馆2009年版，第123页。译文根据英文版略有改动，Thomas Hobbes, *Leviathan*, Edwin Curley ed., Indianapolis: Hackett Publishing Company, Inc., 119, p.101-102。

〔3〕 See David Gauthier, *The Logic of Leviathan*, Oxford: Clarendon Press, 1969, p.124.

权给这个人或这个集体，并放弃自我统治的权利，把它授予这个人或这个集体，但条件是你也把你自己的权利拿出来授予他，并以同样的方式授权他的一切行为。这点做成之后，像这样统一在一个人格之中的这些民众就被称作国家（commonwealth），拉丁文说法是civitas，这就是伟大的利维坦的诞生。”[1]承担国家这一公共人格的是主权者，也就是法人的代表。

我们回到创作者—角色—演员的角度去看待国家诞生后的问题。在国家的创生中，创作者是人民，创作出的角色叫作国家，但角色是无法自己行动的，需要有演员戴着角色的面具行动，这个演员就是国家机关。如同创作者创作出戏剧之后就退居幕后，演员的言行被视为角色的言行，而国家机关这个法人代表的言行就被视为国家的言行。角色是拟制出来的人造人，国家同样也是拟制出来的人造人。角色是面具（persona），而国家是公共人格（public person）。如同创作者创作之后就应退居幕后，人民创制国家之后就不应当出场（present），而应当由他们的代表（representative）出场。如同人民退场一样，实证法应当代替自然法出场，自然法也应当退居幕后。[2]实证法是国家以成文或不成文形式或其他足以识别其意志的标志发布的命令。[3]实证法才是裁断正义的尺度，守法即正义。命令的要义在于服从，霍布斯规劝人民应当服从主权者。

---

〔1〕［英］霍布斯：《利维坦》，黎思复、黎廷弼译，杨昌裕校，商务印书馆2009年版，第132页。译文根据英文版略有改动，Thomas Hobbes, *Leviathan*, Edwin Curley ed., Indianapolis: Hackett Publishing Company, Inc., 119, p.109。

〔2〕马丁尼奇没有注意到这一点，所以他说创作者拥有演员的行为是不对的，参见Al P. Martinich, *Authorization and Representation in Hobbes's Leviathan*, in Al P. Martinich and Kinch Hoekstra eds., The Oxford Handbook of Hobbes, Oxford: Oxford University Press, 2016, p.329。

〔3〕参见［英］霍布斯：《利维坦》，黎思复、黎廷弼译，杨昌裕校，商务印书馆2009年版，第20页。

影响评价

霍布斯见解如此尖锐，如此锋芒毕露，以至于当时英国各种政治派别一方面不得不暗自佩服其洞见，但另一方面又唯恐避之不及。英国国内的保皇派不论是温和派还是极端派，都对其有所评论。他的好友、主张有限君主制的爱德华·海德一方面热切地捧读《利维坦》，另一方面断定霍布斯应当遭受严厉的刑罚。〔1〕主张绝对君主制的菲尔默赞赏霍布斯建起的建筑，但却要批判其建立的地基。他将霍布斯引为绝对君主制的同道，但对其自然权利论深恶痛绝。〔2〕洛克几乎将其与霍布斯的联系清除干净，直到最近才有学者证实他读过霍布斯。〔3〕洛克《政府论》非要区分自然状态和战争状态，也很难让人相信他没有读过霍布斯。〔4〕只不过，洛克自然状态的规范性确实比霍布斯强，这突出的表现在他主张自然状态下存在财产权。〔5〕但洛克认为的自然状态下人与人之间的猜疑丝毫不逊于霍布斯的自然状态，而且这种猜疑贯穿国家建立和解体的始终。猜疑的反面是信任，洛克用政治信托的方式建立国家，也有霍布斯的影子。洛克的人民如同霍布斯的人民一样，在以信托的方式建立起国家之后，同样退居幕后，信任地把统治权交付给主权者。〔6〕但洛克又保留了对主权者的猜疑，对违背信

---

〔1〕 参见［德］斐迪南·滕尼斯：《霍布斯的生平与学说》，张巍卓译，商务印书馆2023年版，第54页。

〔2〕 See Sir Robert Filmer, *Patriarcha and Other Writings*, J. P. Sommerville ed., Cambridge University Press, 1991, p.184-197.

〔3〕 See Jeffery R. Collins, *In the Shadow of Leviathan*, Cambridge University Press, 2021, p.27.

〔4〕 See John Locke, *Two Treatises of Government*, Peter Laslett ed., Cambridge University Press 1988, p.278-282.

〔5〕 John Locke, *Two Treatises of Government*, Peter Laslett ed., Cambridge University Press 1988, p.285-302.

〔6〕 See John Locke, *Two Treatises of Government*, Peter Laslett ed., Cambridge University Press 1988, p.367.

托的主权者要先下手为强,[1]这可谓深得霍布斯精髓。霍布斯在欧洲大陆的影响同样不小。格劳秀斯逝世前几年,读过霍布斯的《论公民》。[2]1667年,《利维坦》被翻译为荷兰文。霍布斯被斯宾诺莎当作其宽容思想的渊源。[3]普芬道夫在《普遍法学原理》的序言中直言,霍布斯让他蒙惠不浅。[4]他的《论自然状态》同样追随了霍布斯的方法论,并以霍布斯为论战的对象。[5]进入18世纪,苏格兰的休谟在《道德原则研究》的一个注释里认为,自然状态是战争状态并非霍布斯的原创,柏拉图的《理想国》早就有了对类似模型的批判。[6]他也反对国家是由原初契约建立的。[7]卢梭认为格劳秀斯和霍布斯观点一致,霍布斯的自然状态貌似写的是野蛮人,实则写的都是文明人。[8]

在哈特看来,霍布斯是边沁和奥斯丁的先声,他的这个说法无疑得到了二者的回应:"立法者并非凭其权威(authority)创制法律者,而是凭其权威保证法律持续成为法律者。"[9]霍布斯、边沁和奥斯丁三者都认为,实证法是主权者的命令。边沁将法律定义为一国主权者以一系列宣布其意

---

〔1〕 See John Locke, *Two Treatises of Government*, Peter Laslett ed., Cambridge: Cambridge University Press 1988, p.425.

〔2〕 See Henk Nellen, Hugo Grotius, *A Liflong Struggle for Peace in Church and State 1583-1645*, tans. by J. C. Grayson, Leiden: Brill Fress, 2014, p.601.

〔3〕 See Noel Malcolm, *Aspects of Hobbes*, Oxford: Clarendon Press, 2002, p.41-52. Jon Parkin, The Reception of Hobbes's Leviathan, in Patricia Springborg ed., The Cambridge Companion to Hobbes's Leviathan, Cambridge: Cambridge University Press, 2007, p.450.

〔4〕 See Samuel Pufendorf, *The Elements of Universal Jurisprudence*, trans. by William Abbot Oldfather, Indianapolis: Liberty Fund, 2009, p.11.

〔5〕 See Samuel Pufendorf, *On the Natural State of Men*, trans. By Michael Seidler, Lewiston: The Edwin Mellen Press, 1990, p.109-114.

〔6〕 参见[英]休谟:《道德原则研究》,曾晓平译,商务印书馆2012年版,第41页注释1。

〔7〕 参见[英]休谟:《休谟政治论文选》,张若衡译,商务印书馆2010年版,第119-138页。

〔8〕 参见[法]卢梭:《爱弥儿》,李平沤译,商务印书馆2002年版,第703-704页;[法]卢梭:《论人类不平等的起源和基础》,李常山译,东林校,商务印书馆1962年版,第98-100页。

〔9〕 [英]哈特:《法律的概念》,许家鑫、李冠宜译,法律出版社2006年版,第60页。

志的标志，以指引遵守者的行为。[1]奥斯丁更是将实证法界定为主权者的一般性命令。[2]尽管不少学者将霍布斯视为法律实证主义者，但在霍布斯自己眼里，实证法仍然以自然法为根基。[3]他同样区分“有义务”和“被迫”。[4]这种区分使他区别于奥斯丁，同时也使他区别于哈特。如果你问哈特笔下持有内在观点者为何守法，他会说因为“规则就是规则”。但如果你问霍布斯，他可以追溯到“契约必须遵守”的第三条自然法，遵守契约就是正义，守法即正义。[5]

深度阅读

1. [英]霍布斯:《利维坦》，黎思复、黎廷弼译，杨昌裕校，商务印书馆2009年版。

2. [英]霍布斯:《论公民》，应星、冯克利译，贵州人民出版社2003年版。

3. [英]霍布斯:《一位哲学家与英格兰普通法学者的对话》，毛晓秋译，上

〔1〕 See Jeremy Bentham, *Of Laws in General*, H. L. A. Hart ed., London: University of London the Athlone Press, 1970, p.1.

〔2〕 SeeJohn Austin, *The Province of Jurisprudence Determined*, Cambridge University Press, 1995, p.18-37.

〔3〕 [意]诺伯特·博比奥:《霍布斯与自然法传统》，何俊毅、琚轶亚译，华东师范大学出版社2021年版，第108-142页。John Gardner, *Law as a Leap of Faith*, Oxford: Oxford University Press, 2012, p.20-53.

〔4〕 SeeThomas Hobbes, *On the Citizen*, Richard Tuck ed., Cambridge University Press, 1998, p.155. 李猛:《自然社会: 自然法与现代道德世界的形成》，生活·读书·新知三联书店2015年版，第113-114页。同时比较[英]哈特:《法律的概念》，许家鑫、李冠宜译，法律出版社2006年版，第81-86页。

〔5〕 SeeThomas Hobbes, On the Citizen, Richard Tuck ed., Cambridge University Press, 1998, p.155.参见[英]霍布斯:《利维坦》，黎思复、黎廷弼译，杨昌裕校，商务印书馆2009年版，第109-115页。Mark C. Murphy, *Hobbes (and Austin, and Aqinunas) on Law as Commond of the Sovereign*, in Al P. Martinich and Kinch Hoekstra eds., The Oxford Handbook of Hobbes, Oxford: Oxford University Press, 2016, p.340-357.

海人民出版社2006年版。

4. [美]A. P. 马蒂尼奇:《霍布斯传》,陈玉明译,上海人民出版社2007年版。

5. [美]列奥·施特劳斯:《霍布斯的政治哲学:基础与起源》,申彤译,译林出版社2012年版。

6. [加]C.B.麦克弗森:《占有性个人主义的政治理论:从霍布斯到洛克》,张传玺译,浙江大学出版社2018年版。

7. [英]昆廷·斯金纳:《霍布斯与共和主义自由》,管可秾译,上海三联书店2011年版。

8. [英]霍华德·沃伦德:《霍布斯的政治哲学:义务理论》,唐学亮译,华东师范大学出版社2022年版。

9. 李猛:《自然社会:自然法与现代道德世界的形成》,生活·读书·新知三联书店2015年版。

10. 刘海川:《霍布斯政治哲学研究》,上海三联书店2023年版。

11. David Gauthier, *The Logic of Leviathan*, Oxford: Clarendon Press, 1969.

12. Thomas Hobbes, *The Elements of Law, Natural and Politic*, J. G. A. Gaskin ed., Oxford: Oxford University Press, 2008.

约翰·洛克

John Locke

1632—1704

新世界的哲学王

“自由，正如人们告诉我们的，并非人人爱怎样就可怎样的那种自由，而是在他所受约束的法律许可范围内，随心所欲地处置或安排他的人格、行动、财物和他的全部财产的那种自由，在这个范围内他不受另一个人的任意意志的支配，而是可以自由地遵循他自己的意志。”

——约翰·洛克

洛克生于1632年8月29日，卒于1704年10月28日，享年72岁，一生历经查理一世、查理二世、詹姆斯二世、威廉三世及玛丽二世、安妮女王数代国王。他生活于英格兰斯图亚特王朝时代，他所生活的时期，英国经历了内战、查理二世复辟、光荣革命等重大历史事件，这也是洛克写作的主要语境。

一、早年生涯与英国内战

洛克10岁那年，英国内战爆发，洛克在查理二世复辟后自承："我刚开始认识世界，它就已然处于疾风暴雨之中。"[1]暴风骤雨般的内战让洛克始终不愿承认其思想渊源的霍布斯相信，即便是绝对统治，也强过混乱无序。在克伦威尔宣布自己为护国公的前1年，洛克进入牛津大学学习。1660年，查理二世复辟，取得硕士学位两年的洛克特意为此写诗助兴，为人民脱离战乱苦海而由衷高兴。[2]洛克此时也留在了母校牛津，在此期间，他展现出了对霍布斯和菲尔默的兴趣[3]，撰写了《政府短论第一篇》(*First Tract on Government*)和《政府短论第二篇》(*Second Tract on Government*)、《自然法论文集》(*Essays on the Law of Nature*)等早期政治

〔1〕 John Locke, *Political Essays*, Mark Goldie ed., Cambridge University Press, 1997, p. xiv.

〔2〕 See John Locke, *Political Essays*, Mark Goldie ed., Cambridge University Press, 1997, p.203-204.复辟的相关史实参见Tim Harris, Restoration: Charles and his Kingdoms, London: Penguin Press, 2005, p.1。

〔3〕 See Jeffery R. Collins, *In the Shadow of Leviathan*, Cambridge University Press, 2021, p.27.

法律著作。在两篇《政府短论》中，洛克赞成世俗政权的绝对统治，反对宗教宽容。[1]洛克的《自然法论文集》是他唯一一次对自然法的系统讨论。

二、复辟政治与《政府论》写作

洛克对宗教宽容问题态度的转变源自一次赴德意志的公差。1665年，洛克出访下莱茵兰的克莱沃（Cleves），他发现这里不同教派共存，竟然都相安无事，没有破坏世俗的和平。[2]洛克对宗教宽容问题态度的更大转变来自他生命中的一次偶遇——他遇到了深刻影响其政治法律思想的安东尼·阿什利·库珀（Anthony Ashley Cooper）男爵。1666年，洛克为阿什利男爵治病，二人志趣相投，洛克选择阿什利男爵作为自己的政治恩主。洛克在阿什利男爵的鼓励下，写下了《论宽容》（*Essay concerning Toleration*）一文，开始论及对世俗权威宗教管辖权的限制。[3]阿什利男爵是卡莱罗纳殖民地的大领主之一，洛克帮助其起草了《卡莱罗纳基本宪法》（*The Fundamental Constitutions of Carolina*）。[4]此外，根据学界的新近研究，殖民地的政治事务成为《政府论》的写作语境之一。[5]

《政府论》的国内政治写作语境是查理二世复辟政治期间的废黜运动（Exclusion Campaign），即阻止信奉天主教的约克公爵詹姆斯继位为英王的议会运动，运动中形成了辉格党和托利党，《政府论》就是政治论辩中的

---

〔1〕 See John Locke, *Political Essays*, Mark Goldie ed., Cambridge: Cambridge University Press, 1997, p.3-78.

〔2〕 参见［英］罗杰·乌尔豪斯：《洛克传》，李红、白若晶译，韩东晖、田洁校，中国人民大学出版社2021年版，第58−59页。

〔3〕 参见［英］罗杰·乌尔豪斯：《洛克传》，李红、白若晶译，韩东晖、田洁校，中国人民大学出版社2021年版，第79−80页。

〔4〕 尽管洛克是否为《卡莱罗纳基本宪法》的唯一作者存在争议，但洛克至少起草了部分内容，参见John Locke, *Political Essays*, Mark Goldie ed., Cambridge: Cambridge University Press, 1997, p.160-181。

〔5〕 See David Armitage, John Locke, Carolina, and the "Two Treaties of Government", Political Theory, Vol. 32, No. 5, p.602-627（2004）.

小册子之一。[1]废黜运动的根源可以追溯到1670年，查理二世通过约克公爵给予天主教更多的影响力。英国对天主教存有双重的政治疑惧：一是天主教大国的象征为法国，天主教在国内得势，英国政治将受法国干涉；二是彼时法国奉行的是绝对统治，天主教的得势意味着英国将效仿法国建立绝对统治。就国际政治而言，查理二世为应对与荷兰作战财源不足的问题，同法国秘密签订《多佛密约》，查理二世以宽容天主教徒为筹码，换取路易十四的财政支持。[2]此间，为拉拢阿什利男爵，查理二世将他擢升为沙夫茨伯里伯爵。1679年谋刺国王的教皇阴谋（the Popish Plot）彻底激发了英国对天主教徒的政治疑惧。[3]不管天主教徒谋刺国王的事情是真是假，沙夫茨伯里伯爵恰好利用这一阴谋攻击天主教徒约克公爵，阻止约克公爵继位，他如若继位，就意味着对天主教的疑惧变为现实的恐惧。沙夫茨伯里希望议会通过《废黜法案》废黜约克公爵詹姆斯的继位资格，保证新教徒能够继位。沙夫茨伯里伯爵领导的政治斗争之所以不同于古代宫廷政治，是因其具备现代政治的两个鲜明特征：政党政治和发动群众。沙夫茨伯里伯爵的政治集团在运动中形成了辉格党，以原初契约为鲜明政治主张。辉格党写作了大量政治小册子以发动群众。支持国王的托利党（保皇党）人也不示弱，同样写作了大量政治小册子，声张自己的政治主张：君权神授。[4]在此期间，写作于英国内战之前的菲尔默《父权制》得以出版，

---

〔1〕 See Peter Laslett, *The English Revolution and Locke's "Two Treatises of Government"*, Cambridge Historical Journal, Ⅻ(1), p.40-55(1956).该论文的扩展版参见Peter Laslett, Introduction to Locke's Two Treatises of Government, Cambridge University Press(1960)。拉斯莱特考订《政府论》写作时间的工作不但打破了《政府论》为光荣革命而作的定论，而且开创了剑桥学派的语境主义研究方法。

〔2〕 参见[美]阿什克拉夫特：《革命政治与洛克的〈政府论〉》，孔昊、赵雪纲译，华东师范大学出版社2021年版，第44—59页。

〔3〕 See Maurice Cranston, *John Locke: A Biography*, Oxford: Oxford University Press, 1957, p.184-204.

〔4〕 See Tim Harris, *Restoration: Charles and his Kingdoms*, London: Penguin Press, 2005, p.263-309.

影响颇大。[1]在此期间，洛克以《父权制》为靶子，写作了《政府论》。[2]查理二世运用国王特权阻止了议会的召开，废黜运动以失败告终。心有不甘的辉格党人又策划了意在谋刺查理二世和约克公爵詹姆斯的“黑麦屋阴谋”(Rye House Plot)，同样以失败告终。[3]无论洛克是否卷入这场阴谋，洛克都有性命之忧。他将《政府论》以《法国病》(*De Morbo Gallico*)之名托朋友保管，亡命荷兰。[4]

三、光荣革命与政治辩护

未被成功废黜的约克公爵詹姆斯在1685年继位为詹姆斯二世，其施政方针果然让英国窥见天主教复辟的可能，英国建立像法国那样的天主教绝对国家的可能性越来越大。[5]同时，詹姆斯二世力图争取不同国教者的政治手腕也伤害了温和的托利党人。在支持詹姆斯二世的新政治同盟尚未建立、旧的托利党政治同盟四分五裂的情况下，对詹姆斯二世政治的恐惧因其王子的出生而变得肯定，温和的托利党人竟然联手辉格党人邀请詹姆斯长女玛丽及其丈夫荷兰的威廉三世入主英国。[6]詹姆斯二世将国玺投入泰晤士河中，亡命法国。这场运动因威廉三世和玛丽入主英国的低

---

〔1〕《父权制》写作后没有立即出版的原因参见Cesare Cuttica, *Sir Robert Filmer (1588-1653) and the Patriotic Monarch*, p.147-148。

〔2〕《政府论(上篇)》和《政府论(下篇)》的写作顺序存在争议，学界争议参见Tom Pye, *Property, Space and Sacred History in John Locke's Two Treatises of Government*, Modern Intellectual History, 15, 2(2018), p.329-330, n.14。

〔3〕参见[美]阿什克拉夫特：《革命政治与洛克的〈政府论〉》，孔昊、赵雪纲译，华东师范大学出版社2021年版，第431—516页。

〔4〕参见[英]罗杰·乌尔豪斯：《洛克传》，李红、白若晶译，韩东晖、田洁校，中国人民大学出版社2021年版，第170页。

〔5〕See Steve Pincus, *1688: The First Morden Revolution*, New Haven: Yale University Press, 2009.

〔6〕See Tim Harris, *Revolution: The Great Crisis of the British Monarchy 1685-1720*, London: Penguin Press, 2006, p.269-272. Geoge Macaulay Trevelyan, *The English Revolution: 1688-1689*, London: Thornton Butterworth Ltd., 1938, p.94-131.

暴力程度而被称作"光荣革命"。但威廉三世和玛丽召开的议会非常会议（convention）面临两个宪法难题：议会召开的合宪性和王位安置问题。首先，因为詹姆斯二世将国玺投入河中，给议会召开的法定程序设置障碍，这次议会因此才被称为"非常会议"。其次，如何看待詹姆斯二世出逃的宪法性质成为大问题。托利党人主张詹姆斯二世的出逃为"逊位"，而辉格党人则主张其为"王位空缺"。[1]

在这样的语境下，洛克匿名出版《政府论》这一政治行动本身也就有了为光荣革命正名的意味。因此，洛克才为《政府论》特意撰写了序言，他说，"为了确立我们伟大的复辟者、我们现在的国王威廉的王位，为了他的权位名正言顺地建立在人民同意的基础上"，"向世界正视听，英格兰的人民热爱正当的和自然的权利，下定决心保有这些权利，他们已然救国于奴役和危亡之边缘"。[2]1689年，除《政府论》外，洛克还匿名出版了《宽容书简》，署名出版了《人类理解论》。

核心学说

一、思想渊源

《政府论》明面上攻击的靶子是菲尔默，而洛克暗地里对话的是菲尔默攻击的霍布斯和格劳秀斯。菲尔默专门撰文评论过霍布斯的《利维坦》和格劳秀斯的《战争与和平法》。

霍布斯将自然权利界定为每个人根据自己的意志、运用自己的能力自

〔1〕 See Elizabeth Wicks, *The Evolution of a Constitution: Eight Key Moments in British Constitutional History*, Oxford: Hart Publishing, 2006, p.11-16.

〔2〕 John Locke, *Two Treatises of Government*, Peter Laslett ed., Cambridge: Cambridge University Press, 1988, p.137.

我保存的自由。[1]菲尔默认为，人从来都成长于家庭当中，子女、妻子自然服从于家父，不存在什么自然的自由。霍布斯满世界找也找不到自然自由的自然状态。而且自然自由的行使是人成年之后的状态，霍布斯略去了人养成自然自由的未成年阶段，人就像蘑菇似的一下就长成了大人。[2]霍布斯认为，人的天性造成了三种争斗的原因：竞争、猜疑和虚荣。造成了自然状态中“一切人对一切人”的战争。[3]菲尔默认为，如果自然状态像霍布斯推论的是普遍战争，那么最后的结果就是人类中的虎毒食子。[4]既然霍布斯认为，人是自然自由和平等的，那么政治支配就只能是人造的，经过人的同意，即便是子女服从于父亲，也是子女同意的结果。生育并非父亲支配子女的权利基础，因为母亲在生育子女上更占主导地位。[5]但菲尔默认为，男人既然支配女人，自然支配女人所生的子女。[6]总而言之，在菲尔默看来，家庭中的家父支配是政治支配的原型。

格劳秀斯、菲尔默、洛克都共同关注财产权。格劳秀斯认为，人类诞生之初的财产权是共有的，而菲尔默认为财产起初就是私有的。在格劳秀斯看来，最初万物共有，人类可以根据自己的需要取用共有的万物。[7]私

〔1〕 参见［英］霍布斯：《利维坦》，黎思复、黎廷弼译，杨昌裕校，商务印书馆2009年版，第97页。

〔2〕 See Sir Robert Filmer, *Patriarcha and Other Writings*, J. P. Sommerville ed., Cambridge: Cambridge University Press, 1991, p.187.

〔3〕 参见［英］霍布斯：《利维坦》，黎思复、黎廷弼译，杨昌裕校，商务印书馆2009年版，第94–95页。

〔4〕 See Sir Robert Filmer, *Patriarcha and Other Writings*, J. P. Sommerville ed., Cambridge: Cambridge University Press, 1991, p.188.

〔5〕 参见［英］霍布斯：《利维坦》，黎思复、黎廷弼译，杨昌裕校，商务印书馆2009年版，第154–155页。另参见［英］霍布斯：《论公民》，应星、冯克利译，贵州人民出版社2003年版，第93–94页。

〔6〕 See Sir Robert Filmer, *Patriarcha and Other Writings*, J. P. Sommerville ed., Cambridge: Cambridge University Press, 1991, p.192.

〔7〕 参见［荷］格劳秀斯：《战争与和平法》（第二卷），马呈元译，中国政法大学出版社2016年版，第24–25页。

有财产是人类意志引入的，具体而言，是由人类同意产生的。〔1〕菲尔默将格劳秀斯的财产权理论概括为两个命题：万物原初共有和私有财产权的同意论。〔2〕菲尔默认为格劳秀斯无法说明从万物共有到私有财产过渡的合理性。首先，既然万物共有是自然法的规定，那么私有财产就是对自然法规定的改变，这种改变与自然法的不变性相矛盾。其次，根据格劳秀斯人人平等的自然权利论，既然万物共有是每一个人的自然权利，那么，建立私有财产权就必须是全世界人民一致同意的结果，反过来说，只要有一个人不同意，私有财产权就无法建立起来，其结果就是所有人都得饿死。〔3〕总之，菲尔默认为，财产权和政治权力支配权（dominium），父亲对子女、君主对臣民的政治支配和人对物的支配在逻辑上是同构的。

二、洛克对菲尔默的批判

《政府论（上篇）》着力批判菲尔默对财产支配权与政治支配权的这种等同。在菲尔默看来，父亲对子女、君主对臣民的政治支配权之所以等同于人对物的财产支配权，是因为，如同所有权标志性的处分权能一样，人对物可以进行事实上的处分，可以将物毁损，可以进行法律处分，可以将物出卖，父亲同样可以对子女进行事实上的处分，可以将其处死，可以进行法律处分，可以将其出卖。父亲处死子女的大权扩展到君主，就是主权的标志性权能——生杀予夺大权。

洛克认为，私有财产支配权之所以不同于政治支配权，是因为两种权

〔1〕 参见［荷］格劳秀斯：《战争与和平法》（第一卷），［美］弗朗西斯·W.凯尔西等英译，马呈元、谭睿译，中国政法大学出版社2018年版，第41-42页。

〔2〕 See Sir Robert Filmer, *Patriarcha and Other Writings*, J. P. Sommerville ed., Cambridge: Cambridge University Press, 1991, p.219.

〔3〕 See Sir Robert Filmer, *Patriarcha and Other Writings*, J. P. Sommerville ed., Cambridge: Cambridge University Press, 1991, p.234.

利的起源、目的各不相同，这也是《政府论》副标题所关注的对象。[1]私有财产支配权起源于劳动，政治支配权起源于同意。私有财产支配权的目的是增进所有者私人的利益，目的是私人性的，政治支配权的目的是保障个人的权利和财产，目的是公共性的。[2]菲尔默之所以认为父亲对子女有生杀大权，是因为父亲生育了子女。[3]洛克就像霍布斯一样认为，生育中母亲的作用比父亲更大，如果要以生育作为支配权的基础，也是母亲取得支配权，而非父亲。并且，如果说父母都能因生育而取得支配权，就意味着主权一样的支配权有两个安置之处——父亲和母亲，而这与主权一样的支配权本性是不符的，主权的本性就是不可分割性。[4]相较于格劳秀斯和霍布斯，洛克更重要的贡献在于将私有财产权奠基在了劳动之上，确立了财产权的自然基础。

三、自然状态

洛克在完成《政府论（上篇）》的批判任务后，在《政府论（下篇）》要完成为私有财产支配权和政治社会奠基的工作。《政府论（下篇）》第二章至第六章继续家政领域的讨论，以劳动为私有财产权奠基，第七章至第十三章继续政治社会的讨论，以同意和信托理论为国家奠基，第十四章论及政府的解体，回答菲尔默的问题：谁来判断统治者是否违背信托？

洛克以自由平等的自然状态开始论证，并且以格劳秀斯的万物共有为

---

〔1〕 参见《政府论》副标题是“论政治统治的起源、限度和目的”，参见John Locke, *Two Treatises of Government*, Peter Laslett ed., Cambridge: Cambridge University Press, 1988, p.135。

〔2〕 See John Locke, *Two Treatises of Government*, Peter Laslett ed., Cambridge: Cambridge University Press, 1988, p.209-210.

〔3〕 See Sir Robert Filmer, *Patriarcha and Other Writings*, J. P. Sommerville ed., Cambridge: Cambridge University Press, 1991, p.226，比较［荷］格劳秀斯：《战争与和平法》（第二卷），马呈元译，中国政法大学出版社2016年版，第85页。

〔4〕 See John Locke, *Two Treatises of Government*, Peter Laslett ed., Cambridge: Cambridge University Press, 1988, p.176-194.

财产权论证的起点。为了正确地理解父权与政治权力判然有别，就要追溯人类原初的自然自由状态。人类根据自然法、以他认为合适的办法来指导其行动、把握其人格和财物，而无须依赖于他人的意志。这种自然自由意味着：(1)自然法之下的自由；(2)独立于他人的意志；(3)自然法也是理性法，就是根据理性独立判断的行动自由。同时，自然状态还是自然平等的状态，也就是说，人与人之间的权力和管辖权是相互的，人都是同一种造物，运用相同的能力，彼此之间谁也不能自然地支配谁，除非经过他自己的同意。[1]洛克的自然自由意味着独立人格，自然平等意味着反对支配，自然的支配只能是人对物的支配，也就是私有财产权，而人对人的支配是人造的，只能通过同意产生政治支配权，这是洛克打破菲尔默理论之后的立论。

那么人对物的排他支配这种私有财产权如何产生呢？原初共有的万物如何转化为私有财产呢？洛克给出的答案是劳动，以劳动理论批判菲尔默、格劳秀斯和霍布斯。洛克承认，起初尽管万物共有，但每个人却拥有自己的人格，人格只属于他自己，而不受制于任何人，这正是自然自由的要义。既然人格是他的，那么他自己的劳动也就是专属于他的，人运用劳动让某物脱离了自然状态，并混合进了专属于他自己的劳动，他就创造出了自然状态中没有的价值，就将涵容性权利的万物共有转变为了排他性的私有财产。[2]私有财产以劳动为其开端(beginning)，开端不仅意味着私有财产的起源，还意味着其起源是正当的，通过劳动而获得财产可以排除他人的占有，并对他人提出正当的权利主张。正是劳动使对财物的物理占有转变为了自然权利。自然状态下是存在私有财产权的。

---

〔1〕 See John Locke, *Two Treatises of Government*, Peter Laslett ed., Cambridge: Cambridge University Press, 1988, p.269-270.

〔2〕 See John Locke, *Two Treatises of Government*, Peter Laslett ed., Cambridge: Cambridge University Press, 1988, p.287-299.

洛克说自然平等意味着管辖权是相互的，这句话是什么意思？管辖权（jurisdiction）与司法裁判资格相关，也就是与法律相关，那么，自然状态下的法是什么法呢？就是自然法。自然平等是自然法之下的平等，尽管人的理性能力有高低之别，但只要有理解自然法存在的理性能力，人就是平等的。[1]只要人有理性能力，就有平等武装自然法的资格（equally equipped with natural law），这种平等武装自然法的资格就是人人都有的自然法执行权。人人都有自然法的执行权意味着：在自然状态下，一旦他人侵犯了我的财产，自己就可以根据自己对自然法的理解、以我认为合适的方式执行自然法，进行报复和惩罚。自然法的执行权根据执行目的的公私之分，又可以分为限制目的和报应目的。限制目的是基于自我保存的私人目的而对侵犯者的报复，报应目的是基于保存人类的公共目的而对侵犯者的惩罚。[2]惩罚之所以不同于报复，具有公共性质，是因为他的准司法性。自然状态是不便的（inconvenient），所谓“不便”，洛克这里指不一致性，即自然法的执行具有不一致性。[3]自然法的执行之所以不具有一致性，是因为缺乏“稳定的”“确定的”“经公布而周知的”实证法来实施自然法，缺乏公正无私的法官根据这种实证法进行裁判，也没有执行机关执行公正无私的裁判。[4]因此，脱离这种不便的自然状态就是必要的。

四、建国理论

脱离自然状态，建立政治社会就是确立政治权力。洛克认为政治权力

---

〔1〕 See Jeremy Waldron, *God, Locke, and Equality*, Cambridge University Press, 2002, p.79-80.

〔2〕 See John Locke, *Two Treatises of Government*, Peter Laslett ed., Cambridge University Press, 1988, p.272-273.

〔3〕 See Kirstie M. McClure, *Judging Rights*: Lockean Politics and the Limits of Consent, Ithaca: Cornell University Press, 1996, p.135.

〔4〕 See John Locke, *Two Treatises of Government*, Peter Laslett ed., Cambridge University Press, 1988, p.350-351.

是“自然状态下个人放弃后交给社会的权力，然后社会通过明示或默示的信托将之交付统治者，目的是每个人的福祉——财产的保存”。[1]洛克所谓的明示信托指的是以明示同意确立政治权力，那么默示信托指的是什么呢？默示信托对应最早的政治社会形态——父权式政治信托，这是为了回应菲尔默对霍布斯的批评。

菲尔默批评霍布斯，人类历史上根本不存在因同意而建立的统治，所有人并非生而自由，而是生而处于服从之中。[2]洛克承认，在原初社会，父亲是政治权力最合适的受托人，他保护子女，子女因其保护而信任他，因信任而服从他。[3]洛克承认人类原初普遍存在的这种父权式君主制。父亲之所以适合接受子女信托进行统治，是由于对内和对外两个因素，父亲对内的统治被预设为公正的，父亲对外被预设为能够保护子女。就家内而言，家父处在解决纠纷的中立地位，因中立而公正，因公正而受子女信任，子女将家内权力默示地信托于他。而面对家外敌人的侵犯，父亲能够给子女遮风挡雨，应对危险。但父权式君主制只适合小国寡民的熟人社会。[4]对父亲的信托只能是个人化的信任，不适于复杂制度的建立，而且，父权式君主制本应是爱的共同体，友爱的逻辑是：谁伤害我的朋友，谁就是我的敌人；谁伤害我的子女，谁就是父权式共同体的敌人。而政治共同体的逻辑是区分敌友，谁是我们共同的敌人，敌人的敌人才是朋友。在洛克看来，父权式共同体的逻辑与政治共同体的逻辑相互矛盾，如果父亲伤害了

---

〔1〕 John Locke, *Two Treatises of Government*, Peter Laslett ed., Cambridge: Cambridge University Press, 1988, p.381.

〔2〕 See John Locke, *Two Treatises of Government*, Peter Laslett ed., Cambridge: Cambridge University Press, 1988, p.273-274.cf. Sir Robert Filmer, Patriarcha and Other Writings, J. P. Sommerville ed., Cambridge: Cambridge University Press, 1991, p.188.

〔3〕 See Locke, *Two Treatises of Government*, Peter Laslett ed., Cambridge : Cambridge University Press, 1988, p.337.

〔4〕 See Locke, *Two Treatises of Government*, Peter Laslett ed., Cambridge : Cambridge University Press, 1988, p.339.

子女，辜负了子女的信托，父子间反而视如仇雠，洛克对父权式共同体存有深刻的不信任。

为了克服自然状态的不便，父权式共同体并不是好的政治权力确立方案，洛克的方案通过同意来确立政治权力。自然状态下的人民首先彼此达成结成社会的社会联合契约，其次将最高权力信托给统治权的代表，即信托给立法机关，建立宪法之下的最高权力——立法权。立法权是为特定目的而设的信托权力（fiduciary power），人民作为信托人，保留着改变立法权、撤回信托的最终权力。[1]立法权的特定目的就是自然法的第一根本法——“人民福祉是最高的法”（Solus Populi Suprema Lex），根据自然法的第一根本法确立实证法的第一根本法——立法权的确立，立法权的确立就是人民制宪权的行使。人民可以根据情势，决定立法权是归一个人、归少数人还是归多数人，也就是确立君主制、贵族制还是民主制。[2]人民通过信托建立立法权，完全不同于父权式的个人化信托，因为信托建立的立法权是制度。立法权的建立意味着“稳定的”“确定的”“经公布而周知的”实证法得以确立，也就是法治得以确立。洛克式法治既有一般、稳定、确定、公布和可预期的形式法治要求，又有保障自然权利的实质法治要求。如果说父权式信托是基于对父亲的个人信任，那么洛克式法治建立起来的政治信托就是稳定、可预期的规则之治。由于洛克对于人性深刻的不信任，为了确保其法治得以施行，洛克严格限制立法权，并分离立法权和执行权。洛克限制立法权的措施有四个：一是立法权不得对人民生命财产行专断权力；二是立法权必须以公布的可预期法律行使；三是未经人民同意

---

〔1〕 See Locke, *Two Treatises of Government*, Peter Laslett ed., Cambridge : Cambridge University Press, 1988, p.367.

〔2〕 See Locke, *Two Treatises of Government*, Peter Laslett ed., Cambridge : Cambridge University Press, 1988, p.354, 355-356, 373.

不得剥夺其财产；四是立法权不得移转。[1]洛克认为立法权和执行权有分离的必要，立法权容易诱惑立法者趋于腐败，不遵守自己制定的法律，而立法权的行使又不是长期的，因此立法权一旦行使完毕，就应当解散立法机关。这就需要常设的执行法律的机关，这就是法律的执行权。执行权名分上从属于立法权，但握有实权，立法权名分上是最高权力，但却不能常设。洛克通过名实分离方式来达到权力制衡的目的。

五、政府解体

洛克认为，执行权一般是信托给单独一人，在英格兰就是国王。国王的执行权从广义上是最高权力，此处的“最高”指的是最高执行权，国王同时分享最高立法权。国王具有最高执行权是指他在执行权体系内的最高地位，执行权从属于立法权，并向立法机关负责。同时为了牵制立法权，国王被赋予了解散和召集议会的特权，这种特权不是赋予了国王高于立法权的地位，而是赋予了他保卫人民安全的信托权力。[2]特权是一种特殊权利（privilege），其特殊性表现在两个方面：违法但却正当以及专属于国王。特权之所以违法，是因为特权的行使是特殊的、因势而变的、模糊的和无法预期的，违背了形式法治的一般性、稳定性、确定性和可预期性；特权之所以正当，是因为特权的行使诉诸的是“人民的福祉是最高的法”，为了捍卫实质法治要件的自然权利。特权是紧急状态下苏醒的、国王专有的自然法执行权，其特殊性在于：紧急状态下，相对于国王特权而言，人民已放弃

〔1〕 立法权不得移转主要针对查理二世与法国签订的密约，洛克担心外国势力干涉本国政治。See John Locke, *Two Treatises of Government*, Peter Laslett ed., Cambridge: Cambridge University Press 1988, p.357-363.

〔2〕 See Locke, *Two Treatises of Government*, Peter Laslett ed., Cambridge : Cambridge University Press, 1988, p.371.

了自然法执行权，处于无权利（non-right）的基本权利悬搁地位。[1]特权的动用是信托权力的行使：一方面，紧急状态下，人民将身家性命托付给国王，对国王极度信任；另一方面，这种极度信任与极度猜疑是一体两面，如果特权与立法权陷入两相争斗的境地，如果人民的信托被辜负，人民的自然法执行权将会激活，政府将会解体。[2]

影响评价

洛克匿名出版的《政府论》颇有影响，以致他的朋友们纷纷拐弯抹角地问他是否是作者。[3]洛克的《人类理解论》在他生前就再版数次，到1860年时，已经在英国出到了第32版。[4]他的《宽容书简》也被译成了荷兰文、法文等文字在欧洲大陆出版。[5]洛克与微积分的两位创立者都有交往。他与牛顿互相赏识，两人互有书信往来。[6]莱布尼茨曾撰写过评论《人类理解论》的短文，该文辗转到了洛克手中。[7]莱布尼茨的《人类理智

---

〔1〕 See John Locke, *Two Treatises of Government*, Peter Laslett ed., Cambridge: Cambridge University Press, 1988, p.374-380.See also Wesley Newcomb Hohfeld, Fundamental Legal Concepts as Applied in Judicial Reasoning, The Yale Law Journal, Vol.26, No.8 (Jun., 1917).

〔2〕 See John Locke, *Two Treatises of Government*, Peter Laslett ed., Cambridge: Cambridge University Press, 1988, p.379-380, 406-428.

〔3〕 See James Tyrrell, Letter 1522, to John Locke, William Molynuex, Letter 1530, to Locke, The Correspondence of John Locke, Vol. 4, E.S.de Beer ed., Oxford: Oxford University Press, 1979, p.495, 508.

〔4〕 See Hans Aarsleff, *Locke's Reputation in Nineteeth-century England*, in Richard Ashcraft ed., 15, 2 (2018), John Locke: Critical Assessments, 1991, Vol. 1, p.281.

〔5〕 参见[英]罗杰·乌尔豪斯:《洛克传》，李红、白若晶译，韩东晖、田洁校，中国人民大学出版社2021年版，第255页。

〔6〕 See Isaas Newton, Letter 3287, to John Locke, The Correspondence of John Locke, Vol. 8, E.S.de Beer ed., Oxford: Oxford University Press, 1989, p.1-2.

〔7〕 See John Locke, Letter 2243, to William Molyneux, The Correspondence of John Locke, Vol. 6, E.S.de Beer ed., Oxford: Oxford University Press, 1981, p.86-93.

新论》是批驳《人类理解论》之作。

洛克在18世纪的最大影响是，在美国今人称他为“美国的哲学王”。美国第二任总统约翰·亚当斯（John Adams）称，洛克在形而上学上的功绩如同哥伦布发现了新世界。[1]根据学界的最新研究，洛克在美国的巨大影响主要表现在哲学和普通法上。在美国殖民地时期，洛克影响最大的作品不是《政府论》，而是《人类理解论》和《教育漫话》。美国的建国者们用《教育漫话》中的方法培育自己的子女，并让子女从小阅读《人类理解论》。在这种培养氛围中成长起来的包括约翰·亚当斯的儿子约翰·昆西·亚当斯（John Quincy Adams）、哈佛大学校长约西亚·昆西三世（Josiah Quincy Ⅲ）、美国制宪会议代表查尔斯·平克尼（Charles Cotersworth Pinckney）。1743年，《人类理解论》正式进入哈佛大学的课堂，后成为必考书目，尽管约翰·昆西·亚当斯抱怨《人类理解论》的无趣，但如果不是老约翰·亚当斯让其从小阅读，恐怕他难以进入哈佛大学深造。[2]尽管新近有学者怀疑《政府论》对《独立宣言》的影响，但在殖民地时期的政治辩论中，《政府论》无疑具有权威性的地位，例如，在争论“无代表、不纳税”问题时，无论是赞成者，还是反对者，都诉诸洛克的权威以增强自己的论证。[3]洛克对美国普通法的影响是通过布莱克斯通实现的。据统计，布莱克斯通在美国建国时代被引用的世俗作家中名列第二，仅次于孟德斯鸠。在布莱克斯通之前，普通法并非大学中所教授的学问，布莱克斯通取得了牛津大学第一个普通法讲席，他吸收并批判了洛克的自然权利学说，完成了普通法的体系化改造，洛克间接影响了美国普通法的

〔1〕 See Claire Rydell Arcenas, *America's Philosopher*: *John Locke in American Intellectual Life*, Chicago: The University of Chicago Press, 2022, p.45.

〔2〕 See Claire Rydell Arcenas, *America's Philosopher*: *John Locke in American Intellectual Life*, Chicago: The University of Chicago Press, 2022, p.37-42, 49-51.

〔3〕 See Claire Rydell Arcenas, *America's Philosopher*: *John Locke in American Intellectual Life*, Chicago: The University of Chicago Press, 2022, p.9-11, 33, 42-49.

形成。[1]

布莱克斯通的学生边沁大力批判普通法，创立了功利主义。功利主义者约翰·斯图亚特·密尔、约翰·奥斯丁都将洛克引为功利主义的同道。面对亚当·西季威克（Adam Sedgwick）对洛克哲学的批判，小密尔为洛克的反天赋观念辩护，同时也批判了名噪一时的哲学家帕里（Parley）。[2]帕里也是法律实证主义的开创者约翰·奥斯丁的批判对象。在《法理学的范围》第五讲中，奥斯丁追随了洛克《人类理解论》中的法律分类。洛克在《人类理解论》中将法律分为自然法、政治法和意见法。[3]奥斯丁同样有自然法、实证法和实证道德的区分，并直言自己受到洛克的影响。[4]直到20世纪中叶，在政治哲学复兴中的罗尔斯与诺奇克之争中，诺奇克仍然继承的是洛克的衣钵。[5]

深度阅读

1. [英]洛克：《政府论》，瞿菊农、叶启芳译，商务印书馆2022年版。
2. [英]洛克：《自然法论文集》，李季璇译，商务印书馆2014年版。
3. [英]罗杰·乌尔豪斯：《洛克传》，李红、白若晶译，韩东晖、田洁校，中国人民大学出版社2021年版。
4. [英]彼得·拉斯莱特：《洛克〈政府论〉导论》，冯克利译，生活·读书·

〔1〕 参见[美]迈克尔·扎克特：《洛克政治哲学研究》，石碧球等译，人民出版社2013年版，第249-267页。

〔2〕 See Hans Aarsleff, *Locke's Reputation in Nineteeth-century England*, in Richard Ashcraft ed., 15, 2 (2018), John Locke: Critical Assessments, 1991, Vol. 1, p.289-294.

〔3〕 参见[英]洛克：《人类理解论》，关文运译，商务印书馆1980年版，第329-332页。

〔4〕 See John Austin, *The Province of Jurisprudence Determined*, Cambridge University Press, 1995, p.142-147.

〔5〕 参见[美]罗伯特·诺奇克：《无政府、国家和乌托邦》，姚大志译，中国社会科学出版社2008年版。

新知三联书店2007年版。
5. [美] 列奥·施特劳斯:《自然权利与历史》,彭刚译,生活·读书·新知三联书店2016年版。
6. [加] 麦克弗森:《占有性个人主义的政治理论:从霍布斯到洛克》,张传玺译,浙江大学出版社2018年版。
7. [英] 邓恩:《洛克的政治思想》,赵保庆、赵雪纲译,华东师范大学出版社2022年版。
8. [美] 阿什克拉夫特:《革命政治与洛克的〈政府论〉》,孔昊、赵雪纲译,华东师范大学出版社2021年版。
9. 李猛:《自然社会:自然法与现代道德世界的形成》,生活·读书·新知三联书店。
10. A. John. Simmons, *The Lockean Theory of Rights*, Princeton, New Jersey: Princeton University Press, 1992.

孟德斯鸠

Charles Louis Montesquieu

1689—1755

地理环境与法的精神

“在中国的历史上，我们看到许多剥夺太监一切文武官职的法律；但是太监们却老是又再回到这些职位上去。”

——孟德斯鸠《论法的精神》

孟德斯鸠(Charles Louis Montesquieu, 1689—1755)全名塞孔达的查尔斯·路易斯·孟德斯鸠男爵,1689年1月18日生于波尔多附近的拉布雷多城堡,1755年2月10日卒于巴黎。他是法国政治哲学家,其主要著作《论法的精神》为政治理论贡献巨大。

孟德斯鸠的父亲属于老式中等富裕的军人家庭,16世纪为王室效力,获得贵族头衔。母亲玛丽·弗朗索瓦斯有部分英国血统,是一位虔诚的女士。她在拉布雷多的酒庄为她的丈夫带来丰厚的财富。她死于1696年,拉布雷多的男爵的领地传给了孟德斯鸠,他是她的长子,当时才7岁。孟德斯鸠先是在家里学习,然后在村里读书,1700年才到学校就读。学校叫朱莉学院,靠近巴黎,属于莫城教区。波尔多的显赫家族和雄辩的牧师们经常光顾于此,为当地提供了很好的启蒙和现代氛围。

1705年,孟德斯鸠离开了朱莉学院,在波尔多大学法律系继续学习。毕业后,于1708年成为律师。他不久后前往巴黎,增加实践的经验。1713年父亲去世后,他回到波尔多。两年后,他娶了富裕新教徒的女子简妮·拉蒂格。妻子给他带来1万里弗尔的嫁妆,后生下两个女儿和1个儿子。孟德斯鸠仰慕并利用了妻子的商业技能,让她掌管家业,他自己去了巴黎。事实上,他并非忠诚于她。1716年,他的叔叔孟德斯鸠男爵去世,将家产、封号和波尔多议会副主席的职位都留给了侄子孟德斯鸠。这个职位带有荣誉的性质,有些薪金,但非完全闲职。27岁的孟德斯鸠社交娴熟、财力富足。他安顿下来,履行司法工作,管理财产,增进科学知识,他在新成立的波尔多学院学习地质学、生物学和物理学。

1721年，孟德斯鸠发表了《波斯人信札》，从一个旅居巴黎的波斯人角度机智讽刺了法国人和波斯文明。该书成功地嘲笑了刚结束的路易十四政权，娱乐了各阶层的人士，以洞穴人的比喻讨论了霍布斯的自然状态理论。这本书为新兴的人口学贡献了初步的智力成果，比较了基督教和伊斯兰教，反思了反天主教之领受派的教皇诏书所发生的争议，讽刺了天主教的教义。该书充满了活力的、不敬的和反传统的批评精神。该书先以匿名的方式出版，不久作者浮出水面，孟德斯鸠一举成名。他在巴黎发酵的新思想，获得了最为闪耀的表达式。

1722年，孟德斯鸠回到巴黎，想开拓他的文学事业。在贝维克公爵的帮助下，他进入了王室圈。公爵曾经是被放逐的斯图加特的王子，在他做波尔多军事首领的时候，孟德斯鸠就认识他。正是在这段时间，他认识了英国政治家维斯科特·柏林布洛克。后来，孟德斯鸠对于英国宪法的分析，就来自与他的交往。

在巴黎，孟德斯鸠对波尔多议会的兴趣不断减弱。他看到智商不如他的人春风得意，心怀愤懑。他的职位是可以买卖的，因此1726年，孟德斯鸠出售了议长职位。钱财补贴京城开销的同时，也帮他开拓社交圈，进军法兰西学院。1727年10月，学院出现了空缺。孟德斯鸠因为有强力的支持者，1728年1月24日，他被选为院士。这是对他才智的一种官方认可。凭借这个职位，他原本可以留在巴黎充分享受院士带来的荣耀，不过他另有打算。虽然他比其他贵族都要年长，但是他还是想去海外旅行来完成他的教育。1728年4月，他让妻子全权管理拉布雷多庄园，他去了维也纳。与他一起同行的还有贝维克的侄子维德格拉夫勋爵，勋爵后来担任过英国驻巴黎的大使。孟德斯鸠记录了他的旅行。在维也纳，他遇见作为士兵和政治家的尤金·萨夫伊王子，他们一起讨论法国政治；在匈牙利，他做了矿山调查；在意大利，他游历了威尼斯、佛罗伦萨、罗马和那不勒斯。他继续旅行，从意大利到德国、荷兰，最后到达英国。在英国，他一直待到1731年。

孟德斯鸠在英国有众多的朋友、熟人，他经常出现在王室，受到过威尔士王子的接待。他是里士满和蒙田公爵的密友。他被选为皇家协会的会员。他参加议会的辩论，阅读最新的政治新闻，他成为互济会的会员。他在英国的经历，是他人生的高光时刻。

国外旅游并没有让他忘记巴黎的社交事务，他一度想成为外交家，但是回到法国后他还是投身于文学。他在拉布雷多待了两年，写过《欧洲君主制的反思》(1734)、《英国宪法》(1748年才出版)、《罗马盛衰原因论》(1734)。休养一段时间后，他广泛阅读法律、历史、经济学、地理学和政治理论，做了大量的笔记。同时，他还继续访问巴黎，参加学院的活动，访问沙龙，接见意大利和英国的到访者。这个时期，他持续地准备和积累他的鸿篇巨著。到1750年，《论法的精神》最终出版，两卷本31章1086页。《论法的精神》是政治学说史和法律思想史的经典之作，甚至可以算是18世纪最重要的政治学著作。尽管著作中的细节在准确性方面存有争议，但是在法国和英国，此书享有很高的声誉。1789年法国人权宣言和1789年的美国宪法，都受到此书的启发。该书出版后得到广泛的赞誉，苏格兰哲学家休谟和瑞士科学家博内特对此书称赞有加。当然，攻击的声音也存在，索邦神学院、牧师大会和罗马发起了攻击，1751年，《论法的精神》被列为天主教的禁书。〔1〕

核心学说

一、孟德斯鸠的法律启蒙主义

孟德斯鸠生活在18世纪的法国，在其青少年时代就受到过自由主义

〔1〕 https://www.britannica.com/biography/Montesquieu2023/06/24.

的熏陶。培根的经验论和笛卡尔的唯理论，都对他理论的形成产生过影响。[1]巴黎和波尔多的生活工作与交友，使他成为法国启蒙运动的一部分。孟德斯鸠的文才和机智比不上伏尔泰，但是他的学识渊博和论证严谨并不逊色。[2]卢梭的人民主权论和社会契约论与孟德斯鸠的理论相去甚远，但是，他的自然法理论和政体理论从孟德斯鸠那里获益颇多。从更广的理论跨度上看，自格劳秀斯提出"自然法就是正当的理性"概念以来，经过霍布斯、洛克、斯宾诺莎的积淀，孟德斯鸠的理性主义政治法律学说已达纯熟的状态。在《波斯人信札》中，他寻找着"最合乎理性的政府"，认定"能以最合乎众人的倾向与好尚的方式引导众人，乃是最完善的政府"。[3]为此，他把理论的矛头指向了封建专制，称"欧洲大半政府均为君主专制"，这样"横暴的政制"，"势必蜕化为专制暴政，或转变为共和国"[4]。在《罗马盛衰原因论》中，他称，人民安定的基础"建立在理性和自然上面"[5]，而罗马政府之所以完善，就是"因为自它产生以来，它的制度就足以使人民的精神，或是元老院的力量，或是某些高级官吏的威望永远能够制裁任何滥用权力的事件"[6]。在《论法的精神》中，他说，人作为"物理的存在物"和"智能的存在物"受不变规律的支配，这些规律就是"自然法"。自然法源于"我们生命的本质"，也就是人类本性之"和平""寻找食物""自然爱慕"和"过社会生活"。[7]在理性主义指导之下，他设计出了保障人民的政治自由的权力分立制度。他的理论通过文明的传播"成为改变

---

〔1〕 参见[英]夏克尔顿：《孟德斯鸠评传》，沈永兴等译，中国社会科学出版社1991年版；[法]孟德斯鸠：《论法的精神》（上册），张雁深译，商务印书馆1961年版，第15页。

〔2〕 参见[法]孟德斯鸠：《罗马盛衰原因论》，婉玲译，商务印书馆1962年版，第173页。

〔3〕 [法]孟德斯鸠：《波斯人信札》，罗大冈译，人民文学出版社1958年版，第140页。

〔4〕 [法]孟德斯鸠：《波斯人信札》，罗大冈译，人民文学出版社1958年版，第174页。

〔5〕 [法]孟德斯鸠：《罗马盛衰原因论》，婉玲译，商务印书馆1962年版，第130页。

〔6〕 [法]孟德斯鸠：《罗马盛衰原因论》，婉玲译，商务印书馆1962年版，第47页。

〔7〕 [法]孟德斯鸠：《论法的精神》（上册），张雁深译，商务印书馆1961年版，第3-5页。

世界文明的一般思想体系的一部分”[1]。权力分立成为了后世法治的核心标志之一，因此，马克思说，“《法国拿破仑法典》并不起源于《旧约全书》，而是起源于伏尔泰、卢梭、孔多塞、米拉波、孟德斯鸠的思想，起源于法国革命”。[2]

在17—18世纪多数理性主义者那里，法律只是一个附带的和从属的主题。由社会契约而生的公共权力，后者又衍生出法律，理性主义者的主导领域是哲学和政治学。从这个意义上说，近代自然法的理论导向了公法的理论，或者说，近代法律理论是政治学下的法律理论。孟德斯鸠的独特之处，可以从两个方面来看。

其一，他如同其他理性主义者一样，也从人类本性出发，假定人类的自然状态和自然法，由此推论公共权力的形成和公共权力所导向的公法。但是，孟德斯鸠的不同之处在于，他把法律纳入更加广泛的领域。除了政治学和哲学之外，他还关心法律与历史、法律与自然环境、法律与民族精神、法律与赋税/货币/贸易和人口、法律与宗教之间的关系，他称为“法律的精神”。主题从政治向法律的转化，孟德斯鸠誉有“法学百科全书”的名号，他所构建的法学体系超越了他同时代的理性主义者。[3]

其二，孟德斯鸠对古希腊罗马的文献很是熟悉，而且对东方的文明抱有开放的心态。在《波斯人信札》中，他探讨了东方专制主义下的政治和民俗，在《罗马盛衰原因论》中，他展现了罗马的历史，在《论法的精神》中，他专题性地研究了“罗马法的继承法”和日耳曼人—法兰克人—法兰西人的“封建法”和“民法”。以如此开放的视野研究法律，孟德斯鸠不仅阐释了近代政治法和刑法的公法理论，而且勾勒出了婚姻家庭法、诉讼法、封建法及原始法这些为近代学者所忽略的理论，使近代法与古代希腊罗马

〔1〕［英］梅因：《古代法》，沈景一译，商务印书馆1959年版，第52页。

〔2〕《马克思恩格斯全集》(第1卷)，人民出版社1995年版，第128-129页。

〔3〕参见［法］孟德斯鸠：《罗马盛衰原因论》，婉玲译，商务印书馆1962年版，第182页。

法连接了起来，贯通了西方的法律传统。

从方法论上考察，孟德斯鸠已经开始超越18世纪。18世纪的理性主义法律理论是缺少历史根基的，“自然法”和“社会契约”并无历史的根据。这也是自然法理论遭到19世纪以后西方法学攻击的原因所在。而在孟德斯鸠那里，理性主义与历史主义却盘结在一起。理性主义让他反对专制，提倡共和，主张权力分立，以保障公民政治自由和刑法上的罪刑法定主义；而历史主义又让他趋向保守，称“如果一个国家的法律竟能够适合于另外一个国家的话，那只是非常凑巧的事”〔1〕。“如果征服者想把自己的法律和习惯风俗强加于一切民族，这是一件愚蠢的事情”。〔2〕从否定的意义上看，理性主义与历史主义是冲突的，孟德斯鸠并没有提出一贯的自洽理论，从积极的意义上看，孟德斯鸠的理论宣告了18世纪理论的终结，预告了19世纪的法律历史主义。孟德斯鸠由此被后人称为历史法学、社会法学和比较法学的先驱。

二、孟德斯鸠的政体与法律理论

孟德斯鸠的政体理论是他理论的原发点，从思想史的角度看，其理论源于古希腊亚里士多德的政体理论。可以说，当孟德斯鸠改变了亚里士多德的政体分类并发展出“政体原则”概念的时候，古代政体的理论发展到了近代政体的理论。

亚里士多德的政体分类是逻辑上的，执政者的人数是政体分类的核心尺度，政治统治的目的只是一个附带的尺度，依此标准，政体区分为君主/僭主、贵族/寡头、共和/民主。每个社会采取何种政体形式，要看这个社会的自然和社会状况。〔3〕孟德斯鸠的不同之处在于，他改变了政体划分的标

〔1〕［法］孟德斯鸠：《论法的精神》（上册），张雁深译，商务印书馆1961年版，第6页。

〔2〕［法］孟德斯鸠：《罗马盛衰原因论》，婉玲译，商务印书馆1962年版，第41页。

〔3〕参见［古希腊］亚里士多德：《政治学》，吴寿彭译，商务印书馆1965年版，第132-134页。

准和尺度，以政体的构成、性质和原则取代了简单的统治者的人数和政治统治的目的，其中，“政体原则”成为区分不同政体的核心尺度。君主政治和专制政治都是一个人的统治，但是前者是依法的统治，后者是主观任性的统治。在孟德斯鸠那里，这两种政体性质完全不同。贵族政治和民主政治都是多个人的政治，前者是少数人的统治，后者是多数人的统治。在孟德斯鸠那里，两者统称为共和政治。

亚里士多德对政体并无价值上的判断，“政体统治的目的”下正宗政体与变态政体的划分虽然带有价值的意味，但亚里士多德并未过分渲染。孟德斯鸠对专制、君主和共和的表达也试图表现出客观和平铺直叙，但是他反专制的主观判断在他的著作中表露无遗。民主政治以“品德”为原则，俭朴、节约、节制、勤劳、谨慎、安分、程序和纪律存在于民主社会之中〔1〕，爱共和国和爱平等构成了民主政治的基本精神。贵族政治以“节制”为原则，宽和、节俭和有限的不平等是贵族政治的基本精神。不平等不会导致“怨恨和嫉妒”，“威尼斯的法律强迫贵族过朴素的生活”。〔2〕君主政治以“荣誉”为原则，在君主国，品德应该高尚些，处世应该坦率些，举止应该礼貌些。〔3〕对专制政治，孟德斯鸠的用词则没有如此温和与充满赞美。“路易斯安纳的野蛮人要果子的时候，便把树从根柢砍倒，采摘果实。这就是专制政体”。〔4〕“专制政体的原则是恐怖；恐怖的目的是平静。但是这种平静不是太平。它只是敌人就要占领城市的缄默而已。”〔5〕

法律制度与政体的性质相匹配。民主政治下的人民既是君主又是臣民，因此选举法至关重要，“建立投票权的法律就是基本的法律”〔6〕，以

---

〔1〕 参见［法］孟德斯鸠：《论法的精神》（上册），张雁深译，商务印书馆1961年版，第46页。

〔2〕 ［法］孟德斯鸠：《论法的精神》（上册），张雁深译，商务印书馆1961年版，第51、99页。

〔3〕 参见［法］孟德斯鸠：《论法的精神》（上册），张雁深译，商务印书馆1961年版，第29页。

〔4〕 ［法］孟德斯鸠：《论法的精神》（上册），张雁深译，商务印书馆1961年版，第58页。

〔5〕 ［法］孟德斯鸠：《论法的精神》（上册），张雁深译，商务印书馆1961年版，第60页。

〔6〕 ［法］孟德斯鸠：《论法的精神》（上册），张雁深译，商务印书馆1961年版，第8页。

“抽签”方式进行的选举属民主政治，以“选择”方式进行的选举属贵族政治。[1]民主之法是平等之法，民主政治因此禁止一个人继承两个人的遗产。雅典的法律允许同父异母兄妹结婚，禁止同母异父兄妹结婚，目的就是要避免一个人继承两个人的遗产。[2]君主政体有等级、门第、出身的区别，由此产生财产上的差别，因此君主国的法律很是复杂。[3]在恐怖统治之下的专制国家里，胆怯、愚昧和沮丧的人民不需要许多的法律，一切事物的运转只取决于两三个简单的概念。政治和民事的管理与君主家庭的管理相调和，国家的官吏和君主后宫的官吏相调和。[4]专制国家没有基本的法律，王位继承不固定。为了王位，君主可以绞死兄弟（土耳其），可以挖掉兄弟的眼睛（波斯），可以使兄弟疯狂（莫卧儿），可以发动内战（摩洛哥），也可以发动革命（俄罗斯）。[5]专制国家的法律仅仅是君主的意志而已，贸易的法律减缩成警察法，贪污是当然的现象，没收财产被经常适用。[6]

诉讼制度也与政体的原则相互匹配。在共和国和君主国里，“对公民荣誉、财富、生命与自由越重视，诉讼程序也就越多”[7]。在共和国里，法官以法律的文字为依据判案，定罪和免罪都有诉讼的定式；在君主国，法律明确时，法官遵照法律，法律不明确时，法官探求法律的精神，诉讼采取共同商议的公断方式。专制国则无所谓法律，法官本身就是法律。[8]君主政体的人身财产法律复杂，专制政体少谈民法；在君主国里，君主不亲自审

---

〔1〕［法］孟德斯鸠：《论法的精神》（上册），张雁深译，商务印书馆1961年版，第11页。
〔2〕参见［法］孟德斯鸠：《论法的精神》（上册），张雁深译，商务印书馆1961年版，第44页。
〔3〕参见［法］孟德斯鸠：《论法的精神》（上册），张雁深译，商务印书馆1961年版，第73页。
〔4〕参见［法］孟德斯鸠：《论法的精神》（上册），张雁深译，商务印书馆1961年版，第58、60页。
〔5〕参见［法］孟德斯鸠：《论法的精神》（上册），张雁深译，商务印书馆1961年版，第62页。
〔6〕参见［法］孟德斯鸠：《论法的精神》（上册），张雁深译，商务印书馆1961年版，第65-66页。
〔7〕［法］孟德斯鸠：《论法的精神》（上册），张雁深译，商务印书馆1961年版，第76页。
〔8〕［法］孟德斯鸠：《论法的精神》（上册），张雁深译，商务印书馆1961年版，第76页。

判，但保留特赦的权力，在专制国里，君主可以亲自审判。[1]在政治宽和的国家，民事的法律就足够预防和纠正恶劣行为。但是在专制政体国家，则必须要有严峻刑罚，刑罚的目的就是要惩罚犯罪[2]，拷问和报复刑在专制国家经常被采用[3]。

三、孟德斯鸠论政治奴役与家庭奴役

政治奴役与个人自由相对，孟德斯鸠对“自由”的理解，界于洛克所理解的自由和康德所理解的自由之间。他不同于洛克之处在于，他并未特别强调人与人之间的平等、独立和自治[4]，而是强调人的社会本性；他不同于康德之处在于，他并非把权利和法律视为两个普遍意志的和谐并存[5]，而是强调政治和法律制度对于政治自由的保护，甚至强调个人利益优先于公共的利益。他说：“在有关公共利益的问题上，公共利益绝不是用政治性的法律或法规去剥夺个人财产，或是削减哪怕是它最微小的一部分”，“如果说，个人的私益应该向公共利益让步，那就是荒谬背理之论”。[6]

在孟德斯鸠那里，自由是一个人可以做他应该做的事情，而不被强迫去做他应该做的事情。自由的界限是他人自由的边界，因为一个人不得为了自己的自由而去侵犯他人同样的自由。[7]按照孟德斯鸠的区分，政治自由涉及两个方面的法律：一是与“政制”相关的法律；二是与“公民”相关的法律。前者引申出他著名的权力分立理论，后者引申出他的现代刑法理论。

〔1〕 参见［法］孟德斯鸠：《论法的精神》（上册），张雁深译，商务印书馆1961年版，第79页。

〔2〕 参见［法］孟德斯鸠：《论法的精神》（上册），张雁深译，商务印书馆1961年版，第82–83页。

〔3〕 参见［法］孟德斯鸠：《论法的精神》（上册），张雁深译，商务印书馆1961年版，第93–94页。

〔4〕 参见［英］洛克：《政府论》（下册），叶启芳等译，商务印书馆1964年版，第5页。

〔5〕 参见［德］康德：《法律的形而上学原理：权利的科学》，沈叔平译，商务印书馆1991年版，第42页。

〔6〕 ［法］孟德斯鸠：《论法的精神》（下册），张雁深译，商务印书馆1961年版，第189–190页。

〔7〕 参见［法］孟德斯鸠：《论法的精神》（上册），张雁深译，商务印书馆1961年版，第154页。

为了防止专横的政治对政治自由的侵犯，政治权力必须分割开来，通过立法、行政和司法权力的分立与制衡，达到政治的自由。以权力分立来保障政治的民主，是法律现代化的一个根本性特征。现代西方人现在很少引注孟德斯鸠了，不过，在现代人引注孟德斯鸠的地方，基本上都集中于孟德斯鸠权力分立理论。孟德斯鸠权力分立理论的实践根据，源于英格兰政治。

1. 征服与奴役

在国与国之间，永远存在攻击与防御，这是国际法所要解决的问题。共和国以小国的联合方式或者联邦制的形式保全着安全和自由，希腊、罗马、荷兰、德意志和瑞士都是如此；而专制国则以“牺牲国土”，“摧毁边境，使成荒漠”把帝国的腹地与外界隔开，以求安全。“在辽远的省份设置藩镇来管理。莫卧儿、波斯、中国的皇帝都有自己的藩属”。〔1〕

值得注意的是，带有西方人偏见的孟德斯鸠并不反对国家之间的征服。他设问，“一个政府如果已经到了自己不能够进行改革的地步，人家把它改造一下，于它有何损失呢？”征服的民族要维持征服者的统治，一是要保留战败民族的法律；二是要保留他们的风俗〔2〕；三是要促进不同民族之间的通婚〔3〕。最好的方法则是征服民族与被征服民族共同管理。这个方法是中国清代的发明，皇帝规定各省的每支军队都要由汉满人各半组成，这样，两民族间的妒忌心便可得到约束。法院也是汉满人参半。不过，专制国王需要一支特别忠诚的军队，中国皇帝身边常常有一支很大的军队，以备紧急时调遣。〔4〕

〔1〕［法］孟德斯鸠：《论法的精神》（上册），张雁深译，商务印书馆1961年版，第133页。

〔2〕［法］孟德斯鸠：《论法的精神》（上册），张雁深译，商务印书馆1961年版，第145页。

〔3〕参见［法］孟德斯鸠：《论法的精神》（上册），张雁深译，商务印书馆1961年版，第149页。

〔4〕［法］孟德斯鸠：《论法的精神》（上册），张雁深译，商务印书馆1961年版，第151-152页。

2. 刑法与政治奴役

在国内政治法方面，孟德斯鸠说，公民的自由主要依靠良好的刑法。如果刑法的每一种刑罚都是由犯罪的特殊性质去规定，都是源于事物的本性，而非立法者的一时意念，那么刑法就是自由的胜利，刑罚就不是对人类的暴行。[1]为此，他把邪术和异端罪、男色罪、大逆罪、亵渎神圣罪、思想和文字犯罪当作一种政治的奴役。

3. 民事奴役

民主政治与贵族政治强调人人平等，君主政治不应有奴隶，而专制政治可以容忍奴隶制。[2]奴役制度的起源，一是基于制度上的原因。专制制度下，人们可以轻易地出卖自己，而宽厚政体下，人民通过自由选择以契约的方式转让自己的自由；二是基于气候的原因。炎热的气候导致疲惫，对疲惫之人最好的方式就是惩罚、恐怖和强迫。[3]

民事奴隶可以分为家奴、太监和妇女。家奴地位、主奴关系和奴隶的解放方面的法律，历史上屡见不鲜。太监制度是专制制度下独特的制度，他们的地位却在一般的自由人之上。“在东京，所有文官武官都是太监”，“在中国的历史上，我们看到许多剥夺太监一切文武官职的法律；但是太监们却老是又再回到这些职位上去”[4]，太监是贪婪的，还可以有自己的女人和家庭，“东方的太监，似乎是一种不可避免的祸患”[5]。

不同政体之下，妇女的角色和地位各不相同。因此，共和国要求妇女重视德性，保持庄重、贞洁和质朴，摒弃风流情场的交际。希腊各城市有职官监督妇女，罗马家庭法庭审判妇女违背风俗的行为。在君主国，妇女

---

〔1〕 参见［法］孟德斯鸠：《论法的精神》（上册），张雁深译，商务印书馆1961年版，第189页。

〔2〕 参见［法］孟德斯鸠：《论法的精神》（上册），张雁深译，商务印书馆1961年版，第242页。

〔3〕 参见［法］孟德斯鸠：《论法的精神》（上册），张雁深译，商务印书馆1961年版，第246-247页。

〔4〕 ［法］孟德斯鸠：《论法的精神》（上册），张雁深译，商务印书馆1961年版，第258页。

〔5〕 ［法］孟德斯鸠：《论法的精神》（上册），张雁深译，商务印书馆1961年版，第258-259页。

在宫廷里自由出入、无拘束有风度；在专制国，妇女是“奢侈的对象”，“绝对地是奴隶”[1]，君主幽闭了众多的妇女。

妇女的地位是从属的。[2]由于气候、男女人口和风俗的原因，欧洲实行一夫一妻制，亚洲实行多偶制。在亚洲，家庭奴役与专制统治相辅而行，多偶制导致对妇女的幽闭。幽闭的目的是造就妇女“廉耻、贞操、端庄、恬静、和平、服从、尊敬、爱情”，以及“对家庭的依恋”。[3]

四、自然环境决定论

地理环境决定政治制度和法律制度的性质，也是孟德斯鸠理论的独特之处。由此，孟德斯鸠被誉为哲学上“唯物主义”的典型代表。在他看来，一个国家的领土与面积的大小、气候、地势因素，都决定着一个国家的政治制度与法律制度。

1.领土与面积

领土小的国家适合共和国，拉栖代孟能够长久存在，是因为它维持原有的领土，希腊各共和国的精神就是满足于自己的领土；大小适中的国家适宜君主制，查理曼帝国建立后不久就发生了三分帝国的事件，因为各省总督并不服从命令，亚历山大死后，他的帝国也被分割了，因为希腊和马其顿的首领并不服从；领土大的国家适合专制政治，因为大国偶然事件多，需要君主的迅速决断、君主决定的快速传达。

孟德斯鸠的面积大小与政体相关的理论，曾被美国的制宪会议参与者予以发展。美国独立战争之后，对于是建立13个独立的国家还是建立一个统一的主权国家发生过争执。汉密尔顿和麦迪逊等联邦党人主张建立一

---

〔1〕［法］孟德斯鸠：《论法的精神》（上册），张雁深译，商务印书馆1961年版，第104页。
〔2〕参见［法］孟德斯鸠：《波斯人信札》，罗大冈译，人民文学出版社1958年版，第185页。
〔3〕参见［法］孟德斯鸠：《论法的精神》（上册），张雁深译，商务印书馆1961年版，第265页。

个联邦的统一的国家，他们的理论根据就来自孟德斯鸠。[1]大国应该建立统一的国家，这样有利于集中权力和实力，抵御外来的侵略；同时，为了防止专制主义，就应该建立各州相对独立之上的统一联邦。这样的联邦就不再是专制主义，而是共和主义。

2.气候与法律

可以说，孟德斯鸠对气候的迷信，达到了一个前所未有的地步。他的口号是："不同气候的不同需要产生了不同的生活方式，不同的生活方式产生不同类的法律。"[2]

寒冷的气候让北方人精力充沛、自信、有勇气、有优越感、少复仇、有安全感、直爽、少猜忌策略和诡计；炎热的气候让南方人精神懒惰、心神萎靡、感觉敏锐。因此，他认为：北方人邪恶少、品德多、诚恳坦白，像青年人一样勇敢；南方人远离道德边缘，易于情欲犯罪，像老头子一样怯弱。

3.地理与土壤

地理位置会影响政治制度，欧洲温带广阔，国与国之间都有间隔，因此欧洲多自由；亚洲的寒冷地区与炎热地区直接连接，中间缺少温带，国与国之间强弱分明，因此亚洲多奴役。[3]平原导向专制，山地导向共和。亚洲有较大平原，位置偏南，河流不宽，山上积水少，给人的保障少，因此权力就要集中而形成专制；欧洲有天然的区域分割成不大不小的国家，法治易于形成并可以保国。[4]

在土壤方面，孟德斯鸠说，土壤肥沃导向"单人统治的政体"，不太肥

---

〔1〕 参见［美］汉密尔顿等：《联邦党人文集》，程逢如等译，商务印书馆1980年版，第17页。

〔2〕 ［法］孟德斯鸠：《论法的精神》（上册），张雁深译，商务印书馆1961年版，第235页。

〔3〕 参见［法］孟德斯鸠：《论法的精神》（上册），张雁深译，商务印书馆1961年版，第274-275页。

〔4〕 参见［法］孟德斯鸠：《论法的精神》（上册），张雁深译，商务印书馆1961年版，第278-279页。

沃的土地导向“数人统治的政体”[1]。肥沃的土地使人们宽裕、柔弱、怠惰和贪生怕死，这就需要权力的集中；贫瘠的土地让人们勤奋、俭朴、耐劳、勇敢和勇于战争，这就导致了自由和民主的精神。

影响评价

孟德斯鸠是中国人熟悉的法国思想家，清末民初，其思想传入中国后，他一直是中国文人热衷讨论的人物。孟德斯鸠与中国的连接点，在于中国近代启蒙运动的兴起。他的《论法的精神》，连同卢梭的《社会契约论》、密尔的《论自由》、斯密的《国富论》、斯宾塞的《社会学研究》和赫胥黎的《天演论》等，成为中国近代启蒙学者西学的原典。严复和梁启超等中国近代学者从他那里获益颇多。西方启蒙学者与中国启蒙学者的结合，开启了中国法律现代化过程。

从思想史的角度看，孟德斯鸠的思想是18世纪启蒙主义与19世纪历史主义的混合物。一方面，在启蒙运动中，他用理性、自由、分权启发了全世界人民，对法国革命和美国建制都有着深刻的影响。不仅如此，他的理性主义传播到了东方各国，为东方社会步入现代社会提供了理论上的指导。另一方面，孟德斯鸠有着历史的眼光和比较的视角，他分析过罗马盛衰原因论，总结过弗兰克王国到法国的法律史，虽然他的历史考据受到历史学家的质疑，但是，他开创了比较法律史的先河，为19世纪法律历史主义开启了思路。

就孟德斯鸠的政治法律理论而言，首先，他对政体和政体原则的论述属于他的理论首创。共和制的原则在于品德，贵族制的原则在于节制，君主制的原则在于荣誉，专制政体的原则在于恐怖，观点独特而犀利。其次，

〔1〕［法］孟德斯鸠：《论法的精神》（上册），张雁深译，商务印书馆1961年版，第280页。

他的自由与分权的理论，将立法、行政和司法区分开来，以权力制约权力，目的是保护人民的自由，振聋发聩，成为美国联邦宪法的原理论，影响深远。最后，他的地理环境决定论开启了法学上的唯物主义。地理环境决定了政体的性质，政体性质决定了法律的性质。大国适合君主制或者专制，小国适合共和制；平原适合专制，山地适合共和制；炎热的气候适合专制，寒冷的气候适合共和；肥沃的土壤趋向于专制，贫瘠土壤适合共和。

后世的法律文化学者受到极大的启发，东方与西方法律文化的差异一直是第三世界法学家们乐于探讨的话题。孟德斯鸠的地理环境决定论是一个转折点，在此之前如伏尔泰时代，西方人对东方文化充满了好奇和好感，在他之后，西方人对东方的看法发生了变化，西方中心主义开始抬头。孟德斯鸠对中国法律传统的看法，值得我们认真地思考。

深度阅读

1. [法]孟德斯鸠:《波斯人信札》，罗大冈译，人民文学出版社1958年版。

2. [法]孟德斯鸠:《罗马盛衰原因论》，婉玲译，商务印书馆1962年版。

3. [法]孟德斯鸠:《论法的精神》(上册)，张雁深译，商务印书馆1961年版。

4. [英]罗伯特·夏克尔顿:《孟德斯鸠评传》，刘明臣等译，中国社会科学出版社1991年版。

5. 徐爱国:《孟德斯鸠论中国法——〈论法的精神〉与〈法意〉“复案”之比较研读》，载《比较法研究》2009年第6期。

让—雅克·卢梭

Jean-Jacques Rousseau

1712—1778

人生而自由

“人是生而自由的，但却无往不在枷锁之中。自以为是其他一切的主人的人，反而比其他一切更是奴隶。”

——让—雅克·卢梭《社会契约论》

卢梭身处启蒙运动时代的法国，也与启蒙运动中的诸多代表人物有过密切的交往和联系，但他的思想在他那个时代显得过于特立独行，罗曼·罗兰称他“是心灵的力量压倒其时代的最突出的范例之一”。卢梭远非一个明晰、严谨而融贯的哲学家，虽然在后世影响深远，但在其生活的时代，他仿若一个单枪匹马对时代精神浪潮发起质疑的斗士。启蒙哲学家一般张扬理性，而卢梭宣扬情感；科学的进步使人们对文明向更美好的方向发展信心倍增，而卢梭却认为文明和科学扭曲了人的天性，人类的原始社会是“黄金时代”。对于他的政治理论和法律思想，高呼者视为民主与革命的福音，而批判者将其归为极权主义的阵营。他的故事引人遐想，他的文学深情动人，他的理论煽起革命烈火，他是一个充满争议但不容忽视的法律思想家。

法国巴黎先贤祠中的卢梭棺椁，其上雕刻的是从门缝里伸出一只手，握着一把燃烧的火炬。

卢梭于1712年6月28日诞生于瑞士日内瓦，自认“日内瓦公民”，但是法国人的后裔，自身也主要在法国接受教育和展露才华。他出身于一个钟表匠家庭，母亲生下他没几天就因产后失调去世了。卢梭很小就学会了识字，每有闲暇就和父亲一起读母亲和外祖父留下的书籍，其中最喜欢读的是普鲁塔克的《名人传》。卢梭后来在自传《忏悔录》中声称自己“心中时时向往着罗马和雅典”“就是希腊人或罗马人”，因而他的政治法律思想深受古典作品的影响。卢梭10岁时，他的父亲与人发生纠纷，诉讼失败，逃往里昂，从此卢梭就如同孤儿一般开始漂泊不定的生活；期间，他当过雕刻匠的学徒，做过流浪儿，当过富人家的仆役和跟班以及家庭教师和私人秘书，经历过社会各阶层的生活，并深深建立了对底层人民的同情。卢梭在16岁时经介绍投奔了贵妇华伦夫人，在她的资助下进行系统阅读并学习乐理，而后又成为她的情人，尽管卢梭亲切地称呼华伦夫人为“妈妈”。1743年卢梭赴任法国驻威尼斯大使的秘书，从中积累了政治经验，学会了如何分析政府的政策，并开始反思人类不平等的问题，从而萌发了写作政治学著作的决心，题名为《政治制度论》。1745年，卢梭认识了女佣黛莱丝并与之同居，直到25年后两人才正式缔结婚姻。他们共生了5个孩子，但卢梭都将他们送进了孤儿院，理由是供养不起。起初卢梭在巴黎崭露头角是通过乐理和剧作，但他真正为世人所知、声名鹊起是在1750年，他应征了第戎科学院的有奖征文，一举夺得桂冠，发表《论科学与艺术的复兴是否有助于使风俗日趋纯朴》(以下简称《论科学与艺术》，或称第一篇论文);至此,卢梭以思想家的身份正式登上历史舞台。该文宣称,随着科学和艺术的逐渐繁荣,社会日趋奢侈成风,人们的心灵日趋腐败;所谓的文明与进步不过是在堕落。由于他发表的观点与当时的一般观点大相径庭,从而引发了大论战。1754年,卢梭第二次参加第戎科学院的有奖征文,这次的作品是《论人类不平等的起源和基础》(以下简称《论不平等》或称第二篇论文),但因文章太长,更因为具有颠覆性而未获奖。1755年,他为《百科全书》撰写词条《政治经济学》。1759年开始写作《社会契约论》,这部政治学著作就是上述《政治制度论》中的一部分,而原计划作品未能完成。1762年《社会契约论》和《爱弥儿》正式出版,引起教会和各政治当局的震怒,卢梭的著作遭到严禁出版和当众焚毁的命运,卢梭也因此开始了流亡生涯。在流亡中他撰写自传为自己的观点和行为进行辩护。1778年7月2日,卢梭逝世,葬于法国埃默农维尔湖中的白杨岛,11年后法国大革命爆发,法国国民公会通过决议,将卢梭遗骸移葬巴黎。1794年,卢梭灵柩得以供奉进巴黎先贤祠,隔着通道对面是伏尔泰的雕像和棺椁,卢梭因此不得不永远直面他的"一生之敌"。

卢梭并未系统地接受过学校教育,他作为思想家和文学家所取得的主要成就是通过自己的阅读实现的,堪称自学的典范。他的著述广泛涉猎于政治学、教育学、宗教和哲学、音乐、戏剧、植物学以及自传和小说等领域,他在政治法律思想方面的主要著作是《论不平等》、《政治经济学》和《社会契约论》。

核心学说

"人是生而自由的,但却无往不在枷锁之中。"这句广为传颂的名言可以视为卢梭政治法律思想的总纲。从对人的"自然状态"的理想建构看,卢梭认为"人是生而自由的";从历史发展的进程看,卢梭认为人从"自然状态”中堕落从而在文明和社会的形成和发展中，一步步强化了人与人之间的不平等，也给自身套上了奴役的枷锁。恢复人们天然的平等和自由的方法，不是重新回到过去的“自然状态”，也不可能回去，而是进入一个通过“社会契约”缔结的“人民主权”国家。在这样的国家中，人们服从法律等于服从自己。

一、“黄金时代”的“自然状态”

作为古典自然法学的代表人物之一，卢梭的法律思想继承和发扬了古典自然法学中的一套概念体系，如“自然法”“自然权利”“自然状态”“社会契约”等概念。在古典自然法学家的理论体系中，“自然状态”是一种理论上的假设，用以描述一个不存在居于任何人之上的国家权力的社会状态，从而从逻辑上论证人类为何需要联结在一起进入国家的状态，以及说明国家及其法律的功能是什么。但卢梭的精神气质在整个古典自然法学家群体中显得十分与众不同，霍布斯、普芬道夫、洛克等人提出“自然状态”的构想，是为了说明人类建立国家服从于主权统治的必要性，而卢梭则用“自然状态”来反思和批判整个文明社会。

对于“自然状态”描述，卢梭也与他的前辈们迥异。霍布斯在深入对人性的阐发之中，显得极为悲观或者说现实，他所观察到的普遍人性中具有一种“得其一思其二、死而后已、永无休止的权势欲”〔1〕，由这种“人性本恶”的视角出发，他给人类的自然状态所做的总结是一种无序的、混乱的，充满竞争的“每一个人对每个人的战争”〔2〕状态。洛克对“自然状态”的描述稍显平和，他认为人类的自然状态，虽然自由，但也不是肆意妄为的状态，同样受到自然法的实际约束，有一定的稳定秩序：因为人们拥有

〔1〕［英］霍布斯：《利维坦》，黎思复、黎延弼译，杨昌裕校，商务印书馆2017年版，第72页。
〔2〕［英］霍布斯：《利维坦》，黎思复、黎延弼译，杨昌裕校，商务印书馆2017年版，第95页。

的理性可以保障自然法的遵守。人们对遭受他人侵犯所实施的自我防卫和自力救济也形成一种实际上的约束，而且人人都可以对违反共同准则的人实施惩罚权。[1]但卢梭在《论不平等》的文章中延续了他第一篇论文的视角，高抬野蛮人的原始社会，认为人们走向文明的同时也走向了堕落，促进了不平等现象，而且将"自然状态"视为"人类最幸福的时代"，"是人类真正的青年时期，后来的种种进步，表面上看起来是使个人走向完善，但实际上却使整个人类走向堕落"。[2]以至于擅长讽刺手笔的大文豪伏尔泰对卢梭这篇论文的评价是："从来没有人像你这样花这么多心思想把我们变成野兽。谁读了你的书，谁就想用四个脚爪爬行。"[3]

伏尔泰对卢梭文章的上述评价稍显刻薄，因为卢梭对"自然状态"的非历史性，具备明确的方法论自觉。卢梭清楚地指出他所设想和描绘的"自然状态"是一个"现在已不复存在，而过去也许根本就没有过、将来也永远不会有的状态"[4]，而且他强调：

> 首先让我们抛开事实不谈，因为它们与我们探讨的问题毫无关系。切莫把我们在这个问题上阐述的论点看作是历史的真实，而只能把它们看作是假设的和有条件的推论，是用来阐明事物的性质，而不是用来陈述它们真实的来源。[5]

所以，卢梭明确地认识到自己所描绘的原始社会并非对现实历史的一

---

〔1〕 参见[英]洛克：《政府论》(下篇)，叶启芳、瞿菊农译，商务印书馆2009年版，第5-7页。

〔2〕 [法]卢梭：《论人与人之间不平等的起因和基础》，李平沤译，商务印书馆2015年版，第95页。

〔3〕 [比]雷蒙·特鲁松：《卢梭传》，李平沤、何三雅译，商务印书馆1998年版，第181页。

〔4〕 [法]卢梭：《论人与人之间不平等的起因和基础》，李平沤译，商务印书馆2015年版，第37页。

〔5〕 [法]卢梭：《论人与人之间不平等的起因和基础》，李平沤译，商务印书馆2015年版，第49页。

种客观探究，而更多的是以人类比较完善且还未堕落的状态进行的理想化建构，而且，其目的是做一种思想的实验，不是为了彻底否定人类文明，而是为了以一种理想的、人类天生自由的状态反思和修正现代文明。

对于霍布斯所描述的“战争状态”的自然状态，卢梭提出明确的反对，认为战争状态其实是文明社会中的状态。霍布斯其实是将对文明社会的观察带入了对自然状态的思考之中，是“把人类只有在社会状态中才有的观念拿到自然状态中来讲：他们说他们讲的是野蛮人，但看他们笔下描绘出来的却是文明人”。[1]因此，卢梭描绘“自然状态”的方法论就包括把来自文明社会的事物剔除出去，避免在推断“自然状态”时，混入来自社会的观念。

通过以上方法来观察野蛮人，卢梭所描绘的总体画卷是：

> 野蛮人既然成天在森林中游荡，没有固定的工作，没有语言，居无定所，没有战争，彼此从不联系，既无害人之心，也不需要任何一个同类，甚至个人与个人之间也许从来都不互相认识，所以野蛮人是很少受欲念之累的；他单靠他自己就能生活，他只具有适合于这种状态的感情和知识；他只能感知他真正的需要，他只注意与他有关的事物；他的虚荣心不发达，他的智慧也不发达。[2]

这种生活方式的野蛮人是幸福的，因为他的欲望不会超过他身体的需要；不是恶的，因为对邪恶无知，而且对同伴具有一种天然的怜悯心；是平等的，即使存在细微的自然的不平等，也不像人们所说的那样真实；是自由的，因为不存在“奴役”和“统治”的观念，不存在私有财产，也不会发

〔1〕［法］卢梭：《论人与人之间不平等的起因和基础》，李平沤译，商务印书馆2015年版，第48–49页。

〔2〕［法］卢梭：《论人与人之间不平等的起因和基础》，李平沤译，商务印书馆2015年版，第82–83页。

生争夺[1]。

卢梭就是通过上述“自然状态”中的人的状态及其自然情感来探讨“自然法”。他认为，自然法的原则不是哲学家用抽象和深奥的推理推导出来的，而是源于人的心灵最初和最朴实的先于理性的两个原动力：一是人们极力关心保存自己和自身的幸福；二是人们在目睹有知觉的生物尤其是人类同类死亡或受苦时产生的天然的厌恶之心；也即，一个是自爱心，另一个是怜悯心。[2]

二、不平等的起源

自然状态下的人拥有天然的自由，所以卢梭才高扬“人是生而自由的”。他把自由等同于人的人格，自由是人区别于动物的原因，所以他强调：“放弃自己的自由，就是放弃自己做人的资格，就是放弃人类的权利，甚至就是放弃自己的义务。”[3]卢梭还发现了，被奴役之人固然失去了自由，奴役他人的人也不得自由。因为当主人的人不是自足的，他离不开所奴役之人，也同样受制于他所奴役的人。[4]

在卢梭看来，平等其实是自由的基础。因为人与人之间的不平等是依附关系和奴役关系的来源，所以卢梭认为，没有平等，就没有自由，“平等，

---

〔1〕 值得注意的是，严格来说，卢梭所谓的最好的“自然状态”并不是指上述时期，而是指人们学会使用简单的工具，建立家庭，拥有财产，形成语言，结成民族，出现偏爱，有了音乐舞蹈等艺术形式，人们相互品评，出现尊重的观念，也会发生嫉妒和争斗，但仍然处于较为克制和温驯的时代。只是这一时代仍然处于国家创立之前的“自然状态”之中。（参见[法]卢梭：《论人与人之间不平等的起因和基础》，李平沤译，商务印书馆2015年版，第91—95页。）

〔2〕 参见[法]卢梭：《论人与人之间不平等的起因和基础》，李平沤译，商务印书馆2015年版，第40页。

〔3〕 [法]卢梭：《社会契约论》(第3版)，何兆武译，商务印书馆2003年版，第12页。

〔4〕 参见[法]卢梭：《论人与人之间不平等的起因和基础》，李平沤译，商务印书馆2015年版，第100页。所以卢梭说：“自以为是其他一切的主人的人，反而比其他一切更是奴隶。”([法]卢梭：《社会契约论》(第3版)，何兆武译，商务印书馆2003年，第4页。)“谁当了主人，谁就不自由了：统治就是服从。”([法]卢梭：《山中来信》，李平沤译，商务印书馆2012年版，第198页。)

是因为没有它，自由便不能存在"[1]。卢梭所主张的"平等"并不是指权力和财富上的绝对平等，而是指：

> 就权力而言，则它应该不能成为任何暴力，并且只有凭职位与法律才能加以行使；就财富而言，则没有一个公民可以富得足以购买另一人，也没有一个公民穷得不得不出卖自身。[2]

对于不平等的现象，卢梭分为两大类，一类是自然的或生理上的不平等，是由于人们之间年龄、健康状况、体力、智力或心灵素质等差异而产生的。另一类是精神上的或政治上的不平等，这种不平等是经过人们的同意，或者为大家所认可而形成的；许多人通过损害他人而享有的种种特权就属于这一类不平等。第一种不平等的起源是显而易见的，而且卢梭认为这两种不平等之间也并不存在实质性的联系。[3]所以，卢梭所要探讨的"不平等的起源"，就是上述第二种不平等的起源。这种不平等是社会状态中存在的不平等，归结起来主要是财富、身份或地位、权势和个人的才能这四者的差异。卢梭认为，在这四者中，人的地位的不平等是其他几种不平等的根源，而财富上的不平等则是其他各种不平等的归结点[4]。自然状态中的人则基本不存在上述不平等问题。卢梭也正是通过对自然状态与社会状态的比较，运用"自然状态"的方法论假设和构想，为我们描绘了人类"不平等"的缘起及其所经历的几个发展阶段。

最根本的起因仍然从人自身的性质中去寻找。卢梭认为，使人与动物

---

〔1〕［法］卢梭：《社会契约论》(第3版)，何兆武译，商务印书馆2003年版，第66页。

〔2〕［法］卢梭：《社会契约论》(第3版)，何兆武译，商务印书馆2003年版，第66页。

〔3〕参见［法］卢梭：《论人与人之间不平等的起因和基础》，李平沤译，商务印书馆2015年版，第47页。

〔4〕参见［法］卢梭：《论人与人之间不平等的起因和基础》，李平沤译，商务印书馆2015年版，第117-118页。

区分开来的是一种人类所拥有的无可争议的特殊品质，这个品质是：自我完善的能力。这是一种几乎无可限量的特殊能力，在环境的作用下促使人的能力不断发展，随着经验累积使人获得知识，也形成和培养了道德；但卢梭发现，它也产生了许多谬误，犯了许多过错，使人脱离了终日平静无忧无虑的原始状态，最后使人成为自身和大自然的暴君，因而反倒成为了人类一切痛苦的根源。〔1〕为了应对复杂的自然环境以及满足生存的需要，人们的精神能力被迫进步，随着人们的交往日益密切，语言开始形成，人们也因日益相互依赖、相互需要而联结在一起，奴役的链条也就此形成。而且，人类在这条路上走得更远。促使不平等进一步发展而继续深化的是私有制的出现。第一次变革的时代是家庭的建立以及私有制的开始形成，从此争执和战斗也开始了。人的偏爱心随着人类交往增多而形成，一些具有天生能力优势的人就成为受人尊敬和喜爱的人，人与人地位上的不平等就开始了。卢梭形象地说道：“唱歌或跳舞最棒的人，最美、最壮、最灵巧或最善言辞的人，就成了最受尊敬的人：走向人与人之间的不平等的开头的第一步，就是从这里踏出的；走向罪恶的深渊的开头的第一步，也是从这里踏出的。”〔2〕脱离了天然平等状态，压迫和奴役就会逐渐愈演愈烈，罪恶和堕落也就开始了。技术的发展，冶金和农耕的出现，使私有制进一步发展，富人和穷人的不平等加剧，富人因此有了相对穷人更大的权势，于是伴随着实际的权势，统治、奴役、征服和战争随之兴起。人与人之间的暴力和战争危及基本的安全，而且富人也意识到虽说性命之危人人皆有，但富人却损失了更多的财富，于是发明了号称公正和平的法律来维护权势。从此，这种不平等的法律确立下来，“把巧取豪夺的行径变成一种不

〔1〕 参见［法］卢梭：《论人与人之间不平等的起因和基础》，李平沤译，商务印书馆2015年版，第60-61页。

〔2〕［法］卢梭：《论人与人之间不平等的起因和基础》，李平沤译，商务印书馆2015年版，第94页。

可改变的权利，此外，为了少数野心家的利益，迫使所有的人终日劳苦，陷于奴役和贫困的境地”。[1]后来，社会的联合越来越多，相互之间的对抗也越来越多，世界上无处不是奴役，人人头顶上都悬着一把利剑。到这里，卢梭认为美好的自然状态彻底堕落为一种无处不是枷锁的社会生活。

卢梭认为，社会状态中人与人之间的不平等会经历几个阶段，第一个阶段是法律和个人财产权的建立，确立了富人和穷人地位的不平等；第二个阶段是官职的设置，把强者与弱者的不平等地位确立下来；第三个阶段是把合法的权力变为专制的权力，从而有了主人和奴隶的地位区分。专制暴君的出现则象征着不平等的极限，到了这一步，所有人又都归于平等，因为在暴君面前人们什么也不是。卢梭强调：“暴君的位子靠暴力维持，而要推翻他，也必须同样靠暴力。”[2]也即卢梭认为处于暴君的专制控制之下，人民有武力反抗暴君统治的正当权利。最后卢梭对人与人之间不平等现象的起源有一个概括性的总结：

> 不平等现象在自然状态中几乎是不存在的；它之得以产生和继续发展，是得助于我们能力的发展和人类知识的进步，并最终是由私有制的出现和法律的实施而变得十分牢固和合法的。[3]

三、社会契约论

《社会契约论》在逻辑上可以视为《论不平等》的延伸。《论不平等》讲述了人类从原本的平等的、自由的“自然状态”堕落到不平等的充满奴

---

〔1〕［法］卢梭：《论人与人之间不平等的起因和基础》，李平沤译，商务印书馆2015年版，第104页。

〔2〕［法］卢梭：《论人与人之间不平等的起因和基础》，李平沤译，商务印书馆2015年版，第121页。

〔3〕［法］卢梭：《论人与人之间不平等的起因和基础》，李平沤译，商务印书馆2015年版，第124页。

役的社会状态,《社会契约论》则与同时代的自然法学家一样使用“社会契约”的理论工具说明人类何以结合成国家以及国家及其法律的功能是什么,但因为有了《论不平等》的铺垫,《社会契约论》更加显得是一种革命性的、乌托邦式的国家建构理论。卢梭说:“必须像莱格古士在斯巴达的做法那样,先清扫场地,清除一切旧的东西,然后才建设一座美好的大厦。”[1]所以他要做的是否定现有的既定的充斥着不平等和奴役的统治的合法性,推翻“旧时代”,去缔造一个新的理想的政治秩序。卢梭对“新时代”的建设所使用的理论工具就是“社会契约论”。

因此《社会契约论》一开篇就是对两种常见的国家起源理论的否定。首先是批驳家庭起源论,也即把家庭视为政治社会的原始模型的理论。卢梭认为家庭是最古老而又唯一自然的社会。但国家的基础与家庭并不一样,因为家庭的基础在于父子之爱,而在国家之中,首领对人民并没有这种爱而只是发号施令。而且孩子对父亲的依附随着孩子不需要父亲的养育,这种自然联系也就解体了,双方就恢复独立状态。[2]他继而批驳的是暴力起源论,也即人民的服从是因为不得不向强力屈服。对于这种理论,卢梭主张“强力并不构成权利,而人们只是对合法的权力才有服从的义务”。[3]因为强力只是一种物理性的力量,并不产生道德,也即不具备正当性。所以,在依次批驳家庭起源论和暴力起源论后,卢梭认为,只有约定才是一切合法权威的基础。

卢梭的“社会契约”要求“每个结合者及其自身的一切权利全部都转让给整个集体[4]”。他理想中的社会契约所要解决的根本问题是:

要寻找出一种结合的形式,使它能以全部共同的力量来卫护

〔1〕[法]卢梭:《论人与人之间不平等的起因和基础》,李平沤译,商务印书馆2015年版,第106—107页。

〔2〕参见[法]卢梭:《社会契约论》(第3版),何兆武译,商务印书馆2003年版,第5—6页。

〔3〕[法]卢梭:《社会契约论》(第3版),何兆武译,商务印书馆2003年版,第10页。

〔4〕[法]卢梭:《社会契约论》(第3版),何兆武译,商务印书馆2003年版,第19页。

和保障每个结合者的人身和财富，并且由于这一结合而使得每一个与全体相联合的个人又只不过是在服从其本人，并且仍然像以往一样地自由。[1]

卢梭认为，只有这样，每个人在这个集体面前才是平等的，这个联合体也会尽可能完美，能保障人们可以从集体那获得相应的乃至更大的力量来保全自己的利益。[2]因此，通过社会契约，人们由自然状态进入社会状态，不过这里的“社会状态”是卢梭建构的理想国家而不再是《论不平等》中所描绘的现实，人们于是丧失了天然的自由以及无限的权利，但获得的是社会的自由以及所有权。[3]通过社会契约，人们之间自然的平等也没有被摧毁，而是“以道德的与法律的平等来代替自然所造成的人与人之间的身体上的不平等；从而，人们尽可以在力量上和才智上不平等，但是由于约定并且根据权利，他们却是人人平等的”。[4]

卢梭把全体人民集合起来的共同意志称为“公意”，这种公意是公共利益或公共幸福的体现，不同于众意，众意只着眼于私人的利益，只是个别意志的总和。[5]公意是集体意志的表达，同时又必须从目的上以全体幸福为依归，因而公意永远是正确的。[6]卢梭主张：“公意始终是最正确的，人民的声音实际上就是上帝的声音。”[7]在这个基础上，卢梭认为，主权只是公意的运用而已，主权者代表着整个集体的生命[8]。自法国人让·博丹提出现代国家的“主权”论，霍布斯用“社会契约”缔造了一个

---

〔1〕［法］卢梭：《社会契约论》（第3版），何兆武译，商务印书馆2003年版，第19页。
〔2〕参见［法］卢梭：《社会契约论》（第3版），何兆武译，商务印书馆2003年版，第19页。
〔3〕参见［法］卢梭：《社会契约论》（第3版），何兆武译，商务印书馆2003年版，第26页。
〔4〕［法］卢梭：《社会契约论》（第3版），何兆武译，商务印书馆2003年版，第30页。
〔5〕参见［法］卢梭：《社会契约论》（第3版），何兆武译，商务印书馆2003年版，第35页。
〔6〕参见［法］卢梭：《社会契约论》（第3版），何兆武译，商务印书馆2003年版，第39页。
〔7〕［法］卢梭：《政治经济学》，李平沤译，商务印书馆2013年版，第8页。
〔8〕参见［法］卢梭：《社会契约论》（第3版），何兆武译，商务印书馆2003年版，第31页。

君主主权的集权国家“利维坦”，他称为“活的上帝的诞生”[1]，卢梭则将这样一个至高无上的“主权”赋予人民，因而卢梭的社会契约的逻辑延续必然是“人民主权论”。国家主权属于全体人民，不属于其中任何一个或者一部分人，而只能是全体人民，这是卢梭政治和法律思想中最鲜明的也是最高的理论成就。人民的主权是不可以转让的，也是不可分割的，而且“是完全绝对的、完全神圣的、完全不可侵犯的，却不会超出、也不能超出公共约定的界限；并且人人都可以任意处置这种约定所留给自己的财富和自由”。[2]

在人民主权学说理论下，卢梭严格区分国家和政府，区分立法权和行政权，区分主权意志本身和主权意志的执行。卢梭比喻说，一个自由的行为的实行，需要两个条件的结合，首先要有决定这种行动的意志，其次还要有执行这种行动的力量。同样，一个政治体也可以区分出意志与力量。立法权就是国家的意志，而行政权则代表着国家的力量。立法权力只能属于人民，而政府掌握的行政权则负责法律的执行。所以，“政府只不过是主权者的执行人”，“政府就是在臣民与主权者之间所建立的一个中间体，以便两者得以互相适合，它负责执行法律并维护社会的以及政治的自由”[3]。政府的产生不是经由契约，而是由代表主权者意志的法律所产生，卢梭总结道：

> 所以有人认为，人民服从首领时所根据的那种行为绝不是一项契约，这是很有道理的。那完全是一种委托，是一种任用；在那里，他们仅仅是主权者的官吏，是以主权者的名义在行使着主权者所委托给他们的权力，而且只要主权者高兴，他就可以限制，

---

〔1〕［英］霍布斯：《利维坦》，黎思复、黎廷弼译，杨昌裕校，商务印书馆2017年版，第132页。
〔2〕［法］卢梭：《社会契约论》（第3版），何兆武译，商务印书馆2003年版，第41页。
〔3〕［法］卢梭：《社会契约论》（第3版），何兆武译，商务印书馆2003年版，第72页。

改变和收回这种权力。[1]

卢梭向往的是小国寡民式的民主制，但他清楚地意识到真正的严格意义上的民主制可能从不曾有过，将来也永远不会有，而且从现实的角度看他理想中的民主制要求了许多严苛的条件，诸如小国寡民容易实现直接民主制，风尚须得淳朴，人们之间地位与财产上相对平等以及国内不存在奢侈的风气等[2]。卢梭所认可的民主实行方式是古典式的直接民主制，反对代议制，他认为主权和公意是不能代表的，人民的议员不是人民的代表，而只不过是人民的办事员。“只要是一个民族举出了自己的代表，他们就不再是自由的了；他们就不复存在了。”[3]

从“人民主权论”的视角来定义法律，法律即是公意的表达，是“全体人民对全体人民作出规定”[4]。卢梭强调法律的普遍性：

> 法律只考虑臣民的共同体以及抽象的行为，而绝不考虑个别的人以及个别的行为。因此，法律可以规定有各种特权，但是它却绝不能指名把特权赋予某一个人；法律可以把公民划分为若干等级，甚至于规定取得各该等级的权利的种种资格，但是它却不能指名把某某人列入某个等级之中；它可以确立一种王朝政府和一种世袭的继承制，但是它却不能选定一个国王，也不能指定一家王室；总之，一切有关个别对象的职能都丝毫不属于立法权力。[5]

---

〔1〕［法］卢梭：《社会契约论》（第3版），何兆武译，商务印书馆2003年版，第73页。

〔2〕参见［法］卢梭：《社会契约论》（第3版），何兆武译，商务印书馆2003年版，第84-85页。

〔3〕［法］卢梭：《社会契约论》（第3版），何兆武译，商务印书馆2003年版，第123页。

〔4〕［法］卢梭：《社会契约论》（第3版），何兆武译，商务印书馆2003年版，第46页。

〔5〕［法］卢梭：《社会契约论》（第3版），何兆武译，商务印书馆2003年版，第47页。

从这个意义上，卢梭认为这样的法律不会不公正，因为没有人会对自己本人不公正；而且在这个法律之下人们是自由的，“因为法律只不过是我们自己意志的记录”[1]。于是，服从法律，便是服从我们自己；法律不仅不限制自由，而且保障自由，卢梭强调“唯有道德的自由才使人类真正成为自己的主人”，“而唯有服从人们为自己所规定的法律，才是自由”[2]。

影响评价

卢梭的著作和行为使他在生前备受争议，不得不在晚年经受流亡的命运。然而卢梭过世11年后，法国大革命爆发，卢梭的思想成为大革命的象征和旗帜。雅各宾派的领袖罗伯斯庇尔就把卢梭称为“法国大革命的先驱”。以1789年法国《人权宣言》为代表的一众革命宪法文献中的许多条文表述，其思想的直接渊源都来自卢梭，如《人权宣言》中“在权利方面，人们生来是而且始终是自由平等的”（第1条）；“一切主权在本质上均源于国民”（第3条）；“法律是公共意志的表现”（第6条）；等等。美国建国后确立的民主共和的政治制度也体现了卢梭“人民主权”的精神。卢梭的理论还启发了18、19世纪的空想社会主义者，最后对马克思主义的形成产生了重要影响，比如官员是人民的公仆、暴力革命、反对分权等思想。卢梭的思想一直以来被当作革命的象征而鼓舞着各国的革命运动，《社会契约论》在中国近代戊戌变法时期被翻译成《民约论》传入我国，广泛影响了革命派的政治思想以及中国的革命进程。梁启超总结：“《民约论》者，法国大革命之原动力也；法国大革命，19世纪全世界之原动力也。”当然，人们对卢梭的评价也存在大量争议，他的著作在具备煽情色彩和煽动力强的特征

〔1〕［法］卢梭：《社会契约论》（第3版），何兆武译，商务印书馆2003年版，第47页。
〔2〕［法］卢梭：《社会契约论》（第3版），何兆武译，商务印书馆2003年版，第26页。

的同时，也因概念模糊或存在理解分歧而存在被歪曲甚至被利用的可能。罗素就认为卢梭的理论虽然看起来倡导民主政治，但有为极权主义国家辩护的倾向，因而他认为黑格尔为普鲁士独裁制度辩护就利用了卢梭的学说，而且把俄国和德国曾实行的独裁统治也归结为卢梭的影响。

深度阅读

1. [法]卢梭：《社会契约论》(第3版)，何兆武译，商务印书馆2003年版。

2. [法]卢梭：《论人与人之间不平等的起因和基础》，李平沤译，商务印书馆2015年版。

3. [法]爱弥尔·涂尔干：《孟德斯鸠与卢梭》，李鲁宁等译，上海人民出版社2006年版。

4. [比]雷蒙·特鲁松：《卢梭传》，李平沤、何三雅译，商务印书馆1998年版。

5. 李平沤：《主权在民 Vs “朕即国家”——解读卢梭〈社会契约论〉》，山东人民出版社2001年版。

6. 史彤彪：《卢梭的法律思想对法国大革命的影响》，载《法学家》2004年第2期。

塞缪尔·普芬道夫

Samuel Pufendorf

1632—1694

现代自然法的折中主义

“人的脆弱性必然意味着，人不应在没有法律的状态下生活。”

——塞缪尔·普芬道夫

普芬道夫生在神圣罗马帝国内的萨克森公国，但当时德国尚未统一，应当算是德意志人。他出生的时候正是三十年战争激战正酣之时，后世一般认为，三十年战争重塑了欧洲公法秩序，是近代国际法秩序的开端。伏尔泰讥讽神圣罗马帝国既不神圣，也不罗马，更不是帝国。虽然它的君主是欧洲唯一拥有皇帝头衔的君主，但神圣罗马帝国却从来不曾拥有强有力的中央政权。神圣罗马帝国皇帝在7个选帝侯中推选，这7个选帝侯包括：美因茨大主教、科隆大主教、特里尔大主教、波希米亚国王、帕拉丁选帝侯、萨克森选帝侯、勃兰登堡选帝侯。皇帝与各大选帝侯是领主与封臣的封建法关系，但皇帝的权力受到极大限制。[1]普芬道夫出生在萨克森公国，壮年和晚年又为帕拉丁选帝侯、勃兰登堡选帝侯服务。他自己写的《德意志帝国政体》(*De Statu Imperii Germanici*)将神圣罗马帝国形容为怪物、病入膏肓的病人、一种非常态政体。[2]1618年，神圣罗马帝国的波希米亚发生叛乱，将整个欧洲大陆牵入三十年战争。萨克森公国在普芬道夫出生前卷入三十年战争。萨克森选帝侯欲同皇帝修好，确保其获得天主教会的世俗化财产。但皇帝却下令将所有世俗财产收归天主教会。在皇帝的命令下，天主教联军开始蹂躏萨克森公国。惨烈的战争就发生在普芬道

---

〔1〕 参见[英]彼得·威尔逊:《三十年战争:欧洲的悲剧》，宁凡、史文轩译，九州出版社2020年版，第15-21页。

〔2〕 See Samuel Pufendorf, *The Present State of Germany*, trans. by Edmund Bohun, Indianapolis: Liberty Fund, 2007, p.101-105, 156-161.

夫家乡附近。尽管普芬道夫一家幸运地躲过了战争，但他们对战争的残酷却耳闻目睹。三十年战争的经历对普芬道夫产生了巨大影响。[1]

一、欧洲第一位自然法讲席教授

普芬道夫出生在1632年，这一年出生的还有洛克、斯宾诺莎和坎伯兰（Cumberland），他们都是自然法理论的大家。[2]普芬道夫13岁前都在家里接受教育，在进入格里马（Grimma）的语法学校之前，他已经掌握了拉丁语。这所学校为贵族和出身贫寒但天赋异禀的学生提供新教教育，普芬道夫不是贵族出身，但因他的天资在该校受到了良好的希腊—罗马古典训练。[3]普芬道夫18岁进入莱比锡大学学习，托马修斯后来任教于此，莱布尼兹也曾受教于此。普芬道夫起初遵父命在此学习神学，但莱比锡大学保守的路德宗氛围却让他对神学的兴趣大减。在已经是莱比锡大学讲师的哥哥埃萨亚斯（Esaias）的引导下，普芬道夫的兴趣转向了法律和政治。[4]此外，他还听数学、哲学的课程，对他影响最大的老师是魏格尔（Erhard Weigel）。普芬道夫于1656年转学去了耶拿大学，并在那里获得了人文硕士学位（degree of magister），这个学位的含金量不亚于博士学位。魏格尔先于普芬道夫从莱比锡大学转到了耶拿大学。普芬道夫在魏格尔的指导下，系统阅读了格劳秀斯和霍布斯，魏格尔特别重视格劳秀斯的社会性概

---

〔1〕 See Michael Seidler, *Natural Law and the Origin of Political Economy*, London: Routledge, 2017, p.11-12.

〔2〕 See Michael Seidler, Introductory Essay to *Samuel Pufendorf's On the Natural State of Men*, trans. by Michael Seidler, Lewiston: The Edwin Mellen Press, 1990, p.6.

〔3〕 See Michael Seidler, *Natural Law and the Origin of Political Economy*, London: Routledge, 2017, p.12.

〔4〕 See Leonard Krieger, *The Politics of Discretion: Pufendorf and the Acceptance of Natural Law*, Chicago: The University of Chicago Press, p.14-15.

念。[1]毕业后的普芬道夫因为他的棱角没有在大学找到教职，例如，哈勒大学教职的条件是一场婚姻，普芬道夫拒绝了这场婚姻和这个教职。在他已经任瑞典外交官的哥哥埃萨亚斯的帮助下，他找到了家庭教师的工作，是为瑞典驻丹麦公使科耶特（Julius Coyet）服务。[2]

没承想，丹麦与瑞典之间爆发战争。科耶特跑了，但却留下了家人，普芬道夫也一起遭了殃，被投入了监狱。他像他的偶像格劳秀斯在狱中创作那样，在反思格劳秀斯和霍布斯著作的基础上，开始在狱中创作自然法的著作，这就是《普遍法学原理》（*Elmentorum Jurisprudentiae Universalis*），该书1660年在海牙出版，被视为欧洲第一部自然法教科书。[3]在科耶特的斡旋下，8个月后，普芬道夫出狱。科耶特又出任驻荷兰公使，普芬道夫也跟着去了荷兰。在荷兰，普芬道夫见到了同龄的斯宾诺莎，两人互不“感冒”。普芬道夫在荷兰最重要的收获是结识了格劳秀斯的儿子彼得·格劳秀斯（Peter Pan Grotius）。在彼得的推荐下，普芬道夫结识了帕拉丁选帝侯卡尔·路德维希（Karl Ludwig）。路德维希为感念格劳秀斯的搭救之恩，在海德堡大学专为普芬道夫设立了一个自然法与万民法讲席教授的职位，讲授《战争与和平法》及其他自然法与万民法学说。[4]这是欧洲第一个自然法讲席。在海德堡大学期间，普芬道夫结婚了，并生下了女儿。他的学生中不乏瑞典贵族子弟，这为他后来执教瑞典打下了人

---

〔1〕 See Michael Seidler, *Natural Law and the Origin of Political Economy*, London: Routledge, 2017, p.17-18.

〔2〕 See Michael Seidler, *Natural Law and the Origin of Political Economy*, London: Routledge, 2017, p.19. Leonard Krieger, *The Politics of Discretion: Pufendorf and the Acceptance of Natural Law*, Chicago: The University of Chicago Press, p.17.

〔3〕 See Michael Seidler, *Natural Law and the Origin of Political Economy*, London: Routledge, 2017, p.19, 29.

〔4〕 See Michael Seidler, *Natural Law and the Origin of Political Economy*, London: Routledge, 2017, p.21-22.

脉基础。普芬道夫善于结交权贵，被称作“精明的折中主义者”。[1]普芬道夫到海德堡大学本想进入法律系任教，法律系同事以他没有法学学位为由拒绝了他。1664年，普芬道夫再次遇到进入法律系的机会，他写作了讨论德意志公法的著作《德意志帝国政体》，该书于1667年化名出版，不但未能让他如愿进入法律系，反而给他惹了麻烦，让他动了离开海德堡大学的念头。[2]

二、《自然法与万民法》及其他著作

普芬道夫进入法律系教授自然法与万民法的想法反而在瑞典隆德大学实现了。普芬道夫的哥哥埃萨亚斯在瑞典外交系统已身居显位，加之普芬道夫做家庭教师和海德堡教师时累积的人脉资源，1668年，才成立两年的隆德大学以高薪礼聘普芬道夫。1672年，普芬道夫在隆德大学出版了他从海德堡就开始创作的巨著《自然法与万民法》(*De Jure Naturae et Gentium*)。由于《自然法与万民法》是部八卷本的大部头，一般人不易阅读，于是他于次年又出了一本简写本的《人和公民的自然法义务》(*De Officio Hominis et Civis Juxta Legem Naturalem*)。[3]当然，这不仅仅是个简写本，普芬道夫对其也有一定的发展，《自然法与万民法》中自然状态是在自然法义务之前讨论的，而《人和公民的自然法义务》中自然状态则被置于自然法义务之后讨论。[4]1675年，普芬道夫又出版了专门讨论自然状态的《论人的自然状态》(*De Statu Hominum Naturalis*)。

---

〔1〕 Leonard Krieger, *The Politics of Discretion: Pufendorf and the Acceptance of Natural Law*, Chicago: The University of Chicago Press, 1965, p.18.

〔2〕 See Michael Seidler, *Natural Law and the Origin of Political Economy*, London: Routledge, 2017, p.27-28.

〔3〕 See Michael Seidler, *Natural Law and the Origin of Political Economy*, London: Routledge, 2017, p.30-31.

〔4〕 See Fiammetta Palladini, *Samuel Pufendorf Disciple of Hobbes: For a Re-Interpretation of Modern Natural Law*, trans. by David Saunders, Leiden: Brill, 2020, p.78-79.

1676年，瑞典和丹麦之间再次爆发战争，隆德被丹麦军队占领，尽管当时的瑞典国王卡尔十一世（Karl Ⅺ）很快收复了隆德，但隆德大学却依然关闭。时值瑞典官方史家过世，卡尔十一世于是任命普芬道夫为官方史家。值得注意的是，当时欧洲法学与史学的互动紧密，以瑞典而论，普芬道夫的两位前任既是法学家，又是史学家。例如，普芬道夫前任开姆尼茨（Bogislaw Chemnitz）的《论罗马-德意志帝国的国家理性》（*De Ratio Status in Imperio Nostro Roman-Germanico*）这本法史学著作就深刻影响了普芬道夫的《德意志帝国政体》。〔1〕1686年，普芬道夫出版了《从古斯塔夫·阿道夫远征德意志到克里斯蒂娜逊位时的瑞典史》（*Commntariorum de Rebus Suecicis Libri 26 ab Expeditione Gustavi Adophi in Germaniam ad Abdicationem usque Chistiane*）。1688年以后，普芬道夫又开始为勃兰登堡选帝侯服务。1694年，为了收集瑞典史资料，他返回瑞典，在瑞典染病，回柏林后身故。〔2〕

核心学说

一、思想渊源

普芬道夫在他的第一部自然法著作《普遍法学原理》中直言，他深受霍布斯和格劳秀斯的影响，两人在他这本书中出现之频仍，他无法一一列出，只好在序言中一总表达对二者的敬意。〔3〕首先，霍布斯的影响是方法

〔1〕 See Leonard Krieger, *The Politics of Discretion: Pufendorf and the Acceptance of Natural Law*, Chicago: The University of Chicago Press, 1965, p.170-171.

〔2〕 See Michael Seidler, *Natural Law and the Origin of Political Economy*, London: Routledge, 2017, p.35-36.

〔3〕 See Samuel Pufendorf, The Elements of Universal Jurisprudence, trans. by William Abbot Oldfather, Indianapolis: Liberty Fund, 2009, p.11-12.

论上的。普芬道夫在《论人的自然状态》开头采用的将国家分析为质料、以自然状态作为其分析起点的方法显然受到了霍布斯的影响。其次，普芬道夫也认真对待了霍布斯的自然状态即战争状态理论，对其进行了综合。最后，普芬道夫改造了霍布斯的建国理论。霍布斯的建国理论通常被描述为一步建国论，而普芬道夫的建国契约则包括联合契约和臣服契约。这个综合的基础在于运用格劳秀斯的资源。格劳秀斯《战争与和平法》绪论中肯认了人性中存在社会性。这种以语言为基础的社会性理论影响了普芬道夫，并使其对霍布斯的理论有所修正。格劳秀斯的人类之初万物共有理论影响了普芬道夫，普芬道夫将这种共有做了进一步的划分，划分为消极共有和积极共有。普芬道夫同意格劳秀斯私有财产权是个人同意的产物的主张。霍布斯则认为自然状态下不存在私有财产权。普芬道夫和霍布斯一样，不区分自然法和万民法，而格劳秀斯则区分了自然法和万民法。总而言之，普芬道夫运用霍布斯的方法论重塑了格劳秀斯的自然法理论。〔1〕

二、自然状态

普芬道夫的《自然法与万民法》分为八卷，第一卷共九章，主要讨论道德存在、道德行动；第二卷共六章，主要讨论自然状态及人的自然法义务；第三卷共九章，主要讨论义务的种类及产生等；第四卷共一三章，主要讨论所有权；第五卷共十三章，主要讨论各种契约，为脱离自然状态做理论准备；第六卷共三章，主要讨论政治社会之前的共同体——家庭；第七卷共九章，主要讨论人脱离自然状态的动机及国家的建立；第八卷共十二章主要讨论主权者与公民间的权利义务及国家的死亡。他的《人和公民的自然法义务》共两卷，第一卷讨论人的自然法义务；第二卷讨论公民的服从

〔1〕 参见［英］伊斯特凡·洪特：《贸易的猜忌：历史视角下的国际竞争与民族国家》，霍伟岸等译，译林出版社2016年版，第158页。

义务。具体而言，第一卷共十七章，主要讨论人类行动、自然法及其义务、所有权及契约，大致对应《自然法与万民法》的前五卷内容；第二卷共十八章，主要讨论自然状态、主权者与公民间的权利义务，大致对应《自然法与万民法》的后三卷内容。

（一）作为方法的自然状态

普芬道夫说，自然状态学说在政治学这座大厦中居于首要位置。[1]普芬道夫之所以这样说，是因为他借鉴了霍布斯的研究方法。研究自然物体的方法是将其分析为各个组成部分，将物体拆分到不具备任何形式的原初质料，对原初质料予以研究。对于道德物体的研究方法也是一样的，要研究国家，就要将其拆解为自然状态。[2]要了解这种研究方法，就要先了解他的物理存在和道德存在的分类。物理存在（entia phyfica）来自创造，能够独立存在。道德存在（entia moralia）是来自理性存在者的赋予（impositionis），不能独立存在。进一步而言，道德存在为了引导人的意志行动而赋予人的样态（modus）。[3]道德存在源于“赋予”，意味着法律对规定道德存在的性质具有决定意义。[4]物理存在运行的场所是空间，道德存在运行的场所是状态。状态可以分为自然的（naturalis）状态和外在的（adventitiu）状态。与外在状态不同，自然状态是神赋予人的。[5]

---

〔1〕 See Samuel Pufendorf, *On the Natural State of Men*, trans. by Michael Seidler, Lewiston: The Edwin Mellen Press, 1990, p.110.

〔2〕 See Samuel Pufendorf, *On the Natural State of Men*, trans. by Michael Seidler, Lewiston: The Edwin Mellen Press, 1990, p.109.

〔3〕 See Samuel Pufendorf, *De Jure Nature et Gentium Libri Octo*, trans. by C. H. Oldfather and W. A. Oldfather, Oxford: The Clarendon Press, 1934, p.5.

〔4〕 参见李猛：《自然社会：自然法与现代道德世界的形成》，生活·读书·新知三联书店2015年版，第196页。

〔5〕 See Samuel Pufendorf, *De Jure Nature et Gentium Libri Octo*, trans. by C. H. Oldfather and W. A. Oldfather, Oxford: The Clarendon Press, 1934, p.7.

自然状态可以从两个方面和三个层面予以理解。理解自然状态的两个方面是绝对的自然状态和相对的自然状态。[1]理解自然状态的三个层面是人与神的关系、人与自己的关系、人与他人的关系。[2]第一个层面的自然状态涉及人与神的关系，人与神的关系是绝对的自然状态，人与自己、人与他人的关系是相对的自然状态。所谓绝对的自然状态指的是神所造出的人性，是人比动物尊贵的本性，这种状态使得人与动物相对。[3]普芬道夫所理解的人性是怎样的呢？一方面，人之所以比动物尊贵，是因为他的自由是遵循法律的自由，自然状态下的法是自然法，自然法是理性法，他之所以自由，是因为他能遵循理性。同时他又有不如动物者，人比动物更为脆弱，他需要社会性。[4]另一方面，尽管他应当遵循自然法，但他又是自爱的，他竭尽所有办法自我保存。[5]

（二）非社会的社会性

第二个层面的自然状态涉及人与自己的关系，这种状态与文明相对，可以称为前文明的自然状态。[6]这种自然状态想象人一出生就被抛入这个世界，独自一人，无人撑持，更重要的是没有任何满足人类需要的技艺、发

---

〔1〕 See Samuel Pufendorf, *De Jure Nature et Gentium Libri Octo*, trans. by C. H. Oldfather and W. A. Oldfather, Oxford: The Clarendon Press, 1934, p.7.

〔2〕 See Samuel Pufendorf, *On the Duty of Man and Citizen*, tans. by James Tully, Cambridge: Cambridge University Press, 1991, p.115.

〔3〕 See Samuel Pufendorf, *De Jure Nature et Gentium Libri Octo*, trans. by C. H. Oldfather and W. A. Oldfather, Oxford: The Clarendon Press, 1934, p.7. Samuel Pufendorf, *On the Duty of Man and Citizen*, tans. by James Tully, Cambridge: Cambridge University Press, 1991, p.115.

〔4〕 See Samuel Pufendorf, *De Jure Nature et Gentium Libri Octo*, trans. by C. H. Oldfather and W. A. Oldfather, Oxford: The Clarendon Press, 1934, p.145-148, 152.

〔5〕 See Samuel Pufendorf, *De Jure Nature et Gentium Libri Octo*, trans. by C. H. Oldfather and W. A. Oldfather, Oxford: The Clarendon Press, 1934, p.205-207.

〔6〕 See Fiammetta Palladini, *Samuel Pufendorf Disciple of Hobbes: For a Re-Interpretation of Modern Natural Law*, trans. by David Saunders, Leiden: Brill, 2020, p.81.

明和制度。例如，这个时候没有用于沟通的语言，没有维持生存的农业、冶铁等技术。这种彼此孤立的状态是悲惨的，人们要逃离这种状态，建立伙伴关系，形成共有的财产关系。[1]需要注意的是，普芬道夫同时区分了虚拟的自然状态和真实的自然状态。虚拟的自然状态就是设想人纯粹的孤独状态，如同卡德姆斯（Cadmus）的兄弟一般。真实的自然状态是还没有国家的状态，但人们彼此之间已经形成了一定的伙伴关系。[2]也就是说，在第一个层面之间与第三个层面之间存在的自然状态中已经形成了"社会"，已经出现了家庭，家庭中出现了父子之间、夫妻之间的纽带，家庭内部不再是自然状态，家庭之间处于自然状态。[3]很重要的是，在这个阶段，已经出现了交易。[4]交易有两个重要的前提——语言和财产。语言是进行沟通交易的基础，语言是人社会性的重要体现，这一点普芬道夫显然在追随格劳秀斯。[5]在这一阶段，人类的财产是共有，任何人都能从他人在共有财产的勤劳中获益。[6]普芬道夫这里也追随了格劳秀斯的原初万物共有理论。[7]这与霍布斯认为自然状态下人拥有对一切的权利是不一样

---

〔1〕 See Samuel Pufendorf, *On the Natural State of Men*, trans. by Michael Seidler, Lewiston: The Edwin Mellen Press, 1990, p.114-117.

〔2〕 See Samuel Pufendorf, *On the Duty of Man and Citizen*, tans. by James Tully, Cambridge: Cambridge University Press, 1991, p.116.

〔3〕 See Samuel Pufendorf, *On the Natural State of Men*, trans. by Michael Seidler, Lewiston: The Edwin Mellen Press, 1990, p.118. 参见李猛：《自然社会：自然法与现代道德世界的形成》，生活·读书·新知三联书店2015年版，第209页。

〔4〕 See Samuel Pufendorf, *On the Natural State of Men*, trans. by Michael Seidler, Lewiston: The Edwin Mellen Press, 1990, p.117.

〔5〕 See Hugo Grotius, *The Rights of War and Peace*, trans. by John Morrice, Edited and with an Introduction by Richard Tuck, Indianapolis: Liberty Fund, 2008, p.82-87.

〔6〕 See Samuel Pufendorf, *On the Natural State of Men*, trans. by Michael Seidler, Lewiston: The Edwin Mellen Press, 1990, p.117.

〔7〕 See Hugo Grotius, *The Rights of War and Peace*, trans. by John Morrice, Edited and with an Introduction by Richard Tuck, Indianapolis: Liberty Fund, 2008, p.420.

的。[1]但普芬道夫也对格劳秀斯的万物共有理论进行了改造，他区分出了积极共有和消极共有。重要的是消极共有。所谓消极共有是指“在人类通过其行为或协议宣布将财产划分给这个人，而不是那个人之前，被认为以消极的方式共有。也就是说，这个时候只能消极地说，财物还不归谁所有，而不能积极地说，财物还没有分配给某个人，也不能说无法分配财物给某个人。毋宁说，财物此时是供人人取用的”。[2]他再次借用格劳秀斯的剧场比喻，并作了改造。格劳秀斯说这种共有状态就如同剧场的公共座位，是对所有公众开放的，但谁占用了座位，谁就可以使用。[3]普芬道夫在此基础上进一步认为，如果谁真正占用了座位，并能够排除他人对座位的使用，他人也默认了这种状态，这个座位的状态就从占用转变为了占有。私有财产权的产生也是同样的道理，来自他人的明示同意或默示同意。万物起初消极共有，如果人们之间明确同意分割财物，就以明示同意的方式建立了私有财产权。但实际上这种明示同意只能虚拟。更多的情况和消极共有一样，私有财产权的建立来自某人占有了某物，并得到了他人的默许。消极共有意味着人人都有占用该物的资格，如同公共剧场中的座位一般，又如同进入剧场的某人具备站上舞台成为音乐家的独特天赋。但私有财产建立的关键是实际的占有，如同具备音乐天赋的某人成为音乐家的关键还是勤学苦练。[4]如何理解公共剧场人人都有资格进入，但只有少数人成为音乐家呢？人人都有资格进入公共剧场意味着自然状态下的人人平等，

---

〔1〕 参见［英］霍布斯：《利维坦》，黎思复、黎廷弼译，杨昌裕校，商务印书馆2009年版，第98页。

〔2〕 Samuel Pufendorf, *De Jure Nature et Gentium Libri Octo*, trans. by C. H. Oldfather and W. A. Oldfather, Oxford: The Clarendon Press, 1934, p.532. James Tully, A Discourse on Property: John Locke and His Adversaries, Cambridge: Cambridge University Press, p.74.

〔3〕 See Hugo Grotius, *The Rights of War and Peace*, trans. by John Morrice, Edited and with an Introduction by Richard Tuck, Indianapolis: Liberty Fund, 2008, p.421.

〔4〕 See Samuel Pufendorf, *De Jure Nature et Gentium Libri Octo*, trans. by C. H. Oldfather and W. A. Oldfather, Oxford: The Clarendon Press, 1934, p.548.

但只有少数人成为音乐家意味着只有极少数或家境优越或天赋卓然者才能在剧场的舞台上闪耀，自然状态下彼此平等的人人以同意的方式建立起注定无法平等的私有财产权。这种矛盾是第三个层面的自然状态需要讨论的，也是脱离自然状态的原因。

第三个层面的自然状态涉及人与他人的关系，与政治国家相对，可以说是前政治的自然状态。这种状态下人们彼此本性的相似，相互平等。平等的反面是被支配，这种前政治的自然状态是不存在支配所有人的公共权威的，人们彼此之间也不能相互支配，因而是平等的。〔1〕需要注意的是，普芬道夫这里所说的平等不是人们之间彼此能力的平等，他在这里明确反驳了霍布斯，不是最弱的人也有能力杀死最强的人。〔2〕自然状态的平等是自然法之下的人人平等。这种自然法面前的平等不仅是指人们相互之间互负自然法义务，而且是指自然状态下人们自我保存的自然权利是平等的。自我保存的权利平等还意味着每个人可以根据自己的理性判断自我保存的方式。〔3〕对于普芬道夫而言，人是热切自我保存的动物，但自身又如此脆弱，因此他需要遵循根本的自然法——每个人应当尽力培养一种和平待人的社会性。〔4〕我们看到，普芬道夫这里在格劳秀斯和霍布斯之间寻找了一条折中道路。一方面，自然状态下存在社会，人类彼此需要，人们也要遵循保持和平的自然法命令；另一方面，人类又是邪恶的，充满欲望，其激情经常与正当理性冲突。因此，一方面，由于自然状态下自然法的规范性

---

〔1〕 See Samuel Pufendorf, *De Jure Nature et Gentium Libri Octo*, trans. by C. H. Oldfather and W. A. Oldfather, Oxford: The Clarendon Press, 1934, p.8.

〔2〕 See Samuel Pufendorf, *De Jure Nature et Gentium Libri Octo*, trans. by C. H. Oldfather and W. A. Oldfather, Oxford: The Clarendon Press, 1934, p.158. Samuel Pufendorf, *On the Natural State of Men*, trans. By Michael Seidler, Lewiston: The Edwin Mellen Press, 1990, p.124.

〔3〕 See Samuel Pufendorf, *On the Natural State of Men*, trans. by Michael Seidler, Lewiston: The Edwin Mellen Press, 1990, p.124.

〔4〕 See Samuel Pufendorf, *De Jure Nature et Gentium Libri Octo*, trans. by C. H. Oldfather and W. A. Oldfather, Oxford: The Clarendon Press, 1934, p.208.

作用，存在家庭纽带和私有财产权，普芬道夫不认为自然状态是战争状态，我们该把每个人设想为我们的朋友；另一方面，我们害人之心不可有，但防人之心不可无，我们又像霍布斯那样出于自身安全的考虑，必须推定朋友是靠不住的，推定朋友会背叛我们，保持对他人的猜疑。这种猜疑就是一种不确定，这种不确定带来自然状态的和平是不稳定的。[1]因此，必须脱离自然状态，建立政治国家。总而言之，普芬道夫的自然状态呈现出一种“非社会的社会性”。[2]

(三) 建国理论与万民法

普芬道夫的建国契约理论又被称为双重契约理论，即分为联合契约和臣服契约，联合契约克服非社会的社会性，自然状态下的人结成社会，臣服契约解决臣民服从主权者的问题。

如前所述，自然状态下不稳定的和平状态是靠不住的。人们彼此猜疑，因猜疑而在内心恐惧他人。普芬道夫说，尽管自然状态下已经有了家庭，子女受到家父有限的保护，但家父们仍然要脱离自然状态建立国家的原因在于，他们还会受到伙伴的攻击。克服这种疑惧的最好办法是建立国家。[3]之所以要建立国家还源于自然状态下的两个弊病。第一个弊病是人们倾向于各自为政，即便人们知道一起生活的必要条件是遵循和平待人的根本自然法，即便人们对于这个目标有共识，但如何能最好地实现这个目

---

〔1〕 See Samuel Pufendorf, *On the Natural State of Men*, trans. by Michael Seidler, Lewiston: The Edwin Mellen Press, 1990, p.130. 李猛:《自然社会：自然法与现代道德世界的形成》，生活·读书·新知三联书店2015年版，第221页。

〔2〕 参见［英］伊斯特凡·洪特:《贸易的猜忌：历史视角下的国际竞争与民族国家》，霍伟岸等译，译林出版社2016年版，第164页。

〔3〕 See Samuel Pufendorf, *De Jure Nature et Gentium Libri Octo*, trans. by C. H. Oldfather and W. A. Oldfather, Oxford: The Clarendon Press, 1934, p.959. Ian Hunter, *Rival Enlightenments: Civil and Metaphysical Philosophy in Early Modern Germany*, Cambridge: Cambridge University Press, 2001, p.185.

标人们都有各自的判断。第二个弊病是人们在遵循自然法实现共同目标上会拖拖拉拉，尤其是自然状态下即便有相互交易的契约，人们在履约上会很不积极，如果违约承担责任就更是如此。第一个弊病的克服需要借助于一个永久性的契约将众人的意志凝聚成一个意志。第二个弊病的克服需要借助于建立一个公共权力以权威的方式敦促人们履行自己的义务，尤其是在人们不履行自己的义务之时进行惩罚。总而言之，“解决上述问题的最终办法是将众人的意志统一到一个意志这里来，这个统一的意志代表每一个体行事，这个统一的意志可以由一个人承担，也可以由一个单一的会议承担，不论这个人或这个会议为公共安全发出什么样的命令，这个命令都必须被当作每一个人他自己的意志。”〔1〕联合成社会、再臣服于主权者这两部契约之后，建国还需要确立政体形式这个最后的步骤。人们可以决定是选择君主制、贵族制还是民主制。建国契约实际上是人为地创造出了一个道德存在——国家。确立政体就是最后给国家“赋予”形式。国家是普芬道夫说的“道德人”(moral person)，是通过同意的人造人。〔2〕

如果我们考察普芬道夫《自然法与万民法》的章节结构，会发现普芬道夫到第八卷第六章才开始讨论万民法的经典论题——战争法。〔3〕但切不可认为普芬道夫这是头重脚轻，只讨论自然法，临了才想起万民法来。其实早在第二卷第三章普芬道夫就追随霍布斯，将自然法等同于万民法。并且他特别强调，没有必要像格劳秀斯那样单独区分出意志万民法。万民法只是自然法在国际关系中的适用，遵循根本自然法——要求全人类都对他

〔1〕 Samuel Pufendorf, *De Jure Nature et Gentium Libri Octo*, trans. by C. H. Oldfather and W. A. Oldfather, Oxford: The Clarendon Press, 1934, p.971-972. Ian Hunter, *Rival Enlightenments: Civil and Metaphysical Philosophy in Early Modern Germany*, Cambridge: Cambridge University Press, 2001, p.185-186.

〔2〕 See Ben Holland, *The Moral Person of the State, Pufendorf, Sovereignty and Composite Polities*, Cambridge: Cambridge University Press, 2017.

〔3〕 See Samuel Pufendorf, *De Jure Nature et Gentium Libri Octo*, trans. by C. H. Oldfather and W. A. Oldfather, Oxford: The Clarendon Press, 1934, p.1292.

人持有和平待人的社会性。[1]国际关系可以同样以自然状态的模型考察。霍布斯认为，各国之间因为缺乏公共权威，同样处于彼此疑惧的自然状态，而且很容易因疑惧而先下手为强，堕入战争状态。但普芬道夫认为自然状态可以区分为前文明的自然状态和前政治的自然状态。从前文明的自然状态过渡到前政治的自然状态意味着，前政治自然状态下尽管没有公共权威，但已经有了社会，这就如同国际社会，即便不曾建立世界政府作为公共权威，但国际社会各国仍然要遵循和平待人的社会性。因此，普芬道夫在《自然法与万民法》第八卷第六章才会说，自然法的第一原则是任何人主动伤害他人都是不义的，应以人道方式待人，契约必须遵守。[2]也就是说，任何国家都应当以和平为原则，战争应当出于自卫的正当理由。

影响评价

普芬道夫在他生活的17世纪获得了两级的评价。普芬道夫的校友莱布尼兹在评价《人和公民的自然法义务》时说，这本书观点自相矛盾，原创性低，很多观点都是从他人那里借来的，人们如果想了解自然法的话应当直接看格劳秀斯和霍布斯。普芬道夫既缺乏法学家的才能，也没有哲学家的才华。[3]莱布尼兹的老师托马修斯（Thomasius）对普芬道夫的态度却经历转变。当托马修斯还是莱比锡大学的本科生时，他读到《自然法与万民

〔1〕 See Samuel Pufendorf, *De Jure Nature et Gentium Libri Octo*, trans. by C. H. Oldfather and W. A. Oldfather, Oxford: The Clarendon Press, 1934, p.226.

〔2〕 See Samuel Pufendorf, *De Jure Nature et Gentium Libri Octo*, trans. by C. H. Oldfather and W. A. Oldfather, Oxford: The Clarendon Press, 1934, p.1292. Kari Saastamoinen, *Pufendorf on the Law of Sociality and the Law of Nations*, in Simone Zurbuchen ed., *The Law of Nations and Natural Law: 1625-1800*, Leiden: Brill, 2019, p.126.

〔3〕 参见李猛：《自然社会：自然法与现代道德世界的形成》，生活·读书·新知三联书店2015年版，第190－191页。

法》，第一反应是厌恶。[1]但他后来服膺于普芬道夫的折中主义，并以此指导哈勒大学的课程改革，他也成为普芬道夫的杰出辩护者。[2]与普芬道夫同龄的洛克对他颇为赞赏。洛克晚年向青年推荐的政治学书单中，《人和公民的自然法义务》及《自然法与万民法》赫然在列。洛克不吝赞赏之词地说，《自然法与万民法》是自然法著作中最好的一部。[3]

普芬道夫18世纪在欧洲大陆和英伦三岛都有重要影响。巴贝拉克将普芬道夫的《自然法与万民法》翻译为法语，并进行了重要的评注。值得注意的是，巴贝拉克翻译的法语译名《人和公民的义务》(*Les dvoirs de l'hoome et du citoyen*)在法国人权宣言题目中又出现了，即《人和公民的权利宣言》(*Declaration sur les droits de l'homme et du citoyen*)，仅仅是"义务"被替换成了"权利"。[4]巴贝拉克称赞普芬道夫突破了格劳秀斯注释中的经院化枷锁。[5]但他同时也批评普芬道夫的道德原则的真正缺陷在于，他没有提供恰当的自然法义务基础，因为在他看来自然法义务应当以单一原则为基础，但普芬道夫却同时将其建立在自我保存和社会性的双重基础之上。[6]孟德斯鸠向科学院呈交一份名为《论义务》(*Traite des devoirs*)的论文时，模仿的就是《人和公民的自然法义务》，使用的就是巴

---

〔1〕 参见[英]霍赫斯特拉瑟:《早期启蒙的自然法理论》，杨天江译，知识产权出版社2016年版，第149页。

〔2〕 参见[英]霍赫斯特拉瑟:《早期启蒙的自然法理论》，杨天江译，知识产权出版社2016年版，第146页。

〔3〕 See John Locke, Political Essays, Mark Goldie ed., Cambridge: Cambridge University Press, 1997, p.352.

〔4〕 See Walter Simons, Introduction to *Samuel Pufendorf's De Jure Nature et Gentium Libri Octo*, trans. by C. H. Oldfather and W. A. Oldfather, Oxford: the Clarendon Press, 1934, p.14a.

〔5〕 参见李猛:《自然社会:自然法与现代道德世界的形成》，生活·读书·新知三联书店2015年版，第191页。

〔6〕 See Fiammetta Palladini, *Samuel Pufendorf Disciple of Hobbes: For a Re-Interpretation of Modern Natural Law*, trans. by David Saunders, Leiden: Brill, 2020, p.236.

贝拉克的译本。[1]卢梭在1738年的一份备忘录中写道："如果学生在我手下待得足够长，我会冒险通过让他们阅读普芬道夫和格劳秀斯，向他们传授些道德法和自然的知识，因为一个体面而理智的人知道善恶原则是值得的，知道社会建立的基础也是值得的。"[2]在英国，格拉斯哥大学教授格尔肖姆·卡尔迈克（Gershom Carmichael）第一次将普芬道夫的自然法理论引进了苏格兰，并将《人和公民的自然法义务》作为教材。[3]哈奇森在卡尔迈克的引导下学习普芬道夫的道德哲学。他留校任教后自己也系统讲授过《人和公民的自然法义务》。[4]哈奇森的学生斯密认为，17世纪有3个伟大的自然法学体系，第一个是格劳秀斯的体系，第二个是霍布斯的体系，第三个是普芬道夫的体系。斯密说，普芬道夫认为自然状态并非战争状态，没有政治制度，社会也能存续下去，只是其存在方式不是那么协调。普芬道夫撰写《自然法与万民法》这八卷本巨著，就是为了反驳霍布斯。斯密发现的这点非常重要。斯密的政治经济学和法理学有著名的狩猎、畜牧业、农业及商业的四阶段理论。如果斯密是以这样的四阶段理论开始其法理学讲座的，那么这种四阶段理论的根源在普芬道夫。[5]因此，新近有学者将普芬道夫尊为政治经济学的创始人之一。[6]

---

〔1〕 See Michael Seidler, *Natural Law and the Origin of Political Economy*, London: Routledge, 2017, p.183.

〔2〕 Michael Seidler, *Natural Law and the Origin of Political Economy*, London: Routledge, 2017, p.192.

〔3〕 See Michael Seidler, *Natural Law and the Origin of Political Economy*, London: Routledge, 2017, p.211-214.

〔4〕 See Michael Seidler, *Natural Law and the Origin of Political Economy*, London: Routledge, 2017, p.215-217.

〔5〕 参见[英]伊斯特凡·洪特:《贸易的猜忌：历史视角下的国际竞争与民族国家》，霍伟岸、迟洪涛、徐至德译，译林出版社2016年版，第152-153页。

〔6〕 See Michael Seidler, *Natural Law and the Origin of Political Economy*, London: Routledge, 2017. Jurgen G. Backhaus, Gunther Chaloupek, and Hans A. Frambach eds. Samuel Pufendorf and the Emergence of Economics as a Social Science, Springer, 2020.

深度阅读

1. [德]塞缪尔·冯·普芬道夫:《自然法与国际法》(第一、二卷),罗国强、刘瑛译,北京大学出版社2012年版。

2. [德]塞缪尔·普芬道夫:《人和公民的自然法义务》,鞠成伟译,商务印书馆2018年版。

3. [英]霍赫斯特拉瑟:《早期启蒙的自然法理论》,杨天江译,知识产权出版社2016年版。

4. 李猛:《自然社会:自然法与现代道德世界的形成》,生活·读书·新知三联书店2015年版。

5. 鞠成伟:《建构法理共同体——普芬道夫的秩序法哲学研究》,中国法制出版社2014年版。

6. Leonard Krieger, *The Politics of Discretion: Pufendorf and the Acceptance of Natural Law*, Chicago: the University of Chicago Press, 1965.

7. Fiammetta Palladini, *Samuel Pufendorf Disciple of Hobbes: For a Re-Interpretation of Modern Natural Law*, trans. by David Saunders, Leiden: Brill, 2020.

8. Michael Seidler, *Natural Law and the Origin of Political Economy*, London: Routledge, 2017.

9. Ben Holland, *The Moral Person of the State, Pufendorf, Sovereignty and Composite Polities*, Cambridge: Cambridge University Press, 2017.

10. Knud Haakonssen and Ian Hunter eds., *The Cambridge Companion to Pufendorf*, Cambridge: Cambridge University Press, 2022.

托马斯·潘恩

Thomas Paine

1737—1809

伟大的资产阶级思想家和革命家

“想要收获自由之果的人，必须承受维护自由的劳苦。”

——托马斯·潘恩

1737年1月29日，托马斯·潘恩（Thomas·Paine）出生于英国诺福克郡塞特福德的一个胸衣匠家庭。由于出身穷苦，潘恩13岁即辍学，相继从事过胸衣学徒 、水手、鞋匠等多种职业，还担任过英吉利海岸小镇刘易斯镇的收税官。在刘易斯镇担任收税官期间，他组织了一次要求增加收税官工资的请愿活动，活动失败后被英王政府解雇。潘恩有过两次不幸的婚姻，第一次是在1759年与玛丽·兰伯特结婚，玛丽不幸于1年之后去世；第二次婚姻是在1771年，对象是商人之女伊丽莎白·奥立弗，后来随着潘恩被解除税务官职务以及生意上的破产，该段婚姻也迅速走到尽头。遭遇失业和离婚双重变故的潘恩流落到伦敦，此后结识了北美殖民地驻伦敦代表富兰克林，在富兰克林引荐下前往北美新大陆。潘恩在前往北美的长达9个礼拜的航行途中，差点因为斑疹伤寒送命，而与他同行的100多名仆役却不幸因此丧命。〔1〕

1774年11月，潘恩来到北美费城担任家庭教师，后成为《宾夕法尼亚杂志》的编辑。潘恩抵达北美正值北美独立战争爆发前夜。美国的独立战争可简要分为三个阶段：1774年前为合法斗争阶段，通过请愿要求英国放松对美国的控制，但承认英国在美国之统治为合法，这是第一阶段；1774—1776年公开举行武装起义，主张建立自治政府，不过仍承认美国为英国版图的一部分，这是第二阶段；1776年后要求彻底独立、建立共和国，这是第三阶段。潘恩抵达北美正值美国独立战争第二阶段，当时的北美人

〔1〕 参见杨崧愉：《英国流亡者与美国建国初期的党争》，载《历史研究》2022年第3期。

并未下决心独立，而约翰·亚当斯等人虽想到了独立，但碍于种种现实利益牵绊而不敢公开呼吁，最后为北美独立而呐喊的历史重任便落到了潘恩头上。1776年，潘恩在朋友的鼓励下以“一个英国人”的名义发表了《常识》，这本小册子原本叫《朴素的真理》，据说在他的私人编辑拉什劝说下才改名为《常识》。[1]《常识》放弃了哲学思考和拉丁语术语，而是依靠圣经的参考资料与普通人交谈，以一种朴素风格布道般号召北美人民不应该简单地反抗税收，而应该要求完全脱离英国独立，并建立迥异于君主制的共和国。令人惊奇的是，几个月内这本小册子在当时仅有250多万人口的北美殖民地竟然发行了50余万册，到当年年底，这本书出版了不少于25个版本，迅速流行于社会各阶层之间，作为“穷人的圣经”而“成为平民所珍爱的熠熠杰作”。他的《常识》和其他著作甚至被美军同军事命令捆扎到一起，作为军事计划下发给下级，作为战斗口号鼓舞美国人，为《独立宣言》的发表铺平了道路。当然，《常识》也遭到维护殖民统治的异议者仇视，其中苏格兰传教士威廉·史密斯借用古罗马爱国者“克图”的名字在《费城报》上发文予以攻击。为了还击“克图”的攻击，潘恩以“林中居民”为笔名加以批驳，鼓舞了北美人民的斗志。

《常识》出版没过多久，潘恩投笔从戎加入格林将军的志愿部队。在军旅生活中，他还以“美国危机”为题，连续写作多篇战斗檄文鼓舞战友。1777年，潘恩被任命为大陆会议外交事务委员会秘书。在这期间与美国驻法商务代表塞拉斯·迪安等人发生冲突。此后，他身处谣言包围之中，声誉备受打击。

北美战争结束后，潘恩醉心于自己的实用科学与技术研究，甚至成功设计了铁桥以取代当时美国流行的欧式木桥，英法两国学术界对其铁桥设

---

〔1〕 See Patrick J. Kiger, *How Thomas Paine's Common Sense Helped Inspire the American Revolution*, History (Jun.28, 2021), https://www.history.com/news/thomas-paine-common-sense-revolution.

计也高度赞赏。但令人意外的是，在此期间法国爆发了大革命。英国“老辉格”埃德蒙·伯克发表了痛斥这场革命和推崇英国演化模式的保守主义主张。潘恩于是放下手头的科学研究转而奋起迎战。1791年3月，他在伦敦出版《人权论》，激烈抨击伯克的《法国革命感言录》，引起欧洲舆论界轰动，尤其在法国激起的反响一如当年《常识》在美国激起的反响，该部作品被许多政治俱乐部所购买并在穷人中散发了3000余册。1792年6月，英国政府指控潘恩犯有煽动叛乱罪，后在友人和来自法国加莱官员的恳劝下，潘恩流亡法国，受到了法国人民的热情拥戴。随后在国民公会选举组成的起草新宪法的九人小组中，潘恩得票第二光荣入选，从此他卷入了法国革命的政治中心。1793年，潘恩因与雅各宾派政见存在分歧而被捕入狱。其间，潘恩曾试图通过请求美国当局证明他具有美国国籍而获救，却遭到了冷酷拒绝。直至罗伯斯庇尔被处死后，潘恩才在美国驻法国大使的帮助下于1794年11月获释出狱。潘恩出狱后，拿破仑曾访问过他，并透露在他的枕下总有一本《人权论》，每晚睡前必读。他也曾在宴请潘恩的席间说道：“世界上每一座城市都应为潘恩树立起一座金质雕像。”但在拿破仑执政后，他与潘恩的关系迅速冷却下来，因为潘恩厌弃个人独裁和残忍行为，拒绝与他合作。〔1〕

1801年，杰斐逊就任美国总统，次年应杰斐逊邀请，潘恩返回美国，此后他因《理性的时代》强硬的反宗教立场，不幸被这个国家遗弃，受尽侮辱和攻击。1809年6月8日，一生致力于人类自由、民主与解放事业的“世界公民”潘恩，在不被理解的凄凉境遇中，被世人遗弃于他曾为之奋斗过的土地。

〔1〕 参见朱学勤：《两个世界的英雄——托马斯·潘恩》，载《河南大学学报（哲学社会科学版）》1987年第1期。

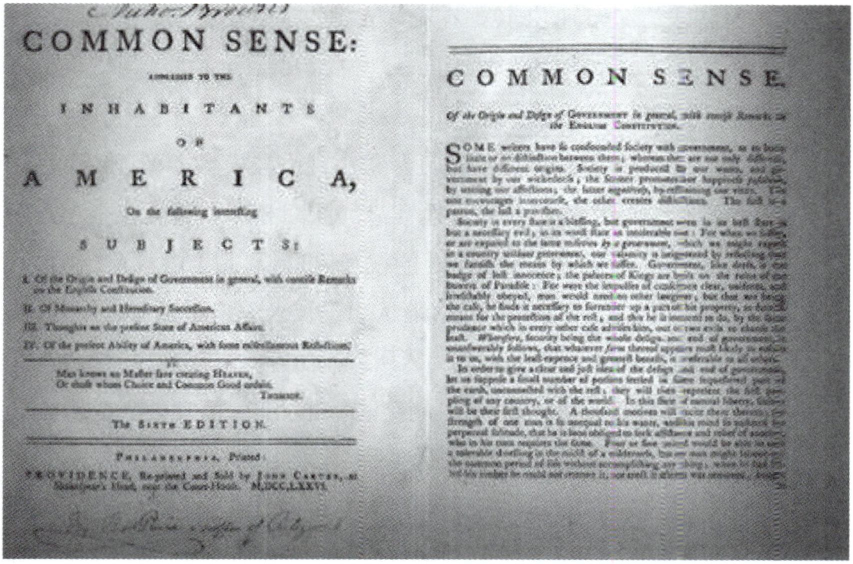
COMMON SENSE;
ADDRESSED TO THE
INHABITANTS
OF
AMERICA,
On the following interesting
SUBJECTS:
I. Of the Origin and Design of Government in general, with concise Remarks on the English Constitution.
II. Of Monarchy and Hereditary Succession.
III. Thoughts on the present State of American Affairs.
IV. Of the present Ability of America, with some miscellaneous Reflections.
Man knows no Master save creating HEAVEN,
Or those whom Choice and Common Good ordain.
THOMSON.
The SIXTH EDITION.
PHILADELPHIA, Printed:
PROVIDENCE, Re-printed and Sold by JOHN CARTER, at Shakespear's Head, near the Court-House. M,DCC,LXXVI.

COMMON SENSE.
Of the Origin and Design of GOVERNMENT in general, with concise Remarks on the ENGLISH CONSTITUTION.

《常识》

核心学说

一、天赋人权

潘恩的政治法律思想涉及面广、影响面大，而其中最引人注目的是他的天赋人权理论，这也是他的法哲学基础。这种理论开创于自然法学派的始祖格劳秀斯，系统化于英国著名学者洛克，规范化于1776年美国《独立宣言》和1789年法国《人权与公民权宣言》。潘恩的杰出贡献不仅在于参与了法国《人权与公民权宣言》的起草并对宣言做了科学解释，还在于系统地阐明了和捍卫了天赋人权理论。[1]潘恩认为，“不管他们对于某些特

〔1〕 参见李龙：《西方法学名著提要》，江西人民出版社2002年版，第238页。

定事物的见解或信仰如何不同，但在确认人类的一致性这一点上则是一致的；我的意思是说，所有的人都处于同一地位，因此，所有的人生来就是平等的，并具有平等的天赋权利”。[1]

在此之前，关于天赋人权的确切含义一直比较模糊不清，但潘恩在《人权论》中对它下了确切的定义，他写道：“天赋权利就是人在生存方面所具有的权利。其中包括所有智能上的权利，或是思想上的权利，还包括所有那些不妨害别人的天赋权利而为个人自己谋求安乐的权利。”[2]这首先意味着人权是指在世界范围内作为人所赖以生存的基础性权利，或生存权是人类不可或缺、不可分割、不可剥夺的基本人权，而其他人权皆由其衍生而出。同时在潘恩看来，人权还包括“智能上的权利”“思想上的权利”“谋求安乐的权利”。这一观念的两大贡献之处在于：其一，同洛克、卢梭等“天赋人权”理论家们不同，不再将财产权与天赋人权思想挂钩，取而代之的是“谋求安乐的权利”，这种观念与杰斐逊起草的《独立宣言》所载明“追求幸福的权利”即是同义表达；其二，扩充了人权的外延，从而使其范围涵盖了发展权、文化权等重要内容。

难能可贵的是，潘恩还认识到人权既具有先在性又具有受制约性。“不妨害别人”即点出人权基于其自身性质决定了它不能侵犯或损害其他主体的人权，构成其内在限制，这种人权受限制性观点在他解释《人权与公民权宣言》时也有论述，从相互作用来说，权利宣言也就是义务宣言。凡是我作为一个人所享有的权利也就是另一个人所享有的权利；因而拥有并保障这种权利就成为我的义务。[3]值得注意的是，此处的“别人”既包括社会成员中的个体，也包括集体甚至国家。潘恩关于天赋权利的定义虽然具有很大局限性，但在当时反对封建斗争中具有巨大的进步性和科学性。

---

〔1〕［美］托马斯·潘恩：《潘恩选集》，马清槐等译，商务印书馆2017年版，第142页。
〔2〕［美］托马斯·潘恩：《潘恩选集》，马清槐等译，商务印书馆2017年版，第144页。
〔3〕参见［美］托马斯·潘恩：《潘恩选集》，马清槐等译，商务印书馆2017年版，第188页。

潘恩在人权理论上的贡献，还在于他在定义天赋权利的基础上对公民权利与人权作了区分。他指出："公民权利就是人作为社会一分子所具有的权利。"〔1〕这旨在说明人在进入社会后虽保留着一部分天赋权利，但另一部分天赋权利却作为投身社会的"公股"而转为公民权利。那为何要将这部分天赋权利转为公民权利呢？潘恩解释道：尽管个人充分具有这种权利，但却缺乏行使他们的能力。这些权利满足不了他的要求。……所以他把这种权利存入社会的公股中，并且作为社会的一分子和社会携手合作，并使社会的权利处于优先地位，在他的权利之上。〔2〕潘恩将人权和公民权进行类型上的相互区分，并在世界范围内首次系统解读了《人权与公民权宣言》，〔3〕对于近现代人权和宪法权利的理解极具启示性。此外潘恩还提到，公民权利的实现要依靠充分行使这些权利的能力，要携手和社会合作，要有一个好的政府。否则，公民权利实现不了。

二、独立与法律关系

潘恩在北美独立战争的关键时期，批驳了各种妥协论调，并从法理的角度分析法律与独立的内在联系，申明独立的正当性和必要性。他明确指出："各种统治的权柄还掌握在英王的手里，他会否决这个大陆的全部立法。既然他已经暴露自己是自由的势不两立的敌人，显示出对于专制政权的无限渴望，那么他是不是当然要对这些殖民地的人民说，除非经我同意，不准你们制定任何法律？"〔4〕显然，潘恩认识到法律与政权的关系。在他看来，要使人民制定的法律得到落实，前提是必须掌握国家政权，否则人

---

〔1〕［美］托马斯·潘恩：《潘恩选集》，马清槐等译，商务印书馆2017年版，第144页。

〔2〕参见［美］托马斯·潘恩：《潘恩选集》，马清槐等译，商务印书馆2017年版，第144-145页。

〔3〕参见王建学：《人权和公民权二分法的思想源流与规范演变》，载《环球法律评论》2019年第5期。

〔4〕［美］托马斯·潘恩：《潘恩选集》，马清槐等译，商务印书馆2017年版，第30页。

民制定的法律不仅得不到实施，甚至面临被废除的危险。潘恩基于北美当时的现状，大声疾呼，唯有独立才能从英王手里夺取统治的权柄，因此独立是前提，没有独立的法律只能是一张废纸。

至于和解是否可行，很显然，潘恩不主张同英国殖民者和解，因为和解与毁灭密切相关，还可能会引起大规模内战。更为关键的是，找不到和解的国际法依据，这一点他在《常识》中表露无遗："按照国际惯例，当任何两国交战时，由不参加争端的其他一些国家出面调解，提出缔结和约的预备条款。但只要北美大陆的人民还自称为大不列颠的臣民，任何国家不论他是对我们怀着多大的好感，都不能以调停人自居。"潘恩还反复强调，只有独立了才能在法律上与他国并列，才能使人民的权利得到法律保障。

三、代议制共和制

潘恩不是第一个主张北美独立的人，但他是冲破18世纪处于主流的君主制局限，最早提出在北美建立一种与过去完全不同政治体制的人。他后来在《人权论》中说得更为明确："美国的独立如果不曾伴随一场对政府的原则和实践的革命，而单从它脱离英国这一点来考虑，那就微不足道。"〔1〕

潘恩坚决反对封建的君主政体和世袭制度并力主共和制。他认为君主制是对天赋人权和自由的破坏，是压制人的暴力，"君主政体意味着我们自身的堕落和失势，同样地，被人当作权利来争夺的世袭，则是对我们子孙的侮辱和欺骗"。〔2〕他甚至深刻指出，"君主政体和世袭制度不仅使某个王室而且使整个世界陷于血泊和瓦砾之中"。〔3〕正是在批判君主制的同时，潘恩提出他倡导的资产阶级共和政体观。在他看来，政体的基础在于人民主权，"不论政府的形式和组织如何，其唯一目的应是谋求普遍的幸

〔1〕［美］托马斯·潘恩：《潘恩选集》，马清槐等译，商务印书馆2017年版，第227页。
〔2〕［美］托马斯·潘恩：《潘恩选集》，马清槐等译，商务印书馆2017年版，第13页。
〔3〕［美］托马斯·潘恩：《潘恩选集》，马清槐等译，商务印书馆2017年版，第18页。

福”，[1]而有助于实现这一目的之理想政体乃共和政体。潘恩解释道：“任何一个政府，如果不按共和国的原则办事，或者换句话说，不以公众的利益作为其独一无二的目的，都不是好政府。共和政府是为了个人和集体的公共利益而建立和工作的政府。”[2]在他的主要著作中有很多抨击君主世袭与倡导共和政体的内容。他认为，君主制源于暴力，而共和制则以社会和文明为基础；君主政体体现的是不平等的权利，共和政体体现的则是自然状态；在专制政府里，国王便是法律，而在共和国中法律应该成为国王；世袭制中国王只能通过武力撤换，而共和政体下人民则通过投票撤换人民的领袖……通过对两种政体对比，他对共和政体的推崇溢于言表。

潘恩还认为，共和政体应与代议制相结合从而充分发挥它们的功能。在他看来，共和政体“无需同任何特定的形式相联系，但是它却很自然地同代议的形式结合起来，因为代议制最适合于达到国民要付出代价来支持的目标”。[3]正是取决于代议制对共和制所具有的政体实质意义，在潘恩眼里它可以获得一种能够容纳和联合一切不同利益，并且最符合领土广袤和人口众多的现代国家需要。潘恩甚至夸张地表示：“代议制则始终同大自然的秩序和规律并行不悖，并且在各方面与人的理性相适应。”[4]

代议制具体应用到美国和法国的立法权方面有所不同，即美国是两院制而法国采用一院制，在比较美国两院制和法国一院制各有利弊的基础上，潘恩提出了一种改进方案：（1）全体代表不分院；（2）通过抽签把全体代表分为两三个组；（3）议案先依次在组里辩论但不投票表决，之后在全体代表会议上开展总辩论并投票决定。为了代表经常更新，潘恩在上述方案还增加了一项，即1/3的代表于任期满1年后需离职，并通过选举产生新

[1] [美]托马斯·潘恩：《潘恩选集》，马清槐等译，商务印书馆2017年版，第276页。

[2] [美]托马斯·潘恩：《潘恩选集》，马清槐等译，商务印书馆2017年版，第245页。

[3] [美]托马斯·潘恩：《潘恩选集》，马清槐等译，商务印书馆2017年版，第245页。

[4] [美]托马斯·潘恩：《潘恩选集》，马清槐等译，商务印书馆2017年版，第249页。

代表，每年依次更换代表，每3年举行1次普选。[1]

四、宪法及其与政府关系

托马斯·潘恩算是最早从理论上对现代宪法概念作出明确定义的思想家。[2]在理论上，他主要从“宪法本身是什么”和“宪法与政府关系”两个维度给宪法下了“一个标准的定义”。从“宪法本身是什么”的维度来看，他认为，宪法是“可以参照或逐条引用”的法律，“它包括政府据以建立的原则、政府组织的方式、政府具有的权力、选举的方式、议会—或随便叫别的什么名称的这类团体—的任期、政府行政部门所具有的权力，总之，凡与文官政府全部组织有关的一切以及它据以行使职权和受约束的种种原则都包括在内”。这一维度的定义表明，宪法不是宣示性的法律规范，它主要包含规范公权力尤其是政府权力的内容，是一部控制统治者和指示政府行为的法律。[3]

从“宪法与政府关系”维度来看，他认为，“宪法是一样先于政府的东西……一国的宪法不是其政府的决议，而是建立其政府的人民的决议”。“宪法对政府的关系犹如政府后来所制定的各项法律对法院的关系。法院并不制定法律，也不能更改法律，它只能按已制定的法律办事；政府也以同样方式受宪法的约束。”[4]这一维度的定义对宪法和一般性法律作了区分，即一般性法律是由立法者制定的，其指向的是法院，并由法院来加以适用，而宪法是由人民制定的，其指向的则是政府，并蕴含着宪法至上的根本法意涵。同时揭示政府应受宪法约束，不能制定或更改宪法，只能按宪法规定行事，而法院需按法律办事，不能违背法律。潘恩还指出，

---

〔1〕 参见［美］托马斯·潘恩：《潘恩选集》，马清槐等译，商务印书馆2017年版，第268页。

〔2〕 参见汪太贤：《论现代宪法概念的生成》，载《政法论坛》2020年第1期。

〔3〕 参见［美］托马斯·潘恩：《美国危机》，柯岚编译，上海三联书店2007年版，第274页。

〔4〕 ［美］托马斯·潘恩：《潘恩选集》，马清槐等译，商务印书馆2017 年版，第147页。

"宪法不仅是一种名义上的东西，而且是实际上的东西。它的存在不是理想的而是现实的；如果不能以具体的方式产生宪法，就无宪法之可言"。[1]这种宪法观类似于萨托利所谓的"保障性宪法"或罗文斯坦眼中的"规范宪法"。

潘恩阐述宪法及其与政府关系是交织穿插在一起的，这一方面是告诫约翰博士等作家由于没有将宪法与政府进行区分而自己把自己弄糊涂了；另一方面也鉴于人们缺乏对政府了解的实际情况。更为关键的是，他要揭示宪法是建立政府的人民决议。那么宪法由谁制定呢？答案是"一国国民具有制定宪法的权利"。[2]这一观念显然呼应了西耶斯在《论特权：第三等级是什么》所提出的"国民制宪权理论"。

总之，潘恩丰富和发展了宪法理论，有利于弄清宪法与政府的关系，从而确立宪法在一国之中的重要地位与作用。

五、宗教信仰自由思想

潘恩也主张宗教信仰自由，并要求废除国教。这一思想主要体现在他于巴黎卢森堡监狱所写的《理性时代》之中。他说："一切国家的教会机关，不论是犹太教的、基督教的或是土耳其教会的，在我看来，无非是人所创造出来的，建立的目的是在于恐吓和奴役人类，并且借此来垄断权力和利益。"[3]这种对宗教深刻的揭露，体现出了马克思后来在《〈黑格尔法哲学批判〉导言》所说的"宗教是人民的鸦片。"

潘恩还隐约地指出政教合一的危险以及对于言论自由的伤害。他说，"教会一旦和国家勾结起来，发生了龌龊的关系，无论是犹太教、基督教或土耳其教会，就会非常有力地用痛苦和处罚的方法来绝对禁止议论已经确

〔1〕［美］托马斯·潘恩：《潘恩选集》，马清槐等译，商务印书馆2017年版，第147页。
〔2〕［美］托马斯·潘恩：《潘恩选集》，马清槐等译，商务印书馆2017年版，第265页。
〔3〕［美］托马斯·潘恩：《潘恩选集》，马清槐等译，商务印书馆2017年版，第351页。

立的信条”，[1]正是因为政教勾连弊端丛生，所以二者必须分离。潘恩的这一思想为资产阶级建立政教分离的共和国奠定了理论基础，而政教分离的好处后来在托克维尔考察美国时再次得到实践的确认。托克维尔在探究宗教对美国强大影响力的原因时，发现美国施行的所谓政教分离政策在其中发挥了重要作用，他在《论美国的民主》中惊叹：“所有人都将宗教在他们国家所行使的和平主宰，主要归因于教会与国家的完全分离。”[2]

此外，潘恩还对《圣经》《新约》《马太福音》等宗教典籍一一作了具体的批驳。在他看来，宗教的非科学性和虚伪性是显而易见的。

经典著作

1.《常识》。这是潘恩到达北美发表的一篇最为著名和影响最大的政论。在这篇政论中，他猛烈抨击英国政府的暴政，严厉地批判了英国的封建专制政体，坚决主张北美殖民地独立，建立共和政体。潘恩眼中的“常识”既包括面对英国压迫而满溢忠诚英王和英国的“流俗之见”，也包括按照天赋人权必须确立的“当然之理”。[3]

2.《林中居民的信札》。它是潘恩以“林中居民”为笔名，于1776年3月至5月为还击“克图”而写的几篇政论，进一步阐明了《常识》中表达的思想，从而更加启发了北美人民的觉醒，更加激发了他们的斗志。

3.《人权论》。这是潘恩自美国返回欧洲后，为驳斥埃德蒙·柏克在《法国革命感言》中对法国大革命的攻击和诬蔑，捍卫法国大革命原则而写的论著，第一部分发表于1791年，第二部分于1792年问世，其中心思想

〔1〕［美］托马斯·潘恩：《潘恩选集》，马清槐等译，商务印书馆2017年版，第351页。

〔2〕 Alexis de Tocqueville, Democracy in America, translated and edited by Harvey C. Mansfield & Delba Winthrop. University of Chicago Press, 2000, p.280.

〔3〕 参见任剑涛：《人权、共和与革命：潘恩思想与现代政治的调性》，载《江苏社会科学》2017年第6期。

是《人权宣言》中的天赋人权思想。

4.《理性时代》。它是潘恩阐述自己宗教思想的著作，他主张宗教信仰自由，废除国教；认为一切国家的教会机关都是用来恐吓和奴役人民的。

影响评价

潘恩作为资产阶级革命时期著名的启蒙思想家和激进的民主主义者，曾倡导北美独立，替美利坚合众国取名，为北美摆脱英国殖民统治作出巨大贡献。正如革命元勋约翰·亚当斯日后所言："如果没有《常识》作者的笔，华盛顿的剑就会徒劳无功。"潘恩也为法国大革命立下汗马功劳，还是《人权与公民权利宣言》和法国1791年宪法的重要参与者。他在资产阶级革命史上，尤其在美国独立战争和法国大革命中占有重要地位，《泰晤士报》称他为"英国的伏尔泰"，拿破仑赞许他为"共和国的火炬，一切传奇中最伟大的人物"。

潘恩的思想功绩就是促使"天赋人权"理论规范化、法律化。他的人权思想，不仅在杰斐逊起草的《独立宣言》中得到明显反映，而且他亲自参与了《人权与公民权宣言》的起草，他的人权理论在这个历史性文件中得到了具体的反映，甚至从某种意义上还可以讲，这个文件中有关人权的规范和语言多数来自潘恩的著作。除此之外，他的贡献还在于他挺身而出同攻击《人权与公民权宣言》的不同声音进行针锋相对的斗争，捍卫了人权体系，我们甚至可以这样说：潘恩是著名的人权斗士。

潘恩的思想是北美独立战争和法国大革命的重要思想武器，也影响了英国至少两代工人激进分子。当然，潘恩作为资产阶级思想家和革命家是当之无愧的，他的思想和学说至今在西方世界还有广泛的影响，当然，他也具有资产阶级认识的局限性。

深度阅读

1. [美]托马斯·潘恩:《潘恩选集》,马清槐等译,商务印书馆2017年版。

2. [美]托马斯·潘恩:《美国危机》,柯岚编译,上海三联书店2007年版。

3. [美]托马斯·潘恩:《潘恩政治著作选》,中国政法大学出版社2003年版。

4. [美]埃里克·方纳:《潘恩与革命时期的美国》,杨钊译,北京大学出版社2022年版。

5. Fruchtman & Jack, *The Political Philosophy of Thomas Paine*, Johns Hopkins University Press, 2009.

6. Clark & J. C. D., *Thomas Paine: Britain, America, and France in the Age of Enlightenment and Revolution*, Oxford, 2018.

7. Bernard Vincent, *The Transatlantic Republican: Thomas Paine and the Age of Revolutions*, Rodophi, 2004.

托马斯·杰斐逊

Thomas Jefferson

1743—1826

北美资产阶级民主派领袖

“自由之树必须时时用暴君的血作养料。”

——托马斯·杰斐逊

托马斯·杰斐逊(Thomas Jefferson, 1743—1826年),美国独立战争时期著名的政治思想家、北美资产阶级民主派领袖、《独立宣言》主要起草人和美国第三届总统。

1743年4月,杰斐逊出生于弗吉尼亚州阿尔伯马尔县一个种植园主家庭。他幼年接受家庭教育,学习古拉丁文、古希腊文以及法文,一生掌握了6种语言。1760年进入威廉和玛丽学院主修哲学和文学,毕业后又拜威恩为师学习法律,之后考取律师资格,并成功地当了7年律师,期间深受威恩等人的影响。同大部分美国青年一样,年轻的杰斐逊也有自己的罗曼史,他曾向一位朋友的妻子求爱,此事在他任总统期间被作为丑闻曝光,使他备受诘难。1772年1月,他在众多的爱慕者中,选择和年轻寡妇斯克尔顿走进了婚姻殿堂。

在杰斐逊所处的时代,北美人民争取独立斗争正日趋高涨,在这场决定北美人民前途和命运的斗争中,杰斐逊始终站在最前列。1773年,杰斐逊加入了弗吉尼亚通信委员会,参加了反抗英国高压政策的斗争。1774 年,他撰写了《英属美洲权利概要》一文,充满激情地论述天赋权利以及特权应受宪法限制等,该文随后在弗吉尼亚代表大会上被宣读,因为过于激进未被采用,但被印刷并广为散发,杰斐逊因而名声大噪,成为美国独立于议会权威的早期倡导者。1775年4月,列克星顿的枪声揭开了美国独立战争的序幕,同年5月,杰斐逊代表弗吉尼亚州出席第二次大陆会议，并于1776年被推举为《独立宣言》五人起草委员会成员之一。五人起草委员会一致认为文笔犀利、富有激情的杰斐逊是起草这个文件的最好人选。于是，杰斐逊欣然接下了这个任务，独自一人忍受着偏头痛默默工作两周起草了该宣言，该宣言于1776年7月4日被大陆会议通过。《独立宣言》除由富兰克林、亚当斯稍作文字修改外，几乎完全出自杰斐逊一人之手，其语言雄浑典雅，表达了美利坚民族要求独立自由的愿望，对北美独立战争起了巨大的鼓舞作用，也奠定了杰斐逊的国际美誉。

1776 年9月，杰斐逊回弗吉尼亚州任州参议员，他不失时机地改革了弗吉尼亚法律使其现代化。在此期间，他提出了《宗教信仰自由法案》等重要法案，试图通过政教分离铲除“精神专制”，将宗教自由落实在弗吉尼亚州法律中，该法案精神后来被载入《权利法案》中。1779年至1781年，他任弗吉尼亚州州长，此后曾短暂退出政坛，引退期间写下了《弗吉尼亚笔记》，书中表达了他反对奴隶制的立场。1783年，杰斐逊重返政坛进入国会，全身心地投入各项重要工作，是各项进步立法的积极倡导者和推动者。1784 年，杰斐逊携女儿远赴法国，协助富兰克林和亚当斯同欧洲国家进行贸易谈判，不久出任美国驻法国大使。驻法国期间对于杰斐逊来说是愉快的时光，政治上兴奋，思想上活跃，生活中还结识了柔情似水的画家夫人玛利亚·科斯韦。在充分享受巴黎愉悦的岁月中，法国大革命爆发。他深深同情法国大革命，还曾协助好友拉法耶特侯爵一起讨论起草法国《人权宣言》。

1789年9月，杰斐逊被提名为美国国务卿后便启程回国，他出任了华盛顿总统任内的首任国务卿。在此期间，他同财政部部长汉密尔顿在内政外交等政策上产生严重分歧。当时两人的主张都有大批支持者，因而形成以杰斐逊为代表的民主共和以党和汉密尔顿为首的联邦党，为日后的两党政治奠定了基础。

1801年，两党之争在总统大选中达到空前高潮，最后杰斐逊在“权利平等和民权”竞选口号下，成功击败亚当斯当选为美国第三届总统，成为美国历史上第一位在大选中击败执政党当选总统的在野党领袖。杰斐逊甫一上任，又因党争发生了具有里程碑意义的“马伯里诉麦迪逊案”，从而确立了美国司法审查制度，开创了宪法监督的美国模式。此后，杰斐逊因4年总统任期政绩卓著而获得连任。在担任总统的8年时间里，他对内实行和解政策，肯定联邦党12年执政成就，在购买路易斯安那和禁运法案上和联邦党也取得一致意见，购买路易斯安那使美国的领土几乎扩大了1倍。任期届满后，他遵循华盛顿开创的“总统连任不超过两届”原则，告老还乡在蒙蒂赛洛庄园过着隐居生活。他亲自经营他的农场，也从事哲学、语言、文学、自然科学及建筑学研究，并于1818 年亲手创办了弗吉尼亚大学。此外，他还写了许多政治论文，其中寄给门罗总统的长篇文章，后来以门罗的说法作为门罗主义而闻名于世。

1826年7月4日，也即《独立宣言》通过50周年，杰斐逊在突然昏迷中停止了呼吸，葬于其蒙蒂塞洛庄园的家族墓地中，墓志铭由他在生前自行写就，将其引以为傲的“弗吉尼亚大学之父”“《弗吉尼亚宗教自由法》《独立宣言》作者”记于其上。在同一天，作为他战友兼政敌的美国第二任总统约翰·亚当斯的生命也戛然而止，亚当斯临终前的最后一句话竟是“杰斐逊还活着”。只是他们两人生前都不曾想到，共同好友拉什的梦居然会在历史的巧合中一语成谶。

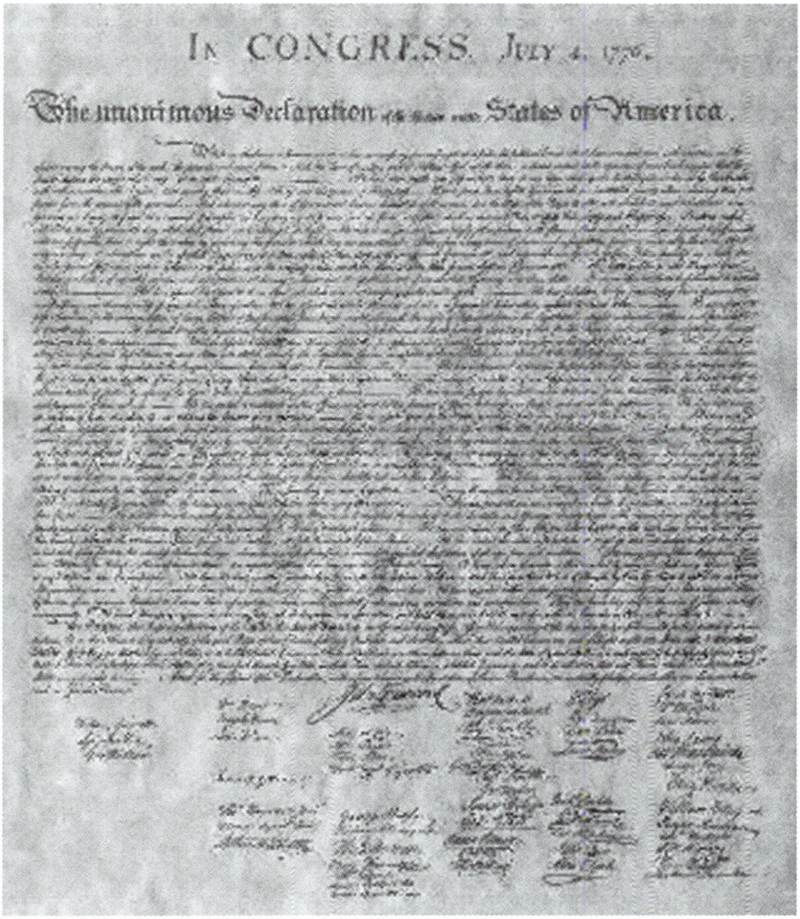

IN CONGRESS. JULY 4, 1776.

The unanimous Declaration of the thirteen united States of America.

《独立宣言》

核心学说

一、天赋人权

天赋人权理论是杰斐逊法律思想的理论基础。他在《英属美利坚权利概述》一文中就指出：人们的权利“源于自然法则而非出于国王恩赐”。[1]他对天赋人权理论进行较为系统的阐述是在1776年草拟的《独立宣言》中，他写道：“我们认为下述真理是不言自明的：一切人生来平等；造物主赋予他们以某些（固有的和）不可剥夺的权利，其中包括生命、自由和追求幸福”；[2]在他看来，不管人类真实的社会条件如何，有些权利是不容剥夺的，一个人的这些权利如果被剥夺了那就不能称得上是在过一种属于人的生活。假如这一权利被予以剥夺，那么奋起反抗便自然不过，也即具有正当性。这不仅体现了基本权利是人性俱足的，还隐含人具有反抗和革命的权利意涵。从杰斐逊所处北美独立的时代性来看，由于当时北美独立面临一段政权空窗期，这段时间的权利依据不可能是严格意义上的法律权利，杰斐逊的“天赋人权”理念正好为美国政治提供正当性论证的思想资源。该理念主要用以阐明殖民地与英国的关系并非是宗主国与附属国的依附关系而是平等的关系，并且殖民地人民享有与英国人同样的权利和自由。

在杰斐逊眼里，这些不容剥夺的“天赋人权”从内容来看，主要包括生命、自由和追求幸福的权利。按照主流观点，他的天赋人权理论继承并发展了洛克等启蒙思想家的自然法思想。[3]洛克在《政府论》中提出，自然状态下每个人都享有天赋之权，其中主要包括生存权、自由权和财产权，而政府的唯一目的就是保障这些权利。杰斐逊接受并发展了洛克的思想，但他用“追求幸福”代替“财产”，从而给天赋人权学说增添了平等的民主色彩。“追求幸福的权利”意味着受政府保护的是公民追求幸福的权利而非幸福本身。尽管幸福是每个人追求的目标，而且依赖于追求者自身努

---

〔1〕［美］托马斯·杰斐逊：《杰斐逊选集》，朱曾汶译，商务印书馆2017年版，第307页。

〔2〕［美］托马斯·杰斐逊：《杰斐逊选集》，朱曾汶译，商务印书馆2017年版，第49页。

〔3〕参见史彤彪：《自然法思想对美国〈独立宣言〉的影响》，载《华东政法大学学报》2010年第3期。

力，但在人们追求幸福的过程中一方面要给予人们平等的机会，另一方面要根据人的个体差异特性，对人格自由发展的前提条件给予实质意义的保护。因此，这一用语蕴含着近现代意义上的一种公共美德和平等观念。当然，杰斐逊用“追求幸福”代替“财产”并非对洛克理论的误用。据韦尔斯在其《创建美国》一书中的考证，杰斐逊改变洛克这一观点深受苏格兰启蒙运动思想家哈奇森的影响，他是经过深思熟虑的。[1]哈奇森认为，财产权是社会交往的产物，而非前社会的“自然权利”，是人的社会本性促使我们追求最有利于实现“公共善”的公共幸福。

杰斐逊不仅提倡天赋人权，是第一个把该学说写进官方文件中的人，而且在实践中还为将人民的权利列入美国宪法进行了积极的斗争。美国1787年宪法只字不提《独立宣言》早已宣布的人民权利，为此杰斐逊在宪法通过后不久在致麦迪逊的信中指出，“人民有权用权利法案来对抗世界上无论哪个政府——全国政府或地方政府，任何一个公正的政府都不应予以拒绝或停留在推理上”。[2]后来在杰斐逊的强烈要求和民主派的一致努力以及广大人民群众的斗争下，美国国会不得不通过了1791年生效的保障人权的10条宪法修正案，即《权利法案》。

二、人民主权

杰斐逊在天赋人权理论的基础上，提出了人民主权思想。他在1793年《关于合众国是否有权废除与法国签订的条约或暂停执行这些条约直至该国政府成立为止问题的意见》(《关于对法条约的意见》)中清楚地指出：“组成一个社会或国家的人民是那个国家的全部权力的来源；他们可以自由地让任何一些他们认为合适的代理人来处理他们的共同事务，可以随

〔1〕 转引自丁晓东：《美国政制的政治哲学意义：从施特劳斯学派与共和主义学派的争论切入》，载《中外法学》2012年第2期。

〔2〕［美］托马斯·杰斐逊：《杰斐逊选集》，朱曾汶译，商务印书馆2017年版，第431—432页。

意将这些代理人个别予以撤换，或者把他们的组织从形式上或功能上加以改变……"[1]这意味着政府的权力来自人民的委托，人民是政府权力的源泉，是国家主权的享有者。

实行普遍选举的原则是杰斐逊坚持人民主权的重要标志之一，而且不能用财产标准限制人民的选举权，他坚决反对南方种植园主在选举中享有特权，主张各州代表人数应和人口成正比，并主张定期改选代表，反对代表长期任职。

杰斐逊还把"人民监督"当作人民参政行使主权的重要手段。他认为，"国王陛下只不过是人民的最高长官，由法律任命，给他一定的权力来协助使巨大的统治机器运转，这台机器为人民的使用而建立，因而必须受人民的监督"，[2]这表明杰斐逊在人民主权原则的指引下，认识到三权分立只注重权力内部制衡的弊端，并试图让人民从权力外部进行监督以防止其腐败和滥用。

从人民主权原则出发，杰斐逊进一步提出了人民应享有自决权和反抗暴政权的主张。他认为，一个国家的人民采用何种政府形式，应由各国人民自己决定和选择。人民绝不承认这样一个主张：这些权力可以像牛羊一样不问问他们自己的意愿就把他们在别人手里转来转去……更不能让人们伸出脖子任他宰制，或者听任他作威作福而大气也不出。[3]同时杰斐逊认为，既然人民享有主权，如果政府违背人民的意志，人民就有废除它和成立新政府的权利。这点他在《独立宣言》中阐述得非常明确："政府的正当权力来自被统治者的同意；无论什么时候一个政府破坏了这些目的，人民就有权改变这个政府或把它废除。"[4]

---

〔1〕［美］托马斯·杰斐逊：《杰斐逊选集》，朱曾汶译，商务印书馆2017年版，第314页。
〔2〕［美］托马斯·杰斐逊：《杰斐逊选集》，朱曾汶译，商务印书馆2017年版，第292页。
〔3〕参见［美］托马斯·杰斐逊：《杰斐逊选集》，朱曾汶译，商务印书馆2017年版，第247页。
〔4〕［美］托马斯·杰斐逊：《杰斐逊选集》，朱曾汶译，商务印书馆2017年版，第49页。

三、代议民主与共和制

从人民主权思想出发，杰斐逊还倡导实行代议民主与共和制。他坚决反对联邦党人力图在美国实行英国式的君主立宪制，认为在美国这样一个幅员辽阔的国家，虽然不宜实行直接民主制，但是掌握国家权力的人民，可以委派自己的代表去办理公众事务，即实行代议民主制，以实现人民主权。1816年1月11日，他在给约翰·亚当斯的信中写道："比利时、普鲁士、波兰、伦巴底等，现在已经有了恩赐的代议制组织，这种组织在最初可能是有名无实，但总有一天它是要掌握实权的。舆论就是力量，舆论是会形成的。即使法国也将实行代议制政府。"[1]

根据人民主权原则，杰斐逊认为政府组建的目的是更好地维护人民所拥有的自然权利，而这个政府所根据的原则及组织权力的方式最好是共和制，这样在人民看来最可能实现他们的安全和幸福。至于如何判定是否为共和制，杰斐逊提出了自己的标准。他认为，"人民大众是他们自身权利最安全的保管人"，"政府有多少共和主义的成分，要看它们的组成中有多少人民选举和控制的因素"。[2]在他的论述中，流露出对代议制的赞许和期待，并认为"如果人民对其政府机关的控制是衡量政府的共和主义成分的标准（我承认我不知道还有其他什么衡量标准），那就必须承认，我们各个政府的共和主义成分远远达不到应有的程度"。[3]

四、分权制衡

杰斐逊也主张分权制衡思想，认为任何权力都应该是有限的，都应当有相互制约的机制，这源自人性善但却不完满。他在《弗吉尼亚笔记》

〔1〕［美］菲利普·方纳编：《杰斐逊文选》，王华译，商务印书馆1963年版，第36–37页。
〔2〕［美］托马斯·杰斐逊：《杰斐逊选集》，朱曾汶译，商务印书馆2017年版，第663页。
〔3〕［美］托马斯·杰斐逊：《杰斐逊选集》，朱曾汶译，商务印书馆2017年版，第662页。

中写道："人的本性在大洋两岸都是一样的，同样都会受同一些原因的影响"，"人们很快就学会行使他们所拥有或窃取的每一种权利和权力来满足他们的个人利益"。[1]正是因为"政府首脑们会堕落腐败，而且还会让这种腐败蔓延到人民中去"。[2]所以防止腐败和暴政的时机是在他们抓住我们之前。把狼拒之于羊栏门外，要比狼进了羊栏再去拔它的牙和爪为好。[3]从行文逻辑来看，杰斐逊论证分权制衡的必要性非常清晰明了：政府权力离不开人的执掌，人的天性不完善会使我们犯错，这时候政府权力为恶就会损坏人民的自然权利，因而对政府权力进行分权制衡就显得十分必要，"要想有一个良好和安全的政府，其方法不是把所有的事情都委托给一个人，而是要在许多人中进行分配，把每个人所能胜任的职务分配给他"。[4]

至于如何分权制衡，杰斐逊显然是经过深思熟虑了的。他一针见血地指出："我们争取的政府不仅要建立在自由的原则上，而且政府的各项权力必须平均分配给几个政府部门，每个政府部门都由其他部门有效地遏制和限制，无法超越其合法范围。由于这个原因，通过政府条例的那个代表大会把政府建立在这样一个基础上，即立法、行政和司法三个部门应当分立，任何人在同一时候不得行使一种以上的权力。但是这几种权力之间并没有设置任何障碍。"[5]很显然，他认为要防止政府腐败或暴政，首先需要从权力内部进行横向分权，即需要在立法、行政、司法三者之间进行权力架设，以使不同权力之间达到相互牵制状态。

从权力纵向配置来看，杰斐逊赞成联邦和各州的垂直分权。他说："让全国政府处理国防以及对外关系和联邦关系；州政府处理公民权利、法

〔1〕［美］托马斯·杰斐逊：《杰斐逊选集》，朱曾汶译，商务印书馆2017年版，第240页。
〔2〕［美］托马斯·杰斐逊：《杰斐逊选集》，朱曾汶译，商务印书馆2017年版，第240页。
〔3〕参见［美］托马斯·杰斐逊：《杰斐逊选集》，朱曾汶译，商务印书馆2017年版，第240页。
〔4〕［美］托马斯·杰斐逊：《杰斐逊选集》，朱曾汶译，商务印书馆2017年版，第651页。
〔5〕［美］托马斯·杰斐逊：《杰斐逊选集》，朱曾汶译，商务印书馆2017年版，第239页。

律、治安以及与州有关的事务；县政府处理县的地方性事务，区政府处理区的事务。把这些共和国从全国性的大共和国到其所有从属机构一分再分，直到每个人都管理他自己的农场，每个人自己的眼睛能监督的都由他自己监督，这样一切事情就能办得最好。”[1]在这里，杰斐逊把全国划分成联邦、州、县和区四级，并配置大小不一的权力，从而在纵向上构成一个对政府权力进行平衡和制约的体系。那么，联邦和各州的关系如何呢？杰斐逊运用主权可分论和社会契约论来解释美国宪法及其所规定的联邦与各州的关系。他认为，合众国是“为特殊的目的而建立了中央政府，并委以后者有限的和特定的权力，同时，各州为自己保留了其余的大量权力”，[2]并强调“各州都有平等权力，就联邦法律违宪之处及其补救方式和方法作出判断”，[3]也可以号召“姐妹州一致宣布这些法律无效，并与本州联合起来要求在下次国会开会时废除他们”。[4]当然，在杰斐逊眼里，联邦并非一种拥有完整主权的各州组成的制度，也并非一种各州可以随意退出的同盟。[5]

杰斐逊不仅认为权力内部纵横的分权制衡是必要的，而且认为权力外部的人民监督与反抗也是关键。杰斐逊主张赋予人民反抗政府的权力是防止政府蜕变的关键。他说：“时不时地发生一次小规模的叛乱是件好事，它在政治界就像暴风雨在自然界一样地必不可少。”[6]“自由之树必须经常用爱国者和暴君的鲜血来浇灌，使之鲜绿常青。鲜血是自由之树的天然肥料……”[7]

---

〔1〕［美］托马斯·杰斐逊：《杰斐逊选集》，朱曾汶译，商务印书馆2017年版，第651页。

〔2〕The Kentucky Resolution of 1798, Commager, op. cit., p.178.

〔3〕The Kentucky Resolution of 1798, Commager, op. cit., p.181-182.

〔4〕See The Kentucky Resolution of 1798, Commager, op. cit., p.181-182.

〔5〕See S. Morrison & H. Commager, *The Growth of the American Republic*, Oxford University Press, 1942, p.477.

〔6〕［美］托马斯·杰斐逊：《杰斐逊选集》，朱曾汶译，商务印书馆2017年版，第407页。

〔7〕［美］托马斯·杰斐逊：《杰斐逊选集》，朱曾汶译，商务印书馆2017年版，第430页。

五、精神和表达自由

杰斐逊特别关心信仰自由，在他的政府文件和信件中有大量阐述宗教信仰自由的内容。他认为，信仰自由是每个人的权利："宗教完全是一种存在于人和他的上帝之间的事情，人不为他的信仰或崇拜对任何其他人负责。"〔1〕因此，信教不应强制，更不应该限制，立法机关不得制定有关建立官方宗教或禁止自由信仰宗教的法律，为此他在《建立宗教自由法案》就提出："一切人均可自由表明并通过说理坚持其宗教见解，绝不可因此而缩小、扩大或影响其公民权。"〔2〕

杰斐逊担任总统后，他在第一次就职演说时就公开承诺"平等公正地对待一切人，而不问其地位或宗教信仰或政治信仰"。〔3〕竞选连任成功后，他在第二次就职演说时又提到宗教信仰自由问题，他慷慨激昂地说道："在宗教问题上，我认为宪法已使宗教信仰自由独立于全国政府权力之外。所以，我从未规定一套合乎全国政府心意的宗教仪式，而是按照宪法规定将宗教仪式留给各宗教团体所承认的州当局或教会当局去指导和管理。"〔4〕这些言语表明，他主张将宗教信仰问题留给公民个人自由选择，使其成为公民个人私事，而不从联邦层面对其干涉，国家对其保持中立。

杰斐逊还非常重视人民的表达自由，认为言论自由、出版自由等都是人民不可剥夺、不受侵犯的权利。他认为，言论和思想上的自由是人性使然，是理性要求。人如果被剥夺了言论自由和表达思想的自由，他不过是一台肉机器，这是违背人的本性的。他还认为人民有自由发表意见批评政府的权利，无论这种批评是否正确，政府都不应加以禁止和治罪。只有让

〔1〕［美］托马斯·杰斐逊：《杰斐逊选集》，朱曾汶译，商务印书馆2017年版，第328页。
〔2〕［美］托马斯·杰斐逊：《杰斐逊选集》，朱曾汶译，商务印书馆2017年版，第310页。
〔3〕［美］托马斯·杰斐逊：《杰斐逊选集》，朱曾汶译，商务印书馆2017年版，第320页。
〔4〕［美］托马斯·杰斐逊：《杰斐逊选集》，朱曾汶译，商务印书馆2017年版，第337页。

他们自由地表达意见，社会的真理才会越辩越明。在杰斐逊看来，出版自由比言论自由更为重要，因为言论自由影响面较小，而出版自由可以影响全国甚至全世界的各个角落。

杰斐逊提倡思想言论自由、出版自由和宗教信仰自由。这些思想是反封建的有力武器，同时对促进人们的思想解放和社会进步具有很大的作用。

六、守法思想

杰斐逊特别强调守法的重要性。他首先认为，人民遵守的法律需要契合社会发展，因此法律需要与时俱进，“叫文明社会永远处于他们野蛮祖先的统治下，等于是硬要一个大人穿他小时候穿的衣服”。[1]

同时，在杰斐逊看来，严格遵守成文法无疑是一个好公民的重要义务，但守法要与客观需要相适应，遵守“迫切需要、自我保存、危急时保卫祖国等法则是更重要的义务”。他进一步阐释，人们不能因为机械地守法而丧失法律所保护的人身自由和财产，如果“死板地遵守成文法以致失去了祖国，也就失去了法律本身，失去了生命、自由、财产以及所有那些与我们一同享受那些东西的人，从而荒唐地为了手段而牺牲了目的”。[2]

经典著作

1.《独立宣言》。这是一份标志着北美与宗主国英国正式分离而独立的政治文献，由杰斐逊主笔撰写。《独立宣言》包含了许多西方近代著名的民主政治原则，尤其第一段统领全文，开宗明义指出北美殖民地脱离英

〔1〕［美］托马斯·杰斐逊:《杰斐逊选集》，朱曾汶译，商务印书馆2017年版，第665页。
〔2〕［美］托马斯·杰斐逊:《杰斐逊选集》，朱曾汶译，商务印书馆2017年版，第596页。

国有正当性，全文其他部分的阐述都是围绕这一目的展开。

2.《建立宗教自由法案》。这是杰斐逊向弗吉尼亚议会提出的一个法案，该法案宣告每个人在宗教上独立，具体表达了杰斐逊对思想自由的信念。

3.《英属美利坚权利概述》。这是杰斐逊1774 年所写的一篇政论文章，旨在说服参加第一届大陆会议的弗吉尼亚代表团对英国采取强硬姿态。否定了英国议会对北美殖民地的任何权威，明确提出殖民地人民是自由人民，根据自然法应当得到自己的权利。这是美国宣布独立以前他对独立革命事业最显著的贡献。

4.《弗吉尼亚笔记》。杰斐逊的这部长篇专著为了回答当时法国驻费城公使向他提出的一些问题。书中强调文官政府是组成社会的唯一目的，政府的管理要取得人民的同意。在政府内部，议会、司法和行政要进行权力划分，他们各自的权力不能超出法律的规定，彼此还要相互制约。

影响评价

杰斐逊以自然法学说为根据，以天赋人权为前提，阐明了生命权、自由权和追求幸福权的思想，以及人民主权、代议民主等思想，提出了建立资产阶级代议制民主共和国方案，尖锐地抨击了奴隶制度和种族歧视，还提出了宗教信仰和表达自由等主张，这些思想和主张无不闪耀着资产阶级民主主义思想的光辉，在当时的历史条件下，其进步性是显而易见的。他关于社会不断进步、法律也应不断修改或重新制定以适应社会变化等的思想至今仍具有借鉴意义。

杰斐逊起草了《独立宣言》，从而开创了美国历史的新纪元。他把天赋人权作为思想基础和指导原则写入《独立宣言》，从而使天赋人权第一次正式成为资产阶级的一条重要政治纲领，不仅有力地促进了北美人民的反英独立运动，还大大地解放了人们的思想，推动了美国政治法律制度的建立，而且也影响了18世纪欧洲资产级革命的历史进程，《独立宣言》至今仍在指导着美国资产阶级的政治生活。

当然，我们在肯定上述进步法律思想的同时，也应看到杰斐逊法律思想的局限性。他的理论基础和出发点是唯心主义历史观，体现的是美国资产阶级和种植园主的利益和要求，旨在维护资产阶级的统治利益。

深度阅读

1. ［美］R.B.伯恩斯坦：《杰弗逊传》，徐静姿译，中国人民大学出版社2017年版。

2. ［美］托马斯·杰斐逊：《杰斐逊选集》，朱曾汶译，商务印书馆2017年版。

3. John Meacham, *Thomas Jefferson: The Art of Power*, Random House, 2012.

4. Jeremy D.Bailey, *Thomas Jefferson and Executive Power*, Cambridge University Press, 2007.

杰里米·边沁

Jeremy Bentham

1748—1832

当之无愧的首位也是最伟大的法哲学家

“最大多数人的最大幸福是正确与错误的衡量标准。”

——杰里米·边沁

杰里米·边沁(Jeremy Bentham),英国哲学家、法学家、社会改革家。边沁于1748年2月15日生于伦敦东城区的一个托利党律师家庭,富足殷实的家庭条件为其接受良好教育并全身心投入法律工作奠定了坚实的物质基础。边沁少年老成,聪慧好学,3岁的时候就向自己的父亲学习拉丁语,孩童时期便开始阅读法国历史学家拉平·德索伊拉斯编写的《英国史》(*The History of England*)。10岁的时候就可以用希腊语以及拉丁语写信。边沁7岁的时候进入威斯敏斯特学校学习,12岁便获得了大学入学资格。

1760年6月,边沁的父亲将其送到牛津大学女王学院学习,希望其成为一名优秀的律师。在牛津大学学习期间,他并未因其神童身份而在校内混得风生水起,反而由于年龄与同学们相差较大致使他较难融入集体。他长得较为瘦弱,因而时不时地会被一些体态健壮的同学捉弄和欺负。当时的牛津大学并非现在这般是思想开放的学术圣地,反而充斥着各种陈旧腐化且矫揉造作的正统理论,边沁对此感到厌恶,也蔑视那些课程,还不喜欢他周围的那些人,所以生活是苦恼而无所获益的。1766年,他取得文学硕士学位,结束了他的大学生活。

1767年,边沁进入林肯律师学院学习,当年他又返回牛津听了布莱克斯通的英国法律讲座。据他自己说,他当时就发现了布莱克斯通的几个荒谬之处。他随后于1776年匿名发表了其首部作品《政府片论》(*A Fragment on Government*),对布莱克斯通的《英国法释意》(*Commentaries on the Law of England*)中涉及政府起源部分进行尖锐的批判,并提出了与该年发表的美国《独立宣言》截然相反的观点。边沁于1769年获得出庭律师资格，但他对法律实务方面兴致不大，反而对法律理论方面情有独钟。在其首次窥探到法律程序中所存在的问题时，他不愿遵循父亲的意愿成为一名出色的律师，转而致力于推动英国法以及相应法律制度改革。

1785年，边沁开启了他的欧洲大陆之旅，辗转法国、意大利、俄罗斯、德国等地，在此过程中其主要思想逐渐成形。边沁受到苏格兰哲学家大卫·休谟、法国哲学家爱尔维修以及意大利法理学家切萨雷·贝卡利亚等人的作品影响，尤其是爱尔维修对他影响至深，以致以赛亚·伯林说道："边沁是彻头彻尾的爱尔维修门徒，虽说'功利主义'这个词通常与他联系在一起，边沁的观念中极少有不是直接源于爱尔维修的"。[1]正是在这些思想家的影响下，边沁慢慢确立了他的法哲学基础——功利主义，并于1789年发表了《道德与立法原理导论》(*A Introduction to the Principles of Morals and Legislation*)予以集中阐明其主要思想。

法国的政治动荡为边沁的理论付诸实践提供了机会。1788年至1792年，边沁通过朋友陆续向法国议会主席抄送了自己的著作，致力于推行其改革方案，并提出建立济贫院和圆形监狱计划。边沁的《道德与立法原则导论》在法国颇受欢迎，法国议长以及众多权贵都对此交相称赞。1792年8月，法国政府授予边沁荣誉公民的称号，以表彰其为法国革命所做的贡献。1792年，边沁的父亲去世后，他继承了位于威斯敏斯特皇后广场的宅邸，此后余生大都居于此地，并在此处完成了大量工作，他称这座宅邸为幽居，称自己为隐士。同年，边沁的圆形监狱计划被英国议会采纳，并给了他一笔拨款。边沁为此计划操碎了心，他亲自参与该计划的设计与选址并购置了土地，但最终由于英国国王乔治三世持反对态度导致计划搁浅。但他并未轻易放弃，继续为此计划奔走劳累，并因此负债濒临破产。1813

〔1〕［英］以赛亚·伯林：《自由及其背叛》，赵国新译，译林出版社2019年版，第25页。

年，议会给边沁拨了一笔款项用于补偿他为该项计划所遭受的损失。边沁虽然得到了补偿，但他仍为该项计划的失败而感到沮丧。

边沁晚年时期生活得越发像一个隐士，除了自己的秘书与门徒外几乎很少面见外人。他生活规律，每天工作8个到10个小时，但他乐此不疲。边沁还致力于教育事业发展，提出了“教育人人平等”“高等教育应广泛普及”等在当时颇为前沿的理论，并提倡建立一所脱离宗教控制的新大学。后在其思想的影响下伦敦大学学院成立，因此，边沁也被称为伦敦大学学院的“精神之父”。1832年6月6日，一代哲人逝于伦敦，在弥留之际，边沁仅留一友人在身边并叮嘱道：“我感觉大限将至，我们必须把痛苦降至最低。不要让仆人进房间，让年轻人都走开，我的死亡会使他们痛苦，他们在这里也无济于事。”边沁留下遗嘱，要求将自己的遗体献于医学，并希望解剖后能将遗体存放于伦敦大学学院以供展览。[1]边沁终生未婚，曾有过两次失败的情感经历，但这并不影响边沁度过了幸福的一生，他生活富足而不需要为生计奔波，且身边有着诸如密尔父子等一群意气相投的朋友，与他共赴学术盛宴。

核心学说

一、功利主义原理

功利主义是边沁法律思想的哲学基础与核心。他在大卫·休谟、爱尔维修和贝卡利亚等前人思想的基础上，提出了以功利主义为哲学基础的诸多法律思想。

---

〔1〕 关于边沁生平介绍参见Hearnshaw F.J.C, *The Social&Political Ideas of Some Representative Thinkers of the Revolutionary Era*, London, George G. Harrap and Company, 1931; H.A.Holland, *Jeremy Bentham*, Cambridge Law Journal.10(1), p.3-32(1948)。

边沁在其著作《道德与立法原理导论》集中阐述了功利主义原理。他指出，功利主义“是指导与评价个人行动和政府行为的唯一终极标准。所谓功利原理是指这样的原理：它按照看来势必增大或减少利益有关者之幸福的倾向，也即促进或阻碍此种幸福的倾向，来赞成或非难任何一项行动。我说的是无论什么行动，因而不仅是私人的每项行动，而且是政府的每项措施”。〔1〕在边沁看来，之所以将幸福看作一切活动的最终目的，是因为人的本性是“避苦求乐”，他指出：“自然把人类置于两位主人公——快乐和痛苦——的主宰之下，只有它们才能指示我们应当干什么，决定我们想要干什么。是非标准，因果联系，俱由其定夺。”〔2〕

边沁认为，应当根据行为本身所引起的苦与乐的大小程度来衡量该行为的善与恶。凡是能够减轻痛苦、增加快乐的，在道德上就是善良，在政治上就是优越，在法律上就是权利。边沁将苦与乐进行分类，认为单纯的乐是指“感官之乐、财富之乐、精技之乐（唱歌、游戏之类）、和睦之乐、令名之乐、权力之乐、虔诚之乐、联想之乐和解脱之乐”等14种快乐。〔3〕单纯的苦则“包括贫困之苦、感官之苦、狼狈之苦、不和之苦、恶名之苦、虔诚之苦、慈悲之苦、歹毒之苦”等12种痛苦。数种这些单纯的苦和乐则可组成复杂的苦与乐。

此外，他还进一步分析了影响人们对痛苦与快乐感觉的因素，并根据痛苦与快乐的强度、持续时间、临近或偏远、确定性、纯度、广度和丰度7个参考因素提出了计算痛苦与快乐的量化方法，这一计算方法被后世称为“幸福微积分”（felicific calculus）。此外，边沁也关注到对于苦乐的感受也因人而异，其在很大程度上取决于个人体质。

---

〔1〕［英］杰里米·边沁：《道德与立法原理导论》，时殷弘译，商务印书馆2000年版，第58页。

〔2〕［英］杰里米·边沁：《道德与立法原理导论》，时殷弘译，商务印书馆2000年版，第57页。

〔3〕［英］杰里米·边沁：《道德与立法原理导论》，时殷弘译，商务印书馆2000年版，第90-98页。

值得注意的是，边沁阐述的功利主义是伊壁鸠鲁式的，以个人生理和心理对苦乐的感受为基础，这很容易陷入快乐主义范畴。此外，尽管边沁也提出"最大多数人的最大幸福"作为功利的最高原则，这仿佛披上了利他主义外衣。但事实上，诚如恩格斯所说，边沁"他和当时全国的倾向相一致，把个人利益当作公共利益的基础"〔1〕，他并没有跳出利己主义窠臼。当然，这些并不妨碍边沁在思想领域所作出的历史贡献。

二、立法思想

边沁在功利主义的哲学基础上提出了相应的立法理论。他指出"组成共同体的个人的幸福，或曰其快乐和安全，是立法者应当记住的目的，而且是唯一的目的。它是唯一的标准，依此应当在立法者确定的程度上，使得每个人都将自己的行为规范得符合该标准"。〔2〕基于该标准，边沁将国民的幸福分为了4种，分别为生存、平等、富裕和安全，而立法的目的是"保存生命，达到富裕，促进平等，维护安全"。〔3〕其中，就"生存"与"富裕"而言，在边沁看来，法律对于二者的实现能起到的作用相对有限，而"安全"与"平等"则格外需要法律来发挥作用，同时也是4种幸福中最为重要的。

边沁认为立法者在制定法律时应当受到相应的限制，须在特定的正当范围内制定法律，尤其是要同道德教化区分开来，而不能将一切违反道德的行为纳入法律规制范围并规定相应的法律制裁。他指出，如若将所有恶的行为都使用法律加以规制，不仅会导致一种"立法专制"而且在现实生活中也无法操作。边沁将立法的限度界定为"仅仅是一切人、或者范围很

〔1〕《马克思恩格斯文集》(第一卷)，人民出版社2009年版，第106页。

〔2〕［英］杰里米·边沁：《道德与立法原理导论》，时殷弘译，商务印书馆2000年版，第81页。

〔3〕［英］杰里米·边沁：《立法理论》，李贵芳等译，中国人民公安大学出版社2004年版，第122页。

大而且属于稳定的各类人可能以某种方式参与的那些行为的概况”。[1]

边沁还提倡改革法律形式，并致力于法典编纂。他不仅致力于本国的法典编纂，还呼吁俄罗斯、美国、西班牙、法国等诸多国家编纂法典。这一理想是基于当时历史条件的产物：一方面英国国内法律混乱、内容陈旧、缺乏普遍性且晦涩难懂，且早在亨利八世在位期间（1509—1547）就已提出了编纂法典的想法，英国国内法典编纂理论已经有了一定积累；另一方面，在边沁所处时代，颁布一部法典是国王具有哲学思想的一个标志。普鲁士腓特列二世、奥地利的特雷西亚、俄罗斯的叶卡捷琳娜，乃至法国的拿破仑，都将他们所编纂的法典作为自己王朝的荣耀。[2]

边沁认为，法典编纂的目的在于促进法律的高效执行，且便于法律的普及与研究。因而提出了法典编纂应当具备以下四个条件：第一，它必须是完整的，也就是说，它必须充分提出整套法律，以致无须用注释或判例的形式加以补充；第二，在叙述其包含的法则时，必须使每一句话都达到最大可能的普遍性，换句话说，它必须可以用最少的法则说明全部的法律；第三，这些法则必须以严格的逻辑顺序叙述出来；第四，在叙述这些法则时，必须使用严格一致的术语，给这个作品中可能提到的每件事以唯一的具有一个准确界定的名称。[3]尽管这些条件在现在看来具有较多漏洞，但在当时却具有一定进步意义。

三、刑罚理论

此外，他还提出了基于功利主义原理的刑罚论。边沁认为：“所有惩罚都是损害，所有惩罚本身都是恶。根据功利原理，如果它被允许，那只

〔1〕［英］杰里米·边沁：《道德与立法原理导论》，时殷弘译，商务印书馆2000年版，第357页。

〔2〕参见徐爱国、李桂林：《西方法律思想史》（第2版），北京大学出版社2009年版，第1344页。

〔3〕［英］杰里米·边沁：《政府片论》，沈书平等译，商务印书馆1995年版，“蒙塔古编者导言”第51页。

是因为它有可能排除某种更大的恶。”[1]事实上，边沁的刑罚论并非简单的“以恶制恶”，而是在充分对比刑罚之恶与罪行之恶的情况下而选择的一种相称性，并提出了测算这种相称性的一些规则。边沁还主张刑罚不得滥用，应当有节制地施加刑罚，并提出以下四种情况不应施以刑罚：一是不存在要防止的损害；二是惩罚必定无效，即不可能起到防止损害的作用；三是惩罚无益，或者说代价过高，即惩罚会造成的损害将大于它防止的损害；四是惩罚无必要，即损害不需要惩罚便可加以防止或停止，也即以较小的代价便可防止或停止。[2]很明显，边沁在这里其实阐述的是实施刑罚要区分罪与非罪，蕴含着罪刑法定原则。

边沁认为刑法的适用并非简单的“以牙还牙，以眼还眼”这般个人之间的恩怨复仇，他指出刑罚应当达到以下四个目的：一是在可能或值得的范围内防止各种罪过，即设法杜绝任何罪过；二是在符合行为人意图的罪过当中，刑罚能够将其导向选择害处较小的那项罪过；三是惩罚必须使已经犯罪的人尽量不去犯更多的罪过；四是无论惩罚所欲防止的损害是什么，惩罚都要以最小的代价防止。[3]边沁这种关于刑罚目的论述高度贯穿了罪刑相适应观念。这一观念也体现出公法比例原则，是比例原则在刑罚领域的运用。

四、实证主义观念

边沁虽被认为是功利法学派代表人物，但事实上他也是实证分析法学派的开山鼻祖，其实证主义观念是在批判自然法学思想基础上建立起来

---

〔1〕［英］杰里米·边沁：《道德与立法原理导论》，时殷弘译，商务印书馆2000年版，第216页。

〔2〕参见［英］杰里米·边沁：《道德与立法原理导论》，时殷弘译，商务印书馆2000年版，第217页。

〔3〕参见［英］杰里米·边沁：《道德与立法原理导论》，时殷弘译，商务印书馆2000年版，第224-225页。

的。17、18世纪的自然法学派拥护、主张人的自然权利，认为自然法是人类的理性，倡导天赋人权。边沁对古典自然法学派所主张的自然权利进行了批判，他认为权利是法律的作品，抛开法律谈权利是荒谬的。边沁指出，如果自然权利来自上天或是自然，那么会导致对自然权利的适用与界定判断标准缺失，从而陷入一种不确定性，而这样的不确定性则会危害法律的稳定性，并对法律的权威性造成影响。

边沁还针对法律的起源这一问题，对自然法学派所主张的社会契约论进行批判。他认为这一说法属于理论上的虚构，他基于人类的本性，提出了法律起源于人们对于恶的恐惧。他认为，未经教化的众生起初能自愿服从少数人统治的原因是出于对恶的恐惧，而法律则是这些少数统治者所制定出来的东西。

边沁反对古典自然法学派所主张的抽象的自然法。在他看来，自然法存在较多的虚构的逻辑且内容不明确。他将法学研究的重点从古典自然法学派的"什么是法律"转变为"法律应该是什么"，聚焦对实在法的研究。边沁旨在在遵循严谨科学精神的基础上进行法学研究，他将法学研究分为阐述性法学和审查性法学两种，前者研究旨在解释法律是什么，强调对法律本身的研究；后者着眼于研究法律应当是什么。他还区分了法学研究者，其分为"解释者"与"评论者"两种，"解释者"负责对事实进行说明或探讨，而"评论者"的任务是思考法律应当如何优化。边沁对于法学研究的分类蕴含着实证分析法学观念，这后来也成为分析法学派的重要标志。

五、法律定义

边沁沿着实证主义立场在其著作《论一般法律》中对法律的含义及其组成予以了详细说明。他提出了"法律就是主权者自己的命令或者被主权者采纳的命令的总和"[1]。英国学者莫里森分析这一概念包含四个方面：第一，法律是主权者意志的创造物；第二，要让这一创造物为公民和官员所知晓；第三，法律规定某些行为过程，也就是命令要克制某些行为；第四，法律以制裁的使用为后盾。[2]我国老一辈法学家也认为这一概念包含了六个要素。[3]

对于边沁这一法律概念的理解还得从何为主权者着手。在边沁眼里，"被承认有权制定法律的个人或群体为法律而制定出来的任何东西，俱系法律"。[4]这里，有权制定法律的个人或群体就是边沁理解的主权者，是指一个政治共同体中被该共同体成员所普遍服从的个人或集体，主权者的意志优先于其他任何人。同时，对于这一概念的理解还要抓住"强制"这个关键点。边沁强调所有的法律必须以强制的形式，或痛苦或喜悦，加诸当事人。边沁认为法律本身具有命令性和强制性等特点，后被奥斯丁所继承和发展并最终形成了分析法学派的"法律命令说"。当然，边沁主张法律是主权者的命令，并非否定法律要具有"良法"品质，这一点与奥斯丁所谓的"恶法亦法"有明显区别。

此外，边沁还提出了可以从八个方向对法律进一步思考与分析，意图运用分析的方法，构建一套科学严谨的法律术语与法律分类体系。但由于该项任务过于艰巨，工作量过于庞大，边沁只完成了部分工作。

六、自由与权利

边沁也非常重视自由与权利。他针对当时保守落后的社会观念以及

---

〔1〕 转引自吕世伦主编：《西方法律思想史论》，商务印书馆2006年版，第111页。

〔2〕 参见[英]韦恩·莫里森：《法理学：从古希腊到后现代》，李桂林等译，武汉大学出版社2003年版，第190页。

〔3〕 参见吕世伦主编：《西方法律思想史论》，商务印书馆2006年版，第111页。

〔4〕 [英]杰里米·边沁：《道德与立法原理导论》，时殷弘译，商务印书馆2000年版，第369页。

长期受到宗教压抑人性的洗脑思想，提出了在当时看来颇为反叛的自由与权利理论。

边沁所处的时代，妇女在法律上没有独立的地位，政治上几乎毫无权利可言，社会上男尊女卑的思想根深蒂固。他意识到了男女之间权利的不平等，猛烈抨击“某些野蛮或半开化的国家用女人来犒劳战士”的做法，〔1〕也认为在婚姻中女性被当作男性附属品看待是对女性的压迫。他承认在客观上两性之间存在差异，但他并不认为这样的差异产生的根源为妇女的本性，他指出是社会条件造就了男女之间能力方面的差异，并认为若能够使针对妇女的社会条件得到根本的改善，男女在能力上的差异则能够基本消除。他提出了诸多保护妇女的措施以及一系列维护女性权益的思想。例如，为了维护受到不幸婚姻压迫的女性的权利，他提出了离婚权；为了维护妇女在财产方面的权利，他提出了在继承法中应当赋予妇女同等的权利；为了维护妇女的政治权利，他主张赋予妇女选举权；在维护妇女的人身安全方面，他提出了刑事犯罪中对于妇女的保护措施，在法庭审判中针对妇女的犯罪，应重视对妇女尊严的维护，对于严重侵害妇女身心健康的强奸犯罪应当采取更为有效的惩罚来予以规制。这些思想成为了女权意识的启蒙，鼓励且激发了后人为女性受到的不平等待遇而继续奋斗。〔2〕

边沁从功利主义原则出发还为同性恋行为进行辩护。在边沁所处的时代，同性恋行为会被处以绞刑，他反对将同性恋行为刑罚化，并对孟德斯鸠以及伏尔泰关于同性恋行为造成社会危险的理论予以驳斥。他认为同性恋互惠双方且并未损害社会利益，并主张放宽禁止同性恋的法律。边

---

〔1〕 See Williford Miriam, Bentham on the Rights of Women, Journal of the History of Ideas, Vol.36, No.1, 1975.

〔2〕 See P. Schofield & X. Zhai, Bentham on Democracy, Courts, and Codification, Cambridge University Press, 2022, p.68-87.

沁针对同性恋行为的辩护文章长达60多页，但因害怕冒犯当时的公众道德在其有生之年一直没有发表，直到1978年才在《同性恋杂志》(*Journal of Homosexuality*)首次发表。这篇文章也是英国第一个已知的同性恋法律改革的论据，也为日后英国乃至世界诸多国家同性恋合法化奠定了理论基础。[1]

另外，基于功利主义的理论，他还提出了动物权利保护与动物解放。他认为动物同人类一样都能感受到痛苦，具有感知痛苦的能力，而这也是给予动物权利保护的理论基础。由于动物具有感知痛苦的能力，因此人类对于动物的虐待会导致动物痛苦，因此在动物身上制造痛苦是不道德的行为，人类施加在动物身上的暴行是不具有正当性的。出于功利主义的考量，为了增加快乐，减少痛苦，则需对动物权利予以保护。针对人与动物之间快乐的冲突，如因为医学实验的需要而伤害动物以及出于人类食肉的需求而宰杀动物，边沁为这些行为的正当性予以辩护。他指出若是在动物生前予以妥善对待，且在出于正当需求而宰杀或不可避免地伤害动物时，尽最大可能减少或者消除动物的痛苦，与此同时人类的需求得以满足，快乐得以增加，那么这样一来牺牲动物的生命则具有一定合理性。这一理论也影响了后世有关动物权利保护的立法。[2]

七、国际法思想

边沁在国际法方面亦有所建树。他在1789年发表的《道德与立法原理导论》中首次创造并使用“International Law”一词。[3]边沁关于国际法的

〔1〕 See Jeremy Bentham, Offences Against One’s Self, Journal of Homosexuality, Vol. 3:4 (1978).

〔2〕 See Johannes Kniess, Bentham on animal welfare, British Journal for the History of Philosophy, Vol. 5, 2018.

〔3〕 See M. Janis, Jeremy Bentham and the Fashioning of “International Law”, American Journal of International Law, No. 2, 1984.

相关理论主要是在1786—1789年写就的作品《国际法原则》(*Principles of International Law*)中予以阐述，该作品分为4篇论文，针对国际法的对象、主体、目的以及战争的原因与结果等予以详细论述。[1]他提出国际法的调整对象为国家之间的关系。在他看来，基于功利主义理论而言，国际法的目标在于实现所有共处国家的最大幸福。为保障人类幸福这一首要目的，可以通过具体措施来引导国家废除战争，实现世界和平，如解放各国殖民地、削减并调整欧洲武装力量、建立国际法院并由一些国家来建立特遣队以保证法院的法令得以执行等，这些诸多超前观念产生了深远影响并被后人付诸实践。他肯定国际法的法律属性，并主张制定书面且具有法典性质的法律来对国际社会成员形成约束力，他乐观地认为完善的国际法典是避免战争与冲突、实现所有共处国家最大幸福的重要手段。

经典著作

边沁一生笔耕不辍、著作等身，在此主要挑选了3部最具代表性的著作予以推荐。

1.《政府片论》。该书发表于1776年，是边沁的首部作品，也是其政治思想领域的代表作。该部作品对布莱克斯通的主权概念以及社会契约论进行批判，并对主权的产生及其形式进行详细阐述。在功利主义原理的基础上对政府的产生、政府的具体形式、立法权等进行分析，批判了当时英国的政治法律制度，并提供了新的制度设想。

2.《道德与立法原理导论》。该著作于1789年发表，是边沁分析法学思想的集中体现，几乎包含了边沁的所有重要思想。该著作对功利进行定

〔1〕 边沁作品《国际法原则》的网络文献资源参见https://www.laits.utexas.edu/poltheory/bentham/pil/index.html。

义并阐述了功利主义原理和立法等相关理论，同时在宗教批判的基础上创立了新的道德体系。除此之外，书中还详细阐述了边沁在功利主义哲学的基础上提出的刑法理论以及民法理论。

3.《论一般法律》。它是《道德与立法原理导论》的续篇，于1970年由伦敦大学出版，集中体现了边沁的分析法学思想。该部作品针对边沁在撰写《道德与立法原理导论》所产生的困惑予以说明。作品中边沁对于民法与刑法的区分与界限予以回答，对法律进行了定义并指明其特征，意图建立一套普遍适用与通行的立法范例。

影响评价

边沁一生涉猎甚广，在伦理学、哲学、政治学、法学等诸多领域都作出了独特的贡献，英国法学家戴雪评价其为“当之无愧的首位也是最伟大的法哲学家”。边沁对于古典自然法学派的批判、对法律这一概念进行的定义说明、将法学研究区分为立法学与法理学等的观点，为奥斯丁所继承且发扬，最终形成了颇具影响力的分析法学派。

边沁的功利主义思想对后世影响深远。他将功利主义原理运用到法律的制定中，并建立了一套评价法律好坏善恶的标准。他还提出了法典编纂的基本要求，虽然有一定局限性，但是有较大的进步意义，并为后世法典编纂提供了重要参考。

边沁对后世刑法的影响集中体现在其功利主义刑罚观方面，他提出了罪刑相适应、罪责自负等原则，被现代刑法所认可并影响了我国刑法。他针对死刑的存废所提出的理论观点对后世启发颇深，并形成了一种限制死刑适用并逐步发展到废除死刑的思潮。

边沁对后世的影响不仅在于其提出的哲学与法学理论，更在于其在思想上的独立与进步，他的精神激励那些怯弱的后生们敢于质疑强权、反抗正统，帮助他们从权威的束缚中得以解放，摆脱世俗的阻碍，致力于对真理的追寻与表达，以致梁任公都拍案称赞："此所以边氏之论一出，而全地球之道学界、政治界，划然为一新纪元，盖有由也。"〔1〕

深度阅读

1. 张延祥:《边沁法理学的理论基础研究》，法律出版社2016年版。

2. 宁利昂:《边沁的惩罚思想研究》，中国社会科学出版社2021年版。

3. [英]菲利普·斯科菲尔德著、李青、翟小波主编:《边沁的法律、政治及哲学思想》，东方出版中心2023年版。

4. [美]南希·L.罗森布卢姆:《边沁的现代国家理论》，王涛译，华东师范大学出版社2018年版。

5. [美]哈特:《哈特论边沁：法理学与政治理论研究》，谌洪果译，法律出版社2015年版。

6. [美]波斯特玛:《边沁与普通法传统》，徐同远译，法律出版社2014年版。

7. Schofield Philip, *Utility and Democracy*: *The Political Thought of Jeremy Bentham*, Oxford University Press, 2006.

〔1〕 梁启超:《梁启超评历史人物[合集]》(西方卷)，华中科技大学出版社2018年版，第76页。

约翰·奥斯丁

Austin John

1790—1859

法律实证主义的奠基人

“法律的存在是一回事，其好坏优劣是另一回事。”

——约翰·奥斯丁

1790年的初春，约翰·奥斯丁诞生于英国一户富裕的磨坊主家庭。奥斯丁从小天资聪慧，但是命运向这位法律实证主义的奠基者开了玩笑，奥斯丁终其一生都在挫折和沮丧当中度过，却在其过世后声名远播。

在拿破仑战争时期，奥斯丁度过了5年的戎马生涯。随后，他从事了律师职业7年之久，可惜事业发展并不怎么成功。不过，这段时期他接触到伦敦相当有影响力的哲学家和政治改革家圈子，杰里米·边沁、托马斯·卡莱尔，以及詹姆斯·密尔和约翰·密尔父子都非常欣赏奥斯丁的才华。在边沁的帮助下，1826年奥斯丁离开了律师行业，担任新成立的伦敦大学首任法理学讲席教职。然而，奥斯丁同样没有在学院里获得成功，其羸弱的健康状态、神经质和完美主义的性格，使前来听课的学生越来越少。8年后，奥斯丁主动辞去了大学的教职。随后，这位可怜的天才为政府部门服务，前后担任过几个委员会的成员，同样的原因让他的职业生涯没有能够再进一步。1859年12月，奥斯丁过完了自己的一生。

1832年，奥斯丁出版了其生前的唯一著作《法理学的范围》，这部著作当时几乎没有产生任何学术影响力。奥斯丁过世后，其遗孀萨拉，这位他生前经济上和精神上的扶持者，整理修订这部著作并使之再次出版，终于为奥斯丁赢得了传世的名声。这部著作所界定的法学研究范围成为法律实证主义的基本信条，书中提出的“法律命令说”理论以及对具体法律概念的分析，统治了英美世界的法学界长达1个世纪。1863年，萨拉根据奥斯丁的讲演手稿和笔记等资料，整理出版了多卷本的《法理学讲演录》。

核心学说

长期以来，奥斯丁被公认为法律实证主义的奠基人。法律实证主义认为，“法律是什么”和“法律应该是什么”之间有着严格的分界线。前者即“实在法”，才是法学研究的真正对象，而不管这些法律是否存在不能容忍的邪恶内容。法律实证主义者有着区别于社会学、历史学和道德哲学的研究方式，以分析式的方法处理法律自身的一般性和概念性问题，所以该学派又被称为分析法学派。不过，近来的自然法学派和其他反对法律实证主义的很多研究者也接受了分析的方法，若仍将法律实证主义等同于分析法学，这种等同是否贴切尚存疑问。

奥斯丁的理论受到边沁的直接影响，两位学者的法律实证主义立场相同，而且奥斯丁对法律、命令和主权的看法是边沁在这些议题上的一种简化版本。近年来，有些学者开始怀疑奥斯丁理论的原创性，提出要将学派奠基者的称号“归还”给边沁。不过，我们仍然有理由将奥斯丁视为奠基人。一方面，虽然边沁的法律理论具有原创性，甚至在很多关键环节能够避免奥斯丁的理论过度简化所遭遇的困难，但是边沁在世时发表的法律作品主要关注“法律应该是什么”的问题，试图将其功利主义理论应用于法律改革，他关于“法律是什么”的实证主义手稿直到20世纪后半叶才被发现。另一方面，奥斯丁的观点有着更大的冲击力，其简洁清晰的分析论证促进了法律实证主义的迅速传播。在近百年的时间里，这种简化的“命令说”成为英美世界主流的法律理论。很难想象，边沁晦涩复杂的版本能够带来同样的影响力。

经典著作

尽管奥斯丁的理论全貌要在多卷本的讲演录里寻找，但《法理学的范围》是他流传最为广泛的著作。该书共分为六讲，其中核心的法律文本是第五讲和第六讲，分别研究实在法和政治主权。奥斯丁在文本里清晰界定了法学学科的研究范围，将其区别于道德、神启和社会习俗等类似的社会现象。同时，这部著作还集中体现了奥斯丁的法理学观点，他以命令、制裁和义务三要素编织了“法律命令说”，回答了“法律是什么”这个法学的基本问题，由此开启了法律实证主义的统治地位。

一、分离命题

奥斯丁是法律实证主义的奠基人，其主张的“分离命题”被视为该学派的基本信条。虽然他本人没有采用过“分离命题”的术语，但是这部著作阐述了该命题的基本内涵。不过，该书存在两项不同的“分离命题”，奥斯丁没有进行严格的区分，相反，两者都服务于他界定法学范围的意图。本文简单提及第一项命题，将解读的重心放在影响深远的第二项“分离命题”上。

第一项“分离命题”可以被称为广义命题。广义的“分离命题”界定了法学的研究对象，只有“实际存在着的，人为制定的那些法律，才是法学的真正对象”。在英语世界中，“法”这个词代表着多种含义，除了人类制定的实在法之外，这个词还可以指代自然规律、道德法则、宗教戒律和社会习俗等事物。广义命题将实在法和这些事物区分开来，它批评了自然法理论，认为这种理论将神启的自然法和道德的自然法作为主要研究对象，忽视了对实在法的研究。广义命题还批评了孟德斯鸠，这位法学家认为一切事物皆有其法，“法”单纯是源于事物本性的必然关系。奥斯丁认为，这种混淆造成了法学学科的混乱，使得法律难以成为一门真正的科学。在德国波恩准备教职演讲时，奥斯丁接触到了潘德克顿学派的作品，很欣赏该学派的做法，将罗马法本身作为研究对象，并提炼出一套抽象、系统的民法理论。奥斯丁似乎认为，只有将道德和其他非实在法排除在法学研究的范围之外，这种一般性的分析方式才会可行。广义命题将实在法和其他类似的事物分离开来，严格界定了法学的研究对象，使法学成为一门真正独立的学科。

奥斯丁在该书第五讲提出了另一项“分离命题”，我们这里称为狭义命题，该命题是法律实证主义的基本主张。奥斯丁指出，“法律的存在是一回事，其好坏优劣是另一回事。法律是什么不是什么是一项探究的问题，法律是否满足于某种被假定的标准，则是探究不同的问题。一项真实存在的法律，它就是一项法律，哪怕我们恰恰并不喜欢它，哪怕它不同于我们所认同（或不认同）的那些规定”。因此，狭义命题是对“法律是什么”和“法律应该是什么”的分离，是排除道德要素为前一个问题提供的解答。

狭义命题最广为流传的版本是“恶法亦法”，邪恶的“法律”仍然是法律，即使是纳粹国家和其他极端邪恶的国家，其颁布的“立法”仍然会被称为真实存在的法律。不过，这个流行的版本会被进一步地追问，我们需要知道真实存在的法律有何种意义。用法哲学的行话来说，狭义命题认为法律和道德在概念层面上没有必然联系，法律的身份和效力可以不取决于任何的道德标准。举例来说，狭义命题认为纳粹国家的法律仍然有着法律效力，是一种有效力的法律渊源，哪怕我们能够正当地批评其极度反人类。

奥斯丁嘲讽道，狭义命题是一项简单朴素的真理，但很多学者都没能看到这一点。例如，当时名声如日中天的法学家布莱克斯通就曾经说过，上帝为人类设定了义务，一切和上帝法所抵触的实在法都没有法律效力。还有很多自然法学者认为，严格意义上的法律不会偏离自然法的基本内容。若真如此，“法律是什么”的答案，就部分取决于神法和自然法的规定，严重背离了神法和自然法的邪恶“法律”，徒有法律的形式要件，只是“一头披着羊皮的狼”，没有真正的法律效力。奥斯丁对这些不顾狭义命题的认识表示遗憾，他认为将“应然存在的法律和道德”和“实际存在的法律”相混淆，这会为无政府主义者敞开大门，任何人都可以对自身不喜欢的实在法予以“除名”，以“不是法律”为由拒绝服从立法者的命令。

狭义命题区分了“法律是什么”和“法律应该是什么”两个问题，法学学科只研究前一个问题，而应然的道德理想在这个问题上没有任何意义。不过，狭义命题严格区分法律和道德的方式很容易遭到误解。在任何一个国家，法律和道德之间都有着密切关联。例如，我国流行着“法律是最低限度的道德”这样的说法。作为一名法学家，奥斯丁不可能不清楚两者之间的这些联系。因此，我们需要进一步澄清“分离”的内涵。正如前文所言，狭义命题仅仅认为法律和道德在“概念层面”没有必然联系。“概念层面”这个限定词表明了狭义命题所提出的“分离”是非常有限的，仅指在“法律是什么”，即某个规范有没有法律效力、是不是真正的法律这个问题上，人们无须诉诸道德标准求得解答。可以用一个类似的例子阐明“概念层面”的含义：尽管你我都不会否认每个人应该成为良民，但是我们可以用无关道德的方式，在生物学的意义上界定什么是“人”。除非我们是在比喻，否则不会因一个人无恶不作就排除掉其“人”的身份。同样，法律和道德在行使的功能、管辖的范围和规范的内容方面有着必然的联系，任何人都不否认法律应该成为良法善治。奥斯丁因此谈到，“所有的人类法应该与神法保持一致……我会毫不迟疑表示赞同”，但是“认为与神法相互冲突的人类法没有约束力，也就是说这并不是法……这样的说法没有任何意义”。

两项“分离命题”仅仅共同界定了法学的范围，广义命题将实在法之外的某些现象排除在范围之外；狭义命题则指出，我们有可能不借助道德因素确定“实在法是什么”。这样看来，奥斯丁和后来的法律实证主义者有一定的区别，“分离命题”仅仅是为后续的研究解决前提性问题，只有确定了法学的研究范围，才有可能对权利、义务和其他的法律基本概念进行严格分析。《法理学的范围》是奥斯丁分析研究的一份序言，而不应该成为其法律理论的重心，其后续的研究则部分体现在晦涩难懂的讲演录当中。

在转向奥斯丁的“法律命令说”之前，我们还应该澄清一种对奥斯丁的常见误解。两项“分离命题”将很多研究领域驱逐到法学研究之外，为学科的独立性作出了不可磨灭的贡献。但是，这并不代表这些法学之外的问题不值得研究，只是他认为这些问题不适合作为“法学”问题进行研究。例如，奥斯丁对“法律应当是什么”的问题就有着深入的论述，他认为这是伦理学和立法学的一部分，具体的观点则主要集中在全书的第二讲至第四讲。简单地说，奥斯丁认为神法是衡量实在法的最终标准，但是神法本身很难为人获知，因此功利原则成为人类立法的直接标准。根据“我们希望对社会一般幸福和善所产生的可能效果”指导立法行为，是最有可能满足神法要求的办法。这样看来，奥斯丁不是一个道德怀疑论者，“法律是什么”的研究虽然独立于“法律应该是什么的研究”，但是后者同样是一个值得争辩的重要话题。

二、法律命令说

狭义的“分离命题”（以下简称“分离命题”）是一项消极命题，它仅告知我们不用求助于道德标准，而没有正面回答“法律是什么”这个问题。所以，虽然法律实证主义者们都会赞同“分离命题”，但该命题只不过是对学派理论的一项否定性限制，有可能实证主义者们的正面答卷各不相同。奥斯丁给出的答卷是“法律命令说”，法律是一种特殊形态的命令，接受命令的主体有服从命令的义务，而命令必定附带着某种可能发生的制裁。

“法律命令说”的观点简单清晰，符合很多老百姓对法律的直观认识。

然而，我们稍加反思或许会怀疑，奥斯丁如何得出这样的答案。毕竟，在给出答案之前，我们应该思索该问题是否会有正面的答案。怀疑者会提醒我们，“法律是什么”是抽象问题，无法根据“这部法律是什么”的方式回答。假如有人问我，什么是《中华人民共和国民法典》(以下简称《民法典》)的时候，我会告诉他这是第十三届全国人民代表大会第三次会议通过的一部法律，甚至可以随身翻出一本《民法典》，对提问者回答“这就是我国的民法典”。但是，奥斯丁面临的抽象问题无法这么回答。请读者发挥些想象力，任意翻开两部我国的法律，试着归纳两者的共同点；然后再翻开《十二铜表法》和《唐律疏议》，看看这些共同点是否仍然存在。这时你开始迷糊了，但是还能正确指出这些法律的共同点是文字表达。但是请记住，没有文字表达形式的某些习惯法仍然是法律的一种表现形式。或许，有人皓首穷经终于提炼出了人类既往法律的共同之处，但他还面对着一个无法克服的难题，“法律”的抽象概念是超越时空的，未来的法律仍然是“法律”。

这样看来，“法律是什么”的问题不能用“这部法律是什么”的方式进行回答，前者是一个“一般法理学”问题。奥斯丁采用了“概念分析”的方式解答，将“法律”这个概念拆解为“必要的或是本质的组成部分”，追问法律自身的关键性质。奥斯丁认为，“法律”以三个成分构成，分别是命令、制裁和服从义务，三者相互联系不可分离。虽然他没有直接给出三者构成的表达公式，不过H.L.A.哈特精准把握住了奥斯丁的精髓：法律是“主权者或其下的从属者所发出的，以威胁为后盾的一般化命令”。这就是说，各国的法律在形式和内容上都有所区别，但是它们都应该具有这些本质性的特征。所有符合这个表达式的事物都是“恰当意义上”的法律，所有不符合这个表达式的事物都不是“恰当意义上”的法律。

首先，我们来进一步理解“命令”要素，这是“法律命令说”最为核心的概念。奥斯丁认真界定了“命令”的含义，“一个命令不同于别的欲求类型，不在于表达欲求的方式，而在于当这项欲求被弃之不顾时，命令方有力量和有意图来施加一种不利后果和痛苦”。这句话表明，命令的内容不重要，命令是否合理不重要，关键之处是命令有能力带来某种糟糕的后果。回忆一下，你在孩提时肯定会有过不想去学校的经历吧。如果你的朋友说“快点来学校”，你可以自行掂量是否听从，若是这句话从你父母口中说出，那你就只好乖乖听从了。父母能够给你施加生理和心理的痛苦，例如罚站、不带你去游乐园、不给你零花钱。所以，哪怕是同样的语词说出的句子，父母所说的才是命令。

奥斯丁认为，法律是命令的一种子类型，它是一种有着普遍约束力的命令。父母下达的命令是特殊化和个人化的，只能向自己的子女发号施令，没法约束到特殊纽带之外的人群。法律有所不同，这类命令要么约束所有的社会成员，要么普遍约束某一类行为主体。当然，“严格意义”上的法律还有着另外一个特征，那就是发号施令的主体必须是社会里至高无上的主权者，这个问题我们留待下一部分再解释。

再来看看“制裁”要素。正如奥斯丁所言，命令需要有潜在的制裁予以支撑，否则我们没法区分朋友的建言和父母的命令。尽管看上去“制裁”本身不需要进行过多的解释，不过奥斯丁使用这个概念仍有三个较为独特的方面需要注意。第一，他所指的“制裁”是制裁的可能性，而不是真实发生的制裁行为。父母或许不会处罚违反命令的子女，但是不利后果有可能会发生，这就足以说明父母的要求是一项命令。我们甚至还可以再进一步思考，有些制裁完全不可能被实施，但是接受命令的人错误相信了制裁发生的可能性，这仍然符合奥斯丁对“制裁”的理解。第二，他认为制裁不同于惩罚，惩罚只是制裁的一种特殊形式。例如，经济抵制的压力亦可认为是一种制裁。所以，这里的“制裁”不应该根据制裁的形式来理解，它的内核是不利后果发生的可能性。第三，奥斯丁还批评了将奖励视为一种制裁的做法。他认为制裁保护了命令“不想听从也得听从”的特点，而奖励无法保证强制性服从行为。

前述界定有助于我们厘清一项对奥斯丁理论的常见批评。众所周知，不是所有的法律规范都附有处罚，特别是在民商法领域，很多授予私人权利的法律本身没有规定任何处罚措施。例如，我国《民法典》规定了法定的最低婚姻年龄，授权达到年龄门槛的国民有权缔结婚姻，该条款本身似乎没有任何制裁的因素存在。因此，奥斯丁的批评者强调，“制裁”的方式无法解释法律权利的存在。不过，奥斯丁有着理解权利的特殊方式，他认为“无效”亦是一种制裁形式。若打算结婚的情侣没有达到法定年龄，他们没法缔结婚姻，强行缔结的婚姻将是一场没有法律效力的婚姻。尽管将“无效”视为一种制裁的方式，会让很多人感到不可理解，但是在奥斯丁的理论里，“制裁”的范围远远大于我们的日常理解。至少按照他的界定，婚姻无效所带来的亦是一种不利后果，虽然这很难说是一种惩罚，但仍然可以被视为“制裁”。如此一来，法律权利以一种特殊的方式被安置进了他的法律理论，“没有仅仅授予权利的法律”，授予权利的法律必须联结到一项施加义务（和制裁相关）的法律才能成为“完整的法”。

最后，简单地谈谈“服从义务”。“命令”会带来服从义务，“制裁”保证服从义务得到履行，所以，服从义务是这两项要素的自然衍生。奥斯丁认为，义务是命令的反面，这种义务标志着发布命令者和接受命令者彼此的位置。和后世的法律实证主义者不同，奥斯丁认为人们有着真实的服从法律的义务。这种“真实义务”的观点源自其“界定”法律的要素，命令和义务两者不可分离，若没有了服从的义务，我们就没有办法识别命令和法律本质。这样看来，“法律命令说”确实陷入了一个陷阱里，以“服从义务”为识别重点的理论无法区分劫匪的命令和法律规定的义务。

三、政治主权

奥斯丁认为，命令、制裁和服从义务是定义“法律”的三要素，所有符合这些要素的事物都可以“被恰当称作法律”(laws properly so called)。让我们看看哪些事物能够位于这个定义的界限之内。奥斯丁在该书开篇指出了四种被人们称为“法”的类型,分别是神法、实在法、实在道德和比喻意义上的法。很明显,比喻意义上的法不符合“法律命令说”的三要素。这种类型的法是指没有生命的自然规律以及动植物的法则。这类“法律”没有任何命令的特点,只不过因人们善于类比修饰而获得了“法”的名号。根据奥斯丁的定义,我们应该抵制这种不恰当的称谓。第二项被排除掉的是实在道德的某些种类。这些道德以社会舆论作为制裁方式,比如荣誉法则、社会礼仪和他那个时代的国际法。奥斯丁似乎认为,这类实在道德不是缺乏制裁,而是缺乏命令的形式。具体而言,这些实在道德没有明确的施令者,执行道德的人永远是不确定和不具体的,而是以社会广泛流行的道德舆论施加强制。这不符合前文所界定的“命令”概念,因为我们无法区分施令者和服从义务者之间的位置。不过,排除了这些实在道德的“法律”身份之后,实在道德的类别里还留有一些符合三要素的规定,它们包括自然状态里制定的规则、统治者(但没有处于至高无上的地位)制定的规则、其他个体制定的部分规制。在奥斯丁看来,这部分实在道德可以被恰当地称作法律。

神法、实在法和某些实在道德都符合“法律命令说”的三要素,都适合被称作“法律”,但是奥斯丁显然不认为这三种类型的法律都属于法学研究的范围。在全书的最后一讲里,奥斯丁指出,法学只关注符合“命令说”的部分内容。这是一类由主权者发布的命令,他将其称为“严格意义上的法律”,即实在法。换句话说,神法和某些实在道德不是经主权者所发布的,尽管它们适合被认为是“法律”,但不属于法学研究的对象。因此,“主权”是奥斯丁界定实在法的最后一张拼图。

奥斯丁没有着墨引入“主权”概念的理由,但是他似乎认为真正的法学应该聚焦研究独立的政治社会。根据“法律命令说”,所有的施令者都是处于优势位置的主体，所有的服从义务者都是处于劣势位置的主体。但是，实在法区别于神法和实在道德，施令者是处于绝对“政治”优势位置的主体，服从者是处于政治劣势位置的主体。按照奥斯丁本人的说法，前者是“特定的个体，或是个体组成的特定集合体，它们没有习惯服从于别的人类”，而后者是“某个社会里一群人，他们有着服从或隶属于某个确定的和公共的优势位置者”。因此，前者是独立政治社会当中的主权者，不用习惯性服从任何其他人，而后者是该社会的臣民，习惯性服从主权和主权者的代理人。如是观之，在任何政治社会里，我们都能清晰地分辨出两个群体，分别是主权者和臣民，而区分两者的标识是，后者“习惯性服从”于前者的命令，前者不受任何命令的约束。

奥斯丁的“主权”定义是绝对主权论的代表观点之一，能够帮助人们轻松识别他那个时代某个社会中的主权者，以及主权者施令而成的实在法。回到殖民统治时期的印度，随着莫卧儿王朝的覆灭，印度国民不再习惯服从于王朝的统治者，随之服从于殖民地总督的命令。那么，是否总督即是主权者，其发布的命令就是法律呢？显然不是。总督本人还习惯性地服从英国维多利亚女王的命令，而女王本人没有习惯性地服从别的主体。所以，当时的印度不是一个独立的政治社会，女王才是真正的印度政治主权者，印度国民和殖民地总督都是英国女王治下的臣民，后者只不过是女王事务的代理者。当然，有人可能会随即怀疑，英国女王在某些事项上服从于议会，而英国议会在另一些事项上服从于女王，这似乎破坏了奥斯丁主张的主权者的绝对性。奥斯丁当然关注到了英国的法律实践，他似乎认为女王、上议院和下议院共同构成了英国的主权，而它们之间的关系属于主权内部的关系。

再回到实在法的问题，实在法是主权者发布的命令，这似乎将习惯法、判例法和国际法排除在定义之外。不过，奥斯丁的理论仍然能够将前两者归类为实在法，只是我们对这两类实在法的认识需要发生些许转变。一方面，奥斯丁提醒我们不要被关于习惯法的日常思维所误导。通常我们认为，习惯法是长期施行在社会当中有法律约束力的习惯准则。它没有具体的立法者，法院应该将其作为有效的法律渊源予以适用。根据这种观点，习惯法不可能是一项命令。然而，奥斯丁认为这种观点歪曲了真相，习惯法是在纳入制定法之时，或是经过法官适用的活动而成为法律，在此之前，他们不过是实在道德或者比喻意义上的"法律"。立法或司法判决就是发布习惯法的那项命令，自此习惯转换成为实在法。

另一方面，判例法是普通法系的重要法律渊源，奥斯丁则扩张了"命令"的含义以涵盖此类法律。如前所述，他认为英国的女王和议会共同构成了主权者。根据"遵循先例"的要求，普通法裁判有着一般性的法律约束力，然而判例法的制造者法官明显不属于主权者的范畴。奥斯丁为了解决这个矛盾，别出心裁引入了"默示命令"的概念。他声称命令有两种形式，一种是主权者直接明确下达命令，这就是制定法；另一种是对于法官作出的判决，主权者有权力推翻但没有行使这样的权力，这构成了主权者的"默示命令"，同样是主权者意志所表达的实在法。如此看来，习惯法和判例法都是法学研究的真正对象，属于奥斯丁所界定的严格意义上的法律。这方面奥斯丁不同于边沁，虽然常常推崇法典化，但在第五讲最后仍然承认，法官造法是"极度有好处，甚至是绝对必要"的行为。

影响评价

《法理学的范围》第二版出版之后，奥斯丁理论迅速成为整个英美法哲学的主流理论。他提出的"分离命题"和附加了主权理论的"法律命令说"影响深远，前者成为法律实证主义流派的基本信条，而后者异常清晰简明，亦曾经是流派的基本学说。后来近百年的时间里，英国的法学家马克拜、霍兰德、萨尔蒙德，以及美国的法学家格雷等人，都在接受了奥斯丁主要观点的基础上，进一步调整完善了这些理论，使奥斯丁的观点作为法哲学的基本范式长达近百年之久。

当然，奥斯丁的理论甫一提出，就不乏批评者。例如，梅因就认为奥斯丁的“一般法理学”没有看到法律是一项发展变化的事物；霍姆斯则批评主权者的意志不是法律的基础。但是，梅因和霍姆斯这样的批评者都认为奥斯丁的理论对理解法律很有帮助。对奥斯丁理论的真正挑战还是来自1个世纪后的哈特。哈特在接受了“分离命题”的基础上，提出了对“法律命令说”的全面攻击，他认为这个理论的四个要素，命令、制裁、服从义务和主权者都是存在问题的。这里无法展开哈特所批评的细节。简单地说，哈特认为奥斯丁将法律视为一种命令，错误理解了法律在社会当中发挥的功能。法律通过授予权利和施加义务，为人们的社会生活提供便利。从根本上来说，法律是一种权威性的行动理由，“法律命令说”很遗憾没有容纳这种看法，而“命令说”的诸要素，有些并不是所有法律都具有的本质特征，有些则在理解“什么是法律”这个问题上处于次要或边缘的位置。

哈特的批评有极大影响力，如今奥斯丁的理论常常被认为是过时的错误观点，仅有思想史的意义。然而，哈特的批评彻底击倒奥斯丁了吗？尽管哈特的批评整体上是成立的，但我们还是可以为奥斯丁提出简短的同情辩护。第一，以奥斯丁本人的界定来看，哈特的某些批评在奥斯丁的语境中并不成立。例如，奥斯丁宽泛界定了“制裁”，这使“无效作为制裁”并非完全不合理。同样，奥斯丁有时将宪法视为实在道德，这使我们认为是约束主权行为的宪法限制，在奥斯丁那里不过是道德限制。第二，哈特将制裁和主权看作法律的次要特征，哈特之后的法律实证主义者进一步拆卸了法律和这些概念之间的关系。然而，这不符合我们的日常认知，而且不正当地窄化了法哲学的研究范围。或许，它们并非法律“必要的或本质的组成部分”，但仍然是理解“法律是什么”问题的重要因素。第三，即使哈特的批评完全正确，法律不能还原为一种命令，但是后世的法律实证主义者(凯尔森除外)仍然将法律还原为一种社会事实。命令是一种社会事实,但社会事实远远不止命令这一类。当代法律实证主义拒绝了“法律命令说”,但没有拒绝“分离命题”和广义的“社会事实命题”。由此可见,如今的法律实证主义仍然是沿着奥斯丁的方向继续前行的。

深度阅读

1. 徐爱国:《分析法学》,法律出版社2005年版。

2. 甘德怀:《作为命令的法律——兼评约翰·奥斯丁〈法理学的范围〉》,载《河北法学》2007年第2期。

3. Michael Lobban, et al., *The Cambridge Companion to Legal Positivism*, Cambridge University Press, 2021.

4. Wilfrid E. Rumble, *Doing Austin Justice: The Reception of John Austin's Philosophy of Law in Nineteenth-Century England*, Continuum, 2005.

约翰·斯图亚特·密尔

John Stuart Mill

1806—1873

自由主义之圣

“做一个不满足的人胜于做一只满足的猪；做不满足的苏格拉底胜于做一个满足的傻瓜。”

——约翰·斯图亚特·密尔

约翰·斯图亚特·密尔(John Stuart Mill),又译作穆勒,是英国著名的思想家、政治改革家、哲学家和经济学家,1806年5月20日出生于英国伦敦,是著名思想家詹姆斯·巴罗·密尔(James Burrow Mill,1773—1836)的长子,詹姆斯对其子密尔寄予厚望。密尔自幼便受到父亲严格的家庭教育。3岁时,密尔就开始学习希腊语。8岁时,密尔开始学习拉丁文并阅读拉丁语作品。12岁时,密尔被其父要求学习代数、几何、微积分以及逻辑学。密尔认为儿时对于逻辑学的学习使他受益匪浅,学习逻辑能够更精确地使用词语进行表达,同时也能够使思想更为严谨。在此期间,密尔不断阅读拉丁语与希腊语作品,尤其是苏格拉底与柏拉图的作品,这也为他后来思想的形成奠定了坚实的理论基础。密尔也在其《自传》肯定了柏拉图对于自己的影响,"没有任何作家比柏拉图令我父亲更感激其对他的心智培养和熏陶所起到的巨大作用……关于我自己,我也持有同样的见证。"[1]13岁时,密尔开始向其父亲学习政治经济学,并应其父的要求阅读亚当·斯密(Adam Smith)的作品以及李嘉图(David Ricardo)的《政治经济学及赋税原理》。在密尔14岁那年,父亲对他的正式课程培训结束,也正是这年,他被边沁的弟弟塞缪尔邀请前往法国度假,在整整1年的时间里,他感到无比快乐和自由。在此期间,他学习了舞蹈、法语,并发掘了采集植物的爱好,在法国度过了自由快乐的1年。

〔1〕[美]苏珊·李·安德森:《密尔》,崔庆杰、陈慧颖译,中华书局2014年版,第13页。

1821年，密尔师从约翰·奥斯丁（John Austin）学习罗马法，并开始阅读边沁的《立法论》等作品，这段时间是其思想发展的一个转折点。他在其自传中提到："边沁的理论所打开的改善人类条件的宏伟灿烂的远景，足以点燃我生命中的熊熊烈火，并且还确定了我内心的抱负。"〔1〕由此开始，他致力于"成为一个改造世界的人"，并为此付出努力。除阅读边沁的著作外，密尔还阅读了休谟、洛克、爱尔维修等人的著作，为其思想的形成奠定了坚实的理论基础。1822年，他发表了首篇论文，自此密尔开始花更多的时间从事写作以促进思想的进步。1823年5月，密尔在东印度公司的印度通讯稽核官办公室任职，这份工作使他有时间继续思考与写作。在此期间，密尔开始为《晨报》以及边沁创立的《威斯敏斯特评论》撰写文章，并于1825年为边沁编辑和出版《司法证据法》，这段时间的工作使他的写作能力有了很大的提升。不幸的是，1826年，密尔精神状况不佳，患上了精神衰弱。他觉得"似乎世界上已经没有足够力量重新开始形成自己的性格，使这颗陷于分析绝境的心灵重新与人类向往的任何事物建立起新的喜悦的联想"。〔2〕或许是受到父亲极度严格与压抑的家庭教育的影响，其童年缺乏童趣，也为这次"精神危机"埋下了种子。詹姆斯对于情感的克制以及对密尔望子成龙的殷切希望，使他忽略了对密尔的心理健康教育，近乎急功近利的教育方式使密尔的理论分析能力快速成长的同时也泯灭了其对于情感的向往，使他成为一个名副其实的思想工具。所幸，密尔找到了寻回人类情感的途径——阅读散文与诗歌。在阅读马蒙特尔的《回忆录》后，他重新找回了自己丢失的情感。"那种自以为所有感情已经死去的那种思想上的压迫感消失了。我不再绝望，不再是一块木头或石头。看起来，我还是具有某种东西，通过他会产生全部有价值的品性和全部取得

〔1〕［美］苏珊·李·安德森：《密尔》，崔庆杰、陈慧颖译，中华书局2014年版，第19页。

〔2〕［美］苏珊·李·安德森：《密尔》，崔庆杰、陈慧颖译，中华书局2014年版，第13页。

幸福的能力。"[1]

1830年，密尔遇见了他一生的挚爱哈丽特·哈迪·泰勒(Harriet Hardy Taylor)，当时的泰勒夫人23岁，是一位药品商的妻子，同时也是两个孩子的母亲。二人互相欣赏，并保持着密切的联系。尽管二人是光明磊落的柏拉图式的关系，却免不了受到世俗的非议，就连密尔的家人和朋友也对二人的交往表示坚决反对，但密尔对此置之不理。在泰勒夫人的丈夫去世后，二人结为了夫妻，并在此后的时间里为了理想而共同努力。密尔充分肯定泰勒夫人对他事业的帮助，"在我所有出版的作品中，她的贡献和我的贡献一样多，而且在我的作品中她的贡献是逐年增加的"。[2]1858—1859年冬天，在密尔最后一次修改《论自由》时，不幸降临了，泰勒夫人因染上了急性肺充血而香消玉殒。密尔将爱妻安葬后，在其墓地附近购买了一座小屋并久居于此，他将悲伤化为动力，在对妻子的怀念中开始整理出版《论自由》。密尔在其自传中写道："对她的怀念在我心中是一种宗教，她的认可对我是一种用来衡量一切有价值东西的标准，我努力以此来指导我的生活。"[3]1859年，《论自由》一经问世便对当时社会产生了振聋发聩的影响，也使他成为"十九世纪中叶最令人心悦诚服的自由主义者"。[4]此后，密尔仍笔耕不辍，先后发表了《代议制政府》、《功利主义》以及《论妇女的从属地位》等。1865年，密尔当选为议员并帮助通过了《改革法案》。1868年，密尔未能再次当选议会成员，自此之后，他一直隐居于法国阿维尼翁，生活在亡妻墓地旁的小屋。1873年5月8日，密尔因病猝然离世，他

---

〔1〕［英］约翰·穆勒:《约翰·穆勒自传》，吴良健、吴衡康译，商务印书馆1987年版，第86页。

〔2〕［英］约翰·穆勒:《约翰·穆勒自传》，吴良健、吴衡康译，商务印书馆1987年版，第141页。

〔3〕［英］约翰·穆勒:《约翰·穆勒自传》，吴良健、吴衡康译，商务印书馆1987年版，第146页。

〔4〕［英］乔治·霍兰·萨拜因:《政治学说史》(下册)，刘山等译，商务印书馆1986年版，第779页。

去世的3天前，还在植物学考察的短途旅行中步行了15英里。密尔逝世后被安葬于阿维尼翁的圣·维兰公墓，长眠于爱妻身旁。

核心学说

一、功利主义

边沁的功利主义对密尔影响深远，密尔也充分继承了边沁的功利主义哲学思想并加以发展。对于功利主义理论基础——快乐主义，密尔指出快乐不仅有量的差异，在质上亦有所区别，在快乐问题上主张质的方法反对量的方法，对于边沁提出的“要制造一种道德温度计来测量幸福或者不幸福的不同度数”，他不予苟同。〔1〕

他还进一步将快乐分为高级快乐与低级快乐，所谓高级快乐是指精神上的追求，而低级快乐则是肉体的沉沦与感官上的享受。在二者的价值位阶上，他认为“理智的快乐、感情和想象的快乐以及道德情感的快乐所具有的价值要远高于单纯感官的快乐”。〔2〕他强调高级快乐的重要性，认为人类对精神上的追求是人与动物的区别所在，“做一个不满足的人胜于做一只满足的猪；做不满足的苏格拉底胜于做一个满足的傻瓜”。〔3〕密尔将快乐分为高级快乐和低级快乐是高明的，这种分类使自由原则和功利主义在复杂的张力关系中获得了一种相互调和的自洽性。一般来看，自由原则和功利主义之间存在某种冲突，而密尔在区分高级快乐与低级快乐的基础上明确认为，自由是高级意义功利的工具，自由产生的多样性恰恰把我们

〔1〕 参见［英］韦恩·莫里森：《法理学：从古希腊到后现代》，李桂林等译，武汉大学出版社2003年版，第211页。

〔2〕［英］约翰·穆勒：《功利主义》，徐大建译，商务印书馆2019年版，第10页。

〔3〕［英］约翰·穆勒：《功利主义》，徐大建译，商务印书馆2019年版，第12页。

予以解放出来。

密尔对于边沁高度重视个人利益的得失而予以批判，指出了功利主义的社会性以及利他性。他认为功利主义强调的幸福并非行为者本人的最大幸福，而是所有与之相关人员的最大幸福。他强调个人的幸福应当尽可能地与社会整体的利益保持一致，强调个人利益与社会利益之间的协调与平衡。在他看来，“功利主义要求，行为者在他自己的幸福与他人的幸福之间，应当像一个公正无私的仁慈的旁观者那样，做到严格的不偏不倚”。〔1〕在此基础上，密尔认为应当注重法律与社会组织在平衡个人利益与社会利益方面的作用。他认为功利主义并非大公无私的，但同时也并不是极度自私的。密尔承认为了他人利益而牺牲这一举动的高尚性，认为作出这样的牺牲是符合功利主义道德的良好品格，但同时也指出若是没有任何功利性目的的牺牲，即不能增加幸福总量的牺牲，在功利主义道德观看来则是白费。

边沁曾提出的制裁力影响着人们对于功利原则的有效践行，密尔对这一理论表示认可，但他认为边沁所提出的自然制裁、政治制裁、道德制裁与宗教制裁这四种制裁方法都属于一种外部制裁方法。他认为，边沁过于强调外部制裁的重要性以至于忽视了人类内心的道德情感的影响力。在他看来，内部制裁相较外部制裁更具有影响力，他认为内部制裁才能真正地从根本上对人类的行为进行约束。所谓的内部制裁从通俗的意义上讲，也就是良心，他认为人的良心会引导人们采取所谓的正确的行动，即促使他律的人变为自律的人。密尔否定“人性本善”论，认为良心并非与生俱来的，它产生于后天经验的影响以及教育的作用，而教育则是良心形成的关键。他指出，“通过改进教育的手段，就像受到良好培养的青年一样，人类共同的情感将深深地扎根于自身的性格之中，进入人们的意识，成为人

〔1〕［英］约翰·穆勒：《功利主义》，徐大建译，商务印书馆2019年版，第21页。

们天性的一部分；并且普遍对犯罪有一种厌恶意识”。[1]

二、自由理论

密尔的自由理论是其思想中最为重要的内容。他在《论自由》一书开篇即表明自己所探讨的主题并非哲学上的意志自由，而是具体的公民自由或社会自由。在此限定框架下，他旨在思考社会所能合法施于个人的权力性质和限度，并提出了一条极简原则，即“使凡属社会以强制和控制方法对付个人之事，不论所用手段是法律惩罚方式下的物质力量或者是公众意见下的道德压力，都要绝对以它为准绳，这条原则就是：人类之所以有理有权可以各别地或者集体地对其中任何分子的行动自由进行干涉，唯一的目的只是自我防卫”，[2]这一原则又被称为“伤害原则”。在此原则统摄之下，他随后将个人的行为又分为了两种，一种是涉及行为者本人的行为，另一种是涉及他人的行为。他进而认为，只有涉及他人的那部分行为，行为人才应当向社会负责，而对于仅涉及行为人自身的行为，行为人则具有完全的自由。尤为可贵的是，密尔还对伤害和冒犯作了严格区分。在《论自由》中，他描述了一些情景，比如有的国家禁止基督教徒吃猪肉或天主教国家反对牧师结婚，而密尔认为吃猪肉、牧师结婚是自我关怀的领域。也就是说，假定吃的东西没有伤害他人，即使他们被冒犯了，只要没有伤害发生，他人也无权干预。侵害而不是冒犯才使干预正当化。[3]当然，这和英国德富林（P. Devlin）主张的法律道德主义，以及美国J.范伯格（Joel Feinberg）、史沃茨（L.Schwartz）等人所倡导的冒犯原则所持立场不同，但并不影响密尔对此所作出的思想贡献。

---

〔1〕［美］苏珊·李·安德森：《密尔》，崔庆杰、陈慧颖译，中华书局2014年版，第74页。

〔2〕［英］约翰·密尔：《论自由》，许宝骙译，商务印书馆1959年版，第10页。

〔3〕参见［英］韦恩·莫里森：《法理学：从古希腊到后现代》，李桂林等译，武汉大学出版社2003年版，第215页。

密尔对19世纪社会权力的强化和个人权利的削弱忧心忡忡。在他看来，为了应对强权对个体施加不当限制，有必要构筑道德信念的堤坝，而这个堤坝的三大闸门分别为：最广义的良心自由、个人生活或个性自由，以及联合自由。他进而指出："任何一个社会，若是上述这些自由整个说来在那里不受尊重，那就不算自由，不论其政府形式怎样；任何一个社会，若是上述这些自由在那里的存在不是绝对的和没有规限的，那就不算完全自由。"〔1〕强调上述三种自由的重要性后，他基于功利主义得出结论："人类若彼此容忍各照自己所认为好的样子去生活，比强迫每人都照其余的人们所认为好的样子去生活，所获是要较多的。"〔2〕

密尔特别重视思想和言论自由。他指出，思想自由和言论自由是公民的最基本的自由，这不仅对于发展人的个性与智慧起到促进作用，并且对于人类的生存与发展也起到重要作用。在他看来，个人的、集体的，甚至是整个时代的认识有时候会具有一定的错误性，而幸运的是，人类可以依靠经验以及讨论这两种方式来改正错误，以达到整个人类社会的进步。因而，他指出对于言论自由的剥夺是一种罪恶，是对全人类的掠夺。他站在功利主义哲学的角度来为言论自由的正当性提供辩护："假如那意见是对的，那么他们是被剥夺了以错误换真理的机会；假如那意见是错的，那么他们是失掉了一个差不多同样大的利益，那就是从真理与错误冲突中产生出来的对于真理的更加清楚的认识和更加生动的印象。"〔3〕密尔为了增加论证的分量，还对西欧历史考察一番后再次强调，西欧思想文化繁荣发展的三个时期有一个共同点，那就是打破了权威的枷锁，旧的精神专制已被推翻。他告诫世人现在繁荣发展的推动力消耗得差不多了，"我们若不再

---

〔1〕［英］约翰·密尔：《论自由》，许宝骙译，商务印书馆1959年版，第14页。

〔2〕［英］约翰·密尔：《论自由》，许宝骙译，商务印书馆1959年版，第14页。

〔3〕［英］约翰·密尔：《论自由》，许宝骙译，商务印书馆1959年版，第19—20页。

度力主精神自由，我们就不能期待什么新的进步了”。[1]

特别值得注意的是，密尔在《论自由》中所探讨的自由并非政治权利意义上的免于政府不法干预的自由，而是免于社会支配的自由即社会自由。然而，社会公众舆论对个人的压制从根源上来讲，又往往来自公权力机关或政府。[2]因此，密尔也探讨了个人自由与政府的关系。他认为政府应当对个人自由予以足够保护，他推崇自由放任原则，并对政府的干预设置了合理的范围与限度。他还进一步提出了政府不应当予以干涉的三种情形：第一种是代办的事情由个人办可能比由政府办更好；第二种是虽然某些特定事项由政府官员来办更为稳妥，但出于对个人智力、教育的考虑，仍可交由个人来办；第三种情况则是，在不必增加政府权力就可避免很大祸害的情况下，政府不应予以干涉。若是政府将各种社会事务都包揽，会使公众逐渐变为政府的附庸，从而使民众失去进取心，使社会丧失活力。但密尔也并非一味地反对政府的干涉，他反对绝对的自由放任主义。他认为对于一些有益于社会利益的但个人没有能力而不愿去做的事情，以及有利于社会利益但是由于个人去做却得不到相应报酬而不愿去做的事情，政府应当出面予以干预。

三、平等观念

自由与平等很容易产生对立。一般来讲，“英国人在谈论自由时往往强调自由与强迫（专制）的关系，几乎不谈自由和平等的关系”，[3]但密尔却是例外。他非常关心现实中的平等问题，其平等观念主要是体现在声援黑奴制运动和女性平等倡导等方面。

---

〔1〕［英］约翰·密尔：《论自由》，许宝骙译，商务印书馆1959年版，第40页。

〔2〕参见龚刃韧：《重读密尔〈论自由〉》，载《政法论坛》2010年第4期。

〔3〕吴玉章：《论自由主义权力观》，中国人民公安大学出版社1997年版，第64页。

为了支持当时的废除黑奴制运动，密尔先后撰写了《黑人问题》《美国的争执》和《奴隶的力量》等作品对种族歧视加以批判，指出把黑人固定在奴隶制的桎梏中等于剥夺黑人平等发展的机会。他大声疾呼："尽管我们不能消灭所有的痛苦，但如果我们下定决心，就能消灭所有的暴行；迄今为止对敌人所取得的一个最大的胜利是奴隶解放，全欧洲都在斗争，并朝着进一步征服敌人的方向，取得了不同程度的成功。"[1]

密尔还写了《妇女的服从》对约束妇女的思想观念进行抨击，他呼吁女性平等。在他看来，自英国大宪章颁布以来，"所有的人由同等的人来审判是英国宪法的基本原则之一。但妇女无论何时总是受男性法官和男性组成的陪审团审判。对外国人，根据规定的权利，陪审团的一半由他们自己人组成，但唯独对妇女不是这样"，[2]这是对女性极大的不公平，无论在法律上还是事实上，女性和男性都应该一样平等。他甚至极力主张给予女性在议会和市政的投票权，认为"在任何条件下，任何限制之下，允许男性投票，不允许妇女投票，都没有任何理由"。[3]

四、代议制民主理论

密尔的代议制民主理论是在洛克、潘恩的代议制基础上系统阐述与发展起来的。在密尔看来，政治制度是人类发挥其主观能动性选择的产物，它的维持与运转也都依赖人的意志，因此，应当根据人们现有的特点和能力来选择政治制度，以便更好地为人民所接受且易于管理。当然，在选择政治制度的时候需要考虑的因素很多，其中最重要的三个条件是：人民必须愿意接受他；他们必须愿意并能够作为保存他所必要的事情；他们必须

〔1〕 John Mill, Essays on Equality, Law and Education, University of Toronto, 1984, p.95.
〔2〕 John Mill, Dissertations and Discussions, Vol. 2, Boston Spencer, 1865, p.100.
〔3〕 John Mill, Essays on Equality, Law and Education, University of Toronto, 1984, p.300.

愿意并能够履行他加给他们的义务和职能。[1]这也是政治制度若要长久存在所需满足的条件。

密尔认为，根据上述三个条件研究一国状况并将最好的政府形式引入国家，这是理论家们可做的富有意义的工作。那么好政府的形式标准是什么呢？密尔首先阐述道：“不难表明，理想上最好的政府形式就是主权或作为最后手段的最高支配权力属于社会整个集体的那种政府；每个公民不仅对该最终的主权的行使有发言权，而且，至少是有时，被要求实际上参加政府，亲自担任某种地方的或一般的公共职务。”[2]其次他指出，“经过上述各种考虑，显然能够充分满足社会所有要求的唯一政府是全体人民参加的政府”。[3]然而，由于客观条件的限制，有全体人民参加的政府是几乎不可能的。因此他觉得，代议制民主相较别的政体则更为优越，是完美政府的理想类型。

当然，密尔也看到了代议制并非尽善尽美，他提出了代议制容易出现的两个弊端：一方面由于选举权的扩大而导致议会成员普遍无知无能；另一方面掌权者享有的特殊利益与全体社会利益不同而产生阶级立法的危险。针对上述弊端他给出了议会的改革方案：第一，他提出扩大选举权的范围，他认为扩大选举权是实现普遍民主的重要基础，且应当赋予女性同男性相同的选举权；第二，实行“复数投票权”，充分发挥社会中具有相对较高才智的少数精英的能力，克服议会集体平庸的弊端；第三，实行少数代议制，按比例产生代表，保证少数团体的公民都有自己的代表，保证议会构成的多样性，从而防止阶级立法的弊端。此外，他还提出了诸如实行公开投票原则、直接选举制度、缩短议员任期等主张。

---

〔1〕 参见［英］J.S.密尔：《代议制政府》，汪瑄译，商务印书馆1982年版，第53页。

〔2〕［英］J.S.密尔：《代议制政府》，汪瑄译，商务印书馆1982年版，第40页。

〔3〕［英］J.S.密尔：《代议制政府》，汪瑄译，商务印书馆1982年版，第52页。

经典著作

密尔一生涉猎广泛、著述颇丰，在此主要挑选其影响颇为深远的基本著作予以简单介绍。

一、《论自由》

该作品首次发表于1859年，密尔在这部作品中详细阐述了自由的重要性以及提倡自由主义的必要性。密尔以公民自由为主题展开讨论，旨在寻求公民自由与社会的平衡，探讨社会能够合法地行使于个人身上那种权力的性质与界限。该部作品对后世影响深远，被称为自由主义宣言。

二、《功利主义》

该作品发表于1861年，反映了密尔对边沁功利主义思想的进一步发展。在此作品中，密尔提出了其功利主义的核心观点，即将快乐区分为高级与低级，并指出高级快乐优于低级快乐。密尔于文章开头对功利主义原理的含义等予以阐释，随后对批判与误解功利主义的反对者予以一一驳斥，并在此过程中进一步对功利主义原理予以深入探讨。

三、《代议制政府》

该部作品是被西方学者公认为有关议会民主制的一部经典著作，对英国以及欧美诸国的政治体制等产生了重大影响。密尔在该书中全面和系统地论述了资产阶级议会民主制，他认为代议制政府是最为理想的政府形式，并在书中详细论述代议制政府的优越之处。他同时提出了代议制政府可能存在的弊端，并提出了相应的解决方式与应对措施。

四、《妇女的屈从地位》

该著作为密尔晚年思想成熟时期所写，被誉为“第一次世界大战以前女权运动的一本圣经”。密尔在书中指出了女性在婚姻内外所处的屈从地位，对于性别不平等的深层原因予以分析，并对男权社会中对女性的歧视与不公平待遇予以强有力的批判，他从正面肯定女性的社会贡献，客观上承认两性在天然能力与思维上的差异，指出两性差异不等于智力上的优劣。书中还在实现“最大幸福”的功利主义思想的基础上探讨赋权女性，主张对女性的财产所有权予以保护，并且赋予女性选举权与从政权；鼓励女性从业，赋予女性在社会职业上同男性自由竞争的权利。

影响评价

密尔涉猎领域颇为广泛，并产生了深远影响，他在法律思想方面的贡献更是如此。密尔在继承边沁功利主义思想的基础上，对其进行改造与发展，使之更加严谨，并为分析法学派奠定了更为扎实的理论基础。相较边沁而言，密尔更侧重于全体社会或大部分人的快乐，更展现出其社会性特征，包含了更多的利他因素。他还强调高质量的快乐优于低质量的快乐，这种区分对于弥合自由原则与功利主义的矛盾冲突具有重要意义，是对功利主义的一种超越。此外，密尔还提出：由于人们的经验和智慧的差异，对苦乐的感受也因此存在或多或少的差异。这为分析法学派奠定了更为扎实的理论基础。

密尔也为自由主义的进一步发展作出了莫大的贡献。密尔主张的自由并非洛克等前人所认为的“完全的绝对的自由”，并不是对个人自由极度推崇以至于忽视对社会自由的研究。从某种意义上来讲，他扩大了个人自由的内涵，从而把自由主义提高到一个新的阶段。密尔在其著作《论自由》中着眼于政治自由与社会自由的论述与研究，并提出了防止个人自由危害社会的原则。此外，他还区分了涉他行为与涉己行为，并指出涉他行为若损害他人利益，则应当承担相应的责任，且在社会认为需要用惩罚来维护社会稳定时，行为人则应当受到社会或法律的惩罚，这一理论为国家刑罚权的行使提供了理论基础。

同时，密尔因其女性主义思想被誉为“女权之父”。他的女性主义思想主要以自由主义与功利主义思想为基础，从人类福祉上探讨女性赋权问题。他对维多利亚时期的传统女性观念予以批判，指出男权社会下对女性的歧视与不公平待遇，并为女性的权利斗争，主张对女性财产权予以保护，赋予女性选举权以及从政权。密尔的女权主义思想激发了女权意识的觉醒，激励了更多的女性投身自我解放的女权运动中去，不仅为第一次女权运动提供了思想武器，时至今日仍然作为实现两性平等伦理思想的重要理论而熠熠生辉。

密尔还进一步发展了其父詹姆斯·巴罗·密尔与边沁关于代议制民主方面的理论，提出了理想的优越的政府形式的标准。同时，还指出了代议制政府的缺陷及其所可能面临的危险。密尔的代议制理论对英国以及欧美政治制度都有着较大的影响。

深度阅读

1. [英]约翰·斯图亚特·穆勒:《群己权界论》，严复译，北京时代华文书局有限公司2014年版。

2. [英]约翰·穆勒:《功用主义》，唐钺译，商务印书馆1936年版。

3. [英]罗杰·克里斯普:《密尔论功利主义》，马庆译，人民出版社2023年版。

4. [英]约翰·格雷:《密尔论自由:一个辩护》,毛兴贵译,人民出版社2016年版。

5. [美]约翰·菲茨帕特里克:《密尔的政治哲学》,万绍红译,人民出版社2014年版。

6. [美]苏珊·李·安德森:《密尔》,崔庆杰、陈会颖译,清华大学出版社2019年版。

7. 林航:《密尔的"大错"》,北京师范大学出版社2015年版。

8. Gerald Dworkin, *Mill's on Liberty*, Rowman & Littlefield Publishers, 1997.

9. Timothy Larsen, *John Stuart Mill: A Secular Life*, Oxford University Press, 2018.

弗里德里奇 · 卡尔 · 冯 · 萨维尼

Friedrich Carl von Savigny

1779—1861

法律是民族精神的体现

“法律随着民族的发展而发展，随着民族力量的加强而加强，最后也同一个民族失去它的民族性一样而消亡。”

——弗里德里奇·卡尔·冯·萨维尼《论立法与法学的当代使命》

弗里德里奇·卡尔·冯·萨维尼(Friedrich Carl von Savigny, 1779—1861)的家族源自洛林地区，家族名号来自莫索尔河谷靠近夏姆的萨维尼城堡。法学家萨维尼的祖先可以追溯到保尔·萨维尼，他出生于1622年的梅斯。家族信仰加尔文教，从洛林迁往法国后，保持了对德国的忠诚。保尔加入过瑞士的军队，后来在德国的军队里安顿下来，1685年死于基希海姆。他儿子路易–让做了律师，服务于拿骚的王子。1692年，他出版了一本书，攻击路易十四的战争野心。他死于1701年。他的儿子路易，生于1684年，死于1740年，也担任过官职。路易的儿子克里蒂安–查尔斯–路易，1726年生于莫索尔的塔布，步入外交界和政界，颇有成就。他担任过议员职位，在法兰福特参加政治聚会，是上莱茵地区皇家十人团成员之一。在这个团体中，他曾经充当过好几个王子的代表。弗里德里奇·卡尔·冯·萨维尼生于1779年2月21日，父亲是路德教徒，母亲是加尔文教徒。那个时候，加尔文教徒被迫出城在博肯海姆村做礼拜，幼年萨维尼每个周末都随母亲游走其间。

他母亲对他的早年教育十分关心，用拉辛的悲剧和让利夫人的《城堡夜色》教他法语。在他未满3岁时，他母亲开始给他念圣经，母亲对他性格的形成影响颇深。他母亲虔诚，但很是不幸，除萨维尼外，其他的孩子都夭折了，她丈夫也于1791年去世。第二年，她自己也辞世而去，留下13岁的孤儿萨维尼。他父亲最好的朋友纽拉特成为他的另外一个“父亲”，他是一位著名的律师，也是韦茨拉尔皇家议会的特别顾问。他监督萨维尼的学习，萨维尼15岁的时候，他就让萨维尼学习“艰深”的课程：法律科学、自然法、国际法、罗马法、日耳曼法等。系统的追寻和探索训练了男孩的心灵，最后造就了他伟大的思想成就。萨维尼也反叛过，对这些课程中的虚幻非真实的性质，他后来终生都在批判。对非历史的却包装为深奥学说的自然法学，他一直持批判态度。不过，纽拉特的教育让萨维尼转向法律的理论和历史。17岁的时候，他进入马堡大学，选修了埃尔克斯本和维斯（Erxleben and Weiss）的《学说汇纂》系列课程。

维斯是一个激情且务实的老师，他把自己的图书室交给萨维尼，萨维尼成了他贴心的学生。他虽然不是一个成功的律师，但是启迪了萨维尼研究的方向。维斯反对沃尔夫之类的古典自然法学的理论，也不全然接受胡果和劳博德（Hugo and Naubold）的观点，他觉得历史或者进化的方法是研究法律的必要元素。萨维尼在新旧法律学说中备受煎熬却沉浸其中。1796年，他去了哥廷根大学，斯皮特勒（Spittler）的历史课程强化了他的历史感。1797年春天的一场疾病中断了他的工作，10月，他返回到马堡继续学习。1799—1800年，他在德国旅行，访问众多大学，包括莱比锡和耶拿，全身心学习。1800年，他在马堡拿到博士学位，博士学位论文题目为《论犯罪的竞合形式》。同年，他被聘为马堡大学的无薪教师，讲授犯罪法。他也开设其他课程，比如乌尔比安的学说汇纂、继承法、债法、法律方法论和罗马法史。

萨维尼在马堡大学的教学风格，他后来的学生们有过文字记载。这是一个迷人的场景，萨维尼不仅博学和思路清晰，而且谦逊和仁慈。每一次讲座都给学生留下不可磨灭的印象，可以与英国法律史学家梅特兰媲美，当时的萨维尼才23岁。不过，这个时候的萨维尼只是在研究法律文本，尚未开始法学的写作。

这个时候，存在两种思潮的对立与争吵，一是传统的学院派，二是黑格尔新思潮，后者期望证明和分享进化或者历史的过程。另外一种划分方法，是区分法律的哲学学派和法律的历史学派。但是，不管哪个学派，罗马法的研究都是居亚斯学派的追随者，都不反对法学的哲学和历史。18世纪以来，德国法学以沃尔夫和瓦特尔（Wolff and Vattel）为代表的启蒙主义为主导，他们的追随者提出的法律理论，都更多带有哲学的意味。但是到18世纪中叶，历史主义和进化论开始流行，萨维尼正好处在启蒙主义和历史主义的交界处。

1804年，萨维尼娶了布伦塔诺小姐为妻，她是法兰福特银行家的女儿，她家在德国文学圈颇有名望。这是一桩美满的婚姻，因为妻子与他一样也是孤儿。他们育有6个孩子，其中2个夭折。唯一的女儿后来在雅典嫁给了希腊的教育部部长，死于1835年。女儿的早逝给萨维尼带来了悲伤。据说，撰写《现代罗马法体系》就是为了以工作去减缓忧伤。

婚前，萨维尼中断了与马堡大学的关系，也拒绝了海德堡大学和格雷福斯沃德大学的邀请，他带着妻子做了一次学术旅行。他们去了海德堡、斯图加特、图灵根、斯特拉斯堡和巴黎。在巴黎时他遭遇抢劫，在德国收集到的资料都丢了。他召唤他的学生，在学生和妻子及妻妹的帮助下，他们收集了大量的手稿资料，包括居亚斯未出版且难以破译的信函。1808年，他花了一年半的时间在兰茨胡特大学做学术。

1810年，柏林大学成立，洪堡校长邀请萨维尼做法学教席，萨维尼接受了。他在这个位置上一直做到1842年。他冬季学期讲授学说汇纂（继承法除外）、夏季学期讲授法学阶梯。此外，他还讲授乌尔比安、盖尤斯和普鲁士土地法。他培养了众多的学生，普赫塔就是其中之一。他还担任大学上诉院审判职务，他的法律解答意见可以为其他法庭所参照。1811年，萨维尼被选为柏林学会的会员。1814年，萨维尼担任了普鲁士王子的法律导师，出版了一本叫《论立法和法理学的当代使命》的小册子。他缜密和鲜明地批评了法国民法典，因为这部法典未能够采用罗马法的原则。1817年，他被授予司法委员会枢密大臣的荣誉称号，回报他对州议会所作出的贡献。

1819年，他被任命为柏林上诉法院的咨询顾问，这个职位为萨维尼的研究提供了便利。此后，萨维尼患上了神经衰弱，1822—1828年几乎中断了工作。1842年，他辞去柏林大学的教席，成为普鲁士的司法大臣，在这个岗位上做到了1848年。1848年，欧洲发生革命，萨维尼退休回家，修改自己的著作和论文。1861年10月25日，萨维尼逝于柏林，享年83岁。[1]

核心学说

一、萨维尼的罗马法学和法理学

12世纪至15世纪的前启蒙运动法学，也就是评注法学 开始从罗马法中演绎出一套替代封建法的新法典。启蒙运动开始后，意大利和法国的思想家们做得更多，安德里阿·阿尔西阿蒂（Andrea Alciati，1492—1550）和杰克布斯·居亚斯（Jacobus Cujacius，1522—1590）最为典型，前者给出了一个法理学研究的新形式和新方式，后者则洞察到了罗马法的精神。居亚斯有6部法律巨著：第一部，4卷本的《优士丁尼法学阶梯》、乌尔比安和保罗的29个专题；第二部，帕比尼安的修复著作；第三部，9卷本优士丁尼的《法典摘要》和最后三部的评论、新律的解释及与世仇相关的55部著作，连同28卷的评论和校订；第四部，保罗的《法令》和他的法律答问，以及涅拉茨（Neratius）、马塞勒斯（Marcellus）、乌尔比安、莫德斯提努斯和斯科维拉（Scaevola）的法律答问，莫德斯提努斯的注释和萨尔维乌斯·尤瑞安

〔1〕 J. E. G. de Montemorency, Friedrich Carl von Savigny, Journal of the Society of Comparative Legislation, 1910. p.32-54, Vol. 11, No. 1.John (editor); Manson MacDonell, Edward (editor)., Great Jurists of the World, Boston: Little, Brown, and Co, .1914 Friedrich Carl Von Savigny, 15 Law MAG. & L. Rev. Quart. J. Juris. 3D ser. 76 (1863).

（Salvius Julianus）的著作；第五部和第六部，后期的出版物包括《摘要》的76个专题和无数的《优士丁尼法典》注释，以及《格里高利九世教令集》的注释。居亚斯的著作预示了萨维尼的专题研究的诞生，他把罗马法当作一种有生命的存在，预测它必定复活。

17世纪之后德国罗马法研究，莱布尼兹的法律研究成果斐然，让-艾蒂安·普特（Jean-Etienne Putter）则精通古典学、数学、哲学、罗马法、封建法和公法，他已经充满了历史学派的精神。两人的后世继承者则是古斯塔夫·胡果（Gustave Hugo，1764—1844），他把两人的理论结合起来创立了自己的方法论。胡果潜心研究罗马法的历史文件和立法，1788年出版了《乌尔比安散论》，立刻被聘任为哥廷根的教授。他把法律分为人法和确权/捍卫权利的必要诉讼，人法按照国别、家庭和城市的关系、性质、特性和财产取得与丧失的方法分类。这是哲学的分类，为法国民法典所采用。胡果不排斥历史，他把罗马法分为三个阶段："十二铜表法"时期、执政官时期和帝国时期。1790年，他出版《罗马法历史》。1812年，他出版《自优士丁尼以来罗马法手册》。1818—1829年，他出版《至优士丁尼时代罗马法的历史元素》。胡果开辟了历史法学，萨维尼的历史法学呼之欲出。[1]

1803年，萨维尼发表论文《论占有权》。英国分析法学创始人奥斯丁称为"在所有论法的书籍中，此文堪称最为完美和娴熟"。此文分为六章，第一章长篇界定"占有"的概念，萨维尼说：称"占有"一物，我们意味着一种条件。在这里，它不仅指一个人可以物理地处置一个物，而且可以排除其他人处置该物的权能。财产权的行使，因留置而发生。萨维尼似乎想区分占有的控制状态和支配状态（Jus possessionie and Jus possedendi），或者说抽象的控制权和实际的支配权。换言之，他区分了占有的形式和实质。形式是一种描述，占有权的基础是赋予法律的正当性。将非司法意义

〔1〕 Ernst Freund, Historical Jurisprudence in Germany, Political Science Quarterly, Vol.5, No.3（1890）, p.468-486.

的留置确定为一种法律实体的概念，也就是占有权。实质是一种列举，罗马法规定了在何种条件下享有占有权，从而确定作为占有权留置的精确限度。第二章讲述占有的获得。第三章讲述占有权的丧失。第四章讨论占有权保护的救济禁令。第五章讨论准占有权，他将占有权与实际财产权区分开来，讨论动产和不动产。第六章讨论占有权的学说。萨维尼说，前五章讨论的占有权，都没有放到现代罗马法框架下研讨，如果我们不想混淆占有权的新旧概念，就有必要展开新的探索。历史不容无视，因为罗马法中占有权的误解同样出现在教会法和日耳曼法中。罗马法的占有只指向物权，教会法则扩展到每一种权利，包括个人身份和债权。罗马法由此扩展适用到新的客体。后罗马法时代，占有权的保护也一直在修正。在这里，萨维尼开始论述新的研究方法，历史法学不是空洞的口号，不是将每一种权利都包装成罗马法形式。这对探索法律的起源和现代表现，都是不公正的。现代社会肯定有古代罗马法不存在的法律规则，但是新规则并未破坏罗马法的理论，而只是罗马法规则的补充，其有效性可以得到清晰的确认。

疾病使他推迟了《中世纪罗马法史》的出版。该书的第一卷出版于1815年，第六卷的发行等到了1831年。萨维尼强调要通过中世纪寻找罗马法的踪迹。这部著作分为两个部分，以1100年波伦亚学派为界限，前两卷写早期阶段，先是一般描述，后是详细论述。他从5世纪的罗马和行省谈起，然后论述西罗马灭亡后各国的制度，主题都是法律的渊源和司法组织。经典的部分，包括第二卷讨论勃艮第、西哥特、日耳曼、萨克森、东哥特、伦巴第各王国的法律。这里，他强调了教会对罗马法遗产的保存功绩。第三卷收集了波伦亚学院建立之后罗马法的文献材料，专章讨论了欧洲大学的历史。这一部分，描述从12世纪到中世纪结束罗马法的历史，堪称一部法律的文献史。萨维尼从中发现了法律进化的证据。第四卷进一步细化主题，涵盖了13—14世纪从注释法学到罗马法复兴运动中的广泛文献。萨维尼追踪了历史的细节，证明法律的每一次进步都与法学家的创新相互关联。这种研究方式影响了后世的众多法学家，英国法律史学家梅特兰研究英国法律史，也是仔细考察了整个欧洲的情形。[1]

相对而言，德国的资产阶级发育较晚。比起当时的英国和法国，德国既不统一，又存在大量封建传统。法国革命和法国民法典的制定，对德国不可能没有冲击力。德国法究竟是走法国式道路，还是保留传统的日耳曼传统，在知识界存在争论。1813年，随着拿破仑帝国的衰败，学者雷布格发表论文，提倡重新回到德国法传统。1814年，海德堡大学教授蒂鲍发表了《论德意志统一民法典的必要性》一文，对雷布格的论点提出了批评，强调制定统一德国民法典的重大意义。为此，萨维尼发表了《当代立法和法理学的使命》的著名小册子。他在这篇文章中，既批判了雷布格复古和倒退的倾向，也反对了蒂鲍的盲目和激进。一般认为，萨维尼在这本小册子中预告了历史法学的产生。1815年，萨维尼与艾希霍恩等共同创办了《历史法学杂志》。以此为阵地，德国的历史法学鼓吹其理论，从而使历史法学达到了一定的高度。

萨维尼堪称世界级的罗马法学家、国际私法学家和法理学家。1803年的《占有法》，开始尝试历史的研究方法。1840年至1949年出版的8卷本《现代罗马法体系》，被视为创造了一种新的法律历史研究方法和一种法学的新的表达方式。1815年至1831年，《中世纪罗马法史》六卷，被誉为中世纪欧洲法学史的标准著作。

二、法律的民族精神说

萨维尼说，只有历史的洞察力，才能不犯这种错误。他声称，历史或

---

〔1〕 J. E. G. de Montemorency, Friedrich Carl von Savigny, Journal of the Society of Comparative Legislation, 1910. p.32-54, Vol. 11, No. 1.; Savigny: German Lawgiver, 55 MARQ. L. REV. 280(1972).

者说一个民族的摇篮时代，都永远是可尊敬的老师。时代历史感是人类负有的一种神圣的职责。因为只有通过历史，一个民族“才能保持与这个民族原始状态的生动关系；失去此种关系，就丧失了每个民族最优秀的精神源泉”〔1〕。因此，根据这一理论，萨维尼说，普通法和州法要成为真正有益的和无可非议的权威意见，乃要遵循法理学严谨的历史方法。这就要求追溯每一既定制度的根源，从而发现一种有机的原理，这样便能将仍然富有生命力的东西从没有生命的和仅属历史的东西中分离出来。这种历史的精神就要求后人以前人的精神来读历史的文献，读前人的书，思考他们的问题，熟悉他们的思想方式，并尽量吸取他们的精化，以便按他们的风格和原则撰写，从而用他们真正的精神完成他们未完成的事业。要做到这些就要有完善的法制知识，要学会习惯于用正确的历史眼光来观察每一概念和理论。

萨维尼关于法律本质的论述，算是他最具风格的法律理论。他说，法律如同一个民族所特有的语言、生活方式和文化素质一样，本身就具有一种固定的性质和明显的属性。一个民族之所以能够融为一体，是由于这个民族的共同信念，是由于一个民族内部的同族意识。在复杂的生活中，法律规范本身可能寓于普遍信仰的目标之中。但是，这些精神上的作用也必须以某种物质的存在为基础。正如同语言存在的基础是持续的和不间断的应用那样，宪法存在的基础就是具体明显的公共权力，它是以文字和口头世代相传下来的各种法规为基础的。

萨维尼称，法律和语言一样，没有绝对中断的时候。法律像民族的其他一般习性一样，受着同样的运动和发展规律的支配。这和发展就像其最初阶段一样，按照其内部必然性的法则发展。“法律随着民族的发展而发展，随着民族力量的加强而加强，最后也同一个民族失去它的民族性一样

〔1〕［德］萨维尼：《论立法与法学的当代使命》，中国法制出版社2001年版，第87页。

而消亡。"[1]法律具有双重的生命力，首先，法律是社会整体的一部分，它与社会共存，不会突然消失。其次，法律是法学家所掌握的一门特殊知识。因为这个缘故，法律越来越矫揉造作和复杂化。在不同时期，同一民族的法律可能不同。它或者表现为原始习惯法，或者表现为经过人为设计过的实在法。但是，萨维尼声称，无论表现为哪种法律，要在二者之间划出一条截然不同的分界线，显然是不可能的，因为两者往往相互交织在一起。他认为，每处都是经由习惯和一般信念，然后才靠法理学发展而来的。因此，法律的形成每处都依赖民族内部默默起作用的力量，而不是依靠立法者的武断意志。"实在法存在于民族的共同意志之中，由此，我们也称为民族法""民族精神产生了实在法"。[2]这里，萨维尼似乎得出了法律发展的所谓三阶段论：一个民族的习惯法、经法学家改造过的学术法和立法。第一阶段是法律的"政治"(political)要素，法律的原则并不存在于立法之中，而是存在于"民族的信仰"(national convictions)之中。第二阶段是在政治要素中加入了法学家的"技术"(technical)要素。这个阶段是一个民族法律文化的最高峰，也是法典化可行的时代。第三阶段是随着民族的衰落，法律不再有民众的支持，而成为专家小集团的财产。当这种技术也丧失之后，民族的个性也最终消亡。[3]

一种良好的法律制度应该有三个方面的要素：一是法律的权威，二是良好的司法官员，三是简单易行的诉讼程序。关于法律的权威，萨维尼认定是从前在整个德国盛行的普通法和各州法律的混合，而不是一部法典[4]。退一步讲，应该在法典不生效的地方保留这种原有的混合制度。他说，考虑到德国的具体情况，德国生活在一大堆世代相传而且繁衍不息

〔1〕［德］萨维尼：《论立法与法学的当代使命》，第9页。

〔2〕［德］萨维尼：《当代罗马法体系》(第1卷)，朱虎译，中国法制出版社2010年版，第17页。

〔3〕 Michael Freeman, Lloyd's *Introduction to Jurisprudence* V4, London: Stevens & Sons, Ltd., 1985, p.785.

〔4〕［德］萨维尼：《论立法与法学的当代使命》，中国法制出版社2001年版，第83页。

的法律概念和原理之中。这是一份宝贵的法律遗产，不能够人为地破坏这份遗产，也不应该通过割断所有的历史联系来废除这些法律的概念和原理，而试图开始一种崭新的制度。即使这样去做，最后的结果也不过是一个海市蜃楼而已，因为人们不可能消灭现在活着的法学家的意见和思想方式，也不可能完全改变现有法律关系的性质。这里，萨维尼崇尚民族原有的习惯法或者民族的精神，而反对新的立法。

这就需要有一种历史的精神。当人们具备了敏锐的历史眼光和政治眼光之后，才有可能对所面临的问题作出正确的判断。对于当时德国法松散的诉讼程序、不适当的专断和单纯的法律无情等，也应该保持谨慎的态度〔1〕。当想对他进行改革的时候，也要三思而后行，因为人们难免无意地"将好肉割去"。否则就要对子孙后代承担全部的责任，因为这样是中断了一个民族的发展。以历史的眼光看，"许多较大民族的历史都有一种从有限的、但新鲜活泼、精力充沛的个性发展到无限的普遍性的过渡"〔2〕。萨维尼说，法律也是如此，在此过程的最后，可能会失去一个民族的特有意识。不过，如果旧法许多特有的优点都消失了，那么再要返回到过去的时代，简直就是一种无益的空谈。萨维尼在评论普遍性与众不同的优点的同时，也呼吁要现实并有益地对待一个民族的历史和它的民族精神，使自己的心灵不受狭隘的影响和束缚。

关于司法官员的问题，萨维尼提倡法学院和法院之间自由的联系，他觉得这种联系是使理论和实践相结合的最好方式。"实践和日益蓬勃发展的理论的结合是不断造就有才干的法官的唯一方法。"〔3〕法官不只是作为一种工具，而负有自由而崇高的使命。司法要如何真正科学地完善起来呢？在当时最不能令人满意的现象是，法官只拘泥于机械地应用条文，不

〔1〕［德］萨维尼：《论立法与法学的当代使命》，中国法制出版社2001年版，第33页。

〔2〕［德］萨维尼：《论立法与法学的当代使命》，中国法制出版社2001年版，第7页。

〔3〕［德］萨维尼：《论立法与法学的当代使命》，中国法制出版社2001年版，第95-96页。

能够对条文加以解释，每一案件都必须找到有关的法律条文。这就是所谓概念法学，但是，严格的科学方法就要排除一切武断的判决。要做到这种结合，就要复活德国最古老的司法组织。

关于诉讼形式，萨维尼说，如果法律权威意见和司法官员都处于良好的状态，但是诉讼形式很坏的话，那么上述两条也将起不到作用。他说，在普遍实行普通法的国家里，根本不可能存在编纂法典，但这并不意味着他们就没有民事的立法。立法有两个目的，一是裁决论争，二是记录旧习惯。由于无知和愚昧而从未认真调查研究的实例不叫论争，仅在书本上存在的、而在实践中很少见到的分歧也不是论争。所谓习惯法的记录，不只是换个不同的名字的保留，而是要解答未来可能发生的案件。无论如何，萨维尼都认为，法院用临时性的指示或者指令形式解决争端，总比用立法手续解决争端，要更好一些。〔1〕

萨维尼感叹道，一旦历史研究的方法在法学家中得到普及，法律职业便能拥有活生生的习惯法主题，因而是一种真正的进步。法律历史问题将为当世者所用，成为未来者的财富。这样不仅能够拥有真正的原始法，而且也不缺乏表达的语言。不仅能够达到确定的和迅速的司法行政，而且是更高的阶段。在国家发展史上，最初阶段的法律将同高度的科学发展结合起来。

三、三部民法典的比较考察

萨维尼倾向于保守，他崇尚习惯法，而反对立法和法典编纂。他对习惯的描述是：最初的、无关紧要的、偶然任意发生的法律选择，当相似法律情形再次出现的时候，人们重复选择上次的法律选择。经过一段时间之

〔1〕 参见［德］萨维尼：《论立法与法学的当代使命》，中国法制出版社2001年版，第97页。

后，此规则就成为法，这就是习惯转为法律的过程[1]。他说，立法经常对法律产生诸多影响。首先，立法者在修改现行法律的时候，可能受国家至上理论的影响。这种立法很容易败坏法律，因此应该尽量少用。其次，立法可以减少法律的模糊性。这里，如果立法忠实于习惯，那么，这种立法就成为真正的法律，体现民族的本来意志。而法典编纂则是国家审查它的整个法律体系，使其见诸文字，使其他法律不再有效。一部法典应该有高度的准确性，在适用上有高度的统一性。

萨维尼比较研究过当时的三部法典:《拿破仑法典》、《普鲁士民法典》和《奥地利民法典》。他对《拿破仑法典》的评价是，这部法典的政治因素所起的作用超过了技术因素所起的作用，为此萨维尼对《拿破仑法典》持强烈的批评态度。他认为，就技术因素而言，法国民法典没有什么创新，只是已有法律的编纂。这些法律部分是罗马法，部分是法国法。对于《普鲁士民法典》，萨维尼基本持肯定的态度。他认为，《普鲁士民法典》是在没有任何外部压力下制定的，它与地方性的法律渊源有着密切关联。在萨维尼看来，既然已经有了《普鲁士民法典》，当时就没有必要再制定其他什么法典了。而对于《奥地利民法典》，萨维尼称赞有加，他说奥地利法典是完美的，更适合于德国。

这里，萨维尼似乎也区分了法典的政治因素和技术因素。他认为，在法典的实质方面，法律的政治因素一直在起作用，而当时的工作需要对其结果加以区别和详细说明，而这也正是技术法理学的特殊作用。萨维尼主张要审慎地对待法典编纂，他借用培根的话说，除非有紧迫的必要性，否则决不要从事编纂法典的工作。只有在文化和知识超过前一时期的时候，才能从事这一工作。如果过去的成果由于目前的无知而被毁灭掉，那才是

〔1〕 参见[德]萨维尼:《当代罗马法体系》(第1卷)，朱虎译，中国法制出版社2001年版，第33页。

真正可悲的。萨维尼的结论是，“现行法不能修改，只能保留”〔1〕。

法典要作为唯一的法律权威，实际上就要求法典对可能出现的每一案件作出明确的判断和指示。而法理学最困难的问题就是区分主要原理和规则之间的密切关系以及准确的程序。从表面上看，司法要由法典加以规定，但是在事实上，它是用法典以外的东西来代替的，这是一种虚妄的现象，是一种最不幸的结果。法典的独到之处，在于确立一种新的法律权威，以取代真正的法律权威。这里的真正的法律权威指的是民族精神和民族的个性。结果是法律权威意见并不能从民族的道义力量那里得到支持，而只能求助于法典形式。在形式方面，如果缺乏表达的技巧，法典的编纂工作也可能失败。在这个方面，法律语言应该特别简洁。从这个意义上讲，优良法典的要素几乎没有一个时代曾有资格做到。“年轻的国家，对其法律最清楚最了解，但它们的法典在语言和逻辑技巧上有缺点。……在它们的衰败时期，几乎什么东西都很缺乏，如对事物的知识和语言就很缺乏。因此，只保留了一个中间时期；可以认为这是文化的顶峰。但这样的时代本身根本不需要法典：正如我们储粮过冬一样，它只是为下一个更不幸的时代编纂一部法典。”〔2〕

萨维尼还从古罗马法的角度进一步论证他的看法。他说，罗马法像习惯法一样，其本身几乎完全是在内部形成的。他称，只要法律积极有效，编纂法典是没有必要的，甚至在情况对它最有利的时候也没有必要。在古典法学家的时代，编纂一部优秀的法典可能不会有什么困难。三位最有名望的法学家帕比尼安、乌尔比安和保罗都是出色的法律实践者。他们既不缺乏对法律的兴趣，也不缺乏编纂法典的权力，但是他们从来没有表现出这样做的迹象。只是到了6世纪，当一切文化生活都不景气的时候，也就是说只有在法律极为衰败的时候，才有人想起来要编纂法典。

---

〔1〕［德］萨维尼：《论立法与法学的当代使命》，中国法制出版社2001年版，第17页。

〔2〕［德］萨维尼：《论立法与法学的当代使命》，中国法制出版社2001年版，第20页。

萨维尼回到德国法。他认为，直至他那个时代，德国才以普通法为名在全国范围内真正实施了统一的法律制度。而德国这种"普通法的主要渊源却来自查士丁尼的法律著作"[1]。罗马法剥夺了德国法的民族性，而法学家对罗马法却倾注全力。这就阻碍了地方法律获得一种独立性和科学性。萨维尼哀叹，在德国，封建制度一旦完全建立，日耳曼古代民族的特点根本不可能保留下来，因为对一切都进行了彻底的改变。当罗马法传到德国的时候，这场全面的改革已成了定局。各州法律本身的许多法律条文纯属罗马法，而且这些条文只有根据罗马法原文才能得到理解。即使在判决中，也经常是按照罗马法予以解释和执行。没有罗马法，就无法理解那些应该用这种新法律解决的问题。在这个问题上，萨维尼不同于其他的德国历史法学。这也就是说，他主张他所在的那个时代的德国法并不源于古老的日耳曼法，而是来源于罗马法。并且他认为，德国法继受罗马法是"普通习惯法走向现代之最伟大和最显著的行为"[2]。因此，萨维尼被认为是历史法学中罗马法派的分支，正好与艾希霍恩的日耳曼分支相对。也因为这一点，萨维尼的理论经常受到他人的反对，因为他的历史法学并没有使他真正地追寻德国法的民族精神，而是从外来法即罗马法中找德国法的渊源。

萨维尼认为，德国以前所普遍实行的法律是合适的，因为在特殊问题上有极大的差异和个性，在普遍问题上又有德国普通法作为总的基础，这些特点就将全德国各邦都联系和团结起来。他认为，在这种情况下，最有害的地方是对法律的轻易和反复的修订，甚至用修改的办法求得法律的统一与合宜。这样做所得到的好处，可能抵不上一种政治上的损失。照此办理，就根本没有一个清楚明了的法律渊源。萨维尼批评道，理性主义者认为理性为各个民族和各个时代所共有，因此需要也有可能有一部统一的法

〔1〕［德］萨维尼：《论立法与法学的当代使命》，中国法制出版社2001年版，第29页。

〔2〕 Michael Freeman, Lloyd's *Introduction to Jurisprudence*, V4, p.787.

典。但可惜的是，整个18世纪的德国都非常缺乏伟大的法学家。他声称，对于法学家来说，他必须具备两种精神，第一，他熟悉每个时代和每种法律形式的细节，这是一种历史的精神；第二，他能够从每一个概念和每一个规则来看它和整体的生动关系，这是一种系统的精神。而18世纪的法学家具有这两种科学精神的极少。他说，正确评价一个人所生活的时代是非常困难的，精神工作仍落在科学的身上，因为只有科学为了未来，才能将其提到民族系统的行列中去。法学家有双重作用，一是实质上代表了民族精神，通过他们的智力活动提炼出合乎自己民族的共同意识；二是形式上的科学表达，通过立法加工总结出法律规则和法律技术。〔1〕"实际上，这种改进几乎还没有动手去做，据此我否认我们有编纂一部良好法典的能力。"〔2〕在《现代罗马法体系》中，萨维尼态度要温和得多，他称立法者是民族国家的中心，立法者汇聚了民族国家的精神、价值观念和需求，"我们必须将立法者视为民族精神的真正代表"。〔3〕

对于萨维尼的历史法学，人们评价不一。对他反对立法和法典编纂以及对于德国法学家的不信任，黑格尔说，"否认一个民族和它的法学界具有编纂法典的能力，这是对这一民族和它的法学界莫大的侮辱"，"最近有人否认各民族具有立法的使命，这不仅是侮辱，而且含有荒谬的想法……其实，体系化，即提高到普遍物，正是我们时代无限迫切的要求。"〔4〕马克思则从政治上对萨维尼的保守和反动进行了批判。到19世纪末，耶林和斯塔姆勒都批评了历史法学复古的倾向，而霍姆斯则指出萨维尼没有找到法律发展中的社会利益。〔5〕庞德将萨维尼的历史法学归纳为三个特征。第一，

---

〔1〕 参见［德］萨维尼：《当代罗马法体系》（第1卷），朱虎译，中国法制出版社2001年版，第42页。

〔2〕 ［德］萨维尼：《论立法与法学的当代使命》，中国法制出版社2001年版，第37页。

〔3〕 ［德］萨维尼：《当代罗马法体系》（第1卷），朱虎译，中国法制出版社2001年版，第37页.

〔4〕 ［德］黑格尔：《法哲学原理》，范扬等译，商务印书馆1982年版，第220，221页。

〔5〕 参见［美］庞德：《法律史解释》，曹玉堂等译，华夏出版社1989年版，第9-10页。

历史法学认为，法律是被发现的，而不是被创造出来的。这实际上是对于18世纪以来西欧广泛立法运动的一种反叛。第二，萨维尼用一种唯心主义的方法来解释历史，其中既有17—18世纪的自然法学的影子，也有19世纪黑格尔的历史哲学。第三，历史法学强调法律规则背后起作用的社会压力，从而为社会法学的出现开辟了道路。[1]

影响评价

萨维尼对法学的影响，扩展到诸多的法律部门。他的历史法学是法理学和法律思想史不可或缺的重要章节。19世纪法律历史学的最高成就，当属萨维尼的法律民族精神说。我们说，17—18世纪是启蒙学者的黄金时代，法治主义的理想要生根开花，必定要经过历史的沉淀，历史为理想奠定了扎实的学术基础。这就是萨维尼反对蒂鲍亲法国民法典的原因所在。把一个民族的法律移植到另外一个民族，肯定会遭遇民族性的抵制。萨维尼历史法学的提出正好是这样反启蒙主义的典型，而且扩展到全世界。每当一个后发国家试图步入西方式的现代化的时候，萨维尼的理论都是首选批判的武器，日本的明治维新，中国的清末修律，现代与保守的较量都发生过类似的争论。从自身民族的发展中发现法律发展的轨迹，是民族自尊心的要求，也是保守主义的偏好。只不过，萨维尼并未从日耳曼民族精神中挖掘出德国法的传统，而是从罗马法中发现德国法的精神。

然而更重要的是，萨维尼是一个著名的罗马法学家。他的法律历史功底并非通过他的法理学小册子《论立法与法学的当代使命》表现出来，他与蒂鲍的论战，只是他对当时德国法学现实问题评论的小花絮，他的法学成就其实是对罗马法的历史的研究。其中，他对中世纪罗马法史的研究，

〔1〕 参见［美］庞德：《法律史解释》，邓正来译，商务印书馆2016年版，第15-17页。

让他成为德国罗马法史的权威。欧洲中世纪各自为政的诸侯各国，罗马法如何矛盾冲突、融合发展成欧洲的普通法，萨维尼在居亚斯基础上形成完整系统的学说，这是其他罗马法学家无法企及的事业。也正是对欧洲各国法律体系的整理和贯通，他才提出了现代国际私法法律关系本座说，开辟了冲突法理论的新时代。后继者在他的理论基础上发展出来的潘德克顿学派，则是德国民法典编纂的理论基础。如果要评选出19—20世纪欧美最伟大的两位法学家的话，美国的法学家非霍姆斯大法官莫属，而萨维尼，则代表了欧陆法学的最高成就。

深度阅读

1. [德]弗里德里奇·卡尔·冯·萨维尼:《论立法与法学的当代使命》，中国法制出版社2001年版。

2. [德]弗里德里奇·卡尔·冯·萨维尼:《当代罗马法体系》(第1卷)，朱虎译，中国法制出版社，2010年版。

3. [德]弗里德里奇·卡尔·冯·萨维尼:《论占有》，朱虎译，法律出版社2007年版。

4. Savigny, Friedrich Karl von, *the History of the Roman Law during the middle ages*, Vol.1, trans. by Cathcart, E., Edingburgh: Printed for Black, 1829.

5. Frederick C. Beiser, *Savigny and the Historical School of Law, the Germany Historicist Tradition*, Oxford University Press, 2011.

亨利·詹姆斯·萨姆那·梅因

Henry Sumner Maine

1822—1888

从身份到契约

“所有进步社会的运动在有一点上是一致的。在运动发展的过程中，其特点是家族依附的逐步消灭以及代之而起的个人义务的增长……在‘人法’中所提到的一切形式的‘身份’都起源于古代属于‘家族’所有的权力和特权……则我们可以说，所有进步社会的运动，到此处为止，是一个‘从身份到契约’的运动。”

——亨利·詹姆斯·萨姆那·梅因《古代法》

梅因(右二)与英国驻印度总督约翰·劳伦斯(John Lawrence)及其他顾问委员会成员在印度西姆拉(Simla),摄于1864年

梅因身处的时代正是英国近代史上鼎盛的维多利亚时期，工业文明蒸蒸日上、海上势力扩张，使当时的英国登上世界权力的巅峰，弥漫着一股乐观进取的精神氛围。随着达尔文物种进化思想和斯宾塞社会演化观念的提出，人们对社会变化的规律也持一种逐步发展的进化观，这对梅因的法律思想产生了重要影响。同时，延续德国历史法学派所展现出的历史实证主义精神，梅因以历史的方法批判抽象概念和先验假设的方法论，将法律的变化发展同历史社会的各项要素联系起来，因此人们将梅因列为历史法学的代表人物之一。可以说，梅因是在德国历史法学的指引下展开对法律的研究的，他对古代遗嘱、契约、占有等法律现象的专题研究完全以萨维尼和普赫塔的著作为基础，但梅因的理论呈现出至少两个方面的不同特征：其一，相信法律的进步；其二，试图通过比较不同法律制度的方法，发现法律演变的一般规律。

梅因，1822年8月15日出生于苏格兰一个医生家庭，很小的时候父母就离异了。7岁时，在教父的帮助下进入基督慈善学院（Christ's Hospital）就读，身体孱弱、性格内敛的他从小钟爱于文学并展现出过人的才华。18岁起就读于剑桥大学彭布罗克学院（Pembroke College），在读期间因为在古典文学和英文诗歌方面表现突出而多次获得荣誉和嘉奖。1844年，梅因作为最优秀的毕业生获得了古典文学的高级校长奖章。同年毕业后，梅因即任教于剑桥大学三一学院，而且在1847年时值25岁时便被任命为剑桥大学钦定民法讲座教授，在该岗位上任职一直持续到1854年。在此期间，他还兼职了伦敦律师公会（Inns of Court）的高级讲师，为未来的出庭律师们讲授罗马法和法理学的课程。作为法学教授的梅因十分成功，据1853年听他上课的学生描述，梅因授课声音洪亮有力，字字珠玑。梅因后来发表的代表作，即1861年出版的《古代法》（*Ancient Law*, 1861），也十分具有文学上的感染力，其内容就是在这一时期的授课讲稿的基础上整理而成的。《古代法》的出版使得梅因一举声名大噪。一年后，1862年，梅因受邀就任印度总督顾问委员会的法律专员（Law Member of the Council of Governor-General of India），投身于当时的英属殖民地印度的法律改革和法典编纂工作，直到1869年回国。这段印度之行让梅因有机会实地考察印度的本土习惯、法律制度等方面的内容，为他的比较法律史的写作提供了经验素材。同时，在就任期间，英属印度共通过了209项法案，梅因在这些法案的起草及通过过程中发挥了重要作用。因此在1871年，鉴于他对英属印度的统治所作出的杰出贡献，梅因被封为爵士。从印度回国后，梅因受聘为牛津大学首任考博斯法理学讲座教授（Corpus Professor of Jurisprudence，1869—1883），在此期间的讲座内容形成著作公开出版，分别是《东西方乡村社会》（*Village Communities in the East and West*，1871）、《早期制度史讲义》（*Lectures on the Early History of Institutions*，1875）以及《论早期法律与习惯》（*Dissertations on Early Law and Custom*，1883）。这些著作为梅因赢得了国际声誉，他不仅被视为罗马法专家，同时在"原始法"以及现代法等诸多方面也获得美誉。1878年，梅因当选剑桥大学三一学院院长。1885年，他出版了《大众政府》（*Popular Government*，1885），对势不可挡的民主制潮流进行质疑和反思，宣称"通向民主就是通向死亡"，从而引发了诸多争议。1887年，梅因担任了剑桥大学休厄尔国际法讲座教授（Whewell Professor of International Law），《国际法》（*International law*，1890）一书就是根据其讲座期间的讲义整理形成并出版的。该书是梅因的最后一部作品，出版在他去世之后。1888年2月3日，梅因由于脑溢血在法国戛纳与世长辞。

梅因最主要的著作如前文所述，依照出版时间顺序分别为：《古代法》《东西方乡村社会》《早期制度史讲义》《论早期法律与习惯》《大众政府》，以及去世后出版的《国际法》。在这些著作中最重要的当属《古代法》，虽然是上述作品中出版时间最早的，但被视为"梅因毕生工作中的一个宣言书"，因为在该书中梅因已经奠定了其理论体系的一般原理，后来的几部法律史作品只是提供了更详细和更明确的例证。

核心学说

作为历史法学的代表人物之一，梅因客观分析和批判了17、18世纪占主导地位的"自然法学理论"，其中最主要的批判集中于其作为理论根基的“自然状态”概念的抽象性和先验性，另外，梅因的方法论也明显区别于19世纪日渐兴起的分析法学，这其中最关键的因素是梅因对历史实证方法的重视。梅因主要的兴趣点集中于法律的早期历史，但他通过比较法律史学的方法归纳和总结出法律发展演变的一般规律，并试图将古代法律和现代法律制度联系起来，串起一条明晰的演进路线。基于法律史材料的运用，梅因在法律及各具体法律制度的发展演变方面总结出了许多富有启发意义的规律和观点，这也是他依凭法律史写作而跻身法律思想家的重要原因。

一、法律的起源与发展

梅因研究法律的方法，首先是历史的，他批判“古典自然法学”理论最重要的原因是，“社会契约”的理论所描述的人类的原始状态乃是出于一种非历史的、无法证实的理论假设。其中孟德斯鸠稍显具备历史的、比较的或社会学的成分，但过于偏重其中具有猎奇性质的风尚和制度，而且他的“地理环境决定论”过于强调了外部环境的影响，而忽略了人类本性的相对稳定性。〔1〕其次盛行的理论是由边沁和奥斯丁所奠定的“法律命令说”，梅因之所以批判这种观点，是因为它忽视了命令背后的道德、伦理因素以及各种命令形式的历史发展演变问题，更重要的谬误在于，错把某一种形态下的法律形式认作是可以普遍适用于各种各样的、各个时代的一切法律，这其实仍然是缺乏历史观所造成的。〔2〕总结起来，梅因认为这些法律理论除了孟德斯鸠以外，都有一个明显的弊病，也即忽视了对历史上的法律实际上究竟是怎样的研究。梅因把他们称为“纯理论”，而他自己所

〔1〕 参见［英］梅因：《古代法》，沈景一译，商务印书馆2009年版，第75—77页。

〔2〕 参见［英］梅因：《古代法》，沈景一译，商务印书馆2009年版，第4、5页。喀莱顿·亚伦对“法律命令说”的评价可谓一针见血：“它既然从法律学的领域中排斥了历史的考虑，就使它陷入了一种根本的谬误，即把一切法律制度都认为是以西欧的君主国家作为典型的。”

重视的正是法律的历史研究。他主张：

> 我们应该从最简单的社会形式开始，并且越接近其原始条件的一个状态越好。换言之，如果我们要采用这类研究中所通常遵循的道路，我们就应该尽可能地深入到原始社会的历史中……我们不辞劳苦以确定这些胚种不会是浪费精力的。因为现在控制着我们行动以及塑造着我们行为的道德规范的每一种形式，必然可以从这些胚种当中展示出来。〔1〕

梅因重视早期制度和法律形态的研究，因为“这些观念中，可能含有法律在后来表现其自己的一切形式”，所以他将早期历史上的法律看成“像原始地壳对于地质学家一样的可贵”〔2〕。在记录早期社会状态的史料方面，梅因分为三种：观察者对于同时代比较落后的各种文明的记事，某一个特殊民族所保存下来的关于他们的原始历史的记录，以及古代法律。这三种史料之中，梅因强调了古代法律的价值。因为第一种记录虽然值得利用，但有可能因为文明人对野蛮人的傲慢之心而不屑于观察或存在偏见，所以导致在当时可供借鉴的记录数量较少，而且有可能不符合事实。第二种记录则是民族自身所留存下来的历史记录，但可能因为民族自豪感或宗教情绪的因素而被歪曲。而第三种，也即古代法律，一般并不存在被改动或歪曲的情况，所以相对也更具备客观性。所以，通过对古代法律的研究，更可能对其所属社会的特征获得一些明确的认识。当然对于古代法律，梅因也强调需要进一步把其中曾受到编纂者的个人偏好或无知的影响而脱离现实规则的部分区分开来。〔3〕

---

〔1〕［英］梅因：《古代法》，沈景一译，商务印书馆2009年版，第79页。
〔2〕［英］梅因：《古代法》，沈景一译，商务印书馆2009年版，第2页。
〔3〕参见［英］梅因：《古代法》，沈景一译，商务印书馆2009年版，第80-81页。

在法律史学的基础之上，梅因借鉴比较语言学的方法从而倡导比较法律史学的方法。通过比较，可以更加清楚地阐明所对照的法律文明的特点和价值，梅因明确地指出：“印度法的命运，在事实上，是衡量罗马法典价值的尺度。”〔1〕梅因既批判英国法学者对于罗马法的无知，也批判他们对印度法的忽视。他强调罗马法的重要性，“因为在罗马法的最古部分中，有着最久远的古代事物的痕迹，而在其后期规定中，又提供了甚至到现在还支配着现代社会的民事制度资料”。〔2〕同时他重视运用来自同是印欧语系的印度的资料，把比较方法的运用主要限定在雅利安种族内，这样在用印度法证实古代习俗和法律现象的同时，可以降低任意比较和轻率概括的风险〔3〕。梅因总结：“如果历史法学和法哲学想要在英国走得更远，印度的知识和罗马法的知识，都是必不可少的。”〔4〕但他不仅限于此，沿着比较法学的道路，他所要建构的是法律发展的规律性的总结。因为人文社科相比自然科学更趋复杂性和变化性，这条路并不好走，须得小心翼翼，这既是梅因的许多理论备受争议的地方，也是体现他天才式的创造力的地方。

在主要运用古希腊法、罗马法的材料，同时参照英国法与印度法进行对比后，梅因勾画了一幅法律起源和发展的历史进程序列。站在历史最开端的是荷马史诗中提到的“地美士”（Themis）和“地美士第”（Themistes）。“地美士”（又译“忒弥斯”），起初是希腊神话中宙斯的陪审官，后来演变为希腊万神庙中的“司法女神”。“地美士”，意味着国王的司法审判权来自上帝，而“地美士第”，是“地美士”的复数形式，意指“判决”，是由神授予法官的。但“地美士第”并不是法律，各个“地美士第”之间也没有任

〔1〕［英］梅因：《古代法》，沈景一译，商务印书馆2009年版，第13页。

〔2〕［英］梅因：《古代法》，沈景一译，商务印书馆2009年版，第1页。

〔3〕参见［英］保罗·维诺格拉多夫：《亨利·梅因的学说》，御风译，载《历史法学》2009年第1期。

〔4〕［英］梅因等：《东西方乡村社会》，刘莉译，知识产权出版社2016年版，第16页。

何贯串的原则，所以它们是个别的、单独的判决[1]。在一系列类似的判决之中，逐渐形成近似审判的观念，由此就形成了“习惯”。当王权统治发生弊病而让位于贵族统治，贵族成为法律的受托人和执行人，从而垄断了法律的知识。“习惯”或“惯例”被假定为贵族阶层所精确知晓的，通过这种方式，司法特权掌握在贵族手里，民族或部族的习惯被清晰明确地保存下来，这便进入了“习惯法”的时代。“习惯法”时代的法律为特权阶级所秘藏，是一种专门为有特权的少数人所知道的法律，是一种真正的不成文法。“习惯法”之后便是“法典”的时代。以罗马《十二铜表法》为典型，几乎同一时期，在希腊、意大利和西亚的希腊化海岸上，都出现了成文法典化的运动，他们把法律铭刻在石碑上，向人民公布，以代替一个单凭有特权的贵族统治阶级的记忆的惯例。法典的出现，有平民运动推动的因素，但更重要的条件在于文字的发现和传播。法典的颁行相比少数人的记忆来说是一种更准确、更有效的法律保存方式，能够方便为民众所周知，让每个人明确知道应该做什么和不应该做什么；而且有助于保护社会不受少数特权阶级的人欺诈，也使法律条文的解释不受不合理类比的败坏。[2]由此，可以把梅因的法律起源和发展历史进程观点总结为“判决—习惯—习惯法—法典”这么一条演进规律。需要注意的是，在《古代法》中，梅因确认的发展顺序是：判决先于习惯；但在后期作品里，梅因对“地美士第”的解读进行了一定的调整，他似乎主张“判决先于习惯”是人们观念上的认知，而非历史实际，历史的发展顺序应是习惯先于国王的判决：

荷马的国王首先忙于战斗。但是他也是一名法官，并且可以注意到，他没有法律顾问。他的判决来自直接进入其脑海的神之口谕。这些判决——它与我们日耳曼语中的“法令”(doom)一词

〔1〕 参见［英］梅因：《古代法》，沈景一译，商务印书馆2009年版，第2-3页。

〔2〕 参见［英］梅因：《古代法》，沈景一译，商务印书馆2009年版，第4-14页。

同义——无疑来自既有的习俗或习惯，但是人们在观念上认为，它们是由国王自发地或者通过神的启发而被构想出来的。[1]

二、自然法的功过评说

站在19世纪的舞台上，梅因所面对的是以往丰硕的法律理论，基本都属于“自然法”理论在不同时期主导的不同哲学背景下所呈现出的不同形态。古典自然法学为资产阶级国家的建立奠定了理论基础，而后19世纪的精神从理想的追求转向了务实，功利主义和实证主义哲学兴起，18世纪占主导的古典自然法理论成为各大法学流派所反思和批判的对象。梅因也基于历史法学的立场对自然法学的理论进行了批判。更可贵的是，梅因不只基于方法论视角否定了在实证主义面前显得浅薄而虚妄的理论假设，而且分析了自然法学所形成的心理基础及其历史变化，并客观地评价和总结了自然法学对社会发展所作出的历史贡献以及所遗留的弊病。

梅因对“自然法理论”的批评实际上主要针对的是“古典自然法学”理论，而且侧重于方法论层面的批判。如前所述，梅因直指“社会契约”理论所建构的“自然状态”学说的非历史性，根本不符合历史的实际。同时，梅因也深刻地注意到，“自然法”理论发展到18世纪已经发生了一次重大的变革。以卢梭为例，梅因发现，古典自然法理论“所研究的主要问题，已不是‘自然法律’而是‘自然状态’”[2]。罗马人的自然法理论是要在对现存各种制度的观察的基础上，挑选和总结出可以作为“自然法则”的部分，而卢梭的理论则完全脱离世界的实际情况，也即以理想中的过去，而痛责现在的制度。所有的法律和制度，凡是不能适合于一种假设的理想建构的自然状态中的“人”，都是被批判的对象。[3]因此，梅因一针见血地指出了

〔1〕［英］梅因：《早期法律与习俗》，冷霞译，上海人民出版社2021年版，第79页。
〔2〕［英］梅因：《古代法》，沈景一译，商务印书馆2009年版，第59页。
〔3〕参见［英］梅因：《古代法》，沈景一译，商务印书馆2009年版，第59页。

卢梭自然法理论所具备的革命精神。结合历史来看，梅因总结这种以自然状态为假设的自然法理论：

> 在第一次"法国革命"时期，曾经多次发生的重大失望都是由它有力地促成的。它产生了或强烈地刺激了当时几乎普遍存在的智力上的恶习，如对现实法的蔑视，对经验的不耐烦，以及先天的优先于一切其他理性等。这种哲学紧紧地掌握住了那些比较思考得少、同时又不善于观察的人，它的发展趋势也就一定程度地成为明显的无政府状态。[1]

在进行理论批判的同时，梅因更多地结合自然法理论所形成和发展的历史背景来客观肯定和评价其积极意义。梅因总结，"自然法"观念起源于希腊哲学家将原来用以指称物质世界的"自然"赋予一层道德的含义。"自然"最远古的含义是指从单一原则的角度解释物质宇宙，而后引申出代表人类社会中一般和简单的道德法则的概念。后来发展出的斯多亚学派的根本教义便是，按照自然而生活，并将之视为最优秀的人的生活准则。因此，"自然法"理论首先起源于哲学观念上的单一的基本假设，通常与单纯化和概括化的观念联系在一起，单纯匀称和通晓易懂就被视为好的法律制度所具备的特点。[2]自然法观念确实比较简单、粗糙，用语含混、理论模糊，而且近代的自然法理论呈现出一种"不问过去只向将来寻求完善典型的倾向"，但梅因仍然强调其为人类历史作出的不可磨灭的功绩：

> 这个理论在哲学上虽然有其缺陷，我们却不能因此而忽视其对于人类的重要性。真的，如果自然法没有成为古代世界中一种

〔1〕［英］梅因：《古代法》，沈景一译，商务印书馆2009年版，第61页。

〔2〕参见［英］梅因：《古代法》，沈景一译，商务印书馆2009年版，第36-38页。

普遍的信念，这就很难说思想的历史，因此也就是人类的历史，究竟会朝哪一个方向发展了。[1]

总体来说，梅因认为自然法理论的历史贡献主要体现在以下几个方面：

其一，自然法理论提供了一个完美法律的典型，避免了早期法律可能存在的发展太快的危险。在这一点上，梅因主要赞同罗马时代的自然法理论，这套理论在不否认现存法律义务的基础之上，鼓励人们无限接近于它所提供的完美法律理想，这样可以解决早期法律可能存在的由于发展太快而直接突破已有规则、程序和术语的问题。也即，这样的自然法理论在现存法律的基础上提供了一个可以不断接近较高理想的弹性空间。不同于近代的古典自然法理论，梅因总结，“它的职能，简单地讲，是补救性的，而不是革命性的或无政府状态的”。[2]

其二，自然法理论提供了法律理想，避免了原始法律的僵硬性。梅因指出：“世界有物质文明，但不是文明发展法律，而是法律限制着文明。”[3]法律由于趋向于稳定性，而往往落后于社会文明的发展。原始法律的僵硬性主要由于法律同宗教混同在一起，把大多数人的生活、行为和观念束缚住了。罗马人避免了这种不幸，因为自然法理论所提供的理想的和绝对的完美法律的观念，促使法律不断地进行改良。[4]

其三，自然法理论形成了“人类一律平等”的现代信念。罗马法学家提出“每一个人自然是平等的”，是一条严格的法律公理，他们主张在自然法之下，罗马公民与外国人、人民与奴隶、宗亲与血亲之间，不应该有所

---

〔1〕［英］梅因：《古代法》，沈景一译，商务印书馆2009年版，第50页。

〔2〕［英］梅因：《古代法》，沈景一译，商务印书馆2009年版，第52页。

〔3〕［英］梅因：《古代法》，沈景一译，商务印书馆2009年版，第17页。

〔4〕参见［英］梅因：《古代法》，沈景一译，商务印书馆2009年版，第52页。

区别。而当人类平等学说换上现代形式时，现代民法学家提出来的口号是“人类应该平等”，这意味着人们开始借用这一理念来审视和否定现实中所遭受的不公正。这种平等理念被传播到美国，成为《独立宣言》的思想来源之一，也促成了法国大革命，并深刻地改变了社会构成和国家的政治原则。〔1〕

其四，自然法理论催生了现代国际法理论。格劳秀斯的国际法理论就是建立在自然法的基础上的。运用“自然状态”理论，格劳秀斯认为国际的状态就是一种自然状态，各个国家不论大小不论强弱，在国际法上，彼此独立，一律平等。〔2〕

三、法律的演进规律

运用比较法律史的方法，梅因擅长从对基础法律史料的研究中发现和归纳法律演进的规律，这其中最出名的一条公式就是：从身份到契约。梅因认为，人类原始时代的社会并不像“社会契约论”所描绘的是一个原子的、个人的集合，而是一个包含了许多家族的集合体。进一步进行对比，如果说现代社会的基础单位是“个人”的话，那么古代社会的基础单位则是“家族”。因此，古代法律也呈现出相应的特点，它的数量不多，因为可以由家长的专制权力来增补；它的仪式繁多，因为它着重处理的事务，不在于个人间交往的问题，而更多地调整各个独立的“家族”团体间的关系；更为重要的是，它所持有的人生观与现代观念完全不同，它将宗法和家族集团视为永生不灭的。在家族中，家父或其他祖先对于卑亲属的人身和财产拥有终身的权力，梅因采用罗马法的名称，把它称为“家父权”。〔3〕通过考察古代的“人法”，梅因认为，各国的民法的最初形态，其实就是一个宗

〔1〕 参见［英］梅因：《古代法》，沈景一译，商务印书馆2009年版，第61—64页。

〔2〕 参见［英］梅因：《古代法》，沈景一译，商务印书馆2009年版，第64—67页。

〔3〕 参见［英］梅因：《古代法》，沈景一译，商务印书馆2009年版，第84—89页。

法主权下产生的“地美士第”，也即是每一个独立家父对其妻、子以及奴隶任意提出的不负责任的命令。在国家组织形成后，法律的作用极为有限，只能涉及各“家族”而不是个人。立法和法院的私法审判只能涉及家族首长，而家族内的每一个个人则服从于家庭的法律，以“家父”为立法者。但随着法律的发展，也即通过拟制、衡平和立法的技艺，民法的范围逐渐扩大，大量的个人权利和财产也随之从家族的审判中转移到了公共法庭的管辖权之内。“个人”不断取代“家族”成为民事法律规范的单位，用以逐步代替源自“家族”各种权利义务上的相互关系的，就是个人与个人之间的“契约”关系。于是，古代法中，“人”的一切关系都被概括在“家族”关系之中，这是历史上的一个起点，从这个起点开始，人类历史朝向一种新的社会秩序发展，也即朝向所有关系都是因“个人”的自由合意而产生的社会秩序发展。在西欧社会，朝向这种方向的发展较为显著，奴隶身份被消灭了，代之以主仆之间的契约关系；夫妻之间，以及父亲与成年之子之间所形成的法律关系也只能通过契约。[1]于是，梅因进行总结：

> 所有进步社会的运动在有一点上是一致的。在运动发展的过程中，其特点是家族依附的逐步消灭以及代之而起的个人义务的增长……在“人法”中所提到的一切形式的“身份”都起源于古代属于“家族”所有的权力和特权……则我们可以说，所有进步社会的运动，到此处为止，是一个“从身份到契约”的运动。[2]

通过考察遗嘱继承法的早期史，梅因发现，现代的“遗嘱”概念源自古代的“遗命”，现代遗嘱法较最初的“遗命”概念发生了巨大的转变。对于现代遗嘱法的特征，梅因总结为三点，一是必须只在死亡时才发生效

---

〔1〕 参见［英］梅因：《古代法》，沈景一译，商务印书馆2009年版，第109–111页。

〔2〕 ［英］梅因：《古代法》，沈景一译，商务印书馆2009年版，第110–112页。

力，二是秘密性，三是可撤销性。但古代的“遗命”最初是一经执行便立即生效，而且不具秘密性，是不可取消的。[1]这一发展变化背后所体现的原理也同“从身份到契约”的背景相一致，即体现了“个人”不断取代“家族”成为民事法律规范的单位的过程。早期的法律不准许，或者根本没有考虑过“遗嘱权”，法律发展到后来的阶段，才准许在一定的限制之下使财产所有者的意志压倒其他血亲的利益请求。因为，在人类社会的初期，人们不是被视为一个个人而始终被视为一个特定团体的成员，社会的基础单位不是个人，而是“家族”。在这种社会观念之中，继承法的着眼点在于家族团体的延续不断和永生不灭，而不是个人的延续。所以，古代继承法的特征是，把家族法人的继承观念通过拟制而运用于其中的个人公民身上，而法人的继承必然是概括的，所以古代继承法的制度就是“概括继承”制度。继承人立即取得死者的全部权利和全部义务，也即取得他的全部人格，用罗马法的定义便是“继承权是对于一个死亡者全部法律地位的一种继承”。古罗马继承法上“遗命”的主要功能通过上述概括继承的方式，宣告谁有权继承“遗嘱人”成为族长的一种方式，它并不是分配死亡者财产的一种方式，而是实现家族代表权转移给一个新族长的一种方式。这种“遗命”只有在没有人能根据宗族权利享有继承权时方才有效。[2]随着制度的发展，当“平民遗嘱”取代了“遗命”，又发生了一次变革。“平民遗嘱”来自“曼企帕因”（Mancipium）或“曼企帕地荷”（Mancipatio），也即古罗马的让与制度，需要遵循一套严格的程式方能有效。通过这种形式订立的“遗命”相当于实现了“遗嘱人”财产完全的让与，但它是不能撤销的，不具秘密性，而且立即生效。后来在罗马“裁判官”告令中实现了“遗命”的不定期处分，在盖尤斯时期，遗嘱制度发展成熟，遗嘱取得了秘密性和

〔1〕 参见［英］梅因：《古代法》，沈景一译，商务印书馆2009年版，第115页。
〔2〕 参见［英］梅因：《古代法》，沈景一译，商务印书馆2009年版，第120–128页。

可撤销性。[1]因此，遗嘱制度的发展演进历程可以总结为：古代“遗命”—“曼企帕地荷”式“遗命”—现代遗嘱。

同样与“从身份到契约”的发展过程的背景一致，梅因把财产法发展史的规律性总结为：现代观念上的“私有财产权，主要是由一个共产体的混合权利中逐步分离出来的个别的个人权利所组成的”[2]。古代的制度是基于家族权利及亲族团体权利的共同所有权，而不是个别的所有权，因为古代法律之中是没有“个人”的观念的：

> “古代法律”几乎全然不知“个人”。它所关心的不是“个人”而是“家族”，不是单独的人而是集团。即使到了“国家”的法律成功地透过了它原来无法穿过的亲族的小圈子时，它对于“个人”的看法还是和法律学成熟阶段的看法显著地不同的。每一个公民的生命并不认为以出生到死亡为限；个人生命只是其祖先生存的一种延续，并在其后裔的生存中又延续下去。[3]

因此，基于个别所有权的观念而把财产权的起源归结于自然法理论所认为的“先占”，或者萨维尼所总结的“时效取得”制度，都是不符合历史实际的。

考察契约法的形成和发展史，梅因有一个重要的论断：“我们今日的社会和以前历代社会之间所存在的主要不同之点，乃在于契约在社会中所占范围的大小。”“旧的法律是在人出生时就不可改变地确定了一个人的社会地位，现代法律则允许他用协议的方法来为其自己创设社会地位。”[4]

---

〔1〕 参见［英］梅因：《古代法》，沈景一译，商务印书馆2009年版，第133—140页。

〔2〕 ［英］梅因：《古代法》，沈景一译，商务印书馆2009年版，第175页。

〔3〕 ［英］梅因：《古代法》，沈景一译，商务印书馆2009年版，第167—168页。

〔4〕 ［英］梅因：《古代法》，沈景一译，商务印书馆2009年版，第196页。

梅因“从身份到契约”的法律演进公式的主要精神也在于此。在原始社会中，个人主要遵循“家父”的强行命令，法律制度中很少有“契约”活动的余地。契约法的起源和发展进程，可以通过作为典型的古罗马“契约”发展史来用以说明，呈现出的脉络是：耐克逊—口头契约—文书契约—要物契约—诺成契约。[1]耐克逊(nexum)原是指通过“曼企帕地荷”形式使用铜片和衡具进行的交易，原意是指一种财产让与，而后又具备了未偿付的个人债务的含义，逐渐地用来表示“契约”。一个“契约”的构成要件是，一个“合约”(或“协议”)加上一个“债”。罗马法学家将“债”定义为“应负担履行义务的法锁”，即法律用以把人或集体的人结合在一起作为某种自愿行为的后果的“束缚”或“锁链”[2]。契约形成之后的发展顺序是，“口头契约”最古老，也就是需要经过一种特定的言辞形式才能发生“债”的效力的契约；继而是“文书契约”，需要登入账簿或记事簿；接着是“要物契约”，要求将预约的“物”送达；最后是诺成契约，一经双方的同意立即成立而无须任何手续，是所有现代契约概念的发端。[3]

通过研究侵权和犯罪的早期史，梅因总结出一个论断，古代法与成熟法律制度的最显著差别在于刑法和民法所占的比重，“法典愈古老，它的刑事立法就愈详细、愈完备”[4]。梅因还提出，“古代社会的刑法不是‘犯罪’法；这是‘不法行为’法，或用英国的术语，就是‘侵权行为’法”。[5]因为，“犯罪”概念的成立有赖于对国家或社会集体施加损害的观念存在。所以早期犯罪法律史的发展过程有四个阶段：第一阶段，国家意识到遭受损害从而对行为人给予报复；第二阶段，犯罪种类增加，立法机关不得不将控告和处罚的权力委托给专门的“审问处”；第三阶段，立法机关定期任命

---

〔1〕 参见[英]梅因：《古代法》，沈景一译，商务印书馆2009年版，第217页。

〔2〕 参见[英]梅因：《古代法》，沈景一译，商务印书馆2009年版，第207-208页。

〔3〕 参见[英]梅因：《古代法》，沈景一译，商务印书馆2009年版，第209-215页。

〔4〕 [英]梅因：《古代法》，沈景一译，商务印书馆2009年版，第236页。

〔5〕 [英]梅因：《古代法》，沈景一译，商务印书馆2009年版，第236页。

“审问处”查处有可能的犯罪以及预防犯罪；第四阶段，“审问处”从定期的或临时的变为永久的法院，法官从特定阶级中以特定方法选任，犯罪与刑罚的规定用文字加以说明和公布。[1]

影响评价

梅因最出名的法律进化公式应属“从身份到契约”命题的提出，在当时因为契合了19世纪自由竞争的个人主义的观念，从而获得了极大的社会认同。但随着福利国家时代的到来，梅因的这套理论常成为攻击的“靶子”，最为典型的是，庞德提出20世纪以来的趋势是“从契约到身份”。庞德举的是劳动立法中突破契约自由形式上的平等，倾向于对社会地位较弱者进行保护的例子。一方面，我们要注意，梅因“从身份到契约”的概括并未宣称适用于整个人类发展的历史阶段。另一方面，要注意所谓的“身份”在两个命题中所代表的含义存在很大的差别。梅因的公式所体现出的“进化论”色彩也遭到其后继者，被称为现代英国最杰出的法律史学家的梅特兰的批评。梅特兰除了批判梅因著作中存在过多预设理论，以及对史料缺乏仔细研究之外，更主要在于怀疑梅因的公式是否具有普遍适用性，他从更具体的历史立场质疑梅因公式断定所有民族处于同样发展路线上的判断，而且认为各民族在智识和特征方面差异巨大，有些民族跳过了某些落后民族所经历的阶段。对于梅特兰的质疑，一方面需要肯定其从历史材料方面对梅因理论的检验；另一方面也要注意，梅因在阐述其著名公式时基于历史方法的立场显示出了一定的谨慎性，而且将其理论所适用的社会群体明确限定于“进步社会”。是故，与一般进化主义者不同，梅因更倾向于承认历史发展的多

---

〔1〕 参见［英］梅因：《古代法》，沈景一译，商务印书馆2009年版，第246—247页。

元路径，以及不同社会之间的并行发展和文化差异。梅因在法律史学方面的主要理论贡献是开创了比较法律史学的方法论，另外，他身上所展现出的对抽象概念的怀疑、接受折中的理论以及保守主义倾向等特征深具英国气质，因而梅因也被视为历史法学的英国学派的开创者。亚伦1931年在为《古代法》所写的导言中评价："真的，就英国而论，如果说现代历史法律学是随着这本书的出现而出生的，也不能谓言之过甚。"梅因的后期著作越来越多地结合人类学和社会学的实地考察成果，因此梅因也被视为法律人类学的先驱之一。英国历史法学的传承人之一的保罗·维诺格拉多夫说："法史所遵循的是时间顺序；而历史法学所遵循的是意识形态的顺序。"梅因在法律史料之中发现或构建了法律的发展演进规律，创造性地提供了人们借以审视和反思具体社会中的法律制度的理论工具，因而他不单只是法律史学家，还是理论影响广泛而深远的法律思想家。

深度阅读

1. [英]梅因：《古代法》，沈景一译，商务印书馆2009年版。

2. [英]保罗·维诺格拉多夫：《亨利·梅因的学说》，御风译，载《历史法学》2009年第1期。

3. 陈颐：《梅因的历史法学》，载《中西法律传统》2014年第1期。

4. 徐爱国：《历史法学派简论》，载《江苏社会科学》1992年第6期。

5. R.C.J.Cocks, Sir Henry Maine, *A Study in Victorian Jurisprudence*, Cambridge University Press, 1988.

亚当·斯密

Adam Smith

1723—1790

一位人类社会走向现代的“种子思想家”

“只要建议人类实践仁慈就够了，但绝无必要强迫人类实践仁慈。相反，正义则是撑起整座社会建筑的主要栋梁。如果它被移走了，则人类社会这个伟大的结构一定会在顷刻间土崩瓦解、化成灰烬。”

——亚当·斯密

斯密生活的时代在历史上被称为“启蒙时代”。“启蒙时代”可以指17世纪至19世纪初欧洲启蒙运动发展的整个时期，而由于18世纪法国的启蒙运动发展最为猛烈，波及最广，持续最久，启蒙时代又往往专指这一时期[1]。启蒙运动先从英国开始，然后扩展到法国。在

〔1〕 参见周晓亮:《休谟哲学研究》，人民出版社1999年版，第44页。

英国和法国的影响下，德国也出现了启蒙思想。在英国，原先英格兰与苏格兰是两个相互独立的国家。苏格兰在资本主义早期大大落后于英格兰，英格兰是资本主义经济发展最早的国家之一，经济力量的日益强大和政治上的逐渐成熟，使英格兰的资产阶级和新贵族有了表达政治和经济的要求，并最终引发了英国的资产阶级革命。资产阶级和新贵族们于1688年在所谓的“光荣革命”中取得成功，在这之后，英格兰与苏格兰于1707年正式合并，这极大地促进了苏格兰资本主义的发展。正是在这种情况下，在思想领域，一场轰轰烈烈的文化启蒙运动在苏格兰出现了。

18世纪中后期，在苏格兰这片苦寒之地，特别是爱丁堡、格拉斯哥等城市，史无前例地涌现出一批杰出的思想家：弗兰西斯·哈奇森（Francis Hutcheson，1694—1746）、大卫·休谟（David Hume，1711—1776）、亚当·斯密（Adam Smith，1723—1790）、亚当·弗格森（Adam Ferguson，1723—1816）、托马斯·里德（Thomas Reid，1710—1796）等。这是苏格兰文化史上的高光时刻。由于它与法国等地的思想启蒙遥相呼应，因此后世称其为“苏格兰启蒙”。“苏格兰启蒙”对人类思想有着非同凡响的贡献，概括而言大致包括：其一，苏格兰启蒙思想家延续了约翰·洛克等英格兰思想家的“经验论”传统，但更加关注人的感官（sense）的功能，比如托马斯·里德及“常识学派”（common sense，又译“共感学派”），这是他们思考问题的哲学起点；其二，在此基础上，相比法国启蒙思想家主要关注政治问题，苏格兰启蒙思想家尤其注重思考道德感、幸福感之类的问题，在心理学、道德哲学、伦理学领域颇有建树，比如亚当·斯密《道德情操论》；其三，在形式上，苏格兰思想家较少于英格兰、法国，特别是德意志的启蒙思想家的“体系癖”，他们热衷于写随笔，尤其是大卫·休谟；即便是大部头著述，他们也时常即兴发挥。

1723年6月5日，亚当·斯密出生在苏格兰法夫郡（County Fife）的柯卡尔迪（Kirkcaldy），担任关税查账员的父亲在他出生前6个月便已去世。在大约4岁时，亚当·斯密曾被一群吉卜赛人诱拐，不过很快便被他的叔叔救回。

在大约14岁时，亚当·斯密进入了格拉斯哥大学，在“永恒的”（亚当·斯密如此称呼他）哈奇森的教导下研读道德哲学。亚当·斯密在这个时期发展出他对自由、理性和言论自由的热情。在1740年他进入了牛津大学贝利奥尔学院，但他后来说“在牛津的时期对他后来的毕生事业没有多少影响”，他在1746年离开了牛津大学。1748年他在亨利·霍姆（Henry Home）的赞助下开始于爱丁堡大学演讲授课。最初是针对修辞学和纯文学，但后来亚当·斯密开始研究“财富的发展”，到了他年近30岁时，他第一次阐述了经济哲学的“明确而简易的自然自由制度”，他后来将这些理论写入被简称为“国富论”的《国民财富的性质和原因的研究》一书里。在大约1750年时他认识了大卫·休谟，两人成为亲密的好友。亚当·斯密也认识了一些在后来成为苏格兰启蒙运动推手的人物。

亚当·斯密的父亲对于基督教有强烈兴趣并且加入了温和派的苏格兰长老教会（Scottish Presbyterianism，自1690年以来的苏格兰国教）。亚当·斯密可能曾经前往英格兰寻求英格兰教会的职业生涯：但这件事的真实性仍具争议。虽然他放弃信仰并回到苏格兰的原因仍然未知，但能肯定的是这时斯密已经成为自然神论者了。

1751年，亚当·斯密被任命为格拉斯哥大学的逻辑学教授，并在1752年改任道德哲学的教授。亚当·斯密的讲课内容包括了伦理学、修辞学、法学、政治经济学以及“治安和税收”的领域。1759年，在这些授课内容的基础上，斯密出版《道德情操论》一书。斯密的写作强于演说，他的这部著作很成功。斯密的文字有一种铿锵有力，甚至雍容华丽的气度。

1764年，斯密被一位贵族聘为家庭教师，年薪高达300英镑。他辞去大学教职，陪同那位私塾弟子、后来的布克勒赫公爵游历欧陆，在日内瓦见到了避难的伏尔泰，在巴黎见到了到访的美洲人本杰明·富兰克林。1766年，斯密结束家庭教师任职，回到苏格兰老家，此后十年，专心写作。1776年（休谟去世的那一年），《国富论》出版，大获成功，第一版仅6个月就售罄。1778年，斯密被任命为苏格兰海关专员，与母亲一起迁居爱丁堡。1783年，斯密成为爱丁堡王家学会的创始会员。1787年至1789年，斯密任格拉斯哥大学荣誉校长。

1790年，亚当·斯密去世。他留下了许多未发表的著作，遗嘱声明要销毁其中一部分亚当·斯密认为不适合发表的著作，其余的著作则在后来陆续发布，包括在1795年出版的《天文学历史》(*History of Astronomy*)，以及《哲学论文集》(*Essays on Philosophical Subjects*)。亚当·斯密的头像被印在了2007年3月13日发行的20元英镑的背面上。

核心学说

苏格兰启蒙运动声势浩大、成就显著、人才济济，在18世纪中期达到高潮。在这场运动中，苏格兰文化和科学界呈现出前所未有的繁荣景象。在哲学、经济学、历史学、社会学、文学、艺术、建筑学和自然科学各方面都取得了惊人的成就。可以说，“18世纪英国的文化繁荣是以苏格兰为代表的，苏格兰的文化中心爱丁堡因此被称作‘大不列颠的雅典’”[1]。其中，在哲学领域，休谟和斯密是这场运动中的代表性人物。

概言之，启蒙思想在哲学领域从一开始就主要有两个不同的路径：大陆哲学的理性主义传统和英国的经验主义传统。笛卡尔、莱布尼茨属于大陆哲学的理性主义传统；而霍布斯、洛克、休谟等人的哲学基本上属于英国的经验主义传统。两者有一个共同的倾向，都是以主体哲学的自觉为出发点。按照罗尔斯的理解，近代道德哲学（从1600年到1800年）的性质决定于三个重要的历史发展。首先，“在16世纪存在着宗教改革运动。宗教改革运动在塑造现代世界方面居于基础地位。它打破了中世纪宗教的统一，导致了宗教多元论，导致了后来几个世纪的所有后果。这反过来又滋长了其他领域的多元论。其次，存在着具有中央行政的现代国家的发展。最后，存在着开始于17世纪的现代科学的发展（当然在古希腊和伊斯兰教中有其重要的根源）”[2]。这三个重要发展以一种复杂方式相互影响着，构成了这个阶段道德哲学的背景。

就斯密而言，其思想来源概括起来主要有三个方面：以牛顿力学为代表的实验科学的原则与方法；以培根、洛克、贝克莱为代表的欧洲近代的经验论和笛卡尔、斯宾诺莎、莱布尼兹为代表的唯理论哲学；17、18世纪英国的经验主义伦理学，包括沙夫茨伯利、蒙德威尔、哈奇森、巴特勒等人[3]。就斯密的思想传承来看，弗朗西斯·哈奇森（1694—1746）和大卫·休谟（1711—1776）对他的影响最大，也最直接。哈奇森出生在北爱尔兰，后任格拉斯哥大学道德哲学教授，斯密曾是他的学生并深受其影响，“在斯密当选为格拉斯哥大学名誉校长的时候，他回忆母校对自己的恩情时这样

---

〔1〕 周晓亮：《休谟哲学研究》，人民出版社1999年版，第50页。

〔2〕 ［美］约翰·罗尔斯：《道德哲学史讲义》，张国清译，上海三联书店2003年版，第9页。

〔3〕 参见周晓亮：《休谟哲学研究》，人民出版社1999年版，第54–66页。具体可参见周晓亮对于休谟思想来源的论述，笔者认为这个论述同样适应于斯密。本文只是指出这一点，真正对斯密产生影响的是哈奇森和休谟的思想。

称呼哈奇森——‘永远难忘的哈奇森’”[1]。对斯密影响最深的是休谟，休谟同哈奇森不仅友情深厚，而且在道德理论方面受惠于哈奇森，尽管休谟与哈奇森的道德理论方面有着根本性的差异。而也正是哈奇森把斯密推荐给了休谟[2]，斯密与休谟更是有着深厚的友谊，甚至相互指定对方为自己的遗稿继承人。

亚当·斯密的法律思想根基建立在其对自然法的历史性讨论上。古希腊的古典自然权利理论是亚当·斯密在研究人性与社会的正义法则时必须面对和处理的基本命题，但他对人性的描述及其对人和自然的观点，已经脱离开古典时代的“人是什么”的命题，而更多地关注“人如何活”的命题，后者则是延续自马基雅弗利以来的现实主义人性概念。柏拉图在《理想国》中提出，最优的城邦和政体，是对（自然）人性的模仿，是对人的德性的塑造，是为了全体公民的最大幸福，唯有哲学家是真正洞悉自然的人，他注定会成为城邦的统治者。而在亚里士多德对城邦的描述中，城邦的存在与城邦的法律是实现公民伦理共同体共同幸福的必然条件与工具，人天然是政治性动物，这是由人的自然目的性所决定的。由此得出的引申结论是：人的自然权利不可能超越现实城邦，正义是从人的自然政治性与城邦本身出发的因时而变的正义。

基于人文主义和启蒙思想的深刻影响，亚当·斯密的自然权利思想同中世纪的理性自然法截然相悖，这从《法理学讲义》行文中只字未提托马斯·阿奎那等中世纪思想家可见一斑。托马斯·阿奎那的自然法理论，把人设计为上帝神圣秩序参与者的角色，通过上帝对人理性的公示，自然法使人具有了自然法权的正当性，并赋予了人在上帝引领下实现道德生活与神圣秩序的使命。

---

〔1〕［英］约翰·雷：《亚当·斯密传》，周祝平、赵正吉译，华夏出版社2008年版，第10页。

〔2〕参见［英］约翰·雷：《亚当·斯密传》，周祝平、赵正吉译，华夏出版社2008年版，第12页。

亚当·斯密对启蒙思想家自然权利思想的系统梳理与重构值得高度肯定，他明确认定胡果·格劳秀斯（Hugo Grotius）在系统阐述“现代版”自然法中的领导地位，托马斯·霍布斯（Thomas Hobbes）作为“著名作家”次之，塞缪尔·普芬道夫（Samuel Pufendorf）紧随其后。亚当·斯密对普芬道夫的理论超越是在扬弃约翰·洛克（John Locke）和大卫·休谟（David Hume）思想的基础上实现的。洛克直接将财产权的起源归于人类劳动的自然权利。他的劳动—财产理论在苏格兰启蒙学者（哈奇森、休谟和斯密）那里成为财产权的来源之一，并将他人认可作为财产正当性的必要条件之一。亚当·斯密对休谟的认同则表明其思想一定程度上超越了传统法理学的常规。〔1〕

经典著作

一、Adam Smith, *The Theory of Moral Sentiments*: Cambridge University Press, 2002.（中译本：《道德情操论》，谢宗林译，中央编译出版社2011年版。）

核心思想：《道德情操论》主要阐述了作为社会和谐稳定根基的人性伦理问题。斯密在综合了哈奇森和休谟相关理论观点的基础上，基于“同情”原理来判定特定情境中的情感或行为的合宜性，即他以人类天性中所具有的同情共感能力为起点，用“公正的旁观者”克服了现实中的旁观者在进行道德判断时所具有的偏私性，并以“公正的旁观者”的同情为依据进行道德判断。斯密对休谟“同情”概念的扩展克服了休谟道德理论中所

〔1〕 参见冯玉军：《亚当·斯密法律思想述评——以〈法理学讲义〉为中心》，载《中外法学》2016年第5期。

存在的矛盾；"公正的旁观者"的提出对正义问题的探究提供了一种重要的认识进路。该书被誉为市场经济良性运行不可或缺的"圣经"。

阅读重点：第一篇 论行为的合宜性；第二篇 论功劳与过失，即论奖赏与惩罚的对象；第三篇 论我们品评自己情感与行为的基础，并论义务感；第六篇 论好品格；第七篇 论道德哲学体系。

二、Adam Smith，*An Inquiry into the Nature and Causes of the Wealth of Nations*，Oxford University Press，1880．（中译本：《国民财富的性质和原因的研究》，郭大力、王亚南译，商务印书馆2011年版。）

核心思想：斯密在书中从人性自利的交换倾向与分工出发，阐述了人类社会的商业本性。交换和分工促使人类生产的技艺不断改良，并使社会不断进步。利润、工资和地租是构成人们收入的主要部分。财富的发展有一个从农业到制造业再到商业的自然过程。财富的性质就在于劳动者的劳动，而创造最大财富的原因就在于交换和分工的自由，以及劳动权利和财产权的安全保障，只有在最自由的自然秩序下才能实现财富的自然发展与最大化。政府所采取的公共政策应该符合自然秩序，应当保障最下层劳动者的生存与幸福。

阅读重点：第一篇 论劳动生产力增进的原因并论劳动生产物自然而然地分配给各阶级人民的顺序；第二篇 论资财的性质及其蓄积和用途；第四篇 论政治经济学体系。

三、Adam Smith，*Lectures on Jurisprudence*，oxford University Press，1978．（中译本：《法理学讲义》，冯玉军、郑海平、林少伟译，中国人民大学出版社2017年版。）

核心思想：《法理学讲义》是亚当·斯密于1752—1764年在格拉斯哥大学担任道德哲学教授期间两个不同年份的随堂讲稿记录的汇编。按照今天的知识分类标准，授课内容涵盖了哲学、神学、法学、政治学和经济学等广泛内容。在这部巨著中，斯密将抽象的人性问题置于具体的历史发展进程当中予以研究，系统总结和评述了由格劳秀斯、普芬道夫、洛克提出并被休谟等苏格兰启蒙学者不断发展了的自然权利学说，由此创立了一种关于国家与社会的崭新理解范式。与此同时，该书还补充并夯实了《国富论》的有关论证，它让我们看到，斯密始终将其关于国民财富的性质和原因的研究置于社会和政治发展这一更为宽泛的理论框架之中。〔1〕

阅读重点：1762—1763年的讲座报告；1766年的讲座报告。

影响评价

亚当·斯密被誉为古典经济学之父和现代经济学之父，但他不仅是一个经济学家，还是一个思想家、伦理学家，很多政治学、心理学、社会学、法学等领域思想都可以在其著作中找到渊源。他的两部杰作分别是《道德情操论》和《国民财富的性质和原因的研究》。前者揭示了资本主义社会的商业伦理，后者为资本主义古典政治经济学奠定了理论基础，由此也确立了斯密在西方启蒙思想史上的崇高地位。亚当·斯密的法律思想同主流法学理论存有重大差异，但他非常强调对财产制度和政府制度的法学理论化这一独特视角，也的确为我们提供了理解社会变革和定位社会差异的法学范本，展示了“大法学”视野下社会制度与经济发展的互动关系。斯密著作的成果对其后卡尔·马克思的历史唯物主义思想产生了深远影响。

〔1〕 冯玉军:《亚当·斯密法律思想述评——以〈法理学讲义〉为中心》，载《中外法学》2016年第5期。

深度阅读

一、斯密英文著作

1. The Glasgow Edition of the Works and Correspondence of Adam Smith, Commissioned by the University of Glasgow to Celebrate the Bicentenary of the Wealth of Nations. Oxford University Press,(1976—1984).

Ⅰ. The Theory of Moral Sentiments, edited by A.L.Macfie and D. D. Paphael.(TMS)

Ⅱ. An Inquiry into the Nature and Causes of the Wealth of Nations, edited by RH.Campbell and A.S.Skinner; textual editor W. B. Todd.(WN)

Ⅲ. Essays on Philosophical Subjects, edited by W, P. D. Wightman.(EPS)

Ⅳ. Lectures on Rhetoric and Belles Letters, edited by J. C. Bryce.(LRBL)

Ⅴ. Ectures on Jurisprudence, edited by R.L.Meek, D. D. Raphael, and P.G. Stein.(LJ)

Ⅵ. Correspondence of Adam Smith, edited by E. C. Mossner and LS. Ross.(CORR)

2. The Theory of Moral Sentiments, Cambridge University Press, 2002.

3. Lectures on Jurisprudence, Oxford University Press, 1978.

二、斯密著作中文译著

1. [英]亚当·斯密:《道德情操论》,蒋自强等译,商务印书馆1997年版。

2. [英]亚当·斯密:《道德情操论》,谢宗林译,中央编译出版社2011年版。

3. [英]坎南编著:《亚当·斯密关于法律、警察、岁入及军备的演讲》,陈福生、陈振骅译,商务印书馆2005年版。

4. [英]欧内斯特·莫斯纳、[英]伊恩·辛普森·罗斯编:《亚当·斯密通信集》,林国夫、吴良健、王翼龙、蔡受百译,商务印书馆2012年版。
5. [英]亚当·斯密:《国民财富的性质和原因的研究》,郭大力、王亚南译,商务印书馆2011年版。
6. [英]亚当·斯密:《法理学讲义》,冯玉军、郑海平、林少伟译,中国人民大学出版社2017年版。

奥利弗·温德尔·霍姆斯

Oliver Wendell Holmes

1841—1935

20 世纪最伟大的法学家

"法律不是艺术家或诗人的栖所，法律是思想家的事业。"

——奥利弗·温德尔·霍姆斯

奥利弗·温德尔·霍姆斯是美国法律史上一位伟大的法学家与思想家，同时又是美国联邦最高法院历史上"最伟大的异议者"和最伟大的大法官之一，甚至被誉为"英语世界历史上最伟大的法学家和法律学者"。霍姆斯的法学思想引人入胜，硕果累累，仿若暗夜繁星散见于他的经典法学著作《普通法》和诸如《法律的道路》等一系列著名演讲、评论、司法意见以及与友人的私人通信之中；在学术上近乎苛刻的波斯纳看来，"在美国法理学中，他仍然是唯一的导师人物”，尽管“法理学并没有在霍姆斯这里终结”。[1]

在从1882年至1932年近50年的法官职业生涯中，在对基本法律问题与人生的恒久思考中，霍姆斯逐渐形成了自己独特的法理学与司法哲学。正是霍姆斯这种源于实践的法律哲学理念，对于美国司法实践乃至法律思想产生了现实而深远的影响。或许，也是在这个意义上，霍姆斯不仅奠定了美国本土法学理论的哲学基础——甚至被誉为美国“实用主义法理学的创始人”[2]，而且还意义深远地影响了美国现代法理学思想的演化与发展[3]，诚如卢埃林所言，霍姆斯“将美国法引向了未来”。[4]

---

〔1〕［美］理查德·波斯纳:《法理学问题》，苏力译，中国政法大学出版社2002年版，第24页。

〔2〕［美］理查德·波斯纳:《法理学问题》，苏力译，中国政法大学出版社2002年版，第307页。实用主义法理学的真正内涵在于对下述观点的拒斥，即法律是基于某些永恒原则并以逻辑操作予以实现的东西，就是决心将法律当作一种工具，为一些社会目标服务。在现代西方法理学，特别是在美国本土法理学的谱系中，它标志了一种态度与导向，同时也标志了一种方向的改变；参见［美］理查德·波斯纳:《超越法律》，苏力译，中国政法大学出版社2001年版，第464页。

〔3〕关于霍姆斯对美国现代法理学思想的影响，亦可参见明辉、李霞:《霍姆斯法哲学思想的历史地位及影响》，载《国外社会科学》2007年第1期。

〔4〕Karl N. Llewellyn, Holmes, 35 Columbia Law Review 485, 490(1935).

1861年4月，美国南方邦联军队进攻萨姆特堡，打响了第一枪，林肯总统宣布南方叛乱，内战爆发。此时，正在哈佛大学读四年级的霍姆斯终于将按捺已久的兴奋情绪转化成行动，报名参加了马萨诸塞州国民卫队第四营，后来被任命为第二十步兵团中尉，以联邦军人之名投入南北战争。战争成为霍姆斯大学毕业的真正典礼和投身社会的初次实践，像每个人一样，影响了他的一生。

奥利弗·温德尔·霍姆斯，1841年3月8日生于美国马萨诸塞州波士顿，他的父亲老霍姆斯“毕业于哈佛大学，在巴黎专研医学，重返波士顿行医”，此后“凭借在哈佛大学医学院任教、演讲和撰写大量书籍来维持生计”[1]，因而在当时美国出现经济恐慌和大范围失业的情况下，小霍姆斯的幼年生活似乎也未受到太大影响，并于1857年沿着父亲的足迹走进哈佛大学。1860年，南卡罗来纳州及其他六个南方州在蒙哥马利市成立南方邦联，次年内战爆发，即将毕业的霍姆斯迫不及待地投入战争，“希望不久之后能开赴南方”。除了参战的热血激情之外，霍姆斯似乎也冷静地选择了未来的道路，“如果能在战争中幸存，我打算研究法律，并且将法律作为我的职业，或者至少作为一个（事业的）起点”。[2]1864年7月，霍姆斯在经

〔1〕 霍姆斯在1861年《哈佛大学班级纪念册》（第1卷）上仓促写下的留言。参见［美］霍姆斯：《法律的道路》，明辉译，北京大学出版社2023年版，第3页。

〔2〕 霍姆斯在1861年《哈佛大学班级纪念册》（第1卷）上仓促写下的留言。参见［美］霍姆斯：《法律的道路》，明辉译，北京大学出版社2023年版，第5页。

历三次负伤后退役，同年10月入读哈佛法学院，如其所愿，开始研习法律。1865年4月，内战结束。次年，霍姆斯从哈佛法学院毕业后，开始在波士顿从事律师执业。

然而律师执业似乎并不能满足霍姆斯彼时对于法律事业的追求。1869年12月，他开始编著肯特《美国法释义》第12版，4年后正式出版。1870年，在《美国法律评论》上发表了第一篇学术论文〔1〕，或许该篇文章正是其法律道路的第一个转折，因为随后他被哈佛大学聘请担任宪法学讲师，同时担任《美国法律评论》兼职编辑。此种学术性浓郁的职业生活为其法律理论的塑造提供了最大的可能，远非执业律师所能企及。在之后大约10年间，他先后发表了一系列学术文章，恰逢1880年冬天，他受邀在洛厄尔学院以"普通法"为主题发表了演讲，后来汇集成册，于1881年出版了《普通法》一书，令其名声大振。1882年1月，离开律师事务所，就任哈佛法学院教授。同年12月15日，霍姆斯接受州长提名，就任马萨诸塞州最高法院法官，自此开启了长达半个世纪的职业法官生涯。

作为州法官，霍姆斯一方面坚持在司法审判实践中反思法官的职责，阐释自己的法律理论；另一方面又不断发表文章和演讲，公开表达自己的法律理念和法律思想。其中，最著名的莫过于1897年1月8日其在波士顿大学法学院发表的题为"法律的道路"的演讲。截至1899年8月，他受命担任马萨诸塞州最高法院首席大法官。1902年12月，经罗斯福总统提名，被任命为美国联邦最高法院大法官，霍姆斯与妻子范妮一起移居华盛顿。1931年3月8日，时值霍姆斯90岁生日，在当天对全美的广播谈话中，他说"活着的时候，就不可能休息。因为活着就要履行责任。这就是生命存在的全部意义"。〔2〕1935年3月6日，霍姆斯因病去世。

---

〔1〕 Oliver W. Holmes, *Codes and the Arrangement of the Law*, 5 American Law Review 1-13 (1870).

〔2〕 霍姆斯:《法律的道路》，明辉译，北京大学出版社2023年版，第452页。

19世纪后半期，以哈佛法学院院长兰德尔为代表的美国法律人，倡导“法律是一门科学”，主张利用从普通法中演绎而成的诸般规则来构建一个完整的法律体系。对此，霍姆斯展开了鲜明的批判，提出“法律的生命不在于逻辑，而在于经验”[1]，以及“普遍命题并不能裁决具体案件”[2]等经典判断。在批判法律形式主义（或称“机械法理学”）的同时，霍姆斯开创了一条极具浓郁美国本土色彩的法律实用主义进路，遂为接踵而至的法律现实主义乃至后来的批判法学和法律的经济分析等指出了法律研究的方向，几乎为整个美国现代法理学培育了蕴含着强大生命力的思想土壤。

核心学说

1880年冬天，受极地寒冷气团的影响，波士顿早已是冰天雪地，却依然无法阻挡激情澎湃的霍姆斯应邀每周星期二和星期五晚上来到洛厄尔学院[3]，以“普通法”为题发表了一系列演讲，经过整理，于1881年3月将这些单篇零散的讲义以著作形式正式出版，即是后来享誉英美法学界的经典法理学著作——《普通法》(*The Common Law*)。迄今为止，这部法学著作仍被誉为“美国法律学术史上最为重要的专著”。[4]

---

[1] [美]霍姆斯:《普通法》，明辉译，北京大学出版社2023年版，第2页。

[2] [美]霍姆斯:《法律的生命在于经验》，明辉译，清华大学出版社2007年版，第305页。

[3] 洛厄尔学院（The Lowell Institute），是由纺织品制造商小约翰·洛厄尔（John Lowell, Jr.）于1836年创建的，旨在通过公开授课，以阐述伦理与宗教教义之真谛，从而为人类造福。1880年秋洛厄尔学院恰好开设了《普通法》课程，于是劳伦斯·洛厄尔（A. Lawrence Lowell）便邀请霍姆斯来讲授这一课程。该课程通常由12讲组成，讲授时间大致设于1880年11—12月的每周二和周五晚上。参见G. Edward White, *Justice Oliver Wendell Holmes: Law and the Inner Self*, Oxford University Press, 1993, p.148。

[4] Richard A. Posner, Foreword: Holmes, 63 Brooklyn Law Review 7(1997)。该篇文章实际上是波斯纳编辑的一部汇集霍姆斯部分法学著述（包括书信和法律意见在内）的学术文集（Richard A. Posner, ed., *The Essential Holmes: Selections from the Letters, Speeches, Judicial Opinions, and Other Writings of Oliver Wendell Holmes*, Jr., Chicago: University of Chicago Press, 1992）的“前言”。

从《普通法》的目录中，大致可以看出霍姆斯选择的意图精心阐释的重要普通法主题，具体包括：责任的早期形式、刑法、侵权法、财产法、合同与继承，等等。〔1〕正如其在《普通法》“序言”中谈到的，霍姆斯选择的仅仅是有必要“阐明一般理论的主题”，尽管受演讲的时间与形式所限，此种主题的编排“或多或少是有些随意的”，但总体而言，该部著作确实是“依循长久以来萦绕在我脑海中的一项计划而撰写的”。相对于此前相同主题的零散文章或者演讲而言，霍姆斯又重新加以编排、补充和修订，并且增添了许多全新的内容。即便如此，他仍然强调自己“创作的是一种理论，而不是一本汇编”。〔2〕此处所谓的“理论”正是霍姆斯本人意欲阐释的全新普通法理论。故而，此处意在沿着上述普通法主题所构成的基本脉络〔3〕，梳理与解读霍姆斯所阐释的普通法理论，透视其中蕴含的普通法精神。

关于为何要撰写这样一部法学著作，质言之，撰写这样一部著作的初衷是什么，霍姆斯本人曾经在私人交往中向他的朋友解释过。在致一位友人的信中，霍姆斯谈及后来构成其《普通法》主要内容的那些最初发表于《美国法律评论》上的法律文章，他说：

> 在撰写这些文章时，我是打算间或地归纳普通法的基本原则与概念，并且对之进行一种全新的且更具根本性的分析——也是为了构建一种全新的法理学或者撰写关于普通法的第一部全新著作。〔4〕

---

〔1〕 参见［美］霍姆斯：《普通法》，明辉译，北京大学出版社2023年版，“目录”。

〔2〕 参见［美］霍姆斯：《普通法》，明辉译，北京大学出版社2023年版，“序言”。

〔3〕 除了1881年被整理并汇编于《普通法》中的主要普通法主题之外，霍姆斯于此后10余年间还在一些美国著名法律期刊（如《哈佛法律评论》《美国法律评论》等）上发表了一系列涉及普通法制度与思想的理论文章，例如，Agency I, 4 Harvard Law Review（1891）；Agency Ⅱ, 5 Harvard Law Review 1（1891）；Privilege, Malice, and Intent, 8 Harvard Law Review 1（1894）；Executors, 9 Harvard Law Review 42（1895）等。上述文章也是本文阐释霍姆斯普通法精神的重要参考资料。

〔4〕 霍姆斯致友人西季维奇的信（1879年7月12日），转引自Robert W. Gordon, Holmes' Common Law as Legal and Social Science, 10 Hofstra Law Review 719, 719（1981-1982）。

由此可见，霍姆斯在撰写那些学术文章或者发表系列演讲时已经形成了一种学术自觉，即围绕普通法的关键概念与基本原则，构建出一种完全不同于西方法律传统、特别是不同于自然法学与分析法学的法学理论。事实上，体现构建一种全新法理学的英美法学者的初步尝试已经充溢在《普通法》之中了。值得注意的是，在一定程度上，《普通法》也可以被视为霍姆斯约十年间（1870—1880）法律学术研究的总结或者思想产物。

在《普通法》中，霍姆斯所探讨的首要问题便是"法律责任"问题——"民事与刑事责任的一般理论"，并以此为透视点而展开了对普通法精神的历史研究。为什么选择"法律责任"作为理解普通法精神的起点呢？霍姆斯的回答是，因为"迄今为止，相对于统辖侵害之诉的规则而言，涉及他人或物所致损害的初始责任规则很少得到过认真的考量"[1]，并且自英格兰"判例汇编开始出现以来，普通法已经发生了诸多变化，而对于当前可谓主流理论的探索，在很大程度上属于一种对诸般发展趋势的研究"，所以"追溯责任的早期形式，并从那里开始探究，将是有启发意义的"。[2]

除了一个简短的"序言"之外，霍姆斯在《普通法》中通过一个整体的历史视角，从刑法、侵权法、财产法、合同和继承等方面，依次梳理、分析和归纳了普通法的基本理论及其生成与演化。其中，一方面体现了霍姆斯对普通法历史深入而细致地钻研考证，另一方面也映射出一个注定超越法律史研究的伟大法学家的思想光芒。例如，在探讨普通法上的诸多规则时，他指出"在几个世纪的进程中，习俗、信仰或者需求逐渐消失了，但规则却得以保留。形成规则的理由已被遗忘，而敏锐的思想仍会继续探寻究竟如何解释规则"；[3]在分析刑法与复仇的关系时，他认为"构建一个健全法律体系的首要条件在于，无论对错与否，它都应当符合社会的真实情感

〔1〕［美］霍姆斯：《普通法》，明辉译，北京大学出版社2023年版，第6页。
〔2〕［美］霍姆斯：《普通法》，明辉译，北京大学出版社2023年版，第3页。
〔3〕［美］霍姆斯：《普通法》，明辉译，北京大学出版社2023年版，第6-7页。

与需求”;[1]在尝试探究侵权责任的理论根基时,他断言“法律并非始于理论。法律也从不创造理论。……法律的演变过程不应是直线的,演变方向也并不总是显而易见的”;[2]在讨论普通法上的受托人时,他揭示“规则本身是一个可能仅仅依字面意思而得以遵循的凝滞的先例,因为灵魂早已散去”;[3]在比较分析占有理论时,他熟识但并不推崇德国的哲学家或者法学家,“康德关于伦理与法律的观点深受卢梭的诸多猜想的影响”,康德说“意志自由是人的本质”,黑格尔说“占有是自由意志的客观实现”“萨维尼并没有追随康德的脚步”“耶林是一个天才”等;[4]在梳理早期的合同形式时,他信手拈来“普通法中陪审团审判的起源”[5],举重若轻。历史赋予霍姆斯的洞察和预见,与他投入其间的专注和勤奋成正比。诚如波斯纳所言,“《普通法》是一部学术著作而不是一本普通手册,它的博大精深标志着它是对法律科学的一种贡献”。[6]

历史上,对“是什么决定了法律的内容和发展”这一问题的思考,倘若从不同的角度来看,存在不同的答案或者路径。霍布斯、边沁与奥斯丁认为,法律是主权者的命令;萨维尼认为,法律是“民族精神”或“民族意识”。霍姆斯则通过批判“在法律的发展中,唯一发挥作用的力量是逻辑”的观点,进而提出了社会利益的视角,即对社会利益的考量是一个法官无法回避的责任。为了充分认清这一点,就要承认司法判决中存在不关联性和不可认识性;如果人们想要知道一条法律规则具有一种特定的形式,或者,如果人们想要知道它为什么存在,那就要回到传统或者法律规则得以

[1] [美]霍姆斯:《普通法》,明辉译,北京大学出版社2023年版,第42页。
[2] [美]霍姆斯:《普通法》,明辉译,北京大学出版社2023年版,第74页。
[3] [美]霍姆斯:《普通法》,明辉译,北京大学出版社2023年版,第170页。
[4] [美]霍姆斯:《普通法》,明辉译,北京大学出版社2023年版,第188-190页。
[5] [美]霍姆斯:《普通法》,明辉译,北京大学出版社2023年版,第236页。
[6] [美]理查德·波斯纳:《法律理论的前沿》,武欣、凌斌译,中国政法大学出版社2003年版,第206页。

生成和演化的历史过程中去。因此，“对法律的理性研究，在很大程度上，仍然是对历史的研究”[1]，而研究历史的目的就在于历史经验对于现代思想的影响。

在《法律的道路》这篇演讲的开篇，霍姆斯更是语出惊人：

> 当我们研习法律时，我们正在探究的，不是一个神秘莫测的谜题，而是一项众所周知的职业。我们是在研究那些我们迫切需要的东西，为了使之足以呈现在法官面前，或者可以建议人们经由此种方式免于卷入诉讼。[2]

然而，法律是一项职业吗？还是一种关于正义或公平的理念，抑或一套纯粹的规范体系？霍姆斯认为，在现代社会中，公共权力被委托给法官，法官通过作出裁决来执行国家权力。生活在现代社会中的人们需要了解，在何种情况下以及在多大程度上，会面对与比之强大得多的力量相对抗的危险，因此，预测何时可能会遭遇这种危险，就成为一项职业——“我们研究法律的目的就是预测，就是对公共力量经由法院这类机构而产生的影响范围的预测”。[3]基于上述认识，霍姆斯提出了研究法律的方法，即阅读、分析各种法院判决与成文法。这些法律文件中蕴含着对法官今后判案的各种预测——“法律的神谕”。任何一种法律思想均是为了使这一“神谕”更加准确，并使其成为与法律制度完全吻合的一般化理论。因而，法理学或者法律思想正是作为“传谕者”的法官在实际司法经验的基础上形成并总结出来的。

据此，霍姆斯提出了被后人时常引用的经典法律界定：

---

〔1〕［美］霍姆斯：《法律的道路》，明辉译，北京大学出版社2023年版，第262页。
〔2〕［美］霍姆斯：《法律的道路》，明辉译，北京大学出版社2023年版，第242页。
〔3〕［美］霍姆斯：《法律的道路》，明辉译，北京大学出版社2023年版，第242-243页。

> 如果你们只想了解法律，而不是其他什么东西，那么，你们就一定要以一个坏人的眼光来看待法律，而不能从一个好人的视角来看待法律，因为坏人只关心他所掌握的法律知识使其预见到的实质性后果，好人却总是在较为模糊的良知约束状态中去寻求其行为的正当理由，而不论这样的理由是在法律之内，还是在法律之外。……如果我们采取坏人的观点，那么，我们就会发现，他毫不在意什么公理或者推论，但是，他确实想知道马萨诸塞州或者英格兰的法院实际上可能将要做什么。我非常赞同他的想法。正是对法院实际上将要做什么的预测，而不是其他什么虚伪矫饰之辞，方为我所谓的法律的含义。〔1〕

正是这一经典的法律界定，后来成为美国法律现实主义者所遵奉的信条中最基本的原则之一。霍姆斯认为，法官不是法律的“发现者”，而是法律的“创造者”。因此，在实际意义上，法律就是法院要强制执行的东西，也是法官自身意志、偏好与感情的产物。而检验判决公正与否的尺度不是形而上学的或神学的正义和善良标准，而是社会的实际需要。法官的职责正是采取过去的规则与先例，并按照当前社会的需要而对其加以不断塑造。“构建一个健全法律体系的首要条件在于，无论对错与否，它都应当符合社会的真实情感与需求”〔2〕，当假定社会的需求是法律的最高依据时，霍姆斯并不是说法律可以被随便地或者不合理地加以解释。在解决创造法律与任意解释之间的矛盾问题时，霍姆斯开始求助于法官的自我约束。此处，霍姆斯所谓的“司法自我约束”原则意指，法官应当假定立法者具有认识和理解社会问题的智慧与经验，并且假定他们通常情况下会采取合理的行动与措施以设法解决这些问题；除非有证据证明，立法机构的某种行

〔1〕［美］霍姆斯：《法律的道路》，明辉译，北京大学出版社2023年版，第246、249页。
〔2〕［美］霍姆斯：《普通法》，明辉译，北京大学出版社2023年版，第42页。

为是武断的或者不合理的，否则，法院不应当予以干涉，从而，在上述假定的基础上，要求法官避免让他们的个人意见影响司法判决。[1]

对于法律与道德的关系问题，霍姆斯主张严格区分法律与道德，尽管有许多学者误解甚或歪曲了霍姆斯的观点。首先，从法律的形成及其哲学观角度来看，霍姆斯主张，法律问题不能通过阐释抽象的道德理论来加以回答。在法律与道德的关系问题上，霍姆斯有着清醒而宏大的历史认知：

> 法律是我们道德生活的见证和外部积淀。法律的历史就是一个民族道德演进的历史。尽管有民众的嘲讽，但法律的执行却有可能造就优良的公民和善良之人。[2]

其次，就规范层面而言，法律规范中的诸多术语皆来自道德规范，如法律权利、义务、预谋、动机、故意、过失等，均具有一定的道德含义。对此，霍姆斯提出，如果想要真正研究和理解“法律是什么”，就必须在法律与道德之间作出严格的区分，也正如其所言，“当我强调法律与道德之间的区别时，我只是在关注一个目的，也就是，我们为什么要学习和理解法律”。[3]在这里，霍姆斯所要求的是，律师与法官应当考虑事物本身而非言辞，并且意识到他们使裁决与当前道德标准保持一致的责任。对此，霍姆斯例证指出，首席大法官萧先生的优点就在于他“对于作为官员的共同体需要的正确评价”，而“与他同时期的法官”中很少有人能“真正理解所有法律最终必须遵循的公共政策的基础”。

通过“坏人”的视角，霍姆斯主张，如果将一个人的道德意义上的权利等同于宪法或法律上的含义，其结果只能导致思想的混乱。尽管遭到众多

---

〔1〕 参见明辉：《霍姆斯：法律实用主义》，黑龙江大学出版社2009年版，第92—93页。

〔2〕［美］霍姆斯：《法律的道路》，明辉译，北京大学出版社2023年版，第244—246页。

〔3〕［美］霍姆斯：《法律的道路》，明辉译，北京大学出版社2023年版，第246页。

批判，但霍姆斯的目的在于，用生动的语言提出这一古老的主题，同时向他的聆听者们建议，如果能以“讽刺批判的态度”审视法律规则，他们对于法律的理解将会更为清晰与透彻，并且在这样做的过程中，他们会发现蕴含于主观道德的法律语言通常是具有欺骗性的。因此，霍姆斯并未否认法律的首要来源之一是社会存在于其中的道德规范领域，并且认为，律师与法官的首要责任是使法律与上述道德规范保持一致。霍姆斯在批判道德中的绝对性时，实际上已经摧毁了西方法律传统中的伦理基础。〔1〕

或许，许多法律人无意中会对下述观点表示赞同，即不仅霍姆斯的法哲学与西方思想的最高传统和渴求相矛盾，而且他的道德与政治价值观也非常适于衡量一个进步与文明社会的迫切需要。正是在区分法律与道德的意义上，霍姆斯作为霍布斯的继承人，成为法律实证主义的“美国之父”。通过法律中的实证主义，霍姆斯指出了法律思想的发展方向——严格区分“实际是什么的法”与“应该是什么的法”。在《法律的道路》这篇经典演讲中，霍姆斯告诉他的聆听者们：首先，法学院的学生必须基本上认识到法律与道德的区别；其次，法律无法按照“对或错”以及伦理学的原理加以有效界定，但是，却应当被认为比对法院实际上要做什么的预测更为深奥。〔2〕

无论是作为法学家，还是作为大法官，霍姆斯均极力从法律中消除道德上和感情上的一切理想主义的痕迹。他认为，如果能剔除法律中有道德意义的每一个语词，把对立法、先例和宪法规定等外在的东西清除干净，这将是法律历史发展中的一个进步。然而，人们关于道德和真理的所有结论，不管怎样，总不免是武断的，归根结底，解决根深蒂固的分歧的唯一途径是武力。在吴经熊博士看来，霍姆斯是一个“天生的理想主义者”，但他

---

〔1〕 See Mark DeWolfe Howe, The Positivism of Mr. Justice Holmes, 64 Harvard Law Review 529(1951).

〔2〕 参见［美］霍姆斯：《法律的道路》，明辉译，北京大学出版社2023年版，第246-247页。

的理想主义却经过实用主义的考虑而得以适用，因而霍姆斯具有“柏拉图的基础和亚里士多德的上层建筑”。[1]

影响评价

对于美国法学理论而言，霍姆斯依然是唯一导师式的人物，但他仅仅是美国现代法律思想的开创者，而非终结者。此后，作为霍姆斯在美国联邦最高法院的继任者，也是其法律实用主义思想的继承者，卡多佐在《司法过程的性质》中进一步强化了霍姆斯关于法律思想的诸多洞识和预见。霍姆斯曾经指出，美国当时的司法制度使司法过程变得机械而僵化，受形式主义影响的过于讲究逻辑的司法方法在某种程度上已经无法适应时代的要求，因此，时代需要“现实主义”。卡多佐正是沿着这一进路逐渐形成了自己的司法现实主义理论，并且集中体现在他的法学著述与司法意见之中。卡多佐认为，在法官裁决案件的司法过程中，法官需要运用类比、逻辑的方法，将个人的功利、公平等观念注入其中，而在普通法中，法官先前作出的判决又将成为后续其他案件判决的重要依据和渊源，因而，在某种程度上，此一司法过程不再仅仅是对于法律规则的发现过程，而是对于法律规则的创造过程。[2]诚如波斯纳所言，“霍姆斯和卡多佐，以及约翰·奇普曼·格雷和罗斯科·庞德，但特别是霍姆斯，为兴盛于20世纪20年代的‘现实主义法学’运动奠定了基础”[3]，法律现实主义者的大多数主题几乎都

〔1〕 参见吴经熊：《超越东西方》，周伟驰译，雷立柏注，社会科学文献出版社2002年版，第97页。

〔2〕 参见［美］卡多佐：《司法过程的性质》，苏力译，商务印书馆1998年版。

〔3〕 ［美］理查德·波斯纳：《法理学问题》，苏力译，中国政法大学出版社2002年版，第24-25页。

可以从霍姆斯的法律著述中找到〔1〕，以至于“在法理学的重大问题上，现实主义法学家并没有说出什么此前霍姆斯和卡多佐没有说过的东西”。〔2〕

尽管在诸多法律现实主义者之间存在显著差异，甚至根本无法形成一致的观点、价值、主题或者方法论，但从整体上看，他们仍然在以下几个方面达成了共识：(1)“法律现实主义”主要关注的是司法裁判，并且主张，司法裁判是以事实为中心的；法官的裁判常以个人或政治的偏见为基础，并且是以直觉为基础建构出来的；公共政策和社会科学应当发挥重要作用。(2)他们批判形式主义的法律推理，认为在科学和演绎推理的虚假外表之下，法律规则和概念事实上经常是不确定的，而非中立的或不偏不倚的。(3)正是基于法律概念和法律推理的不确定性，便产生了依赖其他术语——诸如“直觉”或者“偏见”等——解释司法裁判的需要，因而也刺激了司法过程中出现了在不同程度上关注社会科学和“公共政策”的机会。〔3〕不难看出，上述一切不过是霍姆斯在《普通法》中那一段经典表达的注脚而已：

> 法律的生命不在于逻辑，而在于经验。感受到的时代需求、流行的道德与政治理论（不论是公认的，还是无意识的）对公共政策的直觉，甚至法官及其同僚们所共有的偏见，在决定人们应当服从的规则方面，比演绎推理影响更大。〔4〕

霍姆斯在《普通法》中批判了德国历史法学，特别是萨维尼在《占有

---

〔1〕 参见［美］布赖恩·比克斯：《法理学：理论与语境》（第8版），邱昭继译，商务印书馆2023年版，第255–256页。

〔2〕 ［美］理查德·波斯纳：《法理学问题》，苏力译，中国政法大学出版社2002年版，第25页。

〔3〕 参见［美］比克斯：《法理学：理论与语境》（第8版），邱昭继译，商务印书馆2023年版，第257–258页。

〔4〕 ［美］霍姆斯：《普通法》，明辉译，北京大学出版社2023年版，第2页。

法》(1803)中阐释的观点。他认为，德国法律理论——特别是萨维尼的占有理论——的真正渊源不是罗马法，也不是便利、政策或者“日常生活的真正需要”，而是德国的道德哲学——特别是康德与黑格尔的哲学。霍姆斯是一位道德怀疑论者，相对轻视道德哲学，因而认为，如果要想真正理解法律是什么，就要将法律责任与道德责任以及法律术语与道德术语清晰地区分开。通过如此鲜明的批判，霍姆斯树立起这样一种信念——应当塑造法律来服务于当前的社会现实需要。霍姆斯尽管极具摧毁性地批判了德国法律理论，但并未致力于建立起一种可以替代它的社会理论。然而，若从一个更宏大的历史视角来看，此一理论批判的重大意义在于，为此后关于普通法上的占有理论乃至整个法律制度的经济分析铺平了一条现代化道路。〔1〕

如果尝试列举20世纪美国法理学的三大主题，那么，很有可能成为“最大公约数”的是(1)对宪法案件采取遵从立法的司法审查；(2)保护言论自由；(3)相信法官不是“发现”而是“创制”法律。而上述源于社会环境变迁的法理学主题均与霍姆斯密切相关，可以说，正是“霍姆斯以一种令人尊重的法学形式创造了这些学说”——极富创新性的现代法学理论。〔2〕

在20世纪70年代早期，一些美国法律学者受到20世纪60年代晚期的学生运动和欧陆社会学理论的启发，联合起来召开学术会议、发表论文，推动了一场被称为“批判法学”的智识运动。在很大程度上，这场运动实际上就是“法律现实主义以一种不可调和的激进形式的复兴”。〔3〕批判法学

〔1〕 参见［美］理查德·波斯纳:《法律理论的前沿》，武欣、凌斌译，中国政法大学出版社2003年版，第199—214页。

〔2〕 参见［美］爱德华·怀特:《奥利弗·温德尔·霍姆斯：法律与本我》，孟纯才、陈琳译，法律出版社2009年版，第610页。

〔3〕 ［美］理查德·波斯纳:《法律理论的前沿》，武欣、凌斌译，中国政法大学出版社2003年版，第14页。

与现实主义法学存在密切的关系。两者都善于批判揭露现实，都主要是对各自时代的法律现状从左翼进行抨击，他们在政治上的差异反映出来的仅仅是自20世纪30年代以来美国大学校园中的政治中心向左偏移了。与之相应地是，经济分析法学与现实主义法学的关系则显得不那么清晰。经济分析法学的许多代表人物都是经济学家；作为经济分析法学的理论基础，经济学极为重视逻辑推理和数学推理。经济分析法学与现实主义法学的相似之处主要在于，经济分析法学认为法律规则和制度都有功能性、社会性的解说，而不仅仅在于其具有一个内在的、法律人的逻辑，在这一点上，经济分析法学是反形式主义的。然而，在强调法律的功能性时，经济分析法学则更接近于被誉为"美国现实主义法学之父"的霍姆斯，而不是后来那些所谓的"法律现实主义者"。现实主义法学强调自由派的社会改革理论。经济分析法学与批判法学之间的相似之处则在于，两者均从法律之外寻找到了法律的源泉与生命力。经济分析法学的狂热支持者认为，法律就是经济学；而批判法学的激进拥护者则认为，法律就是政治。〔1〕

作为古希腊伟大哲学家柏拉图的学生，亚里士多德曾云："吾爱吾师，吾更爱真理。"从这句经典中，有人或许读出了亚里士多德对于真理的信仰，然而，更值得品味的是，这其中实际上蕴含着西方智识传统中对所谓的"真理"或者"权威"的怀疑与批判精神。自真正的思想产生以来，就始终有一些思想家对此一命题表示怀疑，即法律推理能否得出某些所谓的"真理"。作为"最伟大的法律实用主义者"〔2〕和"实用主义法理学的创始人和最伟大的体现"〔3〕，霍姆斯正是此类具有强烈怀疑精神的伟大思想家之一。从体现霍姆斯法学理论与法律思想的文章、演讲、法律意见书、书

〔1〕 参见［美］理查德·波斯纳：《法理学问题》，苏力译，中国政法大学出版社2002年版，第550-551页。

〔2〕［美］理查德·波斯纳：《超越法律》，苏力译，中国政法大学出版社2001年版，第16页。

〔3〕［美］理查德·波斯纳：《法理学问题》，苏力译，中国政法大学出版社2002年版，第307页。

信等各种著述中，几乎可以找到法律现实主义者的全部主张与观点。现实主义法学有所增益且作为知识遗产传给批判法律研究运动的，绝大部分只是粗略地延续了霍姆斯和卡多佐的法理学思想。作为此一法理学思想基础之一的“实用主义”，与“后现代主义”一起，共同支撑起了女性主义法学、批判法律研究和种族批判法学，对西方法律传统展开了最激烈、最强有力的批判。[1]或许，也正是在这个意义上，波斯纳在致一位友人的信中坦承，“霍姆斯至少是现代最伟大的法学家，因为他的思想、比喻、判决、异议和其他贡献超过其他任何现代法学家的成就”。[2]

深度阅读

1. [美]霍姆斯:《普通法》，明辉译，北京大学出版社2023年版。
2. [美]霍姆斯:《法律的道路》，明辉译，北京大学出版社2023年版。
3. [美]霍姆斯:《法律的生命在于经验》，明辉译，清华大学出版社2007年版。
4. [美]爱德华·怀特:《奥利弗·温德尔·霍姆斯：法律与本我》，孟纯才、陈琳译，法律出版社2009年版。
5. 苏基朗、於兴中、苏寿富美编:《霍姆斯与百年中西法学》，香港中文大学出版社2022年版。

---

〔1〕 参见[美]理查德·波斯纳:《超越法律》，苏力译，中国政法大学出版社2001年版，第2页。

〔2〕 [美]唐纳尔斯基:《波斯纳》，郑戈译，中国民主法制出版社2022年版，第259页。

本杰明·卡多佐

Benjamin N. Cardozo

1870—1938

美国司法史上的思想“圣徒”

“司法过程的最高境界并不是发现法律，而是创造法律。”

——本杰明·卡多佐

作为霍姆斯大法官在美国联邦最高法院的继任者，本杰明·卡多佐是“美国法律史上最杰出的法官之一”〔1〕，也是美国实用主义法理学的奠基人和法律现实主义运动的开创者之一。卡多佐大法官的代表性法学著作《司法过程的性质》，被誉为“第一次由一位法官解释如何进行审判推理的系统性的努力”，同时“也是

〔1〕［美］考夫曼：《卡多佐》，张守东译，法律出版社2001年版，第3页。

第一次由法官清楚地说明他的关于实践判断的司法哲学的严肃的努力”〔1〕，在这个意义上，也被称为“法律实用主义的一个既清晰又精到的宣言”。〔2〕

〔1〕［美］理查德·波斯纳:《卡多佐的司法哲学》，张海峰译，载《比较法研究》2005年第4期。

〔2〕［美］理查德·波斯纳:《超越法律》，苏力译，中国政法大学出版社2001年版，第448页。

本杰明·卡多佐的一生经历了“美国历史上一个发生了沧桑巨变的时期”。[1]他1870年生于美国纽约，他的父母两系家族均源自古老的西班牙裔犹太人社区。1889年毕业于哥伦比亚大学，1891年取得律师资格并加入纽约律师协会。1914—1932年任纽约上诉法院法官，不久便成为享誉全美的杰出法官；自1927年始，担任纽约上诉法院的首席大法官。在此期间，除了诸多极具影响力的司法意见之外，卡多佐的法律思想在一定程度上蕴含在他的一些代表性著述中，主要包括《司法过程的性质》(1921)、《法律的成长》(1924)、《法律科学的悖论》(1928)等。

19世纪晚期，以霍姆斯、格雷和庞德为代表的美国法官和法律学者开始抨击被他们视为“形式主义”或者“机械法理学”的法律推理方式，而后者正是彼时美国大部分司法裁决的特征。上述三人的观念影响了当时的一大批法律人(其中也包括卡多佐)，这些人到20世纪初期，特别是在第一次世界大战之后，开始将以他们三人为代表的法律观念进一步系统化或者理论化，使之成为一个形式松散但内核强大的思想潮流，被当时和后世的学者称为“法律现实主义”的思想运动。在政治上的进步学说和法学上的现实主义并驾齐驱的时代，卡多佐支持法律的革新，赞成多种形式的能动主义，倡导并实践作为造法者的法官角色。[2]

如果从法官职业的继替上看，卡多佐恰好是霍姆斯在美国联邦最高法

〔1〕［美］考夫曼：《卡多佐》，张守东译，法律出版社2001年版，第3页。
〔2〕［美］考夫曼：《卡多佐》，张守东译，法律出版社2001年版，第4、211页。

院的继任者；如果从法律思想的承袭上看，无疑，卡多佐依然是霍姆斯法律思想最适格的继承人和诠释者。从许多地方都不难发现两者在法律理念和法律思想上的承袭关系，例如，可以试着对比下述两段文字：

【霍姆斯】法律的生命不在于逻辑，而在于经验。感受到的时代需求、流行的道德与政治理论……对公共政策的直觉，甚至法官及其同僚们所共有的偏见，在决定人们应当服从的规则方面，比演绎推理影响更大。[1]

【卡多佐】历史或者习惯、社会效用或某些逼人的正义情感，有时甚或是对渗透在我们法律中的精神的半直觉性领悟，必定要来援救焦虑不安的法官，并告诉他向何方前进。[2]

不难看出，霍姆斯1881年开创性地提出“法律的生命”在于“经验”，卡多佐在40年后依然秉持这样的观点，并且为了进一步解释所谓的“经验”，卡多佐尝试用“历史或者习惯”、“社会效用”、“正义情感”或者法官“半直觉性领悟”来解释或者补充霍姆斯的“时代需求”、“道德与政治理论”、“对公共政策的直觉”或者法官的“偏见”，大体上是一回事，在法律思想上并没有多少新的创见或者推进。最终，卡多佐承认，“作为一个法官，我的义务也许是将什么东西——但不是我自己的追求、信念和哲学，而是我的时代的男人和女人的追求、信念和哲学——客观化并使之进入法律”[3]，这也正是对霍姆斯“法律经验论”的继承和诠释。因而，在波斯纳看来，“《司法过程的性质》一书中几乎所有的观点都可以在霍姆斯的大量

---

〔1〕［美］霍姆斯：《普通法》，明辉译，北京大学出版社2023年版，第2页。
〔2〕［美］卡多佐：《司法过程的性质》，苏力译，商务印书馆1998年版，第24-25页。
〔3〕［美］卡多佐：《司法过程的性质》，苏力译，商务印书馆1998年版，第109页。

作品中寻找到它们的萌芽”。[1]

在1897年“法律的道路”的演讲中，霍姆斯大法官极具洞见地指明，“在逻辑形式的背后，隐藏着一种关于相互竞争之立法理由的相对价值与重要意义的判断，通常是一种含混不清且毫无意识的判断”，此一判断恰恰是整个司法过程的“根源和命脉所在”，因而，“法官自身始终没能充分认识到他们负有权衡考量社会优势力量的职责”。[2]正是在此基础上，卡多佐将此一有关社会力量、利益与先例的逻辑推演的洞见作为《司法过程的性质》的核心主题之一。然而，为了避免读者可能产生的误解或者不恰当的期许，有必要指出的是，卡多佐在《司法过程的性质》一书中呈现出来的“法律实用主义”，只是“为解决问题提供了研究方法，而不是思想体系”，因为他自己的真正意图或者理论兴趣，仅仅在于“对司法审判作出有益的阐述”。[3]

经胡佛总统提名，1932年，卡多佐接替霍姆斯担任美国联邦最高法院大法官，直至1938年去世。诚如法兰克福特所言，“在这个温文尔雅的人任职最高法院的短暂时光里，恰逢最高法院历史上最为波澜动荡的时期之一。但是，他宁静平和的性情依然占据了主导，以至于他总能超越使法院判决深陷其中的激烈争辩”，从而“以令人难忘的方式表达那恒久的宪法精神”。[4]

核心学说

1921年2月，应耶鲁法学院院长托马斯·斯旺（Thomas Swan）之邀，在

〔1〕［美］理查德·波斯纳：《卡多佐：声望的研究》，张海峰、胡建锋译，中国检察出版社2010年版，第27–28页。

〔2〕［美］霍姆斯：《法律的道路》，明辉译，北京大学出版社2023年版，第257、260页。

〔3〕［美］考夫曼：《卡多佐》，张守东译，法律出版社2001年版，第226–227、230页。

〔4〕Felix Frankfurter, Mr. Justice Cardozo, 24 American Bar Association Journal, p.638, 639 (1938).

经过为期一年的准备后，卡多佐在耶鲁法学院连续四天发表了四场演讲，后将讲稿汇集，在耶鲁大学出版社出版，就是美国法律史上著名的《司法过程的性质》一书，与霍姆斯的《普通法》并列为美国经典法学名著。相对于《普通法》侧重从历史和比较的视角研究普通法而言，《司法过程的性质》更关注普通法传统中法官如何裁判的法理问题。〔1〕

为了探寻司法过程的精神，卡多佐首先提出了一个疑问：法官从哪里找到体现在判决中的法律？如果将宪法或制定法视为足以适于裁决案件的规则体，那么，法官的职责仅仅就是服从。基于一般法理，宪法高于制定法，而制定法又高于法官法。在这个意义上，法官创制的法律仅仅是次级法律，并且从属于立法者制定的法律。然而，在现实中，宪法或者制定法总是存在空白之处，总是存在疑问与含混之处，也总是存在难点与错误之处，因而仍然需要法官发挥其应有的司法职能。因此：

> 法官作为社会中的法律和秩序之含义的解释者，就必须提供那些被忽略的因素，纠正那些不确定性，并通过自由决定的方法——“科学的自由寻找”——使审判结果与正义相互和谐。……法院应当“从各种社会因素中寻求光明，这些因素就藏在法院处理的诸多事实的背后，是一些活跃的力量”。……自由决定的方法看破了那些过渡性的具体问题，而希望到达其背后的永恒。因此，解释就扩大了，解释就变得不再仅仅是如何确定那宣布集体意志的立法者的含义和意图的问题。解释补充了这个宣言，填补了它的空缺，而使用的过程和手段就是那种曾构建了

〔1〕 关于《普通法》与《司法过程的性质》，有学者评价认为，“霍姆斯的《普通法》与卡多佐的《司法过程的性质》是美国法学发展史上两部最著名的书籍。然而，除了没有人阅读它们而人人对之加以称赞之外，这两部书别无共同之处”。参见［美］吉尔莫：《美国法的时代》，董春华译，潘汉典校订，法律出版社2009年版，第119页。

习惯法的司法的过程和手段。[1]

在英美法传统中，法典或制定法或许在一定程度上限制或缩减了这种司法职能，但实际上，司法职能坚持回应了人的需求，而正是基于这种需求，司法职能才得以在美国法律体系中繁荣起来并得以维系。

然而，卡多佐认识到，仅“在宪法和制定法都沉默时”，法官才有机会得以解释法律，并从普通法中寻找适合于案件的规则。在此，卡多佐尝试以一种“不带任何偏见的实用主义眼光”来审视作为“活着的法律宣示者”的法官的工作。在卡多佐看来，当法官面对一个案件时，首先是将其与先例进行比较，也就是“考察和比较先例”，若能找到恰当的先例，自然适用“遵循先例”原则；若找不到恰当的先例，那么“严肃的法官工作”——为诉讼当事人（长远来看，也包括其他人）创制法律——就开始了。长期以来，在司法过程与经验的检验面前，便出现了两个后果：一是无法适应社会需求或“不能证明自身价值和力量”的先例被废止；二是法官在司法过程中适用的方法是归纳性和实验性。因此，每一个新案件都是一个实验，而这些实验在“法律实验室”——司法法院——中提到不断地重复检验。对一项法律规则的检验与修正只能是循序渐进的，甚至在复杂的现实社会中，只能是不断反复的。衡量规则的效果就不得不以几十年甚至几个世纪作为尺度，而这种衡量背后隐藏着的正是“冰川移动的那种力量和压力”。[2]

在面对不同的利益发生冲突时，卡多佐认为，法官“必须像立法者那样从经验、研究和反思中获取他的知识”，也就是说，从生活中获得“立法者的智慧”；实际上，法官始终是“在他的能力限度内进行立法”，但仅仅是在法律空白之处立法，填补法律中的空缺地带；然而，法官并不完全是

〔1〕［美］卡多佐：《司法过程的性质》，苏力译，商务印书馆1998年版，第5-7页。

〔2〕［美］卡多佐：《司法过程的性质》，苏力译，商务印书馆1998年版，第8-12页。

被动和机械的，因为在法律空缺的限制内，在先例和传统的限制内，存在一些可能具有创造性的自由选择的机会。正因如此，法律就不是发现的，而是创制的。[1]

由于人类行为的正确与错误的边界并不是预先既定且恒定的，在这个意义上，法律仅仅是一些涉及标准与程度的规则，因此，法律就是“一个程度问题”。那么，衡量法官优劣与否的标准就是“看他对措施的估测精确不精确”。据此，法官“必须将他所拥有的成分，他的哲学、他的逻辑、他的类比、他的历史、他的习惯、他的权力感以及所有其他成分加以平衡，在这里加一点，在那里减一点，他必须尽可能明智地决定哪种因素将起决定性作用”。此时，“法官承担起了立法者的职能”。[2]

卡多佐始终坚持从一个法官的实用主义视角审视法律问题，特别是集中于法官如何裁判案件。在涉及法官判案时需要考量的诸多因素时，卡多佐提出至少可能要涉及四种不同的法理学分析方法：

> 一个原则的指导力量也许可以沿着逻辑发展的路线起作用，我将称其为(1)类推的规则或哲学的方法；这种力量也可以沿着历史发展的路线起作用，我将其称为(2)进化的方法；它还可以沿着社区习惯的路线起作用，我将称其为(3)传统的方法；最后，它还可以沿着正义、道德和社会福利、当时的社会风气的路线起作用，我将称其为(4)社会学的方法。[3]

接着，卡多佐即对上述四种法理学分析方法分别进行了简洁而凝练的

〔1〕［美］卡多佐：《司法过程的性质》，苏力译，商务印书馆1998年版，第70—71页。

〔2〕［美］卡多佐：《司法过程的性质》，苏力译，商务印书馆1998年版，第101—103页。

〔3〕［美］卡多佐：《司法过程的性质》，苏力译，商务印书馆1998年版，第16页。关于卡多佐用以研究或分析司法过程性质的方法的讨论，可参见［美］卡多佐：《法律的成长·法律科学的悖论》，董炯、彭冰译，中国法制出版社2002年版，第36—37页。

概括与分析。

其一，是哲学的（或逻辑的）方法。在卡多佐看来，哲学的方法是法官裁决案件时的首选方法，因为大量的案件均可以直接适用法典或者制定法，至多是在适用规则时需要法官的审慎与冷静，仅仅依照法典、制定法或者先例，即可作出适当的判决。在这种情况下，法官对案件的裁决始终需要坚持逻辑，因为若想让诉讼当事人确信司法活动是公平的，就必须将“遵循先例”作为一项基本规则（而不是例外），诚如惹尼（Gény）所言，先例恰有沿着逻辑发展路线自我延伸的倾向。而以哲学方法塑造了法律的法官也许会满足于对形式和实质之对称的智识性渴望。因此，在卡多佐看来，“如果机会和偏好应当排除，如果人间事务应当受到高贵且公正的一致性的支配（这是法律观念的精髓），那么，在缺乏其他检验标准时，哲学方法就仍然必须是法院的推理工具”。〔1〕当然，他也认识到“逻辑的指导力并不总是沿着独一无二且毫无障碍的道路发挥作用”。〔2〕

其二，是历史的（或进化的）方法。依循霍姆斯开辟的“法律的道路”，卡多佐同样重视历史的方法，因为许多法律的概念之所以有其现在的形式，正是由于它们是历史的产物。“这些概念本身是从法律的外部而不是从法律的内部来到我们面前的；它们所体现的，许多都不是现在的思想，更多是昔日的思想”，故而，“如果与昔日分离，这些概念的形式和含义就无法理解并且是专断恣意的”，“我们便无法理解它们”。因此，若想真正合乎逻辑地理解这些概念，就必须充分注意它们的起源及历史。“在这些原则的发展过程中，历史的支配力有可能超过逻辑的或纯粹理性的”。在卡多佐看来，所有法律的概念或规则均“只有在历史之光的照耀下才能理解，它们都是从历史中获得促进力且必定会影响它们此后的发展”。〔3〕

---

〔1〕［美］卡多佐：《司法过程的性质》，苏力译，商务印书馆1998年版，第19页。

〔2〕［美］卡多佐：《司法过程的性质》，苏力译，商务印书馆1998年版，第22页。

〔3〕［美］卡多佐：《司法过程的性质》，苏力译，商务印书馆1998年版，第31-33页。

其三，是传统的（或习惯的）方法。如果上述哲学的和历史的方法均不能用以确定一个原则的发展方向，或许就可以运用“习惯的方法”。卡多佐认为，法官“寻求习惯，至少很多时候不是为了创造新规则，而是为了找到一些检验标准，以便确定应如何适用某些既定规则”，此时，习惯便成为了“指导路径选择的支配性力量”，诚如卡多佐所援引的萱尼的观点：

> 始终贯穿了整个法律的一个恒定假设就是，习性的自然且自发的演化确定了正确与错误的界限。如果对习惯略加延伸，就会将习惯与习惯性道德、流行的关于正确行为的标准、时代风气等同起来。〔1〕

卡多佐认为，正是由于传统的方法与社会学方法都维护着行为和秩序之间、生活与法律之间的互动关系，而法律所维系的正是源于这种生活的互动关系的行为模式，所以这也就成为“传统的方法与社会学方法之间的接触点”。

其四，是社会学的（关涉社会福利的）方法。在卡多佐看来，尽管哲学、历史和传统这三种力量均在指导法律时发挥着作用，然而，当这些解决方法均无力满足社会的需求时，“为了追求其他更大的目的，我们就必须扭曲对称、忽略历史和牺牲习惯”。〔2〕此时，在诸多力量之中变成最为强大的是在社会学方法中得以排遣和表现的社会正义的力量。

由于法律的终极原因是社会的福利，因而，法官在适用——无论是延伸还是限制——既有规则时，必须要依据社会福利来选择道路，确定道路的方向以及抵达目标的距离。依循霍姆斯对法官在法律间隙之处创制法律的司法理念，卡多佐继续主张，法官应当关注的不是法律空白的大小，

〔1〕［美］卡多佐：《司法过程的性质》，苏力译，商务印书馆1998年版，第38页。
〔2〕［美］卡多佐：《司法过程的性质》，苏力译，商务印书馆1998年版，第39页。

而是那些将用以决定如何填补法律空白的原则；在填补法律空白时，社会学方法将其重点置于社会福利之上。因为社会学方法可以“更自由地考虑平等、公正以及相关利益对社会的价值”。[1]在卡多佐看来，面对现实生活的法官在一定程度上“必须创新，因为一旦出现了一些新条件，就必须有一些新的规则。社会学的方法所要求的一切就是，法官将在这一狭窄的选择范围内来寻求社会正义。[2]

在经过对司法过程的上述分析之后，卡多佐得出结论认为：

> 逻辑、历史、习惯、效用以及为人们接受的正确行为的标准是一些独自或共同影响法律进步的力量。在某个具体案件中，哪种力量将起支配作用，这在很大程度上必定取决于将因此得以推进或损害的诸多社会利益的相对重要性或相对价值。最基本的社会利益之一就是法律应当统一且无偏私。在法院的活动中，一定不能有偏见或偏好，一定不能有专断任性或间歇不定。因此，在这里主要应当是遵循先例。这里应当有对称的发展，当历史或习惯是影响现在规则的推动力或主要推动力时，要与历史或习惯保持一致，而当逻辑或哲学是推动力时，就要与逻辑或哲学保持一致。……对称性或确定性所服务的社会利益就一定要通过衡平和公道或其他社会福利的因素所服务的社会利益来保持平衡。[3]

在深入展开对法律的法理学诠释之前，卡多佐明确指出了20世纪20年代美国法律所面临的双重需要：

---

〔1〕［美］卡多佐：《法律的成长：法律科学的悖论》，董炯、彭冰译，中国法制出版社2002年版，第89页。

〔2〕［美］卡多佐：《司法过程的性质》，苏力译，商务印书馆1998年版，第85页。

〔3〕［美］卡多佐：《司法过程的性质》，苏力译，商务印书馆1998年版，第70–71页。

> 首先是需要某些(法律)重述,这些重述从先例的荒漠中找出法律的确定性和有序性。这正是法律科学的任务;其次是需要一种哲学,它将调和稳定与进步这两种冲突的主张,并提供一种法律成长的原则。[1]

正是基于上述两种时代需要(特别是后者),卡多佐阐释了法律的内涵、起源、成长以及功能和目的等基本的法理学问题,而这些讨论均是围绕着司法过程的性质而展开的,在卡多佐看来,上述问题是彼此紧密关联的。虽然法律的产生、成长、功能和目的,表面看来非常抽象,脱离现实,但正是这些普遍性和抽象性,指导着法律的思维,影响着法官的意志,在平衡产生动摇时决定疑难案件的结果。通常而言,在具体案件中,"每个判决提出的问题其实都涉及一种有关法律起源与目的的哲学。这一哲学尽管非常隐蔽,实际却是最终的裁决者"[2],尽管很多人(包括律师和法官)可能甚至并没有意识到这种法律哲学的存在与影响。

卡多佐秉持实用主义法理学的传统,从未打算对"法律"进行任何界定,而只是尝试进行一定程度的描述,这种描述同样是从司法过程或者诉讼活动开始的:

> 在类似于铸币场的司法作坊,行为方式被打上法律的烙印,然后,像货币一样自由地流通。但是,即便在此阶段之前,行为方式也不缺少强制力因素。人们做生意,宁静祥和地管理事业,虽然他们作为启蒙与行为指南来遵循的原则、规则或标准未经判

---

〔1〕[美]卡多佐:《法律的成长:法律科学的悖论》,董炯、彭冰译,中国法制出版社2002年版,第4页。

〔2〕[美]卡多佐:《法律的成长:法律科学的悖论》,董炯、彭冰译,中国法制出版社2002年版,第17页。

> 决确认，甚至在更多的情况下未经成文法的批准。因此，除确定不疑的判决之外，我们可以发现某些东西，具有完美无缺或经久不衰的确定性，它们就是法律。〔1〕

这就为我们提出了一个问题：一项尚未具体体现于判决之中的原则、规则或标准，必须具备多大程度的确定性，才能被恰当地称为“法律”？对此，卡多佐认为，如同其他社会科学一样，法律结论的有效性必须经受可能性逻辑而非必然性逻辑的检验。质言之，如果存在这样一种可能性，以致法官能够合理地确定某个结论应当且将要体现于某个判决之中，我们就可以将该结论称为法律。〔2〕与此同时，

> 法律不仅仅是一系列孤立的判决，只有在调停纷争时，才发挥法律的效力。引申出判决、并“作为评判它们依据”的“一般学说与传统”也必须冠以法律的称谓，不仅仅因为它们是我们研究的主要课题，也因为它们对法官选择范围的限制并不纯粹是建议性的，而多少带有一些强制性因素。……对法律的研究将被视为对秩序原则的研究，后者体现了古往今来判例中的一致性。当一致性始终如一，足以为人们提供一种具有合理确定性的预期时，法律就存在了。〔3〕

据此，当一项具体判决宣布之前，法律上并不存在一个法官可以扩展

---

〔1〕［美］卡多佐：《法律的成长：法律科学的悖论》，董炯、彭冰译，中国法制出版社2002年版，第20–21页。

〔2〕［美］卡多佐：《法律的成长：法律科学的悖论》，董炯、彭冰译，中国法制出版社2002年版，第21页。

〔3〕［美］卡多佐：《法律的成长：法律科学的悖论》，董炯、彭冰译，中国法制出版社2002年版，第23页。

或引用的先在原则或规则时，法官可以创设一项原则或规则，并据以作出判决。即使这一判决“也许滥用了权力或者是一个巨大的谬误，但是，除非通过上诉推翻，它仍然约束当事人，对他们来说，这就是法律”。但此时，法律的含义仍然是模糊不清的，而“判定法律是否在此判决之前就存在，有赖于对判决结论与现存原则、先例之间关系的不同估计”。从一个整体的视角来看，无论是经上诉程序的纠正，还是历史浪潮的淘洗，在实践中，“正是通过法院，法律表达秩序原则的品质得以维持”。〔1〕最后，卡多佐总结认为：

当一个行为规则或原则已经确立，从而可以证明一个预期具有合理的确定性：如果这一规则或原则的权威受到挑战，将由法院来强制执行，那么，以我们研究的目的来看，这一规则或原则就是法律的原则或规则。……（它们并非）不具有优于国家设立机构宣布的那些规则的效力。它们深深地植根于习惯的形式、商业与人际关系的方式、盛行的衡平与公正的信念以及我们今天称为道德观念的繁复信仰和实践之中。……在行动中，一个如此获得认可的准则、规则或原则将被视为法律，甚至在言论上，它也将被描绘成法律。〔2〕

卡多佐在论及法律的成长时，虽然承认“立法也能促进法律成长”，但却将“立法科学”排除在他的研究范围之外，仍然坚持通过司法过程来探究法律的成长，因为只有通过理解法律如何发展，才有希望真正理解法

〔1〕［美］卡多佐：《法律的成长：法律科学的悖论》，董炯、彭冰译，中国法制出版社2002年版，第24—25页。

〔2〕［美］卡多佐：《法律的成长：法律科学的悖论》，董炯、彭冰译，中国法制出版社2002年版，第30—31页。

律是什么。[1]针对20世纪初期流行于美国的法律形式主义或称“机械法理学”，卡多佐指出，“在发展某个原则或者先例时，我们往往将其视为寻求确定性的结果”，这是对法律起源的一种误解。实际上，我们对法律的形成，或者对法律现在所处发展阶段研究越多，就越能感觉到，我们“正沿着一条向目标渐进的路线前进，其所遵循的逻辑，不是寻求确定性，而是满足于结论根植于可能性之中”。[2]

在具体的案例中，特别是作为法律里程碑的判例中，卡多佐发现了存在紧张的分歧，被选择的各种方法之间也同样存在对立与紧张关系，在此，逻辑并不是推动法律发展的唯一工具与力量，它与社会科学一起，共同促成了法律的成长。从长期的司法经验与哲学反思中，卡多佐总结出法官应当采取的基本立场与态度：

> 我们（法官）不应该在形而上学的概念或历史数据前卑躬屈膝，也不应该在生活的需求面前合上双眼，然而，我们（法官）也不应该从突然迸发的每一种奇思怪想中寻找生活的需求，否则会将历史与理智的模式击得粉碎。[3]

在分析促成法律的起源与成长的原则时，卡多佐始终保持着一个哲学家应有的冷静与清醒，他提醒人们对下述观点保持应有的警惕：

> 某个原则是至高无上的；某个原则永远优先于其他原则；逻

〔1〕［美］卡多佐：《法律的成长·法律科学的悖论》，董炯、彭冰译，中国法制出版社2002年版，第34、39页。

〔2〕［美］卡多佐：《法律的成长·法律科学的悖论》，董炯、彭冰译，中国法制出版社2002年版，第40–41页。

〔3〕［美］卡多佐：《法律的成长·法律科学的悖论》，董炯、彭冰译，中国法制出版社2002年版，第43页。

辑必须屈从于历史，历史必须屈从于习惯或者所有一切都应屈从于社会福利的构成因素——正义或者效用。[1]

在此，卡多佐仅仅对法律的成长进行了法理学的分析，并未提供法官可据以作出选择的原则。他认为，只有对法律的目的与功能进行法哲学的研究，才能阐明法官选择应当遵循的基本原则。

卡多佐认同庞德对法律目的的分析，并且认为至少在英美法系中“是迄今以来最成功的总结”。若想达到确定（性）、有序甚或正义的目的，就需要运用不同的方法——哲学、历史、传统和社会学的方法——来界定与划分各种不同的利益。实际上，这些方法有时是相互混合且缺乏明确的边界的。现实中，边界的两侧分列着确定性与正义、遵从逻辑与追求效益，法官如何判断哪一个更有价值并作出选择，取决于对值得促进的不同社会利益的评估。然而，“这是任何一个法学理论大家都未能完全算出来的微积分”，即便是庞德提出了独到的见解，但也仍然是暂时的与尝试性的。

在依循霍姆斯的实用主义法理学与杜威的实用主义哲学的基础上，卡多佐主张：

在我们目前的知识状态下，面对两个或更多相互冲突的社会利益，法官，如同立法者一样，将根据糅合多种因素的判断，来评价它们的相对价值。这种评价取决于法官一生的经历，取决于他对有关正义与道德的通行标准的理解，取决于他对社会科学的研究，最后，在某些时候，取决于他的直觉、他的臆断甚至于他的无知或偏见。[2]

---

〔1〕［美］卡多佐：《法律的成长·法律科学的悖论》，董炯、彭冰译，中国法制出版社2002年版，第45页。

〔2〕［美］卡多佐：《法律的成长·法律科学的悖论》，董炯、彭冰译，中国法制出版社2002年版，第49页。

值此情境之下，在卡多佐看来，任何将正义的标准客观化以及分类的努力，包括亚里士多德的正义划分——矫正正义、分配正义和普遍正义——都是徒劳无功的。因为，此时“追寻的正义，不仅是权利与义务已由法律确立、人们视为理所当然的正义；我们追寻的正义，是创造法律时就应当遵循的正义”。在这个意义上，正义也只是一种比仅仅遵循规则更微妙、更模糊的概念，或者仅仅是一种人类对美好事物的理想的态度与渴求。

对各种社会利益及其相对重要性的分析研究，是法官与律师在解决问题时必须加以利用的线索之一。这种研究本身已经发展成为一门科学——法理学，就卡多佐而言，法官必须不断地借鉴这门科学的结论。然而，在实践中，通常会有两种情况：其一，当立法者已经通过立法形式宣布某一社会利益优先于另一社会利益时，法官个人的主观价值评判就必须服从这一立法；即便立法者未能对此作出宣布时，法官也应当依据客观的而非主观的标准，依据社会上通行的思想和意愿而非个人独特的行为模式和信仰，作出价值评判。其二，若社会公共思想或意愿无法达成一致，自然也没有制定法、习惯法以及其他规定时，法官只能遵从自己的价值规范而作出评判与选择。此时，凸显出来的法官的重要功能之一在于，通过审查社会事实，探寻某种外在的、经由人们实际遵从的习惯和公众信念表达出来的行为规范。质言之，法官是在解释社会良知，并在法律中实现它，尽管也有助于社会良知的形成与修正。

在卡多佐看来，如果规则与现实行为漠不相关，法律的功能实际上就被扭曲了，因而应当通过塑造规则本身来适应现实需要。例如，在布兰代斯大法官的司法意见中，人们可以发现法律具有一种从外界吸纳养分更新自身、促进自身发展的超强能力。他的司法意见中充满了反映时代影响、社会、商业以及政治的当前状况。若欲将规则或原则适用于事件组合的不断变化，就需要法官在实践中的创造性活动——创造规则。与此同时，法院自身创造的一个规则，在当时看来表达了时代道德，一旦道德改变，固守规则将侵犯社会良知时，法院就可以废弃它。[1]

卡多佐清晰地认识到，“通过强调效用的规则、以是否符合目标作为检验真理的根据与标准，实用主义对法律思想的发展产生深远影响”[2]，而他本人也正在自觉地融入这一影响之中。

在“法律与文学”运动正式兴起于美国的近半个世纪之前，1925年，卡多佐曾经以“法律与文学”为题发表了一篇演讲[3]，尽管彼时他或许未必意识到将来会发生一场“法律与文学”运动。

就形式与内容的关系而言，卡多佐认为，“形式产生的力量与形式匮乏产生的软弱，实际都具有实质的品性，都是事物特性的标志。它们使事物成为事物”。基于上述认识，他坚持认为，“在司法判决的荒野上，文学风格不仅不是一种罪恶，只要运用得当，它甚至具有积极的益处”。[4]无疑，这为后来“法律与文学”的兴起与发展打开了一扇思想之门。

卡多佐认为，在司法过程中遇到新问题时，衡平和正义将会指引法官的思想找到解决方案；当人们仔细审视这些方案时，会发现它们符合对称性与有序性，甚至成为一种崭新的逻辑体系的起点。接着，逻辑的方法与历史的方法，包括前人智识创造的各种方法，又会激励新的方法产生，以实现衡平与正义。在此，卡多佐敏锐地指出：

> 我们可以在诸如诗歌与散文等文学作品中发现类似的现象。人们寻求恰如其分的词句、赏心悦目的语言，来表达思想，但是，

---

〔1〕 参见[美]卡多佐：《法律的成长·法律科学的悖论》，董炯、彭冰译，中国法制出版社2002年版，第65—66、74—75页。

〔2〕 [美]卡多佐：《法律的成长·法律科学的悖论》，董炯、彭冰译，中国法制出版社2002年版，第71页。

〔3〕 Benjiamin N. Cardozo, *Law and Literature*, 14 Yale Review 699(1925).

〔4〕 [美]卡多佐：《演讲录·法律与文学》，董炯、彭冰译，中国法制出版社2005年版，第113页。

当人们找到这些语言时，也在某种程度上重塑了思想本身。我们的束缚也包含了解放。格与韵的限制，时间或均衡的紧迫需要，有时却解放了其所限制的思想，一种在监禁中的解放。〔1〕

卡多佐强调，法官文学风格的典型特征应当是明晰而概括，同时，他还简要归纳并分析了以下几种不同类型的法官文学风格：权威命令型、简明扼要型、家常健谈型、优雅矫饰型、劝服说明型、剪刀糨糊型以及滑稽幽默型（尽管卡多佐本人不愿将之作为一个独立的类型）。〔2〕

最后，卡多佐重回他始终关注的主题，强调即使是细小的纠纷也需要法官化腐朽为神奇的力量，也需要法官形成一种职业主义观念，这是法官或者律师在对待自己工作时应有的精神。此时的法官“是在解释一门科学，或者解释他试图吸收进科学去的一组真理，而这种解释的过程是一门艺术”〔3〕，是一门独特的司法技艺。

影响评价

作为霍姆斯大法官在美国联邦最高法院的继任者，本杰明·卡多佐是“美国法律史上最杰出的法官之一”〔4〕，也是美国实用主义法理学的奠基人和法律现实主义运动的开创者之一。卡多佐大法官的代表性法学著作《司法过程的性质》，被誉为“第一次由一位法官解释如何进行审判推理的系

〔1〕［美］卡多佐：《法律的成长·法律科学的悖论》，董炯、彭冰译，中国法制出版社2002年版，第51页。

〔2〕参见［美］卡多佐：《演讲录·法律与文学》，董炯、彭冰译，中国法制出版社2005年版，第115–126页。

〔3〕参见［美］卡多佐：《演讲录·法律与文学》，董炯、彭冰译，中国法制出版社2005年版，第130页。

〔4〕［美］考夫曼：《卡多佐》，张守东译，法律出版社2001年版，第3页。

统性的努力”，同时“也是第一次由法官清楚地说明他的关于实践判断的司法哲学的严肃的努力”[1]，在这个意义上，也被称为“法律实用主义的一个既清晰又精到的宣言”。[2]

尽管当时和后世的学者总是将卡多佐与霍姆斯相提并论，例如，在法兰克福特眼中，这两位大法官“终其一生奉献自身丰饶的天赋，运用一种将过去的智慧与未来的洞见整合在一起的活法来抑制社会的冲突”[3]，但身为美国“最杰出的法官”之一，卡多佐自然具有其思想的独立性和自身对法律的贡献。在卡多佐的法律思想中，他非常强调，作为司法工作的一个组成部分，法官有时不得不在相互冲突的先例之间作出选择，或者在现行先例不再能有效地服务于社会时将其推翻。此一主题构成了美国现代法律教育的核心议题之一。[4]

卡多佐是“一个真正创新的法官”，但他始终不愿迎合潮流，“总是习惯于隐藏自己的光芒”。[5]他时常对法律展开哲学思考，此种习惯将其塑造成一位自觉自省的法官；然而，他的司法哲学并没有让他仅仅依靠玄思冥想作出判决，而是使他在司法实践中逐渐形成了构思严谨的判决。因而，他的司法哲学属于方法论的范畴，而非意识形态。[6]正因如此，卡多佐对美国法乃至整个普通法传统的影响是潜移默化的；也正是在这个意义上，他是“一个非出于本意的革命家，他静悄悄地、几乎是偷偷摸摸地在颠覆和摧毁他所热爱的制度”。[7]

卡多佐被誉为“最早的现实主义法官”，具有“说教倾向”的法律实用

---

〔1〕［美］波斯纳：《卡多佐的司法哲学》，张海峰译，载《比较法研究》2005年第4期。

〔2〕［美］波斯纳：《超越法律》，苏力译，中国政法大学出版社2001年版，第448页。

〔3〕Felix Frankfurter, *Mr. Justice Cardozo*, 24 American Bar Association Journal, 638 (1938).

〔4〕参见［美］考夫曼：《卡多佐》，张守东译，法律出版社2001年版，第567页。

〔5〕［美］吉尔莫：《美国法的时代》，董春华译，潘汉典校订，法律出版社2009年版，第118页。

〔6〕参见［美］考夫曼：《卡多佐》，张守东译，法律出版社2001年版，第573页。

〔7〕［美］吉尔莫：《美国法的时代》，董春华译，潘汉典校订，法律出版社2009年版，第121页。

主义者，甚至偶然还会围绕案件事实展开对法律的“开创性的经济学”分析。[1]实际上，卡多佐在自己的著述中已经为所谓的“实用主义法理学”作了非常充分的阐述，相对于霍姆斯在《法律的道路》中的大体勾画而言，卡多佐的明确表述“不仅充分发展了霍姆斯的理论，而且更加清楚、更加直接、更加连贯一致”；在美国法律史上，卡多佐的《司法过程的性质》和霍姆斯的《法律的道路》共同携手，有力地推动了繁荣于20世纪20、30年代的法律现实主义运动。[2]在波斯纳眼中，《司法过程的性质》一书是“法律实用主义的一个既清晰又精到的宣言”。[3]

深度阅读

1. [美]卡多佐：《司法过程的性质》，苏力译，商务印书馆1998年版。

2. [美]卡多佐：《法律的成长·法律科学的悖论》，董炯、彭冰译，中国法制出版社2002年版。

3. [美]卡多佐：《演讲录·法律与文学》，董炯、彭冰译，中国法制出版社2005年版。

4. [美]考夫曼：《卡多佐》，张守东译，法律出版社2001年版。

5. [美]理查德·A. 波斯纳：《卡多佐：声望的研究》，张海峰、胡建锋译，中国检察出版社2010年版。

〔1〕 参见[美]考夫曼：《卡多佐》，张守东译，法律出版社2001年版，第576页。

〔2〕 [美]波斯纳：《卡多佐：声望的研究》，张海峰、胡建锋译，中国检察出版社2010年版，第35、39页。

〔3〕 [美]波斯纳：《超越法律》，苏力译，中国政法大学出版社2001年版，第448页。

卡尔·卢埃林

Karl N. Llewellyn

1893—1962

穿越“棘丛”的法律现实主义者

“法律官员在处理纠纷时的所作所为，在我看来，就是法律本身。”

——卡尔·卢埃林

在20世纪中期的美国，卡尔·卢埃林在与其同时代法学家的思想对话中，对美国法律理论产生了持续长达30年的影响。就个人而言，卢埃林广泛的兴趣、取得的成就及其张扬的个性，使彼时以及此后的每一位严肃的法理学家都不得不予以相当的关注；他在不同领域——例如法学院，或者法典编纂委员会等——所扮演的多重角色使其成为20世纪最杰出的美国法学家之一。在著名法理学家朗·卢沃斯·富勒（Lon L. Fuller）看来，卢埃林有资格成为法律现实主义运动中最具代表性的人物。〔1〕

由于卢埃林对其法律思想观念的表达不甚系统，为后人研究他的法学理论增加了相当的难度。更为麻烦的是，卢埃林经常夸夸其谈、言过其实，且表里不一、前后矛盾；此外，他极具个性的散文式写作风格时常为人所诟病，这些因素共同构成了容易令人对其意欲表达的观点与思想产生误解的原因。仅在这个意义上，卢埃林之所以成为一位极具争议的学者，其本人似乎也应承担一定的责任。即便如此，依然无法阻碍卢埃林作为伟大的法律现实主义者对美国法律思想与实践的深远影响。

---

〔1〕 对此，富勒列举了三个理由：其一，卢埃林不是一个激进主义者，尽管他的文学风格有时会引致意义相反的表达；其二，卢埃林的现实主义明显选择了一条中间道路，因而他的著述构成了一种现实主义的包容立场；其三，卢埃林具有揭示隐藏于信念中的动机的智识勇气，在这个意义上，他是一个“哲学家”。See Lon L. Fuller, *American Legal Realism*, 82 University of Pennsylvania Law Review 429, 430（1934）.

卡尔·卢埃林，是一位杰出的美国法学家、法学教授，也是法律现实主义[1]的主要代表人物之一，还是美国《统一商法典》的主要起草者。卢埃林1893年5月22日出生于美国华盛顿州的西雅图。他的父亲有威尔士血统，他的母亲是乘坐"五月花号"来到北美大陆的那一批殖民者的后裔。卢埃林出生第一年，全家就搬到了纽约的布鲁克林，他在那里度过了大部分的青春时光。在美国读高中时，他既不开心，也没遭遇什么学业上的挑战，后来，父母让他寄住在德国梅克伦堡的一位家族朋友的亲戚家，就读于当地的一所高级中学。在德国的3年，卢埃林渐渐可以流利地使用德语，并且在数学和自然科学方面展现出天赋。1911年春天，他离开梅克伦堡，经过在瑞士洛桑大学的短暂学习后，重返美国。

1911年9月，卢埃林进入耶鲁大学学习，成绩优异，擅长体育运动，尤其是拳击。1914年春天，他进入巴黎索邦大学学习拉丁语、法语和法律。第一次世界大战爆发时，他还是一名大学生。虽然从未正式入伍，他却加入了普鲁士第七十八步兵团参与西线战役，并因此获得一枚铁十字勋章。1914年11月，他因在战争中负伤而在一家军医院里住了近3个月。至此，卢埃林似乎与霍姆斯有着类似的人生经历。

1915年，伤愈后的卢埃林重新回到美国读书。在耶鲁大学的第二次学习期间，他更加认真地对待自己的功课，并且开始考虑从事教学工作。他

〔1〕 简言之，法律现实主义是一种对主张法律仅仅作为一种客观规则体系而运作的理论持批判态度的哲学。

师从威廉·萨姆纳（William G. Sumner）——《民俗论》（*Folkways*，1906）一书的作者，这是一部关于社会习俗与信仰及其对社会和个人行为影响的作品，备受好评。萨姆纳著作中的观点和理论对卢埃林法律观念的成长产生了重大影响，卢埃林认为，法律是一种在很大程度上受到环境文化影响的社会制度。

随后，卢埃林进入耶鲁大学法学院。他曾经担任《耶鲁法律杂志》主编三年，并且亲自撰写了许多文章。1918年，他以全班第一名的成绩毕业。他在耶鲁大学法学院代替一位生病的教授，做了两年兼职讲师。他主要讲授商法课程，该领域后来成了他的专长。在取得法律博士学位后，1920年9月，他考虑到在正式进入学术生涯之前实践经验至关重要，于是，他在纽约国家城市银行法律部找到了一个职位。在其受聘后不久，银行解散了法律部，并将其法律业务转移到谢尔曼和斯特林华尔街律师事务所。卢埃林也随之调任，之后几乎专门负责该银行的法律事务。尽管他很喜欢这份工作，并且在法律起草和国际银行业务方面获得了宝贵经验，但两年后，他还是决定重返教职，接受了耶鲁大学的全职助理教授职位。

1923年，卢埃林晋升副教授。仅在耶鲁大学待了一年，他又接受了哥伦比亚大学法学院的聘请，随后在哥伦比亚大学一直工作到1951年。其间，卢埃林撰写了许多极具影响力的法学著作，包括《荆棘丛》（1931）——依据他在1929—1930学年为法学院一年级学生讲授法理学导论课程的讲义改编而来，当时他已被任命为哥伦比亚大学第一位贝茨法理学教授。此外，他还撰写并出版了《销售法判例与材料》（1931）一书，后来成为美国商法领域的权威案例教科书。

卢埃林在《荆棘丛》一书中提出并阐释了法律现实主义理论，引起关注。他宣称，必须通过检视司法意见来洞察法官如何受到可能与法律无关的因素的影响；从长远来看，对于学说和普通法制度的大规模重塑和生长，那些几乎未被注意到的变化比历史上的任何重要判例都更有意义。因而，他认为，法律人应该受到训练，从而提出有说服力的论证，强调案件的特定事实，因为那些特定事实有时比适用的法律对案件结果的影响更大。

卢埃林的观点尽管被认为是至关重要且富有创新性的，但依然招致了诸多批评。反对其理论的人认为，基于实践原因的考虑，法律现实主义很难适用，因为根据卢埃林的法理学体系，为了充分论证一起讼案，律师就得付出可能非常荒谬的时间精力，去了解可能影响案件结果的每一个可能因素。因此，卢埃林的法律现实主义理论并没能完全取代当时流行且早已确立下来的主流观点，即将法律视为一套完美界定的规则，足堪适用于每一种个别境况。

尽管他的理论未能实现其所预期的效果，但卢埃林依然被普遍视为一位至关重要的法律学者和创作者。他的作品甚至延伸至非法律领域，最具代表性的是一本有关人类学的著作——《夏延人的习俗》(*The Cheyenne Way*, 1941)，是一部他与人类学家霍贝尔(E. Adamson Hoebel)合作展开的关于夏延人(印第安人的一支)如何解决纠纷的学术研究。此外，卢埃林还积极参与法律援助协会、美国公民自由联盟以及全国有色人种促进会等社团组织的活动。

1951年，卢埃林离开哥伦比亚大学，前往芝加哥大学法学院任职，在那里，他和他的第三任妻子索娅·门奇科夫(一位商法学者)接受了一份联合任命。卢埃林在芝加哥大学法学院教了近10年书，还担任了美国《统一商法典》起草的首席报告人。1960年，出版了《普通法的传统》一书。1962年2月13日，卢埃林在芝加哥去世。

核心学说

为了让法学院一年级的学生不至于刚刚“跳进一片荆棘丛”，就“划伤了双眼”，在《荆棘丛》开篇，卢埃林先假定“你们来到法学院，是想学习法律的”，接着便追问“你们正打算学习的法律是什么”。带着这样的疑问，卢埃林开始引导学生一起寻找一种展开法律研究的适当参照点。然而，在他看来，规则不应成为法理学的研究重点，因为“规则本身仅仅是语词的形式，毫无价值”；〔1〕相反，如果想要将法理学纳入社会科学的范畴，那就必须将“行为”作为思考的重点，尤其是应该将法律官员的行为与普通人的行为的相互作用作为思考的重心。实际上，卢埃林始终坚持将“纠纷”作为法律研究的重点——因为“纠纷是法律永恒的核心。虽然明确的标记不在纠纷的边缘，而总是在纠纷的中心”。〔2〕在上述认识的基础上，卢埃林详细描述了此类法律事务，并在此基础上尝试回答“法律是什么”：

> 那么，法律事务是关于什么的呢？它涉及我们社会中随处可见的纠纷：实际发生的和潜在的纠纷；有待解决的和应当预防的纠纷；诉诸法律的纠纷，构成法律事务的纠纷。……这种对于纠纷的所作所为，这种对于纠纷的理性的所作所为，就是法律事务。法律事务职责所在之人，无论是法官、治安官、法官助理、监狱官，还是律师，都属于法律官员。这些法律官员在处理纠纷时的所作所为，在我看来，就是法律本身。〔3〕

换句话说，“法律——即法律官员对纠纷的所作所为——充当了解决以其他方式无法解决的纠纷的工具。当社会失序时，法律更多的是维持秩

---

〔1〕 参见[美]卢埃林：《荆棘丛——关于法律与法学院的经典演讲》，明辉译，北京大学出版社2017年版，第3–4页。

〔2〕 Karl N. Llewellyn, *Legal Tradition and Social Science Method 79*, Cited in Simon N. Verdun-Jones, The Jurisprudence, 1 Dahousie Law Journal 441, 453 (1978).

〔3〕 [美]卢埃林：《荆棘丛——关于法律与法学院的经典演讲》，明辉译，北京大学出版社2017年版，第5页。

序，而不是创造秩序。这既是法律的首要功能，也是法律古老的和根本的功能”。[1]

卢埃林主张，法理学不应仅局限于研究司法行为本身。在他看来，作为研究对象，其他官员的行为同样重要，“法律研究的重点、法律的核心，不仅是法官所做的对利害当事方产生影响的行为，还包括任何政府官员所实施的官方行为”。[2]与此同时，卢埃林坚信法理学必须以经验法律科学为基础才能牢固确定下来，从而强调科学观察的迫切性和必要性，尤其注重法律官员（当然包括法官）的表达与实践之间常常存在的背离。

作为美国法律现实主义运动的标志性人物，卢埃林沿着霍姆斯、卡多佐等人探索开辟出来的“法律的道路”，高举法律现实主义的旗帜，勇敢而坚定地展开对法律的思考、批判和理论研究：

> 在通往科学的道路上，知识并非必须是科学的；知识也并非必须是科学的才能极有效用。社会科学家应当承认这一点，这样将会避免许多混淆，也会避免更多徒劳。我们所需要的是，在大致标明经纬的当前指引下，谨慎而明智地通向科学顶点的知识。这才是通向科学的科学之路。难能可贵的是，在这条道路上跬步前行。[3]

然而，卢埃林并没有沉湎于纯粹的科学研究，也未局限于任何特定的科学研究模式或科学思维哲学。正如英国法理学家特文宁教授所言，事实上，卢埃林很早就意识到了将社会科学与自然科学进行机械类比所隐含的

---

〔1〕［美］卢埃林：《荆棘丛——关于法律与法学院的经典演讲》，明辉译，北京大学出版社2017年版，第18页。

〔2〕 Karl N. Llewellyn, *A Realist Jurisprudence — The Next Step*, 30 Columbia Law Review 431, 456(1930).

〔3〕 Karl N. Llewellyn, *The Theory of Legal Science*, 20 North Carolina Law Review 1, 23 (1941).

危险。[1]因此，卢埃林开始尝试在社会背景下研究法律现象。卢埃林认为，通过运用疑难案件方法，法律研究者可以考察解决纠纷所涉及的复杂制度过程，因为“找出并经认真审查的疑难案件是发现法律的最为稳妥的主要途径。它们的资料是确定的，产出是丰富的，也是最发人深省的”。[2]在卢埃林看来，这种对疑难案件的全新关注，无论对法律研究侧重于规则的思想性方法，还是侧重于实务的描述性方法，都是必不可少的补充。

经验性法律科学研究的一个重要前提是确立一个适当的概念框架。尽管卢埃林意识到确立此类概念框架的需求，但却从未能真正建立起一个既能产生关于法律和社会制度的一般假设，也能指导经验性研究的概念体系，因而他本人运用的一些概念时常含混不清（当然，也不排除他刻意如此）。卢埃林提出的“法律—运作”理论，仅仅是对法律制度的基本功能的分析，而未能展开对诸如社会和法律制度的结构、权力过程以及政策制定等此类重大因素的研究。这在很大程度上是由于他的方法存在缺陷。质言之，卢埃林陷入了时常困扰功能主义者的陷阱——倾向于假定一系列先验的功能，然后再寻找发挥此类功能的社会制度，结果导致：虽然形成了一个关注制度功能的概念体系，但对制度的实际运作却只是一种事后的思考。总体而言，尽管未能充分满足自己提出的研究要求，但卢埃林对现实主义法理学的基本要求的洞察是敏锐而独特的。

相对于同一时期的其他一些现实主义者而言，卢埃林的观点实际上更具有开放性和包容性。在反思仅仅关注律师观点的法理学的基础上，卢埃林进一步拓宽了现实主义法理学的视野，提出不仅要关注律师的视角，还要关注法官的观点：

---

〔1〕 William Twining, *Karl Llewellyn and the Realist Movement*, London: Weidenfeld & Nicolson, Ltd., 1985, p.96-97.

〔2〕 Karl N. Llewellyn and E. A. Hoebel, *The Cheyenne Way*, Oklahoma: University of Oklahoma Press, 1941, p.29.

> 关注法官和法官工作的法理学必须以全新的视角来看待法官。律师不得不担心法官将会怎样做，其做法是正确，还是不正确，无论正确还是错误，它都对案件做出了裁判；无论适当与否，它都可能创制或者改变一项规则。因此，对于一位正在提供咨询意见的律师来说，法官的所作所为就是法律的一个重要组成部分……无论这种做法正确与否。然而，法官不能那样看待法律；公民也不能那样看。这并不是说以预测官员行为的眼光来看待法律是种错误或者不好的方式，而是说这种预测方式是一种片面的看待法律的方式。〔1〕

因此，在卢埃林看来，“关键在于观察法律官员做什么，他们如何处理纠纷或者其他任何事务，以及观察他们的所作所为，从中寻找某种独特的规律性——这种规律性使人们有可能对法律官员及其他官员今后的所作所为作出预测”，实际上这恰恰是对霍姆斯“法律的预测理论”的继承和发展；故而，“理解法官的所作所为，在一定程度上，就是探寻法官眼中规则的意义的技艺，也就是探寻如何尽力劝说法官实现你们想要的结果的技艺”。〔2〕具体而言，对于预测“法官的所作所为”或者“法院的判决”有所助益的因素，卢埃林认为，至少包括以“法院的措辞，法院选出着重强调的要点，法院在应对引证的判例与律师的论辩时表现出来的耐心或者焦躁，法院对当事人表面看来的真实想法——在证据解释层面——所呈现出来的关注或者缺乏关注，法院据以推理的逻辑工具的迟钝或者敏锐”，甚至“其他法官间或提出的附加的司法意见”，等等，尽管这些因素依然无法

〔1〕 Llewellyn, *On Reading and Using the Newer Jurisprudence*, 40 Columbia Law Review 581, 587(1940).

〔2〕 [美]卢埃林：《荆棘丛——关于法律与法学院的经典演讲》，明辉译，北京大学出版社2017年版，第7页。

使"预测"确定无疑,但却是非常有帮助的。[1]此外,还应该注意的是,这里所谓的"预测"并不是"纯粹猜测",更不是"瞎猜",因为"卓越的预测能力是一种由很强的判断力、丰富的想象力以及渊博的知识共同构成的合力",至少法学院的学生要通过"持久而认真地阅读案例——不断反复地观察、关注、理解法院的各种反应"来塑造这样的"预测能力"。[2]

随后,卢埃林用了三讲的篇幅介绍和分析了普通法的判例制度,无疑,这对于初入法学院的学生而言是首要的知识基础。首先,提醒学生们注意的是,"应该认真对待判决和司法意见",因为"观察过去发生的变化情况,认清变化的程度、性质以及引起变化的事实"对于"预测"判决结果"是至关重要的"。[3]其次,将判例区分为"历史上的判例"和"生活中的判例":对于前者,"随着时间的流逝、经验的积累、环境的变化,法律已经经历了——并且仍将继续经历——形成、阐释、变迁",因而早期的判例或许至今依然保持不变,但已经不能代表最终的解决办法;对于后者,则"不可能轻易把握",因为迄今为止,"没有一门可以非常准确地预测结果的科学",而顶多是寻找到一种"科学的方法",将"你们幸运地带上了赛场。但是,当比赛开始时,你们却要依靠技艺与预感",而不是判例或者规则本身。[4]

在前述讨论的基础上,卢埃林对"逻辑"以及建立在逻辑推理基础上的"规则"展开了分析批判。此处,值得注意的是,卢埃林并没有否认"逻辑在法律中发挥的作用",而是认为逻辑的作用是非常有限的,因为(1)"一种由诸多命题构成的逻辑体系,无论规模多么适度,都不可避免

---

〔1〕[美]卢埃林:《荆棘丛——关于法律与法学院的经典演讲》,明辉译,北京大学出版社2017年版,第84页。

〔2〕[美]卢埃林:《荆棘丛——关于法律与法学院的经典演讲》,明辉译,北京大学出版社2017年版,第142页。

〔3〕[美]卢埃林:《荆棘丛——关于法律与法学院的经典演讲》,明辉译,北京大学出版社2017年版,第44-45页。

〔4〕[美]卢埃林:《荆棘丛——关于法律与法学院的经典演讲》,明辉译,北京大学出版社2017年版,第65-66页。

地脱离了现实中的案例”，逻辑本身无法消除“应然”与“实然”之间的差距；（2）“先前的归纳推理，不是从确定的材料，而是从不确定的材料展开的”，并且针对具体案件展开的逻辑推理“也是一种有判断、直觉、预测等因素融入其中的推理”，甚至受到某种“欲求”的指引；（3）“法律的逻辑，无论在方法上可能从形式逻辑中获得多少助益，无论多么恰到好处地实现协调一致，在据以搭建技艺阶梯的存在争议冲突的论域中，都会失去所有严密的精确，失去所有牢固的根基”。故而，“在选择（演绎推理的）大前提时，应该保持适当的弹性。这是一个实用主义的世界”。〔1〕

据此，卢埃林极力主张在法律分析层面进行彻底的变革，因为他坚信，若要理解而非影响社会进程，法学家就必须采取一种客观中立的观察者的立场，从严格的功能角度来看待法律，将法律作为一种“运作中的制度”来研究。

法律现实主义的基点在于，仅就描述法院或人们实际在做什么而言，法律规则和概念并不值得相信。在描述自己投身其中的法律现实主义运动及其参与者的研究图景时，卢埃林指出：

> 参与（法律）现实主义运动的是一些怀有温和理想之人。他们要求法律与事物打交道，他们自己也要求与事、与人、与有形之物、与明确有形之物以及明确有形之物间的可观察到的关系打交道，而非仅仅玩弄语词。当法律涉及语词时，他们要求语词代表其背后隐藏的有形之物以及它们之间的可观察到的关系。他们要用事实检验思想、规则和程式，以使它们接近事实。他们将规则、法律视为实现目的的手段，且仅仅是实现目的的手段，并且认为只有当规则、法律成为实现目的的手段时，才有意义。在

〔1〕［美］卢埃林：《荆棘丛——关于法律与法学院的经典演讲》，明辉译，北京大学出版社2017年版，第96-103页。

> 人类社会中，由于法律变化缓慢，而人们的生活日新月异，因此，他们怀疑，某些法律已经与生活产生了距离。首先，法律做什么，对人们做什么，或者为人们做什么，是一个事实问题；其次，法律应该对人们做什么，为人们做什么，则是一个目的问题。[1]

通常而言，西方学者将卢埃林归类为“规则怀疑论者”。然而，实际上，卢埃林并不否认规则作为法律的构成要素的重要意义，他所怀疑的仅仅是“书本上的法律”(law in books)。他认为，适用于具体案件的实际规则是法官在将书面规则运用于每个独特的实际纠纷时从对书面规则的重构中归纳出来的。质言之，卢埃林怀疑规则的确定性是基于语言学上的考虑，因为在他看来，规则是通过语词表达的，而日常语言的含义又是不确定的。这一点已为维特根斯坦后期的哲学研究所证明。

据此，卢埃林的现实主义法理学通过将研究的重心从“语言”转到“行为”上，从而颠覆了美国传统的形式主义法学。卢埃林对规则的怀疑，并非像某些批判者或臆断者所想象的要取消规则，而是旨在将沉湎于通过语词表达规则的人们唤醒，重返现实生活之中；因而，他希望法学院的学生“在眼睛适应了炫目的光芒之后……(可以)看到一幅更真实的图景”，在怀疑的同时“打破法律的表现张力，然后慢慢地观察、思考”。[2]

影响评价

1930年，卢埃林在《哥伦比亚法律评论》上发表了极具影响的论

〔1〕 Karl N. Llewellyn, *Some Realism about Realism — Responding to Dean Pound*, 44 Harvard Law Review 1222, 1223(1931).

〔2〕 [美]卢埃林:《荆棘丛——关于法律与法学院的经典演讲》,明辉译,北京大学出版社2017年版,第157页。

文——《现实主义法理学——下一步》，呼吁美国法学界抛弃传统的形式主义法学，转而采取现实主义研究进路及方法。该文甫一发表，便引起了美国学界的广泛兴趣与争论。翌年，他又在《哈佛法律评论》上撰文反驳彼时担任哈佛法学院院长的庞德对法律现实主义的指责。[1]此时，卢埃林已经成为美国法律现实主义运动的"代言人"，而《关于现实主义的某种现实主义——对庞德院长的回应》一文也被视为法律现实主义运动的"宣言"。

然而，正如诸多学者所言，如果想要真正理解卢埃林的法理学，至少要将之置于20世纪二三十年代美国法学界反叛传统法学范式的宏大背景下加以考察与分析。至20世纪初期，始于19世纪末的纯粹科学的形式主义法学已经不能适应当时美国社会的生活及需求；作为一种法学范式，形式主义已经基本丧失了引导法官从事司法活动的正常功能。正是为了颠覆这种过时的传统法学范式，法律现实主义运动应运而生。倘若脱离了此历史背景，不仅无从认识卢埃林及其法理学，甚至也无法认识整个法律现实主义运动。

从法律思想的渊源构成上看，卢埃林所秉持的法律现实主义进路，一方面，仍然沿袭着霍姆斯"法律的预测理论"，并且受到了法律实用主义的影响；另一方面，也在一定程度上得到了欧陆（特别是德国）法律理念的指引。故而，在美国普通法的"法典化"问题上，卢埃林并没有完全局限于霍姆斯等人关于法律的基本立场和态度，而是在前辈开辟的"法律的道路"上勇于追求与探索。其中，最具代表性的活动当属其自1944年12月开始担任首席报告人，致力于美国"统一商法典"的起草与编制工作。因此，作为法律现实主义运动的"代言人"，卢埃林并没有意图将该运动引向绝对怀疑主义的"迷宫"，而是以一种积极建构的姿态，沿着前辈思想家开辟的道

〔1〕 Karl N. Llewellyn, *Some Realism about Realism — Responding to Dean Pound*, 44 Harvard Law Review 1022（1931）.

路，向普通法的机体中注入了“法典化”的基因。〔1〕

尽管法律现实主义运动颠覆了传统的形式主义法学，客观言之，它却未能进而提供一个取而代之的崭新范式。即便如此，迄至20世纪80年代，依然有学者宣称“我们现在都是现实主义者”〔2〕，在这个意义上，以卢埃林为代表的法律现实主义者显然已经完成了时代赋予他们的历史使命。

深度阅读

1. ［美］卢埃林：《荆棘丛——关于法律与法学院的经典演讲》，明辉译，北京大学出版社2017年版。

2. Karl N. Llewellyn, *The Common Law Tradition: Deciding Appeals*, Little, Brown & Co. Press, 1960.

3. Karl N. Llewellyn, *Jurisprudence: Realism in Theory and Practice*, The University of Chicago Press, 1962.

〔1〕 参见明辉：《美国“民法典”的历史命运（1857—1952）——思想史的考察》，载《清华法学》2018年第1期。

〔2〕 Joseph William Singer, *We Are Realists Now*, 76 California Law Review 456, 468 (1988).

汉斯·凯尔森

Hans Kelsen

1881—1973

纯粹法学的舵手

“纯粹法学想要将法律科学从一切异质的要素中解放出来。”

——汉斯·凯尔森

遵其遗嘱，汉斯·凯尔森的骨灰在1973年的春天被撒进了太平洋。似乎到了生命的最后一刻，这位高寿的法学家还是没有“家”的认知。尽管学术和政治占据了他的大部分时光，但是无法阻挡的命运却使得奔波和流浪成为了他生活的常态。

1881年，凯尔森出生在布拉格，孩提时期迁到了奥匈帝国的首都维也纳。从著名的维也纳大学毕业之后，留校担任国家法和法哲学的教师，并于1919年获任了该校的公法教授。在维也纳大学任教期间，他和阿道夫·梅克尔共同提出了“纯粹法学”的部分理论，将国家和法律理解为一种独特的层级规范秩序。1929年开始，凯尔森前往德国的科隆大学，这个时期出版的《纯粹法学》为他带来了国际性的学术影响力。但是，他的犹太人身份引起了纳粹政府的注意，随即被科隆大学解聘并流亡到了瑞士日内瓦。然而，日内瓦的生活并不平静，战争的不断扩大再次让年近60岁的凯尔森继续选择流亡。1940年，凯尔森来到了美国，远离了欧洲的战火和政治。他一开始在哈佛大学担任讲师，之后在罗斯科·庞德的协助下，前往了他学术生涯的最后一站，西海岸的加州大学伯克利分校。

凯尔森不是一位“纯粹”的法学家，他的政治生涯同样是其生命的重要组成部分。早在高中毕业时，他就服了一年的志愿兵役，完成了武装训练，这使他在第一次世界大战爆发时以预备军少尉的衔级入伍。不过，他那时糟糕的身体状态只能在战争部的法务科从事文职工作。凯尔森政治生涯的巅峰是在战争结束之后，他先是在奥匈帝国解体之后，作为德国奥地利共和国的宪法起草组的一员，后来又成为了奥地利宪法法院的常任法官。尽管他在法院的工作有着很好的口碑，但是由于政治和社会的各种压力还是终结了他的整个政治生涯。

核心学说

凯尔森深受新康德主义的影响，其纯粹法学理论极具原创性，有别于思想史上的任何法律理论。通常，纯粹法学被归为法律实证主义或分析法学的一项子类型，但是它和其他法律实证主义者所提出的理论有着非常大的区别。一般而言，盎格鲁–撒克逊国家的法律实证主义有着两项核心特征，分别是“分离命题”和“社会事实命题”。“分离命题”是指“法律是什么”和“法律应该是什么”，这是两个不同的问题，对前一个问题的回答不用诉诸道德价值或道德标准；“社会事实命题”则正面回答了“法律是什么”的问题，认为法律可以还原为一种社会事实，我们可以通过这种经验事实来识别特定社会有效力的法律规范。尽管法律实证主义内部对何种事实的解释有着分歧，但无论是奥斯丁的“发布命令”还是哈特的“承认规则”都是一种用来识别法律的可验证的事实。

凯尔森同意“分离命题”反对“社会事实命题”，他认为法律有着独特的规范性，是一种别具一格的规范现象，既不能还原为道德也不能还原为社会事实。不过，我们还是有理由将纯粹法学归于法律实证主义的类别。第一，凯尔森多次声称自己的理论是一种法律实证主义理论，和自然法理论相对立。第二，纯粹法学认为法律的唯一形式是“实在法”，道德法、自然法和其他非实证的规范不能被视为有效法律。第三，法律实证主义的两个命题当中，“分离命题”有着更加基本的地位，而“社会事实命题”在英语国家之外的接受度尚存疑问。这样看来，纯粹法学虽然独树一帜，但是其理论仍然和其他法律实证主义有着亲缘关系。

经典著作

凯尔森是一位极其高产的学者，其著作对法哲学、公法和国家理论、国际法理论、政治学和伦理学等领域都有影响。在法哲学领域，凯尔森有三部重量级的作品，分别是《法与国家的一般理论》，以及《纯粹法学说》的第一版和第二版（两版内容有着不小的差别，可以视为不同作品）。其中，1960年出版的《纯粹法学说》（第二版）是凯尔森晚年集大成之作，体现了他对纯粹法学最为成熟、最为系统的思考。

一、纯粹法学

根据凯尔森在全书开篇的说明，纯粹法学有着法律科学的“纯粹性”，这种科学将法哲学理论“从一切异质的要素中解放出来”。不过，对于凯尔森的这个判断，有人或许会产生怀疑，法律是一种社会现象，不可能和道德、政治、社会事实没有任何关系。我们随手可以列举很多有关联性的例子，例如，任何国家的法律都禁止故意杀人、禁止奸淫、禁止盗窃，而这些国家的道德、宗教和习俗都有着相同内容的规范；又如，法律的产生及其内容会受到当时经济社会形态的强烈影响，现代国家不可能制定封建的采邑制法规，闭塞的古代社会也不会产生现代公司法。在现代西方国家，法律还和政治斗争有着直接关联，很多法律都是党派斗争妥协后的产物。凯尔森早年深度参与了制宪活动，肯定不会天真地否认法律和其他社会因素的紧密联系。事实上，纯粹法学没有排斥前述的任何一种关联性。它只是认识法律的一种理论方法，或者说一种理论视角，这种方法自觉地将所有法律之外的事物排除在认识范围之外（用哲学的术语可以说是“认知上的节制”)。至于法律和其他社会现象的外在关联,这或许是法制史学、法律社会学、法律经济学、立法理论的工作,而不是纯粹法学的研究议题。凯尔森认为,这种认识法律的方法避免了“方法上的综合主义”,能够径直研究法律自身最为本质性的问题。

法律自身的本质问题是规范性问题。法律是一种规范现象,由各种类型的法律规范构成,有效的法律规范在特定的时空内有着行为的‘应然”约束力。凯尔森认为,法律有着独特的规范性,这种规范性只有根据“纯粹化”的认知方法才能获得理解。规范性属于应然世界而非实然世界,以规范关系而非因果关系作为基础,我们可以通过例证比较其中的不同。看看你的窗外,树叶突然动了一下,你会知道这时微风吹拂。树叶的状态和微风的状态都是发生的社会事实,后者是前者从静到动的变化原因。你还可以仔细观察到,树叶上的雨滴落到地上,这是树叶摇动的结果。实然世界的事实之间以因果关系进行联系,这种联系很可能是无穷无尽和变化多端的,但所有的事实发生都至少有一个原因。但是,应然世界有所不同。“所有人不应该蓄意谋杀”和“你不应该蓄意谋杀”,这两个命题之间存在着一种关系,而且以“你是一个人”这样的事实作为联系的条件,但是它们之间的关系不是一种因果关系,而是前一个命题是后一个命题的大前提,是后者实践推理的基础。我们完全可以理解,即使有人蓄意杀了人,这个事实也不会改变两个命题的真实性。凯尔森认为,这种规范性表明,法律有着应然的约束力,这种约束力不会因为实然世界的事实发生改变。

当然,应然世界不是空中楼阁,它必然会对我们的实然世界产生某种影响。凯尔森认为,法律为实然世界里人们的行为赋予了客观的意义,即合法和非法的行为意义。例如,我们都知道枪决犯人和蓄意谋杀之间有着区别。然而,这两个行为有着完全相同的外部特征,故意的心理状态和杀害的外部行为,即某人有意图地剥夺另一个人的生命。仅凭心理、行为、行为主体、时间地点这些社会事实,我们没有办法区分合法的枪决和非法的谋杀。那么，两者的根本区别在哪里呢？凯尔森提醒我们，枪决犯人的行为指涉某项或多项法律规范，这些有效力的规范授权特定的主体，通常是授予了这些主体特定的权限、程序和角色身份，使其有权力实施旁人不被允许的暴力行为。相反，其他人的行为则触及“禁止故意杀人”的规范，这些规范赋予了行为完全不同的法律意义。因此，应然世界的“规范发挥着诠释图式的功能”，为实然世界的行为给出了合法和非法的诠释结论。

然而我们知道，应然世界里不仅有法律规范，道德、宗教和习俗同样以规范的形态赋予行为以意义，甚至彼此之间赋予的意义有所冲突。某些社会的实在道德允许或要求“血债血偿”，同态复仇的行为指涉着“应该蓄意杀害仇家”的道德规范，还指涉着“禁止故意杀人（仇家）”的法律规范，两种规范赋予同一个行为道德意义和法律意义。所以，凯尔森还要指出两者之间有着何种规范性的区别。纵观全书，他似乎提出了三个层面的差别。首先，两者赋予的行为的意义不同，法律规范确认了行为合法还是非法，而道德规范赋予道德还是不道德的意义。其次，法律是一种强制秩序，以有组织的强制支持规范的要求，甚至在某些段落当中，凯尔森将这种强制等同于法律。相反，道德的强制性无论是力度还是形式上都有所不同。最后，特定国家的法律规范形成了“法秩序”，这种规范性世界有着独特的层级结构，每个法律规范处于秩序当中的特定位置，和上下层级的法律规范有着稳定的规范关系，而且所有这些规范都有着“相同的效力基础”。相反，道德规范似乎没有这种稳定的层级结构。我们能够合理推断，凯尔森的上述论述同样适用于法律和其他规范之间的区别。因此，法律有着独特的规范性，不同于应然世界的其他规范现象。

除了上述差别之外，凯尔森还以道德相对主义的立场进一步为法律和道德之间的分离辩护。自然法理论通常认为，法律是道德的组成部分，或者以道德价值证成法律。不过，这种做法预设了一个基本前提，“存在着一种唯一有效的即绝对的道德，一种绝对的道德价值”。但是，凯尔森认为该前提本身是错误的，不同的时代、不同的社会有着各不相同的道德。有些社会重视团结，有些社会强调个体价值；有些社会尊重私有财产，有些社会认为私有制是一种道德败坏；甚至是被很多自然法学者尊崇的“和平”价值，也不是绝对无例外的。凯尔森指出，我们常常说法律应该体现道德，不过是指“塑造实在法时应该与许多可能之道德体系中特定的一个相符”。道德的这种主观性意味着任何法律都有可能是符合道德的，任何法律都体现出一种“相对的”道德价值。说法律有着价值，不外乎是指“法是规范”这样的同义反复，反对“分离命题”的自然法理论最终陷入了乞题谬误。

二、法律体系

纯粹法学将法律规范作为研究对象，特别是研究法律规范之间的效力关系，而非法律规范的具体内容。不过，凯尔森这里所称的“法律”和我们的通常用语有所不同。他认为，所有真正的法律都是一种强制行为，即“在特定的即法秩序所确定的条件下，应当实施特定的即法秩序所确定的强制行为”。根据这种界定，我们通常在法律当中看到的很多规定不属于法律本身。例如，法律概念和规定生效的日期、条件。更为重要的是，我们对于权利义务的认知需要进行转换。比如，我们通常认为法律规定了禁止蓄意杀人，但是透过纯粹法学的视角，这项义务不过规定了法律的条件部分，也就是触发制裁的发生条件，法律的核心部分是“法院应该判处死刑”。“不法行为构成了法的条件，而非对法的否定”，我们通常认为违反法律的行为恰恰是“法律”的组成要素。凯尔森似乎认为，除了基础规范之外，所有的法律规范都是假言命令，都有着“条件—制裁”的基本形式。他用“归结”这个专业术语表达了条件和制裁之间的关系，行为人作出的不法行为和制裁性的强制行为被法律归结到了一起。表面上看起来，就像因果关系一样，条件引发了强制，但是这不是自然规律引发的关系，而是法律赋予的客观意义引发的“归结”关系。

法律规范是违法行为和制裁之间的归结关系，但是这不是法律规范性领域的唯一关系。前文已经提及，法秩序是一种层级结构的规范秩序，法律规范之间存在着效力的传递链条。如果说法律规范是法秩序领域的基本粒子，那么纯粹法学当然还要研究粒子之间的结合方式，这种研究被凯尔森称为“法动态学”，它包含着两个彼此相关的问题：众多规范的统一性基础何在，以及特定的规范为何有效。

所有法律规范的效力基础都源于上级的法律规范，因此不同的规范之间可能有着效力层级上的区别，从而形成一种上下有序的法秩序统一体。凯尔森清晰地陈述了这种构造，“法秩序不是一种同位阶的、彼此并立之规范的体系，而是一种不同层级之法律规范的阶层构造。它们的统一性是由此关联建立起来的，这种关联产生自：根据另一个规范被创设之规范的效力建立在另一个规范的基础上，后者的创设又由其他规范所确定”。换句话说，凯尔森指出了法律效力的金字塔结构，根据规范之间形成的授权关系，从顶端的宪法到最底层的地方立法，法律效力由上至下源源不断传递。

三、个别规范和基础规范

法秩序金字塔内部的法律效力是单向流动的，也就是说宪法的效力不能根据下级法律获得。或许读者会开始疑惑，顶端的效力从哪里来，而底层的效力又流向何方呢？这是一个非常有意义的问题，凯尔森认为法律规范之间的这种效力传递是有始有终的，但是宪法和地方立法确实不是金字塔的两极，他引入了两个概念置于法秩序的上下两极，分别是基础规范和个别规范。

法秩序的最底层是个别规范。所谓个别规范，是法院将法律规范适用于具体案件形成的判决内容，“其中规定了某些具体的制裁，也即民事强制执行或刑罚”。当然，最底层的地方性规范应该会产生个别规范（如根据执法行为），但不是所有的个别规范都是根据地方性规范产生，民法、刑法、行政法，甚至很多国家的宪法都会直接适用产生个别规范。但是，个别规范仅约束特定的法律主体，无法将效力传递到其他规范层级，所以个别规范是法秩序的最低层级。从纯粹法学的角度来理解，个别规范成为了从宪法效力到制裁实施的最后环节，将法律意义赋予了我们实然世界的特定行为。根据凯尔森对法律的特殊界定，这是否定性的法律意义，即判定特定的行为是违法行为，触发应该实施的真实制裁。于是我们看到，法律效力的底端不是没有出口，而是一种意义赋予的规范行为。这样看来，整个法秩序最终的效力落脚之地就是难以计数的个别规范。

在法秩序的最顶端，凯尔森引入了极富争议性的“基础规范”概念。凯尔森认为，基础规范是认知的预设。这种规范不是法律领域之外的东西，而是去认识法律领域规范逻辑的起点。这样看来，基础规范并不神秘。万物有源，这种规范不过是让我们认识到，法律现象的应然世界必定会有着源头，而所有的实在法规范其效力都直接或间接源于这种源头。在这个意义上，凯尔森进一步指出，基础规范是法秩序的根基。若不同的规范能够将法律效力溯源至同样的基础规范时，我们就能够将这些所有的规范归属为同一个法律体系。所以说，基础规范除了赋予首部宪法效力的主要功能外，还有着界定法律体系的次要功能。

既然基础规范如此重要，那么我们如何理解基础规范本身呢？很可惜，根据凯尔森的新康德主义观点，基础规范属于彼岸世界，我们没有办法探寻其规范本体。不过，我们能够清楚地理解，基础规范是有关首部宪法效力的认知预设，所以它不是法律领域外的道德或其他规范，所以基础规范保持了法律科学的纯粹性，和自然法理论有所区别。但是，有人或许会打破砂锅问到底，既然没法知道基础规范的本体，那么我们怎么能够知道某个国家有着基础规范呢？凯尔森认为，尽管基础规范的具体内容没有查明，但是它一定包含着“人们应该以宪法规定的方式去行为”这样的基本语句，只有这样的语句能够赋予历史上首部宪法的法律效力。所以，我们如果发现某个国家的首部宪法有着最低限度的实效，被当时的人们大体上所遵守，我们就能够认识到这个社会的基础规范有着效力。这样看来，凯尔森所言法律实效（社会事实）是基础规范法律效力的“条件”时，他不是说前者是后者本体的存在条件，而是认识到基础规范的条件。换句话说，实然世界和应然世界仍然没有任何交点。

四、法和国家

根据纯粹法学的理解，法秩序是一种层级的规范体系，上级规范授权赋予下级规范法律效力。这种法动态学不仅给出了对法律体系的全新解读，还提供了有关法和国家关系的新理解。根据传统的法律实证主义理论，法律是主权者下达的一般性命令。这种理论认为国家创造了法律，而非法律创造了国家，这种理论假定了“国家独立于甚至先于法存在”。非常有趣的是，很多法律理论同时又指出，国家在制定了法律之后，又应该受到法律的约束，并强调这是现代“法治国”的基本要求。凯尔森认为，这两种矛盾的观点源自传统理论对法律和国家两者关系的错误理解，即假定了国家和法的“二元论”。

“二元论”是一种不“纯粹”的认知方式，纯粹法学则主张国家就是法律本身，这是一种彻底的“一元论”观点。国家是一种法律构造物，现代国家是相对集权化的法秩序，而原始社会是相对分权化的法秩序。传统的国家理论认为国家有着三个基本要素，分别是“国民、领土和所谓的国家权力”，但若是离开了法律规范，我们就没法认识这些要素。哪些人属于国民，哪里是国家领土边界，这些问题都是法律问题，而不是一目了然的天然事实。一位走在洛杉矶街头的金发碧眼的女士或许是一位中国人，这是因为她符合中国公民的法律条件，并履行了入籍手续。国家权力和法律的关系更加明显，法律规范给特定人员的行为赋予了客观的法律意义，将相关行为直接或间接归结于合法制裁。除非参照授权性法律，我们没法进行区分国家权力和强盗团伙的力量。这样看来，国家无法独立于法律存在，甚至在两者之中，法律还处于更加根本的地位。因此，凯尔森根据法律来定义国家，从而消解了法和国家的"二元论"，国家无外乎是一种"相对集权化的、在其空间和时间效力范围上受限的、主权的或直接从属于国际法的、大体上有实效的法秩序"。每个国家都是法秩序，每个法秩序都构成国家，前文提及的受到法律约束的"法治国"，不过是没有必要的同义反复而已。

凯尔森是彻底的"一元论"者，从法律科学的角度，每个法秩序内都只存在层级结构的法律规范，既没有道德、宗教、习惯这样的非法律因素的存在，也必须将法人、国家和其他社会事实解释为法律的构造物。不过，根据我们的惯常理解，现代国家似乎会处于多个法秩序之下，比如欧盟国家同时处于国家法、欧盟法和国际法秩序。如果每个法秩序都必定存在着一项基础规范，那么欧盟国家就有着三个不同的基础规范。根据这种理解，我们能够推断出，不同的法秩序之间或许会存在冲突。当国家法和欧盟法的规范有着内容上的抵牾时，人们没法根据基础规范判定何者有着法律效力：国家法的基础规范要求"遵从首部国内宪法"，而欧盟法的基础规范要求"遵从首部欧盟宪章"，这时我们似乎不得不再次引入法律之外的因素解决根本性冲突，或是坦率承认这种法秩序的冲突是无法解决的问题。凯尔森反对这样的解读，认为这两种方案都是不可接受的。相反，以纯粹法学的视角来看，国家法、区域法和国际法不是不同的法秩序，而是同一个法秩序的不同组成部分。

凯尔森早年曾经认为，国家法从属于国际法，后者的基础规范是最终有效的基础规范，因此法秩序是指整个国际法秩序。不过，他在《纯粹法学说》（第二版）中修改了之前的观点，认为纯粹法学是认知法律的一种方式，“一元论”是“认知统一性”不可避免的结果，至于是国家法优先还是国际法优先，取决于从哪个参照系出发来观察法律，两个参照系在纯粹法学的视角里同等合理，而接受哪个参照系“本身处于法律科学之外”。从国家主义的参照坐标出发，国家法秩序有着优先性，国际法是被成员国认可才会成为国家法秩序的一部分，国际法在该国的法律效力源自国家法秩序的基础规范；而从国际主义的参照坐标出发，国家法是被国际法所认可的规范秩序，国家首部规范的法律效力源自国际法的授权委任。因此，国家法和国际法不是两个相互独立的法秩序，以纯粹法学的视角来看，同一个法秩序内部的国家法和国际法之间同样有着层级结构，下级规范秩序的法律效力源于上级规范秩序的授权。换句话说，无论是国内法优先还是国际法优先，国家法和国际法之间都没有真正的规范冲突。依照对法秩序的这种理解，我们能够体会到纯粹法学最为令人惊叹的成就：每个法秩序内的每条法律规范（基础规范除外），都必定有着上级法律规范的授权，所以法秩序内不可能有真正的规范冲突。法秩序是一种真正完美的“秩序”，是一件精美绝伦的规范艺术品。

影响评价

毋庸置疑，凯尔森是有着世界级影响力的法学家。他常常和古斯塔沃·拉德布鲁赫并称为20世纪最伟大的德语法哲学家，和哈特并称为当代最有影响力的法律实证主义者。不过，要详细谈论凯尔森的学术影响却有点困难。或许是其文本过于晦涩，其思想体系极度宏大，我们很难发现当代法哲学领域，有着纯粹法学说的著名后继人。对于如此具有原创性的理论来说，这是一种非常遗憾的现状。不过，正如笔者多年前听到的一句警语，“没有人是维特根斯坦主义者，人人都是维特根斯坦主义者”。我们也可以说没有纯粹法学说的后继人，但是纯粹法的影响力无处不在，我们可以列出几个方面的影响。

第一，凯尔森或许是第一个重点关注法律规范性问题的著名法学家。在凯尔森之前，很多学者要么遵从自然法理论，预设了法律的道德性，要么遵从奥斯丁的“法律命令说”，忽视法律规范性问题。凯尔森则解剖了法律效力的问题，认为法律有着独树一帜的规范性。无论学者是否同意凯尔森的论断，目前规范性问题成为法哲学的重点研究问题，凯尔森功不可没。第二，凯尔森将法律视为一种层级式结构的体系，这影响了后续的很多研究者。正如约瑟夫·拉兹在《法律体系的概念》书中的评价，凯尔森“是公开而又充分研究法律体系的第一人”。第三，凯尔森提出的“基础规范”引起了很大的争议，目前的学术研究当中仍然经常见其身影。上述三个方面仅仅是其法律理论影响力的部分实例，我们可以有把握地说，凯尔森虽已逝去，但纯粹法学说常存。

深度阅读

1. 张书友:《凯尔森：纯粹法理论》，黑龙江大学出版社2013年版。

2. 张龑编译:《法治国作为中道：汉斯·凯尔森法哲学与公法学论集》，中国法制出版社2017年版。

3. ［瑞典］宾德瑞特:《为何是基础规范：凯尔森学说的内涵》，李佳等译，知识产权出版社2016年版。

4. Stanley Paulson ed., *Normativity and Norms: Critical Perspectives on Kelsenian Themes*, Oxford University Press, 1999.

5. Lars Vinx, *Hans Kelsen's Pure Theory of Law: Legality and Legitimacy*, Oxford University Press, 2007.

赫伯特·哈特

Herbert Hart

1907—1992

二十世纪最有影响力的法哲学家

“真正的‘法律科学之关键’是初级规则和次级规则的组合。”

——赫伯特·哈特

1907年，赫伯特·哈特出生在英国的一户犹太人家庭 相对包容的家庭氛围影响了哈特的一生。从小时候开始，哈特就是一名优秀的学生，在牛津大学新学院毕业之后，他成为一名出庭律师。随后第二次世界大战爆发，他加入了英国的情报部门军机五处，该部门战时为破译轴心国电报密码作出了重大贡献。在这一时期，他和吉尔伯特·赖尔、斯图亚特·汉普舍尔等哲学家交往甚密，对哲学的兴趣越发浓厚。战后，他入职牛津大学，成为"牛津日常语言哲学圈"的重要一员。1952年，哈特接替古德哈特成为牛津大学的法理学教授，这是牛津哲学试图扩大自身影响力的一次尝试。哈特在这项教职上任职16年，其间他出版了最为重要的著作《法律的概念》（其题目模仿了好友赖尔的《心的概念》）。在举荐罗纳德·德沃金接替教职之后，他担任过牛津大学的高级研究员和布拉斯诺斯学院的院长，主要研究精力放在了边沁手稿的整理编辑之上。同时，他还是一位非常优秀的导师，很多学生后来成为了英美法哲学的代表人物。

相较于一帆风顺的学术生涯，哈特的私人生活就没有那么如意。他对詹妮弗·威廉斯一见钟情，但两人的家庭生活布满裂痕：哈特对自己性取向的怀疑，詹妮弗的红杏出墙，两人最小的孩子出生时就患有严重的脑损伤。晚年，他遭受到了最为严重的精神打击。1983年，冷战已经触动到每个人的神经，这时哈特和他的妻子被媒体捕风捉影怀疑曾经是苏联间谍。舆论风波使得哈特精神崩溃，最终采用了电击疗法才有所恢复。哈特的学术立场受到了私人生活的影响，例如《法律、自由与道德》就为一种自由、宽容、多元的密尔式立场进行了强力辩护。

核心学说

哈特是现代法律实证主义（有时被称为“新分析法学派”）的奠基人，他既秉持了法律实证主义的基本信条，又在很大程度上革新了这项学说。该学派的源头通常可以追溯到杰瑞米·边沁和约翰·奥斯丁，两人都持有“分离命题”和“法律命令说”的基本观点。“分离命题”反对传统的自然法学说，认为“法律是什么”和“法律应当是什么”是不同的问题，对前者的回答无须求助于道德标准；而“法律命令说”则正面回答了前面这个问题，主张法律是主权者发布的一种命令。哈特赞成“分离命题”但反对“法律命令说”，他认为后者没有看到法律是一种有着规范性的事物，错误理解了法律在社会生活当中发挥的功能。

不过，哈特的观点和当代实证主义的另一位代表人物汉斯·凯尔森不一样。凯尔森同样重视法律的规范性，但是认为法律是一种独特的规范现象，它既不是一种道德标准，也不是一种社会事实，其规范性源于神秘莫测的“基础规范”。哈特虽然认为法律不是边沁和奥斯丁所给出的那种强制命令，但是他还是认为法律必定是一种实在的社会事实。他提出了自己的“法律规则说”，认为法律是一种不同类型的规则结合而成的系统，施加义务的规则和授予权力的规则有着不同的社会功能。法律规范性的基础不是凯尔森的“基础规范”，而是一系列“承认规则”，这种规则回答了“法律是什么”这个问题，所有的其他法律规则都根据承认规则具备法律效力。

经典著作

尽管哈特在刑法哲学和政治哲学领域有着相当的影响力，但是他最为重要的贡献是革新了一般法哲学的研究范式。《法律的概念》是当代法哲学的奠基之作，无论你是否赞同哈特的具体论断，这都是一部在研究之门开启时必读的经典作品。哈特在该书开篇提出，“法律是什么”的问题常常和三个议题相互纠缠，分别是法律和命令的关系、法律义务和道德义务的关系、法律和规则的关系，他在书中详细分析了这三个议题。

一、法律规则说

《法律的概念》从批评奥斯丁的理论开始。在哈特看来，奥斯丁的“法律命令说”是一个颇具启发性的理论，但是它在多个方面都是错误的。简单地说，“法律命令说”认为，法律是“主权者或其下的从属者所发出的，以威胁为后盾的一般命令”，而“主权者”是特定社会里“对内至上，对外独立”的个人或群体。“法律命令说”清晰简明，很多法律符合这一基本描述。但是，哈特指出，“命令”和“主权”这两个核心概念都不是法律的必备特征。一方面，法律不仅仅是一种“命令”。奥斯丁认为，命令是强制性的，违背命令则可能招致某种制裁。确实，我们可以看到刑法部门的很多规则符合这样的特征，但是其他法律部门，特别是私法领域的规则很难被看作是这样的“命令”。试想民法领域的契约自由权，这种权利赋予了人们相互之间缔结民事契约的自由。当你有了这种权利，你可以选择和你达成契约的对象，通过彼此合意确定契约的内容。该权利还表明，你可以行使权利，但你并非一定要行使这样的权利。换句话说，该权利是法律赋予你缔结合同的一种自由，而不是“命令”你去做或不去做某种事情。若是不符合权利行使的要求（比如你不具有民事行为能力），最多只会导致契约没法生效，这很难被认为是一种制裁。事实上，这类授权性规则占据了法律领域相当大的比重，在现代社会其重要性更加突出，我们很难将这类规则和“命令”进行等同。

另一方面，奥斯丁的“主权”概念同样存在问题。在奥斯丁那里，政治主权制造了法律，而非法律制造了主权。政治主权在逻辑上先于法律，而且不受制于法律的控制。哈特批评这种独立的主权观念，认为这和现实世界的政治运转情况并不一致。现代社会的政治主权常常受到法律的约束，特别是不得从事违反宪法的活动。例如，美国国会就不得制定违反宪法第一修正案，即政教分离原则的法律。更加重要的是，哈特指出离开了授权性法律，我们很可能无法正确识别主权。当主权体发生变化时，我们需要根据和主权相关的授权性法律来理解主权的连续性。例如，授权性法律可能规定，国王驾崩之后谁会有权合法地继承王位。因此，主权和法律是相互关联的事物。尽管哈特没有像凯尔森那样颠倒奥斯丁的公式，认为法律在逻辑上先于主权存在，但是他明显认为，我们需要参照法律来理解政治主权。

哈特认为，奥斯丁为了追求理论的简洁，不惜以扭曲法律现实为代价。“法律命令说”将所有的法律都视为一种命令，既忽视了法律形态的多样性，也错误理解了法律的功能。法律的主要功能是指引人们的行为，制裁至多是法律的次要功能。为了实现行为指引的功能，法律有着两种类型的规则，分别是施加义务的规则和授予权力的规则，而两类规则有着差异性和互补性，它们相互结合才是我们理解“法律是什么”这个问题的钥匙。用哈特本人的话来说，“奥斯丁以为他在‘强制命令’这个观念中找到了‘法律科学的关键’，其实真正的‘法律科学的关键’就是这两种规则的组合”。

哈特以简单抽象的思想实验阐释了“规则的结合体”，不过我们可以为这个实验增添一些血肉来帮助理解。假想一个依靠捕猎为生的原始社群，在这个社群没有授予权力的规则，这意味着社群里没有首领、没有组织机构、没有公共立法。但是，该社群会存在某些义务规则，它可能是道德规则，可能是习惯规则，维系着社群的存在和延续。其中，一项非常重要的义务是每个社群成员都需要早起跟随着伙伴们外出打猎。但是，这项义务从一开始就遇到了严重的困难，比如何时才算早起。张三认为太阳出来前都是早起，李四却指出五更时分才算真正的“早”。这里没有权威机构告知这个社群，何时才算成员们需要共同遵守的“早起义务”，哈特将这种缺陷称为“不确定性”。然而，这还不是该社群所遭遇的唯一困难。某天，该社群周围的猎物已经被捕完，准备换一种农耕的生活方式。然而，因为没有权力类型的规则，成员们无法即刻统一废弃掉原先整个社群的“早起义务”，将其替换为根据农耕时间进行劳作的义务规则。哈特将这种缺陷称为“静态性”。此外，该社群还面临着“无效率”的缺陷。当某个成员认为他早起了，而其他成员认为他撒谎时，没有一个有权的机构能够对此争议进行裁决，并保证对违规行为予以强力制裁。

因此，只有义务规则的社会面临不确定性、静态性和无效率的“缺陷”。哈特引入了承认规则、变更规则和裁判规则分别进行针对性补救。承认规则告知了整个社群，符合某种特征的规则（比如长老的命令、某个团体的决策）就是该社群成员共同的规则；变更规则授予了某些成员引入、改变和废止规则的权力；裁判规制建立了审判机构和行政执法机构，对社群的分歧和违反义务的行为作出权威性的裁决。哈特认为，义务规则是指引行为的“初级规则”，而这三类规则是针对义务规则的规范性地位而设定的规则，可以称为二阶的“次级规则”，社群里次级规则的存在就使得前法律社会迈向了法律社会。

哈特的理论通常被称为“法律规则说”，认为法律是一种初级规则和次级规则结合的制度系统。不过，前述观点还有两个值得澄清之处。第一，次级规则是授予“权力”的规则，而非授予“权利”的规则。但是，这并不是说赋予权利的规则从哈特的理论当中消失了。很多授予“权力”的规则赋予了人们法律权利，特别是部分变更规则赋予了私人引入、改变和废除原有义务的“权力”，例如，契约自由权。尽管本文无法顾及霍菲尔德对权利和权力两者关系的深入探讨，但是我们可以指出，哈特不同于奥斯丁，其理论为法律权利留下了非常宽广的空间。第二，虽然哈特将初级规则和次级规则的结合视为理解法律的关键，但他没有将这种特征作为界定法律的必要条件或充分条件。一方面，我们可以看到，很多制度都有这两类规则，例如，高等院校、大型企业和竞技体育制度。宽泛地说，这些领域当中都存在制度化的“义务”和“权力”。另一方面，某些法律制度却不具有发展完全的次级规则。哈特在全书的最后一章指出，国际法制度缺乏某些次级规则，但我们不应该简单排除其法律身份。因此，两类规则的结合不是“法律是什么”的定义性回答，而是理解这个问题的启发性方法。

二、承认规则

承认规则在诸种次级规则里是非常特殊的存在，它是特定社会的法律效力和法律体系的基础。《法律的概念》刚出版时，哈特似乎没有仔细区分承认规则、变更规则和裁判规则，将所有的三类规则共同视为授予权力的次级规则。不过，哈特在身后遗留下来的“后记”(《法律的概念》第二版和第三版的附录)当中，为了回应罗纳德·德沃金的激烈批评，他修正了部分有关承认规则的内容，明确了承认规则是独特的社会规则，而且暗示它们同时还是施加义务的规则，拉大了承认规则和法律领域的其他规则之间的距离，凸显了这类规则在法律体系当中“元规则”的基础地位。因此，我们需要详细阐释承认规则的含义。

我们已经知道，承认规则为社会带来了确定性，明确识别出社会成员需要共同遵守的法律规则，它“指出某个或某些特征，如果一个规则具有这个或这些特征，众人就会决定性地把这些当作正面指示，确认此规则是该群体的规则，而应由该社会的压力加以支持”。换句话说，承认规则指示了法律效力。只有符合承认规则的要求，某项规则才具有法律的规范性，才获得了该社会“法律”的身份。此外，承认规则和法律效力之间的关系，还意味着这种次级规则界定了特定的法律体系。例如，我国最为核心的承认规则可以表述为“全国人民代表大会所制定的即是法律”。这时，我们遇到两部不同的法律，分别是我国某市人大制定的A地方性法规，以及美国国会制定的《民权法案》。尽管我国的承认规则本身没有提及两部“法律”，但我们很容易理解，A地方性法规是根据符合承认规则的《立法法》制定，而《民权法案》无法找到任何承认规则的根基。所以，前者是我国的有效法律，而后者不是我国法律体系的一部分，尽管它或许符合美国的承认规则，是美国法律体系当中的有效法律。这样看来，承认规则有着两种相互关联的功能，主要功能是识别该社会的有效法律，次要功能则是划定法律体系的边界。

从前述的介绍可以推断出，承认规则还是界定“法律“或者说回答“法律是什么”的条件之一，除掉国际法等少量的边缘情况，所有的法律都应该在某个时空，根据特定的承认规则产生过法律效力。例如，《唐律疏议》虽然不符合我国现在的承认规则，但是它符合唐朝的承认规则，所以可以被恰当地称为“法律”。如此一来，承认规则不仅是次级规则的一个类型，还是“法律规则说”的核心要素，所有的义务规则和其他次级规则都因此被界定为法律。由于承认规则如此重要，我们需要进一步澄清几个方面的内容，防止对其产生不必要的误解。

第一，承认规则在不同的社会里有着相当不同的形式和内容，它是根据其发挥的社会功能来界定的规则。就形式而言，承认规则可以成文亦可以不成文。哈特曾经提及，在古代社会当中，它常常被记录在特定的文件上，或是雕刻在神圣的石碑上。不过，这类规则发挥了确定法律的重要功能，所以形式上都应该会有一定程度的公共性。就内容而言，承认规则的具体内容，常常受到该社会历史性因素的影响。在君主立宪制国家（比如英国），核心的承认规则是“议会根据权限和程序所通过的，并且经由国王签署的即是法律”；而绝对君主制国家则可能非常接近于奥斯丁的说法，国王下达的一般性命令就是法律。这些承认规则和前文所提及我国的承认规则，在内容上有着极大的差别。

第二，一般而言，每个社会的法律体系会有着多条承认规则。尽管在《法律的概念》一书中，哈特看起来好像在说每个法律体系只有一项承认规则，但是在其论文集里，他指出现代法律体系有着多项效力判准。因此，承认规则很可能是数个规则结合的规则系统，除了前文提及的核心承认规则之外，还有其他的和判定法律效力相关的规则。例如，“上位法优于下位法”“新法优于后法”都应该属于我国承认规则体系的一部分。不过，每个法律体系都应该会有着核心的承认规则，作为基础性的效力识别规则，例如前文提及的“全国人民代表大会所制定的即是法律”就是我国的核心承认规则，本文其他地方所提及的承认规则均指核心的承认规则。

第三，承认规则同时是授予权力和施加义务的规则。前文指出，《法律的概念》正文当中似乎将承认规则和其他次级规则相等同，都是授予权力的规则，但是仔细分析会发现，这类规则同时还施加了特定的义务，要求特定的人员根据承认规则识别法律。根据哈特重要的阐释者马修·克莱默的分析，承认规则授予权力和施加义务的对象都是同一类人群，即法律体系当中的特定官员，“承认规则施加给体系内的官员以义务，要求他们将某些法律渊源用作决定性的，同时它又授予这些官员权力来进行法律确认，以便实现前述的义务，并对公民产生约束力”。

这样看来，承认规则和其他次级规则并不一样，它们应该是层次高于后者的“终极的规则”。所有的初级规则和其他次级规则，只有符合了该社会承认规则的描述，才会有法律效力，也才是该社会法律体系的一部分。因此，承认规则常常被认为是特定社会当中法律效力的判断标准，“赋予”了所有其他规则的法律效力。

但是，你或许会产生疑惑，那么承认规则的效力从哪里来呢？为了解答这个困惑，哈特引入了一个非常重要的概念：内在观点。就法律领域而言，内在观点是参与法律实践中的人，所采纳的某种看待法律的视角，采用这种观点的人能够以“批判性反思”的态度接受法律制度，而且将法律规则视为本人和其他人的行动理由。哈特以一个简单的例子解释了内在观点的重要性。很多人都会遵守“红灯停绿灯行”这个交通规则，但是不了解或者不接受规则的那些人，就没法理解这项规则对于规则实践者的意义。例如，在刚到地球的外星人眼中，这条规则仅仅记录了人们遇到红绿灯重复性的行为规律而已，和万有引力定律没有太大的区别。他可以用此来预测明天红绿灯面前的状态，但没有理解这条规则的意义。但我们都知道，交通规则不是自然规律。当我们站在红绿灯面前时，“红灯停绿灯行”的规则指引了我们的行为。在交通事故发生时，这条规则是每个人进行自我辩护的“理由”，也是批评闯红灯的人不守规则的“理由”。我们每个人都“接受”了规则，“红灯停绿灯行”是指引人们（包括我们自己）行动的理由。哈特将这种以“批判性反思”的态度，接受规则的视角称为内在观点。

那么内在观点和承认规则之间有何种关联呢？哈特认为，承认规则是判定其他规则法律效力的判准，其本身是没有效力或无效的。但是，要判定某个社会的承认规则到底是什么，我们都必须依照内在观点。承认规则是一种社会规则，只有在参与法律实践的人们（哈特特别强调了法律相关的官员）以内在观点看待规则，而且按照规则的内容大体上一致行动，承认规则才会存在。例如，“全国人民代表大会制定的即是法律”，这是源于我国参与法律实践的人们“接受”了这条规则，而且以这条规则作为确定“法律是什么”的终极标准进行法律活动。承认规则是否存在，某条规则是否为法律体系的根基，那是根据人们的接受态度和实践行为进行判断。当态度和行为改变时，承认规则同样会发生改变。这样看来，其他所有法律的效力都源自承认规则，而承认规则自身是否存在，内容是什么都需要根据接受态度和实践行为这些社会事实来判定，所以哈特的“规则说”和奥斯丁的“命令说”一样，都是以社会事实解答“法律是什么”的问题。这类观点又被称为“事实还原论”，不同于凯尔森和自然法学说的观点。

三、法律与道德

众所周知，哈特是一名法律实证主义者。他虽然反对奥斯丁的“法律命令说”，但赞同后者所提出的法律和道德之间的“分离命题”。哈特指出，虽然法律和道德之间有着很多关联性，但是“法律都不必复制或满足道德的要求”，所以判定“法律是什么”，人们无须求助于法律在道德维度上的品质如何，可以很坦然地承认纳粹国家的“法律”仍然是法律。哈特认为，承认规则是判定法律的关键。

传统意义上，自然法和法律实证主义的争论常常被简化为“恶法是不是法”的问题。德国法学家拉德布鲁赫认为，某些“法律”道德上过于邪恶，使其丧失了法律身份，不应该具有法律效力。这种自然法理论认为公平正义这样的道德价值，决定了某条规则或是某个规则体系是不是法律。哈特拒绝了上述观点，认为决定某个社会法律的判准是承认规则，如果某项规则和某部法律符合了承认规则的要求，后者就“赋予”了前者的法律效力，它就是该社会法律体系的一部分。如前所述，承认规则根据特定社会成员的态度和行为构成，这些态度和行为都是发生过或正在发生的社会事实，而不是应然的道德价值。所以，根据哈特的“法律规则说”，法律效力的判准和道德价值之间有着严格的分界线。

表面上看，我们只要理解和赞同承认规则，那么就应该会接受哈特版本的“分离命题”。但是，哈特在“分离命题”上的观点常常遭到误解，我们需要进一步澄清他在这个问题上的立场。第一，我们已经知道了，内在观点是一种批判性反思的态度。有人或许认为，这种态度会给“分离命题”带来困扰。我们经常出于自己的道德感“接受”某些事物，例如，有人如果问我，为什么不得故意杀人的时候，我肯定会指出故意杀人是一种道德败坏的行为。不过，内在观点的“接受”态度和接受的动机没有关系，除了基于道德的接受动机之外，还包括基于自我利益的接受、因为害怕惩罚而接受、众人都接受所以我接受等所有的动机，这使道德动机和内在观点（以及承认规则）之间没有必然的联系，“分离命题”得到了保持。

第二，哈特版本的“分离命题”仅仅认为，道德价值不是判定法律效力的必要条件，但没有否认道德价值有时可以是某些社会判定法律效力的要件。在“后记”当中，哈特强调自己是一位“柔性的”或者说“包容性的”法律实证主义者。这个专业术语是指道德价值有可能甚至常常成为判定法律效力的要件，但是理论上仍然可能存在一个法律体系，法律效力的判准不包含任何的道德价值，因此法律效力和道德价值之间没有必然的联系。我们可以举两个具体的例子阐释这个问题。在甲国，参与法律实践的人们都接受了这样的承认规则：某个规范有法律效力需要同时满足两项标准，分别是议会制定和不得规定残忍的行为。很明显，行为是否残忍是一个道德问题，道德被合并进了承认规则当中。不过在隔壁的乙国，该国的承认规则是“国王发布的一般性命令即是法律”。乙国的承认规则当中没有合并任何的道德价值，国王能够规定非常残忍的法律，例如，将五马分尸作为惩罚他人的手段。所以同样内容的规范，有可能在甲国有法律效力，在乙国却没有。哈特认为，承认规则当中是否有道德内容，取决于各国偶然性的历史事实，即该社会的成员有没有接受和实践这类合并了道德价值的承认规则。因此，很多国家的承认规则当中有着道德内容，没有给哈特的理论带来困扰，我们完全可以认识到有可能存在乙国这样的国家，道德价值和法律效力之间没有任何联系。

第三，"分离命题"还可以帮助我们批评不道德的法律。拉德布鲁赫曾经控诉过法律实证主义，认为这种理论坚持"法律就是法律"，滋长了纳粹政权制定"恶法"的气焰。哈特则回驳道：真实情况恰恰相反。自然法学派将法律效力和服从法律的义务相联系，认为但凡有效的法律人们都应该服从，因此"恶法"被剔除在法律的范围之外。不过，"承认某个规则有法律效力。在是否要加以遵守的问题上，并不是决定性的关键"。我们应该区分效力问题和服从问题，某项规则符合了承认规则的要求，因而是一条法律规则，但这并不意味着人们就应该遵守这样的规则。哈特反问道，"这是法律，只不过是不道德的法律"，该陈述和"恶法根本不是法律"的陈述相比，人们会觉得哪一个逻辑更加清楚。法律实证主义和任何的理论一样，都批评不道德的法律，都主张不要遵从极度邪恶的法律，都坚持法律应该体现出道德价值。但是，法律效力和法律的道德价值是两个不同的问题，"分离命题"描绘的是这两个问题的分离。

最后值得提醒的是，有些学者还指出，《法律的概念》蕴含着另一项不同的"分离命题"，即描述性理论和规范性（道德）理论的分离。哈特在该书前言部分宣称，他提供的是一种"描述社会学"的分析。不过，较为准确的说法应该是"描述性"的（一般性）法律理论。这种理论研究法律的基本构造，探寻所有法律都具备的要件，或是分析法律的"典型情形"，其目的是帮助我们理解法律现象、界定法律的边界。奥斯丁的"法律命令说"和哈特的"法律规则说"都是这种描述性一般法律理论。与之相对应的是规范性法律理论，这种理论旨在于找寻法律的理想状态，以某些价值标准评价现实的法律体系，帮助法律朝向更好的方向改进。毫无疑问，规范性理论和道德相关，理想的法律一定是追求公平正义的法律，但是描述性一般法律理论却不涉及道德评价，描述"法律是什么"这个范围狭窄但是基础性的议题。

影响评价

哈特是20世纪最有影响力的法哲学家，《法律的概念》是20世纪最有影响力的法哲学著作。毫不夸张地说，哈特革新了法哲学的研究范式，特别是目前盎格鲁–撒克逊地区的法哲学研究，都是沿着哈特的道路继续深入下去。这种范式有两个方面的特点，一方面采用了“分析式”的研究方法，以细致入微的解剖和辩驳的方式研究具体问题；另一方面则接纳了法律实证主义的具体立场，认为法律和道德之间没有概念上的必然联系。哈特的后继者们在具体的观点上有所区别，而且在一定程度上修正了哈特的论断。但直到今天，分析方法和法律实证主义的立场仍然占据着法哲学研究的支配地位。

当然，任何范式都会有批评者，哈特所创立的范式同样如此，罗纳德·德沃金对其发起了最为尖锐的批评。本部分没有空间评述德沃金的批评，但是这场“哈特—德沃金”的论战影响深远，其中最重要的影响是，这场论战框定了当代法哲学的研究范围和研究议题。用一个稍显夸张的比喻，两位学者就像是当代法哲学研究领域的柏拉图和亚里士多德，每个后继的法哲学研习者，若不是哈特主义者，就很可能会是一名德沃金主义者。

深度阅读

1. 陈景辉：《法律的界限——实证主义命题群的展开》，中国政法大学出版社2007年版。

2. ［英］尼尔·麦考密克：《大师学述：哈特》，刘叶深译，法律出版社2010年版。

3. [美]马修·克雷默:《哈特:法律的性质》,杨建译,上海人民出版社2023年版。
4. [英]妮古拉·莱西:《哈特的一生:噩梦与美梦》,谌洪果译,法律出版社2006年版。
5. Andrea Dolcetti, *James Edwards*, *Reading H. L. A. Hart's 'The Concept of Law'*, Hart Publishing, 2013.

约瑟夫·拉兹

Joseph Raz

1939—2022

硬核法律实证主义者

“在‘法治’的圣坛上祭献太多的社会目标，将会使法律变得贫瘠空洞。”

——约瑟夫·拉兹

约瑟夫·拉兹是一名犹太人，1939年出生于当时的巴勒斯坦委任管理地。自幼年开始，他就展现了强烈的学习热情和优秀的学习天赋，很早就加入了当地的成人教育课程的学习。青年时期，他就读于希伯来大学的法律系。在赫伯特·哈特前往以色列的一次讲座里，拉兹尖锐的提问和批评给哈特留下了深刻的印象，随后前往牛津大学跟随哈特攻读博士学位。1967年，他博士毕业后返回母校希伯来大学任教。不过，当时的牛津大学是法哲学研究的圣殿，拉兹这样有天赋的青年校友自然很快被召集了回来（哈特的另外一名著名弟子同样如此，约翰·菲尼斯牛津大学博士毕业前往美国2年后，又回到牛津任教）。从1972年开始，拉兹一直在牛津大学任职直至过世，1985年至2006年，他受聘为牛津大学新设立的“法哲学讲席”教授。自20世纪90年代开始，他还在哥伦比亚大学和伦敦大学国王学院兼任了教职。

拉兹是一位对工作和生活都充满热情的人，杰瑞米·沃尔德伦称其为哲学领域“温柔的伟人”。他在牛津大学和哥伦比亚大学的课堂总是爆满，热情接纳了很多不属于选课范围的爱好者，平等对待每一个前来听课的学生。当然，拉兹对学生的训练非常严格，常常拷问论辩里的每一步关键论证，这帮助他的很多学生成长为当下法哲学领域的重要人物，例如，约翰·加德纳、莱斯利·格林、朱莉·迪克森和提摩西·恩迪科特。工作之余，拉兹是一位喜好摄影、撸猫和古典乐的人。拉兹还建立了自己的影集网站，他后期出版的著作封面都选自自己的摄影，部分照片还被牛津大学出版社选为其他出版物的封面。

核心学说

正如拉兹所坦言，他的研究兴趣颇为广泛，在不同的时期有着不同的理论关切，因而其著作横跨了法哲学、政治哲学和伦理学的多个议题。不过，实践理性和权威问题是其不变的关切。

在法哲学领域，拉兹是一位坚定的法律实证主义者，而且属于最为硬核的实证主义派系。哈特开创了当代法律实证主义的新范式，这种范式同时坚持“分离命题”和“社会事实命题”，认为“法律是什么”这个问题的回答没有必要求助于任何的道德标准，法律的存在和内容都是一种社会事实。但是，罗纳德·德沃金的尖锐批评分裂了实证主义，部分学者认为识别法律的标准（比如哈特的“承认规则”）可以但不必然包含道德标准，这种观点被称为“包容性法律实证主义”。拉兹则是“排他性法律实证主义”的代表人物，认为该标准必定不会包含道德标准，而是完全由社会渊源构成，例如，立法者的活动、主权者的命令这样的社会事实。在此议题上，道德和法律之间保持着严格的概念分离。

尽管拉兹认为法律和道德之间有着严格的分界线，没办法求助于道德价值回答“法律是什么”这样的概念问题，但是他不是汉斯·凯尔森那样的道德相对主义者，反而认为道德价值处于概念问题之外，应该在政治和法律领域发挥着积极重要的作用。他将个体自治看作是最为基本的政治价值，认为法律和政治权威应该具备良好的服务功能，而且能够为治下的人们提供多样化的生活选择，以帮助人们实现自治的生活。拉兹的这种观点属于政治哲学领域的“自由至善论”流派，和强调中立、消极的自由主义国家观形成鲜明对立。

经典著作

拉兹在不同时期研究着不同的议题，很多著作都在各个领域引起了不小的影响，很难选择某本代表著作集中体现了拉兹所有的重要观点。本部分将以《法律的权威》作为主要文本，并兼顾到其他著作当中的相关论述，集中介绍他在法哲学领域研究的主要议题。

一、正当权威

很多人都将法律视为一种权威，我们或者认为法律是权威发布的指令，或者认为法律本身就是一种权威。所以，拉兹从权威入手开始分析法律。不过，"权威"这个术语本身充满了争议性，理解法律要求我们认真分析权威的本质。

卢梭在《社会契约论》的开篇提出了一个敏锐论断，"强力并不构成权力，而人们只是对合法的权力才有服从义务"。拉兹的观点很类似于卢梭的这个区分，他认为需要区分两种对权威的认识，分别是事实权威和正当权威。他反驳那些将权威简单等同于实际效果或者影响力的做法，认为这种"事实上"的权威的概念只有参照正当权威才能得到理解。权威的正当性是权威概念的核心，我们不会认为抢匪有权威，真正的权威不仅能够给我们带来实际的影响，而且所带来的是一种具备正当性的影响。所以，"权威"只能用来指称可能会有着正当性的事物。进一步而言，如果权威有着正当性，它就应该能够以某种方式指引我们的思考和行动。例如，爱因斯坦是当代物理学界的权威，所以我们哪怕没法理解广义相对论的时空观，也"应该"相信相对论的正确性。当然，正当权威并不一定真正为人所信任，苏格拉底这位哲学权威，最终被雅典城邦处死。但是，这不会妨碍我们认为，判处刑罚的是愚昧无知的群众，城邦“应该”相信苏格拉底。换句话说，正当权威是一种应然的规范性概念。

拉兹认为，规范性和行动理由有关[1]，正当权威有着改变行动理由的能力，即权威发布的命令给我们提供了“应该”做某件事情的理由。让我们假想一个高考填报志愿的情景。设想你正在为填报专业志愿犯愁，这时你的朋友给你提供了一个建议，“填报‘电子竞技运动与管理’专业吧，以后我们还能一起玩‘王者荣耀’”；但回家后你的父母拒绝了你朋友的建议，告诉你只准填报法学专业的志愿，认为这是为你的前途着想。你会发现，朋友的建议和父母的命令有着很大的形式差异。你可以仔细斟酌前者提出的理由，自行作出最后的决定，而父母的指令你没有办法拒绝，或者更恰当的说法是，哪怕你不喜欢法学专业，你也不应该拒绝。这是因为后者才是正当权威，他们的命令有着改变你填写志愿选项，即行动理由的能力，他们“有资格发布命令，这代表有着相对于命令接受者的权威”。

这说明了，权威不准许其治下的人们自行掂量该做何事。日常生活当中，我们有着很多选择，很多选择背后都是有行动理由支撑的。刚放学的小孩会面临着是和同伴出去玩耍，还是回家复习功课的选择，前者可以带来身心的娱乐，还能够增进友谊，而后者或许能够提升学习成绩。如果小孩有着一定的理性思维，他会在不同的理由之间进行权衡，斟酌哪个选择对自己更好。拉兹将这种直接指引人们行为的理由称为“一阶理由”。小孩还在纠结当中，他的父亲下班回家了，告诉他“不许出去玩”。如果父亲是一个正当权威，那么他说的这句话表明，原有的“和同伴玩耍”的行动被排除掉了。拉兹将这种排除掉一阶理由的指令称为“排他性理由”，即排除掉小孩的这种选择。然后，我们换一个假定，父亲所言的是“不许出去

〔1〕 理由可以分为认知理由和行动理由。本文关注法哲学，法律以人们的行动为调整对象，所以后文所谈及的理由都是行动理由，而不是相信爱因斯坦、相信苏格拉底这样的认知理由。尽管在拉兹很多著作里，他对权威和理由分析都可以扩展到认知理由的类型。

玩，也不要写作业，晚上和我一起去健身房锻炼"，这样的句子不仅排除了小孩的多个选项，还提供了一个全新的行动选择，即和父亲一起健身。拉兹将这种同时包含着排他性理由和一阶理由的命令，称为"保护性理由"。

上述类型学或许非常枯燥，但拉兹意在表明一个事实。如果我们认为法律是一种权威，那么它就有能力改变我们的行动理由，即为我们发出多种排他性理由和保护性理由。我们都知道，但凡有法律存在之处，人们就不能为所欲为地行为，法律给所治下的人们划上了行为的各种界限，这样的命令在法律当中比比皆是。比如，法律禁止故意杀人，这就排除掉了哪怕在道德上有着一定合理性的"同态复仇"选项。又如，法律要求子女应当赡养父母，这不但排除了子女不去看望父母的理由（如工作太忙赚钱要紧），还直接给出了应该如何去行动的一阶理由，因此属于法律提供的保护性理由。拉兹认为，在任何一个大规模社会当中，要是每个人都自行去权衡各种行动理由，混乱无序就在所难免。（请读者想想看，如果每个人都在高速公路上自行权衡开多少码才是安全的，这是一件多么危险的事啊！）法律就是通过排除和直接提供行动理由的方式，禁止或减少人们的自我权衡，指引人们相互协作一致的行为，达成社会的安定有序。当然，法律不是专制的君主，它不会排除掉所有的行动理由，而是在排除和允许权衡当中保持平衡。拉兹总结道，"应该被排除掉的，不是所有的其他理由，而只是那些没法在法律上获得认可的理由"。

到目前为止，尽管拉兹的文本比较晦涩，大体上还是符合我们的直觉。我们通常把法律看作是对我们的一种要求，即使某些要求会有人不是很乐意，比方说缴纳所得税，但我们能够理解应该要纳税这件事。这就使法律取代了我们的自我权衡，我们应该按照法律而非自己的判断行事。然而，拉兹进一步给出乍看起来非常震惊的论断：法律只是主张权威，而不是真正的拥有权威。具体而言，法律仅仅声称自己有着正当性，提供一系列排他性理由和保护性理由，然而这些理由没有改变行动理由的真正效用，我们不是总“应该”按照法律的要求做事。我们认为权威能够指引人们行动，公民应该遵守法律要求，那是因为此处所指的权威是具有正当性的权威。我们从历史进程里了解到，并非所有的法律都有着这样的正当性。本部分后面还将提到，拉兹设定了较高的正当性标准。但我们很容易列举出没有正当性的法律：纳粹国家监禁犹太人的法律，南非种族隔离的法律，美国建国时期关于奴隶制的法律。它们不是真正的正当权威，没有能力改变人们的行动理由，我们也没有服从这些法律的一般义务。所以，我们认为法律是一种权威，这种观点并不正确，权威不是所有法律的必不可少的要素。拉兹提醒我们，“特定的法律体系是否拥有道德权威，这不是其法律地位的，或是其法律特征上的应有之义”。

前述的分析最后似乎得出了消极的答案，不过法律和权威的关系亦不是完全割裂的。拉兹认为，尽管并非所有法律都是正当权威，但是所有法律都会主张正当权威，即使是纳粹国家的法律亦不例外。这代表着，法律会宣称自己有着正当性，提供各种排他性理由和保护性理由试图改变人们的行为。所以，权威所发挥的这些功能是某些法律有可能发挥出的功能，也是所有法律应该接近了应然理想状态，然而现实世界的有些法律不过是披着羊皮的狼而已，所有法律体系都具备的“必要且本质”的特征仅仅是它们主张自己有权威。

二、法律实证主义

作为一名法哲学家，拉兹发现“法律实证主义”这个称谓是非常让人困惑的，它和哲学领域的“实证主义”没有任何的亲缘关系（非常有趣的是，法律领域的“现实主义”称谓同样如此）。该称谓源于其研究对象，即实在法。不过，法律实证主义到底有哪些核心的主张，我们没法从其研究对象方面得到解答。从思想史的角度来看，法律实证主义常常被用来指涉三个不同的命题：第一，法律的身份是一件社会事实问题，源于人类的社会活动；第二，法律并非必定有着道德价值，这取决于其内容和所适用的社会环境；第三，法律和道德所共有的那些规范性术语，比如，权利、义务和责任，在两类语境当中有着不同的含义。拉兹将第一个命题称为“社会命题”，认为这是法律实证主义最为根本的命题，标识了法律实证主义和自然法理论的根本不同。自然法理论认为，理想的道德标准部分决定了法律的身份，提供了“法律是什么”这个问题的解答，而这些道德标准有可能不是人类实际活动的产物（例如，平等价值在奴隶社会即便没人遵从，仍然是客观的、理想的道德标准）。所有的法律实证主义都支持“社会命题”，所有的自然法理论和其他的非法律实证主义理论，都反对该命题，所以该命题才是法律实证主义的根基，它关涉到哪些一般属性是“法律体系的存在和身份可接受的测试标准”。

社会命题的完整表述，是“仅当其识别法律内容的标准，以及决定其存在的标准都取决于人类行为的事实，而且这个事实能够以价值中性的术语进行描述，不用诉诸道德论证得到应用”。尽管所有的法律实证主义者都认可这个命题，但是实证主义学派内部有着不同的理解。包容性法律实证主义学派认为，社会命题是识别法律存在及其内容的必要条件，而排他性法律实证主义则认为，该命题是此问题的充分条件。换句话说，排他性法律实证主义认为，识别法律存在以及其内容的相关标准，都“完全彻底”取决于人类社会的某些经验事实。我们可以用两个学者的观点说明两者的不同。约翰·奥斯丁很可能是一位排他性实证主义者，他认为法律是主权者发布的命令，用来判断法律及其的标准纯粹是有没有发布过命令这样的事实。相反，哈特认为“承认规则”是这样的标准。但不同社会的法律体系当中，承认规则有着不同的内容，有些社会里是“皇帝发布的命令”这种事实，但还有些社会里或许是“议会投票通过，而且不违反国家的公序良俗”，又有人类行为又有公序良俗的道德标准，这些道德标准没法以经验事实的方式来判断（例如，不撒谎是一种道德标准，但是我们每个人事实上都撒过很多谎)。所以,后一项承认规则当中,人类行为的事实只是必要条件之一。

拉兹是一位排他性实证主义者,他将自己的观点命名为“来源命题”,这是一种强版本的社会命题。法律有着特定的社会来源,即人类所作出的某些行为。比如,成文法是议会行为通过的法律,判例法是法官判决行为的产物,法律解释是有解释权的机构的解释行为等。法律是否符合道德标准以及其他非社会事实的标准,和法律效力、法律的内容没有任何关系。极端地说,排他性实证主义完全可以认为,某个国家的立法行为所制定的种族屠杀规范就是法律。表面上看,拉兹的这种强硬立场再次给出了不合常识的回答,我们经常听说“法律是公平正义的体现”,或是“法律是最低限度的道德”这样的话语。然而,按照拉兹的观点,这些语句当中的“是”实则为“应当是”,正义和道德只是法律的理想,绝非识别身份和内容的因素。

综合拉兹早期的几本论著,他支持来源命题的核心论证大致可以重构为以下的几个步骤。第一,我们已经知道,所有法律都主张着正当权威。尽管很多法律都不具有权威,但是除了权威本身的正当性缺陷之外,其给出理由的形式和功能方面与正当权威没有区别。第二,法律有着体系结构,有着形式和实质上的统一性,确认法律体系的存在包含着三个基本标准,分别是实效、制度特征和来源。第三,第二步当中的来源标准,和第一步的形式、功能之间密切相关。法律权威是一种有着确定性的行为指引工具,排他性理由和保护性理由帮助人们从自我权衡的不确定当中解脱出来,“为社会协作设定了便捷的行为模式”。换句话说,社会协作需要确定性,而法律就是这种提供确定性的工具。第四,仅当符合来源命题时,特定的主体明确给出了某个行为,法律体系才能提供确定性的指引。很明显,道德和其他非社会事实的标准是非常不确定的,例如,行车的“安全性”价值,社会活动的“公序良俗”标准。“如果法律问题没有以源自法律渊源的标准来回答，这个问题就缺乏法律上的答案”。第五，如果识别法律的标准包含了人类行为的事实之外的来源，那么法律就缺乏确定性，没有任何可能作为指引行为的权威。因此，通过有关确定性的论证，来源命题获得了支撑，而自然法理论和包容性法律实证主义都有着不够确定的道德成分，没有任何可能通过权威的形式和功能判准。

然而，我们应该如何看待法律，特别是宪法规范包含着大量的道德词汇呢？有些包容性法律实证主义者以美国法律体系为例，认为“不得和宪法条文相抵触”是该国承认规则的一部分，而美国宪法里包含着大量的道德词汇。例如，议会若违背了“平等保护”，规定了“残酷”的刑罚，所制定的规则没有法律效力。这些学者因而认为，拉兹的来源命题并不正确，道德被“合并”进了法律身份的判断标准，人类行为的事实只是识别法律存在、确定法律内容的必要条件之一。不过，拉兹认为这种批评误解了法律的性质。确实，法律规范或许包含着道德词汇，但这并不表明这些道德价值就是法律体系的一部分。通过这种澄清，拉兹确认了来源命题的正确性，这种理论能够确保被识别出的法律规范成为有着确定性的行动理由。

三、法治理论

《法律的权威》书中影响力最大的部分，或许是关于法治理论的篇章。在“法治及其美德”一章当中，拉兹论证支持了一种形式法治理论。这篇文章为拉兹赢得了“唐奖法治奖”，而且在获奖演说时，拉兹再次重申了形式法治的立场，并对其早年的观点提出了些许细微修订。通常，我们所熟悉的是一种实质法治的观点。例如，亚里士多德的名言，“法治应包含两重意义：已成立的法律获得普遍的服从，而大家所服从的法律又应该本身是制定得良好的法律”。这句话表明，法治不能简单等同于法律制度，而是指称一种良法善治，承载着公平、正义、自由等诸种道德价值的治理方式。

但是，善于反思的人可能会有一种初步的疑惑。无论是中文当中的“法治”，还是英文里的“Rule of Law”，字面意思似乎都是在说法律的功能发挥，而没有提及任何的道德价值，这种实质意义的价值如何进入到法治的概念之中，又会有哪些道德价值被纳入了这个概念呢？拉兹认真对待了这种质疑，“法治的圣殿供奉太多的社会目的，将会使得法律贫瘠空泛”。如果我们认为法治包含有（比方说）平等价值，即只有实现平等价值的社会，我们才能称为“法治国家”。那么以下这两个陈述就成为了没有意义的语句：“这个平等的社会里有法治存在吗？”“这是一个法治国家，但政治和社会平等有待进一步加强”。很显然，我们能够理解这些语句的意义，这充分说明法治是一项独特的价值，不能够被化约为我们所熟知的（比方说）平等的道德价值。

法治这个概念表达了法律的统治，而非人的统治。拉兹指出，这种理解给出了我们认知法治价值的一种方向，即公民应该遵循法律的要求。具体而言，人们应该放弃自身对于行动理由的权衡，而依照法律所给出的排他性理由和保护性理由行为。不过，并非所有的法律制度，哪怕具有道德正当性的制度，都能够给出法律上的行动理由。根据拉兹的原话，“如果法律将要被服从，那么它必须有能力指引治下主体的行为”。所以，如果我们要认识法治价值，就得进一步澄清法律需要具有哪些品质，方可以有“能力”提供行动理由。根据形式法治理论的代表人物朗·富勒的理解，法律需要具备八项基本标准，分别是法律的一般性、公开颁布、不溯及既往、清晰性、无矛盾、不规定不可能之事、稳定性，以及官方行动与公布规则之间的一致性。尽管在富勒看来，这些标准是法律的程序道德，但是我们似乎更妥当地将它们称为法律的基本品质，没有具备这些品质的法律无法提供确定性的行动理由。例如，两项前后矛盾的法律规范，分别要求汽车靠左和靠右行驶，这就使人们陷入了不确定的自我权衡：我到底应该靠哪一边行驶呢？当然，任何法律都不可能完全没有矛盾，但是整个法律体系至少要有着最低限度的“无矛盾”标准，以及大体上符合上述的其他七项标准。

拉兹将富勒的法治标准吸纳到自己的理论当中，同时又补充了另外的要求，除了关注规则层面的要求之外，还有着关于法律的体系性和制度性的要求，他列举了法治原则如下：

1. 所有法律都应当具备前溯性、公开性、清晰性；

2. 法律应当相对稳定；

3. 特别法（尤其是法律命令）的制定应当受到公开、稳定、清晰和一般性的规则指引；

4. 司法系统的独立性应该予以保证；

5. 自然正义的原则需要被遵循；

6. 法院应该有着对其他原则予以实施的审查权；

7. 法院应该容易为人接近；

8. 预防犯罪的机构，其裁量权不应被允许用来歪曲法律。

很明显，拉兹的法治原则有着一定的西方中心主义色彩。不过，拉兹认为前述列举的原则不是确定不变的，其有着很强的开放性，列举的目的在于阐明形式法治理论，特别是法律给出的行动理由如何有可能指引人们行为。这样而来，无论我们是否完全同意这八项原则，都能够明白这些原则有着共同的指向，即法律“有能力指引治下主体的行为”。

如果我们赞同拉兹的分析，法律的主要功能是以确定性的方式指引行为，那么就能够明白，法治是一种独特的价值，是法律发挥自身功能所实现的价值，这种价值不能够等同于其他道德价值。拉兹强调，“服从法治是一种美德，但这只是法律体现应该拥有的众多美德之一”，这说明法律除了应该实现自身的价值，即法治价值之外，还应该去追寻外部的道德价值，例如，自由、平等和公平正义。在这个意义上，拉兹认为法治价值是一种工具价值，并将法律和刀进行了对比。刀是一种工具，可以用来杀人亦可用来救人，但杀人还是救人仅是使用工具所追求的外部目的，这不妨碍我们就刀刃本身来说，锋利的刀是一把好刀，锋利是刀这种工具本身的价值。同样，法律可以实现法治价值，但有可能违反了其他道德价值，有关种族隔离的法律就是例证。

那么，法治价值具体有哪些内容呢？拉兹似乎认为，确定性本身能够提前规范人们的行为，为社会生活带来预期性。这就使法治在两个方面和价值有着紧密联系。一方面，法律防止了权力的肆意妄为，避免有权者以个人的主观判断取代公开的规则；另一方面，法律扩展了个体自由，人们能够提前获知排他性理由和保护性理由，这样可以自由安排处理自身的事宜。总的来说，法治价值所有的具体内容都指向了一个方向，即“把人当作人看待”，实现“尊重个体的自主性和掌控自己未来的权利”。

四、服务型权威观

拉兹是一名硬核的法律实证主义者，区分了法治价值和其他道德价值，认为法律是一种工具。前文的分析似乎造成一种印象，拉兹在道德问题上未置一词，甚至是一名道德虚无主义者。事实上并非如此，这里将简单提及拉兹在权威议题上提出的正当性标准。如前所述，尽管法律主张权威，但不是所有的法律都真正有权威。拉兹认为权威的正当性源于所提供的有效服务，即成为行动主体和行动理由之间的桥梁。具体到法律领域，如果人们服从法律所提供的理由，相较于他本人自我权衡一阶理由来说，能够更好地帮助其践行理由，那么法律就有了正当权威。我们可以用前文的例子理解这一点，小孩放学后有着玩耍和回家复习两个选择，如果让他自己进行权衡，或者每次他都会选择前者，然而这并不能给他带来一个美好未来；相反，如果他的父母作为权威，告诉他何时能玩耍何时要学习，这反而比他自己的权衡来得要好。根据拉兹的观点，在大规模社会当中，有着正当权威的法律就类似于这些父母的角色，服务于人们的行动理由和行动选择。这种理论被称为“服务型权威观”，具备了这种服务能力的法律制度，不仅主张着权威，还拥有了所主张的正当权威，真正有能力改变人们的行动理由。

或许源自这种“服务型权威观”，拉兹在“唐奖法治奖”的演讲里部分修订了原有的形式法治理论，认为法治还要求政府的所作所为应该保护和促进个体利益和个体自治，这种修订后的观点进一步将法治价值和人类尊严绑定在了一起。

影响评价

2022年，拉兹与世长辞。沃尔德伦在追忆的文章中，将其姓名和凯尔森、哈特、德沃金相并列，赞誉其为“深刻影响我们对法律理解的四位法哲学家之一”。这并非过誉之词，拉兹作为哈特之后最有影响力的法律实证主义者，其关于排他性法律实证主义的观点，法律和实践理性、权威之间的关系，以及形式法治理论，这些论述在当代英美国家的法哲学研究成为主流的学说，并且其影响力仍然在逐步扩大。目前很多活跃的法哲学家，除了前文提及的嫡系弟子之外，如斯科特·夏皮罗、安德瑞·马默、弗里德里克·肖尔都是拉兹理论的追随者，进一步拓展和修订他的理论观点。

拉兹的影响力还体现在法哲学领域之外。20世纪80年代中叶开始，他的研究重心逐步转向了政治哲学和伦理学，在权威理论、实践理性、元伦理学等领域都有着很大的影响，和这些研究领域的大家有着充分的交流和对话。难能可贵的是，他将不同学科的理论资源进行了结合，用政治哲学和伦理学的理论反观法律现象，打通了“法律—政治—伦理”整体的研究路径。事实上，在法哲学研究越来越僵化和封闭的今天，拉兹的这种研究方法很可能会是未来学科发展的方向。

深度阅读

1. 范立波:《权威、法律与实践理性》,载郑永流主编:《法哲学与法社会学论丛》(2008年第1期),北京大学出版社2008年版。

2. 叶会成:《权威与理由给予:关于排他性之争》,载《南大法学》2023年第3期。

3. 金韬:《理由与权威:约瑟夫·拉兹的法律规范性理论》,法律出版社2021年版。

4. 朱振:《法律的权威性:基于实践哲学的研究》,上海三联书店2016年版。

5. Lukas H. Meyer, Stanley L. Paulson & Thomas Pogge (eds.). *Rights, Culture, and the Law: Themes from the Legal and Political Philosophy of Joseph Raz*, Oxford University Press, 2003.

阿尔弗雷德·汤普森·丹宁

Alfred Thompson Denning

1899—1999

司法能动主义的践行者

“正如铲和锹不再适合挖煤一样，履行责任令、调卷令和在案诉讼等法律程序也已不再适合于新的时代赢得自由。它们必须被新的现代的机制，被宣告令、禁制令和过失诉讼所取代。”

——阿尔弗雷德·汤普森·丹宁《家庭故事》

阿尔弗雷德·汤普森·丹宁是英国法律史上一位传奇式的人物，是司法能动主义的支持者。英国是普通法的发源地，普通法的特点是注重传统和习惯，反对司法冒进。英国法治的传统，要求法官适用法律要遵循先例。司法的哲学，以保守主义为主流。现代社会之后，议会立法与司法判例并行不悖。法理上讲，议会的民主立法效力高于司法判例的效力。立法可以对人们设立新的规范，司法则不能取代立法，不能创设法律。丹宁勋爵却反其道而行之，称在社会需要的时候，司法官可以发挥司法能动性，改变法律以满足公共利益的要求。

丹宁勋爵生于1899年。1916年，他进入牛津大学马格德林学院攻读数学。1921年，他再次回到马格德林学院攻读法律。次年，他进入林肯学院学习。1938年，丹宁获得“王室法律顾问”称号。1944年，他被任命为高等法院遗嘱、离婚和海事分院法官。1948年，丹宁晋升高等法院法官，并担任民事上诉院法官。1957年，他进入贵族院，被册封为勋爵。1962年，因为与保守主义大法官的观念冲突，丹宁回到上诉法院，担任英国民事上诉法院院长。直到1982年退休，他在上诉法院院长职位上做了20年。1999年3月5日，丹宁勋爵去世，享年100岁。自80岁退休后，丹宁勋爵出版了一系列著作。其中，《法律的训诫》(1979年)和《法律的正当程序》(1980年)较早传入中国，丹宁勋爵成为中国法学界比较熟悉的英国当代法官。[1]

---

〔1〕 参见[英]丹宁勋爵：《最后的篇章》，刘庸安、李燕译，法律出版社2000年版，“原出版者前言”和“译者前言：丹宁勋爵和他的法律思想”。

核心学说

一、丹宁勋爵论英国司法权的传统

1963年12月4日，丹宁勋爵在“巴基斯坦国际事务研究院”做了一次演讲，演讲的题目是《现代民主中的司法职能》。[1]他说，在现代民主社会中，法官的职能就是支持“法治”。英国法官的基本准则是解释法律而非制造法律，制造法律是立法机关的职能。英国人的概念是，法官应该远离政治的争议。他们必定是要解释法律，以使法律符合时代的要求，但是，不能导致主要政策的变革。唯有如此，法官才能保持自己处于政治疆域之外。比较而言，美国有一部成文的刚性宪法，法官的角色因此而不同。法官们要进入政策制定中，在解释宪法的过程中，他们不可避免地要将政治的考量带入司法权衡之中。结果是，法官自己陷入政治的争议之中。

丹宁勋爵继而认为，英国司法权的另外一个特点是司法权独立于行政权。但是，这个原则也受到了质疑。他举例，一个美国的案件，苏泊尔博士被判间谍罪，处以终身监禁刑罚。依据美国法，上诉期间被告人可以保释。上午10点半，美国最高法院驳回了上诉，但是被告人仍在保释中，下午4点半，苏泊尔用他兄弟的护照飞往以色列。以色列拒绝他入境，他又被安排乘机返回美国。在飞机到达伦敦机场后午饭时，他持餐刀割腕，自杀未遂却严重受伤，必须带离机场。内务大臣因他无权在英国入境，将他直接押送至飞往美国的飞机，被告人向法院申请人身保护令，法院支持了行政机关，认定行政执行行为有充分的理由。他认为英国普通法的传统原本

〔1〕 Lord Denning, The Function of the Judiciary in a Modern Democracy, Pakistan Horizon, Fourth Quarter, 1963, Vol. 16, No.4.

不是这样的。行政机关虽然强大，但不得干涉司法权。司法权独立性的丧失意味着英国普通法传统的消亡。丹宁勋爵得出的结论是，英国执法机关受到了美国的影响，法官也受到了美国的影响。

丹宁勋爵将司法权与行政权的对抗回溯到了17世纪：当国王想罢免法官的时候，英国首席大法官柯克站出来对抗国王，坚持自己的原则。当时的国王是詹姆斯一世，他声称自己有神圣的权利，要求法官按照国王的意志审案。柯克法官却说，英国的法律建立在理性基础之上，法官的任务就是要遵循理性。他说，“陛下的确有着科学和自然的天赋。但是陛下的神圣性不是来自你自己国家的法律。科学需要时间得到认可。法律是金织的魔杖，是陛下臣民权利权衡的尺度。正式通过法律，您的王国才能保有安全和和平”。柯克引用300年前另外一个普通法法官布拉克顿的话说，“国王不服从任何人，但却在上帝和法律之下”。此格言延续了几百年，行政权不服从任何权威，只听从上帝和法律。最后在光荣革命之后，议会里的律师们确立了法治原则。内战期间，国王罢免了柯克法官，法官一度按照国王的命令判案。他们依国王的命令监禁人民，未得到国会授权征收赋税。结果爆发了第二次内战，国王上了断头台。詹姆斯二世时爆发了另一场光荣革命。1701年，《王位继承法》确立，法律规定：除非有不当行为，且得到两院批准，法官不得罢免。此后的260年里，被罢免的法官仅一人。丘吉尔首相将司法权的独立当作整个民主世界最重要的启示，是英国司法体系的基石。

丹宁勋爵将司法权的第三个职能称为“法官不能在自己审理的案件中有自己的私利”。他说此原则在英国的历史上也经过了很长的时间才得以确认，传统上讲，此原则强调法官不得受贿。这里，丹宁勋爵拿英国的培根作例证。培根是著名的哲学家，也是英国的大法官。哲学家培根写了许多的著作，论研究、论阅读、论真理，貌似道德品德高尚的人，可是法官培根却既受贿又“两头通吃”诉讼双方当事人。按照文献的记载，一个叫作奥布瑞的先生有桩官司在大法官培根手上。他问大法官的随从，是否需要在大法官那里“做点功课”？随从说“那就拿100英镑来吧”。奥布瑞先生同意判决的时候给钱，但是很不幸，他还是被判定谋杀。后来一打听，才发现培根勋爵从另外一方当事人那里收了1000英镑。起初，培根勋爵拒绝承认受贿事实，声称钱款是新年的礼物。后来他改口承认错误，受到了弹劾。他被送上了审判台，被罚4万英镑。

丹宁勋爵认为，司法机关与媒体的关系，一直是一个困惑人的问题。英国人享受言论和出版的自由，但是也不能滥用、不能妨碍公正的判决。这个不成文的惯例有赖于职业主义的精神。历史可以追溯到200年前，一个化名叫作尤利乌斯的作家，在《周六晚报》上发表了一封信，批评了当时的国王和政府。报社被指控煽动性诽谤，曼斯菲尔德勋爵主审他指导陪审团判定报社罪名成立，但是陪审团经过长时间的合意后认为报社无罪。丹宁勋爵说，此案在英国确立了出版自由和报社批评政府的权利。这是民主社会的本质之一，但是也不能滥用。

丹宁勋爵比较了美国法和英国法。他认为美国的出版自由走得过远，在热点案件审判中，记者的一手材料、二手材料、三手材料和四手材料都可以当证据使用，以至于不可能达到审判公正。而英国的宪法有一条不成文的规定，对于悬而未决的案件，报社不得评论，以避免妨碍公正审判。英国曾经有一个案件，一男子为图谋财产杀了6名女子，用酸浴处理掉了她们的尸体。男子被逮捕但未审判前，一家报社发表了一篇题目为“被抓的吸血鬼”的文章，通篇描述男子作案的过程。诽谤案送到了戈达德勋爵那里，勋爵判定报社罚金1万英镑，编辑监禁3月，附带还说：“让主管醒醒。如果这样的热点事件再次发生，就会让你们知道法律的厉害。法律的手臂很长，足以约束他们。”此后，同类的事件没再发生。

丹宁勋爵说，出版自由和权利滥用之间的界限，有时候难以划分。美国法走向了极端，通常案件未破，就上了新闻的头条，而且还混杂有失真消息。更有甚者，有些记者还把嫌疑人的犯罪经历全部披露出来。这样的事情要是发生在英国，在审判之前披露嫌疑人从前的犯罪和认罪，是构成藐视法庭罪的。

二、丹宁勋爵的司法能动主义

司法能动主义的含义是法官在适用法律的时候，并非机械地把法律与事实进行三段论式的逻辑推演，而是要根据案件的具体情形灵活运用法律，给出诉讼当事人个体的正义。司法能动主义通常与两个法学名词相对，一是“司法保守主义”，二是“概念法学”或“机械论法学”。

司法保守主义区分立法权和司法权，主张以权力分离为前提，立法权属于议会职能，民主立法让全社会的人遵守；司法权属于司法职能，法官裁决判定当事人纠纷。立法主动积极，司法消极被动。司法机关适用代议制机关的立法文件，就需要严格依照法律本身的含义，法律的语言、法律的逻辑和法律的历史，不能够夸大或者缩小法律的意义。严格按照立法者的立法意图适用法律。与司法保守主义相对的司法能动主义，就是不囿于立法机关的文件的字面含义，法官根据社会的变迁自由裁量。或者，议会立法有明确规定的时候，法官严格遵循成文法；成文法含义不明确的时候，法官创造性解释法律；成文法没有规定的时候，法官创立新的规则。

概念法学或机械法学，是19世纪末20世纪初欧美法学的专有名词。积极意义的概念法学，是想确立一种概念明晰的科学的法学，法律是一张无缝之网，每个法律问题都能找到自己在法律之网中的特定位置，每一个法律争议都有一个确定和正确的答案。法律适用只能是三段论式的逻辑演绎。法律规定是大前提，法律事实是小前提，判决是逻辑结果。司法机关就像是一部自动售货机，输入法律和事实就能给出一个判决。与概念法学或机械论法学相对的司法能动主义，是法律和社会运动。他们区分‘书本上的法律”和“行动中的法律”，概念法学或机械论法学试图建立法律“概念的天国”，是法学上的乌托邦，是囿于书本上僵死的法律。他们声称“法律是对法官作出何种判决的一种预测”，“法律的生命在于经验，而不在于逻辑”。司法能动主义强调“行动中的法律”或“诉讼中的法律”，在法律稳定性与社会变动性之间，主张法律应该伴随社会变化而不断变化发展。在美国法学中，这场司法能动主义被称为法律现实主义运动或法律进步主义运动。

丹宁勋爵研习法律和职业的早期，正是法律与社会运动兴盛的时代，他想要改变英国司法保守主义的传统，呼吁法律适用应该符合变化了的时代要求，使他成为英国法学中的“异类”，但属于世界性“法律社会化运动”的一部分。他与美国现实主义运动先驱霍姆斯大法官在从业经历、写作风格、人格魅力和社会影响方面都有高度的相似性。两人被认为是英美法学司法能动主义的标志性人物。

在《法律下的自由》《法律的训诫》《法律正当程序》《法律的碑界》中，丹宁勋爵反复表达司法能动主义的观点。〔1〕首先，他认为19世纪的欧洲与当时的欧洲社会发生了剧烈的变化，原有的法律已经不再胜任社会管理的任务。

“今天的权力结构与19世纪的权力结构大不相同了。在过去，政府只关注治安、国防和外交事务，把工业留给了实业家和商人，把福利事业留给了慈善机构；它不为任何事情或任何人制定计划。那个时代的信条，用法文说是‘放任主义’，用英文说就是‘个人主义’或‘自由主义’”。

“在20世纪，政府关注生活的各个方面，我们有‘福利国家’和‘计划国家’之称。政府各部门在很多方面有广泛的权力。它们设立裁判所和调查团，行使不受制约的自由裁量权。它们管理建筑、就业、计划、社会安

〔1〕 龚祥瑞:《法律与正义——读丹宁法官的判决书和他的著作》，载《比较法研究》1997年第1期；刘庸安:《丹宁勋爵和他的法学思想》，载《中外法学》1999年第1期。

全，以及其他很多活动。当代的信条是‘社会主义’或‘集体主义’。”[1]

时代变了，法律也得变。“正如铲和锹不再适合挖煤一样，履行责任令、调卷令和在案诉讼等法律程序也已不再适合于新的时代赢得自由。它们必须被新的现代的机制，被宣告令、禁制令和过失诉讼所取代”。[2]

其次，丹宁勋爵呼吁普通法的改革。英国遵循先例的格言是“恪守你和你前任的判决，无论它们多么荒谬，多么不公正”。丹宁勋爵称19世纪的法官所确立的法律原则适合当时的社会状况，但是不适合20世纪的社会需求，“如果我们不做任何前人没有做过的事情，我们将永远待在一个地方，法律将停止不前”，“普通法将停止发展，像珊瑚礁一样，变成一堆化石”，为了“避免这种命运，法律——应该成为一种法律的科学。正像科学家寻求真理一样，律师应该寻求公正；正像科学家通过很多实例自己得出一般命题一样，律师也应该通过很多判例自己建立一般原则；正像科学家发现自己的命题不适于所有实例时就需要修改，或者发现自己的命题是错误时就得完全抛弃一样，律师发现自己的原则不适于所有情况时就应该进行修改，或者发现它们不公正的结论的时候就应该抛弃”。[3]

最后，他认为法官司法能动主义就是不固守陈旧的先例和过时的法律文字，以“公正”为准则，捍卫当事人的利益和社会公共利益。议会的法律文件不总是明确，法官的解释总有可运用的空间，法官的任务不仅是实现法律的要求，而且要实现公正。法官的基本信念是，“法官的作用就是在他面前的当事人之间实现公正。如果有任何妨碍做到公正的法律，那么法官所要做的全部本分工作就是合法地避开——甚至改变——那条法律”。[4]

---

〔1〕［英］丹宁勋爵：《法律的训诫》，杨百揆、刘庸安、丁健译，群众出版社1985年版，第56页。

〔2〕［英］丹宁勋爵：《家庭故事》，刘庸安译，法律出版社2000年版，第130页。

〔3〕［英］丹宁勋爵：《法律的训诫》，杨百揆、刘庸安、丁健译，群众出版社1985年版，第256页。

〔4〕［英］丹宁勋爵：《家庭故事》，刘庸安译，法律出版社2000年版，第174页。

当当事人之间的利益冲突涉及公共利益的时候，“公正”的要求不仅要衡量双方当事人的利益，而且还要考量国家的公共利益。在土地开发与环境保护案件中，保护环境要限制个人的财产权；名誉诽谤与言论自由之间，言论自由更体现了公共利益。

三、劳资关系中的法律与政治

劳资关系法，一直是政治与法律交叉的领域。政治影响着法律，法律影响着政治。劳动立法是政治妥协的产物，劳资纠纷诉讼，本身就隐藏着政治的因素。司法审判都成为政治争议的话题。丹宁勋爵号称自己不属于任何政党，但是在20世纪80年代，他经手的几宗审判，充分显示了司法审判与政治之间不可分割的联系。

从法律史的角度考察，劳资关系法有一个从普通法向制定法的发展过程。普通法遵从传统契约自由和平等的原则，如果有第三人阻碍雇员和雇主的合同关系，第三人的行为构成一种侵权行为，侵权法上称为“阻碍合同关系”。这种侵犯他人契约的行为，可以是阻止合同的达成，也可以是引诱合同一方当事人违反合同。第三人的行为方式，可以是威逼、引诱违约、阻止或妨碍合同、集体抵制和封禁。

19世纪末20世纪初，随着工人运动的兴起和工会组织的广泛确立，工会组织代表工人与资方对抗、交涉、协商和协议，成为世界性的新潮流。工会立法成为议会立法的一部分，议会里不同政治党派有着不同的利益追逐。在英国，工党偏向于劳工，支持工会，保守党偏向于资方，反对工会。随着工党和保守党交替执政，工会立法和劳资关系法律不断变更。

以普通法看劳资关系和工会组织，工会所做的所有事情都是违法的行为。工会与资方的谈判，就是普通法上引诱违约和阻碍合同的侵权行为。但是，普通法是法官之法，劳工法是议会执法，在一个现代的民主社会，普通法要让步于议会立法。因此，在法律层面上，工会通过议会立法的形式获得了法律的豁免权。工会以产业的集体行动和力量对抗资方，可以号召工人罢工、消极干活和封禁产品和客户来达成工人的利益。工会与个体劳动者之间，一方面，工会以集体的形式谋取单个工人不能获得的权利；另一方面，工会也能以工会成员的名义，控制、影响和限制工人契约自由的权利。

1906年，英国自由党在议会获得优势，工党联合自由党通过了《1906年劳资关系法》。该法授予工会许多法律豁免权，比如，工厂或企业不能因为工会会员的过错而起诉工会，任何人不因故意或加剧工会争端而被起诉。此后的70年里，支持工会和反对工会的立法，在议会层面交互争锋。1971年，保守党执政，议会通过了《1971年劳资关系法》。法律规定了工会登记制度，授予注册的工会法律豁免权；建立全国工业法庭，处理劳资纠纷。工业法庭由一名高等法院法官和两名及以上非法律人士组成。诉讼双方不满意工业法庭的判定，可以向上诉院提起上诉。双方仍不满意判决的，可以继续向最高审级也就是当时贵族院提起上诉。1974年，工党执政，颁布了《1974年工会和劳资关系法》废除了《1971年劳资关系法》，再次确立工会法律豁免权，并在1976年扩大了法律的适用范围。工会和工会领袖获得了全面的胜利。

1979年3月，保守党执政颁布了限制工会权力的法律。但是，法律遭到了非议。通过司法判决继续维持工会和工会领袖的豁免权。立法权和司法权在工会问题上发生了冲突。司法权的性质争议再次燃起，一类法官坚持司法传统立场，不篡夺立法机关的权力，以公正的原则保护公民的自由；另一类法官则维护国家的权威，严格遵循立法机关的法律条文，不在意法律是否公平公正。后者认为公平与公正是立法机关的职责，而非司法机关追求的目的。这里，司法权的性质不是保守主义与功能主义的区分，而是司法个人主义和司法权威主义之分。前者，法官的目的是捍卫个人权力不受到国家和侵犯，上诉院的法官秉承这样的信念；后者，法官是捍卫国家的权威，贵族院的司法勋爵们遵从议会的民主立法。前者更多遵从英国普通法的传统，后者则将司法与政治相勾连。丹宁勋爵乐于大家把他归于前一类，也乐于承认自己是保守的“托利党”人。他声称要保持司法的独立性，不受政治的干扰，不受政府的干涉。在众多的涉及工会的案件中，他都在上诉院判定对工会的禁制令，成为支持工会团体和党派的攻击对象。

1980年，英国钢铁业发生了罢工案。先是英国国有的钢铁公司领头，后工会组织联合私有钢铁公司联合罢工。私有公司状告工会，向法院申请禁制令，阻止工会的联合及罢工行为。1980年1月25日，一审法院驳回钢铁公司的请求，拒绝发出禁制令。钢铁公司上诉，丹宁勋爵是上诉院的院长，1月26日，上诉院支持钢铁公司，对工会发出了禁制令。工会不服，向贵族院提起上诉。2月7日，贵族院推翻了上诉院的判决，撤销了禁制令。工会罢工和工会立法，到撒切尔首相时代的时候，争议达到了顶峰。保守党执政的撒切尔政府削弱工会的势力，也遭到工党的抵制。两党之间的争斗，催生了20世纪80年代一系列的劳动雇佣法。从那个时候开始，英国工会豁免权和对豁免权的限制，从来都没有停息过。

工会立法与罢工导致的司法案件同步进行，丹宁勋爵作为上诉院法院院长做了许多的判决，使他成为标志性的人物和新闻热点法官。因为工会和劳工运动的强烈政治性，使罢工和工会的司法判决也带有浓厚的政治色彩。政治性的司法特点表现在两个方面，一方面是司法禁制令的紧迫性。工会罢工和企业申请法院禁制令，需要在短时间内完成，这与法院审判案件的迟缓、谨慎、拖沓特性相冲突。当突发政治性案件需要法院果断作出禁制令或撤销禁制令的时候，司法的政治功能表现得尤为突出。这个时候的法官，不再是温文尔雅的法官，更像是一个偏激的政治家。另一方面是法官潜在的政治偏好。法官传统上是与政治保持距离的，但是在工会和劳工运动政治高度敏感议题上，法官完全不顾政治的现实是不现实的。即使法律文书上显得与政治无关，但是政治立场上的尖锐对立、社会舆论的严重分裂，必定要使法官们作出艰难的选择：是遵循普通法的传统，还是严格执行议会的新法？是保护私人企业主的权利，还是支持劳工和工会？是严格按照法律的条文办案，还是伸张公平与正义？

四、英国钢铁公司罢工案

20世纪70年代末，英国保守党执政撒切尔做首相，减少国有成分，增强私有经济，引起国有企业工会的不满。工会阻止罢工，英国钢铁公司是国有钢铁企业，产量占全英国产量的50%。工人和工会要求增加工资，钢铁公司原本同意但是受到政府产业部的反对与阻扰。钢铁公司回复工会的意见是，除非政府直接拨款，否则公司就不会给工会成员提高工资。为了给政府施压，工会决定发动私有钢铁公司加入罢工的行列。私有钢铁公司与其雇员之间并不存在纠纷。工会的想法是全国钢铁公司大罢工、关闭钢铁生产，让制造商、工人和公众说服政府补贴、增加工资。

面对罢工潮，16家私有钢铁公司向法院申请禁制令，要求阻止工会的行为。他们指责工会：第一，引诱公司雇员停止劳动活动，加入罢工行列；第二，引诱工会成员干涉钢铁供给，抗议示威。要求法院发布禁制令，禁止工会组织罢工的行为。工会辩称，他们的行动是为了进一步解决工会争端，受到《1974年工会和劳资关系法》第13条第1款第1项的保护，享有侵权法上的豁免权。初审法官支持了工会，拒绝发出禁制令。钢铁公司向上诉院提起上诉，丹宁勋爵是上诉院的院长。

1980年1月26日，丹宁勋爵出具了司法意见书。他说，有必要区分钢铁公司的国有部分和私有部分。国有钢铁的英国钢铁公司占生铁及加工产业的40%—50%，私有钢铁公司占其余产量的20%，每年营业额达15亿英镑。原本是国有英国钢铁公司与员工有增加工资上的分歧，谈判不成，1980年1月2日工人号召罢工。罢工未取得预期的效果，1月16日，工会和工会代表作出决定，鼓动私有企业员工参加罢工。私有企业工人与公司并无纠纷，双方和平共处互相满意，并不愿意罢工。但是，工会声称，如果私有企业的工人不听工会的召唤，他们将失去他们的工会卡。没有工会的支持，私有企业的工人最后也会失去他们的工作。

1月17日，工会代表也就是本案被告在给独立钢铁雇主协会的一封信中明确指出："这起纷争已经演变成与保守政府之间的政治争议"，"因为政治干涉，工会执委会感到要采取措施、号召私有企业员工参与对抗政府的公共战斗"。1月21日，被告给工会分部的发出一般性指令："罢工显然演变成了政府与工会之间的对抗"，"私有企业工人的加入不仅延长了工会的分歧，而且在其他工会内部造成了不公正的感觉"。1月16日，英国BBC报道也说，工会决定今天下午开始施压。毫无疑问，他们的目标是迫使政府介入。各大报媒体也评论，工会的目的就是让政府改变政策，从纳税人的钱中拿出一部分来增加英国钢铁公司的补贴。

1月24日，工会执行委员会21位委员批准采取行动，罢工时间定于1月27日上午6点开始。丹宁勋爵说，这次罢工将会有灾难性的结果，不仅会影响到所有的私有钢铁公司，而且会打击英国工业本身。英国私有钢铁公司的营业额是15亿英镑，每周3000万英镑。工人出来罢工，公司关闭损失惨重，不仅如此，钢铁供给的关联行业也无法开工，比如，莱兰汽车公司80%的供货来自私有钢铁公司。甚至影响会超出国界，海外竞争者会拍手称快，能向英国出口他们的产品。丹宁勋爵说，正是由于这样的原因，16家私有钢铁公司希望及时制止工会三位主要代表的行为。丹宁勋爵说，一审法官拒绝发出禁制令，理由是援引贵族院的一个判例，"如果工会领袖诚实相信他们所做的事是在增进工会纠纷的解决，那么他们就有完全的豁免权；法院无能为力，因为他们豁免于司法审查"。

丹宁勋爵表明了自己的看法。他否认本案的性质是工会纠纷。依据

1974年的法律，本案的[1]“工会纠纷”应指英国钢铁公司的工人与雇主的纠纷，他们之间计划和跟进纠纷行为，受到1974年法第13条规定的豁免权保护。丹宁勋爵说，本案中，有两个法律关系，一是私有企业主与雇员的关系，二是工会和政府之间的关系。第一种法律关系不存在纠纷，劳资双方协议在先，合作愉快；第二种法律关系才存在纠纷。工会领袖抱怨保守政府“政治阶位的管理”，他们从事“反对政府态势的公开武斗”“工会和政府之间存在着对抗”。工会的目的是给政府加压、改变他们的态度、提供更多的金钱，或者在与英国钢铁公司关系上采取进一步的行动，逼他们就范。丹宁勋爵说，这两类纠纷并非1974年法律第29条规定内的工会纠纷。工会号召工人出来反对政府，他们无权享受法律的豁免权。丹宁勋爵说，这不是工会纠纷，也不是雇主与工人之间的纠纷，而是工会与政府之间的纠纷。

在援引贵族院及法律勋爵们的意见之后，丹宁勋爵的结论是：工会的所作所为严重伤害了经济、危及了国家、把整个国家和它的福利置于危险之中，因此法院有足够的自由裁量权发出禁制令，限制工会的行为。丹宁勋爵支持上诉，同意发出禁制令。上诉院的另外两个法官也同意发出禁制令。

工会上诉到两贵族院，贵族院5位法官支持工会，撤销了上诉院的禁制令。贵族院认为，1974年第13条第1款的规定，只要是申请人诚实和真心地促进工会纠纷利益，就可以享受豁免权。即使他们将矛头指向政府，也不失去这样的法律保护。贵族院继续说，上诉院的法官过度地运用了自由裁量权。这样会危及公众对于司法机关“政治无涉”的信心，而这又是捍卫法治的根基。如果一个法官在“解释法律”的名义下、按照自己的偏好来修正成文法的规定，就会带来不好的效果，危害公共的利益。只有立法

---

〔1〕 Duport steels Ltd. & others v. Sirs & others [1980]1 All ER 529.

机关才有权力决定豁免权，法官只能在具体案件中解释成文法。解释中应该尊重法律文字的明确意图，界定豁免权的定义和分类。

丹宁勋爵晚年回忆这宗案件的时候，他引用《泰晤士报》1974年2月2日判决第二天的评论文章，“丹宁勋爵常常在贵族院说，要实现法律的公正就需要对法律进行创造性的解释，可是贵族院的那些法官们不会理会他的意见——彻底否决了丹宁勋爵的意见——这一判决的直接后果是，工会将再一次号召私营部分的钢铁工人罢工，以向政府施加压力”。〔1〕

影响评价

英国的法理学和普通法之间似乎一直存在某种隔阂，“一般法理学”的概念来自19世纪的边沁和奥斯丁，但是他们两位的律师职业都不十分成功。20世纪的法理学，如哈特和拉兹之流，对哲学的兴趣超过了对法学的兴趣，使英国正宗的法理学也就是所谓的“牛津学派”带有古典哲学的印记，而非普通法的印记。形成鲜明对照的是，我们说普通法产自英国，来自12世纪的亨利二世和他的法学家们，也就是格兰维尔、布拉克顿、柯克和布莱克斯通这些英国普通法的法官群体。但是，这些法官又少有哲学的思想。霍布斯法学家和柯克法律家的差异，显著地体现了英国哲学与英国法学的鸿沟。这也意味着，英国的法理学与英国的普通法并不存在天然的亲和性。从这个意义上讲，丹宁勋爵是一个特例，他是英国普通法上诉院院知名大法官，同时也不乏哲学的智慧闪光，是将法律哲学建立在普通法基础上的法学家。

中国读者喜爱丹宁，是从20世纪80年代他的法律散文式的作品传入中国时起。他的《法律的训诫》和《法律正当程序》，影响了一代中国法律

---

〔1〕［英］丹宁勋爵：《最后的篇章》，刘庸安，李燕译，法律出版社2000年版，第200页。

人。丹宁在英国普通法司法系统中的地位毋庸置疑，许多著名的司法判例，都来自他的聪明才智。英国人也乐于拿丹宁勋爵与美国的霍姆斯作比较：他们都是司法机构伟大的法律异议者，都深受普通法的熏陶，都对法治主义抱有忠诚和信念，都在坚持法律传统的基础上发展法律，都提出了法律能动主义的激进主义主张，甚至他们俩都是法律实用主义的鼓吹者。更重要的是，丹宁勋爵不同于霍布斯、哈特传统的法理学家，而是类似于布拉克顿、柯克那样的普通法法官，他的司法哲学更接近于普通法的传统。

值得特别提及的是，丹宁勋爵本质上还是一个法治主义者，他是英国当代最知名的上诉法院的大法官。即使是认可司法能动主义，但他肯定不是一个认定“法律就是政治”的“左”派法官，更不是容易受到政治权力和民粹舆论左右的激进主义者。要真正认识和理解丹宁勋爵，仅仅阅读他普及法律的自传体小册子是不够的，我们要认真仔细地阅读他的司法判例。

深度阅读

1. [英]丹宁勋爵：《法律的训诫》，杨百揆、刘庸安、丁健译，群众出版社1985年版。

2. [英]丹宁勋爵：《最后的篇章》，刘庸安、李燕译，法律出版社，2000年版。

3. Alfred Denning, *The Due Process of Law*, Oxford University Press, 1980.

4. Lord Denning, *The Function of the Judiciary in a Modern Democracy*, Pakistan Horizon, Fourth Quarter, 1963, Vol. 16, No.4.

5. Duport steels Ltd. & others v. Sirs & others [1980]1 All ER 529.

雅克·马里旦

Jacques Maritain

1882—1973

真正“看见”的天主教哲学家

“共同体和社会都是伦理—社会真实的人类事物，而不单纯是生物学事实。但是，共同体更是自然的产物，更接近生物学事实；而社会更是理性的产物，更接近人的精神和理智属性。”

——雅克·马里旦《人与国家》

雅克·马里旦几乎在全部知识领域都有自己的创见。在政治和社会领域，他秉持托马斯主义理论的基本原理，致力于提升神学理想和道德世界观，并且坚持一种自然法原则，旗帜鲜明地为民主制辩护，严格区分国家与社会，明确指出了人类行为的共同善目标，系统奠定了人的权利的超越基础，阐明了人类个体与人类制度的善恶标准。“雅克·马里旦是一个真正‘看见’的哲学家——他越过现象和符号，洞悉事物最深刻的维度。”

雅克·马里旦于1882年11月18日出生于巴黎。他的父亲保罗·马里旦(Paul Maritain)是巴黎律师公会的成员,有着长达30年的执业经历。母亲吉娜维芙·法芙尔(Geneviève Favre)则是一位自由派新教徒。儿时的马里旦是一个"书虫",健康状况不佳。母亲经常鼓励他到户外写生。年长他7岁的姐姐珍妮(Jeanne)对他爱护有加,并且在许多方面激发了他的智力天赋。1898年到1899年,马里旦进入亨利四世公立中学(Lycée Henri Ⅳ)学习。后来进入巴黎大学。在巴黎大学求学期间,年轻的马里旦开始了对生活意义的追问。这部分是由巴黎大学授课老师的科学至上主义和不可知论引发的。在他精神上最痛苦的时候,他甚至有过自杀的念头,这时正是其好友查理·贝圭(Charles Péguy)把他引向了亨利·柏格森(Henri Bergson)的哲学。在物理学领域中,由于物质的能量守恒,永远不会产生任何新的东西,因此,"未来的大门关闭着"。然而,"在生命中却相反,未来的大门敞开着。变化的过程是个创造的过程,它创造出真实新奇的事物。"柏格森的讲座为马里旦揭示了一个充满希望的生命世界,在那里到处体现着自由、生机、进步和富于创造。

1906年年底,马里旦前往海德堡,在汉斯·德里施(Hans Driesch)的指导下进行生物学研究。德国之行是马里旦从一位柏格森主义者转向托马斯主义者的重要时期。他的导师德里施的研究把类似亚里士多德的生命圆满实现的概念引入生物学之中,极大地冲击了当时的机械主义观念。马里旦认为柏格森主义从攻击世俗理性伊始就产生了误解。此时的马里旦并不熟悉阿奎那的著作，更不用说成为一名托马斯主义者了。但就其毫不含糊、毫无保留地接受人类认识工具的实在价值而言，他已经是一名不了解阿奎那著作的托马斯主义者了。到他的精神导师哈姆波特·克莱里塞克（Humbert Clérissac）修士把他引向托马斯·阿奎那的著作时，他已经在精神上完全接受了托马斯主义。

在从柏格森主义者向托马斯主义者的转变过程中，马里旦并没有完全以阿奎那自身的观念取代柏格森的观点，相反他在很多方面都借助了另一位托马斯主义者的思想。这个人就是圣托马斯的约翰（John of St. Thomas）。他1589年7月11日出生于里斯本，原名是让·普安索（Jean Poinsot），圣托马斯的约翰是他的教名。虽然是17世纪的作家，但无论是在思想观念和治学方法上他都与中世纪的经院主义者保持一致。其中对阿奎那的主要观点更是奉为圭臬。圣托马斯的约翰的这种知识观和世界观显然对马里旦有着重要的影响。在圣托马斯的约翰那里，马里旦找到了把概念作为认知符号的理论基础，也找到了以托马斯主义的立场回顾柏格森主义理论的主要出路。

从20世纪40年代开始，马里旦的著作越来越多地关注政治哲学和法哲学问题。1942年出版的《基督教与民主》（*Christianisme et démocratie*）和《人的权利与自然法》（*Les droits de l'homme et la loi naturelle*）即这类问题的代表性著作。在前者中，马里旦主要分析了现代民主国家的悲剧以及民主的真正本质，以及新时代的领导权和共产主义问题。在后者中，马里旦论述了自然法和自然权利，以及派生于自然法的各种法律和派生于自然权利的各种人权问题。1943年出版的《处于十字路口的教育》（*L'Education à la croises du chemin*）被认为是对一种通识教育的倡导性著作。书中对教育的目标、教育机制和大学教育以及自由教育等问题进行了讨论，表明了作者批判现行教育、力求改革的努力。1944年出版的《从柏格森到托马斯·阿奎那》（*De Bergson à Thomas d'Aquin*）是马里旦的一部纯正的哲学著作，也可以看作是作者本人对自己哲学路径的梳理。同年出版的《人本主义政治的原则》(*Principes d'une politique humaniste*)是马里旦人本主义思想的延续。在担任法国驻梵蒂冈大使期间，尽管公务繁忙，马里旦也未远离理论创作。这一时期出版的著作有1945年的《保卫正义——文章与演讲》(*pour la Justice, Articles et Discours*)和1947年《简论存在与存在者》(*Court Traité de l'existence et de l'existant*)。

马里旦1951年出版的《人与国家》(*l'Homme et l'Etat*)被很多人视为他的最重要的一部政治法律著作。这部著作内容丰富，概念精确。主要包括国家概念、主权概念、自然法与人权、民主宪章、教会与国家以及世界政府问题。其中有些内容在作者之前的著作中已经有所涉及。1952年出版了《理性的范围》(*The Range of Reasons*)，这是一部相当混杂的著作，其中包括了《理智与理性》的内容和《人与国家》的部分草稿，主要探讨了知识和信仰的一些问题。1953年出版了《艺术与诗中的创造性直觉》(*L'Intuition créatrice en art et en poésie*)，这是从哲学角度阐释艺术创作问题。同年他出版了《接近上帝》(*approches de Dieu*)，主要探讨了认识上帝的哲学方法，特别是阿奎那的五种方法，并且提供了第六种方法。1957年出版《论一种历史哲学》(*pour une philosophie de l'histoire*)，在这部著作中作者尝试确立一种关于历史的哲学，批判了黑格尔的历史哲学，并且提供了历史的运行法则(Functional Laws)和矢量法则(Vectorial Laws)，指出了历史的双重相反进步法则和人类自然本质的"状态"说。

除了哲学家的身份，马里旦还是上帝教皈依者、托马斯主义者、政治家、教师、牧师、文学研究者与耶稣小兄弟会成员。他以中世纪经院主义大师天使博士托马斯·阿奎那(St. Thomas Aquinas)的理论为根基，以托马斯主义知识宝库中的概念术语为载体，系统阐释并深刻批判了他所认识的现代世界及其病症。其中涉及科学、形而上学、美学、政治哲学、国家以及教会学等若干领域。在政治和社会思想领域，他秉持托马斯主义理论的基本原理，致力于提升基督教的道德和神学理想以及一种自然法的原则，旗帜鲜明地为民主制度辩护，严格区分了国家与社会，明确指出了人类行为的共同善目标，系统奠定了人的权利的超越基础，并且牢固确立了人类个体与人类制度的善恶标准。马里旦的著述和思想对托马斯主义的复兴和20世纪上帝教运动具有重大的影响。

核心学说

一、人的权利与自然法

（一）法的分类

马里旦对法律的分类基本遵循着阿奎那的思路，但弱化了神学维度的考虑。他把法律主要分为永恒法、自然法、万民法和实在法。

法的概念是一个类比概念，永恒法明显反应了这种类比特征。上帝是一个立法者，但却与其他立法者不同。永恒法不是写在纸上，而是体现在上帝的本质之中。永恒法是自然法的基础，只有确立了永恒法，自然法才能具有明确的含义。马里旦认为，永恒法不仅是一个神学概念，同时也具有哲学基础。要证立永恒法，必然要求证明上帝的存在。理性造物对永恒法的分有即是自然法。马里旦一再强调上帝之理性是自然法的唯一作者，是法的唯一作者，如果人的理性染指其中，那么法所体现的不过是人类权威的价值。

在托马斯·阿奎那那里，自然法是用来把握永恒法，从而沟通人为法和永恒法之间关系的。它既具有向上分有永恒法的功能，也具有向下衍生人为法的功能。在托马斯·阿奎那的理论基础上，马里旦更多的是从自然法与人类实在法及国际法的区分中把握自然法。他曾经这样描述自然法：

“自然法是处理权利和义务问题，这些权利和义务以一种必然的方式来自实践理性的首要原则‘趋善避恶’以及人之为人这一单纯事实，而不考虑任何其他的因素。”[1]这种法是普遍的、不可改变的。从马里旦的简单定义中至少可以得出三点结论：首先，马里旦并没有仅仅把自然法限定于义务领域，认为自然法同样包含着权利；其次，他认为自然法与实践理性的首要原则以及人类尊严紧密相关；最后，他强调自然法的必然性，但这种必然性是自然法本身的特性，而不是人类对它的认识的特性。

万民法处于自然法和实在法之间，难以精确界定。马里旦认为，万民法与文明共同法概念相同。他比较了英国普通法（common law）和罗马的万民法（jus gentium），认为它们是以相同的方式发展起来的。这两个概念对于法学家或者历史学家来说可能非常不同，但是对于哲学家来说可能并不困难。哲学家可以把它们与具体的社会环境和超出本质的范围分离开来，结果去掉普通法的英国意义和万民法的罗马意义，它们就是同义词。在中世纪万民法与自然法一样都是处理来自实践理性首要原则的必然的权利和义务。但它与自然法还是具有明显的区别。自然法是借助于关于人类倾向的知识，而万民法则通过理性的概念运用。按照阿奎那的说法，凡是以人类理性作为作者的领域都是实在法的一般领域，那么万民法应当属于实在法。对于万民法，人类理性虽然没有介入法的存在，但却作为了法的知识的作者。因此，尽管可能不具有一部法典，但万民法已经形成了一种司法秩序和特定的形式。马里旦总结说，对于万民法的认识是通过共同理性的、逻辑的概念运用，从自然法的那些更为深刻、更为首要的原则开始的。万民法可以包含与自然法有关的规范。像趋善避恶这样的原则可以通过倾向认识，也可以通过理性的概念运用认识，后者就属于万民法。比如“我们必须遵守社会群体的法律”，这是一条万民法，它是“人应当生

---

〔1〕 Jacques Maritain, *The Rights of Man and Natural Law*, trans. by Doris C. Anson, New York: Charles Scribners's Sons, 1943, p.69.

活于社会之中”这一自然法规范的理性结论。而“遵守群体的法律”也可以借助倾向与人要求生活于社会之中的根本趋势一致，它也是一条自然法的规范。万民法的内容还可以包含那些超出自然法范围之外的内容，这些内容不是法学家或哲学家而是人性的共同理性做出的推论。比如“不经过听证不能处罚任何人”就是“受指控者应得之正义”的逻辑结论。这里我们得到的就是一条万民法，而不是自然法。

实在法或称成文法，是指一组在特定共同体中生效，并且处理以偶然的方式来自实践理性首要原则的权利和义务的法律。当这些法律制定或者特定的共同习惯产生之时，人的理性和意志就确定了明确的行为方式。实在法是自然法的延伸和扩展，它对自然法未明确之事予以明确。人类理性作为一种创造性力量介入了这一过程。它所涉及的问题不仅包括对于何为法律的认识，而且还包括法律的存在方面。因为实在法的制定考虑了具体条件下的共同善，所以它创造了一种道德的善或者恶。实在法借助自然法要求人们承担遵守的义务，而自然法最终又追溯到永恒法。很难想象不正义的实在法能够凭借自然法以及永恒法要求人们承担义务，因此，不正义的法律不具有强制性。从历史经验来看，在从自然法到万民法再到实在法之中存在着一种逐步转换的机制。正是这种机制使权利在共同体中逐步采取了政治和社会的形式。

（二）自然法与自然权利

马里旦的自然法理论以托马斯主义传统为基础，以17、18世纪的自然法理论为敌手，显然无法赞同霍布斯、洛克对自然状态和自然法的描述，同时更难同意他们以个人主义为中心建立起来的自然权利理论。从马里旦的著述来看，他对权利、自然权利、人权这类词语的使用是非常谨慎的。在他关于权利的论述中很少见到权利的完整定义。他的著作中有一处描述很接近权利的定义：权利是从自我发出的一项要求，它涉及被理解为他应得的东西，对此其他道德主体在良心上有义务不去剥夺。被赋予理智和自由意志的造物的活动常态表明了下述事实：该造物具有义务和责任；同时也表明该造物由于他的自然本性享有权利——因为他是一个与其他人对立的自我，而其他人在剥夺他的应得方面不是自由的。理性造物的活动常态是神圣智慧秩序的一种表达。[1]

在《人的权利与自然法》这部著作中马里旦系统地阐述自然法、万民法和实在法以及各种权利形式。这本书的大部分内容被后来的《人格与共同善》和《人与国家》所吸收，构成了这一时期马里旦政治、法律思想的重要内容。马里旦把人的权利分为了三种形式：位格人的权利、公民人的权利和劳动人的权利。这里涉及的是人的三种形态，而非三类人。人首先是以位格的形式存在的，其次才是存在于政治生活中，劳动人则主要是指人在社会、经济和文化活动中的存在。对于位格人的权利马里旦总结为以下几类：生命权和生存权、自由权或者主宰自己的行为并为这些行为在上帝和共同体法律面前负责的权利、追求道德和理性生活完善的权利、追求永恒的善的权利（没有它就没有真正的幸福追求）、身体完整权、物质财富的私人所有权，这是个体自由的保障，自由选择婚姻和供养家庭以便保证其应得自由的权利、结社权，这是对每个人尊严的尊重，无论它是否代表着一种社会经济价值。马里旦认为所有这些权利都是精神的、自由的主体对绝对价值的归附。他认为根据启蒙运动和百科全书派的理性观点设计的《法国人权宣言》使这些权利变得模糊不清了。而以洛克和"自然宗教"的影响为标志的《美国独立宣言》却更为接近基督教人权的原初特征。[2]如何处理他与洛克在自然权利上的态度仍然是一个值得深入研究的问题。

---

〔1〕 William Sweet (eds.), *Natural Law: Reflections on Theory and Practice*, South Bend, Indiana: ST. Augustine's Press, 2001, p.60.

〔2〕 Jacques Maritain, *The Rights of Man and Natural Law*, trans. by Doris C. Anson, New York: Charles Scribners's Sons, 1943, p.79, 80.

公民人的权利也就是人的政治权利，直接源于实在法和政治共同体的基本宪法。这类权利主要涉及政治权利、政治自由以及选举权。有时人们倾向于把所有事务都交给领导者，而自己情愿做政治奴隶，觉得这样更为幸福。但这时他们却放弃了与自己的本性相一致的特权。因为诚如亚里士多德所言，人在自然上是社会的动物，自然地要求过一种政治生活，积极地参与政治共同体。对于政治生活而言，如果政治权威的职能在于引导大家实现共同善，那么也应该由人们自己自由地选出这种权威。如果允许人们表达他们关于政治事务的想法和愿望是正常的，那么根据人们自己的观念和理想组成不同的政治党派和政治群体也就是符合常理的。现实中党派政治的堕落与邪恶不能表明这些概念本身的错误。现实的堕落正是对概念本质进行扭曲的结果。如果要恢复正常的状态，就要再回归到这些概念的本质要求上来。因此，建立新型的民主政治可以避免当前政党政治的弊病。对此马里旦认为，人民自行决定宪法和政府形式的权利是最为基本的政治权利。另外还有三项平等权：保证公民地位、安全和自由的政治平等；法律面前的平等，其中包含独立的司法权，以保证法律被违反时每个人可以寻求法律救济并且只受法律限制的权利；依据能力担任公职的平等，以及从事不同职业的平等机会，从而避免社会和种族歧视。

承接上述两个范畴的权利，马里旦发表了对人作为劳动者的权利的看法。作为个体的劳动者权利是与劳动群体、工会和其他职业组织的权利联系在一起的。因此，必须承认劳动者的组织自由和罢工自由。这些都不仅是劳动者经济地位的反映，它还是一种道德基准，意味着劳动者是人格健全者，而不是奴仆；是正义关系的一方，而不是权利客体。现代世界的许多劳动形式和劳动关系扭曲了劳动者权利的概念，因此，我们需要构思一种以多元原则的基本价值为基础的新概念。这种原则延伸到政治和社会生活的全部领域，旨在解决流派纷争和不同精神力量在世俗共同体中的和谐共处。在经济领域中，它不仅为群体和团体自治提供根据，而且为不同经济形式的管理体制的多样性，特别涉及工业经济和农业经济，奠定基础。马里旦对劳动者权利的阐述不仅针对劳动条件的改善、劳动报酬的提高，更针对劳动者人格的完善，以及劳动价值观的进步。

在总结这三种形式的权利时，马里旦以一种概览的方式列举了所有权利。其中位格人的权利包括：生存权；人格自由权或者作为自己、自己行为的主人安排自己的生活，并在上帝和共同体面前为它们负责的权利；追求理性和道德生活完善的权利；按照良心认为是上帝所指示的路径追求永生的权利；教会和其他宗教派别自由实施精神活动的权利；从事一种宗教天职的权利；宗教团体和组织的自由；按照自己的选择结婚的权利和供养家庭的权利，这相应地又由它所应得的自由加以保障；家庭的权利，尊重其组织形式，它的基础是自然法，而不是国家法，根本上涉及人类的道德性；保持身体完整的权利；财产权；最后，每个人被作为人而非物品对待的权利。公民人的权利包括：每个公民主动参与政治生活的权利，尤其是全体人的平等的选举权；人民制定国家宪法并且自己决定政府形式的权利；结社权，只受司法承认的共同善的必要性限制，特别是形成政治党派或者政治派别的权利；自由研究和讨论的权利（表达自由）；政治平等，每个公民在国内的安全和自由的平等权；每个人享有独立司法权保护的平等权；担任公职的平等机会和从事各种职业的自由途径。社会人的权利包括：自由选择工作的权利；自由组织职业团体和工会的权利；劳动者在社会上被视为成人的权利；经济组织（工会和劳动团体）及其他社会组织的自由和自治权；公平薪酬的权利；参加劳动的权利；在联合制度取代工资制度的地方加入企业合作所有权和合作管理的权利，以及获得“劳动者头衔”的权利；获得救济金、失业保险金、患病津贴和社会保险的权利；根据共同体发展情况，参与和免费分享文明基本的物质和精神财富的权利。[1]

---

〔1〕 Jacques Maritain, *The Rights of Man and Natural Law*, trans. by Doris C. Anson, Charles Scribners's Sons, 1943, p.111-114.

二、人与共同善

在对人格的描述中马里旦指出，人格在本质上趋于联合。这不仅由于其需要，而且也是由于其尊严。人类社会与动物群体的不同之处就在于，前者是一个人格的团体，而后者则是个体的集合。但人为何要追求一种社会生活呢？首先，这是因为人格的完善要求这样，人内在地要求知识和爱的交流，这需要与他人具有某种联系。其次，这是因为物质个体具有某些缺陷或需要，物质个体具有离散的趋势，只有整合到一个社会联合之中，它才能具有生命的完整性。因此，社会在一方面为人提供了存在的条件，另一方面为人的发展提供了可能性。社会不仅满足了人们的物质需要，而且更重要的是，它可以帮助人们实现理性和德性的发展。“人是政治动物，因为他是理性动物，因为理性要求通过品格训练、教育和与人合作的发展，还因为社会是人的尊严的实现不可或缺的环节。”〔1〕

人是社会整体的一个单元，共同善是社会整体的目的。这两个命题之间具有相互推导的关系。共同善之所以是善在于它是人们理智所追求的目标，之所以共同是因为它来自所有人，每个人都是整体的一面镜子。对人类共同体可以恰当地说共同善，但对于动物群体却只能比喻地使用这个术语。马里旦提示我们注意对于共同善的两种错误理解。其一，把共同善理解为单个善的集合；其二，把共同善理解为社会整体的善。他认为，社会的目的既不是个体的善，也不是单个善的集合。“这个概念会把社会分散为它的不法的利益，或者发展为一种温和的无政府主义概念，或者发展为古老的伪装的个人物质主义的无政府主义概念，其中城邦的全部功能就

〔1〕 Jacques Maritain, The person and the Common Good, *The Review of Politics*, Vol. 8, No. 4 (Oct., 1946), p.419-455.

是保护每个人的自由；因此就会赋予强者以压迫弱者的全部自由。”[1]这与把个人对善的追求视为优先的哲学，以及认为个体权利优先的哲学显然大相径庭。马里旦不相信从无政府主义中能够产生秩序，也不相信弱肉强食的状态能带来真正的自由和正义。

从上述内容可以看出马里旦对共同善的基本理解。首先，他的共同善体系覆盖着人的整个生活领域。这个体系不仅包括物质利益，还包含着一种公正生活的生活方式，以及人生追求的目标，他认为这些是自身即为善的，即正善（bonum honestum）。对于共同体的存在而言，它必须是正义的，只有这样它才不至于沦落为匪帮组织和乌合之众。因此，背信弃义、违反条约和誓言、政治暗杀和非正义战争，即使它们对于政府是有用的，能够为人民取得短暂的利益，充其量也只是破坏共同善的行为。其次，他把共同善作为具有某种伦理意义的东西看待。共同善的内容涉及人的可能发展，这些人存在于一个民族之中，由正义而非强力组织起来。历史条件和人性发展会限制共同善的实现，但是人们获得尽可能大的共同善，实现真正独立的趋势是确定不移的。在历史上并没实现这些共同善的完美城邦（societas perfecta），我们当下的国家可能也离此遥远。而且，当前的共同善不能仅限于民族，还应延伸到世界文明共同体。国家和民族的共同善只应看作整个文明共同体共同善之中的一个领域。

马里旦从对人和社会的分析中得出以下两个结论。第一，就人与社会之间的关系而言，人所展现出来的两个方面，人格和个体都需要社会。而共同善在其中所扮演的角色是，一方面指向作为人格的人，另一方面把作为个体的人引向自身。就前者而言，共同善以两种方式指向人格。首先，由于人格参与到社会秩序之中，从根本上说共同善必须要流回到人格或者说再分配给人格；其次，由于人格本身类似于神圣位格，直接与超自然的

〔1〕 Jacques Maritain, The person and the Common Good, *The Review of Politics*, Vol. 8, No. 4 (Oct., 1946), p.419-455.

神圣整体相关，超越于社会秩序，因此，共同善必须支持人格向着政治社会之上的绝对善的前进。前者涉及共同善在社会中的再分配，后者涉及人对社会的超越。

第二，人类社会存在着固有的紧张甚至冲突状态。从社会角度来看，一方面社会生活尊重人，以实现人的善和自由为自然目的；另一方面社会生活也把人视为物质个体，并作为自己的一部分，在这个意义上它忽视了人的另一维度，具有奴役人和贬低人的自然趋势。从人的角度来看，人作为个体必然要服务于共同体和共同善，在有些情况下还会因此受到限制。但人要求自由地服务于共同体和共同善。而且，人还会要求自身的完善，要求迈向高于自己和共同体的超越者。

三、主权论

马里旦认为就主权的确切而真实的含义来说，它意味着两件事：首先，一种对于至高独立性和至高权力的权利，是一种自然的、不可让与的权利。其次，在其固有的领域中，是绝对的或者超越的，而不是相对的至高，也不是整体的一个最高部分。〔1〕按照这种观点，主权者作为另一个整体与其统治的整体是分开的，它要在这个整体之上进行统治。而且，"主权是一种绝对的、不可分割的所有权，它不能被分有，也没有程度之分，它属于独立于政治整体的主权者，是其独有的一种权利"。〔2〕这种主权观念在霍布斯的尘世上帝利维坦中被揭示出来。在霍布斯那里，人们为了摆脱自然状态下的混乱相互缔结契约，为了使这种契约稳定持久，还需要公共权力来指导他们的行动。建立这种公共权力的唯一办法就是把众人的权力和力量授予一个人或一个大会。在把众人的意志统一为一个意志的过程中，全体成

〔1〕 Jacques Maritain, *Man and State*, Chicago: The University of Chicago Press, 1951, p.38.
〔2〕 Jacques Maritain, *Man and State*, Chicago: The University of Chicago Press, 1951, p.38.

员也就真正统一到唯一的人格之中。这种人格的承担者就是主权者。主权者的权力是绝对的，如果还有比它更高的权力，那么它就不是主权者了。

根据这种主权概念，马里旦认为政治体、国家和人民都不是主权者。就政治体而言，它具有一种完全自治的权利。虽然政治体具有对内对外的自治权，这是一种自然权利，甚至是不可让与的权利，但是，这仅仅意味着任何人都不能强制地剥夺这种权利，而不是意味着这种完全的独立性自身是不可让与的。在政治体同意加入更大的政治社会并承认自己不再是一个自足的社会时，它可以自由地放弃这种权利。因此，政治体具有前述主权定义的第一要素，即一种自然的不可让与的权利；但却不具备主权所固有的第二要素，即绝对的、超越的最高的性质，“显然政治体没有从独立于自身并且高于自身的地方治理自己”。[1]

就国家而言，它是政治体的一个部分和工具性机构。它虽然对于隶属于法律和行政管理的其他部分具有最高的独立性和权力，但是，“它既没有对于整体的至高独立性或者高于整体的至高权力，也不具有对这种至高独立性和至高权力的权利”。[2]对外它也只能代表政治体，对于至上独立性的权利只是相对的，并且可以放弃。就此而论，无论是对内还是对外，国家的自治性都是相对的。它既不具有真正主权概念的第一要素，也不具有真正主权概念的第二要素。既不具备对于至高独立性和至高权力的自然的、不可让与的权利，其独立性和权力也不具备绝对的、超越的至高性质。因此，国家不是真正的主权者。

就人民而言，他们不具备真正主权所固有的第二个要素。虽然他们具有一种自然的、不可让与的完全自治的权利，但是，“认为人民从独立于自身并且高于自身的地方治理自己，那简直是荒谬的”。[3]马里旦认为这种

〔1〕 Jacques Maritain, *Man and State*, Chicago: The University of Chicago Press, 1951, p.42.

〔2〕 Jacques Maritain, *Man and State*, Chicago: The University of Chicago Press, 1951, p.42.

〔3〕 Jacques Maritain, *Man and State*, Chicago: The University of Chicago Press, 1951, p.44.

荒谬的观念恰恰出现在卢梭的人民主权理论之中。卢梭缔造了公意的神话，确立了公意的不可分割、不可转让、绝对正确的神圣性，而主权即是对公意的运用。而人民则变成了单一的主权者，拥有分离的、绝对的、超越的权力。这种权力从上面统治着作为个体的人们。在马里旦看来，卢梭并不是一个民主主义者，他在初生的现代民主制中注入了一种有害于民主的主权观念，并且直指集权国家。这样的结果就是，公民之间完全处于相互独立地位，而公民为了获得自由就必须依附于国家。“卢梭的国家不过是以公意的王冠以取代那些雅各宾词汇所称的国王和暴君王冠的霍布斯的利维坦罢了。”〔1〕

从对博丹、霍布斯和卢梭关于主权理论的分析和批判中，马里旦认为必须要摒弃主权概念，因为它与绝对主义的概念毫无二致。在把主权概念运用到政治法律理论中时，它所包含的内在矛盾是无法克服的。主权要求绝对的至上地位，而博丹却试图将主权者置于神法之下。在霍布斯和卢梭的理论中，个人无法以道德良知反对尘世上帝的任何决定或公意所确立的法律。主权的全部意义在于服从而不是正义。法律正当性的基础不再是对正义的追求，而是主权权力的存在事实。一旦混同了民族主权、国家主权和人民主权，自由、公正就变得遥不可及了。如果把主权归诸国家，那么，主权国家对外就享有高于国际共同体的绝对独立性，因此，一切国际法就变得不可想象。主权国家对内享有绝对至上的权力，结果中央集权就排除了多元主义而成为主权概念的逻辑结果。更为重要的是，如果主权成为国家的所有物，一定会出现一种不负责任的最高权力。这种权力与主权概念相符，却与民主原则相悖。它会使人民丧失对国家事务的监督和控制。马里旦的结论是：主权和绝对主义是在同一铁砧上锻造的两个概念，必须一同丢弃。〔2〕

---

〔1〕 Jacques Maritain, *Man and State*, Chicago: The University of Chicago Press, 1951, p.46.

〔2〕 Jacques Maritain, *Man and State*, Chicago: The University of Chicago Press, 1951, p.53.

四、论民主

在总结关于人和社会的民主哲学时，马里旦把它等同于与奴役哲学截然相反的人本主义政治哲学。这种人本主义政治哲学的根本特征在于人的不可剥夺的权利、平等，人民的政治权利，人民的同意等都包含在对任何政体的要求之中，统治者是作为人民的代理人进行统治的，正义和法律的关系是社会的基础，理想的状态不是战争、威望或权力，而是博爱、人类生活的改善和解放。[1]在这种哲学中，政治的任务在于提升文明和文化，促进人类共同善的发展和个人对这种共同善的分享。这种哲学鼓励人民参与政治，赋予所有成人以选举权，保证人民团体的权利，保障人民在基本宪法的保护之下处理政治生活的自由。但民主政体并非人民主权的政体。因为在民主制中既不存在主权，也没有绝对的主人。‘最好说民主是一种人民享有社会和政治多数权利，并运用它处理自身事务的政治制度。或者最好说民主即是‘民有、民治、民享’。”[2]人民选举代表进行统治，这种统治具有明确的期限和职能，人民对代表的管理进行常规的控制。

在马里旦看来，个人自由主义在民主问题上的错误在于，首先，它以人人只服从自己为托辞，从原则上否认人民选举出来的代表和官员具有真正的权利。这些代表和官员只是人民的被动工具，他们握有权力却没有权威。而实际情况却是他们受人民委托，与人民共同治理，但是他们具有自身职能范围内的权威。其次，它让个体直接面对全权的国家，共同体只是个体的原子化集合。个体意志先被假定自身消灭，再以公意的形式神秘复活。最后，对于低于国家的组织和共同体，它排除了它们的权利和自治地

---

〔1〕 Jacques Maritain, *Christianity and Democracy*, New York: Charles Scribner's Sons, 1944, p.68.

〔2〕 Jacques Maritain, *Christianity and Democracy*, New York: Charles Scribner's Sons, 1944, p.71.

位。结果共同善和共同任务的概念就消失了。

民主与权威的关系是民主理论中的一个具体问题。马里旦非常明确地区分了权力和权威。在他看来，权威是进行指导和发布命令，要求别人遵守或服从的权利。而权力是一种力量，可以用来强制他人遵守或服从。〔1〕权力不能脱离权威，没有权威的权力是暴政。而一个正直的人即使被剥夺了全部权力，遭受饮鸩之刑，也不因此失掉道德权威。虽然权威明显不同于权力，但是马里旦并不赞同把二者作为两个系统对立起来的观点。有人认为在现代社会中教会具有对世俗事务的权威（auctoritas），却不具有相应的权力（potestas）。这种观点暗含着世俗事务是由权力加以推动的结论。马里旦认为，这种做法人为地割裂了权威和权力。“实际上，正常的状态是权威一词应当包含着权力，而权力一词应当包含权威。就其具有权力而言，权威下降到自然秩序；就其具有权威而言，权力上升到道德和法律秩序。分离权威和权力即是割裂正义和力量。”〔2〕

由此可见，马里旦把权威归属为一种权利，而权力只是权威的一种要求。这种权威的权利当然源于自然法。因为权威意味着一种命令和支配的权利，而社会组织的命令和支配的功能必然包含在一种以共同善为目的的文化状态之中，这种文化状态形成于一种自然本质，宇宙的自然或人的本质。命令和支配的功能源于自然法，在直接民主制中，这种功能由人民大众共同行使，而在更大的社会中，这种功能只能由人民授权给某些人行使。这些被授权管理共同体的人就具有基于共同善而要求被服从的权利。因此，“人之间的权威关系源于自然法”。〔3〕由于人之间存在权威关系，那么就必然出现一些人命令而另一些人服从的问题，但马里旦认为这并不构成对人自然平等的反对，因为这只是在一般意义上说有些人命令，有些

〔1〕 Jacques Maritain, *Scholasticism and Politics*, Geoffrey Bles: The Centenary Press, 1945, p.73.

〔2〕 Jacques Maritain, *Scholasticism and Politics*, Geoffrey Bles: The Centenary Press, 1945, p.74.

〔3〕 Jacques Maritain, *Man and State*, Chicago: The University of Chicago Press, 1951, p.127.

人服从，而并非具体说某类人命令，某类人服从。至于确定哪些人命令、哪些人服从的方法则要根据理性的要求。由于权威意味着权利，它具有被服从的良知义务，但这以两个条件为前提：其一，服从者本身是自由人；其二，以共同善为追求目标。至于权威与正义的关系，马里旦则认为，没有正义即没有权威。“非正义的权威不是权威，正如非正义的法律不是法律。”〔1〕

人的自由和友谊是权威的主要目的，为了实现这些目的马里旦要求一种多元主义的民主，即除了共同体整体的活动之外，权威要从最自然、最基本的共同体家庭开始向上按照不同的等级进行分配。“国家在这一领域之中扮演着仲裁者的角色，它用于防止由此造成的富有活力的张力演变成冲突和混乱。”〔2〕另外，要确认和保障人的权利，使有机民主在本质上成为具有权利的人的城邦。如果人不享有权利，那么权威就无法存在。普选权不仅是人的一种具体的民主权利，也是人民反抗政治奴役的凭借。马里旦认为如果人民在各自组织起来的共同体中选举自身的代表，而不是作为原子在各个选区中进行选举，其结果更为合理。由此，他认为根据特定政治概念组织起来的政党虽然饱受批评，但并非无可取之处。政党作为组织人民的一种方式，它至少能够发挥某种政治教育的功能。政党的问题不在于其存在的合理性，而在于其运作的合法性。“我相信重要的不是去抑制政党，而是要压制腐化它们、把它们变成腐蚀公共善的工具的东西。”〔3〕

五、论平等

有些社会不平等是自然不平等的结果。那些由于先天或后天优势而对整体贡献较多者应当获得的回报更多，这是公正的；个人应当获得与其

---

〔1〕 Jacques Maritain, *Man and State*, Chicago: The University of Chicago Press, 1951, p.127.

〔2〕 Jacques Maritain, *Scholasticism and Politics*, Geoffrey Bles: The Centenary Press, 1945, p.87.

〔3〕 Jacques Maritain, *Scholasticism and Politics*, Geoffrey Bles: The Centenary Press, 1945, p.91.

生活和发展相应的东西，而不是与其要求和欲望相当的东西，这也是公正的。还有一些社会不平等具有社会的根源。这些不平等主要体现在社会机体的内在差异之中。每个人生来就处于某个社会群体或者社会阶层之中，这不是选择的结果，而是不可变更的事实。这种不平等不具有必然性，而是偶然的产物。正如马里旦所言，“一个低能的国王仍然是国王”。这种社会不平等的坏处是，它不仅会带来某些事实上的差别，而且会让某些不平等显得不可变更和至关重要。“如果陷入迷惑的人试图把这些不平等上升为对那些假定低等的群体的社会奴役状态，那么它们就变成了对政治生活的扭曲。”〔1〕

社会不平等更多地源于社会而不是自然，而社会平等则更多地源于自然而不是社会。虽然社会平等以自然的一致和平等为基础，但是不应将社会平等与自然平等混同起来。社会平等是自然平等在社会秩序之中的一种表现和发展，它体现在社会所承认和批准的人的基本权利之中。这些基本权利本身先于政治社会，它们之所以具有社会价值是因为它们在社会秩序中得到了承认和批准。马里旦列举了这些权利，其中包括生存权、保持身体完整的权利、建立家庭的权利、结社权、私人所有权、理性造物追求完善自身之物的权利、按照上帝指引的道路追求永生的权利。这些权利的最终的根据在于自然法。这种平等还要求社会风俗尊重人的尊严，把人当作人对待。政治平等和法律面前的平等是这种平等另一种形式。

马里旦虽然强调社会平等源于自然平等，但他强烈反对把社会平等视为“自然”为“所有人”设定的存在条件，就像“自然”为人们提供了手脚以及眼球的颜色一样，只需要社会加以保护即可。相反，他认为社会平等作为一种社会存在的条件，不管在多大程度上由自然规定，它都需要在社会中实现。“一个充分发展的公民共同体的成员通过自然法或者实在法从

---

〔1〕 Jacques Maritain, *Ransoming the Time*, trans. by Harry Lorin Binsse, New York: Charles Scribner's Sons, 1941, p.25.

共同体中获得它，或者是作为人（如果是人的基本权利问题），或者是作为公民，如果涉及的是其他种类的平等问题。”〔1〕

在马里旦看来，社会生活具有不可破坏的独创性和自身固有的差异性，每个人都无一例外地处于某种社会结构之中，他们面临的最初机会是不同的，升至社会生活顶端的机遇也是不同的，而且寄希望于社会层级的改变从而实现良好生活也是天真的想法。但是，这种社会生活的顶端不应向任何人关闭，它至少应当赋予每个人去追求的机会。而且更为重要的是，任何社会结构中的人都应当具有根据自身的条件和努力实现自身完善的相同机会。这正如马里旦所言，智慧和美德之果对每个人来说味道各不相同，但都是甜的。因此，马里旦要求在一种比例平等的意义上理解机会平等和条件平等，而避免平等主义者空想的简单和纯粹。这也验证了他所谓的《新约》为何没有消除不平等的观点。《新约》虽然解放和激活了人类历史的自然运动，但是它并不试图消除不平等，而只是把它们带回到恰当的比例之中，降低到相对于人类共同尊严来说的次要地位。在这一过程中自然法逐渐使它的原则之中的潜在要求明确化，而实在法则在其自身的领域内更多地向自然的影响展开。

在马里旦那里，这种比例平等是对社会整体和部分的一种正确理解。它尊重差异和具体的不平等，它所理解的人不是抽象的人而是具体的人。这种平等以分配正义为特征，考虑个人的具体优点。正义要渗透到不平等的领域之中，并调和和修复这些不平等，借此使公民友谊成为可能。在马里旦看来，平等、正义和友谊是相互联系的。这种联系在阿奎那那里找到了理论基础。阿奎那认为，“友谊是朋友之间的交往或联合，它无法在相互疏远的人之间存在，而是以获得平等作为其前提。因此，同等地运用先前确立的平等，这与友谊相关，而把不平等导向平等，这与正义相关。当这

〔1〕 Jacques Maritain, *Ransoming the Time*, trans. by Harry Lorin Binsse, New York: Charles Scribner's Sons, 1941, p.26.

种平等实现了，正义的任务也得以完成。因此，之于正义平等是一个终极目的，而之于友谊它却是一个原则”[1]。

在马里旦看来，那种以正义和友爱为社会生活真实基础的政治哲学将把来自精神本质的道德秩序的善作为社会沟通和交换的首要目标。其他的物质的善以及所有技术进步和权力扩张虽然也是国家共同善的必要部分，但它们要听命于上述道德秩序的善。“这意味着要确立一种理性的规则，一种节制和约束的习惯，在使用物质时要进行某种节制。这同样也意味着要在社会上把正义和友爱的规则适用于那些表现公民个人选择自由的行为，这种选择自由一直被尊为一种人格的特权，但绝不应过度崇拜。”[2]马里旦认为，在这些原则之上建立起来的文化能够在更高的层次上协调那些被有缺陷的哲学视为冲突的因素。他认为不是自由意志和权力，而是智慧和良善以及真正的自治的自由，或者这种自由的开端和趋势，构成了这种更高价值的文化。正如当代著名的马里旦研究者约瑟夫·埃文斯（Joseph W. Evans）所言："雅克·马里旦是一个真正‘看见’的哲学家——他越过现象和符号，洞悉事物最深刻的维度。”至于他所看见的内容，“他不仅看见本质的维度——本质、自然、可理智理解的结构和客观的要求，而且看见存在者的维度——时间、际遇、自由和主观的要求。他把这些不同的维度纳入一个动态的整体之中，正因如此，他才能把政治生活中的统一和分殊向我们娓娓道来”。[3]

---

〔1〕 Jacques Maritain, *Ransoming the Time*, trans. by Harry Lorin Binsse, New York : Charles Scribner’s Sons, 1941, p.28.

〔2〕 Jacques Maritain, *Freedom in the Modern World*, trans. by Richard O’Sullivan, K.C. New York: Charles Scribner’s Sons, 1936, p.45.

〔3〕 Joseph W. Evans, “Jacques Maritain and the Problem of Pluralism in Political Life”, *The Review of Politics*, Vol. 22, No. 3 (Jul., 1960), p.307-323.

影响评价

雅克·马里旦在世时是世界上最知名的天主教哲学家。他的哲学作品对天主教会的社会哲学产生了深远影响，他对人权的坚定捍卫使其成为当时相关研究的核心代表，受其著作影响的著名人物包括马丁·路德·金、教皇约翰二十三世和保罗六世等。

马里旦的哲学作品已被翻译成约20种语言文字，他的作品涉猎广泛，大部分是为普通听众而非专业读者所写。他最持久的遗产无疑是他的道德和政治哲学，他对人权工作的影响不仅出现于1948年的联合国宣言中，还体现在许多国家的宪法之中，例如加拿大的《权利与自由宪章》和法兰西第四共和国宪法的前言，可能还有与戴高乐总统的长期通信。马里旦的基督教人文主义和个人主义也对教皇保罗六世的社会通谕和教皇约翰·保罗二世的思想产生了重大影响。有趣的是，自冷战结束以来，马里旦的政治思想在中东欧地区得到了复兴。

要将马里旦的作品置于20世纪哲学史中并不容易。显然，他的影响在那些托马斯主义哲学占据主导地位的国家最为强烈。按照现代自由主义者的标准，他被认为过于保守，而对许多保守派来说又过于自由。同样，虽然他通常被认为是托马斯主义者，但他是否真的是，还有待讨论。实际上，根据埃蒂安·吉尔森的说法，马里旦的"托马斯主义"实际上是一种认识论，因此根本不是真正的托马斯主义。因此，对马里旦哲学的确切性质也并无普遍共识。

深度阅读

1. [法]雅克·马里旦:《人权与自然法》，吴彦译，商务印书馆2020年版。

2. [法]雅克·马里旦:《人和国家》,沈宗灵译,中国法制出版社2011年版。

3. [法]雅克·马里旦:《自然法:理论与实践的反思》,鞠成伟译,中国法制出版社2009年版。

4. 杨天江:《马里旦:自然法的现代复归》,黑龙江大学出版社2013年版。

5. Michael D. Torre, (ed.), *Freedom in the Modern World: Jacques Maritain, Yves R. Simon, Mortimer J. Adler, Mishawaka*, IN: American Maritain Association Press, 1990.

6. William J. Nottingham, *Christian Faith and Secular Action: An Introduction to the Life and Thought of Jacques Maritain*, St. Louis, MO: The Bethany Press, 1968.

7. Hwa Yol Jung, *The Foundation of Jacques Maritain's Political Philosophy*, Gainesville, FL: University of Florida Press, 1960.

约翰·菲尼斯

John Mitchell Finnis

1940—

新经典自然法理论

“阿奎那关于人类社会的思考中存在着某些严重的缺陷。对它们的合理批判可以建立在他自己所理解的前提之上，我认为他对这些前提的阐发好于他的哲学先导柏拉图和亚里士多德，更远胜于马基雅维利、霍布斯及启蒙的其他制造者或继承者。”

——约翰·菲尼斯《阿奎那：道德、政治和法律理论》

约翰·菲尼斯是当前健在的最为重要的法哲学家之一，他通过对阿奎那的道德、政治、法律观念和社会科学方法的批判性回顾重构了一种前现代的理论。在菲尼斯看来，阿奎那的政治和法律理论都与他的道德哲学不可分离。道德哲学关注的是道德秩序，那是由自由选择构成的秩序。它的原则是行为目的和选择理由，而这些则是由作为自然法的首要原则的实践理性原则所设定的。他确立了实践理性在重释阿奎那中的核心价值，并试图以这种实践理性原则去解释人类社会的基本善、正义、自然法和实在法等问题。菲尼斯代表着一种在现代语境下产生的以阿奎那学说为基础却不那么托马斯主义的理论类型。

约翰·米切尔·菲尼斯，牛津大学法律与法律哲学荣誉教授，闻名于世的法理学和法哲学家。菲尼斯1940年7月出生于澳大利亚阿德莱德，是家里四个孩子中的长子。他的父亲当时直至退休都在阿德莱德大学哲学系任教，他的外祖父也是哲学教授。菲尼斯从1947年至1956年在南澳大利亚领先的英格兰教会学校接受教育；他在10岁或11岁时加入英格兰教会，少年时期则作为一个无神论者阅读伯特兰·罗素和大卫·休谟的作品。在学业方面，他一直是学校的优等生。1961年，菲尼斯获得澳大利亚阿德莱德大学法学学士学位，并于1962年作为南澳大利亚的罗德学者前往牛津大学，正是在那里他遇到了法理学和法哲学界首屈一指的哈特教授，并在他的指导下进行博士研究。

在1965年取得博士学位后，应哈特教授的提名，菲尼斯在加州大学伯克利分校法学院担任了一年的初级教职。这份工作最大的优点是为他提供了大量的阅读时间。正是在这段时期，他在大学图书馆里发现了美国当代著名伦理学家杰曼·格里塞（Germain Grisez）为加拿大神学家和哲学家伯纳德·洛纳根（Bernard J.F. Lonergan）的名著《洞察：人类理解研究》（*Insight: An Study of Human Understanding*）所写的书评。这两位学者都对菲尼斯的学术生涯产生了极为重要的影响。后来他在伯克利的一家书店里碰到了格里塞的《节育与自然法》（*Contraception and the Natural Law*），他买了这本书，并在其中找寻到了充分阐述实践理性首要原则的框架，同时格里塞的作品也为菲尼斯阅读阿奎那打开了大门。1966年，菲尼斯在阿德莱德大学法学院教了几个月书，他在那里深入阅读了维托利亚和苏亚雷斯等晚期经院学派的作品，并认为这些人曲解了阿奎那的理论。

1966年秋，菲尼斯在牛津大学谋得教职，成为了哈特教授的同事。哈特教授当时是克拉伦敦法学系列图书的主编，他邀请菲尼斯写一部著作。而且，哈特教授反复强调它就叫《自然法与自然权利》(*Natural Law and Natural Rights*)。菲尼斯慨然应允，并承诺于1970年圣诞着手，但实际的写作却拖到1973年前后。实际上从1967年开始，他每年在牛津大学法学院都至少要上一门法学理论课。1971年他还在阿德莱德大学法学院讲授过6个月的法理学。菲尼斯的课程主要集中在处理奥斯丁(John Austin)、凯尔森(Hans Kelsen)和哈特的法学理论，也广泛地涉及刑事法、宪法、行政法、国际公法、刑罚学和罗马法等主题。这些内容构成了《自然法与自然权利》中讨论法律问题的基本素材，因而对于该书相关领域的例证我们丝毫不应感到奇怪。在方法论上，菲尼斯却受惠于施特劳斯的《自然权利与历史》和沃格林的《新政治科学》。《自然法与自然权利》在牛津大学法学院构思、着墨和截稿，但主要的写作过程却是在非洲的马拉维大学。按照菲尼斯的说法，那里的环境更适合思考正义、法律、权威和权利问题。1974年菲尼斯有机会与格里塞当面交流，交谈的内容涉及他们当时正在创作的《基督的教义：天主教成人教理问答》的道德理论章节。这次会面使二人惺惺相惜，相互表达了进一步合作的愿望。菲尼斯提到他正在写作一本题名为《自然法与自然权利》的著作，格里塞当即表示愿意提供帮助，但菲尼斯并未表达接受的意愿。最终，菲尼斯在1978年交付了手稿。1979年，在《自然法与自然权利》第一版付梓的前一年，菲尼斯系统研究了梵二大公会议的主要文献，旨在为格里塞《基督教道德原则》的写作提供帮助。在这一过程中，他所体现出来的操持拉丁文本的熟稔深受格里塞赏识，这也是他们能够深入合作并且为后者的巨著作出重要贡献的重要原因之一。1980年，《自然法与自然权利》出版。这部著作的出版招致了拉尔夫·麦金纳尼(Ralph McInerny)等新经院主义者的批判,菲尼斯和格里塞对这些批判进行了回应。

1983年,菲尼斯出版了他另一部伦理学作品:《伦理学要义》(*Fundamentals of Ethics*)。这部作品的主体内容是他1982年在乔治城大学的6次卡罗尔讲座。正是在这段时期内他帮助格里塞完成了巨著《基督教道德原则》。受制于讲座形式,《伦理学要义》并非一部完备的著作,但它在基本善和客观的道德原则上都延续了《自然法与自然权利》中的论证,而且也扩展了对功利主义、结果论和比例论的批判,还与康德所确立的道德原则展开了广泛的对话。1987年,菲尼斯、格里塞和博伊尔(Joseph Boyle)共同完成了一部著作《核威慑、道德与实在论》(*Nuclear Deterrence, Morality and Realism*)。这是一部三位作者逐句审校、完全达成一致意见之后方才定稿的作品,也是一部充满道德论证和现实指向的作品。当时的国际局势以及他们试图作出理论回应的现实关怀构成了这部著作的时代背景。他们的论证仍然是自然法的,认为核威慑是不道德的,因为它包含着故意杀害无辜者的内容,而生命是一种基本善,不能放在结果论的天平上称量。他们试图提出一个比结果论更为合理、比康德主义更为充分的道德理论,以解决他们所观察到的西方道德、政治和法律理论中的困境。同年,这三位作者在《美国法理学杂志》上发表了一篇重要的论文:《实践原则、道德真理与最终目的》(*Practical Principles, Moral Truth, and Ultimate Ends*)。这是一篇高度浓缩而又论证严谨的长文。文章开宗明义,“过去25年间我们所发展的自然法理论已经激起了许多批判性的回应。由此,我们在各种不同的著述中都重申了这一理论,并没有一直关注新的发展。本文重新表述了该理论的某些部分,同时考虑了我们所知的那些批判意见。”〔1〕与格里塞的奠基性论文相比,这篇论文更像是经过修正的、更为成熟的论纲。而

〔1〕 Germain Grisez, Joseph Boyle, and John Finnis, Practical Principles, Moral Truth, and Ultimate Ends, *American Journal of Jurisprudence*, 32(1987), p.99-151.

且,全文没有一处引证,仿佛每一论断都得自原创性的深思熟虑。

1988年,菲尼斯在保禄二世婚姻家庭研究院为迈克尔·麦格夫尼讲座做了4场演讲。演讲的内容在1991年以著作的形式出版,题名为《绝对道德规范:传统、修正与真理》(*Moral Absolutes*: *Tradition*, *Revision*, *and Truth*)。虽然是一部具有道德神学风格的著作,但它所要说明的却是对无例外的道德规范的理性尊重,它所要解决的问题仍然是如何理解道德行为与道德判断。麦金泰尔特别为本书写了书评,不吝溢美之词地称它"只是太过简短"。

1998年菲尼斯出版了一部详细研究阿奎那思想的著作:《阿奎那:道德、政治和法律理论》。这是一部在历史性上可以补充《自然法与自然权利》之不足的非历史著作。《自然法与自然权利》阐明的是菲尼斯自己的道德、政治和法律理论,他对自然法历史研究的不足常为人诟病。然而,作为与《自然法与自然权利》具有平行结构的《阿奎那:道德、政治和法律理论》却旨在解释阿奎那的道德、政治和法律理论。这部著作的翔实文献增加了它的历史感,它充分利用了阿奎那的两部大全(《神学大全》和《反异教大全》),另外还有《论王权》(*De Regno*)和较早的《彼得·伦巴德语录评注》,引注更是多达3000余处。然而,它形式上虽然是历史的,但实质关怀仍然是理论的。菲尼斯的处理方法并非历史考据,而是理论重建。他对阿奎那的道德、政治、法律观念和社会科学方法的批判性回顾是为了获得更为连贯的实践理论。在菲尼斯看来,阿奎那的政治和法律理论都与他的道德哲学不可分离。道德哲学关注的是道德秩序,这是由自由选择构成的秩序。它的原则是行为目的和选择理由,而这些是由自然法的首要原则中的实践理性自然规定的。由此菲尼斯就确立了实践理性在解释阿奎那道德、政治和法律理论中的核心价值,并试图以这种实践理性原则去解释人的幸福、共同善、正义、人权、政治共同体、权威和非正义的法律等问题。在讨论具体问题时,菲尼斯并非毫无异议地接受阿奎那的结论。相反,他反对阿奎那对亚里士多德奴隶制观点的接受，因为阿奎那所承认的人的理性本质与之相左；他反对阿奎那歧视女性参政，因为男女具有同等的理性能力和道德能力。他也不同意阿奎那在死刑、高利贷等问题上的看法。菲尼斯不仅要把阿奎那从对他的片面的、错误的解释中拯救出来，还要把他从自身的不连贯的、自相矛盾的叙述中纠正过来。他要在阿奎那的思想中发现可以容纳自由、民主和宪制的因素，但又不同于启蒙以降的自由主义的解决方案。正如他所言，"阿奎那关于人类社会的思考中存在着某些严重的缺陷。对它们的合理批判可以建立在他自己所理解的前提之上，我认为他对这些前提的阐发好于他的哲学先导柏拉图和亚里士多德，更远胜于马基雅维利、霍布斯及启蒙的其他制造者或继承者"。[1]

除了这些极具代表性的论著，菲尼斯从1962年起至2010年发表论文近200篇。在2011年再版《自然法与自然权利》的同时，他对这些论文进行了筛选和分类，结集出版为5部论文集，分别命名为《行为中的理性》(*Reason in Action*)、《意图与身份》(*Intention and Identity*)、《人权与共同善》(*Human Rights and Common Good*)、《法哲学》(*Philosophy of Law*)和《宗教与公共理由》(*Religion and Public Reasons*)。这5部作品共包括论文108篇，其中20余篇是从未发表过的，覆盖领域涉及法哲学、政治哲学和宗教哲学。这些文集的许多论文是对《自然法与自然权利》提到但没有详细处理的论题的展开或补充。虽然它们并非基于涉题专一的论著，但菲尼斯在编辑上还是突出了它们的内在逻辑。《行为中的理性》涉及实践理性的基础理论，旨在说明理性是理解的能力，是人的自然构成的一个方面，它的工作伴随理由的产生。可以根据某些理由判断事态的真假，是否有益以及值得追求，这些理由就是实践理由。《意图与身份》涉及意志对理性的回应，旨在说明实践理性的对象不是基本人类善，而是在这些善中完满或

[1] John Finnis, *Aquinas: Moral, Political, and Legal Theory*, Oxford University Press, 1998, preface vii.

受损的人或社群。《人权与共同善》处理的是权利和共同善这些相对具体的行动理由。《法哲学》处理的是政治共同体公开地、系统地采纳并要求得到遵守的行动理由。《宗教与公共理由》处理的是更为深刻的行动理由，以及如何把这类理由中的合理者纳入公共理由。从这些粗略的描述中可以看出菲尼斯的理论追求远超法哲学的视界。

2013年，牛津大学出版社出版了《理性、道德与法律：约翰·菲尼斯的哲学》(*Reason, Morality and Law: the Philosophy of John Finnis*)，这部作品由他的学生约翰·基恩(John Keown)和罗伯特·乔治(Robert P. George)担任主编，囊括了27位同事、前学生和批判者的文章，以及菲尼斯对每篇文章的回应。它以约瑟夫·拉兹关于价值理论的文章开头，以格里塞关于最终目的和第一道德原则的文章结尾，涵盖了广泛的哲学、政治、法律和宪法问题。菲尼斯的学生当中除了基恩和乔治这些学界翘楚，还包括像澳大利亚联邦法院法官苏珊·肯尼(Susan Kenny)和尼尔·戈萨奇(Neil Gorsuch)等实务界精英。

核心学说

一、基本善

尽管菲尼斯及其所代表的格里塞—菲尼斯学派在不同的著作中对这些基本善的表述略有不同，[1]但他们的共同意见是把基本善列举为七种。其中包括三种实体性的基本善，它们是自然赋予和文化传承的结果，无须

〔1〕 格里塞在《基督教道德原则》中列举了自我整合、实践理性化、正义和友谊、宗教或神圣、生命和健康、知识和审美鉴赏以及技巧活动和游戏活动这七类，菲尼斯在《自然法与自然权利》中列举了生命、知识、游戏、审美体验、社交性(友谊)、实践理性化和宗教这七种。这里选取的是他们在同一篇文章《实践原则、道德真理与最终目的》中的列举方式。

选择，在人们追求它们之前已被分享；以及四种反思性的基本善，它们涉及思考和选择，克服冲突，旨在培养某些和谐形式。三种实体性的基本善是指：(1)作为有生命的造物，人是有机物质。生命本身——及其延续和传承——健康和安全是基本善的一个范畴。(2)作为理性的造物，人能够认识现实并且欣赏美，以及将其能力运用于认识和感觉。(3)作为同时具有动物性和理性的造物，人能够利用现实改变自然世界，从他们自身开始，以表达意义并满足目标的要求。这种赋予意义和价值创造能在不同程度上得到实现。它们的实现本身是另一种基本善范畴：工作和游戏的某种程度的优良。四种反思性的基本善是指：①个体之间、个体与群体之间以及群体与群体之间的各种形式的和谐——与他人和平相处，亲善、友谊。②情感之间以及情感与判断和选择的协调，人的内在和谐。③判断、选择和表现之间的协调，良心的平静和表里如一。④于人类之上的意义和价值源头的和谐。

在菲尼斯的理论体系中基本善具有不同于其他道德理论的地位和特征，这也是他们的自然法理论独具特色的原因之一。对于这些基本善的特征可以进行简要的总结：多样性、前道德性、不可通约、非层级性和不证自明。

第一，多样性。与把基本善归结为一项的道德哲学家不同，格里塞—菲尼斯学派给出了复数的基本善，而且每一项基本善都具有丰富的内涵。对于基本善的多样性他们给出了一个原因："基本善的多样性既不是人类心理的单纯偶然事实，也不是历史的偶然事件。相反，作为人类幸福的诸多方面，这些善与人性的内在复杂性相吻合，这种人性既体现在个体身上，也呈现于各种共同体形式之中。"[1]

第二，前道德性。这些基本善是所有理性行为的目标，其中既包括道德行为也包括不道德的行为，仅仅依照某项基本善行为并不使我们的行为

---

[1] Germain Grisez, Joseph Boyle, and John Finnis, Practical Principles, Moral Truth, and Ultimate Ends, *American Journal of Jurisprudence*, 32(1987), p.99-151.

即成为道德的。

第三，不可通约。每项基本善都可以作为理性行为的最后理由，它们之间不存在可以进行通约的地方。关于基本善的不可通约的两个基本命题是格里塞—菲尼斯学派实践理性理论的基础：首先，不同范畴的基本善是不可通约的；其次，自由选择的选项在价值上是不可通约的。如果不同范畴的善可以比较、通约，那么就会有较大和较小的善之分，较小的善就会成为较大的善的实现手段。

第四，非层级性。这源自它们不可通约的事实。这些基本善既不可通约，也无法为它们排序。它们之间并不存在一种恒定的、客观的层级关系。

第五，不证自明。基本善无法证明也无须证明，它们是非推导性的、不证自明的。这并非说任何人都实际地认识到了这些善，而是说一旦人们理解了这些善的含义，就可以把它们作为行动的正当理由，并且必须承认它们是行动的正当理由。

二、实践理性原则

实践理性的首要原则在禁止无意义出现时要求至少把与基本善相应的原则之一作为前提，并且通过某种行为把这种善例示出来。这是一种较低的要求，之所以说是较低的要求是因为它本身无法消除全部的无意义，因为在追求人类幸福的某个方面时它会不必要地阻碍甚至损害它的其他方面。因此，在这种较低要求之上还可以提出更高的要求，即“在你的能力范围内，当你发现、形成和利用你的机会从而通过你所选择的行为去追求人类幸福时，只允许那些与基本善相对应的原则去塑造你的实践思考”。[1]

包括菲尼斯在内的格里塞—菲尼斯学派认为这种更高的要求代表着

---

〔1〕 Germain Grisez, Joseph Boyle, and John Finnis, Practical Principles, Moral Truth, and Ultimate Ends, *American Journal of Jurisprudence*, 32(1987), p.99-151.

道德的第一原则。实践理性的首要原则要求“善要被实行和追求，恶要被避免”，而道德的第一原则不仅要求追求人类善的实现，避免与之相反的行为，而且还要求对行为的选择要与“完整的人类幸福”相容。他们把道德的第一原则表述为：“在自愿地为着人类善的行为并避免与之相反的行为中，应当选择并且意愿那些而且仅仅是那些可能性，对它们的意愿与趋于完整的人类幸福的意愿相容。”〔1〕

道德的第一原则所指向的是“完整的人类幸福”的道德理想，它不是人类具体追求的目标。道德理想是抽象的，它无法将道德的第一原则直接作为特定行为道德与否的判断标准，因此尚需对这一原则进一步予以限定和具体化。

格里塞—菲尼斯学派以“完整的人类幸福”取代了亚里士多德的幸福论（eudaimonia），但它被期待发挥基督教中“至善”的概念地位，这使我们想到了马里旦在诠释托马斯主义理论时所使用的“完整的人本主义”（integral Humanism）的概念。但与马里旦不同的是，格里塞—菲尼斯学派赋予了这一概念以基本人类善为基础的陈述，指出了人类理性地分享它的希望，更为重要的是，通过它可以产生若干实现它的重要原则。

三、若干中间原则

菲尼斯列举和分析了若干中间原则，不过他称这些中间原则为实践理性化的基本要求。责任类型和实践理性化的基本要求对他们的理论体系而言具有相同的地位，都是道德的第一原则的具体要求，都是从第一原则到具体道德规范的重要环节。之所以具有不同的称谓是因为他们侧重的方面不同，格里塞更强调这些中间原则所蕴含的道德责任，而菲尼斯则更强调这些中间原则作为道德推理的前提的意义。正如他所言，“一般的

〔1〕 Germain Grisez, Joseph Boyle, and John Finnis, Practical Principles, Moral Truth, and Ultimate Ends, *American Journal of Jurisprudence*, 32（1987）, p.99-151.

‘道德原则’，诸如关于杀人、盗窃、守信、诽谤等，都可以通过这些论证获得，它们以一项或多项中间原则为起点，并把某个或某些基本人类善作为中项。”〔1〕在较早出版的《自然法与自然权利》中，菲尼斯列出了九项这种实践理性化的基本要求：(1)应当具有一个连贯的生活规划；(2)在诸价值之间不应存在恣意的偏爱；(3)对众人不应存在恣意的偏爱；(4)超脱；(5)信守；(6)应当以合理程度的效率追求善；(7)应当在每一行为中追求每一基本价值；(8)应当追求共同善；(9)应当服从自己的良知。在稍后出版的《伦理学要义》中，菲尼斯又在上述基础上进行了深化，既增加了另外一项要求，又扩充了每项要求的内容。该处他把实践理性化的基本要求整理为十项：

(1)具有一组相互协调的定位、目标和承诺；(2)不要忽略或者武断地低估或夸大任何的基本人类善；(3)不要忽略或者武断地低估或夸大其他人分有人类善的美德；(4)不要赋予任何具体计划以只有基本人类善和一般信守才能要求的无条件的、高于一切的重要性；(5)创造性地追求个人的一般信守，而且不要轻易地放弃它们，这两项回应的是过度的感情引力；(6)不要不必要地使用无效率的方法从而浪费机会，而且不要忽视选择的可以预见到的坏效果；(7)不要选择直接地违背任何基本人类善；(8)促进共同体的共同善；(9)不要作出违背良知的行为，即违背自己对这些实践理性化要求的行为含义的最佳判断；(10)不要选择表面上的善，如果知道它们只是对真正的善的模仿，即使这种模仿可以带来真正的感情或体验以及真正的满足。〔2〕

在菲尼斯看来，前三项要求所针对的是人类基本善的多样性、分有它们的机会的多样性以及分有它们的人的多样性。在这诸种多样性之下，为了实现人的完整幸福要求人们具有一个连贯的生活计划，从而合理、有序

〔1〕 John Finnis, *Fundamentals of Ethics*, Clarendon Press, 1983, p.74.

〔2〕 John Finnis, *Fundamentals of Ethics*, Clarendon Press, 1983, p.75-76.

地安排自身的目标与追求，不偏爱某种善，也不偏爱某种人。第四项及第五项要求所处理的是对某种基本善的过度热衷，或者过分消极，针对的是不适当的情感引力。第六项要求提出不仅要具有善意的目的，还要积极有效地追求它们。第七项要求同时也是圣保禄和康德坚持的原则。第八项要求涉及在共同体之中通过共同行动保护和实现基本善的情况。第九项要求所针对的是在面对盲从和其他诱惑时要把理性判断延伸至具体选择之中。第十项要求来自对罗伯特·诺齐克"体验机器"的思想实验的反思与总结。核心的要点旨在说明，应当以自身的行动追求可理智理解的善，而非对表面的、模仿的善的体验。

菲尼斯明确地把理性的生活计划作为一项实践理性化的基本要求。这种思考方法与罗尔斯在《正义论》中所阐明的理论相合，"在其最完整的形式上，实践理性化的第一项要求即是约翰·罗尔斯所称的一项合理的生活计划"。〔1〕罗尔斯非常详尽地探讨了合理的生活计划对于善的重要性，"一项合理的生活计划建立一种基本观点，和一个具体个人相关的所有价值判断都要基于这个观点来作出，并基于它最终变得一致"。〔2〕这种合理的生活计划要求理性主体把生活视为一个连贯的整体，据此作出合理的选择，珍视随之出现的机会，它不是一种幻想的愿景，而是一系列实际的责任。在这种合理的生活计划之下，罗尔斯确立了关于合理选择的三项原则：有效手段原则、蕴含原则和较大可能性原则。〔3〕菲尼斯不仅采纳了罗

---

〔1〕 John Finnis, *Natural Law and Natural Rights*, Oxford University Press, 2011, second edition, p.103.

〔2〕 ［美］约翰·罗尔斯：《正义论》（修订版），何怀宏、何包钢、廖申白译，中国社会科学出版社2009年版，第322页。

〔3〕 有效手段原则是指，在目标既定的情况下，应当以最小消耗的手段实现该目标，或者在手段既定的情况下，应当在最大可能的程度上实现该目的。蕴含原则是指，如果一个计划的执行除了能够实现另一个计划的全部目标，还能够实现一个或多个其他目标，那么它就更为可取。较大可能性原则是指，在两个计划实现的目标大致相同的情况下，如果某些目标由一种计划实现的机会较之另一种计划更大，其余目标实现的可能性也并不比另一种计划小，那么就应当选择该种计划。

尔斯关于合理的生活计划的论述，而且把它与基督教的生活原则结合起来，以此说明如何在现世的生活中确立恰当的实践态度。但是，菲尼斯在这一问题上的思想源头却是阿奎那。阿奎那曾经设想了完全道德的生活的一个起点时刻，这时人们面临一个重大的选择，自愿地、义务地为自己的一生设定一个总目标。而菲尼斯则把对总目标的规划表述为了回应道德的第一原则的中间原则。

虽然菲尼斯在实践理性化的第一项要求上采纳了罗尔斯的理论，但在它的第二项和第三项要求上都批判了后者的立场。第二项要求表明，在坚持连贯的生活计划时，人们既不应贬低基本形式的人类善，也不应高抬那些派生形式的工具善。在菲尼斯看来，罗尔斯的善的弱理论，即只把自由、机会、财富和自尊视为挑选正义原则的主要的善，而把真理、游戏、艺术和友谊排除在外，这是“恣意的”，因为他没有为这种做法给出充分的理由。在第二项要求拒绝了罗尔斯的善的弱理论之后，第三项要求又把矛头对准了他的社会契约论。这项要求涉及人与人之间公平、公正原则的确立。在菲尼斯所借助的古典传统中，这是通过一种洞悉全部人类事务、关心一切人类成员的理想化的旁观者实现的，而罗尔斯所借助的现代传统则是通过原初状态的“无知之幕”下的相互约定达成的。“罗尔斯理论构造的每一特征都旨在保证，如果一项假定的正义原则是在‘原初状态’之中、‘无知之幕’之下全体一致同意的结果，那么它必然是一项在人与人之间既公平又无偏私的原则。”[1]但是，在菲尼斯看来，由于罗尔斯无视第二项要求的内容，他所确立的正义原则不太能够支持那些更为完整地分有人类幸福的生活计划。而且，从原初状态所选择的原则公平、无偏私的事实也无法得出那些未被选中的原则在现实世界必然不公平或者必然不恰当的结论。

第四项和第五项要求不仅与第一项要求紧密相关，而且也相互补充。

---

〔1〕 John Finnis, *Natural Law and Natural Rights*, Oxford University Press, 2011, second edition, p.109.

第四项要求实际上规定不应仅仅把某项具体的价值、规划作为至上的、无条件的目标加以追求。第五项要求与之相平衡，旨在排除消极与墨守成规，鼓励从实践原则出发的创新与发展。“这种创新和发展表明个人或社会实际上处于实践原则的层面，而非停留在传统行为规则、经验法则、方法规则的层面，后面这些规则真正诉诸的不是理性（理性会凸显它们的不足），而是对习惯的低于理性的自满，对服从的纯粹要求。”[1]

第六项要求涉及的是道德理论的核心问题，它提出了行为道德性的一个具体判断标准，即“人类行为应当通过它们的效益、它们与目标的适合、它们的功用、它们的结果等加以评判”。[2]虽然明确肯定了功用、结果、效益在评判行为中的作用，但菲尼斯这里所要反对的却是功利主义、结果论和比例论的道德理论以及以它们为基础的法律理论。按照菲尼斯的理解，功利主义把正当行为，即应当作出的行为，解释为可能带来最大功用的经验状态的行为，而这种经验状态是可以用“快乐”“满足”“幸福”加以描述的状态。功利主义是结果论的一种形式，而所有形式的功利主义和结果论都是比例论的特定种类。所有的比例论都认为基本的道德判断是这样进行的：“比较并立的可能选项（不管该选项是出于生活的规则或方式，还是出于单一的行为）所允诺的益处和害处，并且作出那种保证会比任何可用的并立选项带来更好的益处害处比的选择。”[3]关于益处和害处的更好的比例意味着“最大的净善”或者“最小的净害”，其实质涉及对量的计算问题。然而，菲尼斯认为这种计算既是不切实际的，也是毫无意义的。因为我们所要计算的不是相同种类的量，而是不同种类的量，它们之间不具有通约性。

---

〔1〕 John Finnis, *Natural Law and Natural Rights*, Oxford University Press, 2011, second edition, p.110.

〔2〕 John Finnis, *Natural Law and Natural Rights*, Oxford University Press, 2011, second edition, p.111.

〔3〕 John Finnis, *Fundamentals of Ethics*, Clarendon Press, 1983, p.87.

第七项要求存在若干相近的表述方式，比如，不应选择只可能破坏或阻碍一个或多个基本人类善的实现或分有的行为，目的不能证成手段的正当性，不要为了获得善的结果而作恶，不要选择直接违背一项基本价值，还有就是康德的范畴命令：要这样行动以便把你自身的人性或者他人的人性一直作为目的而永不得作为手段。该项要求的核心旨在排除直接破坏、阻碍基本善的行为，不管该项行为可能带来何种可以预期的价值。因此，它也被视为基本人权不可违反的理论基础。正如菲尼斯所言，“如果情感（无论是慷慨、无私还是卑下、自私）可以支配选择，或者如果成本—收益的考量脱离了与之相符的技术领域，得以支配直接的基本善的活动（不管是在信守、计划还是在个人行为层面），那么就不存在不可逾越的基本权利了”。[1]而且，菲尼斯甚至认为与其他几项要求相比，第七项要求更是不折不扣的自然法原则，因为它以严格的否定性原则的形式宣布了某些行为，例如，杀害无辜者、阻止生育的性行为、说谎、渎神，是错误的，是不应选择的。

第八项要求涉及如何在共同体之中促进共同善问题，它是菲尼斯思考正义、权利、权威、法律以及义务等问题的重要语境。共同善是阿奎那法律定义的基本要素之一，是法律的本质特征，是法律之“是”。如果按照亚里士多德的四因说来分析阿奎那的法律定义，那么共同善就相当于法律的目的因。菲尼斯延续了阿奎那的共同善理论，并进行了相当的阐发。

第九项要求既是第七项要求的一个具体方面，又可以视为全部要求的一个总括，同时还具有自身的特性。按照菲尼斯的理解，阿奎那首次以最为严格的形式表述了这项要求：“如果一个人选择做他最终判断为不合理的行为，或者如果一个人选择不做他最终判断为理性所要求的行为，那么他的选择就是不合理的（错误的），不管他的良知判断可能出现怎样的

〔1〕 John Finnis, *Natural Law and Natural Rights*, Oxford University Press, 2011, second edition, p.121-122.

错误。”[1]

格里塞和菲尼斯都给出了自己对道德推理中的中间原则的理解，而且他们都相信自己是严格遵循阿奎那所设定的思路的。这些原则看起来比较任意，不是完全归纳或者严格推理的结果，而且在表述上也相当繁难。实际上，这正是格里塞—菲尼斯学派自然法理论的本质规定性的体现，他们反对把自然法律令视为经验性的东西，但是也批判把这些律令视为推导自人性的道德几何学。他们认为这些中间原则来自对道德的第一原则的详细规定，而道德的第一原则又来自实践理性的首要原则。这些原则之间都不是演绎推理的关系。因此，不管是格里塞的责任类型还是菲尼斯的实践理性的基本要求，都并非单独构成着道德的内容，而是对道德核心词汇的一种展示。尽管他们的表述有所差异，但是他们所要得到的结果是一致的，那就是为特定情况下判断某种行为应做或不应做提供道德推理的模型。这就是菲尼斯所总结的：

1. 目标的和谐/对诸善的承认/不存在对人的恣意/超脱于善的具体实现/忠于信条/技术领域的效率/在行为中尊重每一基本价值/共同体/服从自身理性的真实性……都是自由和理性的真正的基本善的方面；

2. 目标的和谐，或者……，在如此这般的情况下只能（或者说最好，或者说更为适当）通过做（不做）行为来实现/做成/表现等；

3. 行为将会（不）/必须（不）/应当（不）……被做。[2]

四、从自然法到实在法

如果法律不仅具有核心含义，而且还可以进行类比分析，那么永恒法、

[1] John Finnis, *Natural Law and Natural Rights*, Oxford University Press, 2011, second edition, p.123-124.

[2] John Finnis, *Natural Law and Natural Rights*, Oxford University Press, 2011, second edition, p.126-127.

上帝法、自然法和实在法都是法律。自然法作为调整人类生活和人类共同体的实践理性化的诸项原则是一种类比意义上法律。尽管如此，自然法理论仍然需要回答一个问题：如何从自然法中派生出实在法？这个问题不仅代表了法律实证主义者对自然法理论的强烈诘难，也是自然法理论家内部争议不断的焦点所在。

(一) 实在法的派生

作为自然法理论的严肃的批判者，凯尔森曾经总结过自然法理论的若干特征，自然法与实在法的二元论即属其中之一。这种二元论认为在由人所制定的不完美的实在法之上存在某种完美的自然法，自然法具有神圣的权威从而是绝对正义的。在凯尔森看来，二元论把实在法视为一个不自足的体系，它的效力和正义源于与自然法相符，结果在自然法之下实在法就显得极其多余。正义如此，自然法理论在这一问题上陷入了明显的矛盾之中：一方面，作为合乎逻辑的推导，它们必须坚持实在法的多余；另一方面，事实上它们又都无法把这种立场贯彻到底，直至取消实在法的存在。结果，"一方面，它们主张人类本性是自然法的源头，这意味着人类本性必须在基本上是善的；另一方面，它们只能通过人的恶证明实在法及其强制机器的必要性"。[1]这就是说从纯粹的自然法观念出发，把实在法置于自然法的授权基础之上是不可能的。因为这种授权意味着"自然法体系必须包含一条规范，由此一个最高权威机关被授予了制定实在法的权力，而实在法规范之所以具有效力，并非由于其内容的正义性，而是因为它们是由这个自然法制造的权威机关所颁布的"。[2]但是，在自然法的观念中，规范的效力却应当得自其内容的正义性。如果坚持自然法与实在法是两个不

---

〔1〕 Hans Kelsen, The Natural-Law Doctrine Before the Tribunal of Science, *The Western Political Quarterly*, Vol. 2, No. 4(Dec., 1949), p.481-513.

〔2〕 Hans Kelsen, *General Theory of Law and State*, Harvard University Press, 1945, p.412.

同的规范体系，而实在法又来自自然法的授权，那么实在法就会占据除了授权规范之外的所有内容，这样自然法就只剩下了授权规范，而没有任何其他的实质性规范。“一种如此变质的自然法除了使实在法合法化之外没有任何功能。自然法的观念也就沦为一种实在法的意识形态。”〔1〕

凯尔森的批判提出了一个问题，如果自然法理论不想沦为既存社会制度的辩护工具，维持它们所声称的反思的、批判的理论品格，就必须认真地、恰当地回答实在法与自然法的关系问题。在这一问题上阿奎那并非凯尔森的直接批判对象，但是，任何严谨的自然法理论家都必然能够回答这一问题。

阿奎那在讨论人法时直陈了这一问题：人法是否皆源于自然法？他在“正解”中给出的回答是：“人所制定的法律在其源于自然法的意义上具有法律的效力。但是，如果它在任何一点上偏离了自然法，就不再是法律而毋宁是法律的败坏。”〔2〕接着阿奎那用一个转折引出了对实在法“源于”自然法的方式的阐述。他设想了两种方式。第一种方式类似于从科学原理中推导出结论，例如，从“不许伤害”推出“不许杀人”的结论。第二种方式是对某些原理的进一步“限定”（determinatio）。例如，按照自然法犯罪应受惩罚，但惩罚的种类则是自然法的“限定”。阿奎那把这种“限定”比作建筑术。建造过程受制于建造任务和建筑物的一般观念，但是具体的建造方案在许多方面都有待建造师的选取和决定。实在法的产生兼有这两种方式。“但是那些以前一种形式派生出来包含在人法之中的事物，不仅具有人法的效力，还具有自然法的一些效力。而那些以后一种形式派生的

〔1〕 Hans Kelsen, *General Theory of Law and State*, Harvard University Press, 1945, p.413.

〔2〕 S.T., Ⅰ-Ⅱ, q. 95, a. 2, c. Unde omnis lex humanitus posita intantum habet de ratione legis inquantum a lege naturae derivatur. Si vero in aliqo a lege naturali discorder, jam non erit lex, sed legis corruptio.

事物除了人法的效力之外不具有其他效力。"[1]

阿奎那的主张非常明确：实在法不仅源于自然法，而且具有两种不同的派生方式。尽管如此，他的论述仍然留下了许多疑问。菲尼斯评价说，"阿奎那这里的总体思路从根本上来说是正确的，但是对它的陈述却是含糊的，而且严重地发展不足"。[2]而且，韦斯特博格（Daniel Westberg）也评价说，"这很可能是一个粗心的、夸张的，或者至少可以说是神秘的主张"。[3]正因如此，阿奎那的观点遭到了误解，被简化为了理性推导模式，甚至是演绎推理模式。但是，阿奎那绝对没有从一组道德原则直接推导出全部实在法的意思，对阿奎那观点的这种利用可能出自晚期经院主义者之手。"理性推导模式可能是16、17世纪高度发展的理性主义者的框架，并且成了一些新教改革者的正当目标，但它绝非是对圣托马斯的正确理解。"[4]相对于"限定"模式的未充分发展，"推导"模式更为明确也更为稳固，因此被作为更具"理性"的模式赋予了阿奎那。

菲尼斯侧重以法律人（立法者、法官和律师）对实践理性基本原则的实现过程说明这一问题。他接受阿奎那对"推导"和"限定"这两种模式的区分，但却反对胡克（Richard Hooker）以"混合的人法"（mixedly human）来解读阿奎那的"推导"模式：实在法的规范内容与理性的必然要求相同，它们只是批准理性法则，把惩罚性威胁的约束力和限制力添加其上。在他看来，法律体系的某些部分通常包括、而且也应当包括与实践理

〔1〕 S.T.，Ⅰ-Ⅱ，q. 95，a. 2，c.：Sed ea quae sunt primi modi continentur in lege humana，non tanquam sint solum lege posita，sed habent etiam aliquid vigoris ex lege naturali. Sed ea quae sunt secundi modi，ex sola lege humana vigorem habent.

〔2〕 John Finnis，*Natural Law and Natural Rights*，Oxford University Press，2011，second edition，p.282.

〔3〕 Daniel Westberg，The Relation Between Positive and Natural Law in Aquinas，*Journal of Law and Religion*，Vol. 11，No. 1（1994-1995），p.1-22.

〔4〕 Daniel Westberg，The Relation Between Positive and Natural Law in Aquinas，*Journal of Law and Religion*，Vol. 11，No. 1（1994-1995），p.1-22.

性要求紧密相符的原则和规则，这些要求本身来自基本善与实践理性化基本要求的合取。在涉及道德问题的争论中，法律人与哲学家和神学家的论证模式也如出一辙。而且，正如胡克所建议的，把惩罚性威胁添加于道德规则之上确实是一个方便的选择。但是，通过对立法者工作过程的分析，菲尼斯认为把实践理性化的要求，即使是一个毫无争议的要求，整合进法律体系也并非易事。现实的情况往往是，立法者必须超越对理性法则及其结论的单纯适用，进入对"限定"模式的思考。"因此，适用一项恒定的实践理性要求的法律工程自身就会把立法者带进阿奎那和胡克所看到的人法或实在法的第二种范式。"〔1〕对于这第二种范式，阿奎那说除了人法的效力之外不具有其他效力，胡克则称为"纯粹的人法"。

要说明在这第二种范式下人法（或者说实在法）仍然来自自然法似乎有些困难，因为这时的人法是立法者自由选择的结果。菲尼斯的解释策略是在阿奎那的论述中区分出"一般理论"和"次级原理"。换言之，当阿奎那说到自由"限定"的人法时，他所要揭示的"次级原理"仍然处于"一般理论"的框架之中：人所制定的法律在其源于自然法的意义上具有法律的效力。对此可以通常认为最不具有道德含义的道路交通规则为例。在"靠右行驶，时速不超过50公里"这样的条文出台之前，可以说相关的道路上没有约束行驶的法律规则。而且，在制定这条规定的过程中，我们也很难说"靠右"比"靠左"、"50公里"比"60公里"更合理或者说更道德。但是，这并非事情的全部。这条规则最终的效力根源不是惯例或者制定者的意志，而是实践理性原则与真实事实的结合：实践理性原则要求我们尊重自己和他人生命和健康的基本善，而真实的事实涉及道路交通本身的危险性及限速可使交通更安全等因素。

抽象地看，对交通规则的立法选择具有相当的任意性，而且也是与道

---

〔1〕 John Finnis, *Natural Law and Natural Rights*, Oxford University Press, 2011, second edition, p.284.

德无关的，但是如果把它置于具体的社会背景之下，当人们已经形成相应的习惯、交通工具已有相应的特点、道路已有相应的构造时，这种立法选择的空间就极为有限，而且不再是价值无涉。这就是菲尼斯所说的，“存在着一项或一组任何立法者都应当相当重视的第一阶原则——在追求未来的善的过程中不应轻视那些人类善，它们是过去的努力、投入、训练等带来的累积的、易碎的成就”。[1]在第一阶原则之下还存在作为它们的结晶或变形的第二阶原则，这些原则用于解释和适用第一阶原则。即使立法者在立法时忽视了这些第一阶原则，它们也会在公民、法院和行政官员适用它们的第二阶原则中出现。正是在这个意义上才可以说关于具体事项的立法是对第一阶原则的“限定”结果。

菲尼斯对第一阶原则的表述仍然是抽象的，但他却非常具体地列举了若干第二阶原则，诸如强制征收私有财产应予补偿，无过错即无责任，无犯意即无刑责，禁止反言，权利滥用无救济，合同应当履行，任何人都不得做自己案件的法官，等等。他试图说明这些第二阶原则即是法律的一般原则，它们证明着具体的法律规则，而不仅仅是要求它们。至此，菲尼斯不仅维持了阿奎那关于实在法派生的两种模式，而且扩展了对“限定”模式的解读，这正如他所总结的：

从实践推理的基本原则派生出法律实际上具有两种主要模式，这两种模式已经由阿奎那确认并命名了；但是，它们不是两股在孤立的渠道中流淌的水流。涉及谋杀、盗窃、婚姻、合同等的法律的核心原则可能是对普遍有效的实践理性化要求的一种直接适用，但是，把这些素材整合进法治（Rule of Law）之中的工作要求立法者和法官进行无数的细化，这些细化在大多数情况下都具有第二种派生模式。这第二种派生模式即是通过自由程度不同的权威选择得出的纯粹“限定”（determinatio）。这种模式本身不

---

〔1〕 John Finnis, *Natural Law and Natural Rights*, Oxford University Press, 2011, second edition, p.287.

仅通过与一些直接涉及基本人类善的目标（例如交通安全）的可理智理解的关系而与那些基本原则相连，而且也受到范围广泛的形式原则和其他结构性原则（既呈现为第一阶形式，也呈现为第二阶形式）的控制，这些原则本身也是通过第一种派生模式从那些基本原则中得出的。[1]

不管菲尼斯对“限定”模式的解读是否令人满意，他确实有意根据法律实践提供一个具有说服力的理论图式。他要证明自然法理论不是要压制实在法的存在空间，也不是要直接诉诸法律外的道德规范确定立法和司法的正确性，而是要表明设定法律的行为能够而且应当受到道德原则和规则的指导，而这些道德原则和规则所包含的规范具有客观的内容，而不是习俗、奇想或者纯粹的决断。在他那里自然法理论的特殊之处在于，“它不仅仅满足于观察‘道德规范’影响‘法律’的历史或社会事实，相反却试图确定实践理性化的要求到底是什么，以便为立法者、法官和公民的活动提供一个理性的基础”。[2]

(二) 不正义的法律

哈特在探讨“正义与道德”时，把托马斯主义自然法传统视为坚持“法律与道德之间存在必然联系”这一观点的极端形式。在他看来，“非正义的法律不是法律”是这一传统的两个核心论点之一。这两个论点分别是：存在某些真正道德或正义的原则，尽管这些原则具有神圣的根源，但即使没有启示的帮助，人类理性也可以发现它们；与这些原则相冲突的人法不是有效的法律。在探讨“法律与道德”时，哈特申明，法律的道德性问题无法通过拒绝承认恶法有效的手段一劳永逸地解决，“对于精致而复杂

---

〔1〕 John Finnis, *Natural Law and Natural Rights*, Oxford University Press, 2011, second edition, p.289.

〔2〕 John Finnis, *Natural Law and Natural Rights*, Oxford University Press, 2011, second edition, p.290.

的道德问题而言，这是一种太过粗糙的方法”。[1]他显然认为作为一种极端的理论形式托马斯主义自然法传统在处理这一问题时过于简单化了。

然而，格里塞—菲尼斯学派（特别是菲尼斯和乔治）并不接受法律实证主义者的这种指责。菲尼斯反击哈特说，“‘非正义的法律不是法律’的学说被植入其中的那一自然法理论化的核心传统并没有选择使用现代批判者归诸于它的那些口号”，[2]而菲尼斯所列举的这些口号绝大部分出自哈特，诸如“全然不道德的东西不能成为法律”，“某些规则因其道德邪恶而不能成为法律”，“这些邪恶的东西不是法律”，“任何邪恶的东西在任何地方都不能具有法律的地位”，以及“道德邪恶的要求绝非法律”。在批判哈特的理解的同时，菲尼斯列出了这一传统解决非正义法律问题的两个基本观点：赋予不道德的规则以法律有效性，只要它们满足宪法或其他法律规则所规定的有效性标准；为了维护整体法律体系的尊严，甚至要求人们承担服从某些不正义法律的义务。

正如菲尼斯所分析的，阿奎那在讨论法律问题时频繁地触及三个不同的视角：（1）系统的法律分析或论证；（2）描述性社会理论；（3）完全批判的、道德的视角。系统的法律分析或论证，是指假定某些原则和规则得到证明，从而解释这些原则和规则要求什么。这是一种对这些原则和规则是否得到证明不采取任何立场的视角。描述性社会理论的视角是指，说明在某个群体的信念和实践之中什么是被视为正当的和必需的。完全批判的、道德的视角是指，断定在严格意义上实践理性化所证明和要求的是什么。阿奎那在论述中不仅会采取这些不同的视角，而且还会隐蔽地从一个视角过渡到另一个视角。当阿奎那说“非正义的法律不能称为法律”时，他并非在确定什么是法律，而是在要求法律的道德力量。他所要说的不是不存

[1] H.L.A. Hart, *The Concept of Law*, Oxford: The Clarendon Press, 1961, p.207.

[2] John Finnis, *Natural Law and Natural Rights*, Oxford University Press, 2011, second edition, p.364.

在不正义的法律，而是不正义的法律是否约束人的良心。阿奎那的落脚点既不是系统的法律分析或论证，也不是描述性的社会理论，而是批判性的道德分析。基于此，他认为不正义的法律违背了正义和共同善的要求，对人的良心的约束力降低或者消失。“它们是法律，但不是‘绝对地’，或者可以说不是‘核心的’或‘典型的’法律，而仅仅是一种派生的或次级意义的法律。”〔1〕

在阿奎那的法哲学中，法律的概念构成本身具有评价性因素，可以容纳更为灵活的解释，据此可以反驳法律实证主义者的粗糙批判。法律实证主义者并非不关注道德规范及其与法律之间的联系，只是他们不相信这些道德含义可以成为法律概念的构成部分。而在阿奎那那里，正义恰恰构成法律的核心部分，它是真正的、严格意义上的法律的基础。但是，他并未因此拒绝承认缺乏某些条件的法律不是法律，它们仍是法律，只是较弱意义上的法律。通过对阿奎那法律概念的解释，菲尼斯等人赋予法律理论以更大的解释力，他们所采取的方式即是，关注法律的实践目的和实践视角，以及选择法律的核心情形和焦点意义。对法律实践目的的关注要求把法律视为官员和公民共同的行为规则，而不仅仅是对官员行为的预测。在实践视角的选择上，要具有抉择和行动的视角，把法律义务推定为一种道德义务。对法律的核心情形和焦点意义的选择意味着不应把法律视为单义的概念，而是兼具核心和边缘含义的概念。

影响评价

菲尼斯的观点常常使其处于自由主义传统的对立面，而这种传统恰恰

〔1〕 Robert P. George, Kelsen and Aquinas on the Natural Law Doctrine, in *St.Thomas Aquinas and the Natural Law Tradition: Contemporary Perspective*, edited by John Goyette, Mark S. Latkovic, and Richard S.Myers, The Catholic University of American Press, 2004, p.237-259.

支配着现当代的大学和知识分子阶层。同时在一些情况下，他的观点甚至也与当今普遍认为属于保守主义的立场相扞格。一方面，他是一个古老的知识体系的阐释者，从这个意义上说，他的理论有着古典的根基；另一方面，他又对那个知识体系进行了根本的改造以符合现代社会的要求，从这个意义上说，他的理论有着全新的生命力。菲尼斯的学术与教育，有着苏格拉底一般的品格，坚守真理、无畏追求。他坚守着人类理性的不证自明的原则，坚信论证的力量，而不管这些论证会得出什么样的结论。即使与当时的学术、道德或政治教条相冲突，他也毫不犹豫地坦陈自己的观点并为它们辩护。菲尼斯所获得的影响和赞誉，并非基于对所谓启蒙意见的追随，或对启蒙意见缺陷的沉默，而是源于他坚定而真诚的异议。他以自己独特的方式鼓舞着有幸成为他学生的人们，还有那些年轻的学者，他们在菲尼斯所致力并产生影响的研究领域砥志研思，不断了解菲尼斯所代表的那个学派，以及他们的理论抱负和现实追求。

2017年，菲尼斯在被选为英国王室法律顾问（Queen's Counsel）时所获得的评价是："菲尼斯教授是牛津大学和圣母大学杰出的法律学者和法哲学家。他培养出来的学生人才济济，他们现在很多在世界各地的著名大学担任教职，或者在英格兰和威尔士以及其他地方的高等法院出任法官。他在牛津大学法学院和圣母大学法学院都有着长久而又卓越的学术生涯，为法律学术做出了丰富多产而又无与伦比的贡献。他在经典自然法思想传统方面的研究举世闻名，甚至因此而改变世界法理学研究格局。他还是其他法律领域的备受尊敬的权威，尤其是宪法法律和医事法律，他在这些领域的成果是英国最高法院和上诉法院援引的对象。菲尼斯教授始终致力于推动法律学术和法学教育的发展，并在这些领域始终保持顶尖水平。"

深度阅读

1. [英] 约翰 · 菲尼斯:《人权与共同善》, 娄曲亢译, 中国政法大学出版社2020年版。

2. [美] 杰曼 · 格里塞茨、[加] 约瑟夫 · 波义尔、[英] 约翰 · 菲尼斯:《实践原则、道德真理与最终目的》, 吴彦译, 商务印书馆2019年版。

3. [英] 约翰 · 菲尼斯:《自然法理论》, 吴彦编译, 商务印书馆2016年版。

4. [英] 约翰 · 菲尼斯:《自然法与自然权利》, 董娇娇译, 中国政法大学出版社2005年版。

5. John Finnis, *Natural Law and Natural Rights*, Oxford University Press, 2011, second edition.

6. John Finnis, *The Collected Essays of John Finnis: Volumes I-V*, Oxford University Press, 2011.

7. John Finnis, *Aquinas: Moral, Political, and Legal Theory*, Oxford University Press, 1998.

8. John Finnis, *Moral Absolutes: Tradition, Revision, and Truth* (Michael J. McGivney Lectures of the John Paul Ⅱ Institute). CUA Press, 1991.

9. John Finnis, Joseph M. Boyle & Germain Gabriel Grisez, *Nuclear Deterrence, Morality, and Realism*, Clarendon Press, 1987.

10. John Finnis, *Fundamentals of Ethics*, Clarendon Press, 1983.

庞德，20世纪美国社会学法学派的奠基人。

罗斯科·庞德

Roscoe Pound

1870—1964

通过法律的社会控制和行动中的法律

“今日，法律秩序成为了一种最重要、最有效的社会控制形式。其他所有的社会控制方式都从属于法律方式，并在后者的审察之下运作。”

——罗斯科·庞德《通过法律的社会控制》

庞德是一个跨界者、综合者和实验爱好者，从植物学领域转战法学领域，他将自然科学和社会科学方法引入法学研究，以实用主义哲学为基础，吸收社会学以及欧陆法学的成果，批判机械适用的法律形式主义，不再将法律视为纯粹的逻辑抽象体系，而认为是与社会密切关联的一种制度与现象，主张关注法律的功能与效果，呼应了进步时代美国社会对于法律变革的需求。

罗斯科·庞德(Roscoe Pound)生活在19世纪70年代到20世纪60年代的美国。1865年美国南北战争结束5年后,庞德出生于当时美国最年轻的州——内布拉斯加州的首府林肯市。他的人生经历了美国内战后90多年的岁月,伴随着美国社会从农业社会到工业社会的整个转型。他是个受到良好家庭教育的孩子,教育和职业生涯深受父母影响。他的父亲曾做过律师、遗嘱检验法官、地方法院法官,在共和党刚成立时便加入了该党。母亲曾做过教师,一生热心参与公共和文化事务。庞德的启蒙教育就是在这个书香之家完成的,他的基础知识主要来自母亲。母亲教庞德拉丁语、德语、古典文学、数学等知识,为其打下了坚实的语言和科学基础。[1] 庞德12岁才进入内布拉斯加州大学的预科部接受正规教育,两年后被内布拉斯加州大学正式录取,主修古典学和植物学。母亲是庞德兴趣上的启蒙者,开启了他通向科学的大门。尽管父亲是法官,但法学研究最初并非他心之所向。庞德谈起自己年少时的志向时说:"我想成为植物学家。我母亲是位优秀的植物学家,我从小就会采集植物和昆虫。孩提时,我就有了丰富的收藏。"[2] 进入内布拉斯加州大学后,热情洋溢的植物学和农学教授查

〔1〕 庞德父亲是斯蒂芬·博斯沃斯·庞德(Stephen Bosworth Pound),母亲是劳拉·比德尔库姆·庞德(Laura Biddlecomb Pound)。参见翟志勇主编:《罗斯科·庞德:法律与社会——生平、著述及思想》,广西师范大学出版社2004年版,第4页。

〔2〕 转引自翟志勇主编:《罗斯科·庞德:法律与社会——生平、著述及思想》,广西师范大学出版社2004年版,第5页。Anhure E. Sutherland, Jr: *One Man in His Tme*, *Harvard Law Review*, Vol.78, (Nov.1964), p.7-22.

尔斯·E.贝茜(Charles E. Bessey)使庞德沉醉在植物学中。母亲和贝茜对工作和社会的热情，强烈地感染了庞德。庞德受到了完整的植物学正规教育，1888年庞德获得植物学学士学位，次年获得植物学硕士学位，1898年获得植物学博士学位。如果不是庞德的父亲打断了庞德探索植物世界之路，那么，世界会少一个法学家，而多一个杰出的植物学家。也许是希望子承父业，植物学硕士毕业后，1889年庞德的父亲将19岁的庞德送进哈佛大学法学院学习。而庞德奉命愿往是因为哈佛大学是植物学研究圣地。[1]在哈佛大学法学院的学习是愉快的。庞德迅速融入法学院的氛围中，开始走向法学殿堂。多年以后，庞德回忆起自己的法学院学生生活，娓娓道来各位教师的风采：讲授衡平法诉讼的兰德尔教授，讲授普通法诉讼的艾姆斯教授，讲授契约法的肯特教授，讲授财产法的格雷教授……[2]哈佛大学浓厚的实证主义氛围使庞德成为了功利主义和奥斯丁分析法学的追随者。然而，也许是因为父亲觉得庞德的成绩不够理想，仅仅在哈佛学习了一年之后，庞德就被他的父亲召回了内布拉斯加州开业当律师，并在1901年成为州最高法院委员会成员之一，在广阔的法律实践中领悟普通法。就这样，庞德结束了在哈佛大学的求学生涯，开始了法律职业生涯，并在此后几年里"游走"于植物学与法学间，直到他进入高校法学院任教。

从14岁进入大学开始，大约20年的时间里庞德都致力于植物学研究，有多篇植物学论文在全美顶级的生物学期刊发表。庞德极为擅长在大量占有资料的基础上进行归纳、分类。收集、区分、再按目录分类植物标本是植物学研究的常态，他对待法学研究也是如此，将经验调查的方法引入法学研究中。庞德在第一本法理学著作《法理学讲义大纲》(Outlines of

[1] 参见翟志勇主编：《罗斯科·庞德：法律与社会——生平、著述及思想》，广西师范大学出版社2004年版，第6页。

[2] 参见翟志勇主编：《罗斯科·庞德：法律与社会——生平、著述及思想》，广西师范大学出版社2004年版，第7页。

Lectures on Jurisprudence: Chiefly from the Analytical Standpoint, 1903）中，把法律术语进行分类排序，阐发了其社会学法理学理论框架的雏形。庞德成功运用自然科学方法分析美国法律实践和研究法学理论，说明了世界具有统一性，自然科学和社会科学之间没有不可逾越的藩篱，可以共享相同的研究方法。在某种程度上，社会学法理学就是庞德运用实证方法和社会学方法考察法律实践的结果。1899年，庞德获得了第一份高校法学教职——内布拉斯加州大学法理学与国际法学教授，自此之后庞德的主要精力放在了法学教研上。1910年至1913年，庞德先后被聘为哈佛大学法学院斯托里法律教授、卡特法理学教授，并于1916年至1936年担任法学院院长。庞德还是哈佛大学法学院学生时，哈佛大学法学院还名声不显，而到了庞德重返哈佛大学任教时，法学院已在美国法学教育和社会生活中具有重要影响力，能够影响政府决策。庞德主政哈佛大学法学院期间筹资扩充教学设施和图书馆，打破招生的地域性在全美招收学生和教师，使哈佛大学法学院成为法学人才聚集地。庞德是一位尽责和热心的教师和院长，对学生进行严格的学术训练，喜欢参加学生活动与学生交流，给贫困学生经济资助。有学生回忆请教庞德“权利和权力”的区别，庞德放下手头工作给予详尽解答，让其受益终身。〔1〕

教学科研之余，庞德积极进行演讲和参与法律实务活动。庞德不少耳熟能详的经典著作都是演讲集结出版的。早在1906年，有过司法专员经历的庞德在美国律师协会年会上发表了《对司法部门普遍不满的原因》的演讲，强烈抨击美国当时司法界普遍存在的弊病，对严重的形式主义、司法不公、迟延和耗费巨大的现象进行揭露：“法院名目繁多、管辖权竞合、司法资源的浪费，连同程序的繁杂和不必要的重审，使社会上明智的商人形成了根深蒂固的偏见，即无论有理没理都不愿上法院……在许多司法裁判

〔1〕 参见翟志勇主编：《罗斯科·庞德：法律与社会——生平、著述及思想》，广西师范大学出版社2004年版，第17页。

中，将法院置于政治内，迫使法官成为政客，这已经将传统上的法官的尊严毁损殆尽。"[1] 庞德曾担任国际仲裁法庭的美国仲裁员、波士顿刑事法院的调查顾问、"法律遵守与执行国家委员会"委员、《民航法》特别监察员、国家司法委员会主席、美国律师协会法律教育分会主席等职务，在运用社会学法学理论指导法律实践的同时，也为教学研究提供了源源不断的鲜活素材。庞德在哈佛大学退休以后，一方面笔耕不辍继续着思想者的事业；另一方面将其法律实践扩展到美国之外，参与到中国近代法制改革中。1946年7月，南京国民政府邀请庞德担任国民政府司法行政部顾问和教育部顾问，帮助中国进行司法改革。庞德来到中国开展田野调查，与中国法学界交流，考察中国的司法现状，为国民政府有关部门提供中国法律改革的方案和建议，认为"中国法制的现代化进程是在外力作用下自上而下展开的"，法制现代化要想成功，不能只是引进外法，"中国传统的道德习惯和法律制度需要认真对待"。他主张，根据中国的历史传统和现有经验，中国应当保持既有的罗马法系模式而不应采用普通法系。法制改革的关键在于通过统一的法律教育和法律著述培养出法律共同体，法官、律师与行政官员能彼此理解与合作，这样才能保证引进而来的法律具有法律实效，适合中国人民。[2] 由于当时中国国内的局势，1948年11月庞德离开中国，他的改革建议并未得到实施。

庞德一生勤勉，从植物学到法学，他持续不断地思考、实践，获得了丰硕的成果，留下了众多的演讲和文字。他对探索这个世界和参与公共事业的热情促使"他从不为获得任何法律学位而劳神费力地去完成指定的要求，而是主要靠自学，成为他那个时代最受尊敬的法学家"。[3]

---

〔1〕 Roscoe Pound, The Causes of Popular Dissatisfaction with the Administration of Justice, Report of the 29th Annual Meeting of the American Bar Association, 1906, Vol.29, p.395-471.

〔2〕 参见王婧:《罗斯科·庞德的中国情节》，载《法制日报》2020年3月 8日，第10版。

〔3〕 参见翟志勇主编:《罗斯科·庞德: 法律与社会——生平、著述及思想》，广西师范大学出版社2004年版，第4页。

核心学说

美国的重大社会变革和主流社会思潮都反映在法律和法学理论的变迁中。庞德的治学倾向随着阅读而变化，他的阅读范围极广，因研读奥斯丁、霍尔姆斯、梅因、康德、黑格尔等人的著作，不同时期曾分别倾向于功利主义、历史法学、哲理法学、分析法学，直到最后转向社会法学。庞德在批判性吸纳一众法学流派思想中，在反对法律形式主义主张以程序为中心进行司法改革中，逐渐形成了自己的社会学法学。他的社会学法学在20世纪的美国占据重要位置，可以说是国家干预主义政治在法学理论中的一个映射。

一、美国实证主义和法律形式主义的兴起

美国法主要是继受英国普通法而来，形成了以判例法为中心的普通法传统。南北战争以后，美国法学理论有两个趋势：一是从自然法转向了实证主义[1]。自然法思想给南北双方的主张都提供了论辩理由，而无法解决北方和南方的矛盾。南北战争结束后，受欧洲历史主义、实证主义、世俗主义思潮的影响，自然法思想在美国衰落了。二是民主主义法学思想在美国流行起来，最终促成美国历史法学派和法律形式主义的诞生。林肯倡导"人民的统治"为法律的民众化和本土化打开了大门。英国普通法不再被直接适用，而是按照美国的情况被加以改造，创建美国本土的普通法。法学界也有意识地开辟独立于英国和欧洲大陆的美国化法学思想路径，卡特、兰德尔的法理学思想都是欧洲法学理论和美国本土法律实践结合的产

〔1〕 参见［美］纳什等编：《美国人民》，刘德斌等译，北京大学出版社2008年版，第702页。

物。特别是兰德尔的法律形式主义，开创了判例法的科学化道路。

美国历史法学派和法律形式主义的诞生来自普通法面临的危机。从19世纪中叶开始，为应对普通法的僵化问题，美国迈开了改革普通法程序的步伐，废除令状制度和建立国家案例报告制度。但是，因联邦和州两套系统并行运转，州法官有相当大的自由裁量权，导致案例越来越多且庞杂矛盾，遵循先例导致司法实践混乱过度膨胀的判例法体系带来了普通法的统一性危机。到19世纪70年代，为应对危机，弥补判例法缺陷，美国法律界探索了两条道路：一是制定成文法和开展统一立法。受欧洲大陆法学理论和边沁法学理论的影响，美国某些州出现了法典编纂运动。19世纪末，29个州通过了民事诉讼法典。二是构建普通法的科学体系。美国并无英国的"议会至上"传统，"法律人"普遍习惯运用普通法。为捍卫美国普通法的主体地位，抵制法典编撰运动，美国出现了历史法学派和法律形式主义。

美国历史法学派认为法律不是立法者"制作"的，而是"自然生成"的。他们指出法典自身存在缺陷，如需要解释和补充、普通人难以查阅和理解、具有滞后性等，可能会阻碍法律的发展，因此他们反对编撰法典。美国历史法学派代表人物卡特（J.C.Carter，1827—1905）认为，法律源于习惯，法院和法官的任务就是阐明习惯是什么性质的规范。卡特的法学理论在美国法学界占据主导地位，导致编纂法典运动最终未能在美国各州推行。

回应普通法危机的还有法律形式主义。法律形式主义是一种"尊重法律"、反对以结果为导向的法律思维模式。"法律被视为是一系列的公理，从中可以演绎出作为推论的法律原则和作为定理的规则。然后把这些规则用到实践中，产生确定的法律结果。"[1]按此思想，只要存在精确完备、

〔1〕［美］托马斯·C.格雷：《霍姆斯论法律中的逻辑》，载［美］斯蒂文·J.伯顿：《法律的道路及其影响——小奥利弗·温德尔·霍姆斯的遗产》，张芝梅、陈绪刚译，北京大学出版社2005年版，第169–198页。

内在一致的法律，严格遵循逻辑，就能正确演绎出每个案件的裁决。法律形式主义大致分为两种情况：一是严格按照法律程序裁决，不诉诸案件的实体特点，根据特定的类型化的被视为公正的法律程序裁决案件。二是严格按照法律规范的语词意思来裁决案件，不根据情境作扩大解释或者缩小解释，避免法官自由裁量权的滥用。

兰德尔（C.C.Langdell，1826—1906）是美国法律形式主义的代表人物，但他的法律形式主义是建立在普通法传统上的，而非制定法上。1870年，兰 德尔就任哈佛大学法学院第一任院长，他在教学中创立"案例教学法"，包括抽象和演绎两个步骤，一是先从大量案例中挑选出典型案例，抽象出原则和原理，将法律视为由原则、原理构成的逻辑严密的科学体系；二是将适用法律看作从原则、原理的法律大前提出发，严格遵循逻辑规则对法律进行演绎推理的过程。因此，法院和法官的任务就是从先例中归纳出抽象、中立而理性的法律原则，再通过严格的演绎推理适用于解决新的案件。这种法律形式主义被称为兰德尔主义，开启了美国现代法学和现代法律教育，成为南北战争之后支配美国法学思想半个世纪的法学范式。兰德尔主义将分析法学和普通法实践嫁接起来，用以解决普通法危机。案例取代了自然启示、上帝命令、公理，成为构建普通法的"法律科学"体系的基础。判定案件只考虑是否符合逻辑，不考虑是否符合正义以及社会的需要。

二、庞德对主流法学流派的批判和研究范式的转化

庞德将法律形式主义称为"机械法理学"。19世纪下半叶到20世纪中期，美国历史法学、实用主义法学、社会学法学、法律现实主义运动等都对兰德尔法律形式主义展开了有力批判，认为不考虑人的目的、价值和实践会导致灾难性后果，改变了美国法学思想的理论范式。庞德也加入对法律形式主义的批判中。他对法律形式主义和其他法学流派、运动的论战进行

了深入思考，主张对法律体系的研究可以借助分析、历史、哲理、社会学的方法切入。在批判和继承不同法学流派的思想中，庞德推动了社会学法学的发展。

1. 对主流法学派的批判

庞德细致考察和比较过19世纪和20世纪各法学流派，主要对19世纪的分析法学派、历史法学派、哲理法学派和20世纪的现实主义法学派提出批判。对于分析法学派，他批评分析实证主义方法从法律概念出发解释新情况，忽视了对于法律概念本身的批判和对于法律目的的关注；机械执行法律，很难适应多变环境，忽视了法律的实际效果，使法律丧失了解决现实矛盾的功能。对于历史法学派，他认为其将法律史上的偶然事件或特殊事件上升为法律中的原则和类型，是消极的法学理论，既不能发现新的法律发展模式，又无法改进传统法律观念。对于哲理法学派，他批判其滥用名词，术语模糊，将法律与道德混为一谈，追求过分抽象的形式。庞德评价道："19世纪所有的法学流派的共同弱点就是它们试图建立的法律科学仅囿于法律的范畴并以法律自身为基础。"〔1〕就此而言，美国法律形式主义的缺点和19世纪法学流派的缺点是相同的。

20世纪20年代，在反叛法律形式主义的运动中，美国现实主义法学诞生了。同为实用主义的继承者，庞德推动了法律现实主义运动早期的发展，但在后来与现实主义法学家的论战中与其分道扬镳。现实主义以法的客观社会现实为研究对象，认为法具有社会目的，随着社会不断变化，具有不确定性，其是行动中的法而不是书本上的法律，他们主张在司法实践中把握法律，注重对法官行为和司法过程的研究。现实主义法学诞生之时，以庞德为代表的社会法学在美国法学界占据了主导地位。现实主义的代表人物卢埃林率先对庞德的研究进路发起挑战，对庞德的"救济、权利

〔1〕［美］罗斯科·庞德：《法理学》（第一卷），余履雪译，法律出版社2007年版，第71页。

和利益”学说提出批评，认为以律令为核心的法律思维无法真正反映法律实践，使法律脱离了事实的检验，展示了二人在法律确定性实现等问题上的不同立场。现实主义的另一代表人物弗兰克则批评庞德是一个折衷主义者，社会学法学依然没有脱离新分析法学的规则中心主义。庞德对此予以反击。于是，在美国的法学发展史上出现了一场现实主义法学与社会法学之间的论战。这场论战从1930年拉开帷幕，一直持续到罗斯福新政开始。现实主义法学和社会学法学有相同点，二者同源于实用主义法学，都倡导把法律放入社会中去研究，用社会科学的方法去研究法律问题。但他们之间在研究方法上存在很大的差异，关注的焦点也各有不同。庞德总结了现实主义的特征，质疑现实主义法学能否实现对法律客观和精确的描述，批评其忽视逻辑、理性以及传统的司法技艺，以及司法运作通过规则和形式实现了一定程度的确定性[1]，倾向于将个案中对法官产生影响的全部因素作为法律的源头比依据规则、原则更加不可靠。他特别将矛头指向经济决定论和怀疑论的现实主义。庞德认为，经济决定论的现实主义将社会阶级作为法律分析的基础，取代个人的法律主体地位，以阶级斗争解释法律和法律实践，不符合历史事实。而怀疑论现实主义主张“无法通过法律找到正义”是法律虚无的观点，其把威胁和强制当作法律原理，会导致类似哈特所说的抢匪情景。

2. 庞德社会学法学的思想来源

庞德的社会学法学的鲜明特点是批判性地采集各家学说之长，运用综合和实验的方法进行法学研究。以下法学流派对庞德的社会学法学影响最大。一是实用主义。实用主义是一种采取功能主义的视角评价事物的方法论和真理发生论，是社会学法学的哲学基础，代表人物是威廉·詹姆斯（William James）和奥利弗·温德尔·霍姆斯。詹姆斯提出“善的本

---

〔1〕 See Roscoe Pound, The Call for a Realist Jurisprudence, Harvard Law Review, Vol. 44. No.5（Mar., 1931）, p.707.

质就是满足需求”[1]。霍姆斯提出“法律的生命不是逻辑，而是经验。一个时代为人们感受到的需求、主流道德和政治理论、对公共政策的直觉——无论是公开宣布的还是下意识的，甚至是法官与其同胞们共有的偏见，在决定赖以治理人们的规则方面的作用都比三段论推理大得多”[2]。庞德深受实用主义影响，批判了将科学性视为法律目的具有危险性，他认为要从法律的外部观察和评价法律。科学不是法律的目的而只是手段，法律必须通过它所满足目的的程度和实现的效果来评价和衡量，而不是根据法律内部结构的精妙性来评价，也不是根据法律推理的逻辑过程的优美或者严格来评价。[3]庞德吸取了实用主义的观点，围绕人的需要建立起 法律目的和利益理论，作为法律科学的起点。庞德认为：“法理学中的社会学运动，是作为一种法哲学的实用主义运动，寻求将人的因素置于核心地位而将逻辑降至工具地位。”[4]庞德特别赞赏霍姆斯引入社会科学方法研究法学和倡导法理学方法的统合，将历史、统计、经济等作为理性研究法学的一部分，思考各种冲突或者重叠的利益，寻求规则的社会目标和实现目标的方法、主张法律的效用等，认为霍姆斯法学理论是社会学法学的源头，而自己的工作则是霍姆斯法学理论在社会哲学方向上的发展。[5]

二是社会学和“活法论”。社会学在欧洲诞生，传至美国，19世纪末20世纪初在美国形成独立的学科。庞德的法学研究生涯与美国的社会学发展几乎同步，吸收了罗斯、沃德、斯莫尔的观点。罗斯的“社会控制论”主

---

〔1〕 万俊人、陈亚军编选：《詹姆斯集：为实用主义辩护》，上海远东出版社2004年版，第321页。

〔2〕 [美]霍姆斯：《普通法》，冉昊、姚中秋译，中国政法大学出版社2006年版，第1页。

〔3〕 See Roscoe Pound, *Mechanical Jurisprudence*, Columbia Law Review Vol. 8, No.8 (Dec., 1908), p.605.

〔4〕 Roscoe Pound, *Liberty of Contract*, The Yale Law Journal, Vol.18, No.7 (May, 1909), p.464.

〔5〕 See Roscoe Pound, Sociology of Law and Sociological Jurisprudence, The University of Toronnto Law Journal, Vol.5, No.1 (1943), p.3.

张运用法律、宗教、舆论、礼仪、艺术、社会价值观等社会控制工具，应对严重的社会问题。法律是其中最专门化的社会控制工具，主要通过消极阻止而非积极惩罚的方式达到社会控制的目标。沃德认为社会进化的主要力量是人类心理的创造性综合的能力，强调文化的心理因素。因此，要通过政府的统一协调和干预，消除或缩小贫困，实现社会进化。其中法律将发挥重要作用。斯莫尔着重研究社会结构和社会功能，努力推动社会学中各种研究方法的统合。庞德认为，法理学的发展绝不能依靠自我封闭，而应该运用各学科的方法，回应其他学科提出的问题。他十分推崇社会法学家埃利希的“活法论”。埃利希认为，法律的重心不在立法和司法，而在社会本身，活的法律是社会联合体的内在秩序，实在法必须研究社会生活而不是观念体系，婚约、买卖合同、遗嘱、公司章程等是“活的法律”的体现。

三是欧洲法学。美国法学常受欧洲法学的影响。庞德也不例外，从欧洲法学流派中汲取养料。19世纪末，欧洲法学流派众多，目的法学、自由法学运动、新黑格尔法学成为庞德批判美国法律形式主义的理论资源。目的法学和社会功利主义的代表人物耶林将权利视为利益，将目的视为法律的创造者。庞德则将利益作为法律的目的，认为法律的作用就是承认、分配、维护利益。自由主义法学运动主要是批判概念法学的运动，认为法律规范以外的道德、直觉、情感等心理要素会进入判决之中，法官可以在 实在法不明确时自由裁量。对此，庞德肯定法官的自由裁量权，强烈支持受法律形式主义的影响而逐渐衰落的衡平法是美国法律的一部分。新黑格尔主义法学的代表科勒认为，法律应当不断适应变化的文明形态，找到特定文明存在的法律先决条件。在科勒的启发下，庞德根据特定社会的法律先决条件设计了具体利益列表。

三、庞德社会学法学的主要思想

庞德的社会学法理学（Sociological Jurisprudence）形成的标识是1911年他在《哈佛法律评论》上发表的《社会学法理学的范围和目的》（*The Scope and Purpose of Sociological Jurisprudence*）一文。其后，又出版了《通过法律的社会控制》等著作，构建起了以利益理论为核心、重视法律目的与效果，对法律进行功能性解读的社会学法学体系。

法律的概念。庞德在文明发展与社会控制中讨论法律的概念。法律存在的原因来源于人类对于社会控制的需要。人类通过对外在自然界的控制与对内在人类社会的控制发展文明。法律是人类对自己内部社会进行控制的工具，这样，法律作为一种社会规范就和促进人类文明的发展联系起来。具体而言，庞德认为法律有秩序、依据和过程三个层面的含义。秩序是指通过系统性使用政治组织和社会强制力来调整关系和安排行为的制度。依据是指作出司法或行政决定的权威性材料体系，由律令、技术、理想构成。律令又包括规则、原则、界定概念的律令、确定标准的律令。技术是指司法技艺和法学技艺。理想是指一幅关于社会秩序的理想图景。

过程是指维护法律秩序，根据权威性法律材料解决各种案件和争端的司法与行政过程。而在外延上，法律分为成文法、判例法、程序法。从对法律像对植物一样进行细致分类中可以看出，庞德眼中的法律是发达社会中高度专门化的社会控制手段。但法律并不是唯一手段，法律的有效运行还需要宗教、道德和教育等其他社会控制手段的支持。

法律的目的。庞德对法律制度史进行考察后，认为法律有五个发展阶段：原始法、严格法、衡平法与自然法、成熟法、社会法。每个法律阶段的法律目的都不同。原始法阶段，法律目的是维持治安或和平。严格法阶段，法律目的是提供救济。衡平法与自然法阶段，法律目的是符合道德。成熟法阶段，法律目的是确保机会平等和安全获得财产。社会法阶段，法律目的是实现正义，即在最少阻碍和浪费的条件下尽可能满足人类需求，这是对关系的调整和行为的安排。庞德所处的时代，已经进入他所说的社会法阶段，未来要朝向世界法发展。因此在契约自由等问题上，庞德主张法律应当回应社会的需要，明确支持社会立法，对绝对的契约自由进行限制。

法律的方法。庞德指出法律秩序的缺陷很多都源自法律在思维模式和裁判方式中缺少和其他社会科学的“团队合作”。这种团队合作需要将各学科研究方法统合起来。例如，为了评价法律解释方法，庞德总结了历史上有权威、哲学、历史三种法律解释的方法。权威诉诸法律制定者，演变成理性自然法理论，转向历史观，在19世纪时历史法学又提出了“伦理(宗教)解释、政治解释、人种和生物解释、经济解释”四种方法〔1〕。所有法学思想都试图协调法律稳定和变化之间的矛盾，那就必须区分法律目的，采取合适的法律方法。在现代社会，法律的目的是正义，其逻辑结果是利益。庞德将“正义”与“利益”联结起来，把发现迫切要求获得保障的利益作为制定法律的重点。利益分为个人利益、公共利益和社会利益。各种利益之间会产生冲突或者竞争。法律不创造利益，而是发现利益，并对其分类保障，在其冲突或者竞争时进行协调权衡。其方法步骤是：①发现需要保障的利益；②对利益进行分类和确认；③限定利益的范围；④确定保障利益的方法与价值准则；⑤对利益冲突进行裁决。由于人与人之间的愿望会互相冲突或者重叠，庞德提出了法律的任务是一项巨大的社会工程任务，他将法律视为安排人的行为、调整人与人之间的关系，从而对社会进行控制的一种社会工程，法律人就是社会工程师，适用法律的方法是在最少阻碍和浪费的条件下来调整各种相互冲突的利益，尽可能多地满足人类

---

〔1〕 参见王婧：《罗斯科·庞德的社会学法理学——一种思想关系的考察》，上海人民出版社2012年版，第100页。

的各种要求[1]。

文明社会的法律假设一个社会怎样才能够得上文明，或者说，具体怎么样进行利益衡量，才能达到最小阻碍和最少浪费而获得最大的利益？庞德提出了文明社会的七个基本法律假设（前提），以社会实验和社会观察的方法发掘和标识社会不断演进中法律可能存在的内容。这七个假设是：(1)假定他人不会故意侵犯自己。(2)假定人们为了实现自己的正当目的，可以控制自己所有的和合法占有的东西、劳动成果以及在现行的社会和经济秩序下所获得的东西。(3)假定人与人进行社会交往时会善意地行动。(4)假定采取某种行动的人以应有的注意不给其他人造成不合理损害的危险。(5)假定每个人都将对可能无法约束或造成社会损害的物加以约束或把它们置于适当范围内。[2](6)“每个人都有权主张他在社会生活中遇到的意外伤害的损失由社会承担。”(7)“每个人都有权要求社会保证他达到起码的生存标准。”[3]

社会学法学派的纲领。庞德归纳了社会学法学家的思想，提出了社会学法学的纲领，包括八项要点。他指出社会学法学家应坚持这八项要点里面的所有或者部分内容：一是研究法律制度、律令规则和法律原理所具有的社会效果。二是为立法准备工作进行社会学的研究。例如，研究不同立法文本在社会中的运作过程以及它们产生的实际效果。三是研究使律令规则具有实际效力的途径。四是研究法学方法，既包括对立法、司法、行政和法学的过程进行心理学的研究，也包括对各种理想进行的哲学研究。五是对法律史进行社会学的研究，包括研究法律原理的演化机理、社会效果，以及是如何产生这些社会效果的。六是承认律令规则

〔1〕 参见[美]罗斯科·庞德：《通过法律的社会控制》，沈宗灵译，商务印书馆2010年版，第73页。

〔2〕 参见[美]罗斯科·庞德：《通过法律的社会控制》，沈宗灵译，商务印书馆2010年版，第48-58页。

〔3〕 [美]罗斯科·庞德：《法理学》（第一卷），余履雪译，法律出版社2007年版，第430页。

的个别化适用具有重要性。七是“在普通法国家，建立一种行政性的司法部门”。八是研究法律目的，使人们在实现法律秩序的各种目的努力手段变得更有效。[1]为落实纲领，庞德将法律分为“书本上的法律（Law in Books）”和“行动中的法律（Law in Action）”两类，主张在行动中研究法律。为了把握行动中的法律，庞德认为要运用经验主义的法社会学方法研究法律实践、运用功能主义的视角把法律当作有效实现社会福利和正义的手段。

经典著作

庞德一生著述丰富，涉及法律、植物学、教育等诸多领域。代表性著作有《普通法的精神》（1921）、《法哲学导论》（1922）、《法律史解释》（1923）、《法律和道德》（1923）、《美国法的形成时代》（1938）、《通过法律 的社会控制》（1942）、《行政法：它的发展、程序和重要性》（1942）、《法的 任务》（1944）、《正义来自法律》（1951）、《法律的理想要素》（1958）、《法理学》（5卷集，1959）等。以下简要介绍几部影响力广泛的经典著作。

《通过法律的社会控制》是社会法学的代表性作品。庞德主张把法律当作社会控制的工具，把法理学当作一门社会工程科学来加以研究。该书从法律、文明和社会控制三者之间的关系来揭示法律的概念、目的、任务和价值。文明发展的不同阶段都有相应的社会控制手段。法律的任务就是决定其中哪些利益在什么范围内应当加以承认与保护，以及在最小 限度的摩擦和浪费的条件下给予满足。利益分为个人利益、公共利益和社

〔1〕 参见［美］罗斯科·庞德：《法理学》（第一卷），余履雪译，法律出版社2007年版，第285-292页。

会利益。阅读时可重点关注该书对社会利益理论的阐释，法律作为利益保障的主要机制，主要通过保护权利来实现对利益的保障，使人的合作本能与利己本能达至均衡。为此，首先需要调查特定文明社会的人们的实际需要和各种要求，制作利益分类的"门捷列夫元素周期表"，以便给立法者和司法者提供依据。尤其值得关注的是，该书对立法和司法中如何处理相互冲突和重叠的利益提出了新的实用主义的法律价值准则。针对法律价值的三种争议观点——经验论、理性论和权威论，庞德提出了经验理性的价值论，即在承认自我精神的基础上开展社会合作。

《法律与道德》是庞德1923年应邀在美国北卡罗来纳州大学以"法律与道德"为题所作的系列讲座内容的汇集。法律与道德的关系问题就像"法学中的好望角"，引得法学家纷纷竞渡。该书构架了回答法律与道德关系问题的三种思考方式——历史的、分析的和哲学的视角，展现了每一种方式的由来和发展，以及和特定法律发展阶段之间的关系，勾勒出了前人在竞渡"好望角"时所留下的痕迹。通过对历史法学派、分析法学派和哲学法学派的条分缕析、层层解剖，庞德对最佳路径提示道："法学、伦理学、经济学、政治学和社会学的核心部分是完全不同的，但其边缘部分却是互相重叠的""所有社会科学必须携手合作，更为重要的是，必须与法学携手合作"。现代法学理论的研究需要其他理论与方法的输入与支撑，更多现实地研究日常生活中的具体问题，才能得出有价值的而非专断的结论。

《法律史解释》收录了庞德1922年春季学期在剑桥大学三一学院开设讲座的讲稿。该书以历史法学派的兴起、称雄、衰落为线索，从历史解释、伦理与宗教解释、政治学解释、人种学解释和生物学解释、经济学解释、著名法律人的解释诸范畴对法律史进行了分析与批判。庞德指出："法律必须稳定，但又不能静止不变。因此，所有的法律思想都力图协调稳定必要性和变化必要性这两种彼此冲突的要求。"为了协调这两种必要性，过往研究主要尝试了三条路线，即权威、哲学、历史路线。值得一提的是，庞德的权威观不同于传统，而是包括三种观念：神授和君主的权威观念、议会万能的权威观念、人民主权的权威观念。在考察上述解释的基础上，庞德提出了社会学法学思想的核心解释——社会工程解释。庞德的法律史解释是以实用主义为指导的社会学法理学解释，他把法理学视为一门社会工程科学。阅读时可关注社会工程解释和该书译者邓正来对庞德学说缺陷的点评，以社会利益作为衡量法律功效的判断标准，可能开启侵害个人利益的合法之门。

影响评价

罗斯科·庞德是“社会学法学”运动的奠基人，美国法律现实主义运动的早期代表人物，在其生命的后期却成为对法律现实主义的著名批判者。庞德批判过19、20世纪的主要法学流派——分析、历史、哲理法学派，当然他也成为批评对象。他被广泛认为是20世纪美国最具影响力的法学家和法学教育家之一，职业生涯超过60年，博采众长、触类旁通，持续不断地思考与写作，追问“法律有什么用”。庞德法学思想的特点是简洁、系统、严谨、细致，这得益于他青年时代受到自然科学的训练。庞德受过完整的植物学高等教育，习惯将自然科学的研究方法特别是分类法运用到法学研究中。庞德常将各种法学观点分类，为各个流派划定不同的发展阶段，霍姆斯直言他“过分热衷于贴标签、分类别”。他从社会学的角度分析法律现象，重视“综合”和“实验”的方法，超出法律本身从功能视角观察法律，对当代法学理论的发展产生了重要的影响。他靠着自学成为植物学家中最懂法的人和其所处时代最受尊敬的法学家。

深度阅读

庞德著作（英文版）

1. Roscoe Pound, *Administrative Law: Its Growth, Procedure, and Significance*, University of Pittsburgh Press, 1st edition, 1942.

2. Roscoe Pound, *Introduction to the Philosophy of Law (Storrs Lecture)*, Yale University Press; Revised Edition, 1955.

3. Roscoe Pound, *Social Control Through Law*, *Routledge*; *1st edition*, 1996.

4. Roscoe Pound, *Jurisprudence*. 5 Vols. Complete set. The Lawbook Exchange, Ltd., 2000.

5. Roscoe Pound, *The Ideal Element in Law*, *Liberty Fund*, Illustrated edition, 2002.

6. Roscoe Pound, *The Spirit of the Common Law*, Quid Pro Books, 2012.

7. Roscoe Pound, *An Introduction to the Philosophy of Law*, Forgotten Books, 2012.

8. Roscoe Pound, *Interpretations of Legal History*, Cambridge University Press, Illustrated edition, 2013.

9. Roscoe Pound, *There of an Introduction to Comparative Law*, Gale, Making of Modern Law, 2013.

10. Roscoe Pound, *Readings in Roman Law and the Civil Law and Modern Codes as Developments Gale*, Making of Modern Law, 2013.

11. Roscoe Pound, Maxims: Being *Part 1 of The Maxims of Equity*, Franklin Classics, 2018.

12. Roscoe Pound, *The Future of the Criminal Law*, Legare Street Press, 2023.

庞德著作（中译本）

1. ［美］罗斯科·庞德:《法律史解释》，邓正来译，中国法制出版社2003年版。

2. ［美］罗斯科·庞德:《法律与道德》，陈林林译，中国政法大学出版社2003年版。

3. ［美］罗斯科·庞德:《庞德法学文述》，何勤华主编，雷宾南、张文伯译，中国政法大学出版社2005年版。

4. ［美］罗斯科·庞德:《法理学》（第一卷），余履雪译，法律出版社2007年版。

5. ［美］罗斯科·庞德:《法理学》（第二卷），封丽霞译，法律出版社2007年版。

6. ［美］罗斯科·庞德:《法理学》（第三卷），廖德宇译，法律出版社2007年版。

7. ［美］罗斯科·庞德:《通过法律的社会控制》，沈宗灵译，商务印书馆2010年版。

8. ［美］罗斯科·庞德:《普通法的精神》（中文修订版），唐前宏、廖湘文、高雪原译，法律出版社2010年版。

9. ［美］罗斯科·庞德:《法的新路径》，李立丰译，北京大学出版社2016年版。

10. ［美］罗斯科·庞德:《法哲学导论》，于柏华译，商务印书馆2019年版。

11. ［美］罗斯科·庞德:《美国刑事司法制度》，黄涛译，商务印书馆2020年版。

12. ［美］罗斯科·庞德:《自然法的复兴》，黄涛译，商务印书馆2023年版。

研究庞德思想的著作

1. 翟志勇主编:《罗斯科·庞德：法律与社会——生平、著作及思想》，广西师范大学出版社2004年版。

2. 张晓永:《追寻法律的重心——庞德社会法学思想解读》，中国人口出版社2008年版。

3. 王婧:《罗斯科·庞德的社会学法理学——一种思想关系的考察》，上海人民出版社2012年版。

朗·卢沃斯·富勒

Lon L.Fuller

1902—1978

法律的正当程序和内在道德

"道德使法律成为可能。"

——朗·卢沃斯·富勒《法律的道德性》

纷繁复杂的法律现象常常通向思潮涌动的法学理论。疑难案件和社会事件为法学理论的争鸣提供了最好的素材。法律和道德的关系是什么，直接关乎对法律概念的理解，是法学理论的一个基础性重大问题，长期是自然法与法律实证主义之间的争论焦点。富勒是一个犀利的批评者，从参与1924年轰动一时的"勒博案"的争论，到对希特勒和欧洲法西斯主义的严厉批判，对威利斯通合同法理论和形式主义、现实主义的批评，再到向以哈特为代表的分析实证主义法学宣战，他在一次次思想交锋中阐发了法律的道德性与程序法治等理论，试图从法哲学和法理学的终极层面回应现实中的难题。

1902年，朗·卢沃斯·富勒（Lon L.Fuller）出生在美国得克萨斯州赫尔福德（Hereford）。富勒4岁跟随父母搬到了加利福尼亚州的帝王谷（Imperial Valley）。这里本是荒漠，得益于灌溉系统的建设，发展出人造绿洲和发达的农牧业。灌溉事业烙在了富勒的童年记忆中，成为他日后发表《灌溉与专制》一文的引子和对法律与社会秩序进行思考的素材。1919年至1920年，富勒先后在加州大学伯克利分校和斯坦福大学主修经济学。经济学成为富勒从事法学研究的背景知识和分析工具。古典政治经济学将道德目标作为经济活动的指引，和自然法思想交相呼应。“古典政治经济学所体现的哲学意向，给予了富勒指引，奠定了他日后学术思想的基本立场。”[1]在富勒的作品中，可以看到亚当·斯密、克拉克（John Bates Clark）、康芒斯（John Rogers Commons）的身影。

富勒是一个传统意义上成绩优异的“学霸”。1924年富勒在斯坦福大学毕业后，转而攻读法学博士学位。他阅读了很多自然法著作，并选择了以自然法思想作为描述法律世界和应对现实法律问题的“钥匙”。1926年，他在斯坦福大学获得博士学位，毕业成绩名列全院第一，参加了加州的律师资格考试，成绩也为全州最高分。毕业后，他顺利成为一名大学教师。从1926年至1939年，富勒先后执教于俄勒冈大学、伊利诺伊大学和杜克大学，发表了质疑合同法领域权威威利斯通的论文《合同损害赔偿中的

〔1〕 李任：《富勒：法律与道德的追问者》，黑龙江大学出版社2013年版，第24页。

信赖利益》，在学术界和实务界引起强烈共鸣，受到时任哈佛大学法学院院长庞德的欣赏，以至于当富勒得知他的文章被广泛阅读时，喜悦之情溢于言表。〔1〕1939年，富勒来到欧洲做了6个月访问学者，从欧洲归来，富勒来到哈佛大学法学院做访问教授，在1939—1940学年结束之前，他被礼聘为法学院终身教授。1948年，他接过了庞德传给他的接力棒——任哈佛大学法学院的卡特法理学讲座教授教席，直至1972年退休。他在哈佛大学度过了30余年的学术生涯。其间有3年时间（1942—1945年），由于美国参加第二次世界大战，大量学生入伍、教师岗位减少，富勒离开哈佛大学做起了执业律师。

富勒是一个寓教于研、教学相长的老师，他善于在课堂上运用比喻和讲故事寓言，虚构争议性案例启发学生。最为人所知的故事莫过于富勒授课时虚构的“洞穴奇案”：5名探险者因受困洞中而抽签杀害吃掉1名同伴，获救后存活的4人被以杀人罪起诉，一审判处死刑，被告上诉至最高法院，5名大法官给出了不同的“法官意见书”。该虚构的刑事案件后被刊发成文成书。富勒主讲的法哲学课程从目的层面探讨法律在分配利益过程中的作用，给学生以深刻印象。曾任美国总统的尼克松，就是富勒在杜克大学任教时的学生，他回忆：“从准备从政的观点看，我所学的最有价值的课程，是富勒博士所讲授的法律哲学。……因为担任公职的人不但必须知道法律是怎么回事，他还必须知道法律是怎样的和为什么是那样运作的。”〔2〕

第二次世界大战结束后，1947年富勒任哈佛大学法学院法律教育特别委员会主席，开始对法学院教学进行改革。在课程设置上，加强了法学和其他学科之间、课堂上和课堂下的联系，建立了由法学家和社会学家组成的“法律与社会关系学会”，为学生提供普通法等传统课程以外的有关法

〔1〕 参见［美］罗伯特·萨默斯：《大师学述：富勒》，马驰译，法律出版社2010年版，第10页。

〔2〕 ［美］理查德·尼克松：《六次危机》，黄兴等译，世界知识出版社1999年版，第414页。

律政策问题、其他法系和非法律类的宽口径课程。法律教育方式上，针对传统的以法院为导向的案例教学法，富勒主张培养律师式思维，不仅重视研讨先例，还要传授律师作为调停人和倡议人主持谈判的方式等内容，教与学互动，加强批判性、经验性讨论，而不是死记硬背案例。富勒善于激发学生探讨问题的活力，那是因为，“积极良好的讨论氛围，如电流一样激活每一个学生的思维，并在整个班上传递。”〔1〕在法学理论课程上，他主张在本科低年级开设法理学课程〔2〕，加强法哲学研究，让法学院和哲学系的关系更紧密，促进学生对法律中深层次问题的思考。改革使法学教育变得更有实践性和哲学性，对哈佛大学法学院和美国法律教育的影响十分深远。

核心学说

富勒是第二次世界大战后新自然法学派的主要代表之一。他是一个犀利的批评者，在比较、鉴别、批判美国形式主义、现实主义和实证主义的过程中系统阐述了法律和道德的关系，希望人类为追寻秩序和良好秩序而不懈奋斗，对20世纪自然法的复兴和西方法学理论的发展起到了重要作用。

一、对形式主义和现实主义的批判

19世纪末20世纪初，在美国司法领域（联邦最高法院内部），有两股思潮激烈交锋，一方是法律达尔文主义与法律形式主义，另一方是进步主义与法律现实主义。赫伯特·斯宾塞首次将达尔文进化论思想系统地应用于

〔1〕 Lon L. Fuller, On Teaching Law, 3 Stanford Law Review 616（1949）.

〔2〕 罗斯科·庞德任哈佛大学法学院院长时，法理学课程只对研究生开设，不面向本科生开设。

物理世界、生物机制、人类的经济文化和社会等各领域，在19世纪下半叶的美国大受欢迎。将自然科学上的达尔文主义运用在社会学领域，产生了社会达尔文主义，将社会达尔文主义运用在法律领域，衍生出法律达尔文主义。社会达尔文主义用生物学进化理论解释社会现象，认为人类社会是一场生存竞争，处于一种前进的变化趋势中，遵循适者生存、不适者被淘汰的“科学”“进化”规律。因此，社会达尔文主义主张人与人进行自由竞争，反对国家干预经济和救助穷人。这是因为，人类前进的动力来源于对自身所生存环境的适应，不适应者理应被淘汰。具体到法律领域，法律达尔文主义认为不应当通过法律这一外在力量改变强者胜弱者的社会发展趋势，主张以经济自由和契约自由作为法律原则，反对政府干预和调控经济，维护强者（企业主）胜弱者（农民和工人等）的现有社会秩序。法律达尔文主义在法律运行和法学研究中的贯彻，就产生了法律形式主义。法律达尔文主义主要就内容而言，法律形式主义主要就方法论而言。法律形式主义将自然科学方法引入法学领域中，将法律视为科学的逻辑体系，认为判决应当像数学一样根据法律演绎出结果，法院应当抵制政府干涉经济生活，严格遵照字面上的法律条文去判决，因此被称为保守派。

法律达尔文主义和法律形式主义促进了南北战争后美国自由资本主义的高速发展，但是，面对自由放任政策带来的严重社会问题，法律形式主义显得保守僵化，不但无法解决社会难题，而且加深了司法积弊。为此，进步主义思潮应运而生，批判了自由放任主义，主张国家干预，强调国家在社会经济生活中有重要作用，要求政府进行宏观管理、限制经济垄断、关心弱势群体、实行福利政策、保障劳工及妇女的平等权益，等等。在司法实践中，进步主义者主张法官应当充分运用自由裁量权，使法律适应变化的社会条件，被称为改革派或者自由派。一直持续到20世纪20年代，最高法院信奉法律形式主义的大法官占多数，在1905年的“洛克纳案件”

中[1]，法律达尔文主义和法律形式主义臻于巅峰。为此，法学理论界酝酿着颠覆法律形式主义。19世纪末社会科学兴起，哲学、经济学、社会学和心理学有不少新的研究成果，为法学理论的范式转换和司法改革提供了理论资源。进步主义者们针对法律形式主义，发起了一场名为“法律现实主义”的运动，从20世纪初一直持续到20世纪60年代。进步主义者不一定都是现实主义者，现实主义者则都支持改革和进步。“现实主义者们祭出了法律不确定性的旗帜，在此命题之下，现实主义者从概念、逻辑与规则等多个角度对法律形式主义进行了批判。”[2]严格来说，法律现实主义不是一个固定的法学流派，没有领导者、研究领域和学术团体，而是主张将法律与社会科学相结合以反对法律形式主义的一场运动。现实主义者研究对象、研究方法、观点各异，但都有共同的目标：反对法律形式主义和要求法律变革。他们反对将法律仅仅视为对公理、概念、规则的逻辑演绎结果，认为法官同立法者一样可以造法，主张关注司法过程和具体情境，注重观察官员行为和社会行为，把案件处理集中于协调相关法律与社会关系上。耶林提出了“目的法学”的主张，认为法律应当来源于目的并为目的服务。由此引发的德国自由法运动，反对机械适用法律，认为法官可以根据实际需要自由地发现法律以指导案件审判。在法律现实主义运动过程中，自由法学、利益法学、价值法学、社会职能法学、社会心理法学、实用主义法学等相继涌现，都强调现实中运行的“活法”和各种法律行为，关注法官行为和司法实践。在美国，受到欧洲现实主义运动启发，现实主义法学以实用主义哲学为基础发展起来，持“工具”“功利”“实用”等观念评价法律，发起对传统法学理论和僵化司法实践的批判，威廉·詹姆斯、奥利弗·温德

---

〔1〕 联邦最高法院判决，纽约州限定工人最高工作时间的法律违反宪法第十四修正案的契约自由精神。

〔2〕 刘翀：《现实主义法学的批判与建构》，载《法律科学（西北政法大学学报）》2009年第5期。

尔·霍姆斯、卡尔·卢埃林(Llewellyn)、杰罗姆·弗兰克(Jerome Frank)等都是其中一员。针对法律形式主义的核心论点"逻辑具有普适性",霍姆斯的名言"法律的生命不是逻辑而是经验""逻辑只是一种工具而非目的"被广泛引用〔1〕,他指出"法律本质上是人们用来实现现实目的的工具,预先存在的法律概念并不能在逻辑上必然推导出司法判决","法官(立法者亦然)可以自由地造法,事实上他们也是这么做的"〔2〕。

20世纪30年代,对形式主义的批判和争论占据了美国法学理论界的舞台中心。富勒也没有置身事外。不过,他并不是简单加入现实主义对形式主义的批判阵营,而是针对形式主义和现实主义各自的问题提出了自己的观点。一方面,富勒反对法律形式主义。他在法学界崭露头角正是因为发表了关于法律拟制(legal fiction)问题的几篇文章,而这些文章中流露的思维方式是反形式主义的。富勒继承和发挥了梅因和卡多佐关于法律拟制的观点,认为同立法、衡平一样,拟制是法律发展的手段之一。梅因认为拟制是"用以表示掩盖、或目的在掩盖一条法律规定已经发生变化这一事实的任何假定,其时法律的文字并没有改变,但其运用则发生了变化"。〔3〕美国联邦法院大法官卡多佐认为,法律拟制是跨越旧规则和新规则鸿沟的善意的错误。〔4〕而富勒所说的法律拟制有三层含义:一是陈述者明知而有意作出的全部或者部分虚假的陈述,或者一项被视为具有效用的谎言。二是一种法律适用的方法,这种方法通过依赖两种不同类型的事实之间的张力来改变法律的应用,从而达到对法律规范的变通性适用。三是一种语言现象,作者与听众都知道是虚假陈述,但却有存在的价值。〔5〕法律拟制的哲学基础在于法律与社会发展之间的紧张关系。他肯定了法律

〔1〕 See Oliver Wendell Holmes, The Path of the Law 10, Harvard Law Review 1897, p.645-666.

〔2〕 [美]罗伯特·萨默斯:《大师学述:富勒》,马驰译,法律出版社2010年版,第6页。

〔3〕 [英]梅因:《古代法》,沈景一译,商务印书馆1959年版,第16页。

〔4〕 参见[美]卡多佐:《司法过程的性质》,苏力译,商务印书馆1998年版,第72页。

〔5〕 See Lon L. Fuller, Legal Fictions, California: Stanford University Press, 1967, p.9-11.

拟制的价值，否定了法律概念主义与形式主义，因此得到了当时美国最高法院的自由派大法官霍姆斯和布兰代斯（Louis D Brandeis）的热情赞赏。那时富勒才28岁，是一个初出茅庐的年轻教师，而霍姆斯已在法律界拥有崇高地位。

另一方面，富勒又并不完全肯定法律现实主义的所有观点。在美国现实主义运动风头正盛的20世纪30年代，富勒在《美国法律现实主义》一文中系统评论了20 世纪以来以“行为科学”为主导的法律现实主义运动的功过〔1〕。他选择现实主义法学家卡尔·卢埃林和安德希尔·摩尔（Underhill Moore）作为主要评论的对象。富勒从七个方面展开讨论，分别是：法律的确定性、判例法与制定法、法律规则与法律概念的本质、现实主义主张是否仅限于方法、法律与社会的关系、制度方法、现实主义的情感基础。针对形式主义认为法律仅指法律条文，而法律条文具有确定性，富勒认同现实主义对形式主义的批判。他指出：“现实主义学派的一个主要贡献在于扩大法律相关的领域，并且尊重‘法律外的’考虑。”〔2〕他从三个方面批判了形式主义主张的“法律确定性”命题。首先，法律不仅只表现为法律文本（规则、原则等），还有文本之外的其他因素。突破法律条文本身去考量行为、动机等文本外的因素，给予法官更大的自由裁量权，显然是有利于普通法发展的。其次，遵循先例时，案例与案例之间到底是否具有相似性，最重要的是依赖法官的判断而不是法律条文。判例法的形成过程正是法官不断根据新情况进行立法的过程，而进入法庭诉讼的案件不是法官能预测和控制的，是由诉讼当事人决定的。最后，有的事情根据法律判断可以产生截然相反的意见，而仅凭借生活的经验，人们的意见反而很统一。形式主义认为严格按照法律文本裁判就会产生确定性，显然只是一种剪裁了现实的美好想象。将法官对案件的“非技术”的考虑非法化，并不能消除

〔1〕 1934年，富勒发表了论文《美国法律现实主义》，获得1935年美国哲学学会的菲利浦奖。

〔2〕 吴彦主编：《富勒法哲学》，商务印书馆2023年版，第116页。

法官考虑法律文本以外的因素，而只会让这些考虑地下化，进而妨碍将法官考虑的“非技术”因素理性化和体系化。相反，现实主义者运用社会学方法在法律和现实间架起一座桥梁，能使法律具有更大的确定性。因此，富勒主张“要给法官一个更大的圈养空间”〔1〕。

尽管现实主义洞察了形式主义的致命弱点，但是富勒认为，现实主义者在反对概念主义的改革运动中走向了极端，那就是将法律视为可以处理的具体事物、人以及他们（它们）之间的关系，过分偏爱“实在”使他们误入歧途。富勒反对将法律视为法官的行为模式，也不赞成法学理论简化为经验科学。现实主义的谬误在于如下方面：

一是心理学上的错误假设。现实主义者持有“唯名论”和规则怀疑论，笃定思维只会处理具体事物，由概念组成的规则是人类意识中模糊的虚构物，这种虚构物只是具体事物的集合体、权宜之计和语言习惯。卢埃林认为每个案件在“适用规则”时都是扩大或者缩小规则，因而“适用规则”之说本身就是误导，规则是虚空无用的。富勒批评卢埃林的论证谬误来自贝克莱错误的心理学假设。富勒指出，“概念既非容器，也非‘事物’，而是正在进行的思维活动”〔2〕。他肯定了思维不仅拥有认识具体的事物的能力，而且拥有将具体事物类别化或者寻找一般性的能力，即抽象的能力。二是方法与目的、事实与价值、法律与社会相互分离。富勒指出，形式主义者只关注法律和逻辑，现实主义者只关注构成社会的“实在”，声称只对精确描述司法过程的方法感兴趣。虽然一个倾向法律一个倾向社会，但二者都只注意认定事实的裁判方法，而没有注意法律的目的和价值。社会改革是不可能像现实主义者声称的那样，只改变方法而不改变更深层次的哲学问题就能成功的。“是”与“应当”的分离将使改革成为无本之木。富勒将法律与社会比喻为一把剪刀的两个刀片，只有合力才具有切割功能。此

〔1〕 吴彦主编：《富勒法哲学》，商务印书馆2023年版，第119页。
〔2〕 吴彦主编：《富勒法哲学》，商务印书馆2023年版，第129页。

外，现实主义者认为当事人的特定利益和社会需求之间存在完整的对应关系，将目光放在处理好具体的案件上，以为这样就自然地发展了法律。这种观点在富勒看来是片面的。他认为，制定法比起判例法更能有效应对新的社会条件。其言下之意是，只盯着具体的人和事，无法发展法律以有效应对社会问题。富勒断言当事人的特定利益和社会需求之间并不存在完整的对应关系。有的诉讼只涉及当事人的微小利益，无法代表社会利益，因此对个案的裁判也没有解决新的社会问题、推动法律发展的影响力。或者说，个人利益和社会利益有无直接关系，纯属偶然。因此，在变动很快的社会，判例法无法跟上社会实践发展的速度。而制定法总有一些模糊的一般性条款（万能条款），可以容纳社会发展的新情形，通过法律解释技术逐渐扩展包括它原本不包括的含义。富勒主张，不能只研究真实案例，也要假想可能发生的案例，由此发展出更完整充分的学理联系，才有利于判例法的发展。三是以单一行为主义解释法律制度存在谬误。摩尔主张法律制度的构成是人的行为，人的心理态度只是行为的效果，因此无须被法律制度所考虑；法官只会对法律规定的行为作出反应，裁判规范是对行为的规律进行的提炼。富勒批判了以摩尔为代表的现实主义者的观点，他认可“法律制度的构成并非行为，而是人们实施这些行为时的心理态度”〔1〕，心理态度常常不在制度规定的情形中，也和法律理论无关，但却被法官裁判所考虑。法院常常否决社会习俗，可见行为习惯本身并非法律制度，只有行为习惯具有规范的面向时，才会和法律产生联系。富勒指出，法律现实主义的错误根源在于实证主义和行为主义哲学，现实主义在反对形式主义的同时，也颠覆了法律具有的价值内涵，类似于泼洗澡水将孩子也泼出去了。

---

〔1〕 吴彦主编：《富勒法哲学》，商务印书馆2023年版，第139页。

二、对实证主义的批判

富勒对形式主义与现实主义的批判最终导向了对实证主义的质疑上。富勒主张的新自然法学是在批判纳粹统治暴行和第二次世界大战中逐步阐发的。在欧洲做访问学者期间，富勒看到以"人民的名义"制定的法律，却成为纳粹在德国推行统治的工具和遮羞布，任何反对希特勒的行为都被纳粹政权作为非法行为予以禁止和严厉惩罚。"如何看待独裁统治下的法律"成为他与实证主义者进行论战的主要论题，表现在富勒一系列文章、演讲、学术交流和社会活动中。富勒从法治角度分析民主和极权问题，对希特勒和欧洲法西斯主义进行了严厉批判，以《法律的自我探寻》为题在西北大学法学院罗森塔讲座上批评了霍姆斯、格雷、凯尔森的实证主义观点[1]，并在其后与哈特的论战中详细阐述了自己的新自然法学立场。从纳粹法律中，富勒看到实证主义法学隐藏的巨大危险，认为其间接催生了极权主义。尽管和实证主义针锋相对，富勒对主张实证主义的学者毫无偏见，他积极帮助汉斯·凯尔森（Hans Kelsen）从纳粹统治下逃往美国，他和哈特保持着良好的私人关系，邀请哈特来哈佛大学法学院访学，这才有了他和哈特载入西方法律思想史的经典论战。

富勒与哈特的论战主要集中在1957年至1969年，论战精彩纷呈。思想争锋起源于哈特1957年受邀在哈佛大学霍姆斯讲座上作的演讲《实证主义和法律与道德的分离》，提出了法律与道德的分离命题，针对现实主义者等对其的批判为法律实证主义辩护。针对哈特的演讲，富勒1958年发表了《实证主义和对法律的忠诚——答哈特教授》一文，详细批判分析实证主义，提出了法律和道德、实然法和应然法不可分离的联系命题。在第一

---

〔1〕 1940年4月28日，富勒应邀到西北大学法学院罗森塔讲座进行发言。罗森塔讲座主要邀请法学界知名学者作关于法哲学方面的报告。

轮交锋后，哈特和富勒分别出版了专著《法律的概念》(1961)和《法律的道德性》(1964)，系统阐述了己方观点和回应对方批评。第二轮交锋后，哈特在1965年撰写了《法律的道德性》一书的书评对富勒进行批判。富勒在1969年《法律的道德性》再版时增加了回应哈特的《对批判者的答复》。哈特最后在1983年《法理学和哲学论文集》和1985年再版的《法律中的因果关系》两书的前言中，坚持分析法学立场的同时修正了自己早期的某些观点。

哈特和富勒争论的焦点是法律与道德的关系问题。这并不是一个新问题，其源自实证法和自然法的关系，可谓二者在18世纪末以来的新表述。但有关此问题的第一次正面交锋则是哈特和富勒的经典论战。对于"法律是什么"之问，哈特批判了法律命令说，但继承了边沁和奥斯丁区分实然法和应然法的观点，主张区分法律和道德，法律无须依赖道德而存在，法律和道德没有逻辑上的必然联系，只要某一行为规范具备法律规范的形式化特征就是法律，这称为法律与道德的分离命题。用奥斯丁的话来表述就是："法律的存在是一回事，法律的好坏是另一回事。"[1]哈特指出，法律实证主义能否证立，只取决于它是否能为分离命题进行辩护。法律实证主义不否认法律与道德之间可能存在多种联系，否定的是二者存在逻辑上的必然联系，即斩断了法律效力和道德义务之间的联系。在实证主义者看来，不符合道德的法律也具有法律的强制力和约束力，俗称"恶法亦法"。恶法亦法并不意味着我们必须遵从恶法，相反，我们应当遵从道德义务反抗极端不正义的恶法。这样，法律就保持了科学性，而不至于和道德混淆不清，而道德也拥有了评价和批判法律的力量。哈特批评了美国法律传统只关注规则的阴影地带而非核心要素，将规则的自然延伸和表达误解为法官造法，使法官具有极大的自由裁量权，造成了司法实践的混乱。

---

〔1〕 Austin, J. The Province of Jurisprudence Determined[M]. China University of Political Science and Law Press, 2003.

针对哈特的批评，富勒认为，法律表达了人类的成就，各种法律形式的存在依赖价值观念。法律包括目的和手段，目的和手段都体现价值观念。他否认分离命题，主张法律与道德具有必然联系，符合道德要求是法律成立的必要条件，俗称“恶法非法”。因此，自然法学与实证主义法学的根本区别，就在于必然联系命题与分离命题之争。为了证立联系命题，富勒首先对道德作了两组分类，第一组是义务道德和愿望道德，第二组是法律的内在道德和外在道德。富勒将道德谱系设想为标尺，标尺的下端是义务的道德，上端是愿望的道德，分界线的指针位置则不确定。义务道德是指体现社会生存最基本要求的必须履行的义务，如禁止杀人；愿望道德指的是使人类达到至善状态的善行，比如助人为乐、见义勇为等。义务的道德一般是禁止性的，与法律最亲近；而愿望道德则是肯定性的，倾向于美学。〔1〕以道德标尺为参照，富勒继续论证“道德使法律成为可能”，或者说，法律必然具有道德因素。富勒第一次将这种道德因素表述为法律具有“内在道德”和“外在道德”。“法律的外在道德”是指法律具有的普遍意义上的那种实体性目标，比如诚实、守信、善良、和平等，也称为实体自然法；“法律的内在道德”是指法律能成为法律（秩序）必须满足的程序上的要求，也称为程序自然法。富勒将程序上的要求归纳为8项：“（1）一般性；（2）公开性；（3）法不溯及既往；（4）规则清晰；（5）规则之间不存在矛盾；（6）法不强人所难；（7）稳定性；（8）适用的一致性。”〔2〕传统自然法中道德和法律不分，并没有对道德进行详细分类，探讨其和法律之间的关系。法律的内在道德类似于实证主义对法律的科学性建构，是法律区别于其他社会规范的独特标志。法律的外在道德则是法律成为良法的内容的要求，这

〔1〕 参见［美］富勒：《法律的道德性》，郑戈译，商务印书馆2005年版，第19页。

〔2〕 ［美］富勒：《法律的道德性》，郑戈译，商务印书馆2005年版，第55—106页。转引自孟祥虎：《道德使法律成为可能——富勒〈法律的道德性〉研读札记》，载《政法论坛》2020年第4期。以上表述经过了总结，和原文略有不同。

些要求比较模糊，具有很大的弹性，既是人们对道德内容的习惯性认识，也是法律发展的空间。富勒通过深入道德和法律内部结构，试图弥补传统自然法的粗疏，建立起法律与道德的必不可少的联系。从根本上说，他将法律置于社会秩序和人类活动的目的中去考察，在他那里，秩序和良好秩序是法律和道德的代名词。富勒提出法律道德性命题，最终是为了实现人类追求良好秩序和至善的目标。这就是富勒提出的另外一个著名命题：法律是一项“使人类行为服从于规则之治的事业”。〔1〕由此，富勒批评哈特的法律概念仅仅具有事实面向，而没有目的面向。法律的目的既包括使人类服从规则，也包括使人类追求良好秩序。

经典著作

富勒的代表性著作有：*The Law in Quest of Itself*（1940），《法律的道德性》（1964），*Legal Fictions*（1967）。其中的英文原著尚未有中文译本。

The Law in Quest of Itself，中译名《法律的自我探寻》，尚无中译本。这是1940年富勒在西北大学法学院罗森塔讲座的讲稿合集，1966年出版。富勒演讲主要面对的论敌是以霍布斯、奥斯丁与凯尔森为首的分析实证主义法学，他考察了实证主义对美国法律思想的持续影响、原因和情感基础，分析了实证主义法学和自然法的差异，最后立论于法律的自主性。富勒认为法律实证主义与法律现实主义都是实证主义哲学（科学）影响的产物，有限制创造力和堕入整体主义国家的风险。他将法律实证主义定义为区分“现有法律和应该存在的法律”（实然法和应然法）的观点。而相较之下，自然法学走的是将二者结合起来的一种理论进路。相较于将希望寄托在立法与实在法体系上，富勒偏向于依靠“自发秩序的谱系”。富勒的观

〔1〕 参见［美］富勒：《法律的道德性》，郑戈译，商务印书馆2005年版，第146页。

点不同于传统自然法学，试图实现某种对自然法传统的超越，因此他提醒读者注意：他对自然法的任何评论都不是倡导自然权利原则，更不会去捍卫以圣·托马斯·阿奎那的名义所主张的所有观点。

《法律的道德性》一书是富勒与哈特论战的成果之一，集中体现了富勒有别于传统自然法的新自然法学思想，1964年首次出版，1969年再版时增加了《对批判者的答复》，为随后法律实证主义和自然法的辩论提供了框架。《法律的道德性》主要探讨了法律和道德的关系。富勒认为，法是使人类行为服从于规则之治的事业。这项事业不是规则体系，不是法官的行为，也不是对法院和法官将做什么的预测，而是一项活动，一项追求。作为一种"有目的性的事业"，法必须有道德性。他创见性地提出了法律的内在道德（程序自然法）和法律的外在道德（实体自然法）的划分，探寻二者的相互作用和影响，以证立"法律与道德密不可分"的必然联系命题。法律的内在道德主要解决使规范成为法律的问题，是法律最重要的品质；法律的外在道德主要解决使法律成为好的法律的问题。阅读时可重点关注法律的内在道德（程序自然法）的8项要求，以及富勒对批评者的回应，从中可以管窥富勒和分析法律实证主义者的论辩。附录中《怨毒告密者的难题》可以作为法学理论思考的"前菜"提前阅读。

Legal Fictions，中译名《法律虚构》或《法律拟制》，尚无中译本。该书收录了富勒关于法律拟制的论文，是富勒关于法律方法和法律思维的唯一著作。富勒吸取了汉斯·费英格（Hans Vaihinger）的"虚构哲学"观点，提出"忽略性虚构"概念。他认为虚构是人类的思维工具。为了描述客观现象，人类常将问题简约化，有意识地忽略他们认为不重要的因素，只保留重要的因素，这就是忽略性虚构，但是这种忽略性虚构只是人类的"奴仆"，达到目的就得舍弃的权宜之计。同样的道理，虚构也是法官需要回避当前法律时有意改变法律适用的手段。与一般的谎言和错误不

同，当事人也明白这是虚假陈述，而法官不是为了故意欺骗当事人，是为了避开严格按照文义解释法律规则带来的个案不正义，在不改变法律或回避适用法律的情况下通过假定事实或法律关系来满足法律的稳定性和个案正义。阅读时需要重点关注的是，富勒将法律方法和法律目的联系起来，指出法律拟制是任何法律系统中不可或缺的因素，是法律与新问题斗争的产物。这是因为人的心智是有限的，并没有概念能像镜子般完美反映这个世界，人的心智反映世界时会根据自己的愿望和目标对画像进行调整。

影响评价

富勒有多重身份，法哲学家、合同法学者、法学教育改革者、劳动关系律师。他是第一个论述了程序自然法的学者，为自然法理论注入了全新活力，被视为第二次世界大战后新自然法学派的主要代表之一。富勒常以古典的寓言方式授课和写作，在持续不断的批判性思考中进行着不倦的追问。两次世界大战给各交战国人民带来巨大身心创伤，促使法学界反思“何为法律”，法西斯政权统治下的法律是否为真正的法律，执行法西斯法律的行为是否违法，法律是否可以溯及既往？哈特与富勒围绕法律与道德关系的传统争议进行了数年论战，可谓是对第二次世界大战的反思的延续，影响重大而深远，波及整个西方法理学界。众多学者参与进来，围绕二人的著作和争论发表了大量不同倾向的作品，推动了新分析法学和新自然法学的诞生和发展。富勒全面批判了西方法学界中关于实在法的一些流行的概念，论证了法律与道德密不可分，将道德区分为“义务的道德”和“愿望的道德”两类，将法律定义为使人的行为服从规则治理的事业，提出法律制度必须满足程序上的八项要求。

深度阅读

富勒的著作（英文版）

1. Lon L. Fuller, *The Law in Quest of Itself*, Beacon Press, 1966.

2. Lon L. Fuller, *The Problems of Jurisprudence*, Foundation Press, 1949.

3. Lon L. Fuller, *The Morality of Law*, Yalc University Press, 1969.

4. Lon L. Fuller, *Legal Fictions*, Stanford University Press, 1967.

5. Lon L. Fuller, *Anatomy of the Law*, Published online by Cambridge University Press, 2009.

6. Lon L. Fuller, *Basic Contract Law*, West Publishing Company, 1996.

7. Lon L. Fuller, *The Principles of Social Order*, Selected Essays of Lon L.Fuller, Revised edition, Kenneth I. Winston（ed.）, Hart Publishing, Oxford and Portland, Oregon, 2001.

富勒的著作（中文译本）

1. [美]富勒:《法律的道德性》,郑戈译,商务印书馆2007年版。

2. [美]L. L. 富勒、小威廉R. 帕杜:《合同损害赔偿中的信赖利益》,韩世远译,中国法制出版社2004年版。

研究富勒思想的著作

1. 吴彦主编:《富勒法哲学》,商务印书馆2023年版。

2. 李任:《富勒:法律与道德的追问者》,黑龙江大学出版社2013年版。

3. [美]罗伯特·萨默斯:《大师学述:富勒》,马驰译,法律出版社2010年版。

4. 强世功:《法律的现代性剧场:哈特与富勒论战》,法律出版社2006年版。
5. [美]朗·富勒、亚历克斯·柯辛斯基、凯斯·桑斯坦等:《再审洞穴奇案》,高凌云、王文心译,中国民主法制出版社2021年版。
6. 张智,李亚美:《偏离方向的哈特—富勒"告密者案件"之争:基于德国法院判决的法理审视》,光明日报出版社2020年版。
7. 邹立君:《良好秩序观的建构:朗·富勒法律理论的研究》,法律出版社2007年版。

罗纳德·迈尔斯·德沃金

Ronald Myles Dworkin

1931—2013

认真对待权利和建立法律帝国

“每一位公民，都应有一种受到平等关心和尊重的权利。”

——罗纳德·迈尔斯·德沃金《认真对待权利》

为了树立人的尊严和权利在法律中的核心地位，捍卫自由主义法律理论，德沃金对功利主义法学、法律实证主义、经济分析法学、现实主义法学、批判法学等法学流派的观点提出了挑战。他和哈特亦师亦友亦论敌。德沃金对哈特的新分析实证法学观点作出了有力的批评，而哈特力荐德沃金继任他的牛津大学法理学教职。德沃金从探讨古老的“法律的概念”命题开始，提出了整体性（整全性）法律理论，把不同价值安排到一个整体的法律框架中，呼唤政府认真对待权利，主张平等优先，改变了我们对许多法律问题的习惯看法。

1931年，罗纳德·迈尔斯·德沃金出生于美国东岸一个单亲家庭[1]，“他的父亲是一个犹太人，而母亲则要依靠教音乐抚养三个孩子”，“德沃金从没有向外界提起过，其主张保护少数人权利的立场是否与那段经历有关”[2]。考上哈佛大学后，他的兴趣从文学转到了哲学，开始了追逐智慧之旅。热爱哲学的人大多对理论抽象有敏锐的感受，现实问题往往能转变成他们的理论映像。1953年以全优成绩取得哈佛大学文科学士（B.A.）的学位后，德沃金获得奖学金前往牛津大学留学。牛津大学法学专业有着很强的实力，德沃金开始关注和学习法律，并寻找到了法学与哲学为终身治学旨趣。当时哈特是牛津大学著名的法理学教授，他碰巧担任德沃金的毕业考试委员，二人“不期而遇”。德沃金对实证主义法学深刻批评的优异答卷引起了哈特的惊喜和忧虑。伯乐遇到了千里马分外高兴。哈特预感德沃金将成为他的有力挑战者和法理学界的又一颗新星。德沃金的成就确如哈特所料。而二人在日后也结成了良师益友般的论敌的惺惺相惜关系，哈特的宽阔学术心胸也可见一斑。1955年获牛津大学文科学士后，德沃金回到哈佛大学攻读法学，1957年获法学学士学位。毕业后他担任了美国上

〔1〕 有资料指德沃金出生于马萨诸塞州沃塞斯特（Worcester），参见［美］罗纳德·德沃金：《身穿法袍的正义》，周林刚等译，北京大学出版社2014年版，第1页。也有资料指他出生于罗得岛州普罗维登斯（Providence）。参见王鹏翔：《刺猬的哲学：德沃金生平与思想简介》，载中国法学创新网，http://www.fxcxw.org.cn/dyna/content.php?id=8743，最后访问日期：2013年2月15日。两地相距不远。

〔2〕 林衍、张莹：《认真对待权利 因为它关乎人的尊严》，载《中国青年报》2013年2月27日。

诉法院著名法官勒恩德·汉德(Learned Hand)的助理。汉德的《自由的精神》演讲曾受到广泛关注。二人就司法审查与宪法解释问题激烈争论,汉德认为德沃金是他带过的最优秀的法官助理,而德沃金的法学思想也受到汉德的影响。随后,德沃金在纽约市从事律师工作,直到1962年应聘担任耶鲁法学院的副教授,才正式开始他的学术生涯。他在纽约大学、康奈尔大学、牛津大学、伦敦大学都曾任教。1968年,哈特力荐还未出名的德沃金接替自己担任牛津大学法理学讲席教授。德沃金欣然接受,在牛津大学工作至1998年退休。在这期间,从1975年开始到去世,德沃金也在纽约大学担任法学与哲学教授,长年往返于英美两国,也许一年中还有一部分时间生活在世界上任何一个地方。

学术批评是学术的活水之源。德沃金向来以思路清晰、反应敏捷、能言善辩著称。工作上他做事较真,从来就事论事不讲情面,在学术论战中是一名斗士。用他自己的话说,这是尽学者批评的工作责任。尽管深受哈特欣赏,但他并不隐藏自己的学术观点或者减少对哈特学术观点的批判,甚至直到哈特去世后。在被哈特推荐继任哈特的牛津大学法理学教授席位的情况下,德沃金仍然不遗余力地批判哈特的学术观点。在学术讨论会上,他不会客套虚言,总是开门见山地指出文章或者演讲的问题。德沃金和哲学家内格尔(Thomas Nagel)一起创办的纽约大学"法学、政治学与社会哲学研讨会"以及他在加州大学洛杉矶分校的"法学理论工作坊(Legal Theory Workshop)",是极具挑战性的学术论坛之一。包括德沃金自己在内,在研讨会提交的论文都会受到深入密集的讨论批评。而受邀参加的学者莫不感到光荣。2002年德沃金来中国进行学术交流。他在清华大学、中国政法大学、复旦大学与浙江大学和上海召开的全球正义座谈会,以"权利哲学"为题进行主题演讲。在与中国法学界的第一次亲密接触中,他不讲客套、单刀直入谈主题的习惯给中国学者留下了深刻印象。德沃金热心公共生活,将自己的学术研究贯彻在对公共议题的实践中。例如,他激烈反对在耶鲁大学任职时的同事罗伯特·博克被时任美国总统里根提名为最高法院法官，认为博克受右翼教义的支配会毁坏宪法传统。最终，博克未能如愿。德沃金经常在《纽约书评》中评论当代政治和法律问题，特别是美国联邦最高法院。他曾加入一系列热点话题的辩论，如堕胎、选举财政、积极措施、反越战、安乐死等问题。20世纪60年代反越战时，他曾想和约翰·罗尔斯等学者在一个小岛上注册一个独立共和国，试验乌托邦理想。

在同事和朋友眼中，德沃金优雅时尚，戴着大眼镜，留着一头金发，衣着光鲜，为人温和，说话慢条斯理，总是笑眯眯地，带有英国绅士的风格。在平时的生活中，他喜欢听音乐会，乘私人游艇出海，在海里畅泳，在他的私人海滩边和学者们聚会。这些特质让他成为一位具有鲜明个性和高辨识度的教授。

核心学说

德沃金的法哲学和法学理论始自对哈特法律概念的批判。20世纪60年代，他在《哈佛商业评论》上发表的批评实证主义的论文《论规则的模式》引起了法理学界的极大关注，这篇论文后来被辑录进他的代表作品《认真对待权利》。继富勒和哈特“法律的道德性”之争后，德沃金也加入了自然法和实证主义的对决，和哈特展开论战。德沃金曾求学于牛津大学和哈佛大学，可谓哈特和富勒的共同学生。二位老师由个人扩及世界法理学界的论战激发了他研究法理学的热情。由于德沃金的思想完全否定实证主义，更倾向于自然法学，和富勒、罗尔斯等人一样都不同程度地继承了古典自然法学派的基本理念，反对功利主义和法律实证主义，证成道德与法律的必然联系命题，强调实在法之外的正义原则，不再主张实在法之上有永恒不变的自然法，所以被一些学者归类为现代自然法学（新自然法学）谱系中非神学的（世俗的）自然法学。自然法学起源于古希腊，发展于古罗马和中世纪。由于19世纪民族国家的兴起、科学主义和经验主义主导法学研究、休谟有关“事实与价值”的区分、法律实证主义的兴起、怀疑主义盛行等原因，古典自然法学被认为是虚构的神话而没落了。第二次世界大战以后，出于对纳粹法律造成的罪恶后果的深刻反省，学者们认为法西斯的出现和实证主义哲学之间存在联系，对占主流地位的法律实证主义的批判日益增多，现实主义法学、社会法学、人类法学、自然法学等观点各异，但都不满法律实证主义，对其发起挑战。拉德布鲁赫前后期法哲学思想的转向就是20世纪后半期自然法复兴的一个例证。美国20世纪六七十年代是民权运动和反越战运动高涨的时代，黑人、妇女解放运动此起彼伏，促使美国联邦最高法院作出了一系列保障平等权利的里程碑式的判决。德沃金针对美国深刻的社会变革给出法学理论的回应。从某种程度上说，德沃金政治法律思想的学说包含比自然法要更广泛的内容，对美国的法律实践产生了重要影响。

一、批判对象

德沃金的批判对象包括功利主义法学、法律实证主义、经济分析法学、现实主义法学、批判法学。法律实证主义的创始人是18世纪英国功利主义思想家边沁，代表人物有分析法学的奥斯丁、纯粹法学的凯尔森、新分析法学的哈特。总体而言，18—20世纪初法律实证主义占据英美法哲学和法律理论的主导地位。20世纪中后期，这种情况被改变。德沃金对功利主义和法律实证主义进行了三面批驳。功利主义法学主张，立法的根本目的是为最大多数人争取最大幸福，因此，要以能否促进“最大多数人的最大幸福”（功利原则）作为衡量法律好坏的标准。具体来说，要以社会的整体利益加以衡量，法律的内容依利害人数的比例而定。受利的人多于受害的人，就符合功利原则；反之，恶法就应当舍弃。依德沃金看来，功利主义的谬误在于可能导致“多数人的暴政”，按照功利主义的计算法，为了多数人的利益可以剥夺少数人的利益。例如，少数民族并不是“最大多数人”，他们的权利就面临着随时被剥夺的危险。而在任何事项上，每个人都可能沦为少数人，他们的利益不受保障，这样就会人人自危，谁也无法预测自己在哪件事情上会沦为少数，这样的社会显然是无法忍受和不符合正义的。法律实证主义主张，从历史事实来看，人生来就拥有平等的权利显然不符合事实，个人只享有人制定的实在法授予的权利，新出现的疑难案件永远没有唯一正确的答案，否定了天赋人权等自然权利学说。实证主义法学派的研究方法是规范分析，是在反对自然法主张的情境中发展起来的，其经典主张是法律无涉道德，即法律与道德关系的分离命题。一个法律命题是否为真或有法律效力，取决于有无立法者制定的法律依据或者有无先例肯定人民有这样的权利的社会事实，而与是否符合道德价值没有关系。具体到以哈特为代表的新分析法学，在批判奥斯丁法律命令说的基础上捍卫了法律和道德没有必然关系的论点，认为法律是由初级规则和次级规则组成的规则体系，有效的法律规则可以透过承认规则加以辨识。规则模糊或空白处，法官可以通过自由裁量权（discretion）来解决案件，通常会有多种可能的答案，不会有唯一正确的结果。哈特认为，法律采取广义，容纳所谓的恶法，才能区分法律的有效性和优良性，从而改进法律。他批评自然法学采取狭义的法律概念，将所有非道德的法律都等同于无效的法律（不是法律），会忽略法律的多样性和复杂性。德沃金反驳，实证主义局限于法律明文规定就太狭窄了，会造成个案不正义、法律僵化等问题。和富勒一样，德沃金也主张法律和道德的密切联系命题，法律的概念是不可能把“应当”的道德因素完全排除在外的，法律实际是什么和法律应该是什么在法律实践中是无法分离的。他不认同法官具有自由裁量权。他认为规则并非法律的全部，规则不明确和空白的情况下，还有原则和政策可供法官适用。若法官的价值观不同，是否会对法律作出不同的解释？针对认为自然法学的主张会使法律丧失中立性和确定性（可预期性）的质疑，德沃金认为追求法律的确定性不是梦。法官可以通过综合研究成文法、判例和尊重、平等考虑不同人的权利，在相互竞争的利益中进行取舍平衡，得出一个正确结论。这个过程不会一蹴而就，不同法官的判决的确可能不同，但追求正义却并非无能为力。因此，法官就应该探求法律作为一个整体所固有的正义原则。和新分析法学的论战结束之后，20世纪70年代，德沃金又向经济分析法学发起进攻。经济分析法学代表人物波斯纳试图以财富最大化为基础建立社会理论，认为普通法是一种追求效率的法律。他运用科斯定理，指出法律的主要功能是降低交易费用，法官带着最大化社会财富的意图判决案件，将权利赋予那些最大化社会财富的人。对此，德沃金指出经济分析法学是一种"没有权利的法律理论"，驳斥财富最大化不是社会价值的构成因素，论证了财富最大化不能促成权利，也不能和正义交易。不能以"财富增值"等为依据来衡量正义和个人权利。此外，对于法律现实主义主张法律具有高度不确定性，将法律看作法官的行为，德沃金指出其夸大法官个人直觉和偏好在审判中的作用，不符合法律实践。针对批判法学主张法律是穿着法袍的政治和意识形态，德沃金指出，法律虽然与政治、意识形态存在联系，但并不等同于阶级偏见和意识形态。

二、法律的概念和法律解释理论

针对哈特的法律规则论，德沃金重新解释了法律的概念，指出法律由规则、原则、政策组成，是"规定权利和义务的标准的概念，而且至少在原则上，一个政府有责任，通过类似于法院和警察这样的机构承认并实施这些权利与义务"〔1〕。德沃金特别阐释了他的法律原则理论。原则是"指规

〔1〕［美］德沃金：《认真对待权利》，信春鹰、吴玉章译，中国大百科全书出版社1998年版，第72页。

则之外的其他准则的总体”。[1]法律原则是为制定法和既往判例所接受的道德原则，是维护法律一致性和稳定性的重要标准。法律规则和法律原则有以下重要区别：一是法律原则的表述比较抽象，以权衡考虑比重的方式适用；而法律规则的表述比较具体，是以非此即彼的方式进行适用。例如，法的安定性原则、“任何人都不能从自己的恶行中获利”原则。在同一案件中，运用不同的法律原则可以得出不同的结论，因此，法官需要在相互冲突的原则之间权衡利弊和分量，既可以择其一而用，也可以同时以不同分量来适用多个法律原则。与此相对，适用一条法律规则判断小前提，小前提要么有效要么无效。而且，相互冲突的法律规则不能同时适用。二是法律规则的优先适用和例外。一般情况下，法律规则会被优先适用，而只有在法律规则模糊或者没有法律规则的情况下，法律原则才会“替补上场”。特殊情况下，当适用法律规则将导致与普遍理性相悖的荒谬结论和个案非正义时，法律原则就有必要“现身”推翻法律规则的适用。德沃金举出了“里格斯诉帕尔玛案”（Riggs v. Palmer，1889）来证明，原则无法从哈特的承认规则中推导出来。如果说规则是构成法律的主要部分，德沃金补充了哈特规则论的盲区“原则”后，并没有就此罢休，他继续增添了政策作为法律的组成部分。德沃金指出，美国国会有大量政策立法。政策是政府为了实现集体目标根据一段时间内政治、经济、社会等需要颁布的策略。政策时效性比较强，通常是针对中短期的局势，可以及时调整，便于应对局势之变，不如原则和规则稳定。根据德沃金的理论，一项根据国家产业发展目标作出的补贴某个行业的政策或者一项高校招生中采取配额或加分的方式让少数族裔学生优先录取的政策与平等原则，显然不是同一个东西，二者指向不同，平等拥有的广阔含义使这项政策与其可能一致也可能抵触，关键回到如何解释“平等”上。在规则、政策、原则之

〔1〕［美］德沃金：《认真对待权利》，信春鹰、吴玉章译，中国大百科全书出版社1998年版，第40页。

间，规则是首先被法官考虑到予以适用的，但是，“规则必须符合政策或原则，否则无效”；“政策必须符合原则，否则无效”〔1〕。也就是说，原则是裁决的终极标准，具有不可违反性。德沃金不仅从法律的构成要素来分析法律概念，还从法律解释的角度来回答“法律是什么”。德沃金指出：“法律是一个阐释性概念。”〔2〕判决取决于法官的阐释性理论，“以他对整个法律实践的‘特点’，亦即证明目的、目标或原则的合理性为依据”〔3〕。在这里，德沃金提出了法律阐释的原则：法的整体性（law as integrity，又译为“法的整全性”“作为整体的法律”“原则一惯性”）。意思是，法律解释应该融会贯通整个法律才作出，立法司法的法律解释应该一贯坚持、保持一致。德沃金认为评价一个裁判是否是一个好的裁判，要看这个裁判是不是最大可能地阐发了法律制度的整体精神。他进而指出，不只法律解释要求符合整体性，政治理想和美德也要求整体性。政治整体性原则有立法原则和司法原则，立法原则“要求立法者设法使整套法律在道德方面取得一致”；司法原则要求法官尽可能把法律理解为在道德上是一致的〔4〕。什么是道德方面一致呢？德沃金将理想社会的道德归纳成三个美德：政治结构的公正、资源分配和机会的平等、正当法律程序。这三大美德建构了政治整体性原则，法律原则统一于政治整体性原则下，这样什么是法律就在人们中间形成差距不大的共识，法律的整体性阐释才得以进行。

三、权利理论

权利是德沃金理论的核心内容。他由“法律是什么”进一步推导出法

〔1〕 高鸿钧：《德沃金法律理论评析》，载《清华法学》2015年第2期。

〔2〕［美］德沃金：《法律帝国》，中国大百科全书出版社1998年版，第80页。

〔3〕［美］德沃金：《法律帝国》，中国大百科全书出版社1998年版，第80－81页。

〔4〕 参见［美］德沃金：《法律帝国》，中国大百科全书出版社1998年版，第158页。

律和政府存在的目的：保护个人权利。“在普通法国家中，所有的诉讼都直接或间接地涉及个人权利问题。法官根据什么标准判决案件，实质上是他们根据什么标准，赋予哪一方以权利的问题。”〔1〕德沃金继承了启蒙运动以来的古典自然权利学说，提出了自己的权利理论。德沃金所说的权利是指个人的权利，强调“集体的目标在没有涉及个人权利的地方，个人就享有权利”。公共福利不是权利，而是政策的实现目标，而个人权利是原则的实现目标。“原则是描述权利的主张，政策是描述目标的主张。”〔2〕德沃金指出，权利有以下特征：一是权利的基石是平等，同等情况下赋予每个个体以相同的机会、资源和自由。只有平等才能捍卫个人的权利。二是权利能够对抗集体目标。对于那些涉及每个人的重大利益的基本权利，政府不能因为合乎普遍利益就拒绝给予或者阻止剥夺。奠定政治和法律制度的基础正是这些“不可克减、不可动摇”的道德性权利，在法律的保护下，这些权利让人们最大限度地享有他们需要的东西和做他们想做的事情，例如，自由权、尊严权、平等权等。因此，德沃金将个人权利比喻为个人的“王牌”(right as trump)。三是权利是一种解决疑难案件的技术。在疑难案件中，如果考虑的标准是政策，那么集体目标就会压倒个人权利，而法官就具有论证优先保护的利益是公共利益、社会福利等集体目标的义务。解决个人利益和集体利益的冲突依靠的是民主机制，由选民选出的代表解决，法官缺少作出政策判断的资格，判决容易受到非议。如果考虑的标准是原则，就需要权衡不同权利之间的分量，不同权利经常存在竞争、冲突关系。总体上，德沃金倾向于主张法官优先适用原则来裁判，司法推理要进行权利假定。特别是民事案件主要依据原则而非政策，法官需要借助法律原则来判断不同个人的权利之间的关系，决定谁有更强的权利。既然法律的目标是保护权利，那么，权利构成了法律的道德基础，即法律和道德

〔1〕 信春鹰：《罗纳德·德沃金与美国当代法理学》，载《法学研究》1988年第6期。
〔2〕 [英]J.W.哈利斯：《德沃金的权利命题》，萧勇译，载《清华法学》2002年第1期。

之间的桥梁和中介，成为评价和指导立法、司法的原则。权利和公正共存共生，公正包括尊严和平等两项主要内容，因此，有人将他的法哲学归纳为“平等关怀与尊重”权利学说，核心价值理论是“人性尊严原则”。意思是每个人都是有尊严的个体，都有自己的内在价值，需要承担自己人生的个人责任。而对于政府来说，政府也应当合乎“人性尊严原则”，应当认真对待每个人的权利，平等地关怀和尊重所有人。平等与自由之间并不存在直接的对立关系。

经典著作

德沃金著述颇丰，主要著作有《认真对待权利》(1977)、《原则问题》(1985)、《法律帝国》(1986)、《生命的自主权：堕胎、安乐死与个人自由的论辩》(1993)、《自由的法：对美国宪法的道德解读》(1996)、《至上的美德：平等的理论与实践》(2000)、《民主是可能的吗？新型政治辩论的诸原则》(2006)、《身披法袍的正义》(2006)、《最高法院的阵形：最高法院中的新右翼集团》(2008)、《刺猬的正义》(2011)、《没有上帝的宗教》(2013)等。

《认真对待权利》是德沃金的成名之作，汇集了他关于权利和原则问题的一系列论文。书中不乏振聋发聩之语：“如果政府不能认真对待权利，它也就不会认真对待法律。”该书从法律的概念入手批判当时的主流法学理论。以哈特为代表的新分析法学派认为法律是规则体系，它的运转与道德并无必然关系。德沃金提出构成法律的要素是“规则”“原则”“政策”，认为法律与道德相互交织无法分开。以边沁为代表的功利主义法学认为法律和法律机构应当服务于一般福利，德沃金认为法律立足于权利而非功利，更不能以“最大多数人的最大利益”为名否定少数群体或个人的基本权利。他对自由主义法学理论进行界定并为之辩护，主张个人权利构成法律的道德基础。每个人都是有尊严的个体。权利的提出是对政府的要求，这个要求核心的内容是平等，亦即政府应当认真对待每一个人的权利，平等地关怀和尊重所有人。“平等关怀”主要侧重于社会经济利益的公正分配，“平等尊重”主要侧重于政治和思想言论自由等政治权利的保障。德沃金区分两种形式的政治权利：背景权利和制度权利。他分析了正义和权利的关系、司法和守法的规范理论。阅读时可以关注德沃金对自由和平等关系的论证，他认为并不存在与平等权相矛盾的自由权。

《法律帝国》是德沃金法学理论的集大成之作，发展了在《认真对待权利》《原则问题》中有关权利和原则的思想，论述了其平等自由主义思想（egalitarian liberalism）下的法律解释和司法审理理论。德沃金从对法律概念的争论引起的法哲学混乱开始，推导出法律是一种阐释性的概念。德沃金从阐释法律的方法出发，回顾和对比了因袭主义、实用主义和整体法理论（law as integrity，又译为“法的整全性”“作为整体的法律”“原则一惯性”）对法律的见解，认为法律的识别必然涉及道德价值判断，整体法理论是对法律的最佳阐释，并用此理论具体分析美国的法律制度。整体法理论的核心主张是：当且仅当法律权利或法律义务能够从一组融贯的、对于整体法律实践提供最佳诠释的原则推导而出，这个法律命题为真。作为立法原则，整体法要求立法者努力使其所制定的法律在道德上是一致的；作为裁判原则，要求法官尽可能地将法律视为由一组融贯的原则构成的前后一致连贯而有组织的整体。阅读时重点关注第六章、第七章、第十一章对于政治整体性和法律整体性的论述。

《自由的法：对美国宪法的道德解读》是德沃金在《纽约时报》和美国法律专业刊物上发表的文章集，主要讨论美国重大宪法争议，涉及的案件涵盖堕胎权、纠正歧视措施、色情作品、种族冲突、同性恋、安乐死以及言论自由等美国热点法律问题。道德解读在美国宪法适用中起到了重要作用，同时也造就了联邦最高法院一系列影响深远的宪法判例。德沃金运用自由主义对美国宪法进行道德解读，将政治道德引入宪法的核心，认为自由主义对宪法提供了最佳诠释。

影响评价

德沃金是20世纪后半叶美国的法理学家，被认为是与美国富勒、罗尔斯齐名的法学家，与诺齐克、罗尔斯并称为当代自由主义的三位旗手。他系统阐述的新自然法学（也称“自由主义法学”“权利论法学”），对当代西方政治哲学和法学理论的发展产生了重大影响。他展现了一种由政治自由主义指导的法理学，关注人类尊严与权利，认为道德是宪法解释的试金石。“他在借鉴哲学解释学、自然法以及其他社会理论的基础上，重新解释了法律的概念，分析了法律原则、政策和规则之间的关系，论证了权利在法律中的‘王牌’地位，指出了司法在法律体系中的独特地位及其确保作出正确判决的途径，重构了自由与平等、民主与法治以及法律、政治与道德之间的关系。”[1]德沃金热心关注社会现实，经常在《纽约图书评论》撰文评论重大社会议题。德沃金活跃在公共论坛上，在美国最高法院关于堕胎与安乐死的判决、大法官的资格与提名、税制与医疗保健政策的公平性等重大争论议题的讨论中，都看得到他的身影。2007年，德沃金获得被誉为人文社会科学领域诺贝尔奖的“霍尔堡国际纪念奖”。在他去世后，纽约大学法学院网站上对德沃金的介绍是：“假若两百年后还有两三个人的著作会被后人阅读，他一定是其中之一。”

〔1〕 高鸿钧：《德沃金法律理论评析》，载《清华法学》2015年第2期。

深度阅读

德沃金的著作 (英文版)

1. Dworkin R. M. *A Matter of Principle*, Harvard University Press, 1985.

2. Edited by Ronald Dworkin. *The Philosophy of Law*, Oxford University Press, 1985.

3. Ronald Dworkin. *Law's Empire*, The Belknap Press of Harvard University Press, Cambridge, Massachusetts, 1986.

4. Ronald Dworkin. *Freedom's Law*: *The Moral Reading of the American Constitution*, Harvard University Press, Cambridge, Massachusetts, 1996.

5. Ronald Dwork. *Sovereign Virtue*, Harvard University Press, Cambridge, Massa chusetts, Fourth printing, 2002.

6. Ronald Dwork. *Justice in Robes*, Belknap Press, 2008.

7. Ronald Dwork. *Justice for Hedgehogs*, Belknap Press, 2011.

8. Ronald Dwork. *Life's Dominion*: *An Argument about Abortion*, Euthanasia, and Individual Freedom. Vintage; Reprint edition, 2011.

9. Ronald Dwork. *Religion without God*, Harvard University Press; 1st edition, 2013.

10. Ronald Dwork. *Taking Rights Seriously*: *With a New Appendix*, *a Response to Critics*, Harvard University Press, 2018.

德沃金的著作 (中文译本)

1. [美]罗纳德·德沃金:《认真对待权利》,信春鹰、吴玉章译,上海三联书店2008年版。

2. [美]罗纳德·德沃金:《法律帝国》,李常青译,中国大百科全书出版社

1996年版。
3. [美]罗纳德·德沃金等:《认真对待人权》,朱伟一等译,广西师范大学出版社2003年版。
4. [美]罗纳德·德沃金:《原则问题》,张国清译,江苏人民出版社2005年版。
5. [美]罗纳德·德沃金:《至上的美德——平等的理论与实践》,冯克利译,江苏人民出版社2007年版。
6. [美]罗纳德·德沃金:《身披法袍的正义》,周林刚、翟志勇译,北京大学出版社2010年版。
7. [美]罗纳德·德沃金:《生命的自主权——堕胎,安乐死与个人自由的论辩》,郭贞伶、陈雅汝译,中国政法大学出版社2013年版。
8. [美]罗纳德·德沃金:《没有上帝的宗教》,于兴中译,中国民主法制出版社2015年版。
9. [美]罗纳德·德沃金:《自由的法——对美国宪法的道德解读》,刘丽君译,上海人民出版社2017年版。
10. [美]罗纳德·德沃金:《民主是可能的吗?——新型政治辩论的诸原则》,鲁楠、王淇译,北京大学出版社2014年版。
11. [美]罗纳德·德沃金:《刺猬的正义》,周望、徐中立译,中国政法大学出版社2016年版。
12. [美]马克·里拉、罗纳德·德沃金、罗伯特·西尔维斯等:《以赛亚·伯林的遗产》,刘擎、殷莹译,新星出版社2009年版。

研究德沃金思想的著作

1. 朱颖:《"原则"的法理学——一种关于德沃金法学理论的考察》,法律出版社2010年版。
2. 杨国庆:《认真对待平等权——德沃金自由主义法律理论研究》,社会科学文献出版社2016年版。

3. 李锦:《法律理论的第三条道路——德沃金的解释转向及其意义》,湖南大学出版社2013年版。

4. 刘宏斌:《德沃金政治哲学研究》,湖南大学出版社2009年版。

5. 李晓峰:《美国当代著名法学家德沃金法律思想研究》,最高人民法院出版社2005年版。

6. 林立:《法学方法论与德沃金》,中国政法大学出版社2002年版。

7. Edited by Marshall Cohen, *Ronald Dworkin and Contem porary Jurisprudence*, Rowman & Allanheld, 1983.

8. H. MeCoubrey, *The Development of Naturalist Legal Theory*, CroomHelm Ltd, 1987.

9. Paul Gaffney, *Ronald Dworkin On Law as Integrity*. Mellen University Press, 1996.

10. Edited by Mane Hajdin, *The Notionof Equality*, Ashgate Publishing Limit-ed, 2001.

11. Stephen Guest, *Ronald Dworkin Third edition*, Stanford Law Books, 2.

罗伯托·曼加贝拉·昂格尔

Roberto Mangabeira Unger

1947—

法律分析的批判和重构

“对自然世界进行科学研究的关键在于转型的机遇：我们要探究事物在什么条件下沿着什么方向，在怎样的限制之下能够产生变化，由此理解事物如何运作。”

——罗伯托·曼加贝拉·昂格尔《法律分析应当为何》

作为批判法学的代表性人物，昂格尔的批评对象广泛，涉及人物众多。他的批判矛头主要指向占据美国主导地位的自由主义法学思想、古典社会理论、形式主义和客观主义的方法论。此外，自然法学、分析法学、社会法学及其分支等都在昂格尔的批判范围内。昂格尔判断，西方社会已经从自由主义社会走向后自由主义社会，而在这个过程中，法律是受政治和意识形态影响的，西方引以为傲的法治从来没有达成真正的平等、客观、中立，也从来没有真正实现它的普遍性和自治性。为此，他主张建立超自由主义（superliberal）社会，构建社会共同体，解决自由主义法学的内在矛盾。在他执其批判大旗的时候，他的观点也受到了自由主义法学的批评。

1947年，罗伯托·曼加贝拉·昂格尔（Roberto Mangabeira Unger）出生于巴西里约热内卢，是个从小就被父母带着游走在美国和巴西的巴西公民。父亲阿图尔·昂格（Artur Unger）出生于德国，年幼时来到美国并加入美国国籍，是一位律师。母亲艾迪拉·曼格贝拉（Edyla Mangabeira）是巴西诗人和记者。父母当时在美国定居，但是在举家游历巴西期间，父亲心脏病突发，耽搁了返美日程，小昂格尔便在巴西出生了。父亲康复之后全家返回纽约。小昂格尔在曼哈顿度过了童年时光，逢假期便去巴西外祖父家。外祖父曾任巴西外交部长、州长等职，当选过参议员。11岁那年，父亲过世，小昂格尔和母亲迁回巴西。他在一所耶稣教会中学受教，并学会一口流利的葡萄牙语。1969年夏天，昂格尔从巴西里约热内卢大学法学院毕业，获得法律和社会科学学士学位。1969年9月，昂格尔如愿成功通过考试，赴美国哈佛大学法学院深造，并于1976年获法学博士学位（S.J.D.）。这一年昂格尔留校任教，获得哈佛大学法学院终身教职和令人垂涎的古根海姆奖学金（Guggenheim Fellowship）。此时他已写作《知识与政治》和《现代社会中的法律》两部著作，以渊博的学识和对社会的深刻洞察而崭露头角。昂格尔的法学研究与他关于社会理论的思考紧密相连。他的研究领域和授课内容广阔，喜好交叉研究，研究兴趣不仅在法学领域，还延伸至哲学、政治学、经济学、社会理论等多个领域，他开设过从“宗教思想史”到“经济危机的解决方案”“政治经济学的未来”等课程。曾任美国总统的奥巴马就曾上过昂格尔的“法理学”和“彻底改造民主”课程。如果说，庞德从植物学家到法学家的跨界让人敬佩，那么接任哈佛大学庞德法理学讲座教授至今的昂格尔不仅很好地接过接力棒，而且将目光投向了更为广阔的领域。

20世纪60年代，美国的各种社会问题爆发，由此产生的民权运动、反越战运动、新左派运动、学生运动等风起云涌，高校不少青年教师学生参与其中。他们挑战主流文化，质疑美国主流思想。法学研究也受到这股社会思潮影响。20世纪60年代的耶鲁大学法学院最早酝酿了批判法学运动，70年代在哈佛大学、斯坦福大学等大学法学院传播，70年代中期成为一个以哈佛大学法学院为研究中心的声势浩大的法学运动。昂格尔积极参与到批判法学运动中，挑战规范法律研究，并对法律教育提出激进的改革建议。批判法学运动在哈佛大学触发了一场内部辩论，批判法学者与持传统法律观念的学者激烈较量。他与邓肯·肯尼迪（Duncan Kennedy）、莫顿·霍维茨（Morton J. Horwitz）成为批判法学运动核心人物，自称“三人集团”。美国的批判性法律研究在20世纪90年代后逐渐衰落，目前处于停滞状态。昂格尔的研究也从批判法学转向政治学、经济学等领域。进入21世纪，他努力寻找全球社会、政治和经济发展替代方案，经常参与世界各地的讨论。他近期的新书《奇异宇宙与时间现实：自然哲学与理论物理学碰撞出宇宙学革命》将目光投向宇宙和时间深处，对既定的宇宙学理论持否定态度，主张宇宙学革命，从更宏大的宇宙尺度论证了非决定论。

除了在哈佛大学从事教学研究工作之外，昂格尔积极介入美国的政治讨论和巴西的政治活动，他自认为是国际主义者，从事过记者工作，在巴西“组织过政党和工会，当过40年政治反对派”〔1〕，担任过巴西政府要职，游走在学术和政治之间。他是巴西民主运动党的创始人之一，协助过莱昂内尔·布里佐拉（Leonel Brizola）和西罗·戈麦斯（Ciro Gomes）竞选总统；

〔1〕 蒲实：《昂格尔：我希望每个人都能成为先知》，载搜狐网，https://www.sohu.com/a/198164846_632464，最后访问日期：2017年10月15日。

本人也曾竞选过众议院席位和巴西总统。在2007年和2015年，昂格尔两度出任巴西政府战略事务部部长，曾经与时任巴西总统卢拉(Lula)和后任总统罗赛芙(Roussef)共事。昂格尔曾为巴西的教育制度、劳工体制、林权等多个领域制定法律和改革方案，还就金砖五国银行设立、人民币国际化等问题，与各国政要有过多次会商。他的成长经历和从政经历都对他成为批判法学的代表人物有重要影响。

作为一个放眼全球的学者和政治人物，中国作为一个大国不可避免地进入昂格尔的视野。他研究过中国法治等问题，曾于2017年访问中国，到中央党校、清华大学和国务院发展研究中心作学术报告，推动中外学界对知识经济的理论探讨。

核心学说

批判法学(the Critical Legal Studies Movement，又称批判法律研究运动)是美国20世纪60年代后期产生、七八十年代兴起的一股批判美国乃至整个西方法律传统的左翼思潮，以“批判西方的法律制度和法律思想，尤其是美国的法律制度和法律思想”为己任[1]，主张推翻现行美国法律制度。1977年春季批判法律研究第一次大会在威斯康星大学召开，标志着美国批判法律研究运动的正式诞生。美国批判法律研究运动的核心人物有昂格尔、肯尼迪、楚贝克(D.Trubek)、阿贝尔(R.Abel)、图什内特(M.Tushnet)等人。昂格尔理论成就最高，他关于批判法学的理论阐述可以作为批判法学的代表。自20世纪90年代以来，批判法学逐渐衰落，但其针对的问题并没有完全消失，今天仍值得关注。

〔1〕 参见谷春德、史彤彪:《西方法律思想史》，中国人民大学出版社2004年版，第536页。

法学理论因应社会需要而发展。新的研究对象会不断进入法学范畴，而旧有的研究方法会随着新的科学技术的出现而不断更新。进入20世纪，西方社会各种矛盾现象出现了加剧的趋势，新的法学流派和观点不断涌现，如社会法学、存在主义法学、现象学法学、经济分析法学、文学分析法学、综合法学等，传统的自然法学和实证主义法学进化成了新自然法学、新分析法学。那么，批判法学的批判对象是什么呢？昂格尔具体批判了以下理论或观点。

一、美国主流的自由主义法学

自由主义产生于17、18世纪，是西方近现代占主导地位的意识形态和理论，具有复杂的理论面向，包括政治、经济、社会、哲学自由主义四个方面的内涵。总体来说，强调以个人权利为出发点来调整个人、国家与社会的关系，在制度安排上以法治和民主来维护个人的自由和平等权利。自由主义从产生开始，一直强调以理性为基础的个人主义，主张维护个性发展，限制政府的权力。与欧洲存在封建社会相比，美国社会从一开始便是一种自由主义的社会。以个人自由权利为核心和有限政府是美国社会的共识，体现在美国宪法中。20世纪美国盛行的是新自由主义，如经济上反对福利国家政策和主张保护产权，政治上确立正义作为首要价值。17世纪的自由主义关注争取个人的政治权利，18世纪的自由主义关注经济领域的自由竞争，19世纪中后期关注社会正义，保障弱者的基本生存条件。由此，17、18世纪的古典自由主义的首要价值是自由；19世纪功利主义、实证主义为主流哲学，自由主义的首要价值变为功利；当代美国新自由主义的首要价值则是正义。1971年，约翰·罗尔斯《正义论》的面世确立了西方政治哲学以正义为主题。因此，20世纪美国的主流法学派别自然法学和实证主义法学，在某种程度上而言都建立在自由主义政治哲学基础上，自然法学自不待说，形式主义更是对法官的自由裁量给予了很多限制，哈特的新分析法学也有最低限度的自然法之说。

批判主义法学的出现，和以上法学流派都不同，将矛头直接对准了自由主义法学理论和法哲学。“昂格尔率先高举反自由主义思想体系的‘总体性批判大旗’。他认为自由主义国家向福利—合作国家演变的过程要求新的意识形态，要求重新认识自我。”〔1〕法学理论的变革和应对社会危机紧密联系在一起。昂格尔从历史事实切入考察人类的社会形态和法律的变迁，他将法律区分为三种类型：相关关系法（习惯）、官僚法、法治。他将社会形态分为部落社会、贵族社会、自由主义社会和后自由主义社会。三种法律相应地属于前三种社会形态。昂格尔对西方当代社会作出了一个判断：社会形态已经从自由主义转向后自由主义社会，表现为国家干预增多、福利国家政策出现、公法和私法混同、从法律或先例出发的三段论逻辑推理转向目的或政策为导向的推理。昂格尔把目的或政策为导向的法律方法称为“合理化法律分析”。这意味着国家已经脱下了中立监护人的伪装，直接卷入私人利益的对抗中并成为派别的工具，法律的普遍性和自治性遭到破坏，国家成了部分人的代表，导致法治出现危机。昂格尔认为，法治是多元利益集团组成的现代社会的法律秩序，是自由主义理论在社会生活中的伟大实践，法治的“普遍”和“自治”，是特定社会结构和意识形态共同作用的结果，意味着人们普遍相信有一种更高的秩序和法则，用以识别或批评现实法律。然而，法治被寄予了过高的期望。法治从来没有达成真正的平等、客观、中立，没能消除日常生活中的依附和等级秩序，只是表面具有普遍性和独立于政治的形式。这是因为古典自由主义法治理论建立在虚构的前提上。〔2〕自由主义法学以主观性的价值为内核，主张价值观的多元共存，政府对不同价值观持中立态度。法律反映的是共同价值和共同道德。不少自由主义者认为意识形态具有内在统一性，因此，不承认

〔1〕 徐爱国、李桂林：《西方法律思想史》，北京大学出版社2014年版，第303页。
〔2〕 参见徐爱国，李桂林：《西方法律思想史》，北京大学出版社2014年版，第306页。

自由主义是一种意识形态，而是致力于将其描述为非(反)意识形态化的。批判法学对此予以否定，认为既不存在共同的价值，也不存在反映社会共识、能平等维护冲突各方利益的法律。昂格尔认为，为了解决个人意志的对立问题，法治的方式是“个人的附属和非人格化的法律”。后者为前者作掩饰，因此也就根本没有共识，因为“每一种共识都导致掩饰另一些人对某些人的人身控制”[1]。例如，流行观念中的自由平等这类共同价值都需要由立法者、法官和官员去识别、解释和判断，无法保证权力非人格化。在后自由主义社会，福利国家、合作主义、公有公社更是给形式上中立平等的法律秩序带来了威胁，国家权力的扩张直接体现为政治干预形式主义法治，法治社会解体。由此，昂格尔得出结论，自由主义社会的法治不能彻底消除日常生活中的不合理的依附性。

二、古典社会理论

法律是各种重大社会问题的核心，法治是冲突各方妥协的产物和次佳方案，也是解开一系列社会问题的钥匙。昂格尔并不是单纯就法律(法治)谈法律(法治)，而是通过对法律的研究考察社会运行的方式，找到“人的解放”的制度方案。昂格尔的批判法学理论应当放在他的社会理论和整体思想构图中加以理解。

昂格尔指出，以马克思、韦伯、迪尔凯姆为代表的古典社会理论存在方法论、社会秩序和现代性问题。就方法而言，在以下四个方面存在问题：逻辑分析和因果解释，理性主义和历史主义，行为对行为者、旁观者的意义之间的联系，历史性的理解与系统性的理论的关系。古典社会理论在描述社会事实的关系上，逻辑分析和因果联系是两种常用方法。有两种主要

---

[1] [美]R.M.昂格尔:《现代社会中的法律》，吴玉章、周汉华译，译林出版社2008年版，第186页。

的古典社会理论：理性主义和历史主义。理性主义理论常用逻辑分析法，历史主义理论常用因果解释法。逻辑分析法需要有大前提才能进行逻辑演绎。例如，人是理性动物、人性是恶的（善的）类似命题本身就是武断的，不完全为真，被作为理性主义的推理大前提，必然无法得到正确结论。历史主义描述历史现象时，常探求发生这些历史现象的原因。某一历史现象和另一历史现象，并不是相继发生，就具有因果关联。而历史主义在归因时常发生错误，错误联结不同的历史现象，以为二者具有因果关系。为了避免逻辑解释和因果解释的缺陷，古典社会理论在解释行为的过程中，有时会从行为者和观察者的不同视角来观察行为，以调和主观意义和客观意义。但是，还没有一种客观或主观的标准能站在制高点上统合评价行为者和观察者对行为的解释。这就带来了第四个方法论上的问题，编年史工作和系统性的社会理论的关系。编年史工作注重历史现象的特殊性，而系统性的理论工作希望“把全部历史还原为几条规律性的说明”〔1〕，从历史事件中抽象出对社会生活的统一性解释。这是贯穿整个西方理性传统的一个困难，也是特殊性和普遍性之间的冲突。就社会秩序而言，古典社会理论用工具主义理论（个人利益理论）或合法性理论（共识理论）来解释社会秩序。个人利益理论认为，人们受自我利益支配，把规则视为谋求自己利益的工具。昂格尔指出个人利益理论的问题在于，不能说明“人的行为怎样能够具有超越时间的足够持续性和个人之间足够的相似性，从而使得有组织的社会或社会科学成为可能”〔2〕；每个人从自己利益的角度去考虑规则，个人不愿意接受制裁才会遵守规则，那么就不可能存在明确界定个人和群体利益的规则，这反证了非工具性规则的存在；把人们想要做的事

〔1〕［美］R.M.昂格尔：《现代社会中的法律》，吴玉章、周汉华译，译林出版社2008年版，第21页。

〔2〕［美］R.M.昂格尔：《现代社会中的法律》，吴玉章、周汉华译，译林出版社2008年版，第25页。

情（利益）当成应该做的事情（规则），道德和协作都无法建立。共识理论指出规则来自人们的共同目标和共有价值，人们遵守法律是因为作为集体中的一员接受了这些法律代表了共同目标和价值，因此社会关系优先于个人行为。共识理论的缺陷在于没有解释冲突的存在，无法正面对待共识在冲突社会的不稳定性，也就不可能提出解决分歧和对抗的办法。就现代性而言，西方从古代向现代的转型过程中，经典社会理论以社会契约论为基础，而17世纪中叶以来的社会契约论等启蒙理论只不过是一种理论假设，而非事实。这种意识形态没有揭示现代社会中存在的各种矛盾，反而在有意识地掩饰这种矛盾。昂格尔指出，方法、秩序和现代性问题的密切联系导致必须同时系统性地解决三个问题。这三个问题可以转换成一个问题，即意识形态问题。昂格尔给出的方案是："以社会共同体的普遍建立彻底超越'意识形态'问题。"[1]改变意识形态依赖于改变社会物质条件，即建立"社会共同体"要改变资源配置结构。为此，昂格尔主张改革的目标是通过改革政府组织、市场组织和权利制度，创立一个较少异己的"社会共同体"，这样的社会形态他称之为"超自由主义（Super liberalism）"。具体而言，他通过重新设置权利义务体系来缓解个人与群体之间的紧张关系，主张以市场权取代私有财产权，并增设豁免权、变动权和团结权，以新型权利体系取代旧有的权利体系，促进社会共同体的形成。

三、形式主义和客观主义

昂格尔认为，受自由主义哲学、古典社会理论重要影响的美国主流法学理论，尽管观点不同或者对立，但都持有共同的思想方法，那就是形式主义和客观主义，如凯尔森的纯粹法理论、法律的功能主义、进化论等

---

〔1〕 马金芳：《批判的批判：困境中的超越，超越中的困境——评昂格尔"意识形态理论"》，载《社会科学辑刊》2011年第5期。

都是误导性的。[1] 他所说的形式主义是指法律（法学）是独立于意识形态（哲学）之外的中立的行为规范（论证方法），法律具有确定性，无论主张法律是由规则构成，还是由规则、原则、政策构成，都可以按照形式逻辑进行法律推理，获得确定的法律结果。昂格尔归纳的美国法学流派的形式主义特征不是通常意义上的美国法律形式主义及其典型兰德尔主义。通常所说的法律形式主义是一种"尊重法律"、反对以结果为导向的法律思维模式，即法律论证以权威性法律资料（包括法律文本、先例、原理等）为前提进行三段论推理的涵摄模式。其与运用意识形态、哲学进行法律证成相对立。客观主义是指"法律并非是权力斗争的偶然产物，它是社会发展的必然和人类社会客观存在的共同需要"[2]。客观主义者相信法律发展有规律，是历史必然性的体现，因此他们是历史决定论的支持者。形式主义需以一定程度上的客观主义作为前提，否则大前提总是错误的或不确定的，无法得出正确的法律结论。对此，批判法学认为法律是政治统治与意识形态的工具，是阶级统治的偶然产物或者是不同社会力量相互斗争的产物，因此不具有中立性，所谓的中立性是虚假的，是伪装品，只是把代表统治阶级利益的东西用表面上中性的诉讼程序、法律推理等技巧打扮成有利于全社会的东西，把偶然的、社会历史的产物装扮成必然的、自然的产物，以使被统治阶级也能欣然接受统治。由于法律具有强烈的意识形态倾向和政治性，政治穿上了"法袍"，因此法律推理具有不确定性。具体来说，法律推理的大前提和小前提都是法官、陪审员、诉讼当事人选择和认定的，法律推理过程打上了法官意识形态的烙印，整个过程都无客观性可言，得出的判决结果必然是不确定的。

为此，昂格尔以美国的"经济分析法学派"和"权利和原则学派"为

---

〔1〕 See Roberto Mangabeira Unger, *What should legal analysis become*, London: Verso, 1996, p.120-126.

〔2〕 谷春德、史彤彪:《西方法律思想史》，中国人民大学出版社2004年版，第541页。

例，对形式主义和客观主义展开批判。经济分析法学派、权利和原则学派和批判法学派一样，是20世纪七八十年代在美国流行的西方法学思潮之一。经济分析法学派代表人物是波斯纳（Richard A. Posner），权利和原则学派的代表人物是德沃金。昂格尔认为这两个学派都致力于发现社会生活的经典形式，恢复19世纪的客观主义和形式主义，却不对其想当然的社会生活的规范形态或背后依赖的道德假设予以质疑和修正。[1]在昂格尔看来，经济分析法学派试图找到目的和政策作为裁判推理的大前提，而原则和权利学派则试图找到原则和权利作为裁判推理的大前提，以解决疑难案件问题，确保法律的一致性、中立性、确定性，这都和兰德尔在庞杂的先例中挑选和剪裁出原理和原则是类似的，最终都是为现行法律制度作辩护。而现行法律制度和法治都是存在问题的，这些问题归根结底都是现代性的问题。昂格尔主张批判法学不只要批判，更要建设，或者说批判的目标最终是为了建设。为此，昂格尔以法律具有不确定性作为起点，主张把意识形态争议导入法律分析，对裁判推理的前提进行修正。在这个意义上，昂格尔既反自然法和功能主义，亦反实证主义，他的眼中并不存在必然性的法律。

经典著作

昂格尔著作甚丰，讨论主题和范围广阔。代表性著作有《现代社会中的法律》（1976）、《批判法学运动》（1986）、《政治学：建构性社会理论论纲》（1987）、《法律分析应当为何》（1996）、《觉醒的自我：解放的实用主义》（2007）等。《批判法学运动》《政治学：建构性社会理论论纲》尚无中译本。现择部分经典作品介绍如下。

---

〔1〕 参见沈宗灵：《批判法学在美国的兴起》，载《比较法研究》1989年第2期。

《现代社会中的法律》是批判法学的经典之作。法律是社会现象之一，通过法律可以有效地研究社会理论。该书选取法律作为解释社会理论问题的主线，探讨经典社会理论未能解决的社会问题。其中西方法治是这条主线中的核心。昂格尔通过对经典社会理论进行批判，探讨了人类社会不同阶段的法律类型和社会秩序。在阐述现代法治的形成时，他把近代西欧与中国进行比较研究，从东西方法律体系的演变和社会的现代化转型中透视法律秩序和法学理论的本质。阅读时可以重点关注该书对自由主义社会法治的批判。昂格尔界定的西方法律秩序是一种形式上的法治，即具有普遍性、自治性的法律秩序，独立于政治。昂格尔指出了古典自由主义社会中法治的内在矛盾，在后自由主义社会加剧，福利国家和合作主义更是给法治带来了根本性挑战，因此现代法治的核心理念不可实现，最终将走向解体。为解决现有问题，他提出了“超级自由主义”的共同体导向的社会模式，引导人类走向一个更为完美的社会。

《法律分析应当为何》一书的目标是尝试深入法律分析这个技术领域来探讨推进民主建设的制度进路。制度想象需要新的法律分析思维工具。昂格尔认为现代社会的法律没有发挥民主潜能。他对当代最具影响力的自由主义法学派所提倡的“合理化法律分析”的特点、结果、根源和缺陷作了深刻地剖析和揭露，提出了一种新的法律分析方法——理性化法律分析。有别于过往的系统、线性的法律分析方法，该书最大的理论贡献在于运用累进的、辩证的考察方法，考察了理性化法律分析方法的特征、后果和各种转变可能性，提出了为未来社会构建“扩大社会民主”“激进的多元政治”“动员性民主”的替代性方案。这些方案的可行性需要技术专家和普通民众一起展开辩论、相互合作、更加充分展现当代法律的禀赋，更好地实现民主承诺。

影响评价

昂格尔是美国批判法学运动的重要代表，哈佛大学庞德法理学讲座教授。20世纪70年代在哈佛大学法学院发起的“批判法学运动”，曾在美国年轻一代引起强烈共鸣。除了是法学家和哲学家外，他还是社会理论家、巴西政治家和社会活动家。他的一系列有关哲学、社会理论、政治学、经济学、法学的著作在美国具有广泛影响力，他始终关注“批判和重构”或“变革”这一主题，运用交叉和跨学科研究方法，为解决西方自由主义社会的困境、变革法律制度、重建社会秩序提供了启示。鉴于他作出的理论贡献，《纽约时报》称赞昂格尔为“永不疲倦的远见卓识者”。[1]

深度阅读

昂格尔的著作（英文版）

1. Roberto Mangabeira Unger, *Knowledge and Politics*, Free Press, Reissue edition, 1976.

2. Roberto Mangabeira Unger, *Law in Modern Society*, Free Press, Reissue edition, 1977.

3. Roberto Mangabeira Unger, *The Critical Legal Studies Movement*, Harvard University Press, 1983.

4. Roberto Unger, *What Should Legal Analysis Become?*.Verso, 1996.

5. Cornel West&Roberto Mangabeira Unger, *The Future of American Progressivism*:

〔1〕 参见蒲实：《昂格尔：我希望每个人都能成为先知》，载搜狐网，https://www.sohu.com/a/198164846_632464，最后访问日期：2017年10月15日。

An Initiative for Political and Economic Reform, Beacon Press, 1999.

6. Roberto Mangabeira Unger, *Democracy Realized: The Progressive Alternative*, Verso, 2000.

7. Roberto Mangabeira Unger, *False necessity: Anti—necessitarian Social Theory in the Service of Radical Democracy: From Politics, a Work in Constructive Social Theory*, London; New York: Verso, 2001.

8. Roberto Mangabeira Unger, *Social theory: its situation and its task*, London: Verso, 2004.

9. Roberto Mangabeira Unger, *Plasticity Into Po*wer (Politics, Volume 3), Verso, 2004.

10. Roberto Mangabeira Unger, *The Left Alternative*, Verso, Second Edition, 2009.

11. Roberto Mangabeira Unger, *The Self Awakened: Pragmatism Unbound*, Harvard University Press; 1st edition, 2009.

12. Roberto Mangabeira Unger, *Free Trade Reimagined: The World Division of Labor and the Method of Economics*, Princeton University Press, 2010.

13. Roberto Mangabeira Unger&Lee Smolin, *The Singular Universe and the Reality of Time: A Proposal in Natural Philosophy*, Cambridge University Press, 1st edition, 2014.

14. Roberto Mangabeira Unger, *The Critical Legal Studies Movement: Another Time, a Greater Task, London* ; New York : Verso, 2015.

15. Roberto Mangabeira Unger, *The Knowledge Economy*, Verso, 2019.

16. Roberto Mangabeira Unger, *Governing the World without World Government*, Verso, 2022.

17. Roberto Mangabeira Unger, *Abridgment of the Religion of the Future*, Macabe Keliher ed., Bridwell Press, 2023.

昂格尔著作（中文译本）

1.［美］R.M.昂格尔:《知识与政治》，支振锋译，中国政法大学出版社2009年版。

2.［美］R.M.昂格尔:《现代社会中的法律》，吴玉章、周汉华译，译林出版社2008年版。

3.［美］R.M.昂格尔:《觉醒的自我：解放的实用主义》，谌洪果译，北京大学出版社2007年版。

4.［美］R.M.昂格尔:《法律分析应当为何》，李诚予译，中国政法大学出版社2007年版。

5.［美］R.M.昂格尔:《被实现的民主：渐进式备选方案》，刘小平译，中国政法大学出版社2007年版。

6.［美］R.M.昂格尔:《重新想象的自由贸易劳动的世界分工与经济学方法》，高健译，北京大学出版社2010年版。

7.［巴西］罗伯托·M.昂格尔、李·斯莫林:《奇异宇宙与时间现实：自然哲学与理论物理学碰撞出宇宙学革命》，谢琳琳、付满、伍义生译，重庆出版社2016年版。

研究昂格尔思想的著作

Robin W.Lovin, *Introduction*: *Roberto Unger's politics*, *Critique and Construction*: *A Symposium on Roberto Unger's Politics*, edited by Robin W. Lovin and Michael J. Perry, Cambridge; New York: Cambridge University Press, 1990.

弗里德里希·奥古斯特·冯·哈耶克

Friedrich August von Hayek

1899—1992

20 世纪最伟大的经济学家、法哲学家和政治哲学家

“我们应当学到足够多的东西，以避免用扼杀个人互动的自生自发的秩序（spontaneous order）的方式（置其于权威当局的指导下）去摧毁我们的文明。但是，要避免这一点，我们就必须放弃这样一种幻想：我们能够通过刻意的思考而‘创造人类的未来’。”

——弗里德里希·奥古斯特·冯·哈耶克

哈耶克所处的时代是一个剧变的时代。1914 年第一次世界大战爆发，战争改变了欧洲大陆的一切，原来的自由流通、繁荣思想在炮火中灰飞烟灭。1918 年，奥匈帝国战败，统治了奥匈帝国 640 年的哈布斯堡王朝覆灭。新生的奥地利共和国却脆弱不堪，维也纳的经济千疮百孔，物价崩溃，贵族封号被取缔。经历了政治的幻灭和家国的兴亡，德意志、奥地利及欧洲大陆的知识分子对资本主义产生了怀疑，经典社会主义学说对众多青年人产生了巨大的吸引力。距离维也纳很近的布达佩斯甚至建立了仅维持几个月的共产主义政府。在此之前的1917年，苏维埃革命爆发，成立了第一个社会主义国家——苏联。在20世纪40年代，世界刚刚经历过1929—1933年的大萧条，西方各国的经济复苏在当时依然是步履维艰、路途漫漫。但整个世界又卷入了由希特勒纳粹帝国和日本军国主义所发动的第二次世界大战的巨大灾难之中。当时，许多哲学家、经济学家和社会各界人士对自由市场体制产生了这样或那样的怀疑。

从当时的社会思潮来看，世界进入资本主义社会以后，产生了古典资本主义经济理论，但由于资本主义的剥削造成了人类社会严重的不平等，一部分思想家开始思考一种既能适应社会化大生产又能给全体人类带来平等的经济运行方式，社会主义经济理论也就应运而生。

20世纪30年代世界范围的经济危机证明了古典自由主义经济理论已经趋于破产，西方资本主义国家选择了主张政府干预经济的凯恩斯主义。凯恩斯主义曾对拯救资本主义经济危机起了相当大的作用，但哈耶克认为其实行的国家干预违反了自由主义原则，必然构成通往极权主义的“奴役之路”，因此，一直反对这种政策。由于西方国家在干预经济的过程中又产生了许多难以解决的问题，20世纪70年代初期，美英等主要西方资本主义国家开始重返自由主义路线，哈耶克的思想受到西方政府的重视，他于1974年获得诺贝尔经济学奖。

1899年5月8日，弗里德里希·奥古斯特·冯·哈耶克出生于维也纳。19世纪末的维也纳文化璀璨，马勒、茨威格、穆塞尔、马赫、玻尔兹曼、薛定谔、弗洛伊德、卡尔·门格尔、欧根·冯·博姆·巴维克、弗里德里希·冯·维塞尔等知名学者皆汇聚于此。哈耶克的父亲奥古斯特在卫生局工作，但对植物学感兴趣，在维也纳大学担任兼职植物学讲师。哈耶克的母亲费利西塔斯·冯·尤拉舍克是著名统计学家的女儿，也是哲学家路德维希·维特根斯坦的远房表亲。

哈耶克从小立志成为学者，他帮助父亲收集植物标本，并相信成为教授是最高荣誉。哈耶克对学习没有兴趣且十分叛逆，他的拉丁语、希腊语和数学都不及格。1918年年底，哈耶克从军队退役后，进入维也纳大学。在大学里的前几年，哈耶克对心理学感兴趣。随后，因为就业前景而选择了经济学。

1921年，哈耶克加入旨在解决国际债务索赔问题的奥地利会计办公室。1923年年初，哈耶克前往美国并在纽约大学担任研究助理。经济学家约瑟夫·熊彼特向他介绍了一些美国经济学家。此时，哈耶克开始研究商业周期理论。

战后奥地利的恶性通货膨胀让哈耶克家惨遭破产。1924年，哈耶克无奈返回维也纳，重新就职于会计办公室。1927年，哈耶克和米塞斯创建了奥地利经济周期研究所，并担任所长。1929年，哈耶克发表的《储蓄的悖论》引起了莱昂内尔·罗宾斯的注意。与哈耶克同龄的、伦敦政治经济学院经济系主任罗宾斯试图让伦敦政治经济学院成为英国在经济学国际化进程中的领先机构。

哈耶克于1931年受罗宾斯之邀到伦敦政治经济学院作了4场讲座，讲座内容后发表在经济周期杰作《价格与生产》上。随后，哈耶克加入伦敦政治经济学院。在奥地利被纳粹德国侵吞后，哈耶克不愿意再返回母国。他在1938年成为英国公民，并终身使用这个公民籍。

也许是罗宾斯的要求以及伦敦政治经济学院与剑桥间的竞争关系，哈耶克与凯恩斯展开了一场激烈的论战。凯恩斯在《货币论》中将经济波动归因于储蓄和投资之间的差异。哈耶克认为凯恩斯未将分析建立在详尽的资本理论基础之上。凯恩斯的论点的依据是储蓄和投资间的差异对一般价格水平的影响（这与周期无关），而不是对不同类别商品之间的相对价格的影响。随着两位主角的耐心耗尽，辩论逐渐平息。20世纪30年代初，大多数读者接受了哈耶克对凯恩斯的批评。1936年《就业、利息和货币通论》问世，但哈耶克未对其进行批判性分析。凯恩斯在经济学界名声大噪，而哈耶克则被冷落。不过，哈耶克的理论在20世纪70年代后期，开始于美国和英国获得重视，支持哈耶克的政治家们开始在这些国家走上台前（例如，美国的罗纳德·威尔逊·里根和英国的玛格丽特·希尔达·撒切尔）。尽管哈耶克和凯恩斯在大多数事情上存在分歧，甚至对立，但他们依然相互尊重。当伦敦政治经济学院为躲避德国空军对伦敦的轰炸而搬到剑桥大学时，正是凯恩斯为哈耶克安排了房间作学术研究。1944年，凯恩斯提名哈耶克为英国科学院院士。

1944年，被凯恩斯誉为巨著的《通往奴役之路》出版，这让哈耶克成为了世界上最著名的思想家之一。该书的销量远远超过预期，最初的2000册在几天内就售罄。在随后的两年里，这本书一直供不应求。1947年4月，首届朝圣山学会会议在瑞士召开。哈耶克是第一任会长直到1961年卸任。时至今日，朝圣山学社仍延续着自由主义传统，已有多位诺贝尔经济学奖得主成为学会成员。

1950年，哈耶克离开了伦敦政治经济学院，前往美国的芝加哥大学担任社会思想委员会（Committee on Social Thought）的教授（由于他的奥地利经济学派观点，他被当时经济学系里的某个人所阻挠而无法加入）。他在芝加哥大学也认识了其他著名的经济学家，如米尔顿·弗里德曼（Milton Friedman，1912—2006）。不过，从那时开始，哈耶克的兴趣逐渐转向政治哲学和心理学——虽然他也持续撰写经济学有关的著作，而且即使到这时，他的主要经济学理论也尚未完全发表。此后，芝加哥大学出版社出版了大量哈耶克的著作，例如，《自由秩序原理》等。

哈耶克在1962年前往德国担任弗莱堡大学（University of Freiburg）的教授，直到他在1968年退休为止。

在1974年他获得了诺贝尔经济学奖，这成为奥地利经济学派的理论开始获得重视的主因之一。1984年，在英国首相玛格利特·希尔达·撒切尔的推荐下，他获得了伊丽莎白二世授予的名誉勋位（Order of the Companions of Honour），以表扬他对于经济学研究的贡献。之后哈耶克又担任了萨尔斯堡大学（University of Salzburg）的客座教授。哈耶克在1992年于德国的弗莱堡去世，享年93岁。

核心学说

弗里德里克·A.哈耶克是20世纪最伟大的古典自由主义学者之一。虽然他1974年获得过诺贝尔经济学奖，但他的学术贡献却远远超出经济学范围。他毕生发表了130篇文章和25本专著，涵盖的范围从纯粹的经济学到理论心理学，从政治哲学到法律哲学，从科学哲学到思想史。他至少对三个领域的理解作出了重大贡献：政府干预、社会主义的经济后果及社会结构的发展。1899年5月8日，哈耶克出生在维也纳一个知识分子家庭，他的博士学位也是在维也纳大学获得的（1921—1923）。20世纪初由门格尔的《经济学原理》所开创的奥地利经济学派已经由波姆、威塞尔及米塞斯等人发扬光大。哈耶克在维也纳大学就读时，曾听过米塞斯的课，他发现米塞斯的观点深合他的胃口。威塞尔是一位费边社会主义者，他的思路一度深深吸引了哈耶克，哈耶克成为他的学生。具有讽刺意味的是，正是米塞斯1922年出版的著作最终把哈耶克从费边社会主义思潮中拉了出来。理解哈耶克对经济学和古典自由主义的巨大贡献的最好办法是从米塞斯的社会协作研究范式的角度来分析。米塞斯是一位伟大的理论体系构造者，是他给哈耶克提供了研究范式。哈耶克成为伟大的解剖家和分析家。

19世纪中期，以英国废除《谷物法》为标志，进入了全球性自由贸易时代，也是第一个全球化时代。然而，哈耶克诞生前后，自由主义开始衰落，而哈耶克最伟大的功绩，就是系统地重述自由主义。当然，当我们说自由主义衰落的时候，我们所指的是哈耶克所认同的那种自由主义，即古典自由主义，或者哈耶克在《自由宪章》中所说的“英国式自由主义”，或者在《个人主义与经济秩序》中所说的“真个人主义”。

从一开始，自由主义内部就存在着分歧，甚至冲突。大体上可以划分为两支，除了哈耶克这一支外，另一支属于“法国式自由主义”，或者“假个人主义”。哈耶克本人曾说：“我们所说的‘英国传统’，主要是由一些苏格兰道德哲学家所明确阐明的，他们当中的杰出者首推大卫·休谟、亚当·斯密和亚当·福格森，随后，他们在英格兰的同时代人塔克、爱德蒙·柏克和威廉·帕列也对之作出了详尽的阐释；这些思想家所利用的资源主要是那种植根于普通法法理学中的思想传统。”

这个英国式的自由主义传统最辉煌的时代是苏格兰启蒙运动，其最主要的代表人物，就是前面的引文中所说的休谟、斯密和福格森。至于柏克，通常被认为属于保守主义者。然而，在哈耶克看来，他属于最正宗的英国式自由主义者。与他们观点相反的乃是法国启蒙运动的传统，其间充满了笛卡儿式的唯理主义：百科全书派的学者卢梭、重农学派的孔多塞，乃是此一传统阐述者中最知名的代表人物。当然，所谓法国式或英国式并不是以国籍来划分，而是根据其思想取向来确定的：在这里所采取的划分方法，并不完全是以国界为标准的。法国人孟德斯鸠以及晚些时候的贡斯当，尤其是托克维尔等人，更接近于我们所说的"英国"传统，而不是"法国"传统。英国人托马斯·霍布斯则是唯理主义传统的奠基人之一。事实上，在哈耶克看来，托克维尔是最正宗的英国式自由主义者，他甚至曾经想把他创建的自由主义学术团体朝圣山学社命名为阿克顿—托克维尔学社。由于可能出现顾名思义的误解，因此，根据哈耶克的剖析，英国式自由主义与法国式自由主义的区别有两点：一是经验的且非系统的自由理论传统，二是思辨的及唯理主义的自由理论传统。因此，我们可以更确切地把英国式自由主义命名为"有限理性的自由主义"，而将法国式自由主义命名为"建构论的唯理主义的自由主义"。

哈耶克本人属于英国式的自由主义传统。这个传统有三个最重要的思想来源：英国普通法、辉格党人传统、苏格兰启蒙运动。哈耶克曾反复强调自己是一个"老派的辉格党人"（如在《自由宪章》的跋"我为什么不是一个保守主义者"中）。诚如一位美国作者所说："辉格党人被一种共同的激情结合在一起，他们都敌视专断的权力，而防范政府的专断行为是他们政治活动的指南。辉格党人的这些观点最初形成于17世纪前10年，'没有任何别的东西比这珍贵，即按某种法治进行管理和统治，而不是由变幻无常和独断的统治'，即政府'不遵守被广泛承认的普遍的法'。约翰·洛克认为，辉格党人所为之奋斗的是'自由……是人们能达到的这样一种社会，一种固定的规则普遍适应于每一个人，人们能自由地按自己的意愿行动，而不用听统治者的指导，不用担心别人变化无常的、不可预见的和独断的意志。任何人都被赋予法律的和至高无上的权利，只服从已颁布的、为人所知的、固定的法律的统治，而可以无视统治者个人的命令……（即使是立法者也）不拥有绝对的权力……而必须维护正义……法律的最高执行者并不拥有个人的意志和权力，而只有法律的意志和权力……最终的目标是……限制权力，使任一党派或个人都不可能取得支配权’。……在辉格党人看来，自由是有明确的、确定的含义的，即免于专断（‘没有法律’）、威压，不管这些来自国王、议会还是某些人。辉格党人认为，这种自由唯有严格地实行法治才有保障，也即是说，‘按某种持久的、统一的、普遍的法律进行治理……而不服从某些高高在上者一时的心血来潮的命令……’”

这里的法治观念，是在英国普通法下的法律观念。哈耶克最经典的《法律、立法与自由》，实际上就是提出了一种普通法治国的设想，在这里，普通法不仅是一个司法制度层面的问题，而且是一个政治制度层面上的问题。因为只有普通法制度，才能够自发地生成正当行为规则，从而真正实现法治，即以法律保障个人的自由。

苏格兰启蒙运动对哈耶克思想的启发是巨大的，正是通过研究休谟的思想，哈耶克开始思考规则与秩序问题，而斯密的看不见的手是哈耶克自发秩序的一个模本。哈耶克自己曾这样总结苏格兰启蒙运动，它首先是一种一般性的社会理论：“这种社会理论表明，在各种人际关系中，一系列具有明确目的的制度的生成，是极其复杂但却条理井然的，然而这既不是设计的结果，也不是发明的结果，而是产生于诸多并未明确意识到其所作所为会有如此结果的人的各自行动。这种理论表明，某种比单个人所思的结果要宏大得多的成就，可以从众人的日常且平凡的努力中生发出来。这个论点，从某些方面来讲，构成了对各种各样的设计理论的挑战，而且这一挑战来得要比后来提出的生物进化论更具威力。这种社会理论第一次明确指出，一种显见明确的秩序并非人的智慧预先设计的产物，因而也没有必要将其归之于一种更高级的、超自然的智能的设计；这种理论进一步指出，这种秩序的出现，实际上还有第三种可能性，即它乃是适应性进化的结果。”在这里，所突出的是人的理性的有限性及自发秩序的概念。

正是上述几方面的思想资源，构成了英国式自由主义的基石，并经过哈耶克的重述，成为当代古典自由主义理论体系的基本框架。

一、F. A. Hayek, The Road to Serfdom, Chicago: The University of Chicago Press, 1944.(中译本:《通往奴役之路》,王明毅、冯兴元等译,中国社会科学出版社1997年版。)

核心思想:这是哈耶克最著名的著作之一,出版于1944年。这本书警示人们,如果政府过度干预经济和社会生活,就会导致威权主义和极权主义的崛起。哈耶克认为自由市场和个人自由是实现社会繁荣和自由的最佳途径,政府应该尽可能地减少对市场的干预。全书共十六章。

阅读重点:本书共十六章,建议重点阅读第三章至第七章(第三章:个人主义与集体主义;第四章:计划的"不可避免性";第五章:民主与计划;第六章:计划与法治;第七章:经济控制与极权主义)。

二、F. A. Hayek, Individualism and Economic Order, Chicago: The University of Chicago Press, 1948.(中译本:《个人主义与经济秩序》,邓正来译,生活·读书·新知三联书店2003年版。)

核心思想:《个人主义与经济秩序》包括十二篇论文,它们所讨论的问题涉及社会与道德哲学、社会科学方法、纯粹经济理论、经济政策等方面,阐述了哈耶克以经济自由为核心的经济哲学思想,以及在20世纪30年代后期至40年代初期社会主义经济大论战中他的代表性论点。哈耶克在论战之中从价格机制、竞争过程和知识分工等角度对集体主义计划经济思想进行了彻底的批判,这是哈耶克终其一生捍卫自由主义的经济学理论基础。奥地利学派理论和方法的独创性正是从这场论战之中浮现而出的,而哈耶克的思想方法也在这一阶段发生了从纯经济分析向演化认识论等领域的扩展，他不再只是一个纯粹的经济学家。

阅读重点：本书共十二章，建议重点阅读前六章。第一章：个人主义：真与伪；第二章：经济学和知识；第三章：社会科学的事实；第四章：知识在社会中的利用；第五章：竞争的含义；第六章："自由"企业与竞争秩序。

三、F. A. Hayek, The Sensory Order: An Inquiry into the Foundations of Theoretical Psychology, Chicago: The University of Chicago Press, 1952.

核心思想：1952年首次出版的《感官秩序》阐述了哈耶克的经典心智理论，他在其中描述了对无法用物理定律解释的知觉进行分类的心理机制。哈耶克提出了两种秩序，我们体验到的感觉秩序，以及自然科学揭示的自然秩序。哈耶克心智理论的基本样式是"演化论"的，借助于拓扑学的术语，就是说，每一个体生命的心智，根据它所适应的具体环境而演化，形成一套仍在演化的分类系统。自然之所以有"秩序"，是因为它被映射为我们心智的分类系统的某种拓扑同构关系，这关系就是秩序。换言之，本书是研究大脑神经网络何以秩序化现实世界的。以此研究为背景和原型，他反对经济系统这种复杂现象研究中的强微观还原主义。

阅读重点：本书共八章，建议重点阅读：第一章：问题的实质；第二章：理论概观；第七章：理论的验证与确认；第八章：这一理论的哲学意蕴。

四、F. A. Hayek, The Constitution of Liberty, Chicago: The University of Chicago Press, 1960.（中译本：《自由秩序原理》（上、下册），邓正来译，生活·读书·新知三联书店1997年版。）

核心思想：《自由秩序原理》于1960年年初出版。在该书中，哈耶克基于人的理性的有限性和社会秩序的自发性，批评了新自由主义主张的国家干预思想，为古典自由主义的自由、法治理论作了全面、深刻的辩护。本书分为三个部分：第一部分《自由的价值》，力图表明我们为何需要自由以及自由的作用何在，主要是哲学性的讨论；第二部分《自由与法律》，探究西方人为了保障个人自由而逐渐形成的各种制度，主要从历史的角度去关照期间的问题；第三部分《福利国家中的自由》，则把上述原则适用于当下若干重大的经济和社会问题，包括就业、社会保障、税制、城镇规划等。

阅读重点：本书共二十四章，建议重点阅读：第一章：自由辨；第二章：自由文明的创造力；第四章：自由、理性和传统；第五章：责任与自由；第六章：平等、价值与品行；第九章：强制与国家；第十章：法律、命令与秩序；第十一章：法治的渊源；第十四章：个人自由的保障；第十七章：社会主义的衰落与福利国家的兴起；第二十章：税制与再分配；第二十一章：货币框架；跋文：我为什么不是一个保守主义者。

五、F. A. Hayek, Law, Legislation and Liberty: A New Statement of the Liberal Principles of Justice and Political Economy (Vol.3 in 1), London: Routledge & Kegan Paul.（中译本：《法律、立法与自由》（上、下册），邓正来、张守东、李静冰译，中国大百科全书出版社2000年版。）

Vol.1: Rules and Order (1973).

Vol.2: the Mirage of Social Justice (1976).

Vol.3: the Political Order of a Free People (1979).

核心思想：哈耶克的晚年集中思考自由主义的哲学基础。从1973年至1979年，他陆续出版了三卷本的《法律、立法与自由》(Law, Legislation and Liberty, 1973—1979)。对古典自由主义给出了一个完整的论证。这本书共有三个洞见：第一个洞见认为，自我生成演化的或自生自发的秩序与组织秩序完全不同；而且，它们各自的独特性与支配它们的两种全然不同的规则或法律紧密相关。第二个洞见主张，当下通常所说的“社会的”

或分配的正义，只是在上述两种秩序的后一种即组织秩序中才具有意义；而它在自生自发的秩序中，也就是亚当·斯密所说的“大社会”或者卡尔·波普尔爵士所谓的“开放社会”里，则毫无意义且与之完全不相容。第三个洞见则宣称，那种占支配地位的自由民主制度模式，因其间的同一个代议机构既制定正当行为规则又指导或管理政府，而必定使自由社会的自生自发秩序逐渐转变成一种服务于有组织的利益集团联盟的极权主义体制。

阅读重点：本书共十八章，建议重点阅读：第一章：理性与进化；第二章：内部秩序与外部秩序；第四章：变化中的法律概念；第五章：内部规则：自由的法律；第六章：外部规则：立法的法律；第七章：普遍利益与特定目的；第八章：正义的探求；第九章：社会正义或分配正义；第九章补遗：正义与个人权利；第十章：市场秩序或偶合秩序；第十二章：多数意见与当代民主；第十六章：民主理想的破灭：简要重述；第十七章：一种宪法模式；第十八章：权力的遏制与政治的去中心化；跋文：人类价值的三个渊源。

影响评价

哈耶克的生命，几乎贯穿了整个20世纪，他目睹或亲历了这个世纪发生的所有大事。哈耶克的名声也因20世纪的思想浪潮而跌宕起伏。英国经济学家布劳格（M. Blaug）曾评价哈耶克为“在经济学界自亚当·斯密以来最受人尊重的道德哲学家和政治经济学家”。哈耶克的理论博大精深，从他1924 年发表第一篇论文至1988年出版的最后一部论著《致命的自负》，凡六十余年间，他出于对“社会秩序如何型构”这一‘哈耶克的终身问题”的关注，从经济学广泛涉及社会学、法理学、历史学、心理学和政治学等众多研究领域。其学术声望和学术地位几经沉浮，然而无论是他理论建构中的繁复精妙还是现实中的最终被认可都表明了哈耶克自由主义社会理论的极度重要性。简言之，哈耶克师出奥地利经济学派，深受米塞斯等经济学家的影响，以知识、自发秩序、自由、法治、价格等关键词拓展了亚当·斯密的“无形之手”的理论，又在自由传统面临计划经济和政府干预的严重挑战时坚定地捍卫自由市场的原则，被誉为20世纪个人自由和自由市场的伟大捍卫者。

深度阅读

1. 邓正来：《自由与秩序——哈耶克社会理论的研究》，江西教育出版社1998年版。

2. 邓正来：《哈耶克法律哲学的研究》，法律出版社2002年版。

3. 邓正来：《自由主义社会理论——解读哈耶克〈自由秩序原理〉》，山东人民出版社2003年版。

4. 高全喜：《法律秩序与自由正义》，北京大学出版社2003年版。

5. 何信全：《哈耶克自由理论研究》，北京大学出版社2004年版。

6. 高全喜：《休谟的政治哲学》，北京大学出版社2004年版。

7. 邓正来：《规则·秩序·无知——关于哈耶克自由主义的研究》，生活·读书·新知三联书店2004年版。

8. 周德伟：《周德伟论哈耶克》，北京大学出版社2005年版。

9. 俞可平：《社群主义》，中国社会科学出版社2005年版。

10. 马永翔：《心智、知识与道德——哈耶克的道德哲学及其基础研究》，生活·读书·新知三联书店2006年版。

11. 夏纪森：《正义与德性——哈耶克与休谟的正义理论比较研究》，上海人民出版社2009年版。

12. 夏纪森：《自由·法治·秩序——哈耶克的“自生自发秩序”思想研究》，上海三联书店2015年版。

理查德 · 波斯纳

Richard A. Posner

1939—

精通经济学的最伟大的法律实用主义者

“法律的真正目的是为了纠正非正义而维护道德观念。”

——理查德 · 波斯纳

作为经济分析法理学的旗帜性人物，理查德 · 波斯纳是曾经撰写过大量极具影响力的司法意见、现在已经退休的前美国联邦法院法官，也是美国当代极富争议同时也对法律理论界和实务界产生极大影响的法学家，还是当代经济分析法理学的领军人物之一。除了作为联邦法官撰写了大量司法意见之外，波斯纳还创作了大量学术作品，主题宽泛，涉及诸多领域。

理查德·波斯纳1939年1月11日出生于纽约,"母亲在他的早期教育中发挥了主导作用",但并没有试图将他"塑造成一个革命者",与此同时,"父亲更关心他的职业发展,而不是政治"。[1]1959年毕业于耶鲁大学,大学三年级时入选优等生协会;他是英语专业学生,是白宫奖学金获得者,在克林斯·布鲁克斯(Cleanth Brooks)老师的指导下,撰写了一篇研究叶芝后期诗歌的论文。大学毕业时,他申请了耶鲁大学和哈佛大学的法学院,当被两所学院同时录取时,他选择了后者,因为他觉得哈佛大学更具有挑战性。在哈佛大学法学院法的第一年,他经历了严格的法学专业课程学习,后两年致力于《哈佛法律评论》的编辑工作(也曾担任过主编)。1962年,波斯纳以全年级第一名的成绩毕业。在肯尼迪和约翰逊总统主政时期,他在华盛顿工作了几年,先后担任最高法院大法官威廉·布伦南(William J. Brennan)、联邦贸易委员会专员菲利普·埃尔曼(Philip Elman)、司法部副部长瑟古德·马歇尔(Thurgood Marshall)的助理,以及总统通信政策特别工作组的法律顾问。正是在此期间,波斯纳开始对反垄断法产生了兴趣,并在工作实践中围绕反垄断问题展开了深入的法律与经济学研究。

然而,法律实务工作似乎对波斯纳不再有什么吸引力,机缘巧合,在时任斯坦福大学法学院院长贝利斯·曼宁(Bayless Manning)的鼓励下,波斯纳自1968年起开始在斯坦福大学任教,结识了包括乔治·斯蒂格勒

〔1〕 参见[美]唐纳尔斯基:《波斯纳》,郑戈译,中国民主法制出版社2022年版,第20-23页。

（George Stigler）在内的一些杰出经济学家。1969年，他转任芝加哥大学法学院法学教授，随后一直在那里工作，直至1981年被任命为美国联邦第七巡回上诉法院法官。在此期间，波斯纳开始尝试将经济学分析应用于诸多法律领域（涉及反垄断、公用事业与公共承运人规制、侵权、合同以及诉讼程序等），撰写了大量著作和学术文章，其中最具影响力的莫过于1972年出版的《法律的经济分析》。他创办了《法律研究杂志》，旨在鼓励法律的经济分析；同时，也是美国国家经济研究局的助理研究员。此外，波斯纳还从事私人咨询工作，1977年，他和威廉·兰德斯（William Landes）、安德鲁·罗森菲尔德（Andrew Rosenfield）一起创办了莱克斯康公司（主要由律师和经济学家组成），在反垄断、证券和其他诉讼领域为客户提供经济与法律调研和支持。

为了迎接更有意义、也更富有挑战性的工作，或者至少部分为了将经济学分析和修辞技艺运用到真实世界里，1981年12月，经由里根总统提名，波斯纳出任美国联邦第七巡回上诉法院法官（1993年至2000年担任首席法官），值得一提的是，当时，他不仅是该法院"最年轻的法官"，也是"唯一一个既没有律所工作经验也没有当过联邦地区法院法官的成员"，还是"该法院唯一一个学者出身的法官"。[1]这一时期，他撰写了近2200份公开的司法意见。在整个法官职业生涯中，波斯纳始终坚持法律教学和学术创作。他在芝加哥大学法学院继续兼职任教，讲授法律课程的同时，撰写了38本著作及以300多篇学术文章和书评[2]，其中包括1990年出版的被誉

〔1〕 参见［美］唐纳尔斯基：《波斯纳》，郑戈译，中国民主法制出版社2022年版，第163-164页。

〔2〕 波斯纳撰写的著述及司法意见数量庞大，以至于纽约大学法学院的杰弗里·米勒（Geoffrey Miller）教授在二十多年后追忆往昔，感慨万千："随后几年，波斯纳法官成为了我的老师和导师，一个永远值得效仿、却无法匹敌的楷模。我怀着钦佩之情阅读他的著述和司法意见，尽管卷帙浩繁，根本不可能全部读完。" See Geoffrey Miller, Tribute to Judge Richard A. Posner, 61 New York University Annual Survey of American Law 13（2005）。

为呈现出其思想全貌的《法理学问题》一书，在他自己眼中，这是一份“实用主义者的宣言”；[1]与此同时，他每周还和经济学家加里·贝克尔（Gary Becker）一起就时事政策问题撰写评论，发表在“贝克尔—波斯纳博客”上，直到贝克尔教授2014年辞世。

在哥伦比亚大学法学院罗伯特·弗格森（Robert A. Ferguson）教授眼中，波斯纳是一个“举止安静且具有恰当幽默感的人”，“不仅每时每刻都知道自己是谁，而且在解释周围发生的事情时，他永远不会失去浓烈的兴趣和同情”。[2]或许，也正因如此，波斯纳能够专注且宽泛地展开自己的学术研究，至少涉及：(1)刑法、劳动法和知识产权的经济学，(2)法理学、法律与文学、宪法与制定法的文本解释，(3)性别与老年的经济学，等等；后来，又将学术研究的焦点转向司法行为。在波斯纳看来，经济学涉及人们如何回应激励和约束，以及这些回应如何塑造或者削弱诸多规则、习惯以及制度（包括法律）；在此问题上，法律现实主义比法律形式主义更符合经济学，因而，他对经济学的兴趣及运用，反映并强化了他在法律思想上向现实主义的转化。迄今为止，波斯纳的学术著作已经被翻译成法语、德语、俄语、意大利语、西班牙语、汉语、日语、韩语、希腊语、土耳其语、葡萄牙语、乌克兰语、立陶宛语和斯洛文尼亚语等多种语言，影响力波及诸多国家和地区。无论在现代法学理论领域，还是在现代法律思想世界中，这都是相当罕见的。

波斯纳先后获得雪城大学（1986）、乔治城大学（1993）、耶鲁大学（1996）、宾夕法尼亚大学（1997）、西北大学（2002）、亚里士多德大学（2002）、森林湖大学（2012）荣誉法学博士学位，以及根特大学（1995）、雅

---

〔1〕 参见[美]唐纳尔斯基：《波斯纳》，郑戈译，中国民主法制出版社2022年版，第241页；[美]理查德·波斯纳：《法理学问题》，苏力译，中国政法大学出版社2002年版，第567页。

〔2〕 Robert A. Ferguson, Tribute to Judge Richard A. Posner, 61 New York University Annual Survey of American Law 1, 2(2005).

典大学（2002）荣誉博士学位和布鲁克林法学院（2000）荣誉法学博士学位。1994年，他获得了弗吉尼亚大学颁发的托马斯·杰斐逊纪念基金会法学奖。1998年，获得威廉与玛丽学院颁发的马歇尔—威思奖章。2003年，获得美国律师基金会颁发的学术研究奖。2003年，他获得了美国司法部颁发的约翰·谢尔曼奖，以表彰其对反垄断政策的贡献。2005年，他获得了美国联邦律师协会颁发的联邦法学杰出成就奖以及托马斯谢林奖，以表彰他对公共政策极具影响的学术贡献，并且还获得了美国法学会颁发的亨利·弗兰德利奖章。2010年，他获得了由美国法律与经济学协会颁发的第一枚罗纳德·科斯奖章。2014年，他获得了美国上诉律师学会颁发的霍华德艾森伯格奖。2016年，他获得了美国法律作家协会颁发的终身成就奖。

波斯纳是美国法学会、朝圣山学社和世纪协会的成员、美国艺术与科学学院研究员、内殿律师学院荣誉会员、英国科学院通信院士、欧洲法律与经济学杂志编辑委员会成员以及美国图书馆顾问等。他也是美国经济协会和美国法律与经济学协会的成员（1995—1996年，任该协会主席）。1998年，他当选伦敦大学学院边沁俱乐部名誉主席。从1998年创刊至2005年，他与奥利·阿申菲尔特（Orley Ashenfelter）一起，担任美国法律与经济学协会期刊《美国法律与经济学评论》编辑。[1]

核心学说

如果我们身处其中的是一个“资源相对于人类欲望是有限的”世界，那么，或可将经济学界定为“一门关于我们这个世界的理性选择的科

〔1〕 https://www.law.uchicago.edu/faculty/posner-r，最后访问时间：2023年12月11日。

学”[1]，据此，在波斯纳看来，“法律的经济分析”本质上就是“将经济理论运用于对法律制度的理解和改善”，其主要研究命题包括：

> 第一，经济思考总是在司法裁决的决定过程中起着重要的作用，即使这种作用不太明确甚至是鲜为人知；
>
> 第二，法院和立法机关更明确地运用经济理论会使法律制度得到改善。[2]

因此，波斯纳认为，20世纪晚期西方法理学的发展主要在于将经济学理论运用于法学研究领域，但同时他也强调，不能将法律的经济分析理解为将经济学理论简单运用于各个法律领域，而应该是在下述意义上运用经济学的理论与方法：

> 将经济学看作是一种理性选择理论——即诉讼所要达成的理性选择，换句话说，也就是以最小可能的资源花费来达就预期目标的理性选择，从而将省下的资源用于经济系统的其他领域。无论一种法律制度的特定目标是什么，如果它关注经济学中旨在追求手段和目的在经济上相适应的学说，那么它就会设法以最低的成本去实现这一目的。[3]

因此，诚如波斯纳所言，“法律的经济分析”的目的在于“通过运用不

---

〔1〕 参见[美]理查德·波斯纳：《法律的经济分析》，蒋兆康译，中国大百科全书出版社1997年版，第3页。

〔2〕 参见[美]理查德·波斯纳：《法律的经济分析》，蒋兆康译，中国大百科全书出版社1997年版，中文版序言。

〔3〕 参见[美]理查德·波斯纳：《法律的经济分析》，蒋兆康译，中国大百科全书出版社1997年版。

同于法官和其他法律专业人员所运用的术语——尤其是经济学术语——来考察问题，从而确定法律的结构、目的和一致性”，简言之，就是“用经济学的术语对法律问题提出经济学的解释”。[1]

在归纳“法律的经济分析”的基本特征时，波斯纳指出：

> 法律的经济分析具有启示性、描述性和规范性三个层面。在启示性层面上，它试图展现法律教义和法律制度的潜在统一；在描述性层面上，它寻求识别法律教义和法律制度的经济逻辑与作用，以及法律变化的经济原因；在规范性层面上，它为法官和其他政策制定者提供通过法律进行管制的最有效方法。[2]

将经济学方法合理地应用于对法律问题的分析，是经济分析法理学对法律研究的杰出贡献之一。波斯纳认为，“用来指导法律经济学分析的基本经济学假定是：人们总是理性地最大化其满足度，一切人（只有很小的孩子和严重智力障碍者是例外）在他们一切涉及选择的活动中（精神变态的或者其他因滥用毒品和酒精而产生类似精神错乱影响的活动除外）均如此”。[3]与其他人一样，立法者也是理性地使其满足最大化的人。因此，立法实际上就是以成文法的形式将利益集团之间的财富予以适当调整或者平衡。当立法需要加以解释与运用时，法官便具有双重作用——“解释立法中体现出来的利益集团的交易，并提供权威性的纠纷解决这种基本的公共服务”。此时，法官均希望采用那些“会使社会财富最大化的规则、程

〔1〕 参见［美］理查德·波斯纳：《法律的经济分析》，蒋兆康译，中国大百科全书出版社1997年版，中文版序言、第21页。

〔2〕 ［美］波斯纳：《法律理论的前沿》，武欣、凌斌译，中国政法大学出版社2003年版，第5页。

〔3〕 ［美］波斯纳：《法理学问题》，苏力译，中国政法大学出版社2002年版，第441—442页。

序”并且达到与之相适应的“案件结果”。[1]

波斯纳通过经济学分析认为，普通法规则中的概念与规定，诸如同谋、共同海损、自由使用等，均符合财富最大化的原则。财富最大化不仅事实上是普通法审判的指南，还是一种真正的社会价值观念，因而，普通法的逻辑实际上就是经济学的逻辑。他主张，作为一种普遍的社会规范，财富最大化虽有不尽如人意之处，但在普通法范围内仍然是极具吸引力的，或者至少是可以证实的。支持财富最大化的最有力的论点是实用主义的，因为相对于其他不同社会而言，在允许市场自由运作的社会中，人们的经济状况不仅更加良好，而且还享有更多的政治权利、自由与尊严。同时，波斯纳也承认，这种实用主义判断也是有限制的，因此，人们在推进财富最大化时都应当谨慎行事，渐进主义应当成为人们所秉持的立场。最后，波斯纳总结认为，“财富最大化就是工具性的而不是基础性的，这一事实并非否定运用它来指导法律和公共政策”。[2]

在运用经济学理论分析法律问题时，不可避免地要触及，甚至批评一些传统法理学的基本观点。例如，波斯纳认为，那种“任何由最高权力机构发出的命令都是法律”的定义显然“歪曲了‘法律’一词的普通含义”，因为在如实地描述“法律”一词使用中的定义时，必须包含一些不可或缺的附加因素：

(1)作为法律，命令必须能为被命令者所遵守；

(2)它必须平等地对待那些与命令有关而在各方面处境相似的人；

(3)它必须是公开的；

(4)必须存在这么一种程序，任何为命令适用所必须的事实

〔1〕［美］波斯纳：《法理学问题》，苏力译，中国政法大学出版社2002年版，第444页。

〔2〕［美］波斯纳：《法理学问题》，苏力译，中国政法大学出版社2002年版，第484页。

的真实性都可以依其条款得到证实。〔1〕

上述诸项因素正是“关于法律的经济理论”的重要组成部分。如果从理论研究的概念范畴或者“正名”的意义上看，波斯纳似乎更愿意将“建立在某些法律领域具体知识基础上的一系列经济研究”称为“法律经济学”(Economics of Law)；〔2〕如果从认识论的视角来看，法律经济学分析既是“建立在现实主义地基上的形式主义大厦”，又因其“寻求塑造法律，使之符合经济学规范”，故而“具有某种自然法的风味”。〔3〕在将霍姆斯与萨维尼的占有理论进行比较分析之后，波斯纳认为，霍姆斯对萨维尼以及德国法学家理论的批评大体上是准确的，但却未提供一种足以替代德国学者观念的社会理论；经过一个世纪之后，在波斯纳看来，可以弥补霍姆斯理论缺失的正是“经济学”。〔4〕

波斯纳认为，“法律的经济分析”之所以重视实践推理，是因为在法庭辩论中仅凭逻辑演绎方法不能判断在对立主张中哪一个是正确的，而科学观察法的应用也是有限的，只有“实践理性”比较适合用于解决法律问题。他指出，可以与经济分析结合起来的实践理性是为了形成对那些无法由逻辑学与科学观察加以检验的事项的信念而采用的方法，具体包括常识、反思、先例、类推、经验以及权威等。在波斯纳看来，此种实践理性并不是单一的分析方法，也不是统一的方法体系，而是一套解决法律问题的有效工具——或者说，“不轻信者在对无法为逻辑或精密观察证实之事物形成种

〔1〕［美］波斯纳：《法律的经济分析》，蒋兆康译，中国大百科全书出版社1997年版，第344-345页。

〔2〕参见［美］波斯纳：《法律的经济分析》，蒋兆康译，中国大百科全书出版社1997年版，第906页。

〔3〕参见［美］波斯纳：《法理学问题》，苏力译，中国政法大学出版社2002年版，第32页。

〔4〕参见［美］波斯纳：《法律理论的前沿》，苏力译，中国政法大学出版社2002年版，第199-214、229页。

种确信时使用的各种方法"[1]——有助于获得法律结论或者指导司法行为。在此，波斯纳所强调的是，法律的"经济分析的焦点是社会行为的后果"[2]，而不是（当然，可能会影响到）其他问题。

然而，当实践理性对于解决法律问题无能为力时，司法裁决就不得不依赖于政策、政治、社会理想、价值，甚至是偏见了。在此基础上作出的裁决，是无法确定其正误与否的。因此，法官的最高追求也仅仅是审判的合理性。波斯纳认为，在最为疑难的案件中发挥决定性作用的是政治因素，或者有时是对社会未来的理解，因而：

> 法律中的一切最终都是一个"如何解决"的问题，由此在一定意义上是一个伦理问题。因此也确实可以说从来没有一个正确的法律解决办法不是正确的伦理解决办法或者不是……政治解决办法（因为在一个伦理多样化的社会中，伦理问题本身就是政治问题）。……（法官）是一个决策者……这样的决策者必须关心的不仅是对手上的案件做出实质上正义的判决，而且关心维持法律的体制，其中包括前例、立法权威性、律师提出问题的角度、记录的事实以及其他因素。[3]

波斯纳认为，"在普通法和成文法之间看起来有深刻不同，最根本的区别恰恰在于一个是概念系统而另一个是文本系统。这种区别看来会使解释是后者的核心，而对前者则是边缘性的，甚至是无关的"。[4]英美法系既受遵循先例原则的约束，也可以废弃和修改先例，教条主义的约束力较弱，

---

〔1〕［美］波斯纳：《法理学问题》，苏力译，中国政法大学出版社2002年版，第91页。

〔2〕［美］贝克、波斯纳：《说真相的勇气——芝加哥经济学人与大法官的反常识对话录》，陈荣彬、杨士奇译，大写出版社2016年版，第41页。

〔3〕［美］波斯纳：《法理学问题》，苏力译，中国政法大学出版社2002年版，第197页。

〔4〕［美］波斯纳：《法理学问题》，苏力译，中国政法大学出版社2002年版，第311页。

而在大陆法系中，立法与司法的界限分明，法律裁决更多地受到教义学的限制。波斯纳认为，作为"概念体系"的普通法较适合于财富最大化的价值追求，有利于经济学向司法实践的渗透，而对于作为"文本体系"的成文法将经济分析方法应用于法律解释则持否定态度。与此同时，法律的制定过程应当以公共选择理论的经济认识为前提，而成文法的解释则必须以立法者的意图为标准。因此，成文法的决定通常基于争辩性的法律解释，而普通法的决策则通常基于争辩性的政策分析和论理判断。

波斯纳倾向于运用"手段—目的理性"的法律解释方法。他认为，法官对于法律的忠诚并不是机械的，因为作为个体，法官的裁决或多或少会带有个人的主观色彩；并且，无论法律规定如何严密，总是存在解释的空间。对此，波斯纳认为：

> 解释中的正确性取决于特殊解释的目的……但对什么是成文法或宪法解释的目的不存在共识。也许有多种目的：对创制者意图的忠实、确定性、一贯性、实际的好结果等。这些目的都相互联系，但不同的解释者对这些目的的各自分量会有不同的考虑。〔1〕

因此，仅从字面意义去探求明确判断的方法是不适当的，而应当从解读—沟通过程的角度来理解法律解释。波斯纳关于法律解释的基本立场是强调"手段—目的"的理性，但同时他也指出，如果不能辨识目的为何，那么目的性解释也会变得毫无意义，"当想象性重构和目的性解释都不成功，或者当这些技巧只显示把争议问题留给法院，让法院根据他们的能力来决定时，成文法的解释就蜕变为一种政策决定"。〔2〕

---

〔1〕［美］波斯纳：《法理学问题》，苏力译，中国政法大学出版社2002年版，第374页。

〔2〕［美］波斯纳：《法理学问题》，苏力译，中国政法大学出版社2002年版，第349页。

就“法律是什么”这一问题来说，波斯纳明确反对“作为命令的法律”和“作为规则的法律”，同时建议从以下三个层面来理解“法律”：

其一，作为一种独特社会制度的法律；

其二，作为一个多套命题之集合的法律；

其三，作为一种权利、义务和权力之渊源的法律。〔1〕

沿着霍姆斯“法律预测理论”的“路径”，波斯纳进而认为，法律并非法官发现的某个东西，只是对法官活动的一种称谓；或者也可以说，法官在行为（判决案件）时就是在“制定法律”，因而，法律就是“法官的所作所为”以及“对他们所作所为的预测”。在这里，波斯纳尽管推崇，但显然并不甘心或满足于简单重复霍姆斯和卢埃林的相关经典叙述〔2〕，因而对“法律预测理论”进行了一定程度的修正或者弥补：

(1)法律预测理论不可能是一种完整的理论，因为它隐含了下级法院法官的判决会完全顺从上级法院法官的意志；

(2)就面对上级法院先例的下级法院法官而言，法律预测理论比“法律即概念体系”理论隐含了更多的创造空间；

(3)法律预测理论避免了法律即概念体系的法律观所造成的悖论；

(4)当我们想到法律时，不仅仅是将法律视为法官的所作所为，而且也是将法律视为评价法官所作所为的标准；

---

〔1〕［美］波斯纳：《法理学问题》，苏力译，中国政法大学出版社2002年版，第277页。

〔2〕参见［美］霍姆斯：《法律的道路》，明辉译，北京大学出版社2023年版，第249页“正是对法院实际上将要做什么的预测，而不是其他什么虚伪矫饰之辞，方为我所谓的法律的含义”；［美］卢埃林：《荆棘丛——关于法律与法学院的经典演讲》，明辉译，北京大学出版社2017年版，第5页“法律官员（包括法官）在处理纠纷时的所作所为，在我看来，就是法律本身”。

（5）对下级法院法官而言，法律预测理论实际上也可以是规范性的，重视稳定性的法官会非常谨慎地坚持此一理论。[1]

像霍姆斯一样，波斯纳也批评法律形式主义，认为19世纪的法律形式主义者想当然地以为“法律学者就相当于物理学家，他们会不时发现支配某法律体系的科学规律”，而“从事法律实务的律师和法官就相当于电力工程师，他们把这些发现具体落实到司法的‘机械部分’”；但法律口缺乏的最至关重要的，是据以展开科学研究的“可客观观测并可以不断测定的假说”，故而，在法律领域中，虽然“有科学推理的蓝图或影子”，但却没有科学推理的“大厦”。[2]自19世纪80年代至20世纪60年代，在波斯纳看来，从霍姆斯开始奠定了大部分思想基础，随后卡多佐、哈特、萨克斯以及爱德华·莱维等人在各自涉及法律过程或者法律推理的著作中共同建构起一座现代“经典法律思想的大厦”。[3]

对于流行的或者一时盛行的法学理论或者思想流派，波斯纳总是保持着冷静而敏锐的洞见，例如，在他看来，法律现实主义、批判法律研究以及女性主义法学都有一个突出的、几乎是最根本的特点，即“不了解规则会减少不确定性并因此带来收益”。[4]在波斯纳的视野中，以兰德尔为代表的“法律形式主义”与以霍姆斯为代表的（一定程度上的）“非理性主义”恰好位于普通法坐标轴的两端，尽管他本人更倾向于霍姆斯，但依然坚持在两者之间（显然是在更接近霍姆斯的点上）探寻一条“实用主义的进

〔1〕 参见［美］波斯纳：《法理学问题》，苏力译，中国政法大学出版社2002年版，第285-287页。

〔2〕 参见［美］波斯纳：《法理学问题》，苏力译，中国政法大学出版社2002年版，第79、88页。

〔3〕 参见［美］波斯纳：《法理学问题》，苏力译，中国政法大学出版社2002年版，第538页。

〔4〕 参见［美］波斯纳：《法理学问题》，苏力译，中国政法大学出版社2002年版，第57页。

路”。[1]经过在这条道路上的一段跋涉之后，波斯纳以“一个实用主义的宣言”的形式为自己所理解的“法律概念”树立起一个观念的“路标”，或者是“一幅不那么令人激动的法律图像”：

(1)世界上并不存在所谓的“法律推理”，而仅仅是一些实践推理方法；

(2)法律判决的正当化——证明某项判决是正确的——通常是天方夜谭；

(3)如果客观性超越了情理，那么，在疑难案件中就几乎不可能得出客观的判决；

(4)法律的重大变迁经常是一种与皈依相近的非理性过程的结果；

(5)法律是一种活动，而不是一个(或者一组)概念；

(6)“法律是解释性的”说法没什么意义，不存在“逻辑上”正确的解释；

(7)不存在(美国法律制度)可以简单拿来、指导法律事业的正义概念；

(8)法律是功能性的，而不是表征的或符号的。[2]

---

〔1〕 参见[美]波斯纳：《法理学问题》，苏力译，中国政法大学出版社2002年版，第317页。例如，霍姆斯强调“法律的生命”在于“经验”，而波斯纳眼中的“法律实用主义者”都“重视经验”，都对“事实”感兴趣，并且喜欢将“政策判断基于事实和后果，而不是基于概念主义和通则”。参见[美]波斯纳：《道德和法律理论的疑问》，苏力译，中国政法大学出版社2001年版，第264页。

〔2〕 参见[美]波斯纳：《法理学问题》，苏力译，中国政法大学出版社2002年版，第317页。例如，霍姆斯强调“法律的生命”在于“经验”，而波斯纳眼中的“法律实用主义者”都“重视经验”，都对“事实”感兴趣，并且喜欢将“政策判断基于事实和后果，而不是基于概念主义和通则”。参见[美]波斯纳：《道德和法律理论的疑问》，苏力译，中国政法大学出版社2001年版，第572-575页。

因此，在波斯纳看来，法律实用主义者通常都与“柏拉图式的理性主义”或者“法律形式主义”针锋相对，因为他们始终希望的是“法律更具经验性，更现实、更符合真实的人们的真实需要”；或许正是在这个意义上，波斯纳认为，霍姆斯依然是“最伟大的法律实用主义者”。[1]

影响评价

总体而言，波斯纳选择了一条由霍姆斯、卡多佐等人开辟的“法律的道路”，强调“对法律过程作一种功能性的、充满政策性的、非法条主义的、自然主义的并且是怀疑主义的但又绝不是玩世不恭的理解”，简言之，就是一种“实用主义的法理学”。[2]在波斯纳看来，此一实用主义法理学的种子，早在1897年霍姆斯的《法律的道路》和1921年卡多佐的《司法过程的性质》中就已破土而生，繁华如盖了，其中蕴含的一切就是拒绝将法律视为“基于某些永恒原则并以逻辑操作予以实现的东西”的观点，就是“决心把法律当作一种工具，为一些社会目标服务”。[3]对此，也有学者以一种不那么实用主义的口吻评价认为，“波斯纳对于法律最伟大的贡献，无疑是他在一个（大多数人）无法抗拒地被引向幻想的领域，对理性和现实清醒而冷静的坚持”。[4]

如果说，霍姆斯在1897年极富洞见地预言道，“对于法律的理性研究而言，研究历史文本的人或许是现在的主人，而未来的主人则属于精通统

---

〔1〕 参见[美]波斯纳:《超越法律》，苏力译，中国政法大学出版社2001年版，第12、16、23页。

〔2〕 参见[美]波斯纳:《法理学问题》，苏力译，中国政法大学出版社2002年版，第34-35页。

〔3〕 [美]波斯纳:《超越法律》，苏力译，中国政法大学出版社2001年版，第464页。

〔4〕 Lino A. Graglia, Some Comments on Posner, 25 Texas Review of Law and Politics 149, 157(2020).

计学与经济学之人”[1]，那么，相对于同时代其他人而言，波斯纳或许正是这样一位最符合霍姆斯预见的法律人。可以说，“法律与经济学”或者“法律的经济分析”运动是近百年来法学研究最重要的发展，自然而然，波斯纳被视为该运动的奠基人之一。然而，也有学者认为，“法律与经济学”并非波斯纳想象的中心，“对波斯纳法官而言，经济学仅仅是一种语言，一种理解和描述世界的强劲有力且灵活易变的方式。但最终，它是抵达目的的手段，而非目的本身”。[2]

波斯纳的经济学思想，虽然大部分源于亚当·斯密、马歇尔和李嘉图，但在其最深刻的灵感启迪中，或许更多地应归因于尼采。在几乎其所有的——经济学、哲学、社会理论，以及实用主义法理学——著作中，波斯纳始终关注着一个根本性问题：如何在一个纯粹的物质世界中为人类状况提供一个救赎式的解释。对此，在波斯纳的勾勒中，首先，现实至少在理论上和大体上是可以理解的，在此，可资利用的是智慧和思想；其次，为了克服因浪漫、伪饰或者私利所造成的困惑，我们（包括法官——身披法袍的人）更需要的不是形而上学，而是实用主义；最后，如果能摒弃对宇宙病态信仰的依赖，或许还可以从积极、合理且坦诚的生活中找到人类生存的价值。在此，“波斯纳法官自己卓越非凡的一生，或许正是支持此一哲学最强有力的论据”。[3]

虽然波斯纳的观点及其表达方式，在理论界引起了巨大争议，甚至招致来自多方的挑战与批判，但客观上也确实给西方传统法学理论带来了相当大的冲击与影响。1995年，当《超越法律》一书出版时，波斯纳在美国联邦第七巡回上诉法院的同事、首席大法官杰弗里·罗森（Jeffrey Rosen）

---

〔1〕［美］霍姆斯：《法律的道路》，明辉译，北京大学出版社2023年版，第264页。

〔2〕 Geoffrey Miller, Tribute to Judge Richard A. Posner, 61 New York University Annual Survey of American Law 13（2005）.

〔3〕 Geoffrey Miller, Tribute to Judge Richard A. Posner, 61 New York University Annual Survey of American Law 13-14（2005）.

在《耶鲁法律杂志》上发表了一篇长达30页的书评，并且在书评的结论部分指出，“理查德·波斯纳是当下现任联邦法官中最多产且最具创造力的法官。那些《超越法律》中的文章，与他撰写的所有文字一样，渊博、智慧且坦率，令人振奋”，彼时，“波斯纳似乎更成功的，是作为一个批评家和法官，而不是作为一个理论家来指引其他法官的判决和批评家的决定”。[1]事实上，无论是（在法律与经济学领域）坚持用一种全新的方式来解决古老的问题，还是批评一种全新思想运动（批判法律研究）的越界，或者厘清另外一种运动（法律与文学）的有限效用，或者分析美国联邦法院的超负荷危机，等等，“波斯纳在上述领域总是比他的对手看得更远，而他的大多数对手只是在挑剔他的语词，而回避那些语词中包含着的远见”。[2]

深度阅读

1. [美]波斯纳：《法律的经济分析》，蒋兆康译，中国大百科全书出版社1997年版。

2. [美]波斯纳：《法理学问题》，苏力译，中国政法大学出版社2002年版。

3. [美]波斯纳：《超越法律》，苏力译，中国政法大学出版社2001年版。

4. [美]波斯纳：《道德和法律理论的疑问》，苏力译，中国政法大学出版社2001年版。

5. [美]波斯纳：《法律理论的前沿》，武欣、凌斌译，中国政法大学出版社2003年版。

6. [美]唐纳尔斯基：《波斯纳》，郑戈译，中国民主法制出版社2022年版。

---

〔1〕 Jeffrey Rosen, Overcoming Posner, 105 Yale Law Journal 581, 610 (1995).

〔2〕 Robert A. Ferguson, Tribute to Judge Richard A. Posner, 61 New York University Annual Survey of American Law 1, 2 (2005).

图书在版编目(CIP)数据

遇见法学家:西方法哲学简史 / 徐爱国主编. --
北京:法律出版社,2024(2024.9重印)
ISBN 978-7-5197-9089-9

Ⅰ.①遇… Ⅱ.①徐… Ⅲ.①法哲学—法学史—西方国家 Ⅳ.①D909.5

中国国家版本馆CIP数据核字(2024)第084728号

遇见法学家
——西方法哲学简史
YUJIAN FAXUEJIA
— XIFANG FAZHEXUE JIANSHI

徐爱国 主编

责任编辑 张心萌 孔明林
装帧设计 鲍龙卉

出版发行 法律出版社
编辑统筹 学术·对外出版分社
责任校对 晁明慧
责任印制 胡晓雅 宋万春
经　　销 新华书店

开本 A5
印张 19.875 **字数** 504千
版本 2024年8月第1版
印次 2024年9月第2次印刷
印刷 北京金康利印刷有限公司

地址:北京市丰台区莲花池西里7号(100073)
网址:www.lawpress.com.cn
投稿邮箱:info@lawpress.com.cn
举报盗版邮箱:jbwq@lawpress.com.cn

销售电话:010-83938349
客服电话:010-83938350
咨询电话:010-63939796

书号:ISBN 978-7-5197-9089-9
定价:88.00元

凡购买本社图书,如有印装错误,我社负责退换。电话:010-83938349